国家出版基金项目
NATIONAL PUBLICATION FOUNDATION

中国近代
思想家文库

◎

吴光编

马一浮卷

中国人民大学出版社
·北京·

总　序

对于近代的理解，虽不见得所有人都是一致的，但总的说来，对于近代这个词所涵的基本意义，人们还是有共识的。一个国家、一个民族走入近代，就意味着以工业化为主导的经济取代了以地主经济、领主经济或自然经济为主导的中世纪的经济形态，也还意味着，它不再是孤立的或是封闭与半封闭的，而是以某种形式加入到世界总的发展进程。尤其重要的是，它以某种形式的民主制度取代君主专制或其他不同形式的专制制度。中国是个幅员广大、人口众多、历史悠久的多民族国家，由于长期历史发展是自成一体的，与外界的交往比较有限，其生产方式的代谢迟缓了一些。如果说，世界的近代是从 17 世纪开始的，那么中国的近代则是从 19 世纪中期才开始的。现在国内学界比较一致的认识，是把 1840 年到 1949 年视为中国的近代。

中国的近代起始的标志是 1840 年的鸦片战争。原来相对封闭的国门被拥有近代种种优势的英帝国以军舰、大炮再加上种种卑鄙的欺诈打开了。从此，中国不情愿地加入到世界秩序中，沦为半殖民地。原来独立的大一统的中央集权的君主专制国家，如今独立已经极大地被限制，大一统也逐渐残缺不全，中央集权因列强的侵夺也不完全名实相符了。后来因太平天国运动，地方军政势力崛起，形成内轻外重的形势，也使中央集权被弱化。经历第二次鸦片战争、中法战争、甲午战争、八国联军入侵的战争以及辛亥革命后的多次内外战争，直至日本全面侵略中国的战争，致使中国的经济、政治、教育、文化，都无法顺利走上近代发展的轨道。古今之间，新旧之间，中外之间，混杂、矛盾、冲突。总之，鸦片战争后的中国，既未能成为近代国家，更不能维持原有的统治秩序。而外患内忧咄咄逼人，人们都有某种程度"国将不国"的忧虑。

"天下兴亡，匹夫有责"，读书明理的士大夫，或今所谓知识分子，尤为敏感，在空前的危机与挑战面前，皆思有所献替。于是发生种种救亡图存的思想与主张。有的从所能见及的西方国家发展的经验中借鉴某些东西，形成自己的改革方案；有的从历史回忆中拾取某些智慧，形成某种民族复兴的设想；有的则力图把西方的和中国所固有的一些东西加以调和或结合，形成某种救亡图强的主张。这些方案、设想、主张，从世界上"最先进的"，到"最落后的"，几乎样样都有。就提出这些方案、设想、主张者的初衷而言，绝大多数都含着几分救国的意愿。其先进与落后，是否可行，能否成功，尽可充分讨论，但可不必过为诛心之论。显而易见，既然救国的问题最为紧迫，人们所心营目注者自然是种种与救国的方案直接相关的思想学说，而作为产生这些学说的更基础性的理论，及其他各种知识、思想，则关注者少。

围绕着救国、强国的大议题，知识精英们参考世界上种种思想学说，加以研究、选择，认为其中比较适用的思想学说，拿来向国人宣传，并赢得一部分人的认可。于是互相推引，互相激励，更加发挥，演而成潮。在近代中国，曾经得到比较广泛的传播的思想学说，或者够得上思潮的，主要有以下几种：

（一）进化论。近代西方思想较早被引介到中国，而又发生绝大影响的，要属进化论。中国人逐渐相信，进化是宇宙之铁则，不进化就必遭淘汰。以此思想警醒国人，颇曾有助于振作民族精神。但随后不久，社会达尔文主义伴随而来，不免发生一些负面的影响。人们对进化的了解，也存在某些片面性，有时把进化理解为一条简单的直线。辩证法思想帮助人们形成内容更丰富和更加符合实际的发展观念，减少或避免片面性的进化观念的某些负面影响。

（二）民族主义。中国古代的民族主义思想，其核心是"非我族类，其心必异"，所以最重"华夷之辨"。鸦片战争前后一段时期，中国人的民族思想，大体仍是如此。后来渐渐认识到"今之夷狄，非古之夷狄"，"西人治国有法度，不得以古旧之夷狄视之"。但当时中国正遭受西方列强的侵略和掠夺，追求民族独立是民族主义之第一义。20世纪初，中国知识精英开始有了"中华民族"的概念。于是，渐渐形成以建立近代民族国家为核心的近代民族主义。结束清朝君主专制，创立中华民国，是这一思想的初步实现。第一次世界大战爆发，中国加入"协约国"，第一次以主动的姿态参与世界事务，接着俄国十月革命爆发，这两件事对近代中国的发展历程造成绝大影响。同时也将中国人的民族主义提升到一个新的层次，即与国际主义（或世界主义）发生紧密联系。也可以说，中国人更加自觉地用世界的眼光来观察中国的问题。新生的中国共产党和改组后的国民党都是如此。民族主义成为中国的知识精英用来应对近代中国所面临的种种危机和种种挑战的一个重要的思想武器。

（三）社会主义。社会主义作为一种模糊的理想是早在古代就有的，而且不论东方和西方都曾有过。但作为近代思潮，它是于19世纪在批判近代资本主义的基础上产生的。起初仍带有空想的性质，直到马克思和恩格斯才创立起科学社会主义。20世纪初期，社会主义开始传入中国。当时的传播者不太了解科学社会主义与以往的社会主义学说的本质区别。有一部分人，明显地受到无政府主义的强烈影响，更远离科学社会主义。直到五四新文化运动兴起之后，中国人始较严格地引介、宣传科学社会主义。但有一段时间，无政府主义仍是一股很大的思想潮流。中国共产党的成立，从思想上说，是战胜无政府主义的结果。中国共产党把在中国实现社会主义乃至共产主义作为自己的奋斗目标。此后，社会主义者，多次同各种非科学社会主义思想的信仰者进行论争并不断克服种种非科学社会主义思想的影响。

（四）自由主义。自由主义也是从清末就被介绍到中国来，只是信从者一直寥寥。直到五四新文化运动兴起，具有欧美教育背景的知识精英的数量渐渐多起来，自由主义始渐渐形成一股思想潮流。自由主义强调个性解放、意志自由和自己承担责任，在政治上反对一切专制主义。在中国的社会条件下，自由主义缺乏社会基础。在政治激烈动荡的时候，自由主义者很难凝聚成一股有组织的力量；在稍稍平和的时候，他们往往更多沉浸在自己的专业中。所以，在中国近代史上，自由主义不曾有，也不可能有大的作为。

（五）激进主义与保守主义。处于转型期的社会，旧的东西尚未完全退出舞台，新的东西也还未能巩固地树立起来，新旧冲突往往要持续很长的时间，有时甚至达到很激烈的程度。凡助推新东西成长的，人们便视为进步的；凡帮助旧东西排斥新东西的，人们便视为保守的。其实，与保守主义对应的，应是进步主义；与顽固主义相对的则应是激进主义。不过在通常话语环境中人们不太严格加以区分。中国历史悠久，特别是君主专制制度持续两千余年，旧东西积累异常丰富，社会转型极其不易。而世界的发展却进步甚速。中国的一部分精英分子往往特别急切地想改造中国社会，总想找出最厉害的手段，选一条最捷近的路，以最快的速度实现全盘改造。这类思想、主张及其采取的行动，皆属激进主义。在中共党史上，它表现为"左"倾或极左的机会主义。从极端的激进主义到极端的顽固主义，中间有着各种程度的进步与保守的流派。社会的稳定，或社会和平改革的成功，都依赖有一个实力雄厚的中间力量。但因种种原因，中国社会的中间力量一直未能成长到足够的程度。进步主义与保守主义，以及激进主义与顽固主义，不断进行斗争，而实际所获进步不大。

（六）革命与和平改革。中国近代史上，革命运动与和平改革运动交替进行，有时又是平行发展。两者的宗旨都是为改变原有的君主专制制度而代之以某种形式的近代民主制度。有很长一个时期，有两种错误的观念，一是把革命理解为仅仅是指以暴力取得政权的行动，二是与此相关联，把暴力革命与和平改革对立起来，认为革命是推动历史进步的，而改革是维护旧有统治秩序的。这两种论调既无理论根据，也不合历史实际。凡是有助于改变君主专制制度的探索，无论暴力的或和平的改革都是应予肯定的。

中国近代揭幕之时，西方列强正在疯狂地侵略与掠夺殖民地和半殖民地，中国是它们互相争夺的最后一块、也是最大的资源地。而这时的中国，沿袭了两千年的君主专制制度已到了奄奄一息的末日，统治当局腐朽无能，对外不足以御侮，对内不足以言治，其统治的合法性和统治的能力均招致怀疑。革命运动与改革的呼声，以及自发的民变接连不断。国家、民族的命运真的到了千钧一发之际，危机极端紧迫。先觉分子救国之心切，每遇稍具新意义的思想学说便急不可待地学习引介。于是西方思想学说纷纷涌进中国，各阶层、各领域，凡能读书读报者，受其影响，各依其家庭、职业、教育之不同背景而选择自以为不错的一种，接受之，信仰之，传播之。于是西方几百年里相继风行的思想学说，在短时期内纷纷涌进中国。在清末最后的十几年里是这样，五四时期在较高的水准上重复出现这种情况。

这种情况直接造成两个重要的历史现象：一个是中国社会的实际代谢过程（亦即社会转型过程）相对迟缓，而思想的代谢过程却来得格外神速。另一个是在西方原是差不多三百年的历史中渐次出现的各种思想学说，集中在几年或十几年的时间里狂泻而来，人们不及深入研究、审慎抉择，便匆忙引介、传播，引介者、传播者、听闻者，都难免有些消化不良。其实，这种情况在清末，在五四时期，都已有人觉察。我们现在指出这些问题并非苛求前人，而是要引为教训。

同时我们也看到，中国近代思想无比的多样性与复杂性呈现出绚丽多彩的姿态，各种思想持续不断地展开论争，这又构成中国近代思想史的一个突出特点。有些论争为我们留下了非常丰富的思想资料，如兴洋务与反洋务之争，变法与反变法之争，革命与改良之争，共和与立宪之争，东西文化之争，文言与白话之争，新旧伦理之争，科学与人生观之争，中国社会性质的论争，社会史的论争，人权与约法之争，全盘西化与本位文化之争，民主与独裁之争，等等。这些争论都不同程度地关联着一直影响甚至困扰着中国人的几个核心问题，即所谓中西问题、古今问题与心物关系问题。

中国近代思想的光谱虽比较齐全，但各种思想的存在状态及其影响力是很不平衡的。有些思想信从者多，言论著作亦多，且略成系统；有些可能只有很少的人做过介绍或略加研究；有的还可能因种种原因，只存在私人载记中，当时未及面世。然这些思想，其中有很多并不因时间久远而失去其价值。因为就总的情况说，我们还没有完成社会的近代转型，所以先贤们对某些问题的思考，在今天对我们仍有参考借鉴的价值。我们编辑这套《中国近代思想家文库》，希望尽可能全面地、系统地整理出近代中国思想家的思想成果，一则借以保存这份珍贵遗产，再则为研究思想史提供方便，三则为有心于中国思想文化建设者提供参考借鉴的便利。

考虑到中国近代思想的上述诸特点，我们编辑本《文库》时，对于思想家不取太严格的界定，凡在某一学科、某一领域，有其独立思考、提出特别见解和主张者，都尽量收入。虽然其中有些主张与表述有时代和个人的局限，但为反映近代思想发展的轨迹，以供今人参考，我们亦保留其原貌。所以本《文库》实为"中国近代思想集成"。

本《文库》入选的思想家，主要是活跃在1840年至1949年之间的思想人物。但中共领袖人物，因有较为丰富的研究著述，本《文库》则未收入。

编辑如此规模的《文库》，对象范围的确定，材料的搜集，版本的比勘，体例的斟酌，在在皆非易事。限于我们的水平，容有瑕隙，敬请方家指正。

《中国近代思想家文库》编纂委员会

目　　录

导言 ……………………………………………………………… 1

一、泰和宜山会语　二卷 ……………………………………… 1

　卷端题识 ……………………………………………………… 2

卷一　泰和会语 ……………………………………………… 3

　引端 …………………………………………………………… 3

　论治国学先须辨明四点 ……………………………………… 4

　横渠四句教 …………………………………………………… 4

　楷定国学名义　国学者，六艺之学也 ……………………… 6

　论六艺该摄一切学术 ………………………………………… 8

　论六艺统摄于一心 …………………………………………… 12

　论西来学术亦统于六艺 ……………………………………… 14

　举六艺明统类是始条理之事 ………………………………… 16

　论语首末二章义 ……………………………………………… 18

　君子小人之辨 ………………………………………………… 21

　理气　形而上之意义　义理名相一 ………………………… 23

　知能　义理名相二 …………………………………………… 25

　附录：论老子流失 …………………………………………… 28

　赠浙江大学毕业诸生序 ……………………………………… 30

　对毕业诸生演词 ……………………………………………… 31

卷二　宜山会语 ……………………………………………… 33

　说忠信笃敬 …………………………………………………… 33

释学问　先释学问之义　后明问答之旨 ……………………………… 36

颜子所好何学论释义 ………………………………………………………… 38

说视听言动　续义理名相一 ……………………………………………… 43

居敬与知言　续义理名相二 ……………………………………………… 46

涵养致知与止观　续义理名相三 ……………………………………… 49

说止　续义理名相四 ………………………………………………………… 51

去矜上　续义理名相五 ……………………………………………………… 54

去矜下　续义理名相六 ……………………………………………………… 56

附录：拟浙江大学校歌　附说明 ……………………………………… 59

二、复性书院讲录　四卷 ……………………………………………………… 63

卷一 ……………………………………………………………………………………… 65

复性书院开讲日示诸生 ……………………………………………………… 65

复性书院学规 ………………………………………………………………………… 66

读书法 ……………………………………………………………………………………… 78

通治群经必读诸书举要 ……………………………………………………… 85

卷二 ……………………………………………………………………………………… 96

题识 ………………………………………………………………………………………… 96

群经大义总说 ………………………………………………………………………… 97

论语大义 ………………………………………………………………………………… 101

卷三 ……………………………………………………………………………………… 133

孝经大义 ………………………………………………………………………………… 133

卷四 ……………………………………………………………………………………… 169

诗教绪论 ………………………………………………………………………………… 169

礼教绪论 ………………………………………………………………………………… 188

三、尔雅台答问　二卷 ……………………………………………………………… 205

卷一　尔雅台答问初编 ……………………………………………………… 207

尔雅台答问编例 …………………………………………………………………… 207

编者序 …………………………………………………………………………………… 207

答张立民 ……………………………………………………………………………… 208

答袁竹漪一 …………………………………………………………………………… 208

答袁竹漪二 …………………………………………………………………………… 209

答杨硕井一 ……………………………………………… 209

答杨硕井二 ……………………………………………… 210

答杨硕井三 ……………………………………………… 210

答杨硕井四 ……………………………………………… 211

答杨霞峰 ………………………………………………… 211

答张德钧一 ……………………………………………… 212

答张德钧二 ……………………………………………… 213

答程泽溥一 ……………………………………………… 214

答程泽溥二 ……………………………………………… 214

答程泽溥三 ……………………………………………… 214

答夏眉杰 ………………………………………………… 215

答王白尹 ………………………………………………… 215

答陈兆平 ………………………………………………… 216

答贾君 …………………………………………………… 217

答周君 …………………………………………………… 217

答吴君 …………………………………………………… 217

答池君 …………………………………………………… 218

答黄君 …………………………………………………… 220

答云颂天一 ……………………………………………… 220

答云颂天二 ……………………………………………… 220

答云颂天三 ……………………………………………… 221

答某上座 ………………………………………………… 221

答郭君 …………………………………………………… 222

答刘君 …………………………………………………… 222

答许君 …………………………………………………… 223

答张君 …………………………………………………… 223

答刘君 …………………………………………………… 224

答张君 …………………………………………………… 224

答龚君 …………………………………………………… 225

答罗君 …………………………………………………… 225

答王君 …………………………………………………… 226

答徐君一 ………………………………………………… 226

答徐君二 ………………………………………………… 227

答张君 …………………………………………… 227

答许君 …………………………………………… 228

答杨君 …………………………………………… 229

答熊君 …………………………………………… 229

答赵蕃叔 ………………………………………… 230

答刘君 …………………………………………… 230

答刘君 …………………………………………… 231

答许君 …………………………………………… 232

答张君 …………………………………………… 233

答谢子厚 ………………………………………… 234

答李君 …………………………………………… 234

答杨君 …………………………………………… 235

答徐君 …………………………………………… 235

答鄢君 …………………………………………… 235

答周君 …………………………………………… 235

答徐君 …………………………………………… 236

答任君 …………………………………………… 236

卷二 尔雅台答问续编 ………………………………… 238

尔雅台答问续编新例 …………………………… 238

弁言 ……………………………………………… 238

示语一 ……………………………………………… 239

示吴敬生 十五则 ……………………………… 239

示乌以风 ………………………………………… 242

示刘公纯 ………………………………………… 242

示王星贤 二十三则 …………………………… 243

示张立民 二十五则 …………………………… 246

示语二 ……………………………………………… 252

示张德钧 七十五则 …………………………… 252

示张伯衡 一百一十二则 ……………………… 263

示王紫东 三十九则 …………………………… 275

示王伯尹 五十六则 …………………………… 280

示语三 ……………………………………………… 286

示金晓村 三十八则 …………………………… 286

示杨硕井　五十则 ··· 290

示杨霞峰　十七则 ··· 294

示严康澄　十则 ··· 296

示张知白　十九则 ··· 296

示陈兆平　九则 ··· 298

示语四 ·· 299

示樊漱圃　十六则 ··· 299

示夏眉杰　二十则 ··· 300

示张仲明　七则 ··· 302

示徐赓陶　六则 ··· 303

示刘愧庵　四则 ··· 304

示王子游　十四则 ··· 305

示陶元用　六则 ··· 307

示鲜季明　四则 ··· 307

示羊宗秀 ·· 308

示袁竹漪　十四则 ··· 308

示孙伯岚　五则 ··· 310

示邓懋休　九则 ··· 311

示王敬身 ·· 311

答书 ·· 312

答王君 ··· 312

答朱君 ··· 312

答邵君 ··· 312

答马君 ··· 313

答张君 ··· 313

答杨君 ··· 314

答王君 ··· 314

答黄君 ··· 314

答倪君 ··· 315

答徐君 ··· 316

答吴君 ··· 316

答许君 ··· 317

答袁一洪 ··· 317

答吴敬生一 ··· 318

答吴敬生二 ··· 318

答刘公纯 ··· 318

答张伯衡 ··· 319

答王伯尹一 ··· 319

答王伯尹二 ··· 319

四、寒江雁影录 一卷 ······································· 321

复刘百闵 ··· 323

致寿毅成 ··· 323

与张立民 ··· 324

致蒋公书 ··· 325

致陈布雷 ··· 326

致陈部长 ··· 326

至屈文六 ··· 327

致孔院长 ··· 328

致刘百闵 ··· 329

致寿毅成 ··· 329

复性书院简章 ··· 329

答刘百闵 ··· 332

致屈文六 ··· 333

五、文集 二卷 ··· 335

卷一 序・跋・启 ··· 337

宋遗民诗序 ··· 337

政诚序 ··· 338

曲苑珠英序 ··· 340

名媛文萃序 ··· 340

重印严氏全上古三代秦汉三国六朝文序 ······················· 341

重印姚氏古文辞类纂王氏续古文辞类纂序 ····················· 344

印光法师文钞序 ··· 345

楞严正脉科会序 ··· 345

新唯识论序 ··· 346

儒林典要序 …………………………………………………… 347

浙江旅嘉同乡会集会序 ……………………………………… 348

圣传论序 …………………………………………………… 349

重刊盱坛直诠序 ……………………………………………… 351

重印宋本春秋胡氏传序 ……………………………………… 352

蠲戏斋诗自序 ………………………………………………… 355

慈湖家记序 ………………………………………………… 356

重刊周易系辞精义序 ………………………………………… 357

舜水遗书序　代 …………………………………………… 360

意林续钞序 ………………………………………………… 361

国朝文汇序　代 …………………………………………… 361

熊氏丛书弁言　代 ………………………………………… 362

重刻莲池大师戒杀放生文序 ………………………………… 363

题子恺画集 ………………………………………………… 363

复性书院缘起叙 …………………………………………… 364

佐治药言抄本跋 …………………………………………… 366

四书纂疏札记跋 …………………………………………… 366

周易易解跋 ………………………………………………… 367

姜西溟藏稿书后 …………………………………………… 368

跋弘一大师华严集联墨迹 …………………………………… 369

蠲戏斋诗自序科解跋 ……………………………………… 369

高子遗书节钞跋 …………………………………………… 370

王心湛印边款 ……………………………………………… 370

兰亭集诗写本自跋 ………………………………………… 371

大方广佛华严经普贤行愿品写本自跋 ……………………… 371

嵇叔夜养生论答难养生论写本自跋 ………………………… 372

书王右丞西施咏后 ………………………………………… 372

书素问上古天真论句跋 …………………………………… 373

楚辞写本短跋 ……………………………………………… 373

诅楚文跋 …………………………………………………… 373

圣教序临本自跋 …………………………………………… 374

晋武帝临辟雍颂临本自跋 …………………………………… 375

为董事会代拟书院募集刻书基金启 ………………………… 376

蠲戏老人鬻书约 …………………………………………… 377

蠲戏老人鬻字刻书启 …………………………………………………………………… 378

蠲戏斋鬻字改例启 …………………………………………………………………… 379

蠲戏斋鬻字后启 …………………………………………………………………… 380

废置复性书院议 …………………………………………………………………… 380

复性书院董事会基金管理委员会联合启事 ………………………………… 381

卷二 记·传·铭·赞 …………………………………………………………… 383

董解元西厢记记 …………………………………………………………………… 383

新嘉坡道南学堂记 …………………………………………………………………… 383

重修绍兴县文庙记 …………………………………………………………………… 384

会稽马氏皋亭山先茔记 …………………………………………………… 386

先考马公行状 …………………………………………………………………… 387

先妣何恭人事述 …………………………………………………………………… 392

哀亡妻汤孝愍辞 …………………………………………………………………… 393

汤蛰先生家传　代南通张季直先生作 ………………………………… 394

故马浮妻孝愍汤君权葬圹铭 …………………………………………… 396

浙军凯旋纪念碑铭　并序　代汤寿潜撰 ……………………………… 398

烈士徐君墓表　代汤寿潜撰 ……………………………………………… 398

绍兴汤先生墓志铭 …………………………………………………………… 399

重修祥峰禅师塔铭 …………………………………………………………… 401

弘一律主衣钵塔记并铭 …………………………………………………… 401

孔学会赞 …………………………………………………………………… 402

宋贞女赞 …………………………………………………………………… 403

六、蠲戏斋杂著 …………………………………………………………… 405

大学玄疏残稿 …………………………………………………………………… 407

释荀子解蔽篇 …………………………………………………………………… 408

希言 …………………………………………………………………… 409

论语集解索隐 …………………………………………………………………… 418

论语异义 …………………………………………………………………… 419

魏晋间逸说考 …………………………………………………………………… 420

般若会约 …………………………………………………………………… 421

马一浮先生年谱简编 …………………………………………………………… 425

编校后记 …………………………………………………………………… 445

导　言

　　马一浮（1883—1967）先生是现代中国著名的国学大师暨新儒家哲学家。他博古通今，学贯中西，于诸子百家、儒、佛、道乃至考据、医学、西学等莫不探究，兼擅诗词、书法。中年以后，归本儒学，专研六经，成为一代儒宗。同时大儒梁漱溟盛赞马一浮先生为"千年国粹，一代儒宗"，现代著名画家丰子恺推崇马一浮为"中国书法界之泰斗"，中华人民共和国的开国元勋周恩来总理则称誉马先生是"当代理学大师"，当代著名学者汤一介则誉之为"现代儒家三圣之一"……我们从这些称誉可以看到，马一浮先生在现代中国是一位广受尊敬的学问家与思想家。

　　现就马一浮先生生平、著述及思想成就简介如下：

一、少年才俊，读书立志（1883—1911 年）

　　马一浮，浙江上虞人。幼名福田，字耕余。后自取《庄子》"其生若浮"之义，改名浮，字一浮，号湛翁，别号太渊、一佛，又号宛委山民、圣湖野老等，中年以后，取《法华经》"蠲除戏论"之义，自号蠲叟或蠲戏老人，晚年又取《论语》"朝闻道，夕死可矣"之义，自号夕可老人。学者称马一浮先生。

　　马一浮原籍浙江会稽长塘乡（今属绍兴上虞市），于清光绪九年二月二十五日（1883 年 4 月 2 日）出生于四川成都西府街。父亲马廷培，字冠臣，光绪间曾任四川仁寿县令；母亲何定珠，出身于陕西沔县的名门望族，擅长诗文。马一浮六岁随父返浙，居住长塘乡后庄村读书识字。他聪颖好学，九岁就能诵读《楚辞》、《文选》，过目不忘，被乡里誉为神童。十一岁那年，母亲病逝。自此，在父亲与姑母的教育下成长。他刻苦攻读，进步神速，以致业师感到难以胜任，请辞教职。

1898年（光绪廿四年），年仅十六岁的马一浮奉父命赴府城绍兴参加县试，名列第一。同科应考的周作人、周树人弟兄分列十图第三十四、三图第三十七。马一浮县试夺魁，名声大震。当时绍兴名流汤寿潜（字蛰先，后为民国浙江都督、交通总长）读了马一浮的文章后，赞赏有加，于是请人做媒，将其长女汤仪（字润生）许配马一浮为妻。这时，马父卧病在床，俚俗有"冲喜"之风，于是提前为马一浮办了喜事。当时他才十七岁。婚后，夫妻感情甚笃。这位汤小姐，比马一浮大一岁，虽不识字，但深懂闺训。她服侍公公，体贴丈夫。马一浮则教妻子识字读诗。但新婚不久，马一浮就辞别老父娇妻，到上海学习英文、法文，直到1900年初，由于父病沉重，才匆匆回家探望。翌年三月，老父与世长辞。马一浮作《先考马公行状》、《先妣何恭人事述》纪念父母。

1901年11月，马一浮再次告别妻子，到上海游学。在此期间，他广交朋友，结识了上海南洋公学特班的学生，如李叔同、邵力子、黄炎培等，尤其和广西人马君武、四川人谢无量志同道合、交情笃厚。他们还在上海创办了《二十世纪翻译世界》杂志社，译介斯宾塞等西方名人名著，试图借西学新知，唤起民众。但就在事业起步之时，马一浮突然接到妻子病危的电报，于是赍夜赶回家乡。回家时，爱妻已经亡故。马一浮悲痛之余，写下了一篇题名《哀亡妻汤孝愍辞》的充满真情的祭文，以"君之事吾亲可谓孝矣，其以忧而死也可谓愍矣"，故"诔而谥之曰孝愍"。他深情地写道：

> 孝愍归我三十一月，中间迭更丧乱，无一日不在悲痛中，浮未有与卿语尽三小时者。然浮所言他人所弗能解者，卿独知其意。吾之志、之学，卿之慧盖已能之。卿虽幼不知书，浮或教以诗，卿辄默记无遗，且好诵悲忿惨痛之篇，往往至于哭泣，盖其性情笃厚，真马浮妻也。卿既死，马浮之志，之学，之性情，之意识，尚有何人能窥其微者！

由此可见，马一浮对亡妻的感情是多么深挚！他在丧妻后六十多年的漫长岁月里未再续弦，或许正是因此缘故吧。

1903年，马一浮被选聘为清政府驻美使馆兼办留学生监督公署的中文文牍（秘书）远赴美国圣路易斯城，主要任务是协助使馆筹备国际博览会。但当时的清政府腐败无能，公派留学生大多甘当朝廷奴才，而置国家危亡于不顾。这使马一浮满怀悲愤。留美期间，马一浮还以"剪辫子、改服色"的实际行动表达他的改革之志。因而触怒清政府，于1904年4月底被使馆当局解雇。他从1903年6月至1904年5月，留美不足一年。在这段时间里，他除为驻美使馆与博览会代表团处理一些文牍外，主要精力还是放在读书、译书上。他几乎每天到圣路易斯的"约翰书店"，在那里，读到不少国内没有的书籍。据其日记所载，有亚里士多德的《政治学》，斯宾塞的《社会学原理》、《社会平权论》，黑格尔的《论理学》（即《逻辑学》），达尔文的《物种由来》，还有《拜伦诗》、《赫胥黎文集》、《孔德传》、《但丁诗》、《莎士比亚集》等。同时，他还用英文翻译了《法国革命党史》、《露西亚之虚无主义史》、《日耳曼社会主义史》等著作，为介绍欧美社会主义学说作出了贡献。他在出国前曾听说马克思写了一部《资本论》，但无从觅书，所以一到美国就时时留意。有一天，他正患感冒，带病到那家"约翰书店"涉猎书刊，竟买到了渴望已久的《资本论》英译本。他如获至宝，在1904年3月17日的日记中记载了狂喜心情："昨日吃种种之药，吃一块之面包，吃半盅之饭，都不觉好恶。……下午，得英译本马格士《资本论》一册。此书求之半年矣，今始得之，大快！大快！胜服仙药十剂，余病若失矣！"[①]后来，为了使这部著作能在国内传播，他又买了一部德文版《资本论》带回国内。他将英文版《资本论》送给了挚友谢无量，而将德文版送给上海"国学扶轮社"，并建议翻译出版。但后来扶轮社负责人因投靠袁世凯而垮台，其书也失散街头。说也凑巧，马一浮的好友马君武在上海旧书摊上发现了这部大著，因书上有马一浮所写"柏梁台体题赞语"一篇短跋，马君武赎回此书交给马一浮珍藏。据考证，这部德文版《资本论》，是传入中国的第一部马克思著作。惜已亡佚。

同年5月，马一浮自美回国。途经日本，其挚友马君武、谢无量当时都在日本学习。于是，他也自费留日，学习日文、德文，读书之外，兼事译著。年终回国。当时，国内人民反帝反封建的斗争风起云涌，在国外，留学生及华侨的反帝救亡运动方兴未艾。马一浮留日期间，也积极参与了反帝救亡运动。他与好友马君武、谢无量一起翻译作品，并向孙中山领导的同盟会机关报《民报》投稿。1907年，秋瑾、徐锡麟等

---

① 《日记·一佛之北米居留记》，见《马一浮集》第二册，276页，杭州，浙江古籍出版社、浙江教育出版社，1996。

志士遇害，马一浮极其悲愤，写下了《悲秋四十韵》的诗篇。这是一首详述秋瑾参加辛亥革命过程的长篇史诗，诗中写道："痛绝黄门狱，冤沉北市囚。岂知谗士口，竟断美人头。"这两句是写烈士轩亭遇害时的壮烈情景，为其鸣冤。紧接着写道："雨血天应泣，沉沙地转遒……隐雾来玄豹，神飙动赤虬。"前一句是说，秋瑾遇害，惊天动地；后一句是说，烈士虽然倒下，但革命并未终止，而是将有更多的革命者前仆后继地坚持斗争。马一浮在辛亥革命前夕，写了不少反清诗文，如1907年的《愿歌》六十首，其小序云："愿歌者，马浮之所作也。愍其国人知爱美人，不知爱自由，故托为爱美人之词，以劝爱自由者如爱美人焉。"1908年11月，光绪皇帝与慈禧太后相继死去，溥仪继位，马一浮又写了《感事》五首，诗中写道："卜世龙浆永，名官鸟篆讹。可怜宣诏日，群国正欢歌"，以此嘲讽清王朝的腐朽没落。

1911年10月，辛亥革命爆发，推翻了清王朝的专制统治。但不久，革命的胜利果实为袁世凯所窃夺，继而军阀混战，民生遭殃，中国处在四分五裂之中。马一浮深感"救国有志，回天无力"，于是杜门治学。

马一浮从日本留学回国后（1905年），曾与挚友谢无量在镇江焦山海西庵小住一年。次年（1906年）来到杭州，寄居在延定巷姐夫家，刻苦读书。他精力充沛，读书、写作、翻译，往往彻夜不寐。年方二十五岁，已经"须鬓苍然，有颜回之叹"了。后来，他为了专心读书，索性寄居在西湖边广化寺的一间禅房。这个广化寺，是年久失修的一座古刹，离文澜阁很近。马一浮在极其艰苦的条件下博览群籍，通读了文澜阁四库全书，并抄录了大量有价值的书籍，如元代马致远的《汉宫秋》、明代汤显祖的《琵琶记》等剧作，还抄录了大量以浙江历史文化、风土人情为内容的史料，题名《越藏》、《越纬》装订成册，并写下许多读书笔记。

二、坚持儒学，主持书院（1911—1949年）

马一浮回国以后，颇为士林推重。民国元年（1912年），蔡元培出任教育总长，聘请而立之年的马一浮出任教育部秘书长。马、蔡两家地属同郡，谊属世交，故马一浮勉强赴任。但二人在学术观念上分歧很大，蔡轻视六经，且有废经之论，马则认为经不可废，以六经为学术根本。因此，马到职不到半月，就以"不会做官，只会读书，不如让我回西湖"为由辞官回乡。这一年，马一浮曾到新加坡考察。看到那里的侨胞创办了一所道南学堂，不废经书，这更坚定了他推广儒学的信念。

1916 年，民国总统黎元洪任命蔡元培为北京大学校长。蔡于次年一月就职，本着"学术自由，相容并包"的思想宗旨，函邀马一浮出任北大文科学长。但马一浮由于对当时部议"废经"主张不能苟同，并对新学科、新学制持有异议，于是以"古闻来学，未闻往教"的理由谢绝了蔡的邀请。他在回复蔡元培的书函里写道：

> 承欲以浮备讲太学，窃揽手书申喻之笃，良不敢以虚词逊谢。其所以不至者，盖为平日所学，颇与时贤异撰。今学官所立，昭在令甲，师儒之守，当务适时。不贵遗世之德、虚玄之辩。若浮者，固不宜取焉。[①]

其实，马一浮立志儒学，其态度是一贯的，不仅对蔡元培如此，在以后北大校长陈百年、浙大校长竺可桢几次相邀时，他都坚持初衷。他在 1929 年致好友马叙伦的信中写道：

> 迩者陈君百年以讲学见招，亦既电辞，未蒙省察，乃劳手书申譬，殊愧无以堪任。……今儒术方见绌于时，玄言亦非世所亟。乃欲与之扬邹鲁之风，析夷夏之致。偭规改错，则教不由诚；称性而谈，则闻者恐卧；以是犹疑未敢遽应。虽荷敦勉之切，虑难仰称所期。与其不能解蔽于一时，吾宁俟悬解于千载耳。希为善谢陈君，别求睿哲，无以师儒责之固陋。[②]

他在 1930 年答绍兴王子余的信中也说明了他谢绝竺可桢邀聘的原因，乃在于他与当时学校教育观念的不合，认为自己"平日所讲"的学问，"不在学校之科，亦非初学所能喻"，故不愿到学校讲课，而愿意接受学生"在学校科目系统之外，自愿研究，到门请业"。正因如此，马一浮批评了学校的功利性教育，而倡导研究型的书院教育，认为"当今学校，不如过去的书院。教师为生计而教，学生为出路而学。学校等于商号，计时授课，铃响辄止"。后来，马一浮在四川乐山创办"复性书院"，就实践了他的书院教育思想，申明"本院精神以自由讲习与实践

---

① 《书函·与蔡元培》，见《马一浮集》第二册，453 页。
② 《书函·与马叙伦》，见《马一浮集》第二册，455～456 页。

为主"。而在教育的内容上,马一浮强调的是儒家传统的"六艺之学"。他这种重视经典教育与人文教育的思想,对当代的教育改革也是有参考意义的。

但马一浮并非一味讲究"来学"而不愿"往教"的,他所坚持的无非是实质性的教学内容,而非形式上的来往之别。这从抗战时期马一浮在江西、广西、四川等地从事讲学的事实可以证明。

1937 年 7 月 7 日,卢沟桥事变发生,日寇入侵,全国骚动。秋天,日寇攻陷上海,进逼杭州。马一浮携万卷书避寇南迁,先奔桐庐,再迁开化。1938 年春节后再迁江西泰和。这时浙江大学也辗转迁来泰和城西上田村,于 2 月 21 日开学上课。马一浮遂应浙大校长竺可桢之聘,以大师名义设"特约讲座",对浙大学生讲授国学。马一浮在泰和前后讲了十一讲,后整理成《泰和会语》,并为浙大作校歌歌词,其词充满了海纳百川、学无涯际、道贯古今、求真致用的人文精神。6 月,浙大举行毕业典礼。马一浮应校长邀请,对毕业生作了简短演讲。8 月 30 日起,浙大师生因战事日紧而分批西迁,到达广西宜山。马一浮则南行入粤,经柳江,于 10 月下旬到达宜山,在宜山南郊燕山村住下,与浙大教授张其昀、郭斌为邻。此时浙大借宜山文庙为临时校舍,于 11 月 1 日开学。马一浮继续担任特约国学讲座,前后讲了九讲,是为《宜山会语》。

马一浮在江西泰和、广西宜山时期的讲学活动,首标宋儒张载"为天地立心,为生民立命,为往圣继绝学,为万世开太平"四句话作为讲学目的。马一浮阐述张载四句教言时说:

> 中国今方遭夷狄侵陵,举国之人动心忍性,乃是多难兴邦之会。若曰图存之道,期跂及于现代国家而止,则亦是自己菲薄。今举横渠此言,欲为青年更进一解,养成刚大之资,乃可以济塞难。须信实有是理,非是姑为鼓舞之言也。①

马一浮在对浙大毕业生的演讲词中,也鼓舞学生坚信抗战必胜,正义必申。他说:

> 近来有一种流行语,名为现实主义,其实即是乡原之典型。……若人类良知未泯,正义公理终不可亡。不为何等势力所屈服,则必自不承

---

① 《马一浮集》第一册,第 8 页,杭州,浙江古籍出版社、浙江教育出版社,1996。

认现实主义而努力于理想主义始。因现实主义即是势力主义，而理想主义乃理性主义也。……宁可被人目为理想主义，不可一味承认现实，为势力所屈。尤其是在现时，吾国家民族方在被侵略中，彼侵略国者正是一种现实势力。须知势力是一时的、有尽的，正义公理是永久的，是必申的。吾人在此时，尤须具此坚强之信念，以为行为之标准……①

这些话，大义凛然，掷地有声，充分体现了一位儒者的爱国情怀。

马一浮学术思想的特点是，会通儒佛，以儒融佛。其讲学宗旨，倡导"六艺统摄一切学术"之说。其主要哲学著作有《泰和宜山会语》、《复性书院讲录》、《尔雅台答问初编》、《尔雅台答问续编》等。

马一浮的《泰和会语》一书，分十二篇，其中五篇是阐论"六艺大旨"的，其篇名分别是《楷定国学名义》、《论六艺该摄一切学术》、《论六艺统摄于一心》、《论西来学术亦统于六艺》、《举六艺明统类是始条理之事》。他在《泰和会语·楷定国学名义》中指出，所谓"国学"就是"六艺之学"，而所谓"六艺"就是指儒家的《六经》，那么，马一浮的"国学"内涵，实即等同于儒学。他说：

六艺者，即是《诗》《书》《礼》《乐》《易》《春秋》也。此是孔子之教，吾国二千余年来普遍承认一切学术之原皆出于此，其余都是六艺之支流。故六艺可以该摄诸学，诸学不能该摄六艺。今楷定国学者即是六艺之学，用此代表一切固有学术，广大精微，无所不备。②

马一浮的"六艺"论实际上包含两大涵义，一是讲"六艺"可以涵盖、统率古今中外一切学术；二是讲"六艺"统摄于一心，即六艺之学不在心外，而在一心之中。他说："学者须知六艺本是吾人性分内所具的事，不是圣人旋安排出来。吾人性量本来广大，性德本来具足，故六艺之道即是此性德中自然流出的，性外无道也。"又说："圣人之教，使人自易其恶，自至其中，便是变化气质，复其本然之善。此本然之善，名为天命之性，纯乎理者也。此理自然流出诸德，故亦名为天德。见诸行事，则为王道。六艺者，即此天德王道之所表显。故一切道术皆统摄于六艺，而六艺实统摄于一心，即是一心之全体大用也。"③ 总之在马一浮看来，学问的目的乃在于穷理尽性，变化气质，克除积习，从而恢

---

① 《马一浮集》第一册，51～52页。
② 同上书，10页。
③ 同上书，18～20页。

复人们的本然善性，最终成就为一个品格完美的人。

马一浮在浙江大学讲学，在学界反响很大。著名学者贺麟先生在《当代中国哲学》一书中对马一浮的《六艺论》给予了极高评价，他写道：

> （马先生）用力所在，及比较有系统的思想，乃是关于文化哲学的思想。他举出诗教、书教、礼教……春秋教，称为六艺……广义的指六种或六部门活泼发展的文化学术，或教化而言……包罗万象，该摄一切文化……他的文化哲学的要旨是说，一切文化皆自心性中流出，甚至广义讲来，天地内万事万物皆自心性中流出。只要人心不死，则人类的文化即不会灭绝……当然这是很有高远识见，能代表中国正统思想的文化观。

另一位现代新儒家大师唐君毅在其《哲学概论》一书中也举马一浮的《六艺论》为当代中国文化哲学的代表作。他说："近人马一浮先生，则有《六艺论》之著，亦意在以六艺之文化与其精神，通天人之教，此亦文化哲学之流。"[①] 这些评论，对马一浮《六艺论》的学术特质及其在中国思想文化史上的贡献作了精辟的概括。

马一浮在抗战时期的重大学术活动，除讲学于江西泰和、广西宜山外，便是主持复性书院的讲学、刻书活动。

复性书院创办于 1939 年。书院本来不合当时学制，而是经由孔祥熙、陈立夫等人创议并经时任国民政府委员长的蒋介石特准设立，由创议人聘请屈映光等十五人组成筹备委员会。3 月间开始筹备。不久筹委会改组为董事会，聘请马一浮为主讲，总持讲学事宜。董事长为屈映光，时任国民党中央赈济委员会副委员长。副董事长为陈其采，时任国府主计长。董事有陈布雷、邵力子等。书院经费，除了由政府拨专款三万元作建院基金外，并由教育部与四川省政府每年给予定额补助。书院设在四川省乐山县乌尤山之乌尤寺。另在山下名叫"麻濠"的小溪边建屋，作为马一浮住所（马雅称为"濠上草堂"）。5 月间，马一浮发布了《复性书院征选肄业生细则》，开始招收学生。

马一浮创设书院，以"复性"立名，其宗旨乃在发扬光大儒家六艺之学。他在阐明办院宗旨、办法的文章中说：

---

① 以上贺麟、唐君毅言论，转引自马镜泉、赵士华：《马一浮评传》，78～79 页，南昌，百花洲文艺出版社，1993。

学术人心所以纷歧，皆由溺于所习而失之，复其性则同然矣。复则无妄，无妄即诚也。……自诚明谓之性，自明诚谓之教。教之为道，在复性而已矣。……故今揭明"复性"之义以为宗趣。宗趣既定，则知讲明性道当以六艺为教。而治六艺之学，必以义理为主。六艺该摄一切学术，不分立诸科，但可分通治、别治二门。通治明群经大义，别治可专主一经。凡诸子、史部、文学之研究，皆以诸经统之。①

马一浮并拟在六经以外，分设玄学、义学、禅学、理学四讲座，聘请大师阐扬经论旨要以明性道。书院课程，分"通治"、"别治"二门。前者共同修习，以《孝经》、《论语》为一类，孟、荀、董、郑、周、张、朱、陆、王诸儒附之。后者以《尚书》、《三礼》为一类，名、法、墨三家附之；《易》、《春秋》又一类，道家附之。至于书院学生的资格问题，马一浮主张不授文凭资格，以免书院沦为"取得资格之途径"。

书院开办后，先后邀请过熊十力、赵熙、谢无量、钱穆等人来院短期讲学，称"都讲"。但主要是由"主讲"马一浮讲授"六经大义"。

1939 年 9 月 17 日，复性书院正式开讲，马一浮举"主敬为涵养之要，穷理为致知之要，博文为立事之要，笃行为进德之要"四目为学规，详加阐释，并印发《复性书院开讲日示诸生》。同日，讲友熊十力也就书院规制、地位、性质和研究旨趣等问题，作开讲谈话。马一浮向学生提出了"四目"、"八字"（即主敬、穷理、博文、笃行八字）学规后，先讲"读书法"，选必读书若干种供学生参阅，使他们从先儒语言体会义理，验之身心，见诸躬行。然后依次讲《群经大义总说》、《论语大义》、《孝经大义》、《诗教绪论》、《礼教绪论》、《洪范约义》、《观象卮言》等。《春秋大义》未及讲论，因经济困难及不为一般社会人士所认同，所以罢讲。当时，教育部要书院填报讲学人员履历及所用教材备核，马一浮即致书教育部，指责当局违背"宾礼相待"之诺言，决意辞去讲席，停止讲学，遣散书院诸生。到了 1941 年底，学生多已离去，但有杨焕昇等五人，恳请继续留院研习，获准续留一年。12 月 31 日，马一浮写了一篇《告书院学人书》，表示自 1942 年 1 月起，书院"将以刻书为职志"，以便"寓讲习于刻书"，"庶使将来求书稍易，不患无书可读"。马一浮在复性书院讲学时间不长，自 1939 年 9 月至 1941 年 5 月，共计一年零八个月。虽然未能培养出大师级人才，但他尽心尽力创

---

① 马一浮：《书院之名称旨趣及简要办法》，见《马一浮集》第二册，1168～1169 页。

办书院、推广儒学的人文精神是值得继承与弘扬的。

1941 年 6 月起，马一浮辍讲，专事刻书。为了筹措经费，他还作了一首《神助篇》的诗，向四方友朋宣布"鬻字刻书"的心迹。从1942 年 3 月起，马一浮以筹集所得和平日积蓄二万多元，全部充作刻书资金。由他主持编刻的丛书有两种：一是《儒林典要》，收录宋儒周敦颐以来至明清诸儒"发明性道之书"，可说是一部理学丛书。这部丛书陆续刻成第一辑十种，包括宋儒朱熹、胡宏、刘荀、刘子翚、刘敞，明儒曹端，清儒李光地撰编的理学论著，其第二辑又刻有《先圣大训》、《慈湖家记》、《盱坛宜诠》、《朱子读书法》等书。二是《群经统类》，包括《春秋胡氏传》、《系辞精义》、《苏氏诗集传》、《严氏诗辑》、《大学纂疏》、《中庸纂疏》、《论语纂疏》、《孟子纂疏》、《易学滥觞》、《春秋师说》、《毛诗经筵讲义》等十一种。可见马一浮在整理儒家典籍方面是下了大工夫的，难怪其弟子戴君仁要尊他为"现代朱子"了。

1946 年春，国民政府还都南京。4 月 20 日，时年六十四岁的马一浮自重庆乘飞机到上海，然后回杭州，借用里西湖的葛荫山庄为复性书院临时院舍，继续刻书。马一浮仍以卖字所得维持残局。1947 年 9 月 1 日，他还刊登了《蠲戏斋鬻字后启》以筹措刻书经费。直到 1948 年秋，国民党币制改革失败，通货膨胀，马一浮才不得不正式结束复性书院，也结束了他历经十年的讲学与刻书生涯。

复性书院结束后，马一浮为了庋藏旧有书籍、板片并士友捐赠诸书，将书院改设为智林图书馆。这个馆先后从葛荫山庄迁到外西湖朱文公祠，后又迁到花港蒋庄，直至 1949 年新中国建立。1950 年，熊十力曾写一长信呈送毛泽东主席和中央政府，提出"恢复浙江智林图书馆，由马一浮主持之"等多项文化建设的建议，毛主席虽然没有明确表示采纳，但也复信"谨致谢意"。这对马一浮后来被聘为浙江省文史研究馆首任馆长，也许有些助推之力罢。

三、沤灭归海，花开满枝（1949—1967 年）

马一浮先生生于清朝末年中国饱受帝国主义列强欺凌压榨、中华民族面临深重危机的黑暗时代。他在青年时代，为了寻找救国救民的真理，读万卷书，走万里路，考察过美国、日本、新加坡诸国，钻研过中西方哲学、宗教，也翻译过有关资本主义与社会主义的多种学说。1949

年中国共产党领导的人民解放战争推翻了国民党蒋介石的独裁统治，建立中华人民共和国以后，他作为一位笃信儒学的大师，虽然对政治巨变和共产主义的意识形态并不完全理解和赞成，因而在诗文中流露出某些困惑与不解，而对于"儒门淡泊信难收"的局面，不免滋生"卧看寒日下林丘"①的隐逸心情。但作为一位始终关心民瘼、崇尚社会公平正义的学者，他看到了中国共产党领导下的新中国的经济发展与社会进步，因而逐步改变了观望立场而真诚拥护共产党的领导和社会主义新中国。而马一浮从消极避世向积极乐观态度的转变，是与党和国家领导人认真贯彻尊重知识分子的政策分不开的，尤其是与陈毅副总理、周恩来总理尊重与关怀马一浮的"礼贤下士"态度有着直接的因果关系。

1950 年春末，一个春雨绵绵的日子里，马一浮正在寓所——杭州西湖蒋庄西楼"香岩阁"休息，忽报有客来访。这时，时任浙江省人民政府秘书的弟子吴敬生陪着二位客人来了。其中一位身穿长衫、身材魁梧的同志，原来就是赫赫有名的陈毅将军，另一位是浙江省文教厅厅长刘丹。陈毅当时已是上海市市长，乐与海内耆宿结交。他来杭州之前，曾向马一浮的挚友谢无量请教诗词，谢建言陈毅可向马一浮学旧体诗，但须以师礼事之。于是，陈毅专程驱车来杭州蒋庄拜访马一浮。他们谈古论今，说儒说佛。经过这次倾心交谈，马一浮深为这位儒将的知识、口才、风度所折服，而引为知音，而陈毅也非常敬重马一浮的道德文章。自此，马一浮接受了新中国人民政府的公职，于当年出任上海市文物管理委员会委员。② 1953 年 3 月起应聘出任浙江省文史研究馆首任馆长，直至 1966 年"文化大革命"爆发。③ 同年 11 月，马一浮应陈毅之邀到上海做客，陈毅在虹桥宾馆盛宴款待，并派员陪马一浮畅游苏州、无锡太湖等地。马一浮曾作题为《赠陈仲弘》、《虹桥宴集呈座中诸贤》、

---

① 《答王星贤》（1951 年），见《马一浮集》第三册，532 页，杭州，浙江古籍出版社、浙江教育出版社，1996。

② 有的传记、文章将陈毅拜访马一浮及聘任马一浮为"上海市文物管理委员会委员"的时间定在 1951 年或 1952 年。但丁敬涵先生珍藏的陈毅市长签署颁发的《上海市人民政府聘书》原件，其落款时间为 1950 年 4 月 26 日，则可推定陈毅访问马一浮及受聘时间应为 1950 年 4、5 月间。

③ 有多种马一浮传记资料称马一浮于 1950 年或 1952 年受聘为"华东文物保管委员会委员"，于 1954 年受聘为"中央文史研究馆副馆长"，据本人向马氏亲属以及浙江文史研究馆、中央文史研究馆多方调查后确证，上述二职均属误记或讹传，应予更正。

《鼋头渚望太湖》等诗以记其盛。1954 年起，马一浮被聘为全国政协特邀委员。1956 年冬，陈毅视察西藏归来在广东岭南温泉休息，马一浮被邀去游览观光。马一浮曾作五言长律《游岭南归书所感答湖上诸友问》一首，以记其实。

马一浮的盛德清誉，还可以从共和国开国元勋周恩来总理对他的敬重中窥见一二。1957 年，苏联最高苏维埃主席团主席伏罗希洛夫访华，周总理陪同他到杭州参观访问。总理特意安排了"伏老会见马老"的场面，并向"伏老"介绍说："马先生是当代中国的理学大师。"这在我国外交礼遇中是罕见的，说明总理"尊老敬贤"的伟人胸怀。周总理对马一浮之所以特别敬重，还有特别因缘。在 1953 年 9 月的政协全国会议上，梁漱溟受到毛主席严厉批判，但梁坚持己见，顶撞了毛主席。会议气氛异常紧张，无人敢为缓颊。总理于是致电上海找沈尹默先生，托他邀请马先生到北京婉劝梁先生检讨，以保梁过关。但马先生却断然拒绝，说："我深知梁先生的为人，强毅不屈。如他认为理之所在，虽劝无效。"通过这一事件，总理更加敬重马先生的骨气与人品，并对马先生关怀备至。

1958 年，全国大办工业时，浙江办起了杭州钢铁厂。厂方拟在马氏家族先茔所在地的皋亭山建造杭钢炼焦车间，计划迁葬马家祖坟。马一浮得知这个消息后十分忧虑。总理从浙江的汇报中了解到这个情况后，即电告浙江有关领导，指示："马先生的先茔墓与自营生圹一定要保护。已砍了的坟头树先设法补种起来！"杭州钢铁厂党委认真落实了总理指示，修改了建厂方案，保留了马氏祖墓，同时发动机关干部在马氏墓地植树。马一浮虽然衷心感谢周总理的关怀，感谢杭钢领导的保护举措，但内心难免有些许的无奈。

早在 1948 年春，马一浮六十六岁时，就在先茔旁自营生圹，冀身后袝葬于先茔墓，并撰写了《自题墓辞》。到 1958 年七十六岁时遭遇祖墓生圹濒临废湮事件之后，乃修订《自题墓辞》，并在门生蒋苏庵敦促下，隶书刻石立于生圹前，而以拓片寄平生挚友。马先生的《自题墓辞》全文如下：

> 孰宴息此山陬兮，昔有人曰马浮。老而安其茕独兮，知分定以忘忧。学未足以名家兮，或儒墨之同流。道不可为苟悦兮，生不可以幸求。从吾好以远俗兮，思穷玄以极幽。虽笃志而寡闻兮，固没齿而无怨尤。惟适性以尽年兮，若久客之归休。委形而去兮，乘化而游。蝉蜕于

兹壤兮，依先人之故丘。身与名其俱泯兮，曾何有夫去留！①

我们从其《自题墓辞》可以看出马一浮洁身自好、远离名利尘俗的书生性格，可谓老而弥坚。

1962 年是马一浮八十寿诞，总理为了表彰这位国学大师，在当时国家财政比较困难的情况下，特拨一万元专款作为马先生刻书的基金并以此为寿。总理还指示浙江领导一定要把马先生的生活安排好。为感谢党与政府的关怀，马一浮将家藏唯一的一张宋画献给国家。1964 年，马一浮在赴京参加全国政协会时，还受到毛主席的接见。马一浮恭书自撰楹联赠送毛主席与周总理。赠毛主席的联对是："使有菽粟如水火，能以天下为一家。"赠周总理的联对是："选贤与能，讲信修睦；体国经野，辅世长民。"这深切表达了马一浮先生对共和国领袖与开国元勋的赞许之情。

在 20 世纪 50 年代初期至 60 年代中期，马一浮虽然始终与政治保持距离，不愿卷入政治运动，但还是创作了不少歌颂新社会的诗篇。

1963 年，毛泽东主席向全国人民发出"向雷锋同志学习"的号召，马一浮也写下了一首歌颂雷锋艰苦奋斗、助人为乐崇高精神的赞美诗。诗曰：

> 力作皆吾分，心同此理同。
> 生非营一饱，俛俛学雷锋。

其诗后赞语云："雷锋言行足可咏叹，作此诗以美之"②。由此可见马一浮对雷锋精神的肯定。

1964 年 10 月 16 日，我国第一颗原子弹爆炸试验成功，全国人民沉浸在欢乐的海洋中。饱经时代风雨的八十二岁老人马一浮，听到广播后，兴奋得彻夜不寐，一口气写下了三首总题为《喜闻核试验成功》的庆贺诗。其一云：

> 立见虚空碎，能消倏忽谋。
> 神工同铸鼎，小智失藏舟。
> 一勺沧溟竭，须弥芥子收。
> 机轮随处转，早晚灭蚩尤！

---

① 《马一浮集》第二册，264 页。
② 诗、赞均见《马一浮集》第三册，696 页。

其二云：

> 弧矢威天下，风雷动百蛮。
> 令如流水速，国似泰山安。
> 掷杖为龙去，乘槎贯月还。
> 两阶干羽在，万众正胪欢。①

这些诗，充分表达了作者热爱祖国、热爱和平和蔑视帝国主义、霸权主义的爱国情怀。

然而，风云突变，从 1966 年 5 月起，在中国大地上爆发了名为"文化大革命"实为大革文化命的政治运动。在这场"史无前例"的灾难降临时，马一浮也难逃厄运。他被扣上"反动学术权威"的政治帽子扫地出门，眼睁睁地看着毕生收藏的古书名画被抄家、烧毁，真是悲痛欲绝。幸亏当时负责花港保卫工作的同志及时报告省政府领导，才由省图书馆、博物馆人员赶到现场，从劫火中抢救出一部分珍贵的藏书、文物、字画和手稿。②当时，八十四岁高龄的马一浮先生在被限期搬出蒋庄的那天晚上，身穿单衣，久久地倚阑仰观，对天长叹。当晚，他离开蒋庄避居安吉路的一间陋室，当有人告诉他李叔同的学生潘天寿，在美院遭受非人待遇时，他连叹"斯文扫地，斯文扫地"，从此一病不起。1967 年 6 月 2 日，这位命运多蹇的国学大师，在忧病交加中溘然与世长辞，终年八十五岁。

马一浮在病重住院前夕，自知不久人世，遂在花朝日（农历二月十二，公历 3 月 22 日）写下一首绝笔诗——《拟告别诸亲友》，诗云：

> 乘化吾安适，虚空任所之。
> 形神随聚散，视听总希夷。
> 沤灭全归海，花开正满枝。
> 临崖挥手罢，落日下峰嵫。③

诗的大意是说：我死后顺其自然，空寂的宇宙就是归宿，可以自由

---

① 《马一浮集》第三册，725～726 页。

② 据笔者查访，马一浮收藏的字画及其手稿本、书法作品在"文化大革命"前曾捐赠部分精品给全国政协，现收藏于北京故宫博物院第一历史档案馆。"文化大革命"被抄书籍、书法作品大部分收藏在浙江图书馆古籍部，部分文物、手稿则发还其家属马镜泉先生，但仍有少量手稿与书法作品流散在民间。

③ 《拟告别诸亲友》，见《马一浮集》第三册，758 页。

驰骋。人的形体精神随着生死聚散，就像道家视而不见、听而不闻的"希夷"境界，又像破灭的水泡，最后总要流归大海，而盛开的鲜花正压满枝头。在人生的尽头向亲友挥手告别，就像太阳下山那样平常自然。这首诗，是马一浮悟透人生真谛、超越生死境界的写照，也是其思想兼融儒佛道特色的反映。诗中既寄托着佛老的自然归寂境界，又蕴涵着儒家"前仆后继"、"日新日日新"的乐观精神。马一浮曾对家人说："佛家视生死为一大事，儒家则以为生死同一昼夜，同一寒暑，同一呼吸，却是平常事"。这就是马一浮的人生观、生死观。

　　总之，马一浮的一生，是一位国学大师和儒家思想家不平凡的一生。他对祖国对世界的最大贡献是，继承和发展了中华优秀传统文化，继承和发展了儒学的人文精神及其基本理论，为后世留下了宝贵的精神文化遗产。马一浮常常比喻自己为海上的"浮沤"——一个小小的水泡。沤生沤灭，是自然现象，也是生死过程。如今"沤"虽然"灭"了，但水还在奔流不息归入大海，而那满树繁花，正开得日益灿烂，"花开正满枝"句，正蕴涵着马一浮先生对光明未来的无限憧憬。

　　马一浮一生著述弘富，其内容广博，涉及众多学科领域，如文、史、哲、政、经、医等均有所作，儒、佛、道、耶、回都有论述。举其大者，如《泰和会语》一卷、《宜山会语》一卷、《复性书院讲录》六卷、《尔雅台答问初编》一卷、《尔雅台答问续编》六卷、《濠上杂著》二集、《蠲戏斋杂著》一卷、《法数钩玄》五卷，另有《留美日记》以及大量的诗、文、词、赋、笔记、钞稿和书法作品，其遗著大多已汇编成集，在20世纪八九十年代和21世纪初，分别在浙江、台湾出版，还出版了多种马一浮书法作品选。[①]但因条件限制，已出文集颇多遗漏，且有上百万字日记、笔记、诗词和有关地方文献的札记、抄稿等未经整理，学术界对马一浮思想与学术的研究尚属起步而未达盛境。自2008年至2012年，浙江省文史研究馆组织专家学者整理编校出版了《马一浮书法作品集》三卷本和《马一浮全集》十卷本[②]，浙江大学还建立了

---

　　① 浙江古籍出版社和浙江教育出版社于1996年10月出版了虞万里、丁敬涵、马镜泉等人校点的《马一浮集》凡三册；台湾广文书局则于1992年、1998年、2002年先后出版了陆宝千、丁敬涵编校的《马一浮先生遗稿初编》及《续编》、《三编》各一册。安徽美术出版社曾于1988年8月出版《马一浮书法选》。

　　② 《马一浮书法作品集》八开本三卷，梁平波、余正主编，浙江古籍出版社2012年10月出版；《马一浮全集》十六开本十卷，吴光主编，浙江古籍出版社2013年2月出版。二书均由浙江省文史研究馆立项资助并组织专家学者整理编校。

国际马一浮人文研究中心①，拟推出若干重大研究课题。马先生泉下有知，当亦为"花开正满枝"的情景感到欣慰了。

　　本书的编辑出版，系由中国人民大学出版社邀约，遵循该社策划出版的《中国近代思想家文库》的体例选编。全册由吴光负责选文，其工作底本则据浙江古籍出版社 2013 年 1 月版《马一浮全集》，并征得有关负责人的同意收录其点校稿本，再由编者校改一遍，而在内文保留原点校者的署名。因受《文库》体例所定篇幅限制，我们仅收录了马先生撰著于 1949 年以前的代表作。其中《泰和宜山会语》收录全篇二卷，《复性书院讲录》则选收四卷，《尔雅台答问》共三种，本书选收其《初编》与《续编》，而舍其《补编》，《寒江雁影录》一卷全收，另外选收了《马一浮全集·文集》之《序·跋·启》一卷和《记·传·铭·赞》一卷，选收《蠲戏斋杂著》，而对于《全集》所收之书札则多为应酬之作，故一概未录，虽有论学遗珠，也只有割爱了。书末附录了马一浮的弥甥女丁敬涵先生原著、经由本人改编的《马一浮先生年谱简编》，以供学者研究参考。参与本书点校的学者有邵鸿烈、朱晓鹏、尚佐文、虞万里、徐儒宗、邓新文、丁敬涵等七人。因编者水平所限，且时间较为匆促，故书中错误在所难免，敬祈读者不吝批评指正。

吴光敬识

2014 年 6 月 3 日于中国人民大学国学院

---

　　① 浙江大学国际马一浮人文研究中心于 2012 年 5 月筹建，2013 年 4 月正式挂牌成立。由著名儒学家杜维明教授和浙江大学副校长罗卫东教授任主任，吴光任执行主任，龚鹏程、徐立望教授任副主任。

一、泰和宜山会语 二卷

虞万里 点校
邵鸿烈 吴光 复校

卷端题识

昔伊川先生每告学者："汝信取理，莫取我语。"见人记其言语，则曰："某在，焉用此？"盖理是人人所同具，信理则无待于言，凡言皆剩也；言为未信者说，徒取言而不会理，是执指为月，不唯失月，抑且失指。先儒随机施设，不得已而有言，但欲人因言见理而已，岂欲其言之流布哉！若记录之言，失其语脉者，往往有之，自非默识心融，亦鲜能如其分齐。然自孔门以来，答问讲说之辞并有流传，未之或废。虽曰讽味遗言不如亲承音旨，然古人往矣，千载之下，犹得因言以窥其志，如见其人，则记录亦何可绝也？人在斯道在，固无事于记言；人不可遇，则遇之在言矣。讲说与著述事异。著述文辞须有体制；讲说则称意而谈，随顺时俗，语言欲人易喻，虽入方言俚语不为过，释氏诸古德上堂垂语实近之。其不由记录，出于自撰，古之人有行之者，如象山《白鹿书院论语讲义》《荆门军皇极讲义》、朱子《玉山讲义》是也。明儒自阳明后，讲会益盛，每有集听，目为会语，其末流浸滥。浮平生杜门，虽亦偶应来机，未尝聚讲。及避寇江西之泰和，始出一时酬问之语。其后逾岭入桂，复留滞宜山，续有称说。皆仓卒为之，触缘而兴，了无次第。始吾乡王子余见《泰和会语》，曾以活字本一印于绍兴，吴敬生、曹叔谋、陶赐芝、詹允明为再印于桂林，旋已散尽。今羁旅嘉州，同处者多故旧。沈无倦、詹允明、何懋桢诸君，及从游之士乌以风、张立民、赖振声、刘公纯诸子，复谋醵资，取泰和、宜山会语，合两本而锓诸木，且为校字，欲以贻初机之好问者。刻成而始见告。诸君子之意则善矣，吾之言实不堪流布也。夫天下之言学者亦多端矣，此庄生所谓"一虻之劳者"也，其于物也何庸？世之览者，或诮其空疏，或斥以诞妄，吾皆不辞，不欲自掩其陋。虽然，使其言而或有一当，则千里之外应之，言虽陋，容亦有可择者存乎其间。苟其不善，则千里之外违之，是亦使吾得闻其过也。故引伊川之言为题其卷端，以志诸子勤勤之意，且以明吾之措心，故无分于语默也。中华民国二十九年一月马浮识。

卷一　泰和会语

引　端

今因避难来泰和，得与浙江大学诸君相聚一堂，此为最难得之缘会。竺校长与全校诸君不以某为迂谬，设此国学讲座，使之参预讲论。其意义在使诸生于吾国固有之学术得一明了之认识，然后可以发扬天赋之知能，不受环境之陷溺，对自己完成人格，对国家社会乃可以担当大事。荀子说："物来而能应，事至而不惑，谓之大儒。"若能深造有得，自然有此效验。须知吾国文化最古，圣贤最多，先儒所讲明，实已详备。但书籍浩博，初学不知所择。又现代著述往往以私智小慧轻非古人，不免疑误后学，转增迷惘。故今日所讲主要之旨趣，但欲为诸生指示一个途径，使诸生知所趋向，不致错了路头，将来方好致力。闻各教授皆言诸生姿质聪颖，极肯用功，此不但是大学最好现象，亦是国家前途最好现象，深为可喜。某虽衰老，甚愿与诸生敩学相长，共与适道。但诸生所习学科繁重，颇少从容涵泳之暇。须知学问是终身以之之事，千里之行，始于跬步，但能立志，远大可期。譬如播种，但有嘉种下地，不失雨露培养，自能发荣滋长。程子说："天地之间，只是一个感应。"有感必有应，所应复为感，其感又有应，如是则无穷。某今日所言，只患不能感动诸生，不患诸生不能应。若诸生不是漠然听而不闻，则他日必可发生影响。此是某之一种信念，但愿诸生亦当具一种信念，信吾国古先哲道理之博大精微，信自己身心修养之深切而必要，信吾国学术之定可昌明，不独要措我国家民族于磐石之安，且当进而使全人类能相生相养而不致有争夺相杀之事。具此信念然后可以讲国学，这便是今日开讲的一个引端，愿诸生谛听。

论治国学先须辨明四点

诸生欲治国学，有几点先须辨明，方能有入：

一、此学不是零碎断片的知识，是有体系的，不可当成杂货；

二、此学不是陈旧呆板的物事，是活鲅鲅的，不可目为骨董；

三、此学不是勉强安排出来的道理，是自然流出的，不可同于机械；

四、此学不是凭借外缘的产物，是自心本具的，不可视为分外。

由明于第一点，应知道本一贯，故当见其全体，不可守于一曲；

由明于第二点，应知妙用无方，故当温故知新，不可食古不化；

由明于第三点，应知法象本然，故当如量而说，不可私意造作，穿凿附会；

由明于第四点，应知性德具足，故当向内体究，不可徇物忘己，向外驰求。

横渠四句教

昔张横渠先生有四句话，今教诸生立志，特为拈出，希望竖起脊梁，猛著精采，依此立志，方能堂堂的做一个人。须知人人有此责任，人人具此力量，切莫自己诿卸，自己菲薄。此便是"仁以为己任"的榜样，亦即是今日讲学的宗旨，慎勿以为空言而忽视之。

为天地立心：

《易·大传》曰："《复》，其见天地之心乎。"《剥》《复》是反对卦。☷☳《剥》穷于上，是君子道消；☷☳《复》反于下，是君子道长。伊川《易传》以为动而后见天地之心。天地之心于何见之？于人心一念之善见之。故《礼运》曰："人者，天地之心也。"《程氏遗书》云："一日之运，即一岁之运；一人之心，即天地之心。"盖人心之善端，即是天地之正理。善端即复，则刚，浸而长，可止于至善，以立人极，便与天地合德。故"仁民爱物"，便是"为天地立心"。天地以生物为心，人心以恻隐为本。孟子言四端，首举恻隐，若无恻隐，便是麻木不仁，漫无感觉，以下羞恶、辞让、是非，俱无从发出来。故"天地之大德曰生"，人心之全德曰仁。学者之事，莫要于识仁求仁，好仁恶不仁，能如此，乃是"为天地立心"。

为生民立命：

儒者立志，须是令天下无一物不得其所，方为圆成。孟子称伊尹"一夫不获"，"若己推而纳诸沟中"。横渠《西铭》云："凡天下之疲癃、残疾、茕独、鳏寡，皆吾兄弟之颠连而无告者也。"此皆明万物一体之义。圣人吉凶与民同患，未有众人皆忧而己能独乐，众人皆危而己能独安者。万物一体，即是万物同一生命。若人自扼其吭，自残其肢，自剚其腹，而曰吾将以求生，决无是理。孟子曰："夭寿不贰，修身以俟之，所以立命也。"朱子注云："立命谓全其天之所付，不以人为害之。"又曰："尽其道而死者，正命也。桎梏死者，非正命也。"今人心陷溺，以人为害天赋，不得全其正命者，有甚于桎梏者矣。仁人视此，若疮痏之在身，疾痛之切肤，不可一日安也。故必思所以出水火而登衽席之道，使得全其正命。孔子曰："老者安之，朋友信之，少者怀之。"学者立志，合下便当有如此气象，此乃是"为生民立命"也。

为往圣继绝学：

此理不为尧存，不为桀亡，在圣不增，在凡不减。但因人为气习所拘蔽，不肯理会，便成衰绝。其实"人皆可以为尧舜"。颜子曰："舜，何人哉？予，何人哉？有为者亦若是。"学者只是狃于习俗，不知圣贤分上事即吾性分内事，不肯承当。故有终身读书，只为见闻所囿，滞在知识边，便谓已足，不知更有向上事，汩没自性，空过一生。孔子曰："不曰'如之何，如之何'者，吾未如之何也已矣。""有能一日用其力于仁矣乎，吾未见力不足者。"圣人之言剀切如此。道之不明不行，只由于人之自暴自弃。故学者立志，必当确信圣人可学而至，吾人所禀之性与圣人元无两般。孟子曰："圣人先得我心之所同然耳。""心之所同然者何也？谓理也，义也。"濂、洛、关、闽诸儒，深明义理之学，真是直接孔孟，远过汉唐。"为往圣继绝学"，在横渠绝非夸词。今当人心晦盲否塞、人欲横流之时，必须研究义理，乃可以自拔于流俗，不致戕贼其天性。学者当知圣学者即是义理之学，切勿以心性为空谈而自安于卑陋也。

为万世开太平：

太平不是幻想的乌托邦，乃是实有是理。如尧之"光被四表，格于上下"；文王之"自西自东，自南自北，无思不服"，都是事实。干羽格有苗之顽，不劳兵革；礼让息虞、芮之讼，安用制裁。是故不赏而劝，不怒而威，不言而信，无为而成。《中庸》曰"君子笃恭而天下平"，"声色之于以化民末也"。圣人至德渊微，自然之效，斯乃政治之极轨。自帝降而王，王降而霸，霸降而夷狄，天下治日少而乱日多。秦并六国，二世而亡，晋失其驭，五胡交乱，力其可恃乎？中外历史，诸生闻之熟矣，非无一时强大之国，只如飘风骤雨，不可久长。程子曰："王者以道治天下，后世只是以法把持天下。"又曰："三代而下，只是架漏牵补，过了时日。"孟子曰："以力假仁者霸"，"以德行仁者王"，"以力服人者，非心服也，力不瞻也；以德服人者，中心悦而诚服也"。从来辨王、霸莫如此言之深切著明。学者须知孔孟之言政治，其要只在贵德而不贵力。然孔孟有德无位，其道不行于当时，而其言则可垂法于万世。故横渠不曰"致"而曰"开"者，致是实现之称，开则期待之谓。苟非其人，道不虚行，果能率由斯道，亦必有实现之一日也。从前论治，犹知以汉唐为卑，今日论治，乃惟以欧美为极。从前犹以管、商、申、韩为浅陋，今日乃以孟梭里尼、希特勒为豪杰，以马格斯、列宁为圣人。今亦不暇加以评判。诸生但取六经所陈之治道，与今之政论比而观之，则知碔砆不可以为玉，蝘蜓不可以为龙，其相去何啻霄壤也。中国今方遭夷狄侵陵，举国之人动心忍性，乃是多难兴邦之会。若曰图存之道，期跂及于现代国家而止，则亦是自己菲薄。今举横渠此言，欲为青年更进一解，养成刚大之资，乃可以济塞难。须信实有是理，非是姑为鼓舞之言也。

楷定国学名义 国学者，六艺之学也

大凡一切学术，皆由思考而起，故曰学原于思。思考所得，必用名言，始能诠表。诠是诠释，表是表显。名言即是文字，名是能诠，思是所诠。凡安立一种名言，必使本身所含摄之义理明白昭晰，使人能喻，释氏立文身、句身、名身，如是三身为一切言教必具之体。喻是领会晓了，随其根器差别而有分齐不同。例如颜子"闻一以知十"，子贡"闻一以知二"之类。谓之教体。佛说此方以音声为教体。必先喻诸己，而后能喻诸人。因人所已喻，而告之以其所未喻，才明彼，即晓此，因喻甲事而及乙事，辗转关通，可以助发增长人之思考力，方名为学。故学必读书穷理，书是名言，即是能诠，理是所诠。亦曰"格物致知"，物是一切事物之理，知即思考

之功。《易·系辞传》曰："唯深也，故能通天下之志。"换言之，即是于一切事物表里洞然，更无睽隔，说与他人，亦使各各互相晓了，如是乃可通天下之志，如是方名为学。略说"学"字大意，次说国学名词。国学这个名词，如今国人已使用惯了，其实不甚适当。照旧时用国学为名者，即是国立大学之称。今人以吾国固有的学术名为国学，意思是别于外国学术之谓。此名为依他起，严格说来，本不可用。今为随顺时人语，故暂不改立名目。然即依固有学术为解，所含之义亦太觉广泛笼统，使人闻之，不知所指为何种学术。照一般时贤所讲，或分为小学、文字学、经学、诸子学、史学等类，大致依四部立名。然四部之名本是一种目录，犹今图书馆之图书分类法耳。荀勖《中经簿》本分甲、乙、丙、丁，《隋书·经籍志》始立经、史、子、集之目，至今沿用，其实不妥。今姑不具论，他日别讲。能明学术流别者，惟《庄子·天下篇》、《汉书·艺文志》最有义类。今且不暇远引，即依时贤所举，各有专门，真是皓首不能究其义，毕世不能竟其业。今诸生在大学所习学科甚繁，时间有限，一部十七史从何处说起。现在要讲国学，第一须楷定国学名义，"楷定"是义学家释经用字，每下一义，须有法式，谓之楷定。楷即法式之意，犹今哲学家所言范畴，亦可说为领域。故楷定即是自己定出一个范围，使所言之义不致凌杂无序或枝蔓离宗。老子所谓"言有宗，事有君"也。何以不言确定而言楷定？学问，天下之公，言确定则似不可移易，不许他人更立异义，近于自专。今言楷定，则仁智各见，不妨各人自立范围，疑则一任别参，不能强人以必信也。如吾今言国学是六艺之学，可以该摄其余诸学，他人认为未当，不妨各自为说，与吾所楷定者无碍也。又楷定异于假定。假定者，疑而未定之词，自己尚信不及，姑作是见解云尔。楷定则是实见得如此，在自己所立范畴内更无疑于义也。第二须先读基本书籍，第三须讲求简要方法。如是，诸生虽在校听讲时间有限，但识得门径不差，知道用力方法不错，将来可以自己研究，各有成就。今先楷定国学名义。举此一名，该摄诸学，唯六艺足以当之。六艺者，即是《诗》《书》《礼》《乐》《易》《春秋》也。此是孔子之教，吾国二千余年来普遍承认一切学术之原皆出于此，其余都是六艺之支流。故六艺可以该摄诸学，诸学不能该摄六艺。今楷定国学者，即是六艺之学，用此代表一切固有学术，广大精微，无所不备。某向来欲撰《六艺论》，郑康成亦有《六艺论》，今已不传。佚文散见群经注疏中，但为断片文字，不能推见其全体，殊为可惜。某今日所欲撰之书，名同实别，不妨各自为例。未成而遭乱，所缀辑先儒旧说、群经大义，俱已散失无存。今欲为诸生广说，恐嫌浩汗，只能举其要略，启示一种途径，使诸生他日可自己求之。且为时间短促，亦不能不约说也。

今举《礼记·经解》及《庄子·天下篇》说六艺大旨，明其统类如下：

《经解》引孔子曰："入其国，其教可知也。其为人也，温柔敦厚，《诗》教也；疏通知远，《书》教也；广博易良，《乐》教也；絜静精微，《易》教也；恭俭庄敬，《礼》教也；属辞比事，《春秋》教也。"

《庄子·天下篇》曰："《诗》以道志，《书》以道事，《礼》以道行，《乐》以道和，《易》以道阴阳，《春秋》以道名分。"

自来说六艺，大旨莫简于此。有六艺之教，斯有六艺之人。故孔子之言是以人说，庄子之言是以道说。《论语》曰："人能弘道，非道弘人。"道即六艺之道，人即六艺之人。有得六艺之全者，有得其一二者，所谓"学焉而得其性之所近"。《论语》记"子所雅言，《诗》、《书》、执礼"，"兴于《诗》，立于《礼》，成于《乐》"。《王制》："乐正崇四术，立四教，顺先王《诗》《书》《礼》《乐》以造士。春秋教以《礼》《乐》，冬夏教以《诗》《书》。"是知四教本周之旧制，孔子特加删订。《易》藏于太卜，《春秋》本鲁史，孔子晚年始加赞述，于是合为六经，亦谓之六艺。《史记·孔子世家》云："及门之徒三千，身通六艺者七十有二人。"旧以礼、乐、射、御、书、数当之，实误。寻上文叙次孔子删《诗》《书》、定《礼》《乐》、赞《易》、修《春秋》，自必蒙上而言，六艺即是六经无疑。与《周礼》乡三物所言六艺有别，一是艺能，一是道术。乡三物所名礼，乃指仪容器数；所名乐，乃指铿锵节奏：是习礼乐之事，而非明其本原也。唯"六德"知、仁、圣、义、中、和，实足以配六经，此当别讲。今依《汉书·艺文志》以六艺当六经。经者，常也，以道言谓之经；艺犹树艺，以教言谓之艺。

论六艺该摄一切学术

何以言六艺该摄一切学术？约为二门：一、六艺统诸子；二、六艺统四部。诸子依《汉志》，四部依《隋志》。

甲：六艺统诸子

欲知诸子出于六艺，须先明六艺流失。《经解》曰："《诗》之失愚，《书》之失诬，《乐》之失奢，《易》之失贼，《礼》之失烦，《春秋》之失乱。"学者须知，六艺本无流失，"学焉而得其性之所近"，俱可适道。

其有流失者，习也。心习才有所偏重，便一向往习熟一边去，而于所不习者便有所遗。高者为贤、知之过，下者为愚、不肖之不及，遂成流失。佛氏谓之边见，庄子谓之往而不反。此流失所从来，便是"学焉而得其习之所近"，慎勿误为六艺本体之失。此须料简明白。

《汉志》："诸子十家，其可观者九家。"其实九家之中，举其要者，不过五家，儒、墨、名、法、道是已。出于王官之说，不可依据，今所不用。《学记》："师严然后道尊，道尊然后民知敬学。是故君之所不臣于其臣者二：当其为尸，则弗臣也；当其为师，则弗臣也。大学之体，虽诏于天子，无北面，所以尊师也。"此明官、师有别，师之所诏并非官之所守也。（《周礼》司徒之官有"师氏掌以媺诏王"，"保氏掌谏王恶"。凡"王举则从，听治亦如之"。师氏"使其属率四夷之隶，各以其兵服守王之门外，且跸"。保氏"使其属守王闱"。此如后世侍从之官。郑注《冢宰》"以九两系邦国之民"，"师以贤得民"，"儒以道得民"，乃以诸侯之师氏、保氏当之，变保为儒，此实于义乖舛，不可从。）《论语》："温故而知新，可以为师矣。"又语子夏："汝为君子儒，毋为小人儒。"此所言师、儒，岂可以官目之邪？《七略》旧文某家者流出于某官，亦以其言有关政治，换言之，犹曰某家者可使为某官。如"雍也，可使南面"云尔，岂谓如书吏之抱档案邪？如谓道家出于史官，今《老子》五千是否周之国史？墨家出于清庙之守，今墨书所言并非笾豆之事。此最易明。吾乡章实斋作《文史通义》，创为"六经皆史"之说，以六经皆先王政典，守在王官，古无私家著述之例，遂以孔子之业并属周公，不知孔子"祖述尧、舜，宪章文、武"，乃以其道言也。若政典，则三王不同礼，五帝不同乐，且孔子称《韶》《武》，则明有抑扬，论十世，则知其损益，并不专主于"从周"也。信如章氏之说，则孔子未尝为太卜，不得系《易》；未尝为鲁史，亦不得修《春秋》矣。《十翼》之文，广大悉备，太卜专掌卜筮，岂足以知之；笔削之旨，游、夏莫赞，亦断非鲁史所能与也。"以吏为师"，秦之弊法，章氏必为回护，以为三代之遗，是诚何心！今人言思想自由，犹为合理。秦法"以古非今者族"，乃是极端遏制自由思想，极为无道，亦是至愚。经济可以统制，思想云何由汝统制？曾谓三王之治世而有统制思想之事邪？惟《庄子·天下篇》则云："古之道术有在于是者，（某某）〔墨翟、禽滑厘〕闻其风而说之。"乃是思想自由自然之果。所言"道德不一，天下多得一察焉以自好"，"各为其所欲〔焉〕以自为方"，"道术将为天下裂"，乃以"不该不遍"为病，故庄立道术、方术二名。（非如后世言方术当方伎也。）是以道术为该遍之称，而方术则为一家之学。谓方术出于道术，胜于九流出于王官之说多矣。与其信刘歆，不如信庄子。实斋之论甚卑而专固，亦与公羊家孔子改制之说同一谬误。且《汉志》出于王官之说，但指九家，其叙六艺，本无此言，实斋乃以六艺亦为王官所守，并非刘歆之意也。略为辨正于此，学者当知。不通六艺，不名为儒，此不待言。墨家统于《礼》，名、法亦统于《礼》，道家统于《易》。判其得失，分为四句：一，得多失多。二，得多失少。三，得少失多。四，得少失少。例如道家体大，观变最深，故老子得于《易》为多，而流为阴谋，其失亦多，"《易》之失贼"也。贼训害。庄子《齐物》，好为无端崖之辞，以天下不可与庄语。得于《乐》之意为多，而不免流荡，亦是得多失多，"《乐》之失奢"也。奢是侈大之意。墨子虽非乐，而《兼爱》《尚同》实出于《乐》，《节用》《尊天》《明鬼》出于《礼》，而《短丧》又与《礼》悖。墨经难读，又兼名家亦出于《礼》，如墨子之于《礼》《乐》，是得少失多也。法家往往兼道家言，如《管子》，《汉志》本在道家，韩非亦有《解老》《喻老》，自托于道。其于《礼》与《易》，亦是得少失多。余如惠施、公孙龙子之流，虽极其辩，无益于道，可谓得少失少。其得多失少者，独有荀卿。荀本儒家，身通六艺，而言"性恶"、"法后王"是其失也。若诬与乱之失，纵横家兼而有之，然其谈王伯皆游辞，实无所得，故不足判。杂家亦是得少失少。农家与阴阳家虽出于《礼》与《易》，末流益卑陋，无足判。观于五家之得失，可知其学皆统于六艺，而诸子学之名可不立也。

乙：六艺统四部

何以言六艺统四部？今经部立十三经、四书，而以小学附之，本为未允。六经唯《易》《诗》《春秋》是完书；《尚书》今文不完，古文是依托；《仪礼》仅存士礼；《周礼》亦缺冬官；《乐》经本无其书；《礼记》是传，不当遗大戴而独取小戴；《左氏》《公》《谷》三传亦不得名经；《尔雅》是释群经名物；唯《孝经》独专经名，其文与《礼记》诸篇相类；《论语》出孔门弟子所记；《孟子》本与《荀子》同列儒家，与二戴所采曾子、子思子、公孙尼子七十子后学之书同科，应在诸子之列，但以其言最醇，故以之配《论语》。然曾子、子思子、公孙尼子之言亦醇，何以不得与《孟子》并？二戴所记曾子语独多，后人曾辑为《曾子》十篇。《中庸》出子思子，《乐记》出公孙尼子，并见《礼记》正义，可信。然《礼记》所采七十子后学之书多醇。《大学》不必定为曾子之遗书，必七十子后学所记则无疑也。二戴兼采秦、汉博士之说，则不尽醇。此须料简。今定经部之书为宗经论、释经论二部，皆统于经，则秩然矣。宗经、释经区分，本义学家判佛书名目，然此土与彼土著述大体实相通，此亦门庭施设，自然成此二例，非是强为差排，诸生勿疑为创见。孔子晚而系《易》，《十翼》之文，便开此二例，《彖》《象》《文言》《说卦》是释经，《系传》《序卦》《杂卦》是宗经。寻绎可见。六艺之旨，散在《论语》而总在《孝经》，是为宗经论。《孟子》及二戴所采曾子、子思子、公孙尼子诸篇，同为宗经论。《仪礼·丧服传》子夏所作，是为释经论。三传及《尔雅》亦同为释经论。《礼记》不尽是传，有宗有释。《说文》附于《尔雅》，本保氏教国子以六书之遗。如是则经学、小学之名可不立也。诸子统于六艺，已见前文。

其次言史。司马迁作《史记》，自附于《春秋》，《班志》因之。纪传虽由史公所创，实兼用编年之法；多录诏令奏议，则亦《尚书》之遗意。诸志特详典制，则出于《礼》，如《地理志》祖《禹贡》，《职官志》祖《周官》，准此可推。纪事本末则左氏之遗则也。史学巨制，莫如《通典》《通志》《通考》，世称"三通"，然当并《通鉴》计之为四通。编年记事出于《春秋》，多存论议出于《尚书》，记典制者出于《礼》。判其失亦有三：曰诬，曰烦，曰乱。知此，则知诸史悉统于《书》《礼》《春秋》，而史学之名可不立也。

其次言集部。文章体制流别虽繁，皆统于《诗》《书》。《汉志》犹知此意，故单出"诗赋略"，便已摄尽。六朝以有韵为文，无韵为笔，后世复分骈散，并舁陋之见。"《诗》以道志，《书》以道事"，文章虽极其变，不出此二门。志有浅深，故言有粗妙；事有得失，故言有纯驳。思知言不可不知人，知人又当论其世，故观文章之正变而治乱之情可见矣。今言文学，统于《诗》者为多。《诗·大序》曰："治世之音安以乐，其政和；乱世之音怨以怒，其政乖；亡国之音哀以思，其民困。"三句便将一切文学判尽。《论语》曰："诵《诗》三百，授之以政，不达"，"虽多，亦奚以为?"可见《诗》教通于政事。"《书》以道事"，《书》教即政事也，故知《诗》教通于《书》教。《诗》教本仁，《书》教本知。古者教《诗》于南学，教《书》于北学，即表仁知也。《乡饮酒义》曰："向仁""背藏"，"左圣""右义"。藏即是知。"知以藏往"，故知是藏义。教《乐》于东学，表圣；教《礼》于西学，表义。故知、仁、圣、义，即是《诗》《书》《礼》《乐》四教也。前以六艺流失判诸子，独遗《诗》教。"《诗》之失愚"，唯屈原、杜甫足以当之，所谓"古之愚也直"。六失之中，唯失于愚者不害为仁，故《诗》教之失最少。后世修辞不立其诚，浮伪夸饰，不本于中心之恻怛，是谓"今之愚也诈"。以此判古今文学，则取舍可知矣。两汉文章近质，辞赋虽沈博极丽，多以讽谕为主，其得于《诗》《书》者最多，故后世莫能及。唐以后，集部之书充栋，其可存者，一代不过数人。至其流变，不可胜言，今不具讲。但直抉根原，欲使诸生知其体要咸统于《诗》《书》，如是则知一切文学皆《诗》教、《书》教之遗，而集部之名可不立也。

上来所判，言虽简略，欲使诸生于国学得一明白概念，知六艺总摄一切学术，然后可以讲求。譬如行路，须先有定向，知所向后，循而行之，乃有归趣。不然则博而寡要，劳而少功，泛泛寻求，真是若涉大海，茫无津涯。吾见有人终身读书，博闻强记而不得要领，绝无受用，只成得一个书库，不能知类通达，如是又何益哉？复次当知讲明六艺不是空言，须求实践。今人日常生活，只是汩没在习气中，不知自己性分内本自具足一切义理。故六艺之教，不是圣人安排出来，实是性分中本具之理。《记》曰："天高地下，万物散殊，而礼制行矣；流而不息，合同而化，而乐兴焉。""礼者，天地之序。""乐者，天地之和。"故曰："《礼》《乐》不可斯须去身。""仁者见之谓之仁，知者见之谓之知，百姓日用而不知。"自性本具仁智，由不见，故日用不知，溺于所习，流为不仁不知。《礼》《乐》本自粲然，不可须臾离，由于不肯率由，遂至无序不和。今人亦知人类须求合理的生活，亦曰正常生活，须知六艺之教即是人类合理的正常生活，不是偏重考古，徒资言说而于实际生活相远的事。今所举者，真是大辂椎轮，简略而又简略，然祭海先河，言语之序，亦不得不如此。

论六艺统摄于一心

语曰："举网者必提其纲，振衣者必挈其领。"先须识得纲领，然后可及其条目。前讲六艺之教可以该摄一切学术，这是一个总纲，真是"范围天地之化而不过，曲成万物而不遗"。学者须知六艺本是吾人性分内所具的事，不是圣人旋安排出来。吾人性量本来广大，性德本来具足，故六艺之道即是此性德中自然流出的，性外无道也。从来说性德者，举一全该则曰仁，开而为二则为仁知、为仁义，开而为三则为知、仁、勇，开而为四则为仁、义、礼、知，开而为五则加信而为五常，开而为六则并知、仁、圣、义、中、和而为六德。就其真实无妄言之，则曰"至诚"；就其理之至极言之，则曰"至善"。故一德可备万行，万行不离一德。知是仁中之有分别者，勇是仁中之有果决者，义是仁中之有断制者，礼是仁中之有节文者，信即实在之谓，圣则通达之称，中则不偏之体，和则顺应之用，皆是吾人自心本具的。

心统性情，性是理之存，情是气之发。存谓无乎不在，发则见之流行。理行乎气中，有是气则有是理。因为气禀不能无所偏，故有刚柔善恶，《通书》曰："刚善为义、为直、为断、为严毅、为干固，恶为猛、为隘、为强梁；柔善为慈、为顺、为巽，恶为懦弱、为无断、为邪佞。"先儒谓之气质之性。圣人之教，使人自易其恶，自至其中，便是变化气质，复其本然之善。此本然之善，名为天命之性，纯乎理者也。气质之性，自横渠始有此名。汉儒言性，皆祖述荀子，只见气质之性。然气质之性亦不一向是恶，恶只是个过不及之名。故天命之性纯粹至善，气质之性有善有恶，方为定论。若孟子道性善，则并气质亦谓无恶。如谓："富岁，子弟多赖；凶（年）〔岁〕，子弟多暴。非天之降才尔殊也，〈其〉所以陷溺其心者然也。"又曰："若夫为不善，非才之罪也。"才即是指气质。孟子之意是以不善完全由于习，气质元无不善也。汉人说性，往往以才性连文为言，不免含混，故当从张子。然天命之性与气质之性并非是两重。程子曰："论性不论气则不备；论气不论性则不明；二之则不是。"气质之性有善有不善，犹水之有清浊也。清水浊水，元是一水。变化气质，即是去其砂石，使浊者变清。及其清时，亦只是元初水，不是别将个清的来换却浊的。此理自然流出诸德，故亦名为天德。见诸行事，则为王道。六艺者，即此天德王道之所表显。故一切道术皆统摄于六艺，而六艺实统摄于一心，即是一心之全体大用也。《易》本隐以之显，即是从体起用。《春秋》推见至隐，即是摄用归体。故《易》是全体，《春秋》是大用。伊川作《明道行状》曰："穷神知化，由通于礼乐；尽性至命，必本于孝弟。"须知《易》言神化，即礼乐之所从出；《春秋》明人事，即性道之所流行。《诗》《书》并是文章，孔子称"尧焕乎其有文章"，子贡称"夫子之文章"，此言文章乃是圣人之大业，勿误作文辞解。文章不离性道，故《易》统《礼》《乐》，横渠《正蒙》云："一故神，二故化。"礼主别异，二之化也；乐主和同，一之神也。礼主减，乐主盈，礼减而进，以进为文，乐盈而反，以反为文，皆阴阳合德之理。《春秋》该《诗》《书》。孟子谓"王者之迹熄而《诗》亡，《诗》亡然后《春秋》作"，故《春秋》继《诗》。《诗》是好恶之公，《春秋》是褒贬之正。《尚书》称二帝三王极其治，《春秋》讥五伯极其乱，拨乱世反之正，因行事加王心，皆所以继《书》也。以一德言之，皆归于仁；以二德言之，《诗》《乐》为阳是仁，《书》《礼》为阴是知，亦为义；以三德言之，则《易》是圣人之大仁，《诗》《书》《礼》《乐》并是圣人之大智，而《春秋》则是圣人之大勇；以四德言之，《诗》《书》《礼》《乐》即是仁、义、礼、智；此以《书》配义，以《乐》配智也。以五德言之，《易》明天道，《春秋》明人事，皆信也，皆实理也；以六德言之，《诗》主仁，《书》主知，《乐》主圣，《礼》主义，《易》明大本是中，《春秋》明达道是和。《中庸》曰："惟天下至圣，为能聪明睿知，足以有临也；此为德之总相。宽裕温柔，足以有容也；仁德之相。发强刚毅，足以有执也；义德之相。齐庄中正，足以有敬也；礼德之相。文理密察，足以有别也。智德之相。溥博渊泉，而时出之。"溥博言其大，渊泉言其深。此为圣人果上之德相。《经解》所言"温柔敦厚"，"疏通知远"，"广博易良"，"恭俭庄敬"，"洁静精微"，"属辞比事"，则为学者因地之德相。而"洁静精微"之因德，与"聪明睿智"之果德并属总相，其余则为别相。曰圣曰仁，亦是因果相望，并为总相。总不离别，别不离总，六相摄归一德，故六艺摄归一心。圣人以何圣？圣于六艺而已。学者于何学？学于六艺而已。大哉，六艺之为道！大哉，一心之为德！学者于此可不尽心乎哉？

论西来学术亦统于六艺

六艺不唯统摄中土一切学术，亦可统摄现在西来一切学术。举其大概言之，如自然科学可统于《易》，社会科学或人文科学。可统于《春秋》。因《易》明天道，凡研究自然界一切现象者皆属之；《春秋》明人事，凡研究人类社会一切组织形态者皆属之。董生言"不明乎《易》，不能明《春秋》"，如今治社会科学者，亦须明自然科学，其理一也。物生而后有象，象而后有滋，滋而后有数，今人以数学、物理为基本科学，是皆《易》之支与流裔，以其言皆源于象数而其用在于制器。《易传》曰："以制器者尚其象。"凡言象数者，不能外于《易》也。人类历史过程皆由野而进于文，由乱而趋于治，其间盛衰兴废、分合存亡之迹，蓄变错综。欲识其因应之宜、正变之理者，必比类以求之，是即《春秋》之比事也；说明其故，即《春秋》之属辞也。属辞以正名，比事以定分。社会科学之义，亦是以道名分为归。凡言名分者，不能外于《春秋》也。文学、艺术统于《诗》《乐》，政治、法律、经济统于《书》《礼》，此最易知。宗教虽信仰不同，亦统于《礼》，所谓"亡于礼者之礼也"。哲学思想派别虽殊，浅深小大亦皆各有所见，大抵本体论近于《易》，认识论近于《乐》，经验论近于《礼》；唯心者《乐》之遗，唯物者《礼》之失。凡言宇宙观者皆有《易》之意，言人生观者皆有《春秋》之意，但彼皆各有封执而不能观其会通。庄子所谓"各得一察焉以自好"，"各为其所欲以自为方"者，由其习使然。若能进之以圣人之道，固皆六艺之材也。道一而已，因有得失，故有同异，同者得之，异者失之。《易》曰："天下同归而殊涂，一致而百虑，天下何思何虑？"

睽而知其类，异而知其通，夫何隔碍之有？克实言之，全部人类之心灵，其所表现者不能离乎六艺也；全部人类之生活，其所演变者不能外乎六艺也。故曰："道外无事，事外无道。"因其心智有明有昧，故见之行事有得有失。孟子曰："行之而不著焉，习矣而不察焉，终身由之而不知其道者，众也。"彼虽或得或失皆在六艺之中，而不自知其为六艺之道。《易》曰"百姓日用而不知"，其此之谓矣。苏子瞻有诗云："不识庐山真面目，只缘身在此山中。"岂不信然哉！

　　学者当知六艺之教，固是中国至高特殊之文化：唯其可以推行于全人类，放之四海而皆准，所以至高；唯其为现在人类中尚有多数未能了解，"百姓日用而不知"，所以特殊。故今日欲弘六艺之道，并不是狭义的保存国粹，单独的发挥自己民族精神而止，是要使此种文化普遍的及于全人类，革新全人类习气上之流失，而复其本然之善，全其性德之真，方是成己成物，尽己之性，尽人之性，方是圣人之盛德大业。若于此信不及，则是于六艺之道犹未能有所入，于此至高、特殊的文化尚未能真正认识也。诸君勿疑此为估价太高，圣人之道，实是如此。世界无尽，众生无尽，圣人之愿力亦无有尽。人类未来之生命方长，历史经过之时间尚短，天地之道只是个"至诚无息"，圣人之道只是个"纯亦不已"，往者过，来者续，本无一息之停。此理决不会中断，人心决定是同然。若使西方有圣人出，行出来的也是这个六艺之道，但是名言不同而已。

　　诸生当知：六艺之道是前进的，决不是倒退的，切勿误为开倒车；是日新的，决不是腐旧的，切勿误为重保守；是普遍的，是平民的，决不是独裁的，不是贵族的，切勿误为封建思想。要说解放，这才是真正的解放；要说自由，这才是真正的自由；要说平等，这才是真正的平等。西方哲人所说的真、美、善，皆包含于六艺之中，《诗》《书》是至善，《礼》《乐》是至美，《易》《春秋》是至真。《诗》教主仁，《书》教主智，合仁与智，岂不是至善么？《礼》是大序，《乐》是大和，合序与和，岂不是至美么？《易》穷神知化，显天道之常；《春秋》正名拨乱，示人道之正，合正与常，岂不是至真么？诸生若于六艺之道深造有得，真是左右逢源，万物皆备。所谓尽虚空，遍法界，尽未来际，更无有一事一理能出于六艺之外者也。吾敢断言，天地一日不毁，人心一日不灭，则六艺之道炳然常存。世界人类一切文化最后之归宿必归于六艺，而有资格为此文化之领道者，则中国也。今人舍弃自己无上之家珍，而拾人之土苴绪余以为宝，自居于下劣，而奉西洋人为神圣，岂非至愚而可哀？诸生勉之，慎勿安于卑陋，而以经济落后为耻，以能增高国际地位遂以为可矜。须知今日所名为头等国者，在文化上实是疑问，须是进于六艺之教而后始为有道之邦也。不独望吾国人兴起，亦望全人类兴起，相与坐进此道。勉之！勉之！

举六艺明统类是始条理之事

荀子曰："有圣人之知者，有士君子之知者，有小人之知者，有役夫之知者。多言则文而类，终日议其所以，言之千举万变，其统类一也，是圣人之知也。少言则径而省，论而法，若佚之以绳，佚犹引也。是士君子之知也。"今言六艺统摄一切学术，言语说得太广，不是径省之道。颇有朋友来相规诫，谓先儒不曾如此，今若依此说法，殊欠谨严，将有流失，亟须自己检点。此位朋友，某深感其相为之切。故向大众举出，以见古道犹存，在今日是不可多得的。然义理无穷，先儒所说虽然已详，往往引而不发，要使学者优柔自得。学者寻绎其义，容易将其主要处忽略了，不是用力之久，自己实在下一番体验工夫，不能得其条贯。若只据先儒旧说搬出来诠释一回，恐学者领解力不能集中，意识散漫，无所抉择，难得有个入处。所以要提出一个统类来，如荀子说"言虽千举万变，其统类一也"。《易》传佚文曰："得其一，万事毕。"一者何？即是理也。物虽万殊，事虽万变，其理则一。明乎此，则事物之陈于前者，至赜而不可恶，至动而不可乱，于吾心无惑也。孔子自说"下学而上达"，下学是学其事，上达是达其理。朱子云："理在事中，事不在理外。"一物之中皆具一理，就那物中见得这个理，便是上达。两件只是一件，所以下学上达不能打成两橛。事物古今有变易，理则尽未来无变易，于事中见理，即是于变易中见不易。若舍理而言事，则是滞于偏曲；离事而言理，则是索之杳冥。须知一理该贯万事，变易元是不易，始是圣人一贯之学。佛氏华严宗有四法界之说：一事法界，二理法界，三理无碍法界，四事事无碍法界。孔门六艺之学实具此四法界，虽欲异之而不可得，先儒只是不说耳。学者虽一时辏泊不上，然不可不先识得个大体，方不是舍本而求末，亦不是遗末而言本。今举六艺之道，即是拈出这个统类来。统是指一理之所该摄而言，类是就事物之种类而言。统，《说文》云"纪也"。纪，"别丝也"，俗言丝头。理丝者必引其端为纪。总合众丝之端，则为统，故引申为本始之称，又为该摄之义。类有两义：一相似义，如"万物睽而其事类也"是；一分别义，如"君子以类族辨物"是。《说文》："种类相似，唯犬为甚。"故从犬。知天下事物种类虽多，皆此一理所该摄，然后可以相通而不致相碍。"人能弘道，非道弘人"，如此方有弘的意思。圣人往矣，其道则寓于六艺，未尝息灭也。六艺是圣人之道，即是圣人之知。行其所知之谓道，今欲学而至于圣人之道，须先明圣人之知。知即是智。孟子曰："始条理者，智之事也；终条理者，圣之事也。"圣人之知，统类是一，这便是始条理；圣人之道，本末一贯，这便是终条理。《易》曰："知至至之，可与几也；知终终之，可与存义也。"今虽说得周遮浩汗，不是下稍没收煞，言必归宗，期于圣人之言，无所乖畔。始条理是博文，终条理便是约礼。礼即是理，经籍中二字通用不别。孟子曰："博学而详说之，将以反说约也。"这不是教学者躐等，是要学者致思。"学而不思则罔，思而不学则殆"，朱子说罔是"昏而无得"，殆是"危而不安"。《或问》又曰："罔者，其心昏昧，虽安于所安而无自得之见。殆者，其心危迫，虽得其所得而无可即之安。"若不入思惟，所有知识都是从闻见外铄的，终不能与理相应，即或有相应时，亦是亿中，不能与理为一。故今不避词费，丁宁反覆，只是要学者合下知道用思，用思才能入理。虽然，多说理，少说事。事相繁多，要待学者自己去逐一理会。理则简易，须是待人启发，才有入处，便可触类旁通。《易》曰："引而申之，触类而长之，天下之能事毕矣。"

《周礼》司徒之官有大司乐，"掌成均之法，以治建国之学政，而合国之子弟。"《乐经》无书，先儒亦有以《大司乐》一篇当之者。郑注引董仲舒云："成均，五帝之学。"《礼记·文王世子》亦有"成均"。古之大学何以名为"成均"，今略说其义。成是成就。均是周遍。《说文》："均，平遍也。""遍，周帀也。"此本以《乐》教为名，乐之一终为一成，亦谓一变。乐成则更奏，故谓变。九成亦言九变。均即今之韵字。"八音克谐，无相夺伦"，和之至也。大学取义如此，可以想见当时德化之盛。孟子说"孔子之谓集大成"，亦是以乐为比。故曰："集大成也者，金声而玉振之也。金声也者，始条理也。玉振之也者，终条理也。始条理者，智之事也。终条理者，圣之事也。"条如木之有条，理如玉之有理。朱注云："条理，犹言脉络，指众音而言。智者，知之所及。圣者，德之所就。"《文集》云："智是见得彻，圣是行得彻。"朱子注此章说得最精，言孔子集三圣之事而为一大圣之事，三圣谓上文伯夷、伊尹、柳下惠。犹作乐者集众音之小成而为一大成也。"盖乐有八音"，"若独奏一音，则其音自为始终，而为一小成，犹三子之所知偏于一，而其所就亦偏于一也。八音之中，金石为重，故特为众音之纲纪。又金始震而玉终诎然，故并奏八音，则于其未作，而先击镈钟以宣其声，俟其既阕，而后击特磬以收其韵。宣以始之，收以终之。二者之间，脉络通贯，无所不备，则合众小成而为一大成，犹孔子之知无不尽而德无不全也"。伯夷合下只见得清，其终只成就得个清底；伊尹合下只见得任，其终亦只成就得个任底；柳下惠合下只见得和，其终亦只成就得个和底：此便是小成。孔子合下兼综众理，成就万德，便是大成。知有小大，言亦有小大。吾人既欲学圣人，便不可安于小知，蔽于曲学，合下规模要大，心量要宽。亦如作乐之八音并奏，通贯谐调，始以金声，终以玉振。如此成就，方不是小小。今举六艺以明统类乃正是始条理之事。古人成均之教，其意义亦是如此。学者幸勿以吾言为河汉而无极也。

论语首末二章义

《论语》记孔子及诸弟子之言，随举一章，皆可以见六艺之旨。然有总义，有别义，别义易见，总义难知。果能身通六艺，则于别中见总，总中见别，交参互入，无不贯通。故程子说："圣人无二语，彻上彻下只是一理。"谢上蔡说："圣人之学无本末，无内外。从洒扫、应对、进退以至精义入神，只是一贯。一部《论语》，只恁么看。"扬子云说："圣人之言远如天，贤人之言近如地。"程子改之曰："圣人之言，其远如天，其近如地。"学者如能善会，即小可以见大，即近可以见远，真是因该果海，果彻因原。《易·系传》曰"无有远近幽深，遂知来物"者，方来之事相，即是见微而知其著，见始而知其终。如樊迟问仁，子曰："爱人。"问知，子曰："知人。"学者合下便可用力。及到圣人地位，尧舜之仁，爱人而已矣；尧舜之知，知人而已矣。亦只是这个道理，非是别有。此乃是举因该果之说。其他问仁、问政，如此类者甚多，切须善会。今举《论语》首末二章，略明其义。

首章曰："学而时习之，不亦说乎？有朋自远方来，不亦乐乎？人不知而不愠，不亦君子乎？"悦、乐都是自心的受用。时习是功夫，朋来是效验。悦是自受用，乐是他受用，自他一体，善与人同。故悦意深微而乐意宽广，此即兼有《礼》《乐》二教义也。《说命》曰"敬逊务时敏，厥修乃来"，即时习义。"坐如尸"，坐时习；"立如斋"，立时习。惟敬学，故时习，此即《礼》教义。以善及人而信从者众。欢忻交通，更无不达之情，此即《乐》教义也。"人不知而不愠，不亦君子乎？"君子是成德之名。"人不知而不愠"，地位尽高。孔子自己说："不怨天，不尤人。""知我者其天乎？"《乾·文言》"遁世无闷，不见是而无闷"，《中庸》"遁世不见知而不悔"，皆与此同意。"不见是"与"不见知"意同，言不为人所是也。庄子说"举世非之而不加沮，举世誉之而不加劝"，亦同。但孔子之言说得平淡，庄子便有些过火。学至于此，可谓安且成矣，故名为君子。此是《易》教义也。何以言之？孔子系《易》大象，明法天用《易》之道，皆以君子表之。例如《乾》象曰："天行健，君子以自强不息。"《坤》象曰："地势坤，君子以厚德载物。"六十四卦中，称君子者凡五十五卦，称先王者七卦，称后者二卦。《易乾凿度》曰："《易》有君人五号：帝者，天称也。王者，美行也。天子者，爵号也。大君者，与上行异也。与上，言民与之，欲使于为大君也。大人者，圣明德备也。变文以著名，题德以别操。"郑注云："虽有隐显，应迹不同，其致一也。"其义甚当。五号虽皆题德之称，然以应迹而著，故见于爻辞以各当其时位，大象则不用五号而多言君子，此明君子但为德称，不必其迹应帝王也。《系传》曰："君子之道，或出或处，或默或语。"非专指在位明矣。《礼运》曰："禹、汤、文、武、成王、周公，由此其选也。此六君子者，未有不谨于礼者也。"此见先王亦称君子。孔子曰："文，莫吾犹人也。躬行君子，则吾未之有得。"孔子德盛言谦，犹不敢以君子自居。《论语》凡言文者，皆指六艺之文，学者当知。又曰："圣人，吾不得而见之矣，得见君子者，斯可矣。"此如佛氏判果位名号，圣人是妙觉，君子则是等觉也。"君子素其位而行"，富贵、贫贱、夷狄、患难皆谓之位。此位亦是以所处之时地言之，故知君子不是在位之称，而是成德之目。孔颖达以"君临上位，子爱下民"释之，《易》正义。不知君子虽有君临之德，不必定履君临之位也。《易》为君子谋，不为小人谋。君子修之，吉；小人悖之，凶。群经中每以君子、小人对举，"人小道长"则"君子道消"。小人亦有他小人之道，《孟子》曰："道二，仁与不仁而已矣。"君子之道是仁，小人之道是不仁。仁者浑然与物同体，反此则有有我之私，便是不仁。由此言之，若己私有一毫未尽者，犹未离乎小人也。故曰："一日克己复礼，天下归仁。"君子与小人之辨，即是义与利之辨，亦即是仁与不仁之辨。以佛氏之理言之，即是圣凡、迷悟之辨。程子曰："小人只不合小了。"阳明所谓从躯壳起见，他只认形气之私为我。佛氏谓之萨迦耶见，即是末那识。

转此识为平等性智，即是"克己复礼"，乃是君子之道矣。一切胜心客气皆由此生，故尽有小人而有才智者。彼之人法二执，人执是他自我观念，法执是他的主张。更为坚强难拔，此为不治之证。"人不知而不愠"，非己私已尽不能到此地步。圣人之词缓，故下个"不亦"字，下个"乎"字。《易》是圣人最后之教，六艺之原，非深通天人之故者不能与《易》道相应。故知此言君子者，是《易》教义也。凡言君子者，通六艺言之，然有通有别，此于六艺为别，故说为《易》教之君子。学者读此章，第一须认明"学而时习之"，学是学个甚么；第二须知如何方是时习工夫；第三须自己体验，自心有无悦怿之意，此便是合下用力的方法。末了须认明君子是何等人格，自己立志要做君子，不要做小人，如何才够得上做君子，如何才可免于为小人。其间大有事在，如此方不是泛泛读过。

末章"不知命，无以为君子也"，是《易》教义；"不知礼，无以立"，是《礼》教义；"不知言，无以知人"，是《诗》教义。后二义显，前一义隐。今专明前义。《易·系传》曰："穷理尽性以至于命。"《乾卦·象传》曰："乾道变化，各正性命。"性、命一理也，自天所赋言之则谓之命，自人所受言之则谓之性。《大戴礼·本命篇》："分于道谓之命，形于一谓之性，化于阴阳、象形而发谓之生，化穷数尽谓之死。故命者，性之终也。"此皆以气言命者。"性之终"，乃是告子"生之谓性"之说，不可从。汉儒说性命类如此，今依程子说。不是性之上更有一个命，亦不是性命之外别有一个理。故程子曰："理穷则性尽，尽性则至命，只是一事。不是穷了理再去尽性，只穷理便是尽性，尽性便是至命。"此与孟子说"尽其心者，知其性也，知其性则知天矣"语脉一样。尽心、知性、知天不是分三个阶段，一证一切证。孔子自言"五十而知天命"，即是"穷理尽性以至于命"也。天命即是天理之异名，天理即是性中所具之理。孔子晚而系《易》，尽《易》之道。今告学者曰，"不知命，无以为君子也"，言正而厉。连下三"不"字，三"无以"字，皆决定之词，与首章词气舒缓者不同。此见首章是始教，意主于善诱，此章是终教，要归于成德。记者以此殿之篇末，其意甚深。以君子始，以君子终，总摄归于《易》教也。又第十六篇，孔子曰："君子有三畏，畏天命、畏大人、畏圣人之言。小人不知天命而不畏也，狎大人，侮圣人之言。"朱子注云："天命者，天所赋之正理也。"小人不知天命，故不识义理而无忌惮，亦正可与此章互相发明。复次，学者须知命有专以理言者，上来所举是也。亦有专以气言者，如"道之将行也与？命也；道之将废也与？命也"、"死生有命，富贵在天"之类是也。先儒恐学者有好高躐等之弊，故说此章命字多主气言。朱子注云："人不知命，则见害必避，见利必趋，何以为君子？"《语录》曰："死生自有定命，若合死于水火，须在水火里死；合死于刀兵，须在刀兵里死：如何逃得？"看此说虽甚粗，所谓知命者，不过如此。又曰："只此最粗的，人都信不及，便讲学得，待如何亦没安顿处。今人开口亦解说一饮一啄自有定分，及遇小小利害，便生趋避计较之心。古人刀锯在前，鼎镬在后，视之如无者，盖缘只见得道理，都不见那刀锯鼎镬。"此言亦甚严正，与学者当头一棒，深堪警省。据某见处，合首末两章看来，圣人之言是归重在《易》教，故与朱子说稍有不同。学者切勿因此遂于朱注轻有所疑，须知朱子之言亦是《易》教所摄，并无两般也。

君子小人之辨

经籍中多言君子，亦多以君子与小人对举。盖所以题别人流，辨其贤否，因有是名。先儒释君子有二义：一为成德之名，一为在位之称。其与小人对举者，依前义，则小人为无德；依后义，则小人为细民。然古者必有德而后居位，故在位之称君子，亦从其德名之，非以其爵。由是言之，则君子者，唯是成德之名也。孔子曰："君子去仁，恶乎成名？"此其显证矣。仁者，心之本体，德之全称。"君子无终食之间违仁，造次必于是，颠沛必于是"，明君子体仁，其所存无间也。又曰："君子道者三，我无能焉：仁者不忧，智者不惑，勇者不惧。"此见君子必兼是三德。又曰："君子义以为质，礼以行之，孙以出之，信以成之，君子哉！"此言君子之制事，本于义而成于信，而行之则为礼、逊。逊即是礼。义为礼之质，礼又为逊之质。所存是义，行出来便是礼。礼之相便是逊，实有是质便谓之信。无是质便不能有此礼、逊，故曰"信以成之"也。"义以为质"，亦犹"仁以为体"，皆性德之符也。又曰："君子不器。"朱子云："器者，各适其用而不能相通。成德之士，体无不具，故用无不周，非特为一才一艺而已。"是知器者，智效一官，行效一能，德则充塞周遍，无有限量。《学记》亦言"大德不官，大道不器"，器因材异而德唯性成，故不同也。君子所以为君子，观于此亦可以明矣。然知德者鲜，故唯圣人能知圣人，唯君子能知君子。德行者，内外之名，行则人皆见之，德则唯是自证。言又比行为显，故曰："有德者必有言，有言者不必有德。""始吾于人也，听其言而信其行。今吾于人也，听其言而观其行。"如令尹子文之忠，陈文子之清，皆行之美者，而曰"焉得仁"？孟武伯问子路、冉有、公西华，皆曰"不知其仁"。原思问"克、伐、怨、欲不行焉"，曰"可以为难矣，仁则吾不知也"。故虽有善行，不以仁许之，是有行者未必有德也。"恶乡原，恐其乱德也"，乡原居之似忠信，行之似廉洁，非之无非，刺之无刺，观其行事疑若有似乎君子，而孔子恶之，谓其乱德。此见君子之所以为成德者，乃在心术。行事显而易见，心术微而难知。若但就行事论人，鲜有不失之者矣。

既知君子所以为君子，然后君子、小人之辨乃可得而言。经传中言此者不可胜举，今唯据《论语》，以孔子之言为准。如曰："君子而不仁者有矣夫，未有小人而仁者也。"君子既"无终食之闲违仁"，何以有时而不仁？此明性德之存，不容有须臾之闲。禅家之言曰："暂时不在，如同死人。"此语甚精。一或有闲，则唯恐失之，非谓君子果有不仁也。"未有小人而仁者也"，则是决定之词。小人唯知徇物，不知有性，通体是欲，安望其能仁哉？故知君子是仁，小人是不仁。"君子喻于义，小人喻于利"。喻义，故无适无莫，义之与比；喻利，故见害必避，见利必趋。故知君子是义，小人是不义。"君子上达"，循理，故日进乎高明；"小人下达"，从欲，故日究乎污下。故知君子是智，小人是不智。"君子泰而不骄"，由礼，故安舒；"小人骄而不泰"，逞欲，故矜肆。故知君子无非礼，而小人则无礼。夫不仁不智，无礼无义，则天下之恶皆归之矣。然君子、小人之分途，其根本在心术隐微之地，只是仁与不仁而已矣。必己私已尽，浑然天理，然后可以为仁。但有一毫有我之私，便是不仁，便不免为小人。参看《〈论语〉首末二章义》。仁者，廓然而大公，物来而顺应；反之，自私而用智，必流于不仁。"用智"之智，只是一种计较利害之心，全从私意出发，其深者为权谋术数。世俗以此为智，实则是惑而非智也。常人亦知有公私之辨，然公亦殊不易言。伊川曰："公只是仁之理，不可将公便唤做仁，公而以人体之，方是仁。"朱子曰："世有以公为心而惨刻不恤者，须公而有恻隐之心。此工夫却在人字上，惟公则能体之。"只为公，则物我兼照，故仁。所以能恕，所以能爱，恕则仁之施，爱则仁之用也。恕之反面是忮，爱之反面是忍。君子之用心公以体人，故常恕人，常爱人。小人之用心私以便己，流于忮，流于忍。其与人也，"君子周而不比，小人比而不周"，周公而比私，故一则普遍，一则偏党。"君子和而不同，小人同而不和"，和故无乖戾，同则是偏党也。"君子成人之

美，不成人之恶，小人反是"，一则与人为善，一则同恶相济也。"君子
易事而难说。说之不以其道，不说也；及其使人也，器之。小人难事而
易说也。说之虽不以道，说也；及其使人也，求备焉"，君子之心公而
恕，小人之心私而刻也。"君子求诸己，小人求诸人"，君子唯务自反，
而小人唯知责人也。"君子坦荡荡，小人长戚戚"。廓尔无私，故宽舒；
动不以正，故忧杀也。综是以观，君子、小人之用心其不同如此，充类
以言之，只是仁与不仁，公与私之辨而已。

　　人苟非甚不肖，必不肯甘于为小人。然念虑之间，毫忽之际，一有
不存，则徇物而忘己，见利而忘义者有之矣。心术隐微之地，人所不及
知。蔽之久者，习熟而不自知其非也。世间只有此二途，不入于此，则
入于彼，其间更无中立之地。学者果能有志于六艺之学，当知此学即圣
人之道，即君子之道，亟须在日用间自家严密勘验，反覆省察。一念为
君子，一念亦即为小人，二者吾将何择？其或发见自己举心动念有属于
私者，便当用力克去。但此心义理若有未明，则昏而无觉，故必读书穷
理，涵养用敬，进学致知。学进则理明，理明则私自克，久久私意自然
不起，然后可以为君子而免于为小人。此事合下便须用力，切不可只当
一场话说。孔子曰："有能一日用其力于仁矣乎？吾未见力不足者。"此
语决不相瞒，望猛著精采，切勿泛泛听过。

理气　形而上之意义　义理名相一

　　今欲治六艺，以义理为主。义理本人心所同具，然非有悟证，不能
显现。悟证不是一时可能，根器有利钝，用力有深浅。但知向内体究，
不可一向专恃闻见，久久必可得之。体究如何下手？先要入思惟。体是
反之自身之谓，究是穷尽其所以然之称。亦云体认，认即审谛之意。或
言察识，或言体会，并同。所以引入思惟，则赖名言。名言是能诠，义
理是所诠。诠表之用，在明其相状，故曰名相。名相即是言象道理。譬如
一个人，名是这个人的名字，相即状貌。譬如其人之照相，如未识此人以前，举其
名字，看他照相，可得其仿佛。及亲见此人，照相便用不着，以人之状态是活的，
决非一个或多个之照相所能尽。且人毕竟不是名字，不可将名字当作人。识得此
人，便不必定要记他名字也。故庄子云："得言忘象，得意忘言。"《易传》曰："书
不尽言，言不尽意。"老子曰："道可道，非常道。名可名，非常名。"皆是此意。
得是要自得之，如今所讲，也只是名字和照相。诸君将来深造自得，才是亲识此
人，不特其状貌一望而知，并其气质性情都全明了，那时这些言语也用不着。**魏**

晋间人好谈老庄，时称为善名理，其实即是谈名相。因为所言之理只是理之相，若理之本体，即性，是要自证的，非言说可到。程子云："才说性时，便已不是性了。"可以说出来的，也只是名相。故佛氏每以性、相对举，先是依性说相，后要会相归性，这是对的。佛氏有破相显性宗（据圭峰禅源诠所判），儒者不须用此。如老子便是破相，孔子唯是显性而不破相，在佛氏唯圆教实义足以当之，简易又过佛氏。要学者引入思惟，不能离名相，故今取六艺中名相关于义理最要而为学者致知所当先务者，举要言之，使可逐渐体会，庶几有入。

《易》为六艺之原，《十翼》是孔子所作，一切义理之所从出，亦为一切义理之所宗归。今说义理名相，先求诸《易》。易有三义：一变易，二不易，三简易。学者当知气是变易，理是不易。全气是理，全理是气，即是简易。此是某楷定之义，先儒释三义未曾如此说。然颇简要明白，善会者自能得之。只明变易，易堕断见；只明不易，易堕常见。须知变易元是不易，不易即在变易，双离断常二见，名为正见，此即简易也。"易简而天下之理得矣，天下之理得而成位乎其中矣"，"圣人之作《易》也，将以顺性命之理"，此用理字之始。"精气为物，游魂为变"，魂亦是气。"同声相应，同气相求"，声亦是气。此用气字之始。故言理、气皆原于孔子。"形而上者谓之道，形而下者谓之器"，道即言乎理之常在者，器即言乎气之凝成者也。《乾凿度》曰："太易者，未见气也。太初者，气之始也。太素者，质之始也。太始者，形之始也。"言气质始此。此言有形必有质，有质必有气，有气必有理。未见气，即是理，犹程子所谓"冲漠无朕"。理气未分，可说是纯乎理，然非是无气，只是未见。故程子曰："万象森然已具。"理本是寂然的，及动而后始见气，故曰"气之始"。气何以始？始于动，动而后能见也。动由细而渐粗，从微而至著，故由气而质，由质而形。"形而上"者，即从粗以推至细，从可见者以推至不可见者，逐节推上去，即知气未见时纯是理，气见而理即行乎其中。故曰："体用一原，显微无间。"不是元初有此两个物事相对出来也。邵康节云："流行是气，主宰是理。"不善会者，每以理气为二，元不知动静无端，阴阳无始，理气同时而具，本无先后，因言说乃有先后。两字不能同时并说。就其流行之用而言谓之气，就其所以为流行之体而言谓之理。用显而体微，言说可分，实际不可分也。"形而下"是逐节推下去。"有天地然后有万物，有万物然后有男女"，"物生而后有象，象而后有滋，滋而后有数"，"见乃谓之象，形乃谓之器"，"天尊地卑，乾坤定矣。卑高以陈，贵贱位矣。动静有常，刚柔断矣。方以类聚，物以群分，吉凶生矣。在天成象，在地成形，变化见矣"，这一串都是从上说下来，世界由此安立，万事由此形成，而皆一理之所寓也。故曰："天地设位，而《易》行乎其中矣。""乾坤成列，而《易》立乎其中矣。"立字即是位字，古文位只作立。"乾坤毁，则无以见《易》。《易》不可见，则乾坤或几乎息矣。""法象莫大乎天地。"此言"天地设位"，"乾坤成列"，皆气见以后之事，而《易》"行乎其中"、"位乎其中"则理也。"乾坤毁，则无以见《易》"，离气则无以见理。"《易》不可见，则乾坤或几乎息矣"，若无此理，则气亦不存。"易有太极，是生两仪，两仪生四象，四象生八卦"，故曰："生生之谓易。"生之理是无穷的。太极未形以前，"冲漠无朕"，可说气在理中。太极既形以后，"万象森然"，可说理在气中。"四时行，百物生"，"逝者如斯夫，不舍昼夜"，天地之大化，默运潜移，是不息不已的，此所谓"《易》行乎其中"也。此理不堕声色，不落数量，然是实有，不是虚无，但可冥符默证，难以显说。须是时时体认，若有悟入，则触处全真。鸢飞鱼跃，莫非此理之流行，真是活泼泼地。今拈出三易之义，略示体段，若能善会，亦可思过半矣。

　　或问：既曰气始于动，何以又言动静无端？阴阳无始？答：一以从体起用言之，故曰有始；一以摄用归体言之，故曰无始。此须看《太极图说》朱子注可明。周子曰："太极动而生阳，动极而静，静而生阴，静极复动。一动一静，互为其根。分阴分阳，两仪立焉。"朱子注曰："太极者，本然之妙也。动静者，所乘之机也。自其著者而观之，则动静不同时，阴阳不同位，而太极无不在焉。自其微者而观之，则冲漠无朕，而动静阴阳之理已悉具于其中矣。虽然，推之于前而不见其始之合，引之于后而不见其终之离也。"故程子曰："动静无端，阴阳无始，非知道者孰能识之？"又曰："一动一静，循环无端。无静不成动，无动不成静。譬如鼻息无时不嘘，无时不吸，嘘尽则生吸，吸尽则生嘘。理自如此。"又曰："阴阳有个流行底，一动一静，互为其根，寒暑往来是也。有个定位底，分阴分阳，两仪立焉，天地四方是也。"学者仔细体会，可以自得。老子亦言"无名，天地之始；有名，万物之母"，此有始之说也；"迎之不见其首，随之不见其后"，此无始之说也。

知能　义理名相二

　　人受天地之中以生，凡属有心，自然皆具知能二事。孟子曰："人之所不学而能者，其良能也；所不虑而知者，其良知也。"其言知、能，实本孔子《易传》。在《易传》谓之易简，在《孟子》谓之良。就其理之本然则谓之良，就其理气合一则谓之易简，故孟子之言是直指，而孔子之言是全提。何谓全提？即体用、本末、隐显、内外，举一全该，圆满周遍，更无渗漏是也。盖单提直指，不由思学，虑即是思。不善会者便成执性废修。全提云者，乃明性修不二，全性起修，全修在性，方是简易之教。"性修不二"是佛氏言，以其与"理气合一"之旨可以相发，故引之。性以理言，修以气言。知本乎性，能主乎修。性唯是理，修即行事，故知行合一，即性修不二，亦即理事双融，亦即"全理是气，全气是理"也。《易·系辞传》曰："乾知大始，本来自具，故曰大始。坤作成物。成办万事，故曰成物。乾以易知，坤以简能。易则易知，简则易从。易知则有亲，易从则有功。有亲则可久，有功则可大。可久则贤人之德，可大则贤人之业。"此言"易知"即"仁远乎哉？我欲仁，斯仁至矣"之意，"易从"即是"先立乎其大者，而其小者不能夺也"之意。"云从龙，风从虎。圣人作而万物睹"，"从"之为言气从乎理也。佛氏谓之随顺法性。横渠《正蒙》云："德胜其气则性命于德，德不胜其气则性命于气。"横渠所谓"命于德"即是理为主，"命于气"即是气为主。气从乎理，即性命于德矣。横渠此处用性字，系兼气质言之。又禅师家有"物从心为正，心逐物为邪"二语，亦甚的当，与横渠之言相似。知是本于理性所现起之观照，自觉自证境界，亦名为见地。能是随其才质发见于事为之著者，属行履边事，亦名为行。故知能即是知行之异名，行是就其施于事者而言，能是据其根于才质而言。"易知则有亲"者，此"知"若是从闻见得来，总不亲切，不亲切便不是真知；是自己证悟的方是亲切，方是真知。"易从则有功"者，此"能"若是矫揉造作，随人模仿的，无功用可言；必是自己卓然有立，与理相应，不随人转，方有功用。"有亲则可久"者，唯见得亲切，不复走作，不是日月一至，故可久。"有功则可大"者，动必与理相应，其益无方，自然扩充得去，不限一隅一曲，故可大。理得于心而不失谓之德，发于事为而有成谓之业。知至是德，成能是业也。天地设位，圣人成能，能之诣极即功用之至神矣。言贤人者，明是因地。从性起修，举理成事，全修在性，即事是理。故曰："易简而天下之理得矣。夫乾确然，示人易矣。确然是言其健。夫坤隤然，示人简矣。隤然是言其顺。""天下之动，贞夫一者也。"全理即气，全气即理，斯"贞夫一"矣，乃所以为易简也。故曰孔子之言是全提也。"知至至之，可与几也"，致知而有亲也。"知终终之，可与存义也"，力行而有功也。"始条理者，智之事"，明伦察物尽知也。"终条理者，圣之事"，践形尽性尽能也。

圣人之学，亦尽其知能而已矣。说"知"莫大于《易传》，"仰以观于天文，俯以察于地理，是故知幽明之故。原始反终，故知死生之说。精气为物，游魂为变，是故知鬼神之情状"，"通乎昼夜之道而知"，"知变化之道者，其知神之所为乎"，"穷神知化，德之盛也"，"知几其神乎"，"君子知微知彰，知柔知刚，万夫之望"，由此可见圣人所知是何等事。说"能"莫大乎《中庸》，"唯天下至诚，为能尽其性。能尽其性，则能尽人之性。能尽人之性，则能尽物之性。能尽物之性，则可以赞天地之化育"。"唯天下至诚为能化"。"唯天下至诚，为能经纶天下之大经，立天下之大本，知天地之化育，夫焉有所倚"。由此可见圣人所能是何等事。学者当思圣人所知如此其至，今我何为不知？必如圣人之知，而后可谓尽其知。圣人所能如此其大，今我何为不能？必如圣人之能，而后可谓尽其能。思知人，不可以不知天道不远人，人之为道而远人，不可以为道。"为仁由己，而由人乎哉"，言其亲也。"自诚明谓之性"，"易则易知"也。"其次致曲，曲能有诚，诚则形，形则著，著则明，明则动，动则变，变则化"，言其功也。"自明诚谓之教"，"简则易从"也。"有是气必有是理，有是理必有是气"，"万物皆备于我矣。反身而诚，乐莫大焉"，易简之至也。

学问之道，亦尽其知能而已矣。"博学、审问、慎思、明辨、笃行，弗能弗措，弗知弗措，弗得弗措，弗明弗措，弗笃弗措"，"人一能之，己百之；人十能之，己千之"，尽知尽能之术也。尽其知能，可期于盛德大业矣。"盛德大业至矣哉"，日新之谓盛德，富有之谓大业。"学有缉熙于光明"，斯日新矣。六通四辟，小大精粗，其用无乎不备，斯富有矣。世有诋心性为空谈，视义理为无用，守闻见之知，得少为足而沾沾自喜者，不足以进于知也。其或小有器能，便以功业自居，动色相矜，如此者，不足以进于能也。庄子曰："由天地之道观惠施之能，其犹一蚊一虻之劳者也。"禅师家有德山曰："穷诸玄辩，若一毫置于太虚。竭世枢机，犹一滴投于巨海。"有志于进德修业者，观乎此亦可以知所向矣。

告子言"生之谓性"，佛氏言作用是性，皆只在气上说。孟子指出四端，乃是即理之气，所以为易简。今人亦言直觉，若有近于良知；言本能，若有近于良能。然直觉是盲目的，唯动于气，良知则自然有分别。本能乃是气之粗者，如"饮食"、"男女"之类，亦唯是属气，良能则有理行乎其间，如"未有学养子而后嫁"、"徐行后长"之类，乃是即气之理。此须料简。若但以知觉运动言知能，其间未有理在，则失之远矣。

附录：论老子流失

    周秦诸子以道家为最高，道家之中又以老子为最高，而其流失亦以老子为最大。吾谓老子出于《易》，何以言之？因为《易》以道阴阳，故长于变。爱恶相攻而吉凶生，远近相取而悔吝生，情伪相感而利害生。这个道理老子观之最熟，故常欲以静制动，以弱胜强。其言曰："重为轻根，静为躁君。""反者道之动，弱者道之用。"此其宗旨在退处无为，自立于无过之地，以徐待物之自变，绝不肯伤锋犯手，真是全身远害第一法门。任何运动，他决不参加，然汝任何伎俩，他无不明白。禅师家有一则机语，问："二龙争珠，谁是得者？"答曰："老僧只管看。"老子态度便是如此。故曰："微妙玄通，深不可识。"他看世间一切有为，只是妄作，自取其咎，浅陋可笑。故曰："不知常，妄作，凶。"他只燕处超然，看汝颠扑，安然不动，令汝捉不到他的败阙，不奈他何。以佛语判之，便是有智而无悲，儒者便谓之不仁。他说"失道而后德，失德而后仁，失仁而后义"，把仁义看得甚低。"天法道，道法自然"，道是自然之徒，天是道之徒，把自然推得极高，天犹是他第三代末孙子。然他欲极端收敛，自处卑下，故曰："上善若水，水善利万物而不争，处众人之所恶。""吾有三宝：曰慈，曰俭，曰不敢为天下先。慈故能勇，俭故能广，不敢为天下先故能成器长。"老子所谓慈，与仁慈之慈不同。他是取其不怒之意，故又曰："善为士者不武，善战者不怒。"所谓俭，与"治人事天莫若啬"之"啬"意同，是收敛藏密之意，亦不是言俭约也。"不敢为天下先"，即是"欲上民，必以言下之；欲先民，必以身后之"之意。"后其身而身先，外其身而身存"，他只是一味下人，而人莫能上之；只是一味后人，而人莫能先之。言"器长"者，为器之长，必非是器。"朴散则为器"，"朴虽小，天下莫能臣"也，故谓之长。"天下神器，不可为也。为者败之，执者失之"，唯其下物，乃可长物。老子所言朴者，绝于形名，其义深秘，故又谓"侯王若能守之，万物将自宾"。朴字最难下注脚，王辅嗣以"无心无名"释之，愚谓不若以佛氏实相、无相之义当之为差近。惟无相，故不测，一切法无相，即是诸法实相。佛言一切法，犹老子所谓器；言实相，犹老子所谓朴。"为者败之，执者失之"，犹生心取相也。相即无相，故曰神器。诸法实相，故名朴也。此皆言"弱者道之用"也。又曰："曲则全，枉则直，洼则盈，敝则新。""明道若昧，进道若

退，夷道若纇。"此皆言"反者道之动"也。此其于《易》象"消息盈
虚"、"无平不陂，无往不复"之理所得甚深，然亦为一切权谋术数之所
从出。故曰："古之善为道者，非以明民，将以愚之。""取天下常以无
事，及其有事，不足以取天下。""将欲翕之，必固张之。将欲取之，必
固与之。"但彼较后世权谋家为深远者，一则以任术用智自喜，所以浅
薄；老子则深知智数之卑，然其所持之术，不期而与之近。彼固曰"以
智治国，国之贼；不以智治国，国之福"，"知此两者亦稽式"。王辅嗣训
"稽"为"同"，犹今言公式。盖谓已往之迹皆如此也。常知稽式，是谓玄德。
玄德深矣远矣，与物反矣，然后乃至大顺。惟其与物反，所以大顺亦是
一眼觑定。"反者道之动"，"君向潇湘我向秦"，你要东，他便西，"俗
人昭昭，我独昏昏"，"俗人察察，我独闷闷"，"众人皆有以，而我独顽
似鄙"。他总与你反一调，到临了你总得走上他的路。因为你若认定一
条路走，他便知你决定走不通，故他取的路与你自别。他亦不作主张，
只因你要东，他便西，及至你要西时，他又东了。他总比你高一著，你
不能出他掌心。其为术之巧妙如此。然他之高处，惟其不用术，不任
智，所以能如此。世间好弄智数、用权谋者，往往失败。你不及他深
远，若要学他，决定上当。他看众人太低了，故不甚爱惜。"天地不仁，
以万物为刍狗；圣人不仁，以百姓为刍狗"。刍狗者，缚刍为狗，不是
真狗，极言其无知而可贱也。"知我者希，则我者贵"，他虽常下人，常
后人，而实自贵而贱人，但人不觉耳。法家如商鞅、韩非、李斯之流，
窃取其意，抬出一个法来压倒群众，想用法来树立一个至高无上的权
威，使人人皆入他彀中，尽法不管无民。其实他所谓法，明明是他私意
撰造出来的，不同儒家之天秩、天讨，而彼方自托于道，亦以众人太愚
而可欺了，故至惨刻寡恩，丝毫没有恻隐。苏子瞻说其父报仇，其子杀
人行劫，法家之不仁，不能不说老子有以启之。合阴谋家与法家之弊观
之，不是"其失也贼"么？看来老子病根所在只是外物，他真是个纯客
观、大客观的哲学，自己常立在万物之表。若孔子之道则不然，物我一
体，乃是将万物摄归到自己性分内，成物即是成己。故某常说："圣人
之道，己外无物。"其视万物犹自身也。肇法师云："圣人无己，靡所不
己。"此言深为得之。老子则言：圣人"无私，故能成其私"。明明说
"成其私"，是己与物终成对待，此其所以失之也。再举一例，更易明
了，如老子之言曰："万物并作，吾以观其复。夫物芸芸，各复归其
根。"孔子则曰："圣人感人心而天下和平，观其所感而天地万物之情可

见矣。""圣人久于其道而天下化成,观其所恒而天地万物之情可见矣。"作、复是以物言,恒、感是以心言。老子连下两"其"字,是在物一边看;孔子亦连下两"其"字,是在自己身上看,其言"天地万物之情"可见,是即在自己恒、感之理上见的,不是离了自心恒、感之外别有一个天地万物。老子说吾以观其作、复,是万物作、复之外别有一个能观之我,这不是明明不同么?

今讲老子流失,是要学者知道心术发源处,合下便当有择。若趋向外物一边,直饶汝聪明睿知到老子地位,其流弊不可胜言。何况如今代唯物史观一流之理论,其浅薄处去老子简直不能以霄壤为喻,而持彼论者往往自矜,以为天下莫能过,岂不哀哉!

赠浙江大学毕业诸生序

中华民国二十七年六月,浙江大学三院诸生毕业者九十余人。先是,大学因避暴日之乱,展转徙江西之泰和。在颠沛流离中,未尝一日辍学,及是乃举行毕业式于上田村萧氏宗祠,横舍所假地也。校长竺君属以一言为诸生勖,既固辞不获,因以来宾亦有致词之例,仆虽于学校为客,重校长之谆谆而言之,亦庶其可。念诸生于肄业时,其熟闻校长暨各院院长、各系教授、诸先生之训迪详矣,仆之言,又岂能有所增益?无已,则请诵古训以献。

夫今之所谓知识分子,古之所谓士也。今大学毕业,人目之为知识分子,论其资,可以服务于社会矣。事其事之谓服务。士者,事也,即能为社会服务之称。然则诸生既卒所业,可以当古之士矣。经籍中凡言士行者,不可胜举,其最约而要者,莫如《大戴礼·哀公问五义篇》。哀公问曰:"何如斯可谓士矣?"孔子对曰:"所谓士者,虽不能尽道术,必有所由焉;虽不能尽善尽美,必有所处焉。是故知不务多而务审其所知;行不务多而务审其所由;言不务多而务审其所谓。知既知之,行既由之,言既顺之,若性命肌肤之不可易也。富贵不足以益,贫贱不足以损。若此,则可谓士矣。"夫道术甚广,学问之事无穷,诸生今日之所知,勿谓其已尽也。今所见为美善者,稍进焉,则知其尤有至者,勿遽谓止于此也。虽然,诸生学业之所就,是其所知也,其将求自效而见诸用也,将言之必可行焉,行之必可言焉。不务多而务审,则其知也察,其为言行也必谨而有度。择之精而守之笃,乃有以自足乎己而弗迁,故曰"若性命肌肤之不可易也"。如是则富贵贫贱不足以挠其志，推而至于夷狄患难，皆有以自处而不失其所守，由是而进于道术，以益臻乎美善之域不难矣。所贵乎士者，不惟用而后见其所学，虽曰弗用，其学之足以自立者，弗可夺也。故曰："不患无位，患所以立。""不患人之不己知。""求为可知也。"今毕业于国之大学者众矣，国家方当危难之时，其需材也亦亟矣，诸生思求服务之志亦勤矣。诸生但求无负其所学而不期于必用，斯其在己者重而在人者轻，无失志之患而有进德之益，在艰苦塞难之中养成刚大弘毅之质，其必有济矣。此今日凡为士者所当勉也。

幸与诸生有一日之雅，甚愧无以益之，举斯言以为赠，言虽约，其爱诸生之心则无已也。

对毕业诸生演词

诸君学业终了，便是事业开始。将来行其所学，对于国家社会能尽其在己之责任，这是学校全体师友所期望的。某以校长之属，使向诸君贡献一言，以相勉励，写得一篇小文奉赠，不用赘言。如诸君不以老生常谈为厌，其间所引《大戴礼》孔子之言"知不务多，而务审其所知；行不务多，而务审其所由；言不务多，而务审其所谓"这三句话的意义，今略为申说，或者于诸君不是无益的。

国家生命所系，实系于文化，而文化根本则在思想。从闻见得来的是知识，由自己体究，能将各种知识融会贯通，成立一个体系，名为思想。孔子所谓知，即是指此思想体系而言。人生的内部是思想，其发现于外的便是言行。故孔子先说知，后说言行。知是体，言行是用也。依今时语便云思想、行为、言论，思想之涵养愈深厚，愈充实，斯其表现出来的行为言论愈光大，不是空虚贫乏。今时国人皆感觉物质之贫乏而思求进，至于思想之贫乏须求其充实，似乎尚少注意。关于此点，今略为分疏。孔子说"不务多而务审"者，多是指杂乱而无统系，审则辨别分明之称。所知是思想主要点，所由是行为所从出的动几，所谓是言论之意义。此本通三世说，今为易于明了，故不妨以三世分说之。吾人对于过去事实，贵在记忆、判断，是纯属于知。对于现在，不仅判断，却要据自己判断去实行，故属于行的多。对于未来所负责任较重，乃是本于自己所知所行，以为后来作先导，是属于言的较多。故学者须具有三种力量：

一、认识过去。历史之演变，只是心理之表现。因为万事皆根于心，其动几往往始于一二人，其后遂成为风俗，换言之，即成为社会一般意识。故一人之谬误，可以造成举世之谬误。反之，一人思想正确，亦可影响到群众思想，使皆归于正确。吾人观察过去之事实，显然是如此，所以要"审其所知"，就是思想要正确，不可陷于谬误。

二、判别现在。勿重视现实。近来有一种流行语，名为现实主义，其实即是乡原之典型。乡原之人生哲学曰："生斯世也，为斯世也，善斯可矣。"他只是人云亦云，于现在事实盲目的予以承认，更不加以辨别。此种人是无思想的，其唯一心理就是崇拜势力。势力高于一切，遂使正义公理无复存在，于是言正义公理者便成为理想主义。若人类良知未泯，正义公理终不可亡。不为何等势力所屈服，则必自不承认现实主义而努力于理想主义始。因现实主义即是势力主义，而理想主义乃理性主义也。所以要"审其所由"，就是行为要从理性出发，判断是非不稍假借，不依违两可，方有刚明气分，不堕柔暗。宁可被人目为理想主义，不可一味承认现实，为势力所屈。尤其是在现时，吾国家民族方在被侵略中，彼侵略国者正是一种现实势力。须知势力是一时的、有尽的，正义公理是永久的，是必申的。吾人在此时，尤须具此坚强之信念，以为行为之标准，这是"审其所由"。

三、创造未来。凡自然界、人事界一切现象，皆不能外于因果律，决无无因而至之事。现在事实是果，其所以致此者必有由来，非一朝一夕之故，这便是因。因有远有近，近因在十年、二十年前，远因或在一、二百年以上。由于过去之因，所以成现在之果；现在为因，未来亦必有果。吾人于现实社会如已认为满意，则无复可言，如或感觉其尚有不善或不美，必须发愿创造一较善较美之未来社会，这不是空想，是实理。未来之果如何，即系于现在吾人所造之因如何，因果是决不相违的。此种思想表现出来的，就是言论，所以要"审其所谓"。《易传》曰"辞也者，各指其所之"，就是"审其所谓"之意。所之即是所向往的。吾人今日言论，皆可影响未来，故必须选择精当，不可轻易出之，因其对于未来所负之责是最重的，这是"审其所谓"。

诸君明此三义，便知认识过去，要"审其所知"；判别现在，要"审其所由"；创造未来，要"审其所谓"。具此三种能力，方可负起复兴民族之责任。《易》曰"唯深也，故能通天下之志"，是审其知之至也；"唯几也，故能成天下之务"，是审其行之至也。诸生勉之，如此，不独为一国之善士，可以为领导民众之君子矣。

卷二　宜山会语

说忠信笃敬

前在泰和得与诸君共讲论者数月，不谓流离转徙，今日尚得到此边地重复相聚，心里觉得是悲喜交集。所悲者，吾国家民族被夷狄侵陵到此地步，吾侪身受痛苦，心怵危亡，当思匹夫有责，将何以振此垂绝之绪，成此恢复之业，拯此不拔之苦，今实未能焉，能不悲？所喜者，虽同在颠沛之中，尚复有此缘会，从容讲论，得与诸君互相切磋，不可谓非幸。诸君感想谅亦同之。校长暨教授诸先生不以某为迂阔，仍于学校科目之外，约某继续自由讲论。此虽有似教外别传，却是诸法实相，圣贤血脉，人心根本。诸君勿仅目为古代传统思想，嫌其不合时代潮流。先须祛此成见，方有讨论处。

某向来所讲，谓一切学术皆统于六艺。六艺之本，即是吾人自心所具之义理。义理虽为人心所同具，不致思则不能得，故曰学原于思。要引入思惟，先须辨析名相。故先述六艺大旨，其后略说义理名相，欲指出一条路径，以为诸君致思穷理之助。但因时间有限，所讲至为简略，不能详尽。若能切己体究，或不无可以助发之处。否则只当一场话说，实无所益也。

大凡学术有个根原，得其根原才可以得其条理，得其条理才可以得其统类。然后原始要终，举本该末，以一御万，观其会通，明其宗极，昭然不惑，秩然不乱，六通四辟，小大精粗，其运无乎不备。孔子曰："吾道一以贯之。"《大学》所谓知本、知至，便是这个道理。知本是知其所从出，知至是知其所终极。华严家所谓"无不从此法界流，无不还归此法界"，与此同旨。所以说天下万事万物，不能外于六艺，六艺之道，不能外于自心。黄梨洲有一句话说得最好，曰："盈天地间皆心也。"由吾之说，亦可曰："盈天地间皆六艺也。"今日学子只知求知，以物为外，其结果为徇物忘己。圣贤之学乃以求道会物归己，其结果为成己成物。一则向外驰求，往而不反；一则归其有极，言不离宗。此实天地悬隔。学者要养成判断力，非从根原上入手不可。初机于此理凑泊不上，只为平日未尝治经。其有知治经者，又只为客观的考据之学，方法错误，不知反求自心之义理，终无入头处。吾今所言虽简，却是自己体验出来，决不相诳。望诸君著实体究，必有省发之时。一念回机，便同本得，方知此是诚谛之言，方不辜负自己，不辜负先圣，此是夷狄所不能侵，患难所不能入的。天地一日不毁，此心一日不亡，六艺之道亦一日不绝。人类如欲拔出黑暗而趋光明之途，舍此无由也。

某尝谓读书而不穷理，只是增长习气；察识而不涵养，只是用智自私。凡人心攀缘驰逐，意念纷飞，必至昏昧。以昏昧之心应事接物，动成差忒。守一曲之知，逞人我之见，其见于行事者，只是从习气私欲出来。若心能入理，便有主宰。义理为主，此心常存，无有放失，气即安定，安定则清明。涵养于未发以前，察识于事为之际，涵养愈深醇，则察识愈精密。见得道理明明白白，胸中更无余疑，一切计较利害之私自然消失，逢缘遇境，随处皆能自主，皆有受用。然后方可以济艰危，处患难，当大任，应大变，方可名为能立。能立才能行，学不至于能立，不足以为学。《学记》曰：古之学者，"九年知类通达，强立而不反，谓之大成"，"然后足以化民易俗"，故曰"己欲立而立人，己欲达而达人"。立以体言，达以用言。体立而后用有以行，未有不能立而能行者。己立己达是立身行己，立人达人是化民成俗。先体而后用，故先立而后达。浅言之，立只是见得义理端的，站得住，把得定，不倾侧，不放倒，不为习俗所动，不为境界所移。自己无有真实见地，只是随人起倒，一味徇人，名为流俗。不能自拔于流俗者，不足与立。境界不出顺逆二种，如富贵、贫贱、夷狄、患难、毁誉、得失、忧喜、苦乐，皆能移人。以仕宦夺志，以饥渴害志者，不足与立。程子曰："教学者如扶醉人，扶得东来西又倒。"此言最善形容不能立之病。到此田地，方可以言致用。"举而措之天下之民"，谓之事业，不是知识技能边事可以当得的。如今一般为学方法，只知向外求事物上之知识，不知向内求自心之义理。不能明体，焉能达用？侈谈立国而罔顾立身，不知天下国家之本在身，身尚不能立，安能立国？今谓欲言立国，先须立身，欲言致用，先须明体。体者何？自心本具之义理是也。义理何由明？求之六艺乃可明。六艺之道不是空言，须求实践。实践如何做起？要学者知道自己求端致力之方，只能将圣人吃紧为人处尽力拈提出来，使合下便可用力。

今举《论语》"子张问行"一章，示一最切近之例。

子张问行，子曰："言忠信，行笃敬，虽蛮貊之邦，行矣。言不忠信，行不笃敬，虽州里，行乎哉？立则见其参于前也，在舆则见其倚于衡也，夫然后行。"子张书诸绅。

子张问行与问达一般，是无往不宜之意，犹今言适应环境也。蛮貊是异俗，无礼义，难与为缘，而默化足以消其犷戾。州里是近习，情本易合，而失道亦足以致其乖离。故"中孚"则"信及豚鱼"，豚鱼比蛮貊尤远。不仁则道不行于妻子。妻子比州里尤近。行有不得，反求诸己，乃为君子之道。学者当知子张问的是行，而孔子告之以立。换言之，即是子张问的是用处施设，孔子答以体上功夫。子张病在务外为人，孔子教他向里求己。有人问程子"如何是所过者化"，程子曰："汝且理会所存者神。"此与孔子答子张同旨。

如今欲问如何立国致用，则告之曰：汝且立身行己。立身行己之道，即从"言忠信，行笃敬"做起。言行是日用不离的，忠信笃敬是功夫，亦即是本体。忠是恳切深挚，信是真实不欺，笃是厚重不轻忽，敬是收敛不放肆。《易》象曰："风自火出，家人，君子以言有物而行有恒。"火炽则风生。"风自火出"，自内而外之象。"言出乎身，加乎民；行发乎迩，及乎远"，自内而外也。有物谓充实不虚，有恒谓法则有常。义理是心之存主处，言行是用之发动处，亦自内而外也。所存者是忠信，发出来为忠信之言；所存者是笃敬，发出来为笃敬之行。诚中形外，体用不违。圣人之言该本末，尽内外，彻上彻下只是一贯。世亦有矫饰其言行貌为忠信笃敬者，只是无物无恒，可以欺众人，不可以欺君子。此诚伪之辨。言不忠信，便是无物。行不笃敬，便是无恒。圣人以天下为一家，中国为一人，《家人》之象也。始于立国，终于化成，天下须从一身之言行做起。这便是立身行己最切要的功夫，人人合下可以用力。从自己心体上将义理显发出来，除去病痛，才可以为立身之根本；知道立身，才可以为立国之根本。一切学术以此为基，六艺之道即从此入。

释学问　先释学问之义　后明问答之旨

人人皆习言学问，却少有于此二字之义加以明晰之解说者。如见人读书多、见闻广，或有才辩、能文辞，便谓之有学问。古人所谓学问，似乎不是如此。此可说是有知识，有才能，若言学问，却别有事在。知识是从闻见得来的，不能无所遗；才能是从气质生就的，不能无所偏。今所谓专家属前一类，所谓天才属后一类。学问却要自心体验而后得，不专恃闻见；要变化气质而后成，不偏重才能。知识、才能是学问之资借，不即是学问之成就。唯尽知可至于盛德，乃是得之于己；尽能可以为大业，亦必有赖于修。如此，故学问之事起焉。是知学问乃所以尽知尽能之事，而非多知多能之谓也。学问二字，今浑言不别，实际上学是学，问是问，虽一理而有二事。浅言之，学是自学，问是问人。自学是要自己证悟，如饮食之于饥饱，衣服之于寒暖，全凭自觉，他人替代不得。《学记》曰"虽有嘉肴，弗食，不知其旨也。虽有至道，弗学，不知其善也"，佛氏亦有"说食不饱，数宝不富"之喻，最善。问人即是就人抉择，如迷者问路，病者求医，须是遇善知识，不然亦有差了路头，误服毒药之害。古语曰："一盲引众盲，相牵入火坑。"又曰："一句合头语，万劫系驴橛。"皆指师家不明之误，所谓自救不了，为人即祸生也。禅师家接人每以言句勘辨，故有宾主料简。不惟师择弟子，弟子亦要择师。若学者不具参方眼，师家不辨来机，互相钝置，名为一群瞎汉相趁。儒家问答、接人手眼实与禅师家不别，会者自知，但先儒不显说耳。故必先学而后问。善问者必善学，善学者必善问。师资道合，乃可相得益彰。孔子自居好学，又独称颜回为好学。"舜好问而好察迩言"，所以为"大智"。由此言之，好学好问皆为圣贤之事，未可轻易许人。圣贤是果位人，犹示居学地，示有下问，"有若无，实若虚"，何况学者在因地，若得少为足，便不肯用力，今人于记诵考据之学非不用力，但义理则非所尚，此其蔽也。安其所习，而耻于问人，今人于政治问题、社会问题未尝不研究，未尝不问人，但于自己心性则置而不谈，未尝致问，此由耽于习而忽于性，故以为不足问也。何由得有成就？今日学者为学方法，可以为专家，不可以成通儒。此所言成就，乃欲个个使成圣贤。古人论学记通，今人论学贵别。若问：学是学个甚么？答曰：伊川尝试颜子所好何学论，便是解答此问题。须知古无科学、哲学之称，亦无经学、史学之目，近世以汉、宋分途，朱、陆异撰，用朝代姓氏为别，皆一孔之见。濂、洛、关、闽只是地名，考据、词章同为工具。八儒三墨各自名家，入室操戈互相胜绌，此庄生所谓"道术将为天下裂"也。学只是学，无假头上安头，必不得已，强名义理之学，如今立科、哲，各从所好，权示区分，犹胜以时代地域为号。《论语》四科有文学，《宋史》列传出"道学"，文则六艺之遗，道为义理所寄，实即学文、学道之倒言耳。孔子问礼于老聃，问乐于苌弘，"入太庙，每事问"，"夫子焉不学？而亦何常师之有"，"三人行，必有我师焉。择其善者而从之，其不善者而改之"，此其所学所问，亦不可加以名目，故谓"大哉孔子，博学而无所成名"。知此则知今之所谓专家者，得之于别而不免失之于通，殆未足以尽学问之能事。虽然，分河饮水，不无封执之私，互人交参，乃见道体之妙。既知统类，则不害差分，致曲通方，各就其列，随顺世间，语言亦复何碍？故百家众说，不妨各有科题，但当观其会通，不可是丹非素，执此议彼。苟能舍短取长，何莫非道？万派朝宗，同归海若，容光必照，所以贞明。小智、自私，乃存畛域，自智者观之，等同一味，岂有以异乎哉？

今略说因地学问之道。《易·文言》曰："君子学以聚之，问以辨之，宽以居之，仁以行之。"学要进德修业，积累而成，故曰聚。问则解蔽去惑，言下洞然，故曰辨。"宽以居之"谓体无不备，"仁以行之"谓用无不周。《中庸》曰："博学之，审问之，慎思之，明辨之，笃行之。"上四明体属知，下一达用属行，知行合一，体用不离，与《易·文言》同旨。释氏以闻、思、修为三学，亦同《中庸》。闻该学问，思约思辨，修即笃行也。思辨即学问之事，学而不思则无得，问而不辨则不明，故学问必要思辨。知是知此，行是行此，即此体，即此用。故《论语》只以思、学并言，佛氏开为三，闻、思、修。《中庸》开为五，学、问、思、辨、行。约而言之，则但曰学。言有广略，事惟一贯。子夏曰："博学而笃志，切问而近思，仁在其中矣。"博学而不笃志，犹之未学。切问而不近思，犹之未问。学欲其博，是要规模阔大，非谓泛滥驳杂也。问欲其切，是要体会亲切，非谓腾口说、骋机锋也。志欲笃，笃谓安止而不迁。思欲近，近谓不远而可复。优柔厌饫，若江海之浸，膏泽之润，学之力也。涣然冰释，怡然理顺，问之效也。故学必资于问，不学则不能问。《学记》曰："幼者听而弗问，学不躐等也。"非不许问，谓不可躐等而问也。又曰："力不能，问，然后语之，语之而不知，虽舍之可也。"此谓不思之过。孔子曰："不愤不启，不悱不发。"朱注："愤者，心求通而未得之意。悱者，口欲言而未能之貌。""举一隅不以三隅反，则不复也。"愤、悱是能思，举一反三是善悟。不能如是，圣人之所不教。上根如颜子，闻一知十；其次如子夏，告往知来；子贡闻一知二；樊迟、司马牛最下，闻而不喻。如樊迟问仁、问智，不达。再告以举直错枉，犹不达，乃退而问子夏。司马牛问仁、问君子，皆以为未足。此皆在不复之列。

《论语》多记孔门问答之词，实为后世语录之祖。孟子曰："君子之所以教者五：有如时雨化之者，有成德者，有达材者，有答问者，有私淑艾者。"除第五类外，前三亦假问答。但孟子之意似以答问为接下机，其实问虽有高下，答则因才而施，其道是一。《学记》曰："善问者如攻坚木，先其易者，后其节目，及其久也，相说以解。不善问者反此。善待问者如撞钟，叩之以小者则小鸣，叩之以大者则大鸣，待其从容，然后尽其声。不善答问者反此。"此是问答之轨范。学以穷理，问以决疑。问前须学，问后要思。故学问之道以致思为最要，思则得之，不思则不得也。学者观于此，亦可以明问答之旨矣。吕与叔曰："古者宪老而不乞言，仪刑其德，无所事于问也。其次则有问有答，然犹'不愤不启，不悱不发'。又其次则有讲有听，讲者不待问也，听者不致问也，如此则师虽勤而道益轻，学者之功益不进。又其次则有讲而未必听。至于有讲而未必听，则无讲可矣。"今于讲论之外，开此问答一门，乃欲曲顺来机，加以接引，观其资质所近，察其习气所偏，视其志趣所向，就其解会所及，纳约自牖，启其本心之明，应病与药，救其歧路之失。随感而应，其用无方，祭海先河，庶几知本。至于发问，当有范围，虽无倦于相酬，亦致诚于陵节。诸生平日所治科目，各有本师，无劳诹及。但关于身心义理，欲知求端致力之方，或已知用力而未得其要者，不惜详为之说。诸所不答，条列如下：

一、问单辞碎义无关宏旨者不答。

一、问僻书杂学无益身心者不答。

一、问时政得失不答。

一、问时人臧否不答。

一、辞气不逊不答。

一、越次而问不答。

一、数数更端不答。

一、退而不思再问不答。

颜子所好何学论释义

文在《伊川文集》卷四"杂著门"。《伊洛渊源录》卷四《伊川先生年谱》云："皇祐二年，（先生）年十八。上书阙下"，"不报。闲游太学。时海陵胡翼之先生方主教导，尝以'颜子所好何学'论试诸生。得先生文，大惊，即延见，处以学职"。《文集》题下注则云："始冠，游太学。"据《年谱》叙此事在上书不报后，似即是皇祐二年事，先生年十八时所作也。《二程文集》及《伊洛渊源录》并朱子所编。

按《周子通书》云："伊尹、颜渊，大贤也。伊尹耻其君不为尧、舜，一夫不得其所，'若挞于市'。颜渊'不迁怒，不贰过'，'三月不违仁'。志伊尹之所志，学颜子之所学，过则圣，及则贤。"胡安定之命题，虽本《论语》，疑《通书》"学颜子之所学"一语，已为当时士人所习闻，故特拈此语发问，以觇学者之见地。

伊川此文大科分三：一标宗趣。示学以至圣人之道。二显正学。明学圣之功。三简俗见。辨俗学之失。

初标宗趣　圣人之学为宗　可学而至是趣。

圣人之门，其徒三千，独称颜子为好学。出题。夫《诗》《书》六艺，三千子非不习而通也，然则颜子所独好者何学也？第一设问。学以至圣人之道也。置答，揭明宗趣。圣人可学而至欤？第二设问。曰：然。置答，示决定可学。

二显正学

学之道如何？将显正学，故再设问。曰：以下置答先原人。天地储精，得五行之秀者为人。《礼运》曰：人者，"五行之秀气，天地之德也"。《太极图说》曰："无极之真，二五之精，妙合而凝。"《易》曰："精气为物。"精谓气之凝聚也。气有偏全、通塞、昏明、清浊之异，人物皆禀是气以为形质而后有生。朱子曰："气以成形而理亦寓焉。"《正蒙》曰："气聚则生，气散则死。知死而不亡者，可与言性矣。"此推原人生之由来。上句该万物言，下句言于中人为最胜也。以下先举性德。其本也，真而静。其未发也，五性具焉，曰仁、义、礼、智、信。本谓心之本体，即理也。无妄曰真，本寂曰静。《乐记》曰："人生而静，天之性也。"一理浑然，当恒不变，其体本寂，故曰"真而静"。未发谓"冲漠无朕"，五性即性中所具之五德。德相有五，实唯一性，人人同具，无有增减。以下简情失。形既生矣，外物触其形而动于中矣。其中动而七情出焉，曰喜怒哀惧爱恶欲。情既炽而益荡，其性凿矣。形谓耳、目、口、体，气聚所生。佛氏谓之五根：眼、耳、鼻、舌、身。外物谓五尘外境：色、声、香、味、触。根、境本不相到，识动于中，斯谓意根，妄生取著，遂有法尘，起一切分别。于是六识炽然，流荡不守，违其真静之本体，遂障性具之德相，而性凿矣。凿犹言戕贼也。此段文与《乐记》《太极图说》相应，但广略不同，比类可知。《乐记》曰："感于物而动，性之欲也。物至知知，然后好恶形焉。好恶无节于内，知诱于外，不能反躬，天理灭矣。"《太极图说》曰："形既生矣，神发知矣。五性感动而善恶分，万事出矣。"儒家谓情，佛氏谓识，在《乐记》曰"欲"曰"知"，《太极图说》只言"知"。此"知"谓徇物之知，故曰"诱于外"。意存有取，故名为"欲"。广则有七，约惟好恶，得正则善，失正则恶，故周子分善恶言之。以情识之动不即是恶，唯炽而流荡无节乃成为恶。理本无灭，隐，故有似于灭也。性不可凿，背，故比之于凿也。孟子曰："所恶于智者，为其凿也。"物之凿者，形必变异，失其本然之相，故谓之凿。以上分释性情。向下乃以觉、愚二门明其得失。初明觉。**是故觉者约其情使合于中，正其心，养其性，故曰性其情。**觉是本心之明发现处，《起信论》谓之始觉。约犹收也，如收放心之收。中者，无过、不及之名。约之使反，不任一往徇外，则喜怒哀乐之发不至流荡，念念相应，名之为合。正谓无所偏倚，养谓常存护念。心统性情，约其情，则心一于理，故正。物从心为正，心逐物为邪。换言之，即心不为物役而理为主也。心正则气顺，故性得其养。曰"性其情"者，情皆顺性，则摄用归体，全体起用，全情是性，全气是理矣。二简愚。**愚者则不知制之，纵其情而至于邪僻，梏其性而亡之，故曰情其性。**愚者，不觉也，迷惑之称。不知制约而纵放其情，一向驰逐，所谓从欲也。《书》曰："从欲惟危。"佛氏谓之"随顺无明"。心既逐物，贪著寻求，必陷邪僻。性失其养，几于梏亡，如人身被桎梏，不能运动，便同死人。性不可亡，今言亡者，谓其等于亡也。曰"情其性"者，性既随情，则全真起妄，举体成迷，唯是以气用事，而天理有所不行矣。既知觉、愚二门分别，方知学之所以为学当为何事。故以下正明学之道。**凡学之道，正其心，养其性而已。**此是举因。**中正而诚，则圣矣。**此是明果。中、正义见前。诚则法法全真，圣谓事事无碍。此自诚明之事。**君子之学，必先明诸心，知所养，**一作往。**然后力行以求至，所谓自明而诚也。**此自明诚之事。明诸心即觉也。"养"作"往"义长。"知所往"是始觉，"力行以求至"，至即本觉。始本不二，则诚矣。**故学必尽其心。尽其心则知其性，知其性，反而诚之，圣人也。**故《洪范》曰："思曰睿，睿作圣。"孟子曰："尽其心者，知其性也。知性则知天矣。"又曰："万物皆备于我矣。反身而诚，乐莫大焉。"程子之言本此。此明学原于思，尽心即致思。心之官主思。"思曰睿"，思通玄微谓之睿，知性即睿。"睿作圣"，知天即圣。引《洪范》以证明尽心为作圣之功。反者，回机就己之称。"一日克己复礼，天下归仁"，"为仁由己，而由人乎哉"，皆指令反求诸己。颜子"既竭吾才"，即尽心致思之谓也。诚者，实理也。天地之所以不息，万物之所以生成，皆此实理之流行也。全此实理则为圣人，昧此实理则为凡民。故《通书》曰："诚者，圣人之本。"又曰："圣，诚而已矣。"诚者，天道。思诚者，人道。此段正明圣学宗要，以下明诚之之道。**诚之之道，在乎信道笃。**信道笃则行之果，行之果则守之固，仁义忠信不离乎心，"造次必于是，颠沛必于是"，出处语默必于是。久而弗失，则居之安，动容周旋中礼，而邪僻之心无自生矣。此理实有诸己，诚之也，今语谓之充实人生，亦近是。其事有信、行、守三种次第。见得端的则信笃，信笃则决定不疑，迁善改过，如恐不及，斯行之，未有不果也。笃是知之真切，果是行之勇决，知行合一，日用之间践履益密，斯持守之固确乎不移矣。"仁义忠信不离乎心"，实有诸己也；造次、颠沛、出处、语默必于是，不为外境所夺也，此诚之之功夫也。"久而弗失"以下，诚之之效验也。以上大段文字显圣学宗要在于思诚，向下乃举颜子所学以证之。

　　故颜子所事，则曰"非礼勿视，非礼勿听，非礼勿言，非礼勿动"。此引颜子所学以为举证也。四勿是《论语》"颜子问仁"章语。学者当知孔子答以"克己复礼为仁"，颜子便直下不疑；请问其目，再答以四勿，他便道"回虽不敏，请事斯语矣"。此乃直下承当，全身担荷，看似平淡无奇，实则成就不是小小。此见颜子之学即是以此为事，这里却要分疏得清楚，方有领会处。第一须知"仁"是甚么。仁是德之总相，全体是性，不尽心者不能知性，即不能识仁。颜子已是识得仁了，然后问之。第二须知"己"是甚么。己是形气之私，即谓意根，亦名我见。此见不除，人我间隔，睽而不通，一念不觉，便堕不仁。第三须知"礼"是甚么。礼者，理也，乃仁中之有分理者。玉工治玉，必依其理；君子为仁，必顺其礼。因有分理，故有节文，分理具内，节文形外。己私掩之，则理隐而不现，一旦廓落，此理自显，名之为复。"克己"之"己"是指私己，"由己"之"己"是言本具，文同而义别也。颜子问的是仁，孔子答以复礼。因为仁体浑然，难以显说，故举出其中所具自然之法则言之，是之谓礼。此礼既复，当体即仁，乃是以礼显仁也，非谓笾豆之事，器数之末也。颜子言下洞然，故直问其目，乃在视听言动不离当处，无假他求，何等简易直截！《论语》中许多问答，无过此章，真乃传心法要。第四须知视听言动是甚么。视听言动皆气也，四者一于礼，则全气是理，更无差忒。一有非礼，则全真起妄，便是不仁。人于日用之间须臾不离者，只此四事。为仁依仁，全系于此。违仁害仁，亦出于此。转愚为觉，背觉成迷，只此一关，别无他事。争奈不肯体会，一任奔驰，舍近求远，迷己逐物，庄子所谓"弱丧忘归"，佛氏喻为背父逃逝。试观颜子之所事为何，亦可以知反矣。急须着眼，不得放过。以下更引孔子称道颜子之言以为举证。仲尼称之曰："得一善，则拳拳服膺而弗失之矣。"前谓行之果，此谓守之固。善即性德之美称，亦即仁体之殊号，在人在己一也。"乐取于人以为善"，"人之彦圣，其心好之"。得于人者，人有善言善行，不啻若自己出，拳拳弗失，斯能有之于己。一端之善，犹不可遗，乃所谓善学矣。又曰："不迁怒，不贰过。""有不善未尝不知，知之未尝复行也。"上二句"哀公问弟子孰为好学"本章文，下二句《易·系辞传》说《复》卦初九爻义引颜子为证之文。人情易发而难制者是怒，举怒以该七情也。《易·损》卦大象曰："君子以惩忿窒欲。"上言"约其情"，《损》之道也。好恶、爱憎，流荡所极，则为忿、欲，忿则斗争，欲斯夺取，害仁悖理，皆由此生。然惩忿尤难于窒欲，故圣贤之学先在治怒。圣贤非是无怒，怒当于理，发而中节。其怒也在物不在己，如明镜照物，妍媸在彼，故能不迁。明道先生《答张横渠书》云："圣人之喜，以物之当喜；圣人之怒，以物之当怒。是圣人之喜怒，不系于心而系于物也。"故圣人喜怒是情之正，常人喜怒是情之私。《易·益》卦大象曰："君子以见善则迁，有过则改。"上言"合于中，正其心"，《益》之道也。引《系辞》申明"不二过"之旨，须着眼在"知"字。《系辞》曰："知几其神乎？"几者动之微，吉之先见者也。""君子知微知彰，知柔知刚，万夫之望。"又曰："颜氏之子，其殆庶几乎！有不善未尝不知，知之未尝复行也。《易》曰'不远复，无只悔，元吉。'"常人有过不能改者，只缘不知。不知者，不知善也。不知善，故不知不善。知善即知性也，"性其情"是善，"情其性"是不善。乐循理，安处善，率性之谓也。率性无有不善，惟随情乃有不善。所谓"过"者，情之过也。情若无过，即是"合于中"，情亦无有不善矣。故孟子曰："乃若其情，则可以为善矣，乃所谓善也。"颜子唯于此知之切，故能"不二过"。程子曰："颜子地位岂有不善？所谓不善，只是微有差失，才有差失，便知之，才知之，便更不萌作。""微有差失"者，即所谓"几者，动之微也"。功夫到此，直是细密，故曰"其殆庶几乎"两句，即是《损》《益》二卦义。故曰："《损》，德之修也。《益》，德之裕也。"颜子学圣之功，本领在此。以下结。此其好之笃，学之之道也。结前文，可知学之之道，即诚之之道也。二程学于周茂叔，每教寻孔、颜乐处，所乐何事。孔子自称"乐以忘忧"，称颜子"不改其乐"。"所乐何事"与"所好何学"语脉正同。最好引而不发，教学者致思。今已被伊川注破，不免彻底掀翻，更加狼藉一上。好是好乐，好乐即乐也。《乐记》曰："乐者，乐也。君子乐得其道，小人乐得其欲。以道制欲则乐而不乱，以欲忘道则惑而不乐。是故君子反情以和其志，广乐以成其教。"学者试以伊川此文与《乐记》对勘，便知"好"字不是虚言，实有着落。向下乃辨圣、贤不同处。视听言动皆礼矣，所异于圣人者，盖圣人则不思而得，不勉而中，从容中道，颜子则必思而后得，必勉而后中。故曰：颜子之与圣人相去一息。此谓圣人不假思勉，而颜子则犹须思勉，然其得中一也。一息，犹云一间。息是气息，以时间言。间是间隙，以空间言。谓颜子与圣人只争这一些子耳。《系辞传》曰："《易》无思也，无为也，天下何思何虑？天下同归而殊途，一致而百虑，天下何思何虑？"伊川尝问谢上蔡："近日见得道理如何？"对曰："天下何思何虑？"伊川曰："不道贤道得不是，只是发得太早。"故无思无为是果位上事，好学致思是因地上事。颜子虽位齐等觉，已与圣邻，犹须思勉。未到颜子地位，不致思，岂能有得；不力行，岂能有中。思属知，勉属行，不思则不勉，知行是一事，知是知其所当行，行是行其所已知，故思先于勉。及其得于理而无失，中于理而无过，乃充实矣。此段牒前"思曰睿"，向下乃牒前"诚之"。孟子曰："充实而有光辉之谓大，大而化之之谓圣，圣而不可知之谓神。"颜子之德，可谓充实而有光辉矣，所未至者，守之也，非化之也。以其好学之心，假之以年，则不日而化矣。故仲尼曰："不幸短命死矣。"盖伤其不得至于圣人也。此明颜子学已臻极，但未至于化耳。孟子曰："有诸己之谓信，充实之谓美，充实而有光辉之谓大，大而化之之谓圣。"信、美、大皆"诚之"之效也。和顺积中而英华发外，美在其中而畅于四支，其德业已至盛大矣。所差者，未能泯然无迹耳，化则泯然无迹矣。横渠曰："大可为也，化不可为也。在熟之而已矣。""耳顺"、"从心"，乃臻化境。大已是学之极诣，不可复加，过此以往，熟而能化，则圣矣。以下别释化境。所谓化之者，入于神而自然，不思而得，不勉而中之谓也。孔子曰"七十而从心所欲，不逾矩"是也。显正学文竟。

三简俗见

或曰：圣人生而知之者也。今谓可学而至，其有稽乎？设问，疑其无征。曰：然。孟子曰："尧、舜，性之也；汤、武，反之也。"性之者，生而知之者也。反之者，学而知之者也。置答，引孟子之言以证成前义。又曰：孔子则生而知也，孟子则学而知也。再答，以足成前证。实则生知之圣亦假于学，无顿非渐，无渐非顿。生知是顿，学知是渐。生知而学，于顿示渐，学知至圣，即渐成顿。及其知之，顿、渐一也。以下正简俗见之失。先简见失。后人不达，以谓圣本生知，非学可至，再简学失。而为学之道遂失。不求诸己而求诸外，以博闻强记、巧文丽辞为工，荣华其言，鲜有至于道者。"不求诸己而求诸外"，是不思也。"荣华其言"，谓其无实，是不诚也。则今之学，与颜子所好异矣。结前，可知全文已竟。

学者解此文，已应有感发，特提出数事，请大众着眼。

一、当念伊川年未二十已明圣学如此，今我何以不及？

一、当念学之正、俗，自伊川言之，分明不同如此，今我所学应属何等？

一、当念颜子用力处，具如显正学中"颜子所事"一段文中，今我所事为何，能与颜子有一事相似否？

一、当念性德人所同具，情失人所难免，今我自己检讨，为觉乎，为愚乎？如不肯自安于不觉，则当依此用力。

一、当念视听言动实乃人人日用不离的，为仁之目原来在此，但未能"克己复礼"，便是未有把柄，可知吃紧处乃在"克己"，今欲克己，从何做起？

一、当念此文所说道理，我今一一信得及否，如信得及，当下便能依而行之否？总之，信得及者，自己当知道用力，不烦一一更举；倘若信不及，万事冰消，禅师家有言，"老僧今日失利"。

说视听言动　续义理名相一

前举颜子问仁，孔子告以"克己复礼为仁"，及请问其目，便告以非礼勿视、听、言、动，别无余事。可见视听言动皆礼，即是仁，不须更觅一个仁。因为仁是性德之全，礼即其中之分理。此理行乎气中，无乎不在，人秉是气而能视听言动，亦即秉是理以为视听言动之则。循此理即是仁，违此理即是不仁。《诗》曰："天生烝民，有物有则，民之秉彝，好是懿德。"礼也者，理也，则也。所以有此礼者，仁也。具此德者，性也。性德之所寓者，气也，即此视听言动四者是也。穷理即是尽性之事，尽性即是践形之事。孟子曰："形色，天性也。惟圣人然后可以践形。"何谓形色？气之凝成者为形，其变现为色。此犹佛氏所谓法相也，根、身、器、界是形，生、灭、成、坏诸相是色。佛氏以质碍为色，乃当此所谓形。此言色者，乃当彼所谓相，非色心二法之色。又此言形亦当彼所谓法，广为事物之总名，约则一身之形体。又形犹今言实质，色犹今言现象。何谓天性？就其普遍言之曰天，就其恒常言之曰性。又不假人为曰天，本来自具曰性，即《诗》所谓"秉彝"也。践，朱子曰："如践言之践。"俗言步步踏着之意。心外无法，故言形色天性，会相归性，故言践形。换言之，即是于气中见得理，于变易中见得不易，于现象中见得本体。步步踏着这个道理而无失，谓之践。何以不曰"践性"而曰"践形"？全体起用，摄用归体，在体上只能说"尽"，在用上始能说"践"。惟尽其理而无亏，始能全其用而无歉也。视听言动，气也，形色也，用之发也。礼者，理也，天性也，体之充也。发用而不当则为非礼，违性亏体而其用不全；发用而当则为礼，顺性合体而其用始备。故谓视听言动皆礼，为践形之事也。以理率气，则此四者皆天理之流行，莫非仁也；徇物忘理，则此四者皆私欲之冲动，而为不仁矣。

《洪范》五事曰视、听、言、貌、思。今言视听言动而不及"思"，何也？心之官主思，四事皆统于一心，故思贯四事。知其礼与非礼孰为之乎？思也。故略思而言四事，思在其中矣。或言动，或言行，或言貌，何也？发于心则谓之动，形于事则谓之行，见于威仪四体则谓之貌。行、动浑言不别，析言则别。群经多言、行对举，言行即言动也，在《易》亦谓之云为。"貌"则以行动之现于外者言之，故举貌可以该行动，行动必有貌也。犹今言态度。"君子有九思：视思明，听思聪，色思温，貌思恭，言思忠，事思敬，疑思问，忿思难，见得思义。"此亦因地之事，从四事开而为九，于貌之中又析为色。此谓颜色，与形色之色不同。彼是广义，此是狭义。朱子曰："色，见于面者。貌，举身而言。"魏晋间人每称人终身不见有喜愠之色，此可谓"色思温"矣。疑、忿发于心之微，见得关于事之著，此并属行动，故言"四事"亦可以摄"九思"。曾子之告孟敬子曰:"君子所贵乎道者三:动容貌,斯远暴慢矣;暴,粗厉也。慢,放肆也。《朱子语类》曰:"如狠戾固是暴,稍不温恭亦是暴。倨肆固是慢,稍或怠缓亦是慢。"正颜色,斯近信矣;信者,实也。此言持养久熟,表里如一而非色庄也。色庄者,色取仁而行违。《朱子语类》,问:"'正'〔者〕是著力之辞否?"曰:"亦著力不得,若不到近实处,正其颜色,(只是)〔但见〕作伪而已。"出辞气,斯远鄙倍矣。"鄙是浅陋,倍是背理。曾子一生所学本领在此,亦可与四事互勘。盖辞气属言,容貌颜色亦摄视听行动,暴慢鄙倍即是非礼,信即是礼也。七十子中惟颜、曾独得其传,学者观于此,可知圣贤之道,其事甚近也。

群经中赞圣人之德者多言"聪明"。如《易》曰:"古之聪明睿知,神武而不杀者夫。"《书》曰:"明四目,达四聪。""亶聪明,作元后。"《中庸》曰:"聪明睿智,足以有临也。"盖聪明是耳目之大用,睿智是心之大用,此犹佛氏之言四智矣。转八识成大圆镜智,转七识成平等性智,转六识成妙观察智,转五识成成所作智。其言智者,即性也。其言识者,即情也。故谓"转识成智"即是"性其情",亦即是"克己复礼"也。聪明属成所作智,睿智可摄余三。孔子见温伯雪子而不言,曰:"若夫人者,目击而道存矣。"《庄子·田子方篇》又自称"六十而耳顺"。《中庸》曰:"'鸢飞戾天,鱼跃于渊',言其上下察也。"程子谓此是子思吃紧为人处。活泼泼地于此会得,方可于费中见隐。此理昭著,更无壅隔,乃可谓视极其明,听极其聪,而视听之理得矣。

群经中表圣人之业者,多举言行。如:"言而民莫不信,行而民莫不悦。""言出乎身,加乎民;行发乎迩,及乎远。""言行,君子之所以动天地也。""行而世为天下法,言而世为天下则。"此言行之至也。又圣人语默一致,动静一如,"尸居而龙见,渊默而雷声",不言而信,无为而成,故有不言之教,无为之化。虽终日言,未尝言,故"言满天下无口过"。虽酬酢万变而"行其所无事",故"行满天下无怨恶",无言而无弗言也,无为而无弗为也。此见德化之盛,妙应之神,有非言思拟议所能及者矣。孔子尝谓:"予欲无言。""天何言哉?四时行,百物生。"又曰:"无为而治者其舜也与?恭己正南面而已矣。"故言极无言,行极无为,而后言行之理无弗得也。

学者当知人与物接,皆由视听。见色闻声,有外境现,心能揽境,境不自生。色尽声消,而见闻之理自在。常人只是逐色寻声,将谓为物,而不知离此见闻,物于何在,此见闻者从何而来,不见不闻之时复是何物,当名何等。须知有不见之见、不闻之闻,声色乃是无常,而见闻则非断灭。此是何理？人心本寂而常照，照用之发乃有变化云为，形起名兴，随感斯应，故曰："言行，君子之枢机。"虚而不穷，动而愈出，运之者谁邪？或默或语，或出或处，法本从缘，莫非道也。故佛种寄之尘劳，基命始于宥密，有为为应迹之谈，忘言乃得意之契，不言不动时正好领取。一言以为智，一言以为不智，吉凶悔吝生乎动，吉一而已，可不慎哉！古人喻如暗中书字，文彩已彰，飞鸟凌空，踪影不逝。此虽玄言而是实理，好学深思必能自得。

由此观之，圣人所以成就德业，学者所以尽其知能，皆不离此视听言动四事。奈"百姓日用而不知"，遂使性具之德隐而不见。孟子曰："行矣而不著，习矣而不察，终身由之而不知其道者，众也。"思之。

居敬与知言　续义理名相二

《曲礼》曰："毋不敬，俨若思，安定辞，安民哉。"先儒尝谓"礼仪三百，威仪三千"，一言以蔽之，曰"毋不敬"。礼以敬为本。《说文》忠、敬互训，故曰："忠信之人，可以学礼。"无时不敬，则无往而非礼。忠信存乎中，其见于容貌者必庄肃，其见于言语者必安定，如是乃可以莅众而立事，故曰"安民哉"。仲弓问仁，子曰："出门如见大宾，使民如承大祭。"或问程子曰："未出门、未使民时如何？"程子曰："此'俨若思'时也。"仲弓宽弘简重，盖得力于居敬之功甚深，故曰："雍也，可使南面。"如子桑伯子便失之于简。仲弓之言曰："居敬而行简，以临其民，不亦可乎？居简而行简，无乃大简乎？"汉初除秦苛法，文帝好黄老之术，即似子桑伯子，不久而宣帝复任刑名。魏晋玄言家或任诞去礼，或清谈废务，即是居简行简之失。此事且置。学者当知"毋不敬"实为万事根本。《虞书》赞尧之德曰："钦明文思安安。"钦即敬也，钦而后能明，明谓理无不照。"文思"即是文理密察，谓事无不辨。舜之"察于人伦，明于庶物"，约言之，即"文思"，亦曰"浚哲文明"。"文明"二字始此。此言文者，即谓伦物也。"钦明"是照体，"文思"是妙用，体用备矣。"安定"是"行其所无事"之貌。理事双融，从容中道，自然虚融恬静，触处无碍，此圣人果德之相也。若在因地，即"毋不敬"三语所摄。盖敬则自然虚静，故能思。深思者，其容寂，故曰"俨若思"也。敬则自然和乐，故能安。气定者，其辞缓，故曰"安定辞"也。以佛氏之理言之：在果地，谓之三轮清净；在因地，谓之三业清净。三者何？身、口、意也。儒者双提言行，即该三业。政者，正也。未有己不正而能正人者。如欲安人，先须修己，故"为政以德"即是"修己以敬"也。富哉言乎！未有三业不修而能安人者也。《系辞传》曰："君子安其身而后动，易其心而后语，定其交而后求。君子修此三者，故全也。危以动，则民不与也。惧以语，则民不应也。无交而求，则民不与也。莫之与，则伤之者至矣。《易》曰：'莫益之，或击之，立心勿恒，凶。'"《益》上九爻辞。王辅嗣注云："虚己存诚，则众之所不违。躁以有求，则物之所不欲也。"故兼明三业，则以敬为主；并举言行，则以言为先。《乾·文言》曰："君子进德修业。忠信所以进德也。修辞立其诚，所以居业也。"《韩诗外传》曰："忠易为礼，诚易为辞。"曰忠曰敬，曰诚曰信，一也。在心为德，出口曰言，不可伪为，不容矫饰。孔子曰："君子名之必可言也，言之必可行也。君子于其言，无所苟而已矣。"名必有实，无其实而为之名则妄也。妄言苟言，是谓不忠不信，是谓无物，是谓非礼。"言语之美，穆穆皇皇。"穆穆，敬也。皇皇，大也。无妄之谓敬，充实之谓大，斯为有德之言。若巧辞便说，虚诞浮夸，则其中之所存者可知也。故敬肆之辨，亦即是小大之辨。鹦鹉能言，不离飞鸟。猩猩能言，不离走兽。彼亦言也，效人之言而无其实。不由中出而务以悦人，何以异是？《论语》末章曰："不知礼，无以立也。不知言，无以知人也。"故知礼而后能知言，己立而后能知人。程子曰："涵养须用敬，进学则在致知。"又曰："未有致知而不在敬者。"知言知人，致知之事也。今曰"未有知言而不在敬"者，孟子曰："我知言，我善养吾浩然之气。"孟子所谓养气，乃是居敬之极功。谢上蔡曰："浩然之气须于心得其正时识取。"又曰："浩然是无亏欠时。"此语体认得最真。故曰："其为气也，配义与道；无是，馁也。""行有不慊于心，则馁矣。"馁则气歉而小。言为心声，气之发也。"志至焉，气次焉"，故言必与气相应，气必与心相应。不得于言，勿求于心，不可。心体无亏失，斯其言无亏失；言语之病，即心志之病也。敬贯动静、该万事，何独于言？明之以存养之功，其浅深、疏密、得失、有无发于言语者，尤为近而易验，显而易知也。

《论语》中举言语之病为圣人所恶者有四种：一曰巧。如"巧言令色，鲜矣仁"，朱子曰"言致饰于外，务以悦人，则人欲肆而本心之德亡矣"，《诗》曰"巧言如簧，颜之厚矣"是也。二曰佞。如言佞者"御人以口给，屡憎于人"，"焉用佞"，"是故恶夫佞者"，"远佞人"是也。

三曰嗸。嗸，粗鄙也。如曰"由也嗸"，又曰"野哉，由也"，《书·无逸》曰"相小人，厥父母勤劳稼穑，厥子乃不知稼穑之艰难，乃逸乃谚，既诞，否则侮厥父母，曰'昔之人无闻知'"，此是周公戒成王之言，盖谚斯诞，诞斯侮，侮父母、侮圣人之言一也。四曰讦。如曰"恶讦以为直者"，"好直不好学，其蔽也绞"，"直而无礼则绞"是也。绞，急切也。讦，谓攻发人之阴私。《朱子语类》曰："绞如绳两头绞得紧，都不宽舒。"《易·系辞》曰："将叛者，其辞惭；中心疑者，其辞枝；吉人之辞寡；躁人之辞多；诬善之人，其辞游；失其守者，其辞屈。"此中除吉人一类，其余皆为心术之病。

孟子约心言之病为四，尤简而能该。如曰："诐辞知其所蔽，淫辞知其所陷，邪辞知其所离，遁辞知其所穷。诐谓偏诐，淫谓放荡，邪谓邪僻，遁谓逃避。蔽谓障隔，陷谓沉溺，离谓离畔，穷谓困屈。生于其心，害于其政；发于其政，害于其事。圣人复起，必从吾言矣。"其言之决定如此。程子曰："心通乎道，然后能辨是非。如持权衡以较轻重，孟子所谓知言是也。"诐、淫、邪、遁为言病，蔽、陷、离、穷为心病。朱子曰："人之有言，皆本于心。其心明乎正理而无蔽，然后其言平正通达而无病。苟为不然，则必有是四者之病矣。即其言之病，而知其心之失，又知其害于政事之决然而不可易者如此。非心通于道而无疑于天下之理，其孰能之？"

《大戴礼·曾子立事篇》曰："目者，心之符也；今本作"浮"。据《韩诗外传》引作"符"，是。言者，行之指也，作于中则播于外也。故曰：以其见者占其隐者。""听其言也，可以知其所好矣。观说之流，可以知其术也。"流犹言类别。术，心术也。又《曾子疾病篇》曰："言不远身，言之主也；行不远身，行之本也。言有主，行有本，谓之有闻矣。"主、本者何也？一于敬而已矣。程子曰："敬是体信达顺之道，聪明睿智皆由是出。"朱子曰："人所以不聪不明，只缘身心惰慢，气便昏塞了。敬则虚静，自然通达。"又曰："此心才不专静，则奸声佞辞杂进而不察，何以为聪？乱色诱容交蔽而莫辨，何以为明？心既无主，则应事接物之间，何以思虑而得其理？"所以此心常要肃然虚明，然后物不能蔽。故谓"知言"、"知人"，皆"聪明睿智"之效；而不敬则不能得也。敬之该贯四事，于此可见。学者能于《曲礼》四句切己体会，则于当名辨物、正言断辞之道亦思过半矣。过此以往，所以为"聪明睿智"、"体信达顺"之功亦必在于是也。

涵养致知与止观　续义理名相三

大凡立教，皆是不得已之事。人人自性本来具足，但为习气缠缚，遂至汨没，不得透露。所以从上圣贤，只是教人识取自性，从习气中解放出来。习气廓落，自性元无欠少，除得一分习气，便显得一分自性。上根之人，一闻千悟，拨着便转，触着便行，直下承当，何等骏快，岂待多言？但上根难遇，中根最多，故孔子曰："中人以上，可以语上也；中人以下，不可以语上也。"佛氏亦有三乘顿、渐，教启多门，令其得入，皆是曲为今时广垂方便，所谓"为慈悲之故，有落草之谈"也。先儒以《乾》为圣人之学，《坤》为贤人之学，即表顿渐、权实。以佛法准之，于《易·乾》表真如门，《坤》表生灭门。所言学者，即生灭门中之觉义也。《起信论》"一心二门"与横渠"心统性情"之说相似。《通书》曰："诚无为，几善恶。"诚即真如，几即生灭。善恶者，即觉与不觉二相也。儒者示教之言亦有顿渐，如《通书》曰："学圣人有要乎？曰有，一而已。一者何？无欲也。无欲则静虚动直，静虚则明，动直则公。明通公溥，庶矣乎。"此顿教之旨也。伊川曰："涵养须用敬，进学则在致知。"又曰："未有致知而不在敬者。"此渐教之旨也。又如明道《答横渠书》曰："所谓定者，动亦定，静亦定，无将迎，无内外。"此顿教之旨也。横渠则曰："言有教，动有法，昼有为，宵有得，息有养，瞬有存。"此渐教之旨也。濂溪、明道天资高，其言皆为接上根，若中根便凑泊不上。伊川、横渠功夫密，其言普被群机，上根亦莫能外，中根可跂而及。故朱子晚年每举伊川"涵养须用敬，进学则在致知"二语以教学者。黄勉斋作《朱子行状》，约朱子一生之学为三言，曰："居敬以立其体，穷理以致其知，反躬以践其实。"而敬也者，所以成始而成终也。程、朱自己得力在此，其教人用力亦在此。今日学子若自甘暴弃，拨无圣贤，则亦已矣。如其犹知有自性，犹知有圣贤为己之学，则亟须用力体究，下得一分功夫，自有一分效验。孔子曰："谁能出不由户，何莫由斯道也。"禅师家有赵州谂尝告学者曰："汝若真知有力，三年五载不间断而犹不悟者，割取老僧头去。"看他古人以此为一大事，念兹在兹，不肯放舍，所以能有成就。今人全不以此为事，并心外营，如游骑无归，自家一个身心尚奈何不下，如何能了得天下事？平常日用都从习气私欲中出发，互相熏染，辗转增上，计执益深，卒难自拔，不待夷狄侵陵而吾圣智之法已荡然无存矣。故在外之夷狄当攘，尽人皆知；而吾自心之夷狄不攘，终无以为安身立命之地。何谓自心之夷狄？凡习气之足为心害者皆是也。何以胜之？曰：敬而已矣。"未有致知而不在敬者"，惟从涵养得来，则知为心德，为正知。庄子所谓"以恬养知"亦是。否则只是寻声逐响，徇物之知，或反为心害，此知乃是习气也。

《坤》六二"直方大，不习，无不利"，象曰："六二之动，直以方也。"文言曰："直其正也，方其义也。君子敬以直内，义以方外，敬义立而德不孤。'直方大，不习，无不利'，则不疑其所行也。"主敬集义，涵养致知，直内方外，亦如车两轮，如鸟两翼，用则有二，体唯是一。"敬义立而德不孤"者，言其相随而至，互为因借，决无只翼单轮各自为用者。故谓伊川此言略如天台所立止观法门，主敬是止，致知是观。彼之止观双运，即是定慧兼修，非止不能得定，非观不能发慧。然观必先止，慧必由定，亦如此言涵养始能致知，直内乃可方外，言虽先后，道则俱行。虽彼法所明事相与儒者不同，而其切夫涂辙理无有二。比而论之，实有可以互相助发之处，故今略言之。

梵语奢摩他，此翻云"止"，即定之异名，寂静义也。心不妄缘，安住净觉，不取诸相，便能内发轻安，一切义理于中显现。如镜中像，影像历然，镜体不动，此名定相。梵语三摩钵提，亦云三摩地，此翻等持。又名毗婆舍那，此翻正见，即观义也。观以照了为义，双离昏掉曰等，专注不散曰持。能观之智性清净，故所观之境悉皆谛实，决定不疑，名之曰慧，亦名正见。梵语禅那，此翻静虑。静即是止，虑即是观。即虑而静，故非散动；即静而虑，故非无记。是为止观双运、定慧平等之相，亦名为舍。涅槃三相曰定、慧、舍。梵语为优毕叉。绝待双融，故名舍矣。

右约大乘诸经论通说三种观门，明止观所从出。天台智者大师依《法华》《般若》诸经，大乘《中观》等论，所立别有三止、三观之目。三止者，一体真止，谓了妄即真故。二方便随缘止，谓历诸缘境，安心不动故。三离二边分别止。谓生死、涅槃、有无之相等无有异故。三观者，一空观，谓观一切法毕竟空寂故。二假观，谓诸法虽空而不碍幻有，权假施设，一切具足故。三中观。谓双非双即，圆融绝待故。具此三观，当明三谛。三谛者，一真谛，二俗谛，三中道第一义谛是也。真谛泯绝无寄，俗谛万法历然，第一义谛真俗双融，于法自在，方为究竟。彼教经论浩博，今不具举，特欲借彼明此，约而言之。即此亦可窥其大略矣。

学者当知人心之病，莫甚于昏散。《易》所谓"憧憧往来，朋从尔思"，起灭不停，若非乱想，即堕无记。《楞严》所谓"聚缘内摇，趣外奔逸，昏扰扰相，以为心性"者是也。散心观理，其理不明，如水混浊，如镜蒙垢，影像不现。故智照之体，必于定心中求之。先儒尝谓敬是常惺惺法，今谓敬亦是常寂寂法，惟其常寂，所以常惺。寂故不散，惺故不昏，当体清明，义理昭著，然后天下之至赜者始可得而理也，天下之至动者始可得而正也。无无止之观，无无定之慧，若其有之，必非正观，必为狂慧。故曰："未有致知而不在敬者。"敬实双该止、观二法，由此可知。盖心体本寂而常照，以动乱故昧；惟敬则动乱止息，而复其本然之明。敬只是于一切时都摄六根住于正念，绝诸驰求劳虑。唯缘义理，即为正念。敬以直内言，无诸委曲相也。常人以拘迫矜持为敬，其可久邪？又玄奘译《百法明门论》，分心所有法为五位，第二别境五法：一欲，二胜解，三念，四三么地，五慧。三、四是敬摄，二、五是知摄。别境者，言历别缘境而生，对遍行说也。所缘之境有四，谓所乐境，决定境，曾习境，所观境。彼文云："欲者，于所乐境，希望为性，勤依为业。"此即儒家所谓志也。"胜解者，于决定境，印持为性，不可引转为业。"谓于所证理境，审决印持，不为异缘之所引转，若犹豫境，胜解全无。"念者，于曾习境，令心明记，不忘为性，定依为业。""三么地者，此云等持，于所观境，令心专注不散为性，智依为业。""慧者，于所观境，拣择为性，断疑为业。"念及三么地，敬也。胜解与慧，知也。学者观于此，则于"未有致知而不在敬"之义，亦可以无疑矣。

说止 续义理名相四

程子尝谓看《华严经》不如看一《艮》卦，此语大好参究。夫观象玩辞，学《易》之道，何独取于《艮》？又何以比之于《华严》？学者须是看过《华严》了，却再来看《艮》卦，便知程子此语落处。此须自悟，不务速说。《华严》则且置，《艮》卦作么生看？今不妨葛藤一上。

雪峰禅师有三句，曰：函盖乾坤句，截断众流句，随波逐浪句。朱子亦尝用之，如曰：佛家有此三句，"圣人言语亦然。如'以言乎远则不御，以言乎迩则静而正'，此函盖乾坤句也。如'《井》以辨义'等句，只是随道理说将去，此随波逐浪句也。如'《复》其见天地之心'，

'神者妙万物而为言'，此截断众流句也。"《语类》七十六邢㑦录。看《华严》不如看一《艮》卦，此亦是截断众流句。如今葛藤不已，却只是随波逐浪句。然临济尝云："一句中须具三玄，一玄中须具三要。有权有实，有照有用。"此非作意安排，一句中自具三句。故慈明曰："一句分宾主，照用一时行。"善会者自能得之。今不是说禅，却是借他禅语来显义，欲使学者举一反三，容易明白耳。

《易·艮》卦辞曰："艮其背，不获其身；行其庭，不见其人。无咎。"彖曰："艮，止也。时止则止，时行则行，动静不失其时，其道光明。艮其止，止其所也。上下敌应，不相与也。是以不获其身，行其庭，不见其人，无咎也。"象曰："兼山，艮。君子以思不出其位。"☶《艮》之卦象，一阳居二阴之上。阳动而进，至于上则止。阴者，静也。上止下静，故为艮。伊川《易传》曰："人之所以不能安其止者，动于欲也。欲牵于前而求其止，不可得也。故艮之道，当'艮其背'。所见者在前，而背乃背之，是所不见也。止于所不见，则无欲以乱其心，而止乃安。'不获其身'，不见其身也，谓忘我也。无我则止矣，不能无我，无可止之道。'行其庭，不见其人'，庭除之间，至近也。在背，则虽至近不见，谓不交于物也。外物不接，内欲不萌，如是而止，乃得止之道，于止为无咎也。"又《遗书》曰："'不获其身'，无我也。'不见其人'，无人也。"程子之言如此。在佛氏谓之无我相、无人相。言不见者，非不见也，谓不见有我相、人相也。如是而见，则名正见，亦谓之无相三昧。今谓止者有二义：一是寂灭义，二是不迁义。前义是就息妄说，后义是就显真说。盖妄心不息，则真心不显，息妄显真，非有二事，所谓"闲邪则诚自存"。但欲诠义，亦可说为二。何谓寂灭义？佛氏云："诸行无常，是生灭法。生灭灭已，寂灭为乐。"常人闻寂灭则相顾而骇，不知所言止者，就妄心止息义边说，名为灭，非断灭之谓也。《圆觉》云："幻灭灭故，非幻不灭。譬如磨镜，垢尽明现。"《楞严》喻："亦如翳人，见空中华，翳病若除，华于空灭。""生死涅槃，皆即狂劳，颠倒华相。""根结若除，尘相自灭。诸妄销亡，不真何待？"百丈海曰："但了诸法不自生，皆从自己一念妄想颠倒，取相而有。知心与境，本不相到，当处解脱，一一诸法，当处寂灭。"儒者所谓人欲净尽，天理流行，即"生灭灭已，寂灭为乐"也。"上下敌应不相与"，即明根境不相到之义。艮者，所以成终而成始也。不觉以止而终，觉以止而始，狂心顿歇。歇即菩提，断尽无明，方成觉道。此与"一日克己复礼，天下归仁"并无二致。所谓"不用求真，唯须息妄"，妄息为灭，息妄名真，故谓止是寂灭义也。

何谓不迁义？妄心念念，生灭相续，故名迁流。真心体寂，故名常住。所谓不住名客，住名主人。以其常住，故不迁矣。彖曰："时止则止，时行则行，动静不失其时，其道光明。"此谓一切时不迁也。"艮其止，止其所也。上下敌应，不相与也。"此谓一切处不迁也。"世为迁流，界为方位"，如实而谈，则念劫圆融，虚空消陨，无有延促，无有去来，此为止之了义。《法华》云："是法住法位，世间相常住。"《放光般若》云"法无去来、无动转"者，依世间解说，有三世十方。若自心"流注想断，无边虚空，觉所显发，动静二相，了然不生"，则三世十方一齐坐断。《起信论》云"一念相应，觉心初起，心无初相，以远离微细念故，得见心性，心即常住，名究竟觉"是也。又云："智净相者，如大海水，因风波动，而水非动性，若风止息，动相则灭，湿性不坏故。众生自性清净心，因无明风动，而心非动性，若无明灭，相续则灭，智性不坏故。"前是就觉体离念说，此是就本觉随染说。以此显止，乃为究竟无余。故《学记》曰"大时不齐"，言无分限也；老子曰"大方无隅"，言无边际也。"时止则止，时行则行，动静不失其时"，所谓动亦定，静亦定，更无动静二相也。"其道光明"，所谓"净极光通达，寂照含虚空"，唯妙觉明，更无明暗二相也。庄子云"泰宇定而天光发"，亦与此同旨。"止其所者"，不离当处而周遍十方，所谓"不疾而速，不行而至"，更无去来二相也。以一相无相，故显示常住真心，故说止是不迁义也。

复次，僧璨《信心铭》曰："止动归止，止更弥动，唯滞两边，宁知一种。"学者当知止者，必离二边分别，即无去来动静二相。如是则不迁之旨明矣。若不知即动是静，而舍动以求静，则其所谓止者亦动也。悟即动而静，则知动静之时者，其动亦止也。故肇公云："旋岚偃岳而常静，江河竞注而不流，野马飘鼓而不动，日月历天而不周。"故谓谈真有不迁之称，顺俗有流动之说，"谈真则逆俗，顺俗则违真，违真故迷性而莫返，逆俗故言淡而无味"也。"梵志出家，白首而归，邻人见之曰：'昔人尚存乎？'梵志曰：'吾犹昔人，非昔人也。'"大鉴在南海法性寺，暮夜风扬刹幡，闻二僧对论，一曰"幡动"，一曰"风动"，大鉴曰："可容俗流辄预高论否？直以风幡非动，动自心耳。"于此荐得，亦可无疑于斯言。肇公又曰："人之所谓动者，以昔物不至今，故曰动而非静；我之所谓静者，亦以昔物不至今，故曰静而非动。动而非静，以其不来；静而非动，以其不去。然则所造未尝异，所见未尝同，逆之所谓塞，顺之所谓通。苟得其道，复何滞哉？伤夫人情之惑也久矣，目对真而莫觉！既知往物不来，而谓今物而可往。往物既不来，今物何所往？何则？求向物于向，于向未尝无；责向物于今，于今未尝有。于今未尝有，以明物不来；于向未尝无，故知物不去。覆而求今，今亦不往，是谓昔物自在昔，不从今以至昔；今物自在今，不从昔以至今。"既曰古今，而欲迁之者，何也？""今若至古，古应有今；古若至今，今应有古。今而无古，以知不来；古而无今，以知不去。""事各性住于一世，有何物而可去来？"不迁之致，义极于此。是谓"动静不失其时"，是谓"止其所"。故曰："智者观其彖辞，则思过半矣。"《艮》卦只恁么看，一部《周易》亦只恁么看。

去矜上　续义理名相五

上蔡《语录》云：谢子与伊川别一年，往见之，伊川曰："相别又一年，做得甚功夫？"谢曰："也只是去个'矜'字。"曰："何故？"曰："子细检点得来，病痛尽在这里，若按伏得这个罪过，方有向进处。"伊川点头，因语在座同志者曰："此人为学，切问近思者也。"胡文定公问"矜"字罪过何故恁地大，谢曰："今人做事，只管要夸耀别人耳目，浑不关自家受用事。如有底人食前方丈，便向人前吃；只蔬食菜羹，却去房里吃。为甚恁地？"上蔡此言最为亲切。今略引群经，明矜之过失及去矜之道如下。

《论语》：颜渊、季路侍。子曰："盍各言尔志？"颜渊曰："愿无伐善，无施劳。"朱注曰："善，谓有能。（施，亦张大之意。）劳，谓有功。（施，亦张大之意。）"《虞书》舜命禹曰："汝惟不矜，天下莫与汝争能。汝惟不伐，天下莫与汝争功。"《易·系辞》"'劳谦，君子有终，吉。'《谦》卦九三爻辞。子曰：'劳而不伐，有功而不德，厚之至也。语以其功下人者也。'"老子曰："自见者不明，自是者不彰，自伐者无功，自矜者不长。"

以上皆矜伐并举。曰善曰能，是居之在己为矜；曰劳曰功，是加之于人为伐。浑言则矜、伐不别，皆因有我相、人相而妄起功能。诸相只是一个胜心，胜心即是私吝心，佛氏谓之萨迦耶见，我执、法执之所依也。然《论语》有"君子矜而不争"及"古之矜也廉"，朱子注："庄以持己曰矜。"又："矜者，持守太严。廉，谓棱角峭厉。"此"矜"字不是恶德，但虽有持守，乃作意出之，不免厓岸自高，亦是一种病痛。今所谓矜不是此类，是专指矜伐之"矜"，此则纯是恶德，故去之务尽也。

人何故有矜？今更以佛说显之。此在根本烦恼中，是痴、慢二法所摄。《百法》云："无明者，无明即痴。于诸理事，迷暗为性，能障无痴，一切杂染，所依为业。慢者，恃己于他，高举为性，能障不慢，生苦为业。"谓有慢者，于诸有德，心不谦下，能生诸苦。在随烦恼中，具有覆、诳、谄、憍、害、嫉、无惭、无愧八法，亦是贪嗔二分所摄。《百法》云："覆者，于自作罪，恐失利誉，隐藏为性，能障不覆，悔恼为业。诳者，为获利誉，矫现有德，诡诈为性，能障不诳，邪命为业。谄者，为罔他故，矫设异仪，谄曲为性，能障不谄，教诲为业。谓谄曲者为欲取悦于人，矫辞巧说，不信师友正言也。能障通不谄及教诲为言。憍者，于自盛事，深生染著，醉傲为性，能障不憍，染依为业。害者，于诸有情，心无悲悯，损恼为性，能障不害，逼恼为业。嫉者，殉自名利，不耐他荣，妒忌为性，能障不嫉，忧戚为业。按此即忮心。忮者必求，求而不得则戚。鄙夫之患得患失，小人之长戚戚是也。无惭者，不顾自法，轻拒贤善为性，能障于惭，生长恶行为业。无愧者，不顾世间，崇重暴恶为性，能障于愧，生长恶行为业。"按惭是自惭，愧是愧人，故以自法、世间分说。佛书中言世间，有时其意义颇近于今时所言社会。善法中翻此二法，则为惭、愧。崇重贤善、轻拒暴恶为性，对治无惭、无愧，止息恶行为业。轻者对重而言，鄙贱之意也。儒者谓"小人不耻不仁，不畏不义"，即无惭无愧。"耻不仁者，其为仁矣"即具足惭、愧二法也。盖心存矜伐者，务以胜人，不见己恶，其流必至于此。上蔡所谓"按伏得这个罪过，方有向进处"，学者须是先识得矜之过患，然后方知克治除遣之法。如何除遣，先遣我、人相，次遣功、能相。

云何先遣我、人相？儒者只言己私，不加分析，不如佛氏加以推勘，易于明了。凡计人我者，不出五蕴。蕴以积聚盖覆为义。五蕴者，色、受、想、行、识是也。何谓色蕴？质碍为色。谓四大及五根、五尘。四大者，地、水、火、风，谓坚相、湿相、暖相、动相。眼耳诸根，色声诸境，和合积聚，总名为色。按，安慧《五蕴论》尚有无表色，亦色蕴摄，今略。何略受蕴？领纳名受。谓领纳前境，而有三受：苦受、乐受、不苦不乐受。总名受蕴。何谓想蕴？想即取相。谓意识缘诸尘而生取著，总名为想。何谓行蕴？行即迁流、造作之义。谓除受、想诸余心法，心所行处，总名行蕴。此分遍行、别境二种。遍行者，三性、八识、九地，一切时俱能遍故。别境者，于差别境历别缘境而生起故。此有善不善等。何谓识蕴？了别名识。谓于所缘诸境能了别故，又能执持含藏诸种令相续故，有情执为自内我故，总名识蕴。《圆觉》所谓"妄认四大为自身相，六尘缘影为自心相"是也。计有我者，不出四见，一即蕴，二离蕴。计即蕴者，为即色是我邪？为即受、想、行、识是我邪？若俱是者，我应有五。计离蕴者，若离于蕴，我不可得。又计色大我小，我在色中；我大色小，色在我中。受、想、行、识，亦复如是。此二见者，辗转虚妄，反覆推勘，我实不可得。我相如是，人相亦然。因我故有我所，我既不可得，云何立我所？如是我、人二相俱遣，则矜无所施矣。

去矜下　续义理名相六

云何遣功、能相？以儒家之义言之，天地虽并育不害，不居生物之功；圣人虽保民无疆，不矜畜众之德。故曰："天何言哉？四时行，百物生，天何言哉？""巍巍乎，舜禹之有天下而不与也。"颜子"有若无，实若虚"，"以能问于不能，以多问于寡"。孔子曰："吾少也贱，故多能鄙事。君子多乎哉？不多也。""吾有知乎哉？无知也。有鄙夫问于我，空空如也。我叩其两端而竭焉。""所求乎子以事父，未能也；所求乎弟以事兄，未能也；所求乎朋友先施之，未能也。""若圣与仁，则吾岂敢？抑为之不厌，诲人不倦，则可谓云尔已矣。""文王视民如伤，望道而未之见。""周公思兼三王"，思而不得，"坐以待旦"。汤曰："朕躬有罪，无以万方；万方有罪，罪在朕躬。"武王曰："百姓有过，在予一人。"此皆圣贤用心行事之实相，决非故为挢谦。其自视欿然，觉得实有许多不尽分处，岂有纤毫功能之相？是则不待遣也。如梁惠王开口便曰："寡人之于国也，尽心焉耳矣。"人之度量相越，岂不远哉！程子曰："尧、舜事业如一点浮云过太虚。"朱子说："典礼犹云常事。尧、舜揖让，汤、武征诛，只如家常茶饭。"此真得圣人之用心，只是行其所当然而已。"'于戏前王不忘'，君子贤其贤而亲其亲，小人乐其乐而利其利"，此谓前王实能亲亲尊贤，与民以乐利，所以既没世而人思慕其功德有如是也。故功德皆从后人称道之辞，岂有以功德自居自赞之理？惟秦始皇既并六国，巡行所至，乃专以刻石颂德为事，群臣诵功，动称"皇帝休烈",自以功过五帝,地广三王,极矜伐之能事。自秦以后有国家者,其形于诏令文字或群下奉进之文,往往愈无道愈夸耀,不待"见其礼而知其政,闻其乐而知其德",夷考其言诚伪,自不可掩也。此其失何在?由于骄吝之私,见小识卑,彼实以功德为出于己也。程子谓"才有一毫私吝心,便与天地不相似",非此类之人所能梦见也。末学肤受,亟于求人知,好为大言以自表见,居之不疑,此病最是不可救药。若以佛说推勘,当知功能之相实不可得,庶几废然知返。为对治此类病,故略明缘起性空,使知非己所得而有,亦是一期药病之言耳。

何谓"缘起性空"?欲明此义,须究大乘般若方等诸经论,至约亦须明三论,《十二门论》《中论》《百论》。今只能略举其一端。《肇论》云:"一切诸法,缘会而生。缘会而生,则未生无有,缘离则灭。如其真有,有则无灭。以此而推,故知今虽今现有,有而性常自空。"此谓诸法从缘故不有,缘起故不无也。《十二门论》云:"众缘所生法,即是无自性,若无自性者,云何有是法?"释云:"众缘所生法有二种:一者内,二者外。众缘亦有二种:一者内,二者外。"言内者,乃破小乘十二因缘,今略之。又所言法者,该有为无为。今专明有为。外因缘者,如泥团、转绳、陶师等和合,故有瓶生;缕綖、机杼、织师等和合,故有氎生;治地、筑基、梁椽、泥草、人功等和合,故有舍生;酪器、钻摇、人功等和合,故有酥生;种子、地、水、火、风、虚空、时节、人功等和合,故有芽生。当知外缘等法皆如是从众缘生。从众缘生故,即是无自性。《涅槃》云:"譬如青黄合成绿色,当知是二,本无绿性,若本有者,何须合成。"若自性无,他性亦无,自他亦无,何以故?因他性故无自性。谓自性若有,则不因他。若谓以他性故有者,即牛以马性有,马以牛性有,梨以柰性有,柰以梨性有,余皆应尔,而实不然。若谓不以他性故有,但因他故有者,是亦不然,何以故?若以蒲故有席者,则蒲席一体,不名为他。若谓蒲于席为他者,不得言以蒲故有席。又蒲亦无自性,何以故?蒲亦从众缘出,故无自性。不得言以蒲性故有席。是故席不应以蒲为体。余瓶酥等外因缘法,皆亦如是不可得。

学者当知所言功能者,亦是因缘所生法。云何得成?若谓能是能成之缘,功是所成之法,而此能者即众缘也。是则功无自性,缘所成故;能亦无自性,体即缘故。此缘不从自生,为不孤起故;亦不从他生,缘不定二故;亦非自他共生,诸缘各住自位故。辗转推勘,皆不可得。能成既无,所成何有?是故功能及我皆空。又此言功能属有为法。今立量云：一切有为法，皆无自性，宗。以从缘生故，因。喻如瓶等。喻。又：一切有为法定空，宗。以无自性故，因。喻如不以蒲性故有席。喻。是故功能虽似幻有，当体本空也。

学者观此，如犹未喻，今更引老子之言明之。老子曰："三十辐共一毂，当其无，有车之用。埏埴以为器，当其无，有器之用。凿户牖以为室，当其无，有室之用。故有之以为利，无之以为用。"此章旧师所释皆不得其旨，若以"缘起性空"之义释之，则迎刃而解矣。盖老子所谓"有"者，即指缘生；所谓"无"者，即谓性空也。某旧曾注《老子》，今附录此章义如下：

此显缘生之法，咸无自性，故幻用得成也。车之用，载重行远是也；器之用，受物可持是也；室之用，居处宴息是也。方其辐毂已具，埏埴已成，户牖已施，但有车、器、室之相而已，其用固未形也。及其用之，则随人而无定，故当其有此三法也，非三用也。当其有此三用也，非三法之能有也。辐毂非即是车，车不离辐毂，车与辐毂各不相知，而车之用出焉。为出于车邪？车无自体，辐毂等所成故。为出于辐毂邪？辐毂非全车，离车则辐毂无所施故。是故舍辐毂则车丧，舍车则辐毂亦丧。求辐毂与车，则似有矣，求车之用，则无得矣。唯器与室亦然，埏埴而为方圆大小众形，则有器生，而器之用不存也；凿户牖而见明暗通塞诸相，则有室生，而室之用不存也。六事和合，三法幻起，三用虽炽然现前，而三法当体空寂。利者，言乎用之未发也。譬如刀刃之铦，但可名利，以之割物，乃得名用。刀不自割，故但有其利；人能使之，乃转利成用。用不属刀，亦不属人，不离刀人，刀人亦不相知，反复求之，皆不可得。故利则不无，用则不有。以缘生故有，有即幻有，非是定常；以无性故空，空乃本无，非是灭取也。

又《庄子·知北游篇》："舜问乎丞曰：'道可得而有乎？'曰：'汝身非汝有也，汝何得有夫道？'舜曰：'吾身非吾有也，孰有之哉？'曰：'是天地之委形也。生非汝有，是天地之委和也。性命非汝有，是天地之委顺也。孙子非汝有，是天地之委蜕也。故行不知所往，处不知所持，食不知所味，天地之强阳气也，又胡可得而有邪？'"郭注："强阳，犹运动耳。"按，《列子·天瑞篇》亦有此文，疑其袭取《庄子》。庄子谓强阳气即气之动，气动即缘生也。自道家、儒家言之，皆谓气聚则生，气散则死。自佛氏言之，则曰缘会则生，缘离即灭。会得此语，则证二空：身非汝有是人空，不得有夫道是法空。在儒家谓之尽己。私人我，诸法不成安立，然后法身真我始显，自性功德始彰。故曰："至人无己，神人无功，圣人无名。"无己之己无所不己，是为法身，即性也；无功之功任运繁兴，是为般若，即道也；无名之名应物而形，是为解脱，即教也。是故"与天地合其德，与日月合其明，与四时合其序"，而后知暖暖姝姝自以为足者，未始有物也。一蚊一虻之劳，其于天地亦细矣，尘垢秕穄，未足为喻，奚足以自多乎？如是则人我功能之相遣尽无余，何处更著一"矜"字。

在《易》象："山下有风，蛊。君子以振民育德。"挠万物者，莫疾乎风。山本静止，遇风则群物动乱，故成蛊坏之象。既坏而治之，止其动乱，则为有事。故曰："蛊者，事也。"民者难静而易动，当蛊之时，治蛊之道在于"振民育德"，育德则止矣。《系辞》曰："功业见乎变。"物坏是变，治其坏亦是变。人唯为习气所坏，故须学；天下唯无道，故须易：此皆不得已之事。乱既不生，何须定乱？如人无病，何须服药？"上工治未病"，"君子防未然"。《学记》曰："禁于未发之谓豫。"《大畜》"童年之牿"，"豮豕之牙"，皆是遏人欲于将萌，消祸乱于不觉，无迹可寻，无功可著，民莫能名，无得而称，斯所以为至德。知此，则去矜之谈实为剩语矣。

附录：拟浙江大学校歌　附说明

大不自多，海纳江河。惟学无际，际于天地。形上谓道兮，形下谓器。礼主别异兮，乐主和同。知其不二兮，尔听斯聪。

国有成均，在浙之滨。昔言求是，实启尔求真。习《坎》示教，始见经纶。无曰已是，无曰遂真。靡革匪因，靡故匪新。何以新之，开物前民。嗟尔髦士，尚其有闻。

念哉典学，思睿观通。有文有质，有农有工。兼总条贯，知至知终。成章乃达，若金之在镕。尚亨于野，无吝于宗。树我邦国，天下来同。

案，今国立大学比于古之辟雍，古者飨射之礼于辟雍行之，因有燕乐歌辞。燕飨之礼，所以仁宾客也，故歌《鹿鸣》以相宴乐，歌《四牡》《皇皇者华》以相劳苦，厚之至也。食三老五更于太学，必先释奠于先师，今皆无之。学校歌诗，唯用于开学毕业，或因特故开会时，其义不同于古所用歌辞。乃当述立教之意，师弟子相劝勉诰诫之言，义与箴诗为近。辞不厌朴，但取雅正，寓教思无穷之旨，庶几歌者、听者咸可感发兴起，方不失《乐》教之义。《学记》曰："大学始教，皮弁祭菜，示敬道也。宵雅肄三，官其始也。"此见古者《礼》《乐》之教，浃于人心，然后政成民和，国家以安。明堂为政之所从出，辟雍为教之所由兴，其形于燕飨歌辞者笃厚。深至如此，犹可见政教相通之义，此治化之本也。《论语》曰："诵《诗》三百，授之以政，不达"，"虽多，亦奚以为"，今作乐安歌，宜知此意。

今所拟首章，明教化之本，体用一原，显微无间，道器兼该，礼乐并得，以救时人歧而二之之失。言约义丰，移风易俗之枢机，实系于此。

次章出本校缘起，以求是书院为前身，闻已取"求是"二字为校训。今人人皆知科学所以求真理，其实先儒所谓事物当然之则，即是真理。事物是现象，真理即本体。理散在万事万物，无乎不寓。所谓是者，是指分殊；所谓真者，即理一也。凡物有个是当处，乃是天地自然之序。物物皆是当，交相为用，不相陵夺，即是天地自然之和。是当犹今俗言停停当当，亦云正当。序是礼之本，和是乐之本，此真理也。六经无真字，老、庄之书始有之。《易》多言"贞"，贞者，正也。以事言，则谓之正义；以理言，则谓之真理。或曰诚，或曰无妄，皆真义也。是字从"正"，亦贞义也。以西洋哲学真善美三义言之，礼是善，乐是美，兼善与美，斯真矣。《易》曰："天下之动，贞夫一者也。"《华严》谓之一真法界，与《易》同旨。故谓求是乃为求真之启示，当于理之谓是，理即是真，无别有真。《易》曰："水洊至，习《坎》。君子以常德行，习教事。"义谓水之洊至，自涓流而汇为江海，顺其就下之性而无骤也。君子观于此象，而习行教化之事，必其德行恒常，然后人从之。本校由求是蜕化而来，今方渐具规模，初见经纶之始，期其展也，大成如水之洊至，故用习《坎》之义。取义于水，亦以其在浙也。"无曰"四句，是诫勉之词，明义理无穷，不可自足，勿矜创获，勿忘古训，乃可日新。"开物成务"，"前民利用"，皆先圣之遗言，今日之当务。"前民"之"前"，即领导之意。傅说之告高宗曰："学于古训乃有获。"今日学子，尊今而蔑古，蔽于革而不知因，此其失也。"温故知新"，可以为师教者，所以长善而救其失。此章之言丁宁谆至，所望于浙大者深矣。

末章之意与首章相应。首言体之大，末言用之弘。"念终始典于学"，是《说命》文。典者，常也。久于其道而天下化成，乃终始典学之效。成山假就于始箦，修涂托至于初步，要终者必反始，始终如一也。"思曰睿，睿作圣"，是《洪范》文。"观其会通，以行其典礼"，是《易·系辞》文。"知至至之，可与几也。知终终之，可与存义也"，《易·乾》文言文。"知至"即始条理事，"知终"即终条理事。"同人于野，亨"，《易·同人》卦辞。"同人于宗，吝"，《同人》六二爻辞。野者，旷远之地，惟廓然大公，斯放之皆准而无睽异之情，故亨。宗者，族党之称，谓私系不忘，则畛域自封，终陷褊狭之过，故吝。学术之有门户，政事之有党争，国际之有侵伐，爱恶相攻，喜怒为用，皆是"同人于宗"，致吝之道。学也者，所以通天下之志，故教学之道，须令心量广大，绝诸偏曲之见，将来造就人才，见诸事业，气象必迥乎不同，方可致亨。又今学校方在播迁之中，远离乡土，亦有"同人于野"之象。大学既为国立，应无地方限制，若谓必当在浙，亦是"同人于宗"，吝道也。然此之寓意甚小，无关宏旨，他日平定后还浙，长用此歌，于义无失。

又抗战乃一时事变，恢复为理所固然。学校不摄兵戎，乐章当垂久远。时人或以勾践沼吴为美谈，形之歌咏，以寓复兴之志，亦是引喻失义。若淮夷率服，在泮献功，自系当来之事，故抗战情绪不宜屬入歌辞。文章自有体制，但求是当，无取随人。歌辞中用语多出于经，初学不曾读经者，或不知来历，即不明其意义。又谱入典调，所安声律亦须与词中意旨相应，故欲制谱之师于此歌辞深具了解，方可期于尽善。因不避迂妄，略为注释，如其未当，以俟知者。

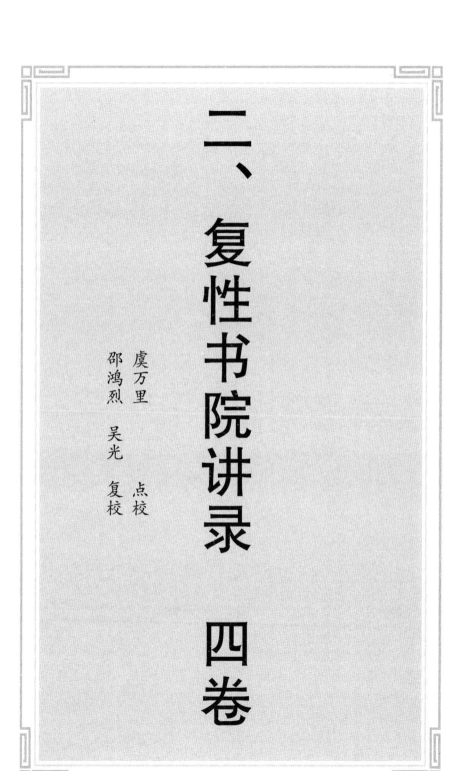

二、复性书院讲录　四卷

虞万里

邵鸿烈　吴光　　点校

复校

卷一

复性书院开讲日示诸生

　　天下之道，常变而已矣。唯知常而后能应变，语变乃所以显常。《易·恒》之象曰："雷风，恒。君子以立不易方。"夫雷风动荡是变也，"立不易方"是恒也。事殊曰变，理一曰常。处变之时，不失其常道，斯乃酬酢万变而无为，动静以时而常定。故曰：吉凶之道，"贞胜者也"。观其所恒，而天地万物之情可见矣。今中国遭夷狄侵陵，事之至变也；力战不屈，理之至常也。当此蹇难之时，而有书院之设置，非今学制所摄，此亦是变。书院所讲求者在经术义理，此乃是常。书院经始，资用未充，斋舍不具，仅乃假屋山寺，并释奠之礼而亦阙之，远不逮昔时书院之规模，此亦处变之道则然。然自创议筹备诸公及来院相助诸友，其用心皆以扶持正学为重；来学之士，亦多有曾任教职，历事多师，不以自画而远来相就，其志可嘉，果能知所用力，亦当不后于古人：此又书院之常道也。时人或以书院在今日为不亟之务，视为无足重轻；或又责望备至，病其规制不广。前者可置不论，后者亦未察事情。盖力愿之在己者是常，事物之从缘者是变。常者，本也。变者，迹也。举本则范围天地而不过，未足以自多也；语迹则行乎患难而无辞，亦未足以自沮也。凡我书院同人，固不宜妄自菲薄，卒安于隘陋；亦不可泰然自许，有近于奢夸。如是则大行不加，厄穷不闵，持常以遇变，不累于物而有以自全其道矣。至于师资之间，所望熏习以渐，相喻益切，斯相得益彰。不务速化而期以久成，不矜多闻而必求深造。惟日孜孜如恐弗及。因时而惕，虽危无咎。如是则气质之偏未有不能化，学问之道未有不能成者。盖人之习惑是其变，而德性是其常也。观变而不知常，则以己徇物，往而不反，不能宰物而化于物，非人之恒性也。若夫因物者，不外物而物自宾；体物者，不遗物而物自成。知物各有则，而好恶无作焉，则物我无间。物之变虽无穷，而吾心之感恒一，故曰"天下之动，贞夫一者"，言其常也。老氏亦曰："不知常，妄作，凶。"故天下之志有未通者，是吾之知有未致也；天下之理有未得者，是吾之性有未尽也。睽而知其类，异而知其通，"易简而天下之理得"，夫岂远乎哉！穷理尽性，明伦察物，是人人分上所有事。不患不能御变，患不能知常；不患不能及物，患不能尽己。毋守闻见之知，得少为足；毋执一隅之说，以蔽于通。讳言病而拒药者，将不可医；不自反而责人者，必至丧己。骛广者易荒，近名者亡实。扬己矜众，并心役物，此皆今日学者通病，其害于心术者甚大。诸生虽才质志趣并有可观，其或狃于旧习而不自知，有一于此，必决而去之，然后于经术义理之学方能有入。语有之：为山假就于始篑，修涂托至于初步。儒者先务立志，释氏亦言发心，此须抉择是当，不容一毫间杂。圣狂由此分途，惑智莫能并立。随时变易以从道，斯知变矣；夭寿不贰以俟命，斯知常矣。君子小人之归，吉凶悔吝之渐，系乎当人一念之辨而已。敬则不失，诚则无间。性具之德，人人所同，虽圣人不能取而与之。学而至于圣人，方为尽己之性。此乃常道，初无奇特。须知自私用智，实违性德之常；精义入神，始明本分之事。书院师友所讲习者，莫要于此。今当开讲之初，特举是以为说。当知此理平实，勿谓幽玄；此语切近，勿谓迂阔。《说命》曰："敬逊务时敏，厥修乃来。"程子曰："'敬'之一字，聪明睿知皆由此出。"君子进德修业欲及时也，诸生远来不易，当念所为何事。敬之哉！毋怠毋忽。若于此能循而行之，庶几可与共学，可与适道矣。中华民国二十八年九月马浮。

复性书院学规

在昔书院俱有学规，所以示学者立心之本，用力之要。言下便可持循，终身以为轨范，非如法令科条之为用，止于制裁而已。乃所以弼成其德，使迁善改过而不知，乐循而安处，非特免于形著之过，将令身心调熟，性德自昭，更无走作。《书》曰："念兹在兹"，"允出兹在兹"。朱子《白鹿洞学规》、刘忠介《证人社约》，由此其选也，与今时学校之有校训实不同科。彼则树立鹄的，驱使力赴；此乃因其本具，导以共由也。又今日所谓养成学风，亦非无验。然其原于一二人之好乐，相习而成，有分河饮水之嫌，无共贯同条之契。此则合志同方，营道同术，皆本分之事，无门户之私也。昔贤谓从胡安定门下来者，皆醇厚和易；从陆子静门下来者，皆卓然有以自立：此亦可以观矣。孔子家儿不知怒，曾子家儿不知骂；颜子如和风庆云，孟子如泰山乔岳。圣贤气象，出于自然，在其所养之纯，非可以矫为也。夫"率性之谓道"，闻道者必其能知性者也；"修道之谓教"，善教者必其能由道者也。顺其气质以为性，非此所谓率性也；增其习染以为学，非此所谓修道也。气质之偏，物欲之蔽，皆非其性然也，杂于气、染于习而后有也。必待事为之制，曲为之防，则亦不胜其扞格。"童牛之牿"，"豮豕之牙"，则恶无自而生矣。禁于未发以前则易，遏于将萌之际则难。学问之道无他，在变化气质，去其习染而已矣。长善而救其失，易恶而至其中，失与恶皆其所自为也，善与中皆其所自有也。诸生若于此信不及，则不必来院受学，疑则一任别参，两月以后，自请退席可也。书院照章考察，验其言行，若立志不坚，习气难拔者，随时遣归，决不稍存姑息，转以爱人者误人。慎之戒之，毋贻后悔。盖不能长善，即是长恶，无论如何多闻多见，只是恶知恶觉，纤芥不除，终无入德之分也。今立学规，义取简要，言则丁宁，求其易喻，事非得已。盖遮止恶德，不如开以善道，譬诸治病于已锢，不如摄养于平时，使过患不生，无所用药。象山有言："某无他长，只能识病。"夫因病与药，所以贵医，若乃妄予毒药，益增其病，何以医为？病已不幸，而医复误之，过在医人；若不知择医而妄服药，过在病人。至于有病而不自知其为病，屏医恶药，斥识病者为妄，则其可哀也弥甚！人形体有病，则知求医，惟恐其不愈，不可一日安也；心志有病，则昧而不觉，且执以为安，惟恐其或祛：此其为颠倒之见甚明。孟子曰："指不若人，则知恶之；心不若人，则不知恶。"岂不信然哉！诸生须知循守学规，如航海之有罗盘针，使知有定向而弗致于迷方；如防毒之有血清注射，使抵御病菌而弗致于传染。此实切己之事，不可视为具文。孔子曰："谁能出不由门？何莫由斯道也？"舍正路而不由，乃趋于旁蹊曲径，错用心力，唐费光阴，此扬子云所谓"航断港绝潢，以求至于海"[1]，不可得也。今为诸生指一正路，可以终身由之而不改，必适于道，只有四端：一曰主敬，二曰穷理，三曰博文，四曰笃行。主敬为涵养之要，穷理为致知之要，博文为立事之要，笃行为进德之要。四者内外交彻，体用全该，优入圣途，必从此始。今分言之如下：

一曰主敬为涵养之要者。孟子曰："苟得其养，无物不长；苟失其养，无物不消。"凡物不得涵濡润泽则不能生长，如草木无雨露则渐就枯槁，此是养其生机，故曰涵养也。涵有含容深广之意，喻如修鳞之游巨泽，活鲅自如，否则如尺鲋之困泥沙，动转皆碍。又有虚明照澈之意，如镜涵万象，月印千江。如谓黄叔度如汪汪千顷之陂，澄之不清，挠之不浊，即含容深广之意。朱子"天光云影"一诗，即虚明照澈之意。人心虚明不昧之本体元是如此，只为气禀所拘，故不免褊小而失其广大之量；为物欲所蔽，故不免昏暗而失其觉照之用。气夺其志，则理有时而不行矣。然此是客气，如人受外感，非其本然。治病者先祛外感客邪，乃可培养元气，先以收摄，继以充养，则其冲和广沛之象可徐复也。孟子曰："持其志，毋暴其气。""志者，气之帅也。""志至焉，气次焉。"心之所之谓之志。帅即主宰之义。志足以率气，则气顺于理，而是气固天理之流行也。何以持志？主敬而已矣。伊川曰"涵养须用敬"，即持志之谓也。以率气言，谓之主敬；以不迁言，谓之居敬；以守之有恒言，谓之持敬。心主于义理而不走作，气自收敛。精神摄聚则照用自出，自然宽舒流畅，绝非拘迫之意。故曰"主一无适之谓敬"，此言其功夫也。敬则自然虚静，敬则自然和乐，此言其效验也。敬是常惺惺法，此言其力用也。《尚书》叙尧德，首言"钦明"；傅说告高宗，先陈"逊志"。盖散乱心中决无智照。无智照故人我炽然，发为憍慢，流为放逸，一切恶德皆从此生。敬之反，为肆、为怠、为慢。怠与慢皆肆也，在己为怠，对人为慢。武王之铭曰："敬胜怠者吉，怠胜敬者灭。"《孝经》曰："敬亲者无敢慢于人。"故圣狂之分在敬与肆之一念而已。"主忠信"即是主敬，《说文》忠、敬互训，信者，真实无妄之谓。此以立心而言。"居处恭，执事敬，与人忠"，程子曰："此是彻上彻下语。圣人元无二语。"此该行事而言，心外无事也。"礼仪三百，威仪三千"，一言以蔽之，曰"毋不敬"。礼以敬为本，人有礼则安，无礼则危，故武王曰"怠胜敬者灭"也。"忠易为礼，诚易为辞"，语在《韩诗外传》。忠即敬也，诚即信也。"敬以直内，义以方外，敬义立而德不孤"，未有敬而不能为义者，即未有忠信而不能为礼者，内外一也。一有不敬，则日用之间动静云为皆妄也。居处不恭，执事不敬，与人不忠，则本心汩没，万事堕坏，安在其能致思穷理邪？故敬以摄心，则收敛向内，而攀缘驰骛之患可渐祛矣；敬以摄身，则百体从命，而威仪动作之度可无失矣。敬则此心常存，义理昭著；不敬则此心放失，私欲萌生。敬则气之昏者可明，浊者可清。气既清明，义理自显，自心能为主宰。不敬则昏浊之气展转增上，通体染污，蔽于习俗，流于非僻而不自知，终为小人之归而已矣。外貌斯须不庄不敬，则慢易之心入之；心中斯须不和不乐，则鄙诈之心入之：未有箕踞而心不慢者。视听言动，一有非礼，即是不仁，可不念哉？今时学者通病，唯务向外求知，以多闻多见为事，以记览杂博相高，以驰骋辩说为能，以批评攻难自贵，而不肯阙疑阙殆。此皆胜心私见，欲以矜名哗众，而不知其徇物忘己，堕于肆慢，戕贼自心。故其闻见之知愈多者，其发为肆慢亦愈甚，往而不返，不可救药。苟挟是心以至，而欲其可与入理，可与立事，可与亲师取友、进德修业，此必不可得之数也。今于诸生初来之日，特为抉示时人病根所在，务望各人自己勘验，猛力省察，无使疮疣在身，留为过患。须知"敬"之一字，实为入德之门，此是圣贤血脉所系，人人自己本具。德性之知，元无欠少，不可囿于闻见之知遂以为足，而置德性之知任其隐覆，却成自己孤负自己也。圣人动容周旋莫不中礼，酬酢万变而实无为，皆居敬之功也。常人"憧憧往来，朋从尔思"，起灭不停，妄想为病，皆不敬之过也。程子有破屋御寇之喻，略谓前后左右，驱去还来，只缘空虚，作不得主，中有主则外患自不能入。此喻最切。主者何？敬也。故唯敬可以胜私，唯敬可以息妄。私欲尽则天理纯全，妄心息则真心显现。尊德性而道问学，必先以涵养为始基。及其成德，亦只是一敬，别无他道。故曰：敬也者，所以成始而成终也。

二曰穷理为致知之要者。 先须楷定何谓理，何谓知。"穷理尽性以至于命"，《易·系辞传》文也。[2] "致知在格物"，《大学》文也。向来先儒说《大学》"格物"，各明一义，异执纷然。大略不出两派：一宗朱子，一宗阳明。朱子释"格物"为穷至事物之理，"致知"为推极吾心之知。知者，知此理也。知具于心，则理不在心外明矣，并非打成两橛。不善会者，往往以理为外。阳明释知善知恶是"良知"，为善去恶是"格物"。不善会者，亦遂以物为外。且如阳明言，则《大学》当言"格物在致知"，不当言"致知在格物"矣。今明心外无物，事外无理，即物而穷其理者，即此自心之物而穷其本具之理也。此理周遍充塞，无乎不在，不可执有内外。学者须知儒家所言"事物"，犹释氏言"万法"，非如今人所言"物质"之物。若执唯物之见，则人心亦是块然一物质耳，何从得有许多知识？阳明"致良知"之说，固是直指，然《大学》须还他《大学》。教有顿渐，《大学》说先后次弟，明是渐教；《中庸》显天人一理，"君子笃恭而天下平"，中和即位育，方是顿教。儒者不言顿渐，然实有是理。阳明是就自家得力处说，朱子却还他《大学》元来文义，论功夫造诣是同，论诠释经旨却是朱子较密。上来约简旧说，是要学者先明穷理致知为何事，非于先儒妄生异同，心存取舍，亦非欲为调停之说也。此意既明，学者须知格物即是穷理，异名同实。今言穷理为致知之要者，亦即是"致知在格物"也。何以不言格物而言穷理？只为从来学者，都被一个"物"字所碍，错认物为外，因而再误，复认理为外。今明心外无物，事外无理，事虽万殊，不离一心。佛氏亦言："当知法界性，一切唯心造。""心生法生，心灭法灭。""万行不离一心，一心不违万行。"所言法者，即事物异名。一心贯万事，即一心具众理。即事即理，即理即心。心外无理，亦即心外无事。理事双融，一心所摄，然后知散之则为万殊，约之唯是一理。所言穷者，究极之谓。穷极此理，周匝圆满，更无欠阙，更无渗漏，不滞一偏一曲，如是方名穷理。致者，竭尽之称。如"事父母能竭其力，事君能致其身"、《孝经》言"养则致其欢，丧则致其哀"之致。知是知此理唯是自觉自证境界，拈似人不得，如人饮水，冷暖自知。一切名言诠表，只是勉强描模一个体段，到得此理显现之时，始名为知。一现一切现，鸢飞鱼跃，上下与天地同流，左右逢源，触处无碍，所谓头头是道，法法全彰，如是方名致知，所谓知之至也。清凉观答唐顺宗心要云："语证则不可示人，说理则非证不了。"证者方是真知，证后所说之理方是实理。不然只是揣量卜度，妄生分别，如盲人摸象，各说一端，似则似，是则不是。在佛氏谓之情识思量境界，谓之遍计执，全体是妄；在儒家谓之私智穿凿，谓之不诚。故穷理工夫入手处，只能依他古来已证之人所说一一反之自心，子细体究，随事察识，不等闲放过。如人学射，久久方中。到得一旦豁然贯通，表里洞然，不留余惑，所谓直到不疑之地，方可名为致知也。《大学》只此一关最为难透，到得知至以后，意诚心正身修，乃是发悟。以后保任长养之事，譬如顺水行船，便易为力。故象山曰："向上事益简易不费力。但穷理工夫直是费力，不是吃紧用力一番，不能致知。"朱子所谓"唯于理有未穷，故其知有不尽"，此系诚言，不容妄生疑虑。孟子曰："尽其心者，知其性也。知〔其〕性则知天矣。"朱子集注曰："心者，人之神明，所以具众理而应万事者也。性则心之所具之理，而天又理之所从以出者也。人有是心，莫非全体，然不穷理，则有所蔽，而无以尽乎此心之量。故能极其心之全体而无不尽者，必其能穷夫理而无不知者也。既知其理，则其所从出亦不外是矣。以《大学》之序言之，知性则物格之谓，尽心则知至之谓也。"《易·系辞》"穷理尽性以至于命"[3]，"穷理"即当孟子所谓"知性"，"尽性"即当孟子所谓"尽心"，"至命"即当孟子所谓"知天"。天也，命也，心也，性也，皆一理也。就其普遍言之，谓之天；就其禀赋言之，谓之命；就其体用之全言之，谓之心；就其纯乎理者言之，谓之性；就其自然而有分理言之，谓之理；就其发用言之，谓之事；就其变化流形言之，谓之物。故格物即是穷理，穷理即是知性，知性即是尽心，尽心即是致知，知天即是至命。程子曰："理穷则性尽，性尽则至命。"不是穷理了再去尽性，尽性了再至于命，只是一事，非有三也。《大学》说"致知在格物"，不是说欲致其知者，先格其物。故今明穷理为致知之要者，须知合下用力，理穷得一分，即知致得一分。在佛氏谓之分证，到得知至即满证也。《中庸》曰："唯天下至诚为能尽其性，能尽其性，则能尽人之性；能尽人之性，则能尽物之性；能尽物之性，则可以赞天地之化育；可以赞天地之化育，则可以与天地参矣。"朱子章句曰："尽其性者，德无不实，故无人欲之私，而天命之在我者，察之由之，巨细精粗，无豪发之不尽也。人物之性，亦我之性，但以所赋形气不同而有异耳。能尽之者，谓知之无不明而处之无不当也。"此是一尽一切尽，其间更无先后。肇公曰："会天地万物为自己者，其唯圣人乎？"圣人无己，靡所不己，是故成己即所以成物，成物乃所以成己。"成己，仁也。成物，智也。性之德也，合外内之道也。"此是一成一切成，其间更无分别。"己欲立而立人，己欲达而达人。能近取譬，可谓仁之方。"良以物我无间，人己是同，于中不得安立人见我见。契此理者，是谓正理，是谓正知；反是则非正理，为不正知。此是知之根本。曾子闻"一贯"之旨，直下承当，及门人问，只道个"夫子之道，忠恕而已矣"。尽己之谓忠，推己之谓恕，此事学者合下可以用力。"己所不欲，勿施于人"，推己之事也。"行有不得，反求诸己"，尽己之事也。此亦是彻上彻下语。到得一理浑然，泛应曲当，亦只是个"忠恕"，别无他道。学者须于此信得亲切，行得真实，方可以言穷理，方可以言致知。更须知理是同具之理，无可独得；知是本分之知，不假他求。故象山曰："宇宙内事，即吾性分内事；吾性分内事，即宇宙内事。"此亦知至之言。今时学者每以某种事物为研究之对象，好言"解决问题"、

"探求真理"，未尝不用思力，然不知为性分内事，是以宇宙人生为外也。自其研究之对象言之，则己亦外也。彼此相消，无主可得，而每矜为创获，岂非虚妄之中更增虚妄？以是为穷理，只是增长习气；以是为致知，只是用智自私：非此所谓穷理致知也。至穷理之方，自是要用思惟。"思曰睿，睿作圣"，程子曰："学原于思，不思则罔。"若一向读书，只匆匆涉猎，泛泛寻求，便谓文义已了，能事已毕，终其身昏而无得也。欲入思惟，切忌自谓已了，若轻言易了，决定不思，是闭门而求入也。读书既须简择，字字要反之身心，当思：圣贤经籍所言，即是吾心本具之理，今吾心现在，何以不能相应？苟一念相应时，复是如何？平常动静云为之际，吾心置在何处？如此方有体认之意。当思：圣贤经籍所言，皆事物当然之则，今事当前，何以应之未得其当？苟处得是当时，复是如何？平常应事接物之时，吾心如何照管？如此方有察识之意。无事时体认自心是否在腔子里，有事时察识自心是否在事上，如此方是思，方能穷理。思如浚井，必当及泉，亦如抽丝，须端绪不紊，然后引而申之，触类而长之，曲畅旁通，豁然可待。体认亲切时，如观掌纹，如识痛痒；察识精到处，如权衡在手，铢两无差，明镜当台，豪发不爽：如此方有知至之分。此在散乱心中必不可得，故必先之以主敬涵养，而后乃可以与于此也。

三曰博文为立事之要者。须先知不是指文辞为文，亦不限以典籍为文，凡天地间一切事相皆文也，从一身推之家国天下皆事也。道外无事，亦即道外无文。《论语》朱注曰："道之显者谓之文。"今补之曰："文之施于用者谓之事。"博者，通而不执之谓。立者，确乎不拔之称。易言之，亦可谓通经为致用之要也。世间有一等质美而未学之人，遇事尽能处置，然不能一一皆当于理，处甲事则得，处乙事又失之。此谓不能立事，其故由于不学，即未尝博文也。虽或偶中，而幽冥莫知其原，未尝穷理也。恒言斥人"不学无术"，本《霍光传》中语。"不学"言未尝读书，"无术"即是没办法。可见遇事要有办法，必须读书穷理始得。《中庸》曰："文理密察，足以有别也。""文理"亦可析言之，在心则为理，见于事则为文；事有当然之则谓之理，行此当然之则谓之文。已明心外无事、离体无用，更须因事显理、摄用归体，故继穷理致知而言博文立事也。穷理主于思之意多，博文主于学之意多。《论语》曰："学而不思则罔，思而不学则殆。"盖不求诸心，则昏而无得；不习其事，则危而不安。此见思学并进，亦如车两轮，如鸟两翼，致力不同，而为用则一，无思而非学，亦无学而非思也。"不学操缦，不能安弦；不学博依，不能安诗"。操缦、博依，博文也。安弦、安诗，立事也。"不学《诗》无以言"，"不学《礼》无以立"。《诗》《礼》，文也；言、立，事也。六艺之文，即"冒天下之道"，实则天下之事，莫非六艺之文。明乎六艺之文者，斯可以应天下之事矣。此义云何？《诗》以道志而主言，在心为志，发言为诗。凡以达哀乐之感，类万物之情，而出以至诚恻怛，不为肤泛伪饰之辞，皆《诗》之事也。《书》以道事。事之大者，经纶一国之政，推之天下。凡施于有政，本诸身、加诸庶民者，皆《书》之事也。《礼》以道行。凡人伦日用之间，履之不失其序、不违其节者，皆《礼》之事也。《乐》以道和。凡声音相感，心志相通，足以尽欢忻鼓舞之用而不流于过者，皆《乐》之事也。《易》以道阴阳。凡万象森罗，观其消息盈虚变化流行之迹，皆《易》之事也。《春秋》以道名分。凡人群之伦纪、大经、大法，至于一名一器，皆有分际，无相陵越，无相紊乱，各就其列，各严其序，各止其所，各得其正，皆《春秋》之事也。其事即其文也，其文即其道也。学者能于此而有会焉，则知六艺之道何物而可遗，何事而不摄乎！故凡言文者，不独前言往行布在方策有文史可稽者为是，须知一身之动作威仪、行业力用，莫非文也；孔子称尧"焕乎其有文章"，乃指尧之功业。子贡称"夫子之文章可得而闻"，乃指孔子之言行。天下万事万物之粲然并陈者，莫非文也。凡言事者，非一材一艺、一偏一曲之谓，自入孝出弟、爱众亲仁、立身行己、遇人接物，至于齐家治国平天下，开物成务、体国经野，大之礼乐刑政之本，小之名物度数之微，凡所以为因革损益、裁成辅相之道者，莫非事也。《学记》曰："九年知类通达，强立而不反。"夫"知类通达"，乃可谓博文矣；"强立而不反"，乃可与立事矣。在《易》则曰：圣人有以"观其会通"而"行其典礼"。夫"观其会通"是博文也，"行其典礼"是立事也。《朱子语类》："会通谓物之节角交加处。"盖谓如人身之有关节，为筋脉活动之枢纽。又喻如水之众流汇合而为江河，虽千支万派，俱入于海，此所谓会通也。足以尽天下之事相而无所执碍者，乃可语于博矣；足以得举措之宜而不疑其所行者，乃可语于立矣。若乃事至而不免于惑，物来而莫之能应，是乃不可与立事，亦不足以语于博文也。今举《诗》教以明一例。如曰："诵《诗》三百，授之以政，不达；使于四方，不能专对；虽多，亦奚以为？""小子何莫学夫《诗》，《诗》可以兴、观、群、怨。迩之事父，远之事君。""人而不为《周南》《召南》，其犹正墙面而立也欤？"今学

《诗》者，能详其名物训诂矣，又进而能言其义矣，而不达于政，不能事父事君，其为面墙也如故，谓之未尝学《诗》可也。他经亦准此可知。故言"博文"者，决不是徒夸记览，徒骋辞说，以炫其多闻而不切于事，遂可以当之，必其闳通淹贯，畜德多而谨于察物者也。言"立事"者，不是智效一官，行效一能，不该不遍，守其一曲，遂足以当之，必其可以大受当于物而卓然不惑者也。复次当知《易》言"观乎天文，以察时变；观乎人文，以化成天下"。观天之文与地之宜，非如今言天文学或人文地理之类。天文即谓天道，人文即谓人道。阴阳消长，四时错行，天文也；彝伦之序，贤愚之等，人文也。《系辞传》曰："道有变动，故曰爻。爻有等，故曰物。物相杂，故曰文。文不当，故吉凶生焉。""六爻之动，三极之道也。""兼三才而两之，故六。"阴阳、刚柔、仁义之相，皆两也。等犹言类也。阴阳、刚柔各从其类谓之物。物相杂而成文谓之文。物犹事也，事之相错而著见者，咸谓之文。故一物不能成文，成文者必两。凡物之对待而出者为文。对待之物，交参互入，错综变化，至赜至动，皆文也。唯圣人有以见其"至赜而不可恶"，"至动而不可乱"，故"拟诸形容，象其物宜，是故谓之象"，"观其会通以行其典礼，是故谓之爻"。学者知此，则知所谓文为事相之总名可以无疑也。文以变动而有，事以变动而生，故曰"功业见乎变"。功业者，事也。"举而措之天下之民，谓之事业"，此乃从体起用，亦谓之全体作用。"行其所无事"而非有计功谋利之心焉，斯立事之要也。故天地虽万物并育，不居生物之功；圣人虽保民无疆，不矜畜众之德。博文如物之生长，必积渐以至广大；立事如物之成实，必贞固而后有成。今人欲立事而不务博文，是犹不耕而望获也；徒事博文而不务穷理，是犹卤莽而耕之，灭裂而耘之也，欲责之以立事，安可得哉！复次当知博文属知，立事属能。《中庸》曰：匹夫匹妇之愚，可以与知与能，及其至也，圣人有所不知不能焉。学者切忌自谓已知已能，如此则是自画而不可以进于博，不可以与于立矣。试观圣人之气象为如何？达巷党人曰："大哉孔子！博学而无所成名。"子闻之，曰："吾何执？执御乎？执射乎？"太宰问于子贡曰："夫子圣者欤？何其多能也？"子闻之，曰："吾少也贱，故多能鄙事。君子多乎哉？不多也。"又曰："君子之道四，吾未能一焉。"又曰："吾有知乎哉？无知也。有鄙夫问于我，空空如也。我叩其两端而竭焉。"夫圣人知周万物而道济天下，然其自以为无知无能如此，非故为谦辞也，其心实如是也。鄙夫云者，执其一端之见而汰然以自多者也。圣鄙之分，由此可见。老子曰："其出弥远，其知弥少。"释氏亦曰："若作圣解，即是凡情。"必其自视欿然，然后虚而能受。此所以必先之以穷理致知，而后乃可语于博文立事也。

四曰笃行为进德之要者。德行为内外之名，在心为德，践之于身为行；德是其所存，行是其所发。自其得于理者言之，则谓之德；自其见于事者言之，则谓之行：非有二也。充实而有恒之谓笃，日新而不已之谓进。知止而后能笃，不为物迁，斯可以载物；行健而后能进，自强不息，乃所以法天。无有欠阙，无有间断，乃可言笃；无有限量，无有穷尽，所以言进。行之积也愈厚，则德之进也愈弘。故《大畜》曰："刚健笃实，辉光日新其德。"《商颂》曰："汤降不迟，圣敬日跻。"言其进也。《乾·文言》："君子以成德为行，日可见之行也。"故行之未成，即德之未裕。《系辞》曰："默而成之，不言而信，存乎德行。"此所以言笃行为进德之要也。言行同为中之所发，故曰："言出乎身，加乎民；行发乎迩，及乎远。""言行，君子之所以动天地也。""言行，君子之枢机。枢机之发，荣辱之主也，可不慎乎？"此以言行并举，今何以单言行？《论语》曰："有德者必有言，有言者不必有德。""始吾于人也，听其言而信其行；今吾于人也，听其言而观其行。""论笃是与，君子者乎？色庄者乎？""君子不以言举人，不以人废言。"此明言行有不相应者，不可不察也。《曲礼》曰："鹦鹉能言，不离飞鸟。猩猩能言，不离走兽。""君子耻其言而过其行。""视其所以，观其所由，察其所安。人焉廋哉？"人之色取仁而行违者尽多，依似之言，可以乱德，学者当知以此自观自儆。"言顾行，行顾言"，"庸德之行，庸言之谨，有所不足不敢不勉，有余不敢尽"，方可语于笃行也。此是言行分说，然当知合说则言亦行之所摄。《洪范》"五事"、《论语》"九思"、"四勿"、"三贵"，并属于行。广说无尽，今只略说五事，曰貌、言、视、听、思，曰恭、曰从、曰明、曰聪、曰睿，即行之笃也。"恭作肃，从作乂，明作哲，聪作谋，睿作圣"，即德之进也。"九思"、"四勿"、"三贵"，皆笃行之事。曰仁、曰礼、曰信，皆德也。德之相广说亦无尽。仁者，德之总相也，开而为二曰仁智、仁义，开而为三曰智、仁、勇，开而为四曰仁、义、礼、智，开而为五则益之以信，开而为六曰智、仁、圣、义、中、和，如是广说，可名万德，皆统于仁。学者当知有性德，有修德，性德虽是本具，不因修证则不能显。故因修显性，即是笃行为进德之要。全性起修，即本体即功夫；全修在性，即功夫即本体。修此本体之功夫，证此功夫之本体，乃是笃行进德也。孔子曰："德之不修，学之不讲"，"是吾忧也"。讲本训肄，即指"时习"，并非讲说之谓。即今讲说，亦是"时习之"之事，亦即笃行之事，亦即修德之事，即是因修显性也。前言学问之道在变化气质，须知变化气质即是修。汉儒每言才性，即指气质。魏钟会作《四本论》，论才性异同，其文已佚，当是论气质不同之书，或近于刘劭之《人物志》。其目为才者，指气质之善而言。气质之不善者，固当变化，即其善者，只名为才，亦须变化，乃可为德，此即是修德。如《虞书·皋陶谟》行有九德："宽而栗，柔而立，愿而恭，乱而敬，扰而毅，直而温，简而廉，刚而塞，强而义。"宽柔是才，须"宽而栗，柔而立"，始名为德，此非变化不能成就。其下准此可知。《周书·洪范》又用三德："一曰正直，二曰刚克，三曰柔克。平康正直。强弗友刚克，燮友柔克。沈潜刚克，高明柔克。"此皆明气质必假变化。《通书》"刚柔善恶"一章所谓"俾人自易其恶，自至其中"，亦是此旨。刘劭《人物志·九征篇》虽名家言，亦有可取，大致以偏至为才，兼才为德，全德为圣，故曰："九征皆至，则纯粹之德也。九征有违，则偏杂之才也。九征者，谓九质之征，谓精、神、筋、骨、气、色、仪、容、言也。文繁不具引。三度不同，其德异称，故偏至之才，以才自名，兼才之人，以德为目，兼德之人，更为美号。是故兼德而至，谓之中庸。中庸者，圣人之目也。具体而微，谓之德行。德行者，大雅之称也。一至谓之偏才。偏才，小雅之质也。一征谓之依似。依似，乱德之类也。一至一违谓之间杂。间杂，无恒之人也。无恒、依似，皆风人末流。末流之质，不可胜论。"名家之言，乃以品核人流，未必尽为知德，然其所谓三度则有当也。知此可明修德须学，由偏至而进于兼，由兼德而进于全，非进德之谓乎？然又须明性修不二，不是性德之外别有修德，修德须进，性德亦有进。性德本无亏欠，何以须进？当知天地之道只是至诚无息，不息即进也。"与天地合其德"，只是贵其不已。所谓"不息则久，久则征，征则悠远，悠远则博厚，博厚则高明"，"博厚配地，高明配天，悠久无疆"，此进德之极致也。行之不笃，即是不诚，不诚则无物。一有欠阙，一有间断，便是不笃。行有欠阙，即德有欠阙；行有间断，即德有间断。故虽曰性德无亏，亦须笃行到极至处始能体取，所以言笃行为进德之要也。易言之，即是践形所以尽性，进德即尽性之事，践形即笃行之事。孟子曰："形色，天性也。唯圣人而后可以践形。"气之凝成者为形，形之变动者为色。此与佛氏言色法不同。参看

《宜山会语》五《说视听言动》。天性，即行乎气中之理也。如视听言动皆有其理，视极其明，听极其聪，言极其从，貌极其恭，始为尽视听言动之理，始为得耳目口体之用，是谓尽性，是谓践形。朱子曰："众人有是形而不能尽其理，故无以践其形；惟圣人有是形而又能尽其理，然后可以践其形而无歉也。"故知视有不明，听有不聪，则是未能践其形，即未能尽其性。视听言动皆行也，四者一于礼，则是仁是德也。人生所日用不离，最切近而最易体认者，孰有过于四事者乎？所以应万事而根于心之所发者，舍此岂别有乎？故颜渊问仁，孔子告以"克己复礼为仁"。颜子直下承当，便请问其目，只此视听言动四事。知此便知笃行之道，合下当从非礼勿视、听、言、动入手。才有非礼即是不仁，到得四事全是礼，则全体是仁。是故言笃行为进德之要，此理决定无可疑也。

复次当知《中庸》曰"温故而知新"，博文之事也；"敦厚以崇礼"，笃行之事也。此所以继博文而言笃行也。《乾·文言》曰"知至至之，可与言几也"，主敬、涵养、穷理、致知、博文、立事当之；"知终终之，可与存义也"，则笃行、进德当之。又此门总摄前三，如主敬须实是主敬，穷理须实是穷理，博文须实是博文，此便是笃行，一有不实，只是空言。涵养得力，致知无尽，应事不惑，便是进德。若只言而不行，安能有得？行而不力，安望有进？故言虽分三，事唯是一，总此四门，约为一行。《论语》曰："博学于文，约之以礼，亦可以弗畔矣夫！"文以知言，礼以行言，博约亦是同时，文礼非有二致。故孟子曰："博学而详说之，将以反说约也。"前三是博，此门是约。又中二为博，初终均约。总该万行，不离一心。即知即行，全理是事；即博即约，全事是理。始终本末，一以贯之，即下学，即上达。子以四教：文、行、忠、信。文即六艺之文，行即六艺之事，忠、信则六艺之本。今此四门亦略同四教，全体起用，全用归体。此乃圣学之宗要，自性之法门，语语从体验得来，从胸襟流出，一字不敢轻下。要识圣贤血脉，舍此别无他道。于此不能有会，决定非器，难与入德。若只作一种知解、一种言说领取而不肯笃行，则是辜负自己，辜负先圣。曾子曰："尊其所闻，则高明矣。行其所知，则光大矣。"闻是闻道，知是知德，道为万行，德是一心。今有言说显示，但名为"闻"，诸生体之在己，乃可名"知"。勤而行之，斯可与适道；得之于心，斯可与入德。如此则日进于高明光大之域，必可期也。"为仁由己，而由人乎哉？"勉之！勉之！

读书法

前讲学规，乃示学者求端致力之方。趣向既定，可议读书。如人行远，必假舟车，舟车之行，须由轨道，待人驾驶，驾驶之人，既须识途，亦要娴熟，不致迷路，不致颠覆，方可到达。故读书之法，须有训练，存乎其人。书虽多，若不善读，徒耗日力，不得要领，陵杂无序，不能入理，有何裨益？所以《学记》曰"记问之学，不足以为人师"也。古人以牛驾车，有人设问，曰："车如不行，打车即是？打牛即是？"此以车喻身，以牛喻心。车不自行，曳之者牛；肢体运用，主之者心。故欲读书，先须调心，心气安定，自易领会。若以散心读书，博而寡要，劳而少功，必不能入。以定心读书，事半功倍。随事察识，语语销归自性，然后读得一书自有一书之用，不是泛泛读过。须知读书即是穷理博文之一事，然必资于主敬，必赖于笃行。不然，则只是自欺欺人而已。

《易·系辞》曰："上古结绳而治，后世圣人易之以书契，百官以治，万民以察，盖取诸夬。"夬者，决也。决是分别是非之意，犹今言判断决去其非，亦名为决。此书名所由始。契乃刻木为之，书则箸于竹帛。故《说文》曰："书，箸也。从聿。"所以书者，是别白之词。声亦兼意。孔颖达《尚书正义》曰："道本冲寂，非有名言，既形以道生，物由名举，圣贤阐教，事显于言，言惬群心，书而示法，因号曰书。"名言皆诠表之辞，犹筌蹄为渔猎之具。书是能诠，理即所诠。《系辞》曰："书不尽言，言不尽意。"故读书在于得意，得意乃可忘言。意者，即所诠之理也。读书而不穷理，譬犹买椟还珠，守此筌蹄，不得鱼兔，安有用处？禅家斥为"念言语汉"，俚语谓之"读死书"。贤首曰："微言滞于心首，转为缘虑之场；实际居于目前，翻成名相之境。"此言读书而不穷理之过。记得许多名相，执得少分知解，便傲然自足，顿生狂见，自己无一毫受用，只是增长习气。《圆觉经》云："无令求悟，唯益多闻，增长我见。"此是不治之证。故读书之法，第一要虚心涵泳，切己体察，切不可以成见读书，妄下雌黄，轻言取舍，如时人所言批评态度。南齐王僧虔《诫子书》曰："往年有意于史"，后"复徙业就玄"，"犹未近仿佛。曼倩有云：'谈何容易。'见诸玄，志为之逸，肠为之抽。专一书，转诵数十家注，自少至老，手不释卷，尚未敢轻言。汝开《老子》卷头五尺许，未知辅嗣何所道，平叔何所说，马、郑何所异，《指例》何所明，而便盛于麈尾，自呼谈士，此最险事”，“就如张衡思侔造化，郭象言类悬河，不自劳苦，何由至此？汝曾未窥其题目，未辨其指归；六十四卦，未知何名；《庄子》众篇，何者内外；《八帙》所载，凡有几家；四本之称，以何为长。而终日欺人，人亦不受汝欺也”。据此文，可知当时玄言之盛，亦如今人之谈哲学、新学。后生承虚接响，腾其口说，骛名无实，其末流之弊有如是者。僧虔见处，犹滞知解，且彼自为玄家，无关儒行。然其言则深为警策，切中时人病痛，故引之以明“知之为知之，不知为不知，是知也”之旨。慎勿以成见读书，轻言批评，此最为穷理之碍，切须诫绝也。

今以书为一切文籍记载之总名，其实古之名书，皆以载道。《左氏传》曰：“楚左史倚相能读《三坟》《五典》《八索》《九丘》。”读书之名始此。《尚书序》曰：“伏羲、神农、黄帝之书，谓之《三坟》，言大道也；少昊、颛顼、高辛、唐、虞之书，谓之《五典》，言常道也；至于夏、商、周之书，虽设教不伦，雅诰奥义，其归一揆。是故历代宝之，以为大训。八卦之说，谓之《八索》，求其义也。九州之志，谓之《九丘》。丘，聚也。言九州所有，土地所生，风气所宜，皆聚此书也。”此见上古有书，其来已远。《书序》复云：“孔子生于周末，睹史籍之烦文，惧览者之不一，遂乃定《礼》《乐》，明旧章，删《诗》为三百篇，约史记而修《春秋》，赞《易》道以黜《八索》，述《职方》以除《九丘》。疑当时《八索》者类阴阳方伎之书，故孔子作《十翼》，以赞《易》道之大，而《八索》遂黜。《职方》，孔颖达以为即指《周礼》。疑上古亦有方志，或不免猥杂，故除之。讨论坟典，断自唐、虞以下，讫于周。芟夷烦乱，剪截浮辞，举其宏纲，撮其机要，足以垂世立教。”“所以恢弘至道，示人主以轨范也。”此义实通群经言之，不独《尚书》也。《尚书》独专“书”名者，谓其为帝王遗书，所谓“文武之道，布在方策”者是也。“文王既没，文不在兹乎？”文所以显道，事之见于书者，皆文也。故六艺之文，同谓之书。以常道言，则谓之经；以立教言，则谓之艺；以显道言，则谓之文；以竹帛言，则谓之书。《论语》记“子所雅言，《诗》、《书》、执礼”，“子不语怪、力、乱、神”，此可对勘。世间传闻古事多属怪、力、乱、神，如《楚辞·天问》之类。《山海经》疑即《九丘》之遗。如《竹书纪年》、《汲冢周书》、《穆天子传》等固魏晋间人伪书。然六国时人最好伪撰古事，先秦旧籍多有之。故司马迁谓“诸家言黄帝，其言不雅驯，荐绅先生难言之"。可知孔子删《书》，所以断自唐虞者，一切怪、力、乱、神之事，悉从刊落。郑康成《书论》引《尚书纬》云："孔子求书，得黄帝玄孙帝魁之书，迄于秦穆公，凡三千二百四十篇，断远取近，定可以为世法者百二十篇。今伏生所传今文才二十九篇，益以古文，并计五十八篇。"《古文尚书》虽有依托，并非全伪。据此可见孔子删后之《书》，决无不可信者。群经以此类推，为其以义理为主也。故曰："述而不作，信而好古，窃比于我老彭。""我非生而知之者，好古，敏以求之者也。"此是孔子之读书法。今人动言创作，动言疑古，岂其圣于孔子乎？不信六经，更信何书？不信孔子，更信何人？"夏礼，吾能言之，杞不足征也；殷礼，吾能言之，宋不足征也。文献不足故也。足，则吾能征之矣。""吾犹及史之阙文也。今亡矣夫！"此是考据谨严态度。今人治考古学者，往往依据新出土之古物，如殷墟甲骨、汉简之类，矜为创获，以推论古制。单文孤证，岂谓足征？即令有当，何堪自诩？此又一蔽也。孔子读《易》，韦编三绝，漆书三灭，铁挝三折，其精勤专久如此。今人读书，不及终篇，便生厌倦，辄易他书，未曾玩味，便言已了，乃至文义未通即事著述，抄撮剽袭，自矜博闻，缪种流传，每况愈下。孔子曰："盖有不知而作之者，我无是也。"此不独浅陋之甚，亦为妄诞之尤，其害于心术者甚大。今日学子，所最宜深诫者也。

《易》曰："天在山中，大畜。君子以多识前言往行，以畜其德。"伊川曰："天为至大而在山之中，所畜至大之象。""人之蕴畜，由学而大，在多闻前古圣贤之言与行，考迹以观其用，察言以求其心，识而得之，以畜成其德，乃大畜之义。"此学之所以贵读书也。"登东山而小鲁，登泰山而小天下"，乃知贵近者必遗远也。河伯见海若而自失，乃知执多者由见少也。读书非徒博文，又以畜德，然后能尽其大。盖前言往行，古人心德之著见者也。畜之于己，则自心之德与之相应。所以言"富有之谓大业，日新之谓盛德"，业者，即言行之发也。君子言而世为天下法，行而世为天下则，故乱德之言，非礼之行，必无取焉。书者何？前言往行之记录是也。今语所谓全部人生，总为言行而已矣。书为大共名，六艺为大别名。古者左史记言，右史记事，言为《尚书》，事为《春秋》，初无经史之分也。尝以六艺统摄九家，统摄四部，闻者颇以为异。《泰和会语·楷定国学名义》其实理是如此，并非勉强安排。庄子谓道术之裂为方术，各得一察焉以自好。《汉志》以九家之言皆"六艺之支与流裔"，亦世所熟闻也。流略之说，犹寻其源；四部之分，遂丰其蔀。今言专门，则封域愈狭，执其一支，以议其全体，有见于别而无见于通，以是为博，其实则陋。故曰"井蛙不可以语于海，拘于墟也；夏虫不可以语于冰，笃于时也；曲士不可以语于道，束于教也"。守目录校雠之学而以通博自炫者，不可以语于畜德也。清儒自乾嘉以后，小学一变而为校勘，单辞碎义，犹比窥观。至目录一变而为板本，则唯考论椠刻之久近，行款之异同，纸墨之优劣，岂徒玩物丧志，直类骨董市谈。此又旧习之弊，违于读书之道者也。

以上略明读书所以穷理，亦所以畜德。料简世俗读书不得其道之弊，大概不出此数端。然则读书之道，毕竟如何始得？约而言之，亦有四门：一曰通而不局。二曰精而不杂。三曰密而不烦。四曰专而不固。局与杂为相违之失，烦与固为相似之失。执一而废他者，局也；多歧而无统者，杂也；语小而近琐者，烦也；滞迹而遗本者，固也。通则曲畅旁通而无门户之见，精则幽微洞彻而无肤廓之言，密则条理谨严而无疏略之病，专则宗趣明确而无泛滥之失。不局不杂，知类也；不烦不固，知要也。类者辨其流别，博之事也；要者综其指归，约之事也。读书之道尽于此矣。

《学记》曰："一年视离经辨志。"郑注："离经，断句绝也。辨志，谓别其心意所趋向。"是离经为章句之学，以了解文义为初学入门之事。继以辨志，即严义利之辨，正其趋向，否则何贵于读书也。下文云："三年视敬业乐群，五年视博习亲师，七年视论学取友，谓之小成；九年知类通达，强立而不反，谓之大成。"敬业、博习、论学，皆读书渐进功夫。乐群、亲师、取友，则义理日益明，心量日益大，如是积累，犹只谓小成。至于"知类通达"，则知至之目；"强立而不反"，郑注云："强立，临事不惑也。不反，不违失师道也。"犹《论语》言"弗畔"。则学成之效。是以深造自得，然后谓之大成。故学必有资于读书，而但言读书，实未足以为学。今人读书，但欲了解文义，便谓能事已毕。是只做得离经一事耳，而况文义有未能尽了者乎！

《汉书·艺文志》曰："古之学者耕且养，三年而通一艺，存其大体，玩经文而已，是故用日少而畜德多，三十而五经立也。后世经传既已乖离，博学者又不思多闻阙疑之义，而务碎义逃难，便辞巧说，破坏形体；说五字之文，至于二三万言。后进弥以驰逐，故幼童而守一艺，白首而后能言；安其所习，毁所不见，终以自蔽。此学者之大患也。"此见西汉治经，成为博士之业，末流之弊，已是如此，异乎《学记》之言矣，此正《学记》所谓"呻其占毕，多其讯"者，乃适为教之所由废也。汉初说《诗》者，或能为《雅》而不能为《颂》，其后专主一经，守其师说，各自名家。如《易》有施、孟、梁丘，《书》有欧阳、夏侯，《诗》有齐、鲁、韩，人持一义，各不相通。武帝末，壁中古文已出，而未得立于学官；至平帝时，始立《毛诗》、《逸礼》、《古文尚书》、《左氏春秋》。刘歆《让太常博士书》，极论诸儒博士不肯置对，专己守残，"挟恐见破之私意，而亡从善服义之公心"，"雷同相从，随声是非"。此今古文门户相争之由来也，此局过之一例也。及东汉末，郑君承贾、马之后，遍注群经，始今古文并用，庶几能通者，而或讥其坏乱家法。迄于清之季世，今文学复兴，而治古文学者亦并立不相下，各守封疆，仍失之局。而其为说之支离破碎，视说"曰若稽古"三万言者犹有过之，则又失之烦。汉、宋之争，亦复类此，为汉学者，诋宋儒为空疏，为宋学者，亦鄙汉儒为锢蔽。此皆门户之见，与经术无关。知以义理为主，则知分今古汉宋为陋矣。然微言绝而大义乖，儒分为八，墨分为三，邹、鲁之间，断断如也，自古已然。荀子非十二子，其态度远不如庄子。《天下篇》言"古之道术有在于是者，某某闻其风而说之"，故道术裂为方术，斯有异家之称。刘向叙九流，言九家者，皆六艺之支与流裔，礼失而求诸野，彼异家者，犹愈于野已，此最为持平之论。其实末流之争，皆与其所从出者了无干涉。推之儒佛之争、佛老之争，儒者排二氏为异端；佛氏亦判儒家为人天乘，老、庄为自然外道。老佛互诋，则如顾欢《夷夏论》、甄鸾《咲道论》之类，乃至佛氏亦有大小乘异执、宗教分途，道家亦有南北异派，其实与佛、老子之道皆无涉也。儒家既分汉、宋，又分朱、陆，至于近时，则又成东方文化与西方文化之争、玄学与科学之争、唯心与唯物之争，万派千差，莫可究诘，皆局而不通之过也。大抵此病最大，其下三失随之而生。既见为多歧，必失之杂；言为多端，必失之烦；意主攻难，必失之固。欲除其病本，唯在于通。知抑扬只系临时，对治不妨互许，扫荡则当下廓然，建立则异同宛尔，门庭虽别，一性无差。不一不异，所以名如；有疏有亲，在其自得。一坏一切坏，一成一切成，但绝胜心，别无至道。庄子所谓："恢（诡）〔恑〕（谲）〔憰〕怪，道通为一。"荀卿所谓：奇物变怪，仓卒起一方，举统类以应之，若辨黑白。禅家所谓："若有一法出过涅槃，我亦说为如梦如幻。"《中庸》之言最为简要，曰："不诚无物。"孟子之言最为直截，曰："万物皆备于我矣。"《系辞》之言最为透彻，曰："天下同归而殊涂，一致而百虑。天下何思何虑？"盖大量者用之即同，小机者执之即异。总从一性起用，机见差别，因有多途。若能举体全该，用处自无差忒，读书至此，庶可"大而化之"矣。

学者观于此，则知天下之书不可胜读，真是若涉大海，茫无津涯。庄子曰："吾生也有涯，而知也无涯。以有涯随无涯，殆已。"然弗患其无涯也，知类，斯可矣。盖知类则通，通则无碍也。何言乎知类也？语曰：群言淆乱，折衷于圣人，摄之以六艺，而其得失可知也。《汉志》叙九家，各有其长，亦各有其短。《经解》明六艺流失，曰愚、曰诬、曰烦、曰奢、亦曰《礼》失则离，《乐》失则流。曰贼、曰乱。《论语》"六言""六蔽"，曰愚、曰荡、曰贼、曰绞、曰乱、曰狂。孟子知言显言之过为诐淫邪遁，知其在心者为蔽陷离穷。皆各从其类也。荀子曰："墨子蔽于用而不知文，宋子蔽于欲而不知得，慎子蔽于法而不知贤，申子蔽于势而不知知，惠子蔽于辞而不知实，庄子蔽于天而不知人。故由用谓之，道尽利矣；由欲谓之，道尽嗛矣；由法谓之，道尽数矣；由势谓之，道尽便矣；由辞谓之，道尽论矣；由天谓之，道尽因矣。此数具者，皆道之一隅也。夫道者，体常而尽变，一隅不足以举之。"荀子此语，亦判得最好。蔽于一隅即局也。是知古人读书先须简过，知其所从出，而后能知其所流极，抉择无差，始为具眼。凡名言施设各有分。齐衡诚悬，则不可欺以轻重；绳墨诚陈，则不可欺以曲直；规矩诚设，则不可欺以方圆。以六艺统之，则知其有当于理者，皆六艺之一支也；其有乖违析乱者，执其一隅而失之者也。祛其所执而任其所长，固皆道之用也。《诗》之失何以愚？《书》之失何以诬？《礼》之失何以离？《乐》之失何以流？《易》之失何以贼？《春秋》之失何以乱？失在于不学，又学之不以其道也。故判教之宏，莫如《经解》，得失并举，人法双彰。乃知异见纷纭，只是暂时歧路，封执若泯，则一性齐平，寥廓通涂，谁为碍塞？所以囊括群言，指归自性，此之谓知类。

何言乎知要也？《洪范》曰："会其有极，归其有极。"老子曰："言有宗，事有君。"荀卿曰："圣人言虽万变，其统类一也。"王辅嗣曰："物无妄然，必由其理，统之有宗，会之有元，故繁而不乱，众而不惑。自统而寻之，物虽众则知可以执一御也；由本以观之，义虽博则知可以一名举也。故处璇玑以观大运，则天地之动未足怪也；据会要以观方来，则六合辐凑未足多也。"此知要之说也。《诗谱序》曰："举一纲而万目张，解一卷而众篇明。"康成可谓善读书者也。试举例以明之，如曰：《诗》以道志，《书》以道事，《礼》以道行，《乐》以道和，《易》以道阴阳，《春秋》以道名分，六艺之总要也。"思无邪"，《诗》之要也。"毋不敬"，《礼》之要也。"告诸往而知来者"，读《诗》之要也。"言忠信，行笃敬"，学《礼》之要也。"惧以终始，其要无咎"，学《易》之要也。"君君、臣臣、父父、子子"，《春秋》之要也。"礼，与其奢也，宁俭；丧，与其易，宁戚"，此亦礼之要也。"报本反始"，郊社之要也。"慎终追远"，丧祭之要也。"尊尊亲亲"，丧服之要也。"谨始"，冠昏之要也。"尊贤养老"，燕飨之要也。"礼主别异，乐主和同，序为礼，和为乐；礼主减，乐主盈；礼乐只在进反之间"，此总言礼乐之要也。"好贤如《缁衣》，恶恶如《巷伯》"，"将顺其美，匡救其恶"，此亦《诗》之要也。"《天保》以上治内，《采薇》以下治外"，"《小雅》尽废则四夷交侵，中国微矣"，《诗》通于政之要也。"婚姻之礼废则淫僻之罪多；乡饮酒之礼废则争斗之狱繁；丧祭之礼废则倍死忘生者众；聘觐之礼废则倍畔侵陵之败起"，"明乎郊社之礼，禘尝之义，治其国如示诸掌"，议礼之要也。"逝者如斯夫"，"四时行，百物生"，读《易》观象之要也。"清斯濯缨，浊斯濯足"，"未之思也，夫何远之有"，读《诗》耳顺之要也。"智者观其《彖辞》，则思过半矣"，亦学《易》之要也。"杂物撰德，辨是与非，非其中爻不备"，则六位之要也。六十四卦之大象，用《易》之要也。"齐一变至于鲁，鲁一变至于道"，《春秋》三世之要也。"其或继周者，虽百世可知也"，《尧曰》一篇，皆《书》之要也。《乡党》一篇，皆《礼》之要也。孟子尤长于《诗》《书》，观孟子之道"性善"，言"王政"，则知《诗》《书》之要也。《论语》，群经之管钥，观于夫子之雅言，则知六艺之要也。他如子夏《诗序》、郑氏《诗谱序》、王辅嗣《易略例》、伊川《易传序》、胡文定《春秋传序》、蔡九峰《书集传序》，皆能举其大，则又一经之要也。如是推之，不可殚述，验于人伦日用之间。察之于动静云为之际，而后知心性之本，义理之宗，实为读群书之要。欲以辨章学术，究极天人，尽此一生，俟诸百世，舍此无他道也，此之谓知要。

《孔子闲居》曰："天有四时，春秋冬夏，风雨霜露，无非教也；地载神气，神气风霆，风霆流形，庶物露生，无非教也。"观象，观变，观物，观生，观心，皆读书也。六合之内，便是一部大书。孟子曰："观于海者难为水，游于圣人之门者难为言。"夫义理无穷，岂言语所能尽？今举读书法，乃是称性而谈，不与世俗同科，欲令合下识得一个规模，办取一副头脑，方免泛滥无归。信得及时，正好用力，一旦打开自己宝藏，运出自己家珍，方知其道不可胜用也。

通治群经必读诸书举要

《大学》《中庸》章句

《论语》《孟子》集注

《中庸辑略》

《论孟精义》

《四书或问》

《朱子语类》四书门

《四书纂疏》

《礼记》注疏《大学》《中庸》篇

《论语》何晏集解、皇侃义疏、邢昺疏

《孟子》赵岐注

右四书类

六艺皆孔氏之遗书，七十子后学所传。欲明其微言大义，当先求之《论语》，以其皆孔门问答之词也。据《论语》以说六艺，庶几能得其旨。孟子、荀卿皆身通六艺，然荀卿蔽于修而不知性，唯孟子道性善，言王政，为足以继《论语》。先儒取戴记《大学》《中庸》二篇以益之，谓之四书，万世不可易矣。朱注字字称量而出，深得圣人之用心，故谓治群经必先求之四书，治四书必先求之朱注。然不校之《集解》《义疏》，不知其择义之精也；不考诸《精义》《或问》，不知其析理之微也。学者宜于此详玩而深体之，乃有以立其本矣。

《孝经注疏》

《孝经章句》

《孝经集传》

〔右《孝经》类〕

自魏文侯已为《孝经传》，汉于《孝经》立博士。匡衡上成帝疏云："《论语》《孝经》，圣人言行之要，宜究其意。"然汉师如长孙、江翁、后苍、翼奉诸家，书皆不传。今古文文字多寡，章句亦异，是以朱子疑之。玄宗注依文解义而已。吴草庐合今古文刊定，为之《章句》，义校长，然合二本为一，非古也。唯黄石斋作《集传》，取二《戴记》以发挥义趣，立五微义、十二显义之说，为能得其旨。今独取三家，以黄氏为主。

《诗经注疏》

《韩诗外传》

《三家诗拾遗》

《诗本义》

《吕氏家塾读诗记》

《诗集传》《诗序辨》

《诗缉》

《诗毛氏传疏》

《诗经传说汇纂》

《毛诗古音考》

《诗本音》

右《诗》类

孟子、荀卿皆善说《诗》，孟子谓"以意逆志，斯为得之"，荀卿言"诗无达诂"。世传子夏《诗传》乃出后人依托，然《诗序》非子夏不能作也。观《论》《孟》及二《戴记》诸篇引《诗》，可悟孔门说《诗》之法。《韩诗外传》颇得其意。三家义已阙遗，今独宗毛。郑笺训诂，亦间与毛异。《小序》或言出于卫宏，虽不尽可据，然其精者弗能易也。欧阳永叔作《诗本义》，始攻毛、郑。朱子《集传》不信《小序》，亦稍有抑扬之过，然其言义理固有非毛、郑所及者。吕伯恭《家塾读诗记》最便初学。严氏《诗缉》宗毛传，用《小序》，而长于义理，可法也。陈氏奂《传疏》训诂校优。清敕编《诗经传说汇纂》，采摭亦颇不苟。顾氏《诗本音》后出，比陈氏《古音考》为长。初学先读此数书，亦可以稍窥其涯略矣。

《尚书大传》郑注

《尚书注疏》

《尚书集传》

《东莱书说》

《尚书集传纂疏》

《书经传说汇纂》

《尚书古文疏证》

《古文尚书冤词》

《禹贡锥指》

《洪范明义》

右《书》类

孟子曰："尽信《书》，则不如无《书》。吾于《武成》，取二三策而已矣。""以至仁伐至不仁，而何其血之流杵也？"孟子尤长于《诗》《书》，而其言若此，可见《书》之可信者当准之以义理，不关考证也。孟子此言远在伏生以前，何有今古文之别？古文实有不可信者，如"火炎昆冈，玉石俱焚"，此的是魏、晋以后语，比"血流标杵"为甚，不必定归狱于梅赜也。自王柏作《书疑》《诗疑》，始启疑经之渐，至清儒考订益精，于是伪孔之书几全废矣。今取《尚书大传》为首，以其为伏生之遗也。孔传不尽出依托，佚文赖之以存，但准之义理，可以无净。蔡传自不可易。《东莱书说》亦长于义理。阎氏《疏证》、毛氏《冤词》，在学者自审之，知有此一段未了公案而已。《禹贡》《洪范》最为难治，聊举二家，以示一例。

《仪礼注疏》

《周礼注疏》

《礼记注疏》

张尔岐《仪礼句读》

胡培翚《仪礼正义》

孙诒让《周礼正义》

《礼记集说》陈澔

《礼记集说》卫湜

《大戴礼》卢辨注、孔广森补注

《大戴礼解诂》王聘珍

《礼记章句》任启运

《仪礼经传通解》

《礼书纲目》江永

《礼经通论》邵懿辰

《通典》议礼诸文

右三《礼》类

三《礼》同遵郑注，宜先读《礼记正义》，《周礼》《仪礼》则孙、胡二家疏义为详。《礼记集说》则陈书精约，卫书详博，俱宜尽心。张蒿庵、任钓台之书亦便初学。江慎修《礼书纲目》继《仪礼经传通解》

而作，最有体要。礼以义起，必先求之二戴。丧祭之礼尤为重要而难明。《丧服传》最精，宜出于子夏。二戴诸篇皆七十子后学所传，非汉之博士所能附益也。《通典》多录议礼诸文，亦见汉以后礼说未为衰熄。清儒多勤于名物而疏于义，约取而已。

《古乐经传》李光地。即释《周礼·大司乐》文。

《乐书》明郑世子

《律吕精义》清敕编

《律吕新论》江永

《声律通考》陈澧

右《乐》类

《乐记》一篇，明乐之义。《乐经》本无其书，后儒以《周礼·大司乐》一篇当之。证以《论语》子"自卫反鲁，而后乐正，《雅》《颂》各得其所"及"子语鲁太师乐"一章，当是正其律吕，亦如今乐之有谱，然在齐闻《韶》，亦以乐之谱在陈氏也。汉后多杂用四夷之乐，唐人尤好胡乐，乐乱久矣。周王朴，宋司马光、范镇皆尝定乐律，朱子门下唯蔡元定可与言此。明郑世子《乐书》亦以己意更定律位，此非习其器不能知也。聊举数家，以见一班。

《周易注疏》

《易略例》

伊川《易传》

朱子《易本义》

《易学启蒙》

苏氏《易传》

慈胡《易传》

《汉上易传》朱震

《易汉学》惠栋

《易学滥觞》黄泽

《观物篇解》祝泌

《皇极经世索隐》张行成

附《易学辨惑》邵伯温。此非说《易》之书，以其可考见邵学授受源流，故附于此。

《周易函书》胡煦

《周易集解》李鼎祚

《周易述》惠栋

《易图明辨》胡渭

《周易折中》

《易音》

右《易》类

《易》为六艺之原，其为书广大悉备，得其一义并足名家，故说《易》之书校群经为最多。汉儒自京、孟以逮虞、荀，皆主象数。魏王辅嗣始主义理，一扫支离破碎之习。而或讥其以老氏说《易》，不知老氏固《易》之支流也。魏、晋以后，南北分途，北学宗郑，南学宗王。及唐初敕编《正义》，乃定用辅嗣，《系辞》则用韩康伯，亦多存玄言。六朝每以《易》《老》并称，凡善言名理，未有不通《易》《老》者，《易》几为道家所独擅矣。伊川作《易传》，重在玩辞，切近人事，而后本隐之显之旨明，深得孔子赞《易》之志，故读《易》当主伊川。朱子则重在玩占，故作《启蒙》以摄象数。邵氏先天之说，九图之传，虽或云出于陈抟，其理自不可易。清儒张皇汉学，务相攻难，于是象数又分汉、宋两派，亦徒见其隘而已。今谓治《易》当以义理为主，至汉宋象数亦不可不知。实则求之《启蒙》，约而已足，无取穿凿附益，流为术数方伎，而使《易》道反小。诸家说《易》，不可殚举，观于上列诸书，亦可以略知其流至宗归，义理必以伊川为法也。

《春秋公羊传注疏》

《春秋穀梁传注疏》

《春秋左氏传注疏》

《春秋繁露义证》苏舆

《公羊何氏释例》刘逢禄

《穀梁补注》钟文烝

《春秋左氏释例》杜预

《春秋集传纂例》陆淳

《春秋集传辨疑》陆淳

《春秋微旨》陆淳

《春秋尊王发微》孙复

《春秋传》刘敞

《春秋权衡》刘敞

《春秋胡氏传》胡安国

《春秋集传》赵汸

《春秋属辞》赵汸

《春秋师说》赵汸

《春秋左传补注》赵汸

附：《资治通鉴》

《唐鉴》

《续通鉴》

《明通鉴》

《通鉴纲目》

右《春秋》类

董生曰："不明乎《易》，不能明《春秋》。以《春秋》推见至隐，以人事反之天道，是故因行事加王心。王心者何？即道心也，天理也。""志在《春秋》"，此志即王心也。故庄子谓《春秋》经世先王之志。志不可作"志乘"之"志"解。孟子引孔子之言曰："其事则齐桓、晋文，其文则史，其义则某窃取之矣。"义即圣人之志也，即王心也。先儒说《春秋》，最难治三传。公、谷述义、左氏述事。自杜氏独行而何、范之书隐。至唐有啖、赵之学。宋初孙明复、刘原父始稍出新解，胡文定《传》义理最精。至元而有东山赵氏之学，并不尽依三传。晚清今文学复兴，于是《公羊》何氏学盛行，黠者至傅会改制以言新法，是以私智说经，去圣人之志益远矣。今谓《公羊》遗义当求之《繁露》，"弃周之文，反殷之质"，准以《论语》"吾从先进"、"十世损益"、"四代礼乐"义可推知。至"黜周王鲁，为汉制作"，则博士之陋言也。胡文定后，唯东山赵氏为不苟。伊川欲作传而未成。朱子一生遍治群经，独于《春秋》不敢轻说一字。学者且宜熟玩《公》《谷》《胡传》，须使义精仁熟，乃有以得圣人之用心。慎勿以智过游、夏自许，当以朱子为法，庶其可也。

《尔雅义疏》郝懿行

《广雅疏证》王念孙

《说文解字注》段玉裁

《说文通训定声》朱骏声

《释名》

《玉篇》

《广韵》

《古籀拾遗》孙诒让

《文始》章炳麟

《经典释文》

《经传释词》王引之

右小学类

清儒最长于小学，此数家在所必读，其余可缓。

《白虎通议疏证》陈立

《五经异义》

《驳五经异义疏证》陈寿祺

附：《汉儒通义》陈澧

右群经总义类

汉博士之说，求之《白虎通议》，可见其略。许、郑驳难，并杂用今古义，虽非完书，亦见当时辩论之概。陈兰浦纂《汉儒通义》，尽采汉儒义理之言，乃欲以抗《近思录》，此亦学者所当知也。

《家语》

《孔丛子》

《荀子集解》王先谦

《新书》

《新序》

《说苑》

《法言》

《中说》

《太极图说》朱子注、曹述解

《通书》朱子注、曹端注

《二程遗书》

《二程外书》

《二程文集》

《程氏经说》

《正蒙》王夫之注、李光地注

《西铭》《东铭》

《经学理窟》

《龟山语录》

《上蔡语录》

《延平答问》

《朱子大全集》

《朱子语类》

《象山集》

《慈湖遗书》

《白沙语录》

《传习录》

《阳明文集》

《近思录》

《伊洛渊源录》

《考亭渊源录》

《授经图》

《儒林宗派》

《宋元学案》

《明儒学案》

《清儒学案小识》

《困学纪闻》

《日知录》

右子部儒家类

书院简章"通治门"以《论语》《孝经》为一类，孟、荀、董、郑、周、二程、张、朱、陆、王十一子附之。若不读群经，亦不能通《论语》《孝经》也；不读十一子之书，亦不能通群经大义也。除《孟子》列在四书，董书在《春秋》，郑书之要者在《三礼》，今仍依四部目略举儒家诸子必当先读者如上。此群经之津逮，义理之总龟也。《家语》《孔丛》虽不免依托，纯驳互见。荀卿虽未知性，终不失为大儒。贾生、刘向并宗荀子。子云、仲淹文过其质。至于周、程始为直接孔孟。程门以龟山、上蔡为巨子，龟山重涵养，上蔡重察识。龟山再传为延平，上蔡再传为五峰。朱子亲受业于延平，及见南轩而尽闻湖南之学，晚乃继述伊川，实兼绍杨、谢二脉，故极其醇密。象山独称伯子，其专重察识，实近上蔡。白沙静中养出端倪，亦龟山之别派，下启甘泉，至阳明而益大，复与上蔡、象山相接，弥近直指矣。深宁，朱子之后学也，入理则疏，而涉学至博，下开亭林，遂为有清一代考据之祖。故以二家附也。此其源流之大概也。自余非要者，不须汲汲。

《老子》王弼注

《庄子》郭象注

《列子》张湛注

《墨子》孙氏闲诂

《公孙龙子》谢希深注

《人物志》刘昞注

《管子》房玄龄注

《晏子春秋》

《尸子》

《慎子》佚文

《韩非子》

《商君书》

《吕氏春秋》

《淮南子》

《抱朴子外篇》

右诸子异家类

九家以儒为高，余可观者四家，道、墨、名、法，皆出于六艺而得失有多少，语在《泰和会语·六艺统诸子篇》。然皆道术之流变也。杂家多取而寡得。道家至《淮南》《抱朴》，益华而少实矣。此六艺之失，学者所当知也。

《史记》

《汉书》

《后汉书》

《三国志》

《晋书》

《宋书》

《南齐书》

《新唐书》

《五代史》

右史部诸史选读

史家以迁、固为不祧之宗。史公自附于《春秋》，纪传独绝；班书特长典制；陈、范虽文美，弗能及矣。《晋书》虽成于唐，其所因借者胜、沈约、萧子显，一文一玄。《新唐》《五代》简而有法，余则近芟矣。《隋书·经籍志》《魏书·释老志》并于学术有关，先尽诸史，再议其后者可也。

《楚辞》

《文选》

《古文苑》

《唐文粹》

《宋文鉴》

《文章正宗》

《两汉诏令》

《古诗源》

《渔洋古诗选》

《唐诗别裁》

《唐贤三昧集》

《乐府诗集》

《骈体文钞》

《古文辞类纂》

《续古文辞类纂》

姚椿《国朝文录》

附：《艺苑卮言》

《诗薮》

《诗人玉屑》

《瀛奎律髓》

右诗文类

但举总集之要者。集部之书，汗牛充栋，终身读之不能尽。大抵唐以前别集无多，俱宜读。唐、宋则择读大家，宜知流别，宜辨体制，宜多读诗文评。文章不关经术者，不必深留意也。小学不精则遣词不能安，经术不深则说理不能当。桐城派古文家乃谓文章最忌说理，真瞆言也。扬子云曰："读赋千篇，自然能赋。"尔雅深厚，非可袭取，涉览既博，蓄蕴既多，取精用弘，自能知其利病，下笔方可免于鄙倍矣。

上来所举，约之又约，此在通方之士，或将病其陋略，然初机必不可缺之书，亦不外此。姚姬传以义理、考据、词章并列为三，实不知类。词章岂得倍于义理？义理又岂能不用考据？朱子每教人先看注疏，岂是束书不观？明道斥上蔡玩物丧志，及其读史，却甚子细。象山每诚学者曰："诸公莫谓某不读书，某尝中夜而起，自检经籍，恐有遗忘。"故谓"未审皋、夔、稷、契，更读何书"者，乃一时抑扬之语耳。俗人或诋义理为空疏，乃真坐不读书。若不充实，义理何由得明？徒炫多闻，不求蓄德，是真空疏也。推而上之，胡安定分经义、治事，亦是打成两橛，安有离经义之治事？亦无不谙治事之经义，若其有之，二俱不是。再推而上之，则如宋明帝之分玄、儒、文、史四学。夫玄、儒异撰，犹或可言；文、史分途，斯为已陋。儒不解玄，在儒则小。文即史之所由成，离文言史，未知其史当为何等？此亦蔽也。王介甫自矜新说，罢黜诸家，久乃自悔曰："本欲变学究为秀才，何期变秀才为学究。"书院意在养成通儒，并非造成学究。时人名学，动言专门，欲骛该通，又成陵杂，此皆不知类之过。今略示"通治门"必读诸书，以为嚆矢，非谓遂止于此也。勿惮其难，勿病其寡，随分量力，日知其所无，月无忘其所能，优而柔之，餍而饫之，涣然怡然之效可期矣。别治门当稍求广博，今且先毕此书，然后乃议其他耳。

校勘记

[1] 按，此文出于韩愈《送王埙秀才序》，非出于扬雄之文。

[2] 所引"穷理尽性以至于命"句为《易·说卦》文，非《易·系辞》文。

[3] "穷理尽性以至于命"句为《易·说卦》文，非《易·系辞》文。

卷二

题　识

　　尝谓讲说与著述殊科。著述行文贵谨严缜密，芟落繁芜，自成体要，斯可行远垂后。讲语则用以启发未悟，变动无方，有时引申触类。或嫌词费，有时意存警策，语似离筌，称臆而谈，不为典要，但期词达理举，无意于文。善会者能得其旨，斯舍之矣，故不可以著述绳之。书院甫立，特引初机，不能无所提示。皆临时施设，未及精思，率尔操觚，岂免疏舛，良不欲流布，取憎于人。而院中诸友咸谓容接既患不广，又复深秘其言，途人之议，将谓我何？不如呈示诸方，一任弹责，是亦过而存之，不隐之义也。今自简其过，奚止一端。判教之言，实同义学，不明统类，则疑于专己，一也。摄事归心，务存要约，无取依文，迥殊前轨，二也。玄义流失，直指斯兴，禅病既除，儒宗乃显，原流未晰，将以杂糅见诃，三也。世方盛谈哲学，务求创造，先儒雅言，弃同土梗，食芹虽美，按剑方瞋，四也。胸襟流出，不资獭祭，针石直下，不避瞑眩，旧师恶其家法荡然，异论诋为闭门自大，五也。举斯五过，触牾已多。虽不惜于横身，实有惭于玄默。幸全严穴之好，无废刍荛之言。其或斥以不类，固当拱手谢之，无劳置辩。渊明自比醉人，子云甘心覆瓿，庸何伤乎？不复追改，因题短语于简端。后有续刊，亦同斯例。中华民国二十九年二月马浮识。

群经大义总说

判教与分科之别

孟子曰："始条理者，智之事也；终条理者，圣之事也。"朱子谓："智是知得彻，圣是行得彻。知以理言，行以事言。理事不二，知行合一，圣智同符，始终一贯，在得其条理而已。"荀子曰："圣人言虽千举万变，其统类一也。"统是总相，类是别相。总不离别，别不离总，举总以该别，由别以见总，知总别之不异者，乃可与言条理矣。内外本末，小大精粗，统之有宗，会之有元。备而不遗，通而不睽，交参互入，并摄兼收，错列则行布分明，汇合则圆融无碍，此条理之事也。事犹言相。若乃得其一支而遗其全体，守其一曲而昧乎大方，血脉不通，触涂成滞，畛域自限，封执随生，相绌相距，不该不遍，是丹而非素，专己而斥人，安其所习，毁所不见，是犹井蛙不知有海，夏虫不知有冰。游骑忘归，散钱无串。百工居肆，不可以为君师；匹夫搏斗，不可以成军旅。蹄涔之水，非众流之所归。一尺之棰，析千岁而不尽。修罗之钻藕孔，鼷鼠之食牛角，宁得谓之尽条理乎？由前之说，则判教是已；由后之说，则分科是已。

已知条理为圣智之事，非偏曲之业，于何证之？求之六艺而已。六艺之道，条理粲然。圣人之知行在是，天下之事理尽是，万物之聚散，一心之体用，悉具于是。吾人欲究事物当然之极则，尽自心义理之大全，舍是末由也。圣人用是以为教，吾人依是以为学。教者教此，学者学此，外乎此者，教之所由废，学之所由失也。今言判教者，就此条理之粲然者而思绎之，综会之，其统类自见，非有假于安排造作，实为吾心自然之分理，万物同具之根源。特借言语诠表，抉而出之，显而示之而已耳，岂有他哉！

古人言语必有根据。故《曲礼》曰"言必则古昔，称先王"；《虞书》曰"无稽之言勿听，弗询之谋勿庸"；孔子"祖述尧舜，宪章文武"，"述而不作，信而好古"；《礼记·曾子问》数称"吾闻诸老聃"，示不敢专之于己也。其在释氏结集诸经必曰："如是我闻。"论主造、论开篇，必有归敬颂，亦犹行古之道也。今欲判教，必当有据。或曰：天台据《法华》判四教，慈恩依《深密》《楞伽》判三时教，贤首本《华严》判五教，然则判教之名，实始于佛氏之义学，儒家亦有之乎？答曰：实有之，且先于义学矣，后儒习而不察耳。

今先出所据《论语》："子所雅言，《诗》、《书》、执礼。""兴于《诗》，立于礼，成于乐"。如曰"可与言《诗》"，"卒以学《易》"，"不学《诗》，无以言"，"不学礼，无以立"，"《诗》可以兴、观、群、怨"，"事父""事君"，《孟子》引孔子言"知我罪我，其唯《春秋》"，"其义则吾窃取"。此见于《论》《孟》者，即判教之旨也。《王制》："乐正崇四术，立四教，顺先王《诗》《书》《礼》《乐》以造士。春秋教以《礼》《乐》，冬夏教以《诗》《书》。"此四教之目也。《孔子世家》叙孔子删《诗》《书》，定《礼》《乐》，晚而赞《易》，修《春秋》，及门之徒三千，身通六艺者七十有二人。此明孔子之门益四教而为六艺。又《太史公自序》曰："儒者以六艺为法，六艺经传以千万数。"是六艺之目也。亦曰六经，亦曰六学，亦曰六籍。赵岐《孟子序》曰："孟子通五经，尤长于《诗》《书》。"此五经之目也。皆判教也。至庄、荀之书，并陈六艺。荀子《劝学篇》曰："《书》者，政事之纪也；《诗》者，中声之所止也；《礼》者，法之大分、类之纲纪也。"又曰："《礼》之敬文也，《乐》之中和也，《诗》《书》之博也，《春秋》之微也，在天地之间者毕矣。"《儒效篇》曰："圣人者，道之管也。杨倞注："管，枢要也。"天下之道管是，百王之道一是。""《诗》言是其志也，《书》言是其事也，《礼》言是其行也，《乐》言是其和也，《春秋》言是其微也。""天下之道毕是矣。乡是者臧，倍是者亡。乡是而不臧，倍是而不亡，未尝有也。"《庄子·天下篇》曰："《诗》以道志，《书》以道事，《礼》以道行，《乐》以道和，《易》以道阴阳，《春秋》以道名分。其数散于天下而设于中国者，百家之学，时或称而道之。"庄生之言与荀卿相同，言百家道之，则知治六艺者，不独儒家为然。其曰"判天地之美，析万物之理，察古人之全"，下"判"字尤为分晓。《礼记·经解》引孔子曰："入其国，其教可知也。其为人也，温柔敦厚，《诗》教也；疏通知远，《书》教也；广博易良，《乐》教也；絜静精微，《易》教也；恭俭庄敬，《礼》教也；属辞比事，《春秋》教也。故《诗》之失、愚；《书》之失、诬；《乐》之失、奢；《易》之失、贼；《礼》之失、烦；《春秋》之失、乱。其为人也，温柔敦厚而不愚，则深于《诗》者也；疏通知远而不诬，则深于《书》者也；广博易良而不奢，则深于《乐》者也；絜静精微而不贼，则深于《易》者也；恭俭庄敬而不烦，则深于《礼》者也；属辞比事而不乱，则深于《春秋》者也。"此段文人法双彰，得失并举，显然是判教的实证据。《繁露·玉杯篇》云："《诗》《书》序其志，《礼》《乐》纯其美，《易》《春秋》明其知，六学皆大而各有所长。《诗》道志，故长于质；《礼》制节，故长于文；《乐》咏德，故长于风；《书》著功，故长于事；《易》本天地，故长于数；《春秋》正是非，故长于治人。"《史记·太史公自序》："余闻之董生曰：《易》著天地阴阳四时五行，故长于变；《礼》纲纪人伦，故长于行；《书》纪先王之事，故长于政；《诗》纪山川溪谷禽兽草木牝牡雌雄，故长于风；《乐》乐所以立，故长于和；《春秋》辨是非，故长于治人。是故《礼》以节人，《乐》以发和，《书》以道事，《诗》以达意，《易》以道化，《春秋》以道义。"《汉书·艺文志》曰："六艺之文：《乐》以和神，仁之表也；《诗》以正言，义之用也；《礼》以明体，明者著见，故无训也；《书》以广听，知之术也；《春秋》以断事，信之符也。五者，盖五常之道，相须而备，而《易》为之原。"《法言》云："说天者莫辨乎《易》，说事者莫辨乎《书》，说体者莫辨乎《礼》，说志者莫辨乎《诗》，说理者莫辨乎《春秋》。"是皆据六艺以判教，其余不可殚举。要以《经解》为最精，庄、荀为最约。《汉志》叙九家，以为皆六艺之支与流裔，故推之一切学术，涂虑虽有万殊，归致原无二理。举一全该，万物悉备，得者得此，失者失此：语在《泰和会语》论六艺诸篇及学规"博文"条。得之则智仁圣义中和，失之则愚诬奢烦贼乱。六艺之教，通天地、亘古今而莫能外也；六艺之人，无圣凡、无贤否而莫能出也。散为万事，合为一理，此判教之大略也。彼为义学者之教判，有小有大，有偏有圆，有权有实；六艺之教则绝于偏小，唯是圆大，无假权乘，唯一实理，通别始终，等无有二，但有得失而无差分。此又儒者教相之殊胜，非义学所能及者矣。

　　分科之说，何自而起？起于误解《论语》"从我在陈"一章。记者举此十人有德行、言语、政事、文学诸目，特就诸子才质所长言之，非谓孔门设此四科也。十子者，皆身通六艺，并为大儒，岂于六艺之外别有四科？盖约人则品核殊称，约教则宗归无异。德行、文学乃总相之名，言语、政事特别相之目。总为六艺，别则《诗》《书》，岂谓各不相通而独名一事哉！故有判教而无分科。若其有之，则成偏小，非六艺之道也。庄子以"道术之裂为方术"，"天下多得一察焉以自好"，"各为其所欲焉以自为方"，谓之"不该不遍"，"往而不反"，"不见天地之纯，古人之大体"，此正显分科之失也。《学记》曰："大德不官，大道不器，大信不约，大时不齐。察于此四者，可以有志于学矣。"分科者，一器一官之事，故为局；判教则知本之事，故为通。如今人言科学自哲学分离而独立，比哲学于祧庙之主，此谓有类而无统。中土之学不如是，以统类是一也。如释氏讥教相不明者为笼侗真如、颟顸佛性，儒者之学不如是，以始终条理也。今将为诸生明六艺之教，必先了然于此而后可以无惑。故既于《通治群经必读诸书举要》每门之下，各缀数言，聊示涂辙，复为申说判教与分科之义趣不同如此。

玄言与实理之别

古人垂语，皆本其所自得。见得端的，行得纯熟，自然从胸襟流出，不假安排，以其皆实理也。《乾·文言》曰："修辞立其诚，所以居业也。"诚者，真实无妄之理。业即是行。居者，止其所而不迁之谓。言君子修治其言辞，与实理相应。此理确立，然后日用之间不更走作也。修者，治也。言有条理，名之为修，非雕绘藻饰之谓。无条理则乱，亦曰莠言，言其乱如莠草，此为条理之反也。如理而说，如量而说，云兴瓶泻而不为多，片语只字而不为少，乃至默然不说，其声如雷。庄子曰："君子尸居而龙见，渊默而雷声。"到此田地，有言亦可，无言亦可。古德云："但患自心不作佛，不愁佛不会说法。"此即《论语》所谓"有德者必有言也"。德者即是得于心之实理，所谓诚也。三灾弥纶而行业湛然，可谓能居业矣。"素患难，行乎患难"，即在患难中行；"素夷狄，行乎夷狄"，即在夷狄中行。夷狄、患难不能碍之，则何忧乎夷狄，何惧乎患难？理在则非外物所能夺也。故言行业者，不独指事为之显著者而言，凡心所行处，皆行业也。人之举心动念，即已为行。《系辞》每以德、业对举，业即是行，此亦显微无间。故佛氏斥人每曰："汝是何心行。"人若不得此实理，则其所行无论隐显，皆无是处，便是不诚无物。诚立，则所言者莫非实理。既言与理应，斯为诚谛之言，言之必可行也。行与理应，斯为笃实之行。《礼运》曰"体信达顺"，在《易》曰"履信思顺"。言有不诚则不信矣，行有不实则不顺矣。故"修辞立诚"即"体信"也，"居业"即"达顺"也。上言忠信所以进德，此忠信之德即是实理。言忠信是"立诚"，行笃敬是"居业"，"君子于其言，无所苟而已矣"。不诚即妄，不与此实理相应皆妄也；少分相应而有违失，犹未离乎妄也。言下可以持循，便是"居业"。故学者当知修辞之要贵在立诚，而亦即是笃行之事，进德即在其中，言行相应，德业不二，始终只是个实理。故见其礼而知其政，闻其乐而知其德，直是无处可以盖藏，丝毫不容差忒，岂可以伪为哉！后世修饰其文辞而务以悦人者，岂能当得此事？

若有言者，未必有德。只是其言亦有中理处，娓娓可听，足以移人。及细察之，则醇疵互见，精粗杂陈。于此实理，未尝有得，而验之行事，了不相干，言则甚美而行实反之，此为依似乱德之言。其有陈义，亦似微妙，务为高远，令人无可持循，务资谈说，以长傲遂非，自谓智过于人，此种言说，亦可名为玄言之失。盖真正玄言，亦是应理。但或举本而遗末，舍近而求远，非不绰见大体而不能切近人事，至其末流，则失之弥远，此学者所不可不知也。老、庄为玄言之祖，今试取《老子》与《论语》，《庄子》与《孟子》比而观之，则可知矣。如："道可道，非常道；名可名，非常名。"此玄言之最精者，初机闻之，有何饶益？说有说无，令学者全无入路。《论语》开篇便曰："学而时习之，不亦说乎。"合下便可用力。《庄子》内篇七篇诚汪洋自恣矣，以视《孟子》七篇为何如？《孟子》开篇便严义利之辨，其直指人心处，可令人当下悟入。读《庄子》虽觉其文之美，可好说理为无端厓，令人流荡失据。此玄言与实理之别也。以佛氏之言判之，则知老、庄为破相教，孔、孟为显性教。一于破相，则性亦相也；一于显性，则相亦性也。故老子曰："失道而后德，失德而后仁，失仁而后义。""天下皆知美之为美，斯恶矣。""六亲不和有孝慈，国家昏乱有忠臣。"一切破斥无余。庄子曰："是亦彼也，我亦为彼所彼。彼亦是也。彼亦自以为是。彼亦一是非，此亦一是非。此亦自是而非彼，彼亦自是而非此。果且有彼是乎哉？果且无彼是乎哉？是亦一无穷，非亦一无穷也。"此皆令人无可据依。试观孔、孟之言，有似于此者乎？横渠曰："大易不言有无，言有无者，诸子之陋耳。"故在佛氏则必悟一真法界，而后知空宗之为权说；在儒者则必至至诚无息，而后知文章不离性道。子贡于此犹隔一尘。纵使多闻能如子贡，犹在言语边取，今之料简，欲使学者知据六艺判教乃是实理，不是玄言，务在直下明宗，不致承言失旨耳。

论语大义

诗教

《汉书·艺文志序》曰："仲尼没而微言绝，七十子丧而大义乖。"此本通六艺而言，后儒乃专以属之《春秋》，非也。微言者，微隐之言，亦云深密，学者闻之，未能尽喻，故谓微隐。其实圣人之言，岂分微显？契理为微，契机为显，无显非微，亦无微非显。故曰："知微之显可与入德。"且言即是显，何以名微？但就学者未喻边说，故曰微言耳。大义者，圆融周遍之义，对小为言。圣人之言，亦无有小大，但贤者识其大者，不贤者识其小者。此亦就机边说，机有小大，故其所得之义有小大。七十子并是大机，故其所传为大义；所学见小，故大义乖失也。今欲通治群经，须先明"微言大义"。求之《论语》，若不能得旨，并是微言；得其旨者，知为大义。一时并得，则虽谓仲尼未没，七十子未丧可也，岂非庆快之事耶？

今当略举《论语》大义，无往而非六艺之要，若夫举一反三，是在善学。如闻《诗》而知《礼》，闻《礼》而知《乐》，是谓告往知来，闻一知二。若颜渊闻一知十，即是合下明得一贯之旨，此真圆顿上机。"舜何人也？予何人也？有为者亦若是。"切望猛著精采，勿自安于下机也。

《论语》有三大问目：一问仁，一问政，一问孝。凡答问仁者，皆《诗》教义也；答问政者，皆《书》教义也；答问孝者，皆《礼》《乐》义也。故曰："子所雅言，《诗》、《书》、执礼，皆雅言也。""兴于《诗》，立于《礼》，成于乐。"言执礼不及乐者，礼主于行，重在执守，行而乐之即乐，以礼统乐也。言兴《诗》不及《书》者，《书》以道事，即指政事，《诗》通于政，以《诗》统《书》也。《易》为礼乐之原，言礼乐，则《易》在其中，故曰"明则有礼乐，幽则有鬼神也。"《春秋》为《诗》《书》之用，言《诗》《书》，则《春秋》在其中，故曰"《诗》亡然后《春秋》作"也。《春秋》以道名分，名阳而分阴，若言属辞比事，则辞阳而事阴，故名分亦阴阳也。不易是常，变易是变，《易》长于变，以变显常，不知常者，其失则贼。《春秋》拨乱反正，乱者是变，正者是常，正名定分是常，乱名改作是变，不知正者，其失则乱。《乐》为阳，《礼》为阴，《诗》为阳，《书》为阴，《乐》以配圣，《诗》以配仁，《礼》以配义，《书》以配智。故《乡饮酒义》曰："天子之立：左圣，乡仁；右义，偝智。"《戴记》作"偝藏"，"知以藏往"，故以"藏"为"智"也。"东方者春，春之为言蠢也。产万物者，圣也。南方者夏，夏之为言假也。假训大。养之长之假之，仁也。西方者秋，秋之为言揫也。《戴记》作"愁"，通假字，正当作"揫"。揫之以时察，守义者也。北方者冬，冬之为言终也。终者，藏也。"《戴记》作"中"，以音近而误，字当作"终"。故四教配四德，四德配四方，四方配四时，莫非《易》也，莫非

《春秋》也。以六德言之即为六艺，《易》配中，《春秋》配和，四德皆统于中和，故四教亦统于《易》《春秋》。《易》以天道下济人事，《春秋》以人事反之天道，天人一也。道外无事，事外无道，一贯之旨也。又四时为天道，四方为地道，四德为人道，人生于天地之中，法天象地，兼天地之道者也。故曰："大人者，与天地合其德，与日月合其明，与四时合其序，与鬼神合其吉凶。""天大地大人亦大。"此之谓大义也。程子曰："才有一毫私吝心，便与天地不相似。"又曰："小人只不合〔自己〕小了。"私吝即小，无私吝元来是大。又《乡饮酒义》曰："天地严凝之气，始于西南而盛于西北，此天地之尊严气也，此天地之义气也；天地温厚之气，始于东北而盛于东南，此天地之盛德气也，此天地之仁气也。"此以卦位言之，即配四隅，卦左阳而右阴也。故曰："易有太极，是生两仪，两仪生四象，四象生八卦，八卦定吉凶。"曰极者，至极之名。曰仪、曰象、曰卦者，皆表显之相。其实皆此性德之流行，一理之著见而已。明乎此，则知六艺不是圣人安排出来，得之则为六德，失之则为六失。愚、诬、烦、奢、贼、乱。所谓"七十子丧而大义乖"者，即是于此义乖违，辗转陷于偏小而失之弥远也。以上先显大义，次当别释问目。

仁是心之全德，易言之亦曰德之总相。即此实理之显现于发动处者。此理若隐，便同于木石。如人患痿痹，医家谓之不仁，人至不识痛痒，毫无感觉，直如死人。故圣人始教，以《诗》为先。《诗》以感为体，令人感发兴起，必假言说，故一切言语之足以感人者皆诗也。此心之所以能感者便是仁，故《诗》教主仁。说者、闻者同时俱感于此，便可验仁。佛氏曰："此方真教体，清净在音闻，欲取三摩提，要以闻中入。"此亦《诗》教义也。如佛说《华严》，声闻在座，如聋如哑，五百退席，此便是无感觉，便可谓之不仁。人心若无私系，直是活鲅鲅地，拨着便转，触着便行，所谓"感而遂通"，才闻彼，即晓此，何等俊快，此便是兴。若一有私系，便如隔十重障，听人言语，木木然不能晓了，只是心地昧略，决不会兴起，虽圣人亦无如之何。须是如迷忽觉，如梦忽醒，如仆者之起，如病者之苏，方是兴也。兴便有仁的意思，是天理发动处，其机不容已。《诗》教从此流出，即仁心从此显现。志于学，志于道，志于仁，一也。仁是性德，道是行仁，学是知仁。仁是尽性，道是率性，学是知性。学者第一事便要识仁，故孔门问"仁"者最多。孔子一一随机而答，咸具四种悉檀，此是《诗》教妙义。四悉檀者出天台教义，悉言遍，檀言施。华、梵兼举也。一世界悉檀，世界为隔别分限之义，人之根器各有所限，随宜分别，次第为说，名世界悉檀。二为人悉檀，即谓因材施教，专为此一类机说，令其得入，名为人悉檀。三对治悉檀，谓应病与药，对治其人病痛而说。四第一义悉檀，即称理而说也。如樊迟问仁，子曰"爱人"；问知，子曰"知人"：世界悉檀也。答子贡曰"己欲立而立人，己欲达而达人，能近取譬，可谓仁之方也已"，为人悉檀也。答司马牛曰"仁者，其言也讱"，答樊迟曰"仁者先难而后获"，对治悉檀也。答颜渊曰"一日克己复礼，天下归仁焉"：第一义悉檀也。其实前三不离后一，圣人元无二语，彻上彻下，彻始彻终，只是一贯，皆是第一义也。颜渊直下承当，便请问其目，孔子拈出"视听言动"一于礼，说仁之亲切，无过于此，颜渊一力担荷，此是孔门问仁第一等公案，于此透脱，斯可以尽性矣。仲弓问仁，孔子告以"敬恕"。仲弓亦一力担荷，此皆是兴之榜样。不如此，不足以为兴也。又如曾子闻"一贯"之言，直应曰"唯"，及门人问，则告之曰："夫子之道，忠恕而已矣。"此是自解作活计，如此方是"兴于《诗》"，以其感而遂通，全不滞在言语边，而真能得其旨也。子曰："苟志于仁矣，无恶也。"又曰："唯仁者能好人，能恶人。""吾未见好仁者，恶不仁者。好仁者，无以尚之；恶不仁者，其为仁矣，不使不仁者加诸其身。"自非见得端的，好恶安能如是之切。此皆《诗》教之义也。又问仁而告以"复礼"，告以"敬恕"，告以"能近取譬"，此并是《诗》教。"仁远乎哉？我欲仁，斯仁至矣。"引《诗》曰："岂不尔思，室是远而。"为之说曰："未之思也，夫何远之有？""绵蛮黄鸟，止于丘隅。"为之说曰："于止，知其所止，可以人而不如鸟乎？"孺子之歌："沧浪之水清兮，可以濯我缨；沧浪之水浊兮，可以濯我足。"子闻之曰："小子识之，清斯濯缨，浊斯濯足矣。"诗人感物起兴，言在此而意在彼，故贵乎神解，其味无穷。圣人说《诗》皆是引申触类，活鲅鲅地。其言之感人深者，固莫非《诗》也。"天地感而万物化生"，仁之功也；"圣人感人心而天下和平"，《诗》之效也。程子曰："鸡雏可以观仁。"满腔都是生意，满腔都是恻隐，斯可与识仁，可与言《诗》矣。凡《论语》问仁处，当作如此会。以上说"问仁"为《诗》教义竟。

书教

何言乎答问政者皆《书》教义也？《书》以道政事，尧、舜、禹、汤、文、武、周公所以治天下之道在是焉。孔子"祖述尧舜，宪章文武"，梦见周公，告颜渊以四代之礼乐，答子张以殷周损益"百世可知"，皆明从本垂迹，由迹显本之大端。政是其迹，心是其本，二帝三王，应迹不同，其心是一。故孟子曰："以不忍人之心，行不忍人之政。""行一不义，杀一不辜，而得天下，皆不为也。是则同。"此本迹之说也。蔡九峰《书传序》曰："精一执中，尧、舜、禹相授之心法也。建中建极，商汤、周武相传之心法也。曰德曰仁，曰敬曰诚，言虽殊而理则一，无非所以明此心之妙也。至于言天，则严其心之所自出；言民，则谨其心之所由施。礼乐教化，心之发也；典章文物，心之著也；家齐国治而天下平，心之推也，心之德其盛矣乎！二帝三王，存此心者也；夏桀、商受，亡此心者也；太甲、成王，困而存此心者也。存则治，亡则乱，治乱之分，顾其心之存不存如何耳。后世人主，有志于二帝三王之治，不可不求其道；有志于二帝三王之道，不可不求其心。"自来说《尚书》大义，未有精于此者。今观《论语》记孔子论政之言，以德为主，则于本迹之说可以无疑也。尧、舜、禹、汤、文、武、周公、孔子之心，一也。有以得其用心，则施于有政，迹虽不同，不害其本一也。后世言政事者，每规规于制度文为之末，舍本而言迹，非孔子《书》教之旨矣。《论语》"为政以德"一章，是《书》教要义。德是政之本，政是德之迹。"大哉，尧之为君！惟天为大，惟尧则之。""无为而治者其舜也欤？"此皆略迹而言本。《中庸》曰："君子不赏而民劝，不怒而民威于铁钺。《诗》曰：'不显惟德，百辟其刑之。'是故君子笃恭而天下平。《诗》曰：'予怀明德，不大声以色。'子曰：'声色之于以化民，末也。'"此为政以德之极致也。"道之以政，齐之以刑，民免而无耻；道之以德，齐之以礼，有耻且格。"数语将一切政治得失判尽。朱子注："政者，为治之具。刑者，辅治之法。德礼则所以出治之本，而德又礼之本也。"数语亦判得分明。《尚书》多叹德之辞，如："钦明文思安安，允恭克让"，"浚哲文明，温恭允塞"，"克明峻德"，"玄德升闻"，"惇德允元"，如此之类，不可胜举。南宫适问禹、稷躬稼而有天下，子曰："尚德哉若人！"以是推之，《书》教之旨，以德为本明矣。而孔子之论政皆原本于德，何莫非《书》教之义乎。

今举例以明之。如哀公问："何为则民服？"子曰："举直错诸枉，则民服；举枉错诸直，则民不服。"季康子问："使民敬忠以劝，如之何？"子曰："临之以庄，则敬；孝慈，则忠；举善而教不能，则劝。"张钦夫曰："此皆就我所当为者言之。然能如是，则其应有不期然而然者。"哀公、季康子皆怀责效于民之心，而孔子告之皆修之在己之事，故曰："苟正其身矣，于从政乎何有？不能正其身，如正人何？"季康子问政，子曰："政者，正也。子帅以正，孰敢不正？"季康子患盗，问于孔子，子曰："苟子之不欲，虽赏之不窃。"季康子问政于孔子曰："如杀无道，以就有道，何如？"子曰："子为政，焉用杀？子欲善而民善矣。君子之德风，小人之德草。草上之风必偃。"《尧曰》一篇，约尧、舜、禹、汤、武之言，皆修德责己之事，与此同旨。如汤之言曰："朕躬有罪，无以万方；万方有罪，罪在朕躬。"武王之言曰："虽有周亲，不如仁人。百姓有过，在予一人。"二帝三王之用心如此。鲁之君臣虽卑陋不足以及此，孔子之告之，皆就其用心处直下针锤，可使一变至道，故曰《书》教之旨也。

论政亦具四悉檀。如曰："既庶矣，富之；既富矣，教之。""足食足兵，民信之矣。""谨权量，审法度，修废官。""兴灭国，继绝世，举逸民。""所重：民、食、丧、祭。""不患寡而患不均，不患贫而患不安。均无贫，和无寡，安无倾。"世界悉檀也。答叶公问政曰："近者悦，远者来。"答子夏为莒父宰问政曰："无欲速，无见小利。"答仲弓为季氏宰问政曰："先有司，赦小过，举贤才。"为人悉檀也。答哀公、季康子诸问及定公问一言"兴邦""丧邦"，答齐景公问政曰："君君、臣臣、父父、子子。"对治悉檀也。答子张问政曰："居之无倦，行之以忠。"答子路问政曰："先之劳之。"请益，曰："无倦。"答子贡问"必不得已而去"曰："去兵"，"去食"，"自古皆有死，民无信不立"。答子路问君子曰："修己以敬。"皆第一义悉檀也。"宽则得众，信则民任焉，敏则有功，公则说。"答子张问从政以"尊五美，屏四恶"，其言尤为该备。世界悉檀也。《中庸》"哀公问政"一章，其要义曰："为政在人，取人以身，修身以道，修道以仁。"第一义悉檀也。二《戴记》中七十子后学之徒记孔子论政之言，不可殚举，以《论语》准之，莫非《书》教义。又一一悉檀，皆归第一义悉檀，学者当知。

帝王皆表德之称。《说文》："帝，谛也。"《春秋元命包》《运斗枢》皆有此文。"王天下之号。""谛，审也。"《诗》毛传曰："审谛如帝。"审谛是义理昭著之意，犹言"克明峻德"。谓此一理显现，谛实不虚，名之曰帝。"王者，往也。天下所归往也。"《春秋繁露》曰："古之造文者，三画而连其中谓之王。三者，天地人也。而参通之者，王也。"许书引孔子曰："一贯三为王。"言其与天地合德，人所归往，故谓之王。《易乾凿度》曰："易有君人之号五：帝者，天称也；王者，美行也；天子者，爵号也；大君者，与上行异；大人者，圣明德备也。变文以著名，题德以别操。"郑注云："虽有隐显，应迹不同，其致一也。"此明五号元无胜劣，只是变文，迹有隐显，本惟是一。又德隐而文显，显是有为，隐是无为。明道曰："自私则不能以有为为应迹，用智则不能以明觉为自然。"故帝王以应迹而殊称，圣德则明觉之自证。庄子言内圣外王者，亦本迹之义也。《孔子闲居》子夏问曰："三王之德，参于天地。敢问何如斯可谓参天地矣？"孔子曰："天无私覆，地无私载，日月无私照。奉斯三者，以劳天下。此之谓三无私。"无私而后能应迹。所谓"廓然而大公，物来而顺应"，"天叙有典，敕我五典五惇哉！天秩有礼，自我五礼有庸哉"，"天命有德，五服五章哉！天讨有罪，五刑五用哉"，此皆物各付物，不杂一毫私智于其间。体信达顺之道，亦即自然之明觉也。明乎此，则知从本垂迹，由迹显本，为《书》教之大义，可以无疑也。今人每以帝王为封建时代之名号，不知其本义也。中土三代封建，以亲亲尊贤为义，与欧洲封建制绝不同。柳子厚作《封建论》，全以私意窥测圣人，已近于今之言社会学，正是失之诬也。如今人所指斥之帝国主义，乃是霸者以下之事，以霸者犹不利人之土地也。今以侵略兼并，号为帝国，是夷狄之道。皇帝一名，已被秦始皇用坏，今言帝国，尤天壤悬殊。然古义须还他古义，不得乱以今名致疑，学者当知。

又复当知《书》教之旨，即是立于礼。孔子曰："道之以德，齐之以礼。"凡一切政典，皆礼之所摄。《易·系辞》曰："观其会通，以行其典礼。"典礼即是常事。二帝之书名为"典"者，明其为常事也。圣人之用心，只是行其当然之则，尽其本分之事而已。惟恐其有未当理者，惟恐其有不尽分者，绝无一毫居德求功之意，然后功德乃可成就。君如尧、舜，臣如禹、稷、契、皋陶、伯益，方做到能尽其分，岂有加哉！观其"严恭寅畏"、"都俞吁咈"丁宁诰诫之辞，兢兢业业，岂有一毫矜伐于其间？此最学者所当深味。伊尹之告太甲，傅说之告高宗，周公之告成王，其言又为如何？《礼运》曰：禹、汤、文、武、成王、周公，"此六君子者，未有不谨于礼者也"。学至圣人，也只是个"谨于礼"，才有不谨，即便放倒，如何能立？故曰立身，曰立事，曰立政，皆谓确乎不拔，不为外物之所摇动，必有刚大之气，乃可语于立。子有"未见刚者"之叹。如曾子在孔门，可谓刚者，观其言可见，而曾子最谨于礼。仲弓宽弘简重，亦谨于礼者，许其可使南面。学者渐濡于《书》教之久，必能有见于此，而后知"立于礼"之言与《书》教相通也。

应迹之说，学者一时未喻，可求之《孟子》。如曰："禹、稷、颜子易地则皆然。"地即谓迹也。大行不加，穷居不损，其本不异也。舜饭糗茹草，若将终身，自耕稼陶渔，以至为帝，若固有之，可谓能行其典礼矣。孔子无可无不可，布衣穷居，虽不得位，而尧、舜、禹、汤、文、武之道在是焉。故程子曰："尧、舜事业如一点浮云过太虚。"学者必由迹以观本，而不徒滞其迹以求之，乃可以得圣人之用心，然后于"应迹不同，其致一也"之旨无惑也。如是乃可与言《书》，可与论政矣。以上说问政为《书》教义竟。

礼乐教上

何言乎答问孝皆礼乐义也？礼者，天地之序。乐者，天地之和。《易·序卦》曰："有夫妇然后有父子，有父子然后有君臣，有君臣然后有上下，有上下然后礼有所错。"此自然之序也。《虞书》舜命契曰："百姓不亲，五品不逊，汝作司徒，敬敷五教在宽。"五教之目，皆因其秉彝之所固有而道之，使亲睦逊顺，天性呈露，不能自已，则是和之至也。故曰："人人亲其亲，长其长，而天下平。"《礼运》曰："圣人以天下为一家，以中国为一人。""父慈，子孝，兄良，弟弟，夫义，妇听，长惠，幼顺，君仁，臣忠，十者谓之人义；讲信修睦，谓之人利；争夺相杀，谓之人患。"十义者亦因五教之目而广之。所谓人利、人患者，亦即亲与不亲、逊与不逊之别耳。礼乐之义，孰有大于此者乎？而行之必自孝弟始，故《孝经》一篇，实六艺之总归，所以谓之至德要道，以顺天下也。"爱亲者，无敢恶于人；敬亲者，无敢慢于人。爱敬尽于事亲，而德教加于百姓，刑于四海。"举是心以推之而已。有子曰："君子务本，本立而道生，孝弟也者，其为仁之本欤？"孟子曰："仁之实，事亲是也；义之实，从兄是也；知之实，知斯二者弗去是也；礼之实，节文斯二者是也；乐之实，乐斯二者，乐则生矣，生则恶可已也。"有子、孟子之言，皆至精本实，皆直指本心之体。一切大用，皆从此流出，故曰生。但有子单约行仁言，孟子则兼举四德而终之以乐，其义尤为该备。伊川作《明道行状》云："知尽性至命必本于孝弟，穷神知化由通于礼乐。"此以孝弟与礼乐合言，性命与神化并举。行孝弟，则礼乐由此生，性命由此至，神化由此出；离孝弟，则礼乐无所施，性命无所丽，神化无所行。故知孝弟则通礼乐矣，尽孝弟则尽性命矣，尽性命则穷神化矣。离此而言礼乐，则礼乐为作伪也；离此而言性命，则性命为虚诞也；离此而言神化，则神化为幻妄也。故曰本曰实，皆克指此心发用之所由来，舍此则何由以见之邪？故知性命不离当处，即在伦常日用中现前一念。孝弟之心，实万化之根原，至道之归极。故曰："孝弟之至，通于神明，光于四海，无所不通。"自来料简儒家与二氏之异者，精确无过此语，学者当知。今引伊川原文，略为附释如下：

伊川作《明道行状》，叙明道为学，自十五六时，闻周茂叔论道，遂慨然有求道之志。"未知其要，泛滥诸家，出入释、老者几十年，返求诸六经而后得之。明于庶物，察于人伦，知尽性至命必本于孝弟，穷神知化由通于礼乐。辨异端似是之非，开百代未明之惑。秦、汉而下，未有臻斯理也"。初言"未知其要"，继言"返求而得"。"知尽性至命"二句，明此乃真为道要。前所求而未知者，未知此理也。后之返求而得者，实知此理，实臻此理而已。以下料简异学之过。"自谓之穷神知化，而不足以开物成务，言为无不周遍，实则外于伦理"，亦即与此二句相违，义至明显。学者切当于此着眼，自己体究，与此理相应即是，与此理相违即不是。言"尽性至命"者，就天所赋而言，则谓之命；就人所受而言，则谓之性：其实皆一理也。物与无妄谓之赋，各一其性谓之受。万物一太极，一切即一也。物物一太极，一即一切也。《大戴礼·本命篇》"分于道谓之命，形于一谓之性"，犹以气言，不及伊川"天赋""人受"纯以理言。此理人所同具，初无欠缺。尽是尽此理而不遗，至是至此理而不过。尽以周匝无余为义，至以密合无间为义。孟子曰："人之所不学而能者，其良能也；所不虑而知者，其良知也。孩提之童，无不知爱其亲也；及其长也，无不知敬其兄也。"天地万物本是一体，即本此一理，本此一性，本此一命。不知性者，迷己为物，徇物丧己，执有物与己为对，于是有取之心生而以物为外，以其有外，则物我间隔，不能相通，遂成睽乖之象，此《睽》之所以继《家人》也。唯赤子之心，其爱敬发于天然，视其父母兄弟犹一体，无有能所之分、施报之责，此其情为未睽。以父母之性为性，以父母之命为命，而己无与焉，此谓全身奉父，无一毫私吝于其间，序之至，和之至也。人能保是心，极于《孝经》之"五致"，是之谓致良知，尽性至命之道在是矣。乐自顺此生，礼自体此作。妙用无方之谓神，流行合同之谓化。穷者，究极之称。知者，实证之量。通则交参互入，彻始彻终，无往而非礼乐，即无往而非神化矣。"不言而信"，"不动而变，无为而成"，"不疾而速"，"不行而至"，"立之斯立，道之斯行，绥之斯来，动之斯和"，此皆极言礼乐自然之效，神化之至也。故曰："尧、舜之道，孝弟而已矣。""夫子之道，忠恕而已矣。"圣人所过者化，所存者神，岂有他哉！充扩得去时，天地变化草木蕃；充扩不去时，天地闭，贤人隐。"人而不仁，如礼何？人而不仁，如乐何？""亲亲而仁民，仁民而爱物。"言举是心加诸彼而已矣。忠恕即礼乐之质也，礼乐即孝弟之施也，神化即性命之符也。《孝经》曰："教民亲爱，莫善于孝；教民礼顺，莫善于弟；移风易俗，莫善于乐；安上治民，莫善于礼。礼者，敬而已矣。故敬其父则子悦，敬其兄则弟悦，敬其君则臣悦，敬一人而千万人悦。所敬者寡而所悦者众，此之谓要道也。""教以孝，所以敬天下之为人父者也；教以弟，所以敬天下之为人兄者也；教以臣，所以敬天下之为人君者也。《诗》云：'岂弟君子，民之父母。'非至德孰能顺民如此其大者乎？"此皆以孝弟与礼乐合言，明其为至德要道。虽单提一"敬"字，然言"悦"、言"顺"及引《诗》言"岂弟"，皆乐义也。故言孝弟则礼乐在其中矣，言礼而乐亦在中矣。《大学》曰："君子不出家而成教于国。孝者，所以事君也；弟者，所以事长也；慈者，所以使众也。一家仁，一国兴仁；一家让，一国兴让；一人贪戾，一国作乱。""其为父子兄弟足法，而后民法之。""上老老而民兴孝，上长长而民兴弟，上恤孤而民不倍，是以君子有絜矩之道也。"所谓治国在齐其家，平天下在治其国，皆以孝弟慈为本。其言兴仁、兴让、兴孝、兴弟、不倍者，以其自然之效言之，亦乐义也。学者知此，则于伊川以孝弟与礼乐合言之旨可以无疑，而于《论语》问孝之为礼乐义亦可以思过半矣。

礼乐教中

以四悉檀配之。答孟懿子曰："无违。"世界悉檀也。答孟武伯曰："父母唯其疾之忧。"为人悉檀也。答子游曰："不敬何以别乎？"答子夏曰："色难。"对治悉檀也。答或问禘之说曰："知其说者之于天下也，其如示诸斯乎！"指其掌。第一义悉檀也。又一一悉檀皆归第一义，推之可知。"生，事之以礼；死，葬之以礼，祭之以礼。"特拈出一"礼"，养生送死之义尽矣。君子跬步不敢忘亲，谨于礼之至也。"一朝之忿，忘其身以及其亲"，为父母忧之大者。《中庸》曰："无忧者，其唯文王乎？以王季为父，以武王为子，父作之，子述之。"无忧之至，即乐之至也。能养而不能敬，则礼阙矣。《祭义》曰："孝子之有深爱者，必有和气；有和气者，必有愉色；有愉色者，必有婉容。"不知"色难"，则乐阙矣。曾子曰："大孝尊亲，其次弗辱，其下能养。"公明仪问于曾子曰："夫子可以为孝乎？"曾子曰："君子之所谓孝者，先意承志，谕父母于道。参直养者也，安能为孝乎？”“身也者，父母之遗体也。行父母之遗体，敢不敬乎？居处不庄，非孝也；事君不忠，非孝也；莅官不敬，非孝也；朋友不信，非孝也；战阵无勇，非孝也。五者不遂，灾及于亲，敢不敬乎？”夫五者不遂皆疾也，灾及于亲，为亲忧也。又曰：“亨熟膻芗，尝而荐之，非孝也，养也。君子之所谓孝也者，国人称愿然曰：幸哉！有子如此。所谓孝也已。众之本教曰孝，其行曰养。养可能也，敬为难；敬可能也，安为难；安可能也，卒为难。父母既没，慎行其身，不遗父母恶名，可谓能终矣。仁者仁此者也，礼者履此者也，义者宜此者也，信者信此者也，强者强此者也。强即是勇。乐自顺此生，刑自反此作。”又曰：“夫孝，置之而塞乎天地，溥之而横乎四海，施诸后世而无朝夕，推而放诸东海而准，推而放诸西海而准，推而放诸南海而准，推而放诸北海而准。《诗》云‘自西自东，自南自北，无思不服’，此之谓也。”又曰：“小孝用力，中孝用劳，大孝不匮。思慈爱忘劳，可谓用力矣；尊仁安义，可谓用劳矣；博施备物，可谓不匮矣。”曾子亲传《孝经》，今二《戴记》凡言丧祭义者，多出曾子，无异为《孝经》作传。观其推言礼乐之大而严孝养之别，出于孔子答问孝之旨可知也，但孔子之言约，曾子之言广耳。子曰：“父在，观其志；父没，观其行。三年无改于父之道，可谓孝矣。”此与《中庸》“武王、周公其达孝矣乎？夫孝者，善继人之志，善述人之事者也”同旨。曾子曰：“慎终追远，民德归厚矣。”礼莫重于丧祭，丧礼是慎终，祭礼是追远，故“丧祭之礼废”则“倍死忘生者众”，“明乎郊社之礼，禘尝之义，治国其如示诸掌乎”，皆善继善述之推也。《郊特牲》曰：“万物本乎天，人本乎祖。”社者，祭地而主阴气。郊者，大报天而主日。地载万物天垂象，取财于地，取法于天，是以尊天而亲地也。社所以报本反始也，“郊之祭也，大报本反始也”。《祭统》曰：“祭有四时：春祭曰礿，夏祭曰禘，秋祭曰尝，冬祭曰烝。礿、禘，阳义也。尝、烝，阴义也。禘者，阳之盛也。尝者，阴之盛也。”“古者于禘也，发爵赐服，顺阳义也；于尝也，出田邑，发秋政，顺阴义也。”“故曰：禘尝之义大矣，治国之本也。”荀子曰：“礼有三本：天地者，生之本也；先祖者，类之本也；君师者，治之本也。无天地恶生？无先祖恶出？无君师恶治？三者偏亡焉，无安人。故礼上事天，下事地，尊先祖而隆君师，是礼之三本也。”《孝经》曰：“昔者明王事父孝，故事天明；事母孝，故事地察；长幼顺，故上下治。天地明察，神明彰矣。”神明彰，犹言神化著明也。

《哀公问》引孔子曰："古之为政，爱人为大。不能爱人，不能有其身；不能有其身，不能安土；不能安土，不能乐天；不能乐天，不能成其身。"公曰："敢问何谓成身？"孔子对曰："不过乎物。"公曰："敢问君子何贵乎天道也？"孔子对曰："贵其不已，如日月东西相从而不已也，是天道也；不闭其久，是天道也；无为而物成，是天道也；已成而明，是天道也。""仁人不过乎物，孝子不过乎物，是故仁人之事亲也如事天，事天如事亲。是故孝子成身。"《孝经》曰："父母生之，续莫大焉；君亲临之，厚莫重焉。"综上来诸义观之，则知所谓"无改"，所谓"善继善述"，所谓"报本""追远"，所谓"事天""事亲"，所谓"爱人""成身"，所谓"续莫大焉"、"厚莫重焉"者，皆一理也。今略释《哀公问》"爱人""成身"义，余可准知。夫言"不能有其身"，是无身也。"爱人为大"者，无私之谓大，私则小矣。对天言则谓之仁人，对亲言则谓之孝子。爱人者，本爱亲之心以推之，故"不独亲其亲，不独子其子"，"老者安之，朋友信之，少者怀之"，使天下无一物不得其所，然后乃尽此心之量，是以天地万物为一身也。"不过乎物"者，如理如量之谓，独言不遗也。《易·大传》曰："曲成万物而不遗。"身外无物，成物之事，即成身之事。成之为言全也。"父母全而生之，子全而归之"，无一毫亏欠，斯谓之全。物亦身也，物有亏欠，则身有亏欠，若以物为外，则外其身，遗身而恶物与徇物而丧己者其病是同。以其所谓身者私己也，私其身者，亦以物为可私，于是人与我睽，身与物睽。执有身见，有物见，有人见，有我见，则天地万物皆外矣。孝子之身则父母之身也，仁人之身则天地之身也。乐正子春曰："吾闻诸曾子，曾子闻诸夫子曰：'不亏其体，不辱其身，可谓全矣。'"此成身之义，即继述之义，即报本之义，亦即相续之义、不已之义也。横渠《西铭》实宗《孝经》而作，即以事天事亲为一义，故曰"天地之塞吾其体，天地之帅吾其性"，"存吾顺事，没吾宁也"，斯可谓成身矣。"乾称父，坤称母"，斯能达孝矣。"民吾同胞，物吾与也"，斯能达弟矣。《祭义》曰："先王之所以治天下者五：贵有德，贵贵，贵老，敬长，慈幼。此五者，先王之所以定天下也。贵有德，〔何为也，〕为其近于道也；贵贵，为其近于君也；贵老，为其近于亲也；敬长，为其近于兄也；慈幼，为其近于子也。"五者皆即孝弟之心以推之。又曰："虞、夏、殷、周，天下之盛王也。未有遗年者。""七十杖于朝，君问则席，八十不俟朝，君问则就之，而弟达乎朝廷矣。""见老者则车徒辟，斑白者不以其任行乎道路，而弟达乎道路矣。居乡以齿，而老穷不遗，强不犯弱，众不暴寡，而弟达乎州巷矣。""五十不为甸徒，颁禽隆诸长者，而弟达乎搜狩矣。军旅什伍，同爵则尚齿，而弟达乎军旅矣。"是故礼乐之兴，皆孝弟之达也。继天立极，为事亲之终也；尽性至命，即孝子之成身也；穷神知化，即天道之不已也：礼乐之义孰大于是？

礼乐教下

子夏问"何如斯可谓民之父母"，孔子答以"必达于礼乐之原"。孝弟者，即礼乐之原也。《礼运》曰："夫礼，必本于天，殽于地，列于鬼神，达于丧祭、射乡、冠昏、朝聘。乡，今本作"御"，误。据《仲尼燕居》"射乡之礼，所以仁乡党也"，正当作"乡"。邵懿辰《礼经通论》谓以形近而误，良是。故圣人以礼示之，故天下国家可得而正也。"《仲尼燕居》曰："郊社之义，所以仁鬼神也；尝禘之礼，所以仁昭穆也；馈奠之礼，所以仁死丧也；射乡之礼，所以仁乡党也；食飨之礼，所以仁宾客也。"皆本此一念以推之。以天地万物为一体，即是合天地万物为一身也。《仪礼·丧服传》是子夏所作，其义至精，即明一体之义，尊尊亲亲，有从服，有报服，故曰："父子一体也，夫妻一体也，昆弟一体也。"与尊者一体则为之从，如为世父、叔父期。旁尊则为之报。如为昆弟之子期。父至尊也，父为长子亦三年。"正体于上，又乃为所传重也"，谓为先祖之继体也。"为人后者"，为其所后三年。"受重者必以尊服服之。""大宗者，尊之统也。""尊祖故敬宗，敬宗者，尊祖之义也。""禽兽知有母而不知父，野人曰父母何算焉，都邑之士则知尊祢矣，大夫及学士则知尊祖矣。诸侯及其太祖，天子及其始祖之所自出。"此以庙制言之，天子七庙，诸侯五庙，大夫三庙，适士二庙，中下士一庙。故曰："尊者尊统上，卑者尊统下。"上下犹远近也。德厚者，其文缛，所推者远也。由报本反始推之，极于天地；由仁民爱物推之，极于禽兽草木：使各得其理，各遂其生。故伐一木、杀一兽不以其时，非孝也。斧斤以时入山林，网罟以时入川泽。仁政之行，必推致其极，然后可以充此心之量，尽礼乐之用也。

"宰我问三年之丧期已久矣"一章，是圣人吃紧为人处，即丧礼之要义也。"于汝安乎"，先令反求诸心。"汝安，则为之"，绝之严、责之深矣。及宰我出，子曰："予之不仁也！子生三年，然后免于父母之怀。夫三年之丧，天下之通丧也，予也有三年之爱于其父母乎？"故非孝者无亲，为短丧之说者皆不仁之甚，圣人之所绝也。《礼记》"三年问"一篇，即明此章之义。故曰："三年之丧，人道之至文者也"，"是百王之所同，古今之所壹也，未有知其所由来者也"。此见文野之分于此判之。言"未有知其所由来"者，谓其由来已久也。滕文公为世子，其父定公薨，使其傅然友问于孟子而行三年之丧。其时滕之群臣皆不欲，曰："吾宗国鲁先君莫之行，吾先君亦莫之行也。"当孟子之时，诸侯已不能行三年丧，故孟子引曾子之言，而谓"诸侯之礼，吾未之学；虽然，吾尝闻之：三年之丧，齐疏之服，饘粥之食，自天子达于庶人，三代共之"。据《尧典》曰："二十有八载，帝乃徂落，百姓如丧考妣。三年，四海遏密八音。"是唐、虞已然。《孟子》复有"尧、舜、禹崩，三年之丧毕"之文，是必《书》说之佚者。可证唐、虞之时，臣民之为君丧亦三年，犹父母也。朱子曰："'丧礼'、'经界'两章，见孟子之学，识其大者。是以虽当礼法废坏之后，制度节文不可复考，而能因略以致详，推旧而为新，不屑屑于既往之迹，而能合乎先王之意，可谓命世亚圣之才矣。"今人与言井田之制，或犹以为古代经济制度在所当知；与言丧服，则罕有知其为礼之大本者，读《论》《孟》可以思其故矣。

《三年问》曰："凡生天地之间者，有血气之属，必有知；有知之属，莫不知爱其类。今是大鸟兽，则失丧其群匹，越月逾时焉，则必反巡，过其故乡，翔回焉，鸣号焉，蹢躅焉，踟蹰焉，然后乃能去之。小者至于燕雀，犹有啁噍之顷焉，然后乃能去之。故有血气之属者，莫知于人；故人于其亲也，至死不穷。将由夫患邪淫之人欤？则彼朝死而夕忘之，然而从之，则是曾鸟兽之不若也，夫焉能相与群居而不乱乎？将由夫修饰之君子欤？则三年之丧，二十五月而毕，若驷之过隙，然而遂之，则是无穷也。故先王焉，为之立中制节，壹使足以成文理，则释之矣。"故三年之丧，称情而立文。"三年以为隆，缌小功以为杀，期九月以为间"，"人之所以群居和壹之理尽矣"，"人道之至文者也"。在《易·涣》之象曰："风行水上，涣。先王以享于帝，立庙。"夫人心不和壹则离散，所以系人心、合离散之道莫大于宗庙祭祀，故丧祭之礼重焉。《檀弓》曰："太公封于营丘，比及五世，皆反葬于周。君子曰：'乐，乐其所自生；礼，不忘其本。'古之人有言曰：'狐死正丘首。'仁也。"《曲礼》曰："国君去其国，止之曰：'奈何去社稷也？'大夫曰：'奈何去宗庙也？'士曰：'奈何去坟墓也？'"今责人以爱国而轻去其礼，爱国之心何自而生乎？《礼运》曰："礼之于人也，犹酒之有蘖也，君子以厚，小人以薄。""唯圣人知礼之不可以已也，故坏国、丧家、亡人，必先去其礼。"《经解》曰:"以旧坊为无所用而坏之者,必有水败;以旧礼为无所用而去之者,必有乱患。"《乐记》曰:"土敝则草木不长,水烦则鱼鳖不大,气衰则生物不遂,世乱则礼慝而乐淫。"故厚于礼则治,薄于礼则乱,孝弟薄而丧祭之礼废,则倍死忘生者众。教民不倍,则必自重丧祭始矣。

《檀弓》引孔子曰:"之死而致死之,不仁而不可为也。之死而致生之,不知而不可为也。"子游曰:"人死,斯恶之矣,无能焉,斯倍之矣。是故制绞衾,设蒌翣,为使人勿恶。始死,脯醢之奠,将行,遣而行之,既葬而食之,未有见其飨之者也。自上世以来,未之有舍也。为使人勿倍也。"是故"事死如事生,事亡如事存","祭如在,祭神如神在","洋洋乎如在其上,如在其左右"。散斋七日,致斋三日,乃见其所为。斋者,馂乎如有见,忾乎如有闻,精诚之至而后可以交于神明。曰:"庶或飨之,庶或飨之,孝子之志也。"谢上蔡曰:"祖考的精神即是自家的精神。是故孝弟之至,通于神明,光被四表,格于上下,皆此精神为之。"故凡有血气,莫不尊亲,此神化自然之效也。

复次当知《论语》中凡言"不争"者,皆《礼》教义,凡言"无怨"者,皆《乐》教义。《诗》曰:"神罔时怨,神罔时恫。"《孝经》曰"行满天下无怨恶",孝之格也;"礼让为国","在丑不争",弟之达也。故曰:"求仁而得仁,又何怨","不念旧恶,怨是用希","在邦无怨,在家无怨","不怨天,不尤人",皆本于孝也。"揖让而升,下而饮,其争也君子","绥之斯来,动之斯和","于乡党恂恂如也,似不能言者",皆本于弟也。《乐记》曰:"乐至则无怨,礼至则不争。暴民不作,诸侯宾服,兵革有试,五刑不用,百姓无患,天子不怒,如此则乐达矣。合父子之亲,明长幼之序,以敬四海之内,天子如此,则礼行矣。"又曰:"万物之理,各以类相动也。是故君子反情以和其志,比类以成其行;奸声乱色,不留聪明;淫乐慝礼,不接心术;"放郑声,远佞人",即是义。惰慢邪僻之气,不设于身体;使耳目鼻口心知百体皆由顺正,以行其义。""耳目聪明,血气和平,移风易俗,天下皆宁。故曰:乐者,乐也。君子乐得其道,小人乐得其欲。以道制欲则乐而不乱,以欲忘道则惑而不乐。是故君子反情以和其志,广乐以成其教。乐行而民乡方,可以观德矣。"是故情深而文明,气盛而化神,和顺积中而英华发外,夫是之谓"成于乐"也。《论语》凡言"礼乐"义者,不可殚举,今特拈孝弟为仁之本,略明丧祭之要。学者能引而申之,触类而长之,庶可达乎礼乐之原，而尽性至命、穷神知化亦在其中矣。

易教上

上来据《论语》略说《诗》《书》《礼》《乐》义，今当略说《易》义。夫义理无穷，非言说可尽，贵在自得自证。圣人垂教，亦是将此个有言底显那无言底，故曰："不愤不启，不悱不发。举一隅不以三隅反，则不复也。"为实施权，开权显实，一切名言施设皆权也。六艺只是人人自性本具之实理，今为显示此实理，故权示言说。学者须是合下持循，方可悟入。知此实理不待他求，不为诸魔外道所惑，不被一切违顺境界所转，方能有之于己。否则拈一放一，只成另一种知解，依旧业识茫茫，无本可据。须知此理不是知解边事，说得便休，纵有解会，不实在用力，只是自瞒。子曰："有能一日用其力于仁矣乎？吾未见力不足者。盖有之矣，我未之见也。"前说学是知仁，道是行仁；学是知性，道是率性。真能用力，始名为学，不然只是好而不学，便成六言六蔽，况若存若亡，尚未足以言好者乎。《论语》言"学诗""学礼"，才举一"学"字，便见功夫实有用力处，不指占毕诵数记问训解而言。能言能立，便见学之效验。如言"时习"是功夫，"悦怿"便是效验。"学"字下得甚重，其间大有事在，急须着眼，不可泛泛寻求，忽忽涉猎，以当平生；亦不可以强探力索、妄生穿凿为能事。学须是学圣人。今欲说《易》，先举一例，乃是绝好榜样。子曰："加我数年，卒以学《易》，可以无大过矣。"又曰："朝闻道，夕死可矣。"上句是指工夫，下句是指效验。此是何等语！《史记·孔子世家》称孔子晚而好《易》，读《易》韦编三绝。据《孔子世家》，孔子以定公十四年去鲁，是时孔子五十六岁，至哀公十一年自卫反鲁，年将七十矣。删《诗》《书》，定《礼》《乐》，赞《易》修《春秋》，皆在是时。哀公十六年，孔子卒，年七十三。是时孔子年将七十，犹有"可无大过"之言。此是何等气象！"五十而知天命，六十而耳顺，七十而从心所欲，不逾矩。"此必是七十以后之言。可知"无大过"与"不逾矩"是同是别，正好会取。"朝闻""夕死"，虽不知何时所言，然语脉却与此章一例，亦非早年之说可知也。圣人到七十之年，尚自居学地，其言如此，学者其可轻言已学已闻邪？《十翼》是孔子所作，欲知学《易》之道，当求之《十翼》。《系辞传》曰："君子所居而安者，《易》之序也；所乐而玩者，爻之辞也。是故君子居则观其象而玩其辞，动则观其变而玩其占。"此示学《易》之道也。又曰："《易》之为书也不可远，为道也屡迁，变动不居，周流六虚，上下无常，刚柔相易，不可为典要,唯变所适。其出入以度外内,使知惧,又明于忧患与故。无有师保,如临父母。初率其辞而揆其方,既有典常。苟非其人,道不虚行。"又曰:"《易》之兴也,其当殷之末世、周之盛德邪?当文王与纣之事邪?是故其辞危。危者使平,易者使倾。其道甚大,百物不废。惧以终始,其要无咎。此之谓《易》之道也。"明此两节,乃知学《易》用力处何在,与《论语》"可无大过"之言相应,亦犹禅家所谓识法者惧也。"吉凶者,失得之象也;悔吝者,忧虞之象也"。"八卦以象告,爻彖以情言,刚柔杂居而吉凶可见矣。""吉凶以情迁",即所谓"屡迁"也。"刚柔相推而生变化",即所谓"变动不居,周流六虚,上下无常,刚柔相易"也。"唯变所适",故不容不惧。"吉凶者,贞胜者也","知进退存亡而不失其正者,其唯圣人乎"。贞,胜也。"变动以利言"。利,贞也。利贞者,性其情也。元亨是性德,利贞是修德。"无过"者,利贞也。"从心所欲不逾矩"者,元亨也。故濂溪曰:"元亨诚之通,利贞诚之复。"程子每曰:"'象也者,象此者也;爻也者,效此者也。'此是何谓?以此教人致思。"法象莫大乎天地,变通莫大乎四时,皆明圣人修德之事,故"与天地合其德,与四时合其序"。岂曰心外有法,如今人所名为宇宙论者,以天地万物为外邪?

何以举"朝闻夕死"一章为《易》义?以欲明死生之故,必当求之于《易》。凡民皆以死生为一大事而不暇致思。求生而恶死,生不能全其理,死亦近于桎梏而非正命,此谓虚生浪死;唯闻道者则生顺而没宁,乃是死生之正。孟子所谓"尽其道而死者,正命也",《易》"穷理尽性以至于命",乃此所谓道也。闻非口耳之事,乃是冥符默证,澈法源底圆悟真常,在佛氏谓之了生脱死。"朝""夕"极言其时之近。闻道之人,胸中更无余疑,性体毫无亏欠,则死生一也,岂复尚留遗憾?故谓生死如门开相似,若有一毫微细所知愚未断者,终无自由分,"朝闻"之事岂易言哉!《系辞传》曰:"原始反终,故知死生之说。精气为物,游魂为变,是故知鬼神之情状。"又曰:"通乎昼夜之道而知。"于此荐得,庶几可语于"朝闻"矣。佛氏言分段生死,只是"精气为物";言轮回,只是"游魂为变";言变易生死,虽较微细,犹在生死边,未至涅槃。须知"夕可"直是涅槃义。见不生灭,见无生死,而后于生死乃能忍可。所言"可"者,犹佛氏言无生法忍也。《楞伽》云:"一切法不生,我说刹那义,当生则有灭,不为愚者说。"言"朝夕"者,犹刹那义也。死生之义,佛说为详。然彼土之言虽多,亦无所增;此土之言虽简，亦无所欠。此在学者善会。先儒不好举佛说，亦无过也。庄子亦深明死生之故，如言"适来夫子时也，适去夫子顺也。安时而处顺，哀乐不能入也"。此亦似顺受其正，但其言外天下而后能外物，外物而后能外生，以死生为外，则不是。又托为仲尼之言曰："哀莫大于心死，而人死亦次之。""吾一受其成形，而不化以待尽，效物而动，日夜无隙，而不知其所终。""知命不能规乎其前，丘以是日徂。吾终身与汝交一臂而失之，可不哀欤？"此言变化不可执而留。若哀死者，则此亦可哀也。今人未尝以此为哀，奚独哀死邪？彼言人死，乃分段生死；言心死，则指变易生死。独于刹那不生灭之义，似尚隔一尘耳。学者须念"朝闻夕死"之说圣人言之特重，此实《易》教之大义也。

易教下

《肇论》云："道远乎哉，触事而真；圣远乎哉，体之即神。"肇公直是深于《易》者。《易》道至近而人以为远。言《易》者往往舍近而求诸远，遂以为神秘、以为幽玄，泥于象数、拘于占筮，终身不得其旨，而不知日用之间无往而非《易》也。《十翼》之文，较然明白，学者不悟，妄生穿凿，圣人亦无如之何。明明说"圣人以此洗心，退藏于密"；明明说"圣人以此斋戒，以神明其德"；明明说"因贰以济民行，以明失得之报"；明明说"和顺于道德而理于义，穷理尽性以至于命"；学者只是求之于外，如何得相应去？凡大象及《系传》中所用"以"字，皆须着眼，不可放过。此即示人学《易》之道也。圣人教人，皆是觌面提持，当体指示，绝无盖覆。故曰："二三子以我为隐乎？吾无隐乎尔。吾无行而不与二三子者，是（吾）〔丘〕也。"会得此章，便见圣人日用处全体是《易》，《易》道亦至显而非隐也。道无隐显，因人心之有隐显而为隐显。故曰：盲者不见，非日月咎。《系传》每以《易》之为书与《易》之道并举，书指言教所诠之实理，道即指此实理之发用处而言。譬如以指标月，须是因指见月，不可执指忘月，以指为月。"爻象动乎内，吉凶见乎外，功业见乎变，圣人之情见乎辞"。学者因辞而有以得圣人之情，然后知爻象、吉凶、功业皆实有着落，乃于三易之义昭然可以无疑矣。

今举"子在川上"章略显此理，此即于迁流中见不迁，于变易中见不易也。"逝者如斯夫"是法、喻并举。"逝"言一切法不住也，"斯"指川流相。一切有为诸法，生灭行相，逝而无住，故非常；大化无为，流而不息，不舍昼夜，故非断。法尔双离断常，乃显真常不易之实理。

断常二见之常，是刻定死常，与真常之常不同。妄计诸有，不坏灭，是死常；法尔如然，无有如然，无有生灭，乃是真常。此须料简。朱子曰：道体之本然，"真可指而易见者，莫如川流"。故于此发以示人，欲学者时时省察而无毫发之间断也。程子曰："天运而不已，日往则月来，寒往则暑来，水流而不息，物生而不穷，皆与道为体，运乎昼夜，未尝已也。是以君子法之，自强不息。及其至也，纯亦不已。"此乃显示真常也。《朱子语录》略谓道无形体，非指四者为道体，但因此可见道之体耳。道无声无臭，寻那无声无臭处，如何见得？因此方见那无声无臭底，所以说与道为体。这"体"字却粗。如邵子曰："心者，性之郭郭；性者，道之形体。"此类名言，皆不可泥。又谓："自汉以来，儒者皆不识此义。"某谓禅师家却识得此义，如赵州云："汝等诸人被十二时使，老僧使得十二时。"赵州不必定读《论语》，却深得"川上"之旨。亦如肇公不必定读《易》，其作《物不迁论》却深得变易即不易之旨。参活句莫参死句，乃可与言学《易》也。

《乾凿度》云："易者，其德也；变易者，其气也；不易者，其位也。""位"字若改作"理"字，其义尤显。自佛氏言之，则曰：变易者，其相也；不易者，其性也。故《易》教实摄佛氏圆顿教义。三易之义，亦即体、相、用三大：不易是体大，变易是相大，简易是用大也。《中庸》正义引贺玚云："性之与情，犹水之与波。静时是水，动则是波；静时是性，动则是情。"《楞伽》云："诸识有二种生住灭，谓流注及相，诸识有三种相，谓转相、业相、真相。转相、业相可灭，真相不灭。偈云：譬如巨海浪，斯由猛风起。洪波鼓冥壑，无有断绝时。藏识海常住，境界风所动。种种诸识浪，腾跃而转生。"《起信论》宗《楞伽》而作，有两段文与贺玚语绝相似。一"显智净相"文云："如大海水因风波动，水相风相不相舍离，而水非动性，若风止灭，动相则灭，湿性不坏故。如是众生自性清净，心因无明风动，心与无明俱无形相，不相舍离，而心非动性，若无明灭，相续则灭，智性不坏故。"一"答二种生灭征诘灭义"文曰："所言灭者，唯心相灭，非心体灭。如风依水而有动相，若水灭者则风相断绝，无所依止。以水不灭，风相相续，唯风灭故，动相随灭，非是水灭。无明亦尔，依心体而动，若心体灭则众生断绝，无所依止，以体不灭，心得相续，唯痴灭故，心相随灭，非心智灭。"学者当知佛氏所言生灭即变易义；言"不生不灭"者，即不易义，若"不变随缘，随缘不变"，即简易义也。"川上"一语，可抵大乘经论数部。圣人言语简妙亲切如此，善悟者言下便荐，岂在多邪？

再举"予欲无言"一章，以显性体本寂而神用不穷。离于言说，会者当下即是，不会者只在言语边取。如子贡曰："子如不言，则小子何述焉？"孔子不惜眉毛，即就现前与之点破，可惜子贡无后语，故谓"夫子之言性与天道，不可得而闻"。不知"四时行"、"百物生"即此全是天道，岂别有一个性与天道？又岂假言说方显邪？"天地之道，贞观者也；日月之道，贞明者也；天下之动，贞夫一者也。夫乾确然，示人易矣；夫坤隤然，示人简矣。"明明示人简易，不待言说，而人自不荐，圣人亦末如之何。故曰："书不尽言，言不尽意。""圣人之意，其不可见乎？""神而明之，存乎其人；默而成之，不言而信，存乎德行。"以《系辞传》与"无言"章对勘，而后圣人之意可知也。知《易》是最后之教，此章亦是圣人最后之言。如佛说：我四十九年不曾说一字而涅槃，扶律谈常，实为末后之教。故《涅槃》之常乐我净四德，亦如《乾》之元亨利贞也。此非言说所及，必须自悟。今略举此数章以为说者，欲使学者知圣人吃紧为人处，方识得学《易》当如何用力。决非如昔之象数论，今之宇宙论所可几耳。有人问圆悟勤如何是诸佛出身处，答曰："薰风自南来，殿阁生微凉。"大慧杲即于此句下得悟，此却深得"四时行"、"百物生"之旨。今学者如问《易》道如何体会？有一语奉答，曰：吾尝于此切思之。

春秋教上

已据《论语》略明《易》义，今当略明《春秋》义。董生云：不明乎《易》，不能明《春秋》。《易》本隐以之显，《春秋》推见至隐；《易》以天道下济人事，《春秋》以人事反之天道：实则隐显不二，天人一理。故《易》与《春秋》者，圣人之全体大用也。用处难知，只为体上不了，故非义精仁熟不容轻说《春秋》。若以私意窥测圣人，决无是处，贤如游、夏，犹莫能赞一辞，故先儒说经，于《春秋》特为矜慎。今谓《春秋》大义当求之《论语》。《论语》无一章显说《春秋》，而圣人作《春秋》之旨全在其中。至显说者莫如孟子，孟子之后则董生、司马迁能言其大。三《传》自以《公羊》为主，《穀梁》次之，《左氏》述事，同于《国语》而已。自杜预独尊《左氏》而《春秋》之义益晦。至啖、赵始非杜氏，兼用三《传》，得伊川、胡文定而后复明。此其源流，当俟别讲。今先引《孟子》"公都子问好辩"章。孟子言："天下之生久矣，一治一乱。"从禹抑洪水，周公兼夷狄，驱猛兽，说到孔子作《春秋》，以《春秋》为天子之事；又从"人之所以异于禽兽者几希，庶民去之，君子存之"，因言舜"明于庶物，察于人伦"，历叙禹、汤、文、武、周公之德，说到《诗》亡而后《春秋》作。所谓"其义则丘窃取之"者，意以孔子作《春秋》乃所以继诸圣，《春秋》之义，即诸圣之道也。其言之郑重分明如此，非孟子孰能及之？《公羊》《繁露》虽有精到处，未有闳深博大如此者也。学者须先明孟子之言，然后可以求《春秋》之义，于《论语》、于《易》皆可触类而引申之。孟子引孔子曰："道二，仁与不仁而已矣。"仁是君子之道，不仁是小人之道。凡圣之辨，义利之辨，夷夏之辨，治乱之辨，王霸之辨，人禽之辨，皆于是乎分途。此即《易》之所谓吉凶得失也。《系辞传》曰："阳一君而二民，君子之道也；阴二君而一民，小人之道也。《易》曰：'憧憧往来，朋从尔思。'"此义甚明。盖阳卦多阴，一阳为主而众阴从之，此一君二民之象，在人则为率性。横渠谓之"性命于德"，释氏谓之"随顺法性"，则众生五阴转为法性五阴。阴卦多阳，一阴为主而众阳从之，此二君一民之象，在人则为顺习。横渠谓之"性命于气"，释氏谓之"随顺习气"，法身流转五道，名为众生。阳卦奇性，唯一理也；阴卦耦习，有多般也。《春秋》天子之事，即圣人之事。拨乱反正，用夏变夷，皆用是道而已。上无天子，下无方伯，四夷交侵，灾害并至，此危亡之道也。《公羊》家谓《春秋》借事明义，此语得之，犹释氏所谓托事表法也。董生谓之因行事加王心。王心者，即义也，理也。邪说暴行，弑父弑君，此何事邪？孔子无位而托二百四十年南面之权，一以义理裁之而已。二百四十年如此，二千四百年亦如此。子张问"十世可知"，孔子答以"虽百世可知"。用《春秋》之义则治，不用《春秋》之义则乱。《遁》之象曰："君子以远小人，不恶而严。"此《春秋》所以作也。学者知此，则知凡言君子小人、义利、王霸、夷夏、人禽、圣凡、迷悟之辨者，莫非《易》与《春秋》之旨也。但圣人用处难知。《系辞传》曰："显诸仁，藏诸用，鼓万物而不与圣人同忧。"知此则知圣人虽忧天下之深，而其大用繁兴，不动声色，因物付物，从不伤锋犯手，而其化至神。"非天下之至精，其孰能与于此？""知我者其惟《春秋》乎？罪我者其惟《春秋》乎？"此与"学《易》无大过"之言正好合看。后儒说《春秋》义者，往往于圣人用处未能窥见。甚矣，知圣之难也。

董生曰："《春秋》之道，奉天而法古。虽有巧手，弗修规矩，不能正方圆；虽有察耳，不吹六律，不能定五音；虽有智心，不览先王，不能平天下。先王之遗道，亦天下之规矩六律已。故圣人法天，贤者法圣，此其大数也。大数，犹今言公例。得大数而治，失大数而乱，此治乱之分也。"又曰："《春秋》之于世事也，善复古，讥易常。新王必改制者，非改其道，非变其理也，徒居处，更称号，改正朔，易服色而已。若夫大纲、人伦、道理、政治、教化、习俗、文义尽如故，亦何改哉？故王者有改制之名，无易道之实。"此董生言改制之义也，与子张问"十世"义同。殷因于夏，周因于殷，此其不可得与民变革者也，不易之道也，损益可知。即董生所谓改制，此其可与民变革者也，随时变易之道也。《革》之象曰："君子以治历明时。""天地革而四时成。汤、武革命，顺乎天而应乎人。革之时，大矣哉。"故曰："大亨以正，革而当，其悔乃亡。"《春秋》错举四时以为名，书日月时皆有义，以事系之，而当与不当可知也。"王者以制，一商一夏，一质一文。商质者主天，夏文者主地，《春秋》者主人。"语在《繁露·三代改制质文篇》。又《说苑·修文篇》云："商者，常也。常者，质也。质主天。夏者，大也。大者，文也。文主地。"与此相应。康成释《周易》名曰："周，遍也。"由是言之，夏、殷、周乃所以表文、质、兼之义，亦即天、地、人三统也。《春秋》新王为人统，兼天与地，兼质与文，若是则从周为人统也。文质之说，实本《论语》。法天象地，则本《周易》。此义甚深，善思可见。于此会得，乃可以言因革损益，乃可以言改制革命也。

《太史公自序》曰："余闻之董生曰：'周道衰废，孔子为鲁司寇，诸侯害之，大夫壅之。孔子知言之不用，道之不行也，是非二百四十二年之中，以为天下仪表，贬天子，退诸侯，讨大夫，以达王事而已矣。'子曰：'我欲载之空言，不如见之行事之深切著明也。'夫《春秋》，上明三王之道，下辨人事之纪，别嫌疑，明是非，定犹豫，善善恶恶，贤贤贱不肖，存亡国，继绝世，补敝起废，王道之大者也。""拨乱世反之正，莫近于《春秋》。""《春秋》之中弑君三十六，亡国五十二，诸侯奔走不得保其社稷者不可胜数。察其所以，皆失其本已。故《易》曰：'失之毫厘，差以千里。'故曰：'臣弑君，子弑父，非一朝一夕之故也，其渐久矣。'故有国者不可以不知《春秋》，前有谗而弗见，后有贼而不知。为人臣者不可以不知《春秋》，守经事而不知其宜，遭变事而不知其权。为人君父而不通于《春秋》之义者，必蒙首恶之名。为人臣子而不通于《春秋》之义者，必陷篡弑之诛。""夫不通礼义之旨，至于君不君，臣不臣，父不父，子不子。""此四行者，天下之大过也。""故《春秋》者，礼义之大宗也。夫礼禁未然之前，法施已然之后。法之所为用者易见，而礼之所为禁者难知。"此一段文极有精采，说得切当，非后世博士经生之所能及也。试究其义之所从出，莫不从《易》与《论语》得来，今不具引《论语》以证之，寻绎可见。

伊川《春秋传序》曰：夫子"作《春秋》，为百王不易之大法"。"斯道也，惟颜子尝闻之。'行夏之时，乘殷之辂，服周之冕，乐则韶舞'，此其准的也。后世以史视《春秋》，谓褒善贬恶而已，至于经世之大法，则不知也。《春秋》大义〔数十。其义虽大，〕炳如日星，乃易见也。唯其微辞隐义、时措（咸）〔从〕宜者为难知也。或抑或纵，或予或夺，或进或退，或微或显，而得乎义理之安，文质之中，宽猛之宜，是非之公，乃制事之权衡，揆道之模范也。"程子此言，三《传》所不能到，惜其书未成。再传而有胡文定之学，虽不尽出于伊川，然其大旨，固伊川有以启之。其序曰：《春秋》者，"史外传心之要典也"，"仲尼天理之所在"，故以天自处。"苟得其所同然"，则"《春秋》之权度在我"，此庶几能见圣人之大用者。学者观于此，而后知三科九旨之说，犹为经生之见矣。

春秋教中

《孟子》引孔子之言曰："其事则齐桓、晋文，其文则史，其义则丘窃取之矣。"太史公曰："《春秋》文成数万，其旨数千。"《春秋》经文只万六千余字。此其所谓义旨者，非如后世凡例之说，亦非谓笔削之外别有口授。以《春秋》之书虽作于晚年，而其义则孔子平日所言者皆是也，故董生谓《春秋》无达例。《繁露》今存者几于无一篇不引《论语》。但圣人精义入神之用，学者未到此田地，故难知耳。何邵公《公羊解诂序》乃谓其中多非常异义可怪之论，实未足以知圣也。胡文定曰："《春秋》公好恶则发乎《诗》之情，酌古今则贯乎《书》之事，兴常典则体乎《礼》之经，本忠恕则导乎《乐》之和，著权制则尽乎《易》之变。百王之法度，万世之准绳，皆在此书。故五经之有《春秋》，犹法律之有断例也。"此言深为得之。所以言学《春秋》为穷理之要，不但不明《易》不能明《春秋》，不明《诗》《书》《礼》《乐》，又焉能明《春秋》？得其旨者，知《春秋》即《易》也，亦即《诗》《书》《礼》《乐》也。知不学法律，焉能断案？故《易》与《春秋》并为圣人末后之教，然其义旨即可于《论语》见之，引伸触类，不可胜穷。今特举一端，以助寻绎而已。

约而言之，《春秋》之大用在于夷夏、进退、文质、损益、刑德、贵贱、经权、予夺，而其要则正名而已矣。"必也正名"一语，实《春秋》之要义。"君君、臣臣、父父、子子"，即庄生所谓道名分也。《经解》曰："属辞比事，《春秋》教也"，"《春秋》之失乱"，"其为人也"，"属辞比事而不乱，则深于《春秋》者也"。董生曰："《春秋》慎辞，谨于名伦等物者也。"孟子曰："舜明于庶物，察于人伦。"是知深察名号为名伦，因事立义为等物，名伦即属辞，等物即比事也。名伦等物，得其理则治，失其理则乱。故曰"《春秋》长于治人"、"《春秋》之失乱"、"拨乱世反之正，莫近于《春秋》"也。人事浃，王道备，在得正而已矣。《易》曰："知进退存亡而不失其正者，其唯圣人乎。"心正则天地万物莫不各得其正。伦物者，此心之伦物也。世愈乱而《春秋》之文愈治者，托变易之事，显不易之理而成简易之用也。事则据乱而文致太平，非谓定、哀之世为太平也。"张三世"、"存三统"，皆西汉经师之说，须善看，不可泥。名伦等物为正名之事。正名也者，正其心也，心正则致太平矣。是义于五始见之。五始者，元年一、春二、王三、正月四、公即位五也。今略引董生与胡文定之说以明之。董生曰："谓一元者，大始也。《春秋》变一谓之元，元犹原也。其义以随天地终始也。故元者为万物之本，而人之元在焉。安在乎？乃在乎天地之前。天地之元奚为？于此恶施于人？继天地之所为而终之也。"又曰："《春秋》何贵乎元？元者，始也，言本正也。道，王道也。王者，人之始也。"按人元之说，乃自董生发。《易》曰："大哉乾元，万物资始，乃统天。""至哉坤元，万物资生，乃顺承天。"又曰："乾知大始，坤作成物。"大始即根本智，成物即后得智。"先天而天弗违，后天而奉天时"，此董生所本，故又有奉天法古之义。郑康成说《尚书》"稽古"为同天，此实古义。《乾凿度》云："帝者，天称也。王者，美行也。"须知帝者，谛也。天即理也。"大人者，与天地合其德"，故曰同天。"考诸三王而不缪"为法古，"建诸天地而不悖"为奉天，其义一也。又曰："《春秋》之道，以元之深，正天之端；以天之端，正王之政；以王之政，正诸侯之即位；以诸侯之即位，正竟内之治。五者俱正而化大行。"《繁露·玉英篇》。又《对策》曰："谓一为元者，视大始而欲正本也。《春秋》深探其本，而反自贵者始。胡文定《传》变"深探其本"为"深明其用"，其义一也。故为人君者，正心以正朝廷，正朝廷以正百官，正百官以正万民，正万民以正四方，四方正，远近莫不一于正。"此言亦本《孟子》。胡文定曰："元即仁也。仁，人心也。"此释董生人元之义，亦本于《易》《孟子》。五始之义大矣哉！

《春秋》始元终麟，犹《易》之首《乾》《坤》而终《既》《未》也。《论语》曰："凤鸟不至，河不出图，吾已矣夫！"然则西狩获麟而有道穷之叹，殆不虚也。此亦因事显义。王道备则鸟兽亦归其仁，人事乖则麟凤徒见其异，与瑞应之说无关。程子谓麟不至，《春秋》亦须作，是矣。《未济》之象曰："君子以慎辨物居方。"《杂卦》以《夬》终，曰："夬，决也，刚决柔也。君子道长，小人道忧也。"此皆可见圣人述作之旨。《论语》以君子始，以君子终，记者亦深知此义。《序卦》曰："物不可穷也，故受之以《未济》终焉。""方以类聚，物以群分，吉凶生矣"，故曰"君子以慎辨物居方"，亦犹《春秋》之名伦等物也。未济者，无尽之称。佛氏言众生无尽，佛法无尽。自儒者言之，则小人之道无尽，君子之道亦无尽也。故《杂卦》变其义，终《夬》。以刚决柔，以君子决去小人，即是以仁决去不仁，"拨乱世反之正也"。曰"《易》之为书也不可远，其为道也屡迁"，曰"拨乱反正，莫近于《春秋》"，学者可以知所择矣。辨物居方，名伦等物，属辞比事，皆择于斯二者而已。今谓终麟者，盖言非特人有仁与不仁而已，禽兽亦有之。麟，兽之仁者也。春秋之世，仁人不得位，仁兽之至不以时，而仁之道不可绝也。"天下有道，丘不与易。""吾非斯人之徒与而谁与？""易"之云者，易其不仁以至于仁而已。故始元者，仁之施于人也；终麟者，仁之被于物也。"仁远乎哉？我欲仁，斯仁至矣"，言近也。"斯民也，三代之所以直道而行也"，"人之生也，直；罔之生也，幸而免"，皆《春秋》之义也。直，正也。直道是仁，罔道即不仁。罔，无也，犹言虚妄也。《春秋》之所以讥贬绝者，皆罔之生也。今人好言人生哲学，先须学《春秋》、辨直罔始得。《易》曰："正大，而天地之情可见矣。"《春秋》之所大者，大一统，大居正，于《论语》叹尧之德见之，故曰："大哉尧之为君也！唯天为大，唯尧则之。"此亦稽古同天、奉天法古之义。

今略明夷夏、进退义。《论语》曰："夷狄之有君，不如诸夏之无也。"此在正名，大义有二科：一正夷夏之名，一正君之名。《春秋》不予夷狄为礼，是以无礼为夷狄也。"《春秋》尊礼而重信，信重于地，礼尊于身。"《繁露·楚庄王篇》。故晋伐鲜虞则狄之，《昭·十二年》。恶其伐同姓也。郑伐许则狄之，《成·三年》。恶其伐丧叛盟也。《成·二年》，卫侯遨率郑师侵之，郑与诸侯盟于蜀，以盟而归，诸侯于是伐许。伐丧无义，叛盟无信，无义无信，是夷狄也。邲之战，不与晋而与楚子为礼。《宣·十二年》。《繁露》曰："晋变而为夷狄，楚变而为君子，故移其辞以从其事。"《竹林篇》。伯莒之战，《定·四年》。《公羊》曰："吴何以称子？夷狄也，而忧中国。"善其救蔡。及"吴入楚，吴何以不称子？反夷狄也。"其反夷狄，谓君舍于君室，大夫舍于大夫室，妻楚王之母，恶其无义。其进退之速如此。且楚为文王师鬻熊之后，吴为仲雍之后，固神明之胄也，何以夷之？此见诸夏与夷狄之辨，以有礼义与无礼义为断，而非以种族国土为别明矣。《公羊》立七等进退之义，准此可知。七等进退者，州不若国，国不若氏，氏不若人，人不若名，名不若字，字不若子。"君者，不失其群者也。"《繁露·灭国篇》。又《荀子·王制篇》："君者，善群也。"《白虎通》："君，群也，群下之所归心也。"孟子曰："得乎丘民而为天子。"《尔雅》曰："林、烝、天、帝、皇、王、后、辟，君也。"林、烝皆众义；皇、王皆大义；天是至上义，至遍义；帝是审谛义；后是继述义；辟是执法义：总此诸义，故知君为德称。故夷狄之君，《春秋》所不君也。《繁露·王道篇》曰："五帝三王之治天下，不敢有君民之心。"言敬畏也。定公问一言"兴邦"、"丧邦"，孔子对曰："'为君难，为臣不易'，不几乎一言而兴邦乎？""'予无乐乎为君，唯其言而莫予违也'，不几乎一言而丧邦乎？"此亦《春秋》义也。董生曰："弑君三十六，亡国五十二，细恶不绝之所致也。"鲁隐公不书即位，乃以见其让；桓公书即位，乃以著其恶。故《春秋》之辞难知也。失位则弗君，失国则弗君。如卫侯朔入于卫，《庄·六年》。卫侯郑自楚复归于卫，《僖·二十八年》。归邾娄子益于邾娄，《哀·八年》。虽反国复位而犹书名，示不君也。晋文公谲而不正，为其再致天子言之也。《僖·二十八年》。齐桓公正而不谲，为召陵之会言之，喜其服楚也。《僖·四年》。有实与而文不与者，有诛意不诛辞者。防其渐，故诛意；录其功，故不诛辞。予之为伯也。实与而文不与者，不与其专封讨，其存邢卫，可与也。董生曰："善无细而不举，恶无细而不去。"除天下之所以致患，是以天下为忧也。辞有五等：曰正辞，曰婉辞，曰温辞，曰微辞，曰诡辞。诡辞谓设喻之辞。从变从义而一以奉天，故言"君子居之，何陋之有"，是夷夏可齐也。"觚不觚，觚哉！觚哉！"不敢斥言不君也。此其所谓诡辞乎？察此二科，则于圣人进退予夺之权，亦可喻其少分矣。

春秋教下

次略明文质损益义。此义在《论语》甚显，而后儒说《春秋》者多为曲说。如言质家亲亲，故兄终弟及；文家尊尊，故立子以长；殷爵三等，周爵五等之类。以此区分文质，实不成义理。《中庸》哀公问政，子曰："仁者，人也，亲亲为大。义者，宜也。尊贤为大。亲亲之杀，尊贤之等，礼所生也。"岂有亲亲而不尊尊，尊尊而不亲亲之理？孟子曰："天与贤则与贤，天与子则与子。"此与文质无关。春秋之世，诸侯篡弑相仍，其当立与不当立，亦视其人之贤否耳。如隐公不当立，而《春秋》予之；桓公当立，而《春秋》恶之。是故立弟立子之说非经义也。质家据天法三光，文家据地法五行，此亦曲说。三五之制，亦随其宜耳。若以春秋爵三等为改制，三光五行亦可得而改乎？颜渊问为邦，告以四代礼乐，可见文质并用之旨。《说苑》谓"三王术如循环"：夏尚忠，其失野，救野莫如敬；殷尚敬，其失鬼，救鬼莫如文；周尚文，其失薄，救薄莫如忠。《白虎通》谓"阳道极则阴道受，阴道极则阳道受"，明二阴二阳不能相继，此乃有近于今世唯物史观所推历史演变阶段，其误由于不识文质并用之旨而来。棘子成曰："君子质而已矣，何以文为？"子贡非之曰："文犹质也，质犹文也。虎豹之鞟犹犬羊之鞟。"子曰："质胜文则野，文胜质则史。文质彬彬，然后君子。"此可证也。"周监于二代，郁郁乎文哉！吾从周。"复曰："先进于礼乐，野人也；后进于礼乐，君子也。如用之，则吾从先进。"从周则疑于弃质，从先进又疑于弃文。程子曰："先进于礼乐，文质得宜，今反谓之质朴；后进于礼乐，文过其质，今反谓之彬彬。盖周末文胜，时人之言如此。"朱子谓："圣人既述时人之言，又自言其意，欲损过以就中，义最确。"圣人损益之宜，亦是难见。如曰："麻冕，礼也；今也纯，俭。吾从众。拜下，礼也；今拜乎上，泰也。虽违众，吾从下。"从俭是质，从下是文。以此求之，略可知也。《春秋》之所讥绝大者，如鲁之郊禘、吴楚之僭王，《哀·四年》："晋人执戎曼子赤归于楚。"《公羊传》曰："辟伯晋而京师楚也。"《十三年》："公会晋侯及吴子于黄池。"《传》曰：吴称子，"主会也"，先言晋侯，"不与夷狄之主中国也"。何注云："不书诸侯，微辞，恶诸侯君事夷狄。"诸侯背叛，大夫专命，不可殚举。晋文召王，讳之曰："天王狩于河阳。"惠庙舞八佾，讳之曰："初献六羽。"皆由拜上之渐以启之也。"三家者以《雍》彻"，"季氏旅于泰山"，《论语》皆致恶绝之辞，非《春秋》之旨乎？"人而不仁，如礼何？人而不仁，如乐何？"亦为三家之僭言之也。记者次此章在"八佾舞于庭"、"三家者以《雍》彻"之后，"林放问礼之本"、"季氏旅于泰山"之前，可知。林放问礼之本。子曰："礼，与其奢也，宁俭；丧，与其易也，宁戚。"按《春秋》作南门，《僖·二十年》。刻桷丹楹，《庄·二十二年》《二十四年》。作雉门及两观，《定·二年》。筑三台，《庄·三十一年》。新延厩，《庄·二十九年》。皆讥为其骄溢不恤下，恶奢也。讥文公丧取，按经文距僖公薨已逾四十一月，何以谓之"丧取"，以约币之月在丧分。董生曰："《春秋》之论事莫重于志，三年之丧毕，犹宜未平于心。今全无悼远之志，是《春秋》之所甚疾也。"恶其不戚也。是知答林放之问，亦《春秋》之旨也。俭与戚是质，奢与易是文，此损文以就质，犹弃麻冕而用纯也。拜下近文，拜上近质。恶其泰而渐至于僭也，则又损质以就文。于此可见损益之微旨。董生曰："礼之所重者在其志，志敬而节具，则君子予之知礼；志和而音雅，则君子予之知乐；志哀而居约，则君子予之知丧。"志为质，物为文，文著于质，著读入声。言质者文之所附。质文两备，然后其礼成，文质偏行，不得有我尔之名。言其失均。不能俱备而偏行之，宁有质而无文，虽弗予能礼，尚少善之，介葛卢来是也。《僖·二十九年》春，来，未见公。冬，又来。《公羊》何注云："不能升降揖让。""进称名者，能慕中国，朝贤君，明当扶勉以礼义。"有文无质，非直不予，乃少恶之，谓州公寔来是也。《桓·五年》冬，州公如曹。六年春，书寔来。《公羊传》曰："谓州公也。曷为谓之寔来？慢之也。曷为慢之？化我也。"何注："行过无礼谓之化。齐人语。谓诸侯相过至境假涂，入都必朝"，"今州公过鲁都而不朝鲁，是慢之"。疏云："如僖九年九月戊辰，诸侯盟于葵丘。《传》云：'桓之盟不日，此何以日？危之。何危尔？''桓公振而矜之，叛者九国。''矜之者何？言莫若我也。'"然则《春秋》之为道也，先质而后文，右志而左物。故曰："'礼云礼云，玉帛云乎哉？'推而前之，亦宜曰：朝云朝云，辞令云乎哉？'乐云乐云，钟鼓云乎哉？'引而后之，亦宜曰：丧云丧云，衣服云乎哉？"董生此言最得其旨。《乐记》曰："穷本知变，乐之情也；著诚去伪，礼之经也。"《春秋》，礼义之大宗，故今谓文质，乃是并用而非递嬗。学者以是推之，于圣人损益之道，亦可略窥其微意矣。文质之义，求于《易》，尤不可胜举。如言"致饰而后亨则尽"，"尊酒簋贰用缶"，"东邻杀牛，不如西邻之禴祭"，皆反质之义也。"大人虎变，其文炳也；君子豹变，其文蔚也"，"鸿渐于逵，其羽可用为仪"，贵文之义也。变通趋时，其取义无定，所谓"裁成天地之道，辅相天地之宜"，皆损益之大用，广说难尽。又如后世玄言家或至任诞去礼，质胜则野也；义学家每务知解辩说，文胜则史也。二氏之流失如此，亦以老子之恶文太甚，佛氏之言义过奢有以致之。今人行好脱略，言好攻难，学不逮古人而病则过之，学《礼》与《春秋》是其药也。

次略明刑德贵贱义。"阳为德，阴为刑"，《大戴礼》引孔子言。董生对策本此，略曰："刑主杀而德主生。阳常居大夏，而以生育长养为事；阴常居大冬，而积于空虚不用之处：以此见天之任德不任刑。刑之不可任以成世，犹阴之不可任以成岁也。为政而任刑谓之逆天，非王道也。"亦见《繁露·阳尊阴卑篇》。此其义出于"为政以德"及"道之以政"二章。《论语》申此义者，随处可见。如曰："善人为邦百年，亦可以胜残去杀矣。"对季康子曰："子为政，焉用杀？"宰我对哀公问社周人以栗曰"使民战栗"，孔子恶之。盖圣人行王政必极于刑措不用，因恶刑而亦欲去兵。卫灵公问陈，对曰："军旅之事，未之学也。"答子贡明言"去兵"。因恶刑而亦欲去狱讼。《大学》引孔子曰："听讼，吾犹人也，必也使无讼乎！"《春秋》始作丘甲，《成·九年》。甲，铠也。谓使丘民作铠。作三军，《襄·十一年》。始用田赋，《哀·十二年》。皆讥恶攻战。因恶盟而善平。其书战伐甚谨："觕者曰侵，精者曰伐，战不言伐，围不言战，入不言围，灭不言入。书其重者。""伐者为客，见伐者为主。"此犹今日国际战争，以先开衅者负其责任。"虽数百起，必一二书，伤其害所重也。"《论语》："天下有道，则礼乐征伐自天子出；天下无道，则礼乐征伐自诸侯出。自诸侯出，盖十世希不失矣；自大夫出，五世希不失矣；陪臣执国命，三世希不失矣。"此实《春秋》之所以作也。孟子曰："春秋无义战。彼善于此，则有之。"《繁露·竹林篇》曰："《春秋》之法，凶年不修旧，新延厩。意在无苦民尔。苦民尚恶之，况伤民乎？伤民尚痛之，况杀民乎？""《春秋》之所恶者，不任德而任力。""难者曰：《春秋》之书战伐，有恶去声。有善，恶诈击而善偏战，《僖·元年》冬，公子友帅师败莒师于犁，获莒挐。《公羊传》曰："大季子之获也。季子治内难以正，御外难以正，其御外难以正奈何？庆父弑闵公，走莒。莒人逐之，闻庆父抗辀经死汶水上，因求赂于鲁曰：'吾已得子之贼矣。'鲁人不与，于是兴师伐鲁，季子待之以偏战。"何注："善季子忿不加暴，得君子之道。"偏战者，犹今言应战，非好与人为敌也，人以兵加之而后战耳。诈战则是背盟而伐人。耻伐丧而荣复仇，《庄·四年》，纪侯大去其国。《传》："何为不言齐灭之？为襄公讳也。《春秋》为贤者讳，何贤乎襄公？复仇也。"奈何以春秋为无义战而尽恶之？曰：春秋之于偏战也，善其偏不善其战，犹其于诸夏也，引之鲁则谓之外，引之夷狄则谓之内，比之诈战则谓之义，比之不战则谓之不义。故盟不如不盟，然而有所谓善盟；战不如不战，然而有所谓善战。不义之中有义，义之中有不义，辞不能及，皆在于指。非精心达思者，孰能知之？"按董生此言推阐无义战之旨最精。孟子曰王者有征而无战，汤"东面而征西夷怨，南面而征北狄怨"。征者，正也，以义正之。战则为敌对之辞。《公羊传》曰"王者无敌"，故言征不言战也。礼乐是德，征伐是刑。礼乐之失而为僭差，征伐之失而为攻战。《春秋》为是而作，故孟子曰："五伯者，三王之罪人也。"董生曰："《春秋》之辞有贱者，有贱乎贱者。《哀·四年》，盗杀蔡侯申。《公羊传》曰："弑君贱者穷诸人，此其称盗何？贱乎贱者也。"夫有贱乎贱者，则亦有贵乎贵者矣。"言有尤贱尤贵者，如盗贱于人，仁贵于让。推"任德不任刑"之旨，而后圣人之所贵贱可知也。此义广说难尽，今略举一端而已。

次略明经权予夺义。此义亦当求之《论语》。子曰："可与立，未可与权。"谓虞仲、夷逸"废中权"，谓管仲"岂若匹夫匹妇之为谅"，是言权也。"志士仁人，无求生以害仁，有杀身以成仁"，"自古皆有死，民无信不立"，是言经也。"微管仲，吾其披发左衽矣"，以功则予之。"管仲之器小哉"，"管氏而知礼，孰不知礼"，以礼则夺之。《春秋》之予夺，以此推之可知也。董生曰："《春秋》有经礼，有变礼。明乎经变之事，然后知轻重之分，可与适权矣。"《繁露·玉英篇》。经礼，礼也。变礼，亦礼也。是知达于礼者，乃可与适权。其有达于常而不达于变，达于变而不达于常者，必于礼有未达也。淳于髡以援嫂溺比援天下，自以为达权。孟子曰："天下溺，援之以道，子欲手援天下乎？"言不可以枉道为权也。孔子谓颜子"用之则行，舍之则藏，唯我与尔有是夫"，是以可与权许之。孟子所谓"禹、稷、颜子、曾子、子思，易地则皆然"是也。子莫执中无权，贤于杨、墨，孟子恶其害道同于执一；恶乡原，为其阉然媚于世，自以为知权。则曰："君子反经而已矣。"反言复也。《公羊》家说反经为权。或释为反背之反，非。是知不达于变，其失为子莫；不达于常，其流为乡原：故君子恶之，恶乡原甚于恶杨、墨。是即《春秋》之所恶也。其予者奈何？曰：一于礼，一于仁而已矣。礼重于身者，经也；如予宋伯姬。仁贵于让者，权也。如予司马子反。贤祭仲而恶逢丑父，其枉正以存君同也，而荣辱不同理，故予夺异。中权之难如是，非精义入神不足以知之。《桓·十一年》，宋人执郑祭仲。《公羊传》曰："祭仲者何？郑相也。何以不名？贤也。何贤乎祭仲？以为知权也。""庄公死，已葬。祭仲往省于留，涂出于宋。宋人执之，谓之曰：'为我出忽而立突。'祭仲不从其言，则君必死，国必亡；从其言，则君可以生易死，国可以存易亡。少辽缓之，则突可故出，而忽可故反，是不可得则病，然后有郑国。古人有权者，祭仲之权是也。权者何？权者，反于经然后有善者也。权之所设，舍死亡无所设。行权有道，自贬损以行权，不害人以行权。杀人以自生，亡人以自存，君子不为也。"《成·二年》，齐侯使国佐如师。《公羊传》曰："佚获也。其佚获奈何？师环齐侯，晋郤克投戟逡巡再拜，稽首马前。逢丑父者，顷公之车右也，面目衣服与顷公相似，代顷公当左，使顷公取饮。顷公操饮而至，曰：'革取清者。'顷公用是佚而不反。逢丑父曰：'吾赖社稷之神灵，吾君已免矣。'郤克曰：'欺三军者，其法奈何？'曰：

'法斲.'于是斲逢丑父。"董生曰:"丑父之所为难于祭仲,祭仲见贤而丑父见非,何也?祭仲措其君于人所甚贵以生之,丑父措其君于人所甚贱以生之。前枉而后义者,谓之中权,虽不能成,《春秋》善之,鲁隐公、郑祭仲是也;前正而后有枉者,谓之邪道,虽能成之,《春秋》不爱,齐顷公、逢丑父是也。夫冒大辱以生,贤者不为也,而众人疑焉。《春秋》以人之不知义而疑也,故示之以义曰:'国灭,君死之,正也。'正也者,正于天之为人性命也。按此与孟子"尽其道而死者,正命也"同。天之为人性命,使行仁义而羞可耻,非若鸟兽然,苟为生、苟为利而已。是故《春秋》推天施而顺人理,以至尊为不可以加于至辱大羞,故获者绝之;以至辱为亦不可加于至尊大位,故失位弗君也,况其溷然方获而虏邪?其于义也,非君定矣,若非君,则丑父何权矣。故欺三军为大罪于晋,其免顷公为辱宗庙于齐,是以虽难而《春秋》弗爱,是以丑父欺而不中权,忠而不中义。"谓陷其君于不义。董生之论甚精,故引之以助思绎。程子曰:"何物为权?义也。古今多错用'权'字,才说权,便堕变诈或权术,不知权只是经所不及者,权量轻重使之合义,才合义,便是经也。"程子此言尤约而尽。胡文定曰:"变而不失其正之谓权,常而不过于中之谓正。"义亦精审。学者当知经权不二,然后可以明《春秋》予夺之旨。所以决嫌疑,明是非,非精于礼者未易窥其微意也。《论语》曰:"君子之于天下也,无适也,无莫也,义之与比。"此经权之本也。"吾无间然",予之至也;"斗筲之人何足算哉",恶之至也。由此以推之,亦可以略知其辨矣。

上来依《论语》略说《春秋》义,虽仅举四门,以一反三,可至无尽。董生曰:"《春秋》之为学,遵往而明来者也。其辞体天之微,故难知也。弗能察,寂若无;能察之,无物不在是。故为《春秋》者,得一端而多连之,见一空而博贯之,则天下尽矣。以鲁人之若是也,亦知他国之皆若是也;以他国之皆若是,亦知天下之皆若是也:此之谓连而贯之。故天下虽大,古今虽久,以是定矣。自内出者,无匹不行;自外至者,无主不止:言感应也。"匹者何?贰也。"慎辨物居方","吉凶存亡",皆其自致也。主者何?一也,一谓正也。一于礼,一于义,一正一切正,故曰:"正一而万物备也。"亦董生语。又复当知文不能离质,权不能离经。此谓非匹不行,用之通变者,应理而得其中,从体起用,谓之自内出。夷必变于夏,刑必终于德。此谓非主不止,用之差忒者,虽动而贞夫一,会相归性,谓之自外至。"一致而百虑",非匹不行也；"殊涂而同归"，非主不止也。又法从缘起为出，一入一切也；法界一性为至，一切入一也。此义当求之《华严》而实具于《论语》。《春秋》仁以爱人，义以正己，详己而略人，大其国以容天下，在辨始察微而已。

卷三

　　此特临讲时率尔写出，以备遗忘，故颇不类说经之体。当时征引之言，在此外者犹多，诸子各有记录，谓可以资参证，因删其辞之近枝而取其义足以相发者别为附语，各系当篇之后。

孝经大义

序说

　　今人治社会学者，动言家族起源，由于掠夺；中土圣贤所名道德，悉为封建时代之思想；经籍所载，特古代之一种伦理说，可供研究历史文化之材料而已，是无足异也。以六艺之道判之，"疏通知远"本为《书》教之事，"《书》之失诬"。今之为此言者，亦有近于《书》教。特据蛮俗以推之上世，以为历史过程不越此例，其意亦欲"疏通知远"，而不知其失之诬也。目中土圣贤经籍为传统思想，斥之无余；而于异国殊俗影响之谈，则奉为宝训，信之唯恐不及，非惑欤？夫诬经籍、诬圣人、诬史实，犹曰闻见之蔽为之，至于诬其己之本心而果于自弃，则诚可哀之大者。曷为而至于是？知有人欲而不知有天性也。夫㹠食死母，眴而弃走，庄生之寓言；寄物瓶中，出则离去，孔融之冤谳。文举孝友，安得有是言？是曹操令路粹枉奏，坐以不道耳。苟以私欲为万事根本，则国家民族之爱，人类同情之心，又何自而生乎？《孝经》始揭父子天性，在《诗》曰"秉彝"，在《书》曰"降衷"，在《易》曰"各正性命"，在《中庸》曰"天命之谓性"。《孟子》曰："尽其心者，知其性也。知〔其〕性，则知天矣。"此而不知，故于率性之道，修道之教，皆莫知其原，遂以万事万物尽为爱恶攻取之现象，而昧其当然之则，一切知解但依私欲、习气展转增上，溺于虚妄穿凿，蕴之为邪见，发之为暴行，私其身以私天下，于是人生悉成过患矣。夫以身为可私，是自诬也，私天下是诬民也。安于自诬者，必敢于诬民，是灭天理而穷人欲也。率天下以穷人欲，于是人之生也，乃僬焉不可终日矣。如或患之，盍亦反其本邪！曷为反本？由六艺之道，明乎自性而已矣。曷有而明之？求之《孝经》斯可明矣。性外无道，事外无理。六艺之道，即吾人自性本具之理，亦即伦常日用所当行之事也。亘古亘今，尽未来际，尽虚空界，无须臾而可离，无一事而不遍者也。由是性之发用而后有文化，故曰"观乎人文以化成天下"。其用之有差忒者，由于体之不明，故为文之不当也。《易》曰："物相杂，故曰文。文不当，故吉凶生焉。"除习气，尽私欲，斯无不明，无不当矣。吾人性德本自具足，本无纤毫过患，唯在当人自肯体认。与其广陈名相，不若直抉根原，故博说则有六艺，约说则有《孝经》。《孝经》之义终于立身，立身之旨在于继善成性。圣人以天地万物为一身。明身无可外，则无老氏之失；明身非是幻，则无佛氏之失；明身不可私，则一切俗学外道皆不可得而滥也。六艺皆以明性道，陈德行，而《孝经》实为之总会。德性是内证，属知；非闻见之知。行道是践履，属行。知为行之质，行是知之验。德性至博，而行之则至约。当其行时，全知是行，亦无行相可得。《孟子》曰："由仁义行，非行仁义。"是无行仁义之相也。故可以行摄知，以道摄德，以约摄博。如耳目口体并是心摄，视听言貌并是思摄，制度文为并是礼摄，家国天下并是身摄。明此，则知《诗》《书》之用，《礼》《乐》之原，《易》《春秋》之旨，并为《孝经》所摄，义无可疑。故曰："孝，德之本也。"举本而言，则摄一切德；"人之行，莫大于孝"，则摄一切行；"教之所由生"，则摄一切教；"其教不肃而成，其政不严而治"，则摄一切政；政亦教之所摄。五等之孝，无患不及，则摄一切人；"通于神明，光于四海，无所不通"，则摄一切处。大哉！《孝经》之义，三代之英，大道之行，六艺之宗，无有过于此者。故曰："圣人之德，又何以加于孝乎？"自汉以来，皆与《论语》并称，先儒虽有疏释，其于根本大义，似犹有引而未发，郁而未宣者。故今继《论语》之后，略说此经，以为向上提持之要，使学者知六艺之教约归于行，而后于时人诬罔之说可昭然无惑也。中华民国二十九年三月马浮。

略辨今古文疑义

《孝经》之文甚约而义至大。一言而可该性德之全者曰仁，一言而可该行仁之道者曰孝。故有子曰："君子务本，本立而道生。孝弟也者，其为仁之本欤！"孟子曰："尧舜之道，孝弟而已矣。"举本该末，摄用归体，于《孝经》见之。《孝经钩命决》引孔子曰：吾"志在《春秋》，行在《孝经》"。明一切行门皆从孝起，大用无尽，会其宗趣，皆摄归于孝也。《尚书》叙尧德首"亲九族"，舜"克谐以孝"。《诗》教之旨在"事父事君"。《易》显天地人之道，有父子然后有君臣上下，礼义有所错。《春秋》经世大法在诛乱臣贼子。至礼乐之实，孟子之言最为直抉根源，本此以求礼意，无不贯洽。故郑氏以《孝经》为六艺总会之说，实为得之。《六艺论》云："孔子以六艺题目不同，指意殊别，恐道离散，后世莫知根源，故作《孝经》以总会之。"《孝经》疏引。邢疏引皇侃、刘炫说，并以为孔子自撰。《孝经钩命决》亦有"《春秋》属商，《孝经》属参"之言，明《孝经》与《春秋》同作，或在《春秋》后。《白虎通议》曰："已作《春秋》，复作《孝经》何？欲专制正于《孝经》也。"《三国志·蜀·秦宓传》："孔子发愤作《春秋》，大乎居正；复制《孝经》，广陈德行。"此皆以《孝经》与《春秋》并称。《汉志》但云"孔子为曾子陈孝道"，不云孔子作。今按古人言语质朴，谓之制作者，不必定出自撰，当为七十子之徒所记述。如《礼记》所录诸篇："仲尼燕居，子张、子贡、言游侍。纵言至于礼，子曰：'居，汝三人者，吾语汝礼'"。"孔子闲居，子夏侍。子夏曰：'敢问《诗》云"岂弟君子，民之父母"，何如斯可谓民之父母矣？'"《孝经》开篇起例全同，自为记述之体无疑。朱子以为曾子门人所记，是也。先儒谓孔子制作者，此犹佛经皆由结集而同为佛说，经首六种成就，亦略同于此。有问主者，如《孔子闲居》之例是也；亦有不问自说者，如《孝经》及《仲尼燕居》之例是也。以其义特尊，故题以经名而别行，不与七十子后学记述他篇并。《春秋繁露·五行对篇》河间献王问董君："《孝经》曰'夫孝，天之经，地之义'何谓也？"董君以天道生长成养及地道承天对之。《汉志》曰："举大者言，故曰《孝经》。"《玉海》引郑注序云："《孝经》者，三才之经纬，五行之纲纪。孝为百行之首，经者不易之称。"此释经题义最谛，当亦经名所自始也。魏文侯已为《孝经传》。据蔡邕《明堂论》引："《易传·太初篇》曰：'天子旦入东学，昼如南学，暮入西学。太学在中央，天子之所自学也。'《礼记·保傅篇》曰：'帝入东学，尚亲而贵仁；入西学，尚贤而贵德；入南学，尚齿而贵信；入北学，尚贵而尊爵；入太学，承师而问道。'与《易传》同。魏文侯《孝经传》曰：'太学者，中学明堂之位也。'"是魏文侯传是时其书尚存。《史记·魏世家》"文侯受子夏经艺"，是其为《孝经传》亦闻之子夏可知。又田子方答子击之言曰："诸侯而骄〔人〕则失其国，大夫而骄〔人〕则失其家。"亦《孝经》"在上不骄"之义，与孟子言"天子不仁，不保四海；诸侯不仁，不保社稷；卿大夫不仁，不保宗庙"语意同。《吕氏春秋》亦引《孝经》。见《先识览·察微六》。是《孝经》之传在先秦已显。自两汉诸师，皆以《孝经》与《论语》并重。匡衡上成帝疏谓"《论语》《孝经》，圣人言行之要"，此以言为《论语》，行为《孝经》。光武中兴，爱好经术，期门羽林之士，皆令通《孝经章句》。《后汉书·儒林传序》。是分章亦从汉已然。然经文有今古文之别，古文孔安国注，今文郑氏注，先儒并皆致疑。《汉志》言长孙氏、江翁、后苍、翼奉、张禹"各自名家，经文皆同，唯孔氏壁中古文为异。'父母生之，续莫大焉'，'故亲生之膝下'，诸家说不安处，古文字读皆异"。明诸家所传，皆为今文。《隋志》云：今文"河间人颜芝所藏。汉初，芝子贞出之，凡十八章，而古文与《尚书》同出，大较相似，而长孙有《闺门》一章，又衍出三章，合为二十二章，孔安国为之传。至刘向典校经籍，以颜氏比古文，除其繁惑，定著为十八章。按司马贞驳刘知几说与此同。郑众、马融并为之注，是谓今文，为刘向校定本。又云有郑氏注，或云出郑玄，与玄所注余书不同，故疑之。梁代安国本与郑氏并立学官，安国本亡于梁乱，陈及周、齐唯传郑氏。至隋，秘书监王劭访得孔传，送河间刘炫。炫因序其得丧，为述义，传于人间。后遂著令与郑氏并立。儒者喧喧，皆云炫自作，非孔旧本"。是《隋志》于孔、郑两注皆疑之，然于经之今文本则不疑。此《孝经》今古文不同之源流也。《汉书》颜师古注引桓谭《新论》云："古《孝经》千八百七十二字，今异者四百余字。"许冲上《说文表》言其父慎学《孝经》古文孔氏说。桓谭所见，许慎所学，或是真古文孔传，若刘炫所传，明是依托，今鲍廷博刊本乃得之日本，恐亦非刘炫之旧矣。至郑注，今唯见《群书治要》中及诸家所引佚文，实有精语。如《经典释文》所引"至德者，孝弟也；要道者，礼乐也"，似非可以伪托者。宋均《孝经纬》注及《唐会要》并引《六艺论》有"玄又为之注"语，不得以不见于《郑志》及《目录》而疑之。刘知几设十二验以疑郑。后儒因疑注而并及于经。今谓注可疑而经不可疑，古文可疑而今文不可疑，孔注可疑而郑注不可疑也。自汉迄唐，疏解多佚。玄宗注序云："旧解踳驳，殆且百家。"寻《隋志》所录，王肃、韦昭、荀勖、梁武帝、萧子显、皇侃、贺场之伦，今并不传。而梁武《义疏》十八卷，文独广，其书当视玄宗注为胜。玄宗注本诏元行冲为之疏，今亦不传，或为邢昺疏所本，未可知也。疑郑而信孔者，陆澄、刘知几；疑孔而信郑者，王俭、司马贞。自玄宗注独行，二家并废。及司马温公、范祖禹为《指解》，复用古文。朱子《刊误》、吴草庐《定本》，并改经文。世传三本《孝经》，并未可遵用。今谓宜依今文十八章之旧，不必纷纷为之说。至《朱子语类》疑"严父配天"义，以为"如此须是武王、周公方能尽孝，常人都无分"，又谓"其中有《左传》中言语，疑出后人缀缉"，是亦疑有过当。如言"爱敬尽于事亲，而德教加于百姓，刑于四海"，宜属之天子；"爱亲者无敢恶于人，敬亲者无敢慢于人"，则常人皆有分也。配天固武王、周公而后可，严父则亦常人所有事也。如言"中孝用劳，小孝用力，大孝不匮"，"大孝尊亲，其次弗辱，其下能养"，"大"之云者，充类至义之辞。孝以严父为大，严父又以配天为大。如此言之，何害于义理乎？朱子一生理会文义最子细，此谓恐启人僭乱之心者，特谨严之过，亦不足为朱子病。至经籍中言语相类而互见者，往往有之。《孝经》之传，宜在左氏之前。"天经""地义"之说，不必定为子产语。见《昭·二十五年》，赵简子问礼于子太叔，子太叔曰"吉也闻诸先大夫子产曰"云云。如《论语》"克己复礼"，左氏以为古志之言。又"出门如宾，承事如祭"，在左氏为臼季语，亦与"出门如见大宾，使民如承大祭"相类。"生，事之以礼；死，葬之以礼，祭之以礼"，在《论语》为孔子答樊迟语，在《孟子》则引作曾子之言。此类不可胜举。亦不可以子产说礼之详，遂疑《孝经》论孝之略。义既各有攸当，知其文非相袭明矣。《语类》又云："《孝经》只是前面一段是当时曾子闻于孔子者，按朱子所定经文，至今文《庶人章》为止，删去引《诗》。此云"前面一段"，即指此。后面皆是后人缀缉而成。"是前面一段朱子固未尝疑之。《刊误》分为经、传，以此当经，疑传而不疑经。但不知何以用古文本，或因温公《指解》本方行于时而然。又《语类》曰："《礼记》煞有好处，可附于《孝经》。"《刊误》后序曰："欲掇取他书之言可发此经之旨者，别为外传。"及黄石斋撰《集传》，尽采二《戴记》诸篇其义与《孝经》相发者，分系各章之下，谓之大传；自下己意，谓之小传。实朱子之志也。其为《孝经辨义》曰："《孝经》有五大义，本性立教，因心为治。令人知非孝无教，非性无道，为圣贤学问根本，一也；约教于礼，约礼于敬，敬以致中，孝以导和，为帝王致治渊源，二也；则天因地，常以地道自处，履顺行让，使天下销其戾心，觉五刑五兵无得力处，为古今治乱渊源，三也；反文尚质，以夏、商之道救周，四也；辟杨诛墨，使佛、老之道不得乱常，五也。"此语推阐至精，前三义尤能见其大。辟杨、墨虽孟子事，佛、老之弊，更在其后，然《孝经》之义明，则杨、墨之道熄，谓为遏之亦宜。其后为《孝经大传序》所举五微，义与此微有不同，但言有广略，义无差别。又曰：臣观《仪礼》、二《戴记》"皆为《孝经》疏义，盖当时师、偃、商、参之徒，习观夫子之行事，诵其遗言、尊闻、行知，萃为礼论，而其至要所在，备于《孝经》"。盖"语孝必本敬，本敬则礼从此起，非必礼记初为《孝经》之传也"。学者读石斋《集传》，求之所引二《戴记》之文，思绎其义，自能信其详洽。自来说《孝经》，未有过于黄氏者也。向举《论语》问孝诸章，但约礼乐义说。今本康成《孝经》为六艺总会之旨，略为引申抉发。庶知体信达顺，尽性至命之道，近在日用之间，人人有分。其为先儒所已详者，今在所略。以此经文字，先儒每有致疑，故先为辨析如此，学者当知。

附语：

许冲《表》言：古文是昭帝时鲁国三老所献，与《汉志》《书序》谓同出壁中者异。

阮福《孝经义疏》定郑注为出于康成孙小同，不可从。《困学纪闻》已有此说。

陆澄疑郑，谓观其用辞不与所注他书相类，陆德明亦言与注五经不同，皆不知所指。王伯厚云："康成有六天之说，而《孝经》注云'上帝，天之别名'，故谓不与他注相类。"严可均辑郑本《后序》，举法服章数与《礼记》《周礼》注不同，疑为前后之异，四代互有增损。此实无关宏指。孟子告曹交子"服尧之服，诵尧之言"、"服桀之服，诵桀之言"，亦以服与言对举，岂教曹交服十二章天子之服邪？故说经不可泥，如此类是也。

元行冲有序一篇，见黎庶昌刻《古逸丛书》唐卷子本《孝经》中。

玄宗注序云："韦昭、王肃，先儒之领袖；虞翻、刘劭，抑又次焉。刘炫明安国之本，陆澄讥康成之注，在理或当，何必求人。今故特举六家之异同，会五经之旨趣。"是玄宗并采六家注也。《困学纪闻》云："考《经典序录》有孔、郑、王、刘、韦五家，而无虞翻。"按《隋志》亦无虞翻。

又如《乐记》"天尊地卑，君臣定矣；卑高以陈，贵贱位矣；动静有常，小大殊矣；方以类聚，物以群分，则性命不同矣；在天成象，在地成形，如此，则礼者天地之别也"一段文字，前半全同《系辞》，但改"乾坤"为"君臣"，改"刚柔"为"大小"，改"吉凶"为"性命不同"，去"变化见矣"一句，而以当"礼者，天地之别"，于义理亦不失。下节"地气上齐，天气下降，阴阳相摩，天地相荡，鼓之以雷霆，奋之以风雨，动之以四时，暖之以日月，而百化兴焉。如此，则乐者天地之和也"一段，亦全用《系辞》。彼以说《易》，此以说《礼》《乐》，义固相通，《易》为《礼》《乐》之原也。《乐记》出公孙尼子，明在《系辞》后，是袭用《系辞》无疑，而不以为嫌。又论声与政通一段，亦出《诗大序》。疑《乐记》之言，或公孙尼子闻之子夏，子夏闻之孔子也。

十二著义为郊、庙、明堂、释奠、齿胄、养老、耕藉、冠、昏、朝聘、丧祭、乡饮酒。

释至德要道

六经所示，皆修德之门，学道之事。修德者先务知德，而后能成德；学道者先务明道，而后能行道。圣贤立身垂教，总为此事，此犹佛氏所谓大事因缘也。道、德并为玄名，学者先须明其义相，验之身心，实在践履，方可入德，方可闻道。是故应知六艺之旨约在《孝经》，圣人何以特标"至德要道"之目。今当先为分疏，不避词费，使人易了。《乾·文言》曰："君子以成德为行，日可见之行也。"又《系辞》曰："仁者见之谓之仁，智者见之谓之智，百姓日用而不知，故君子之道鲜矣。"孔子复曰："中庸之为德也，其至矣乎，民鲜久矣。"孟子曰："行之而不著，习矣而不察，终身由之而不知其道者，众也。"此并谓知德者鲜，道之所以不行也。其实在心为德，行之为道，内外一也。德是自性所具之实理，道即人伦日用所当行。德是人人本有之良知，道即人人共由之大路，人自不知不行耳。知德即是知性，由道即是率性，成德即是成性，行道即是由仁为仁。德即是性，故曰性德，亦曰德性。即性之德，是依主释；即德之性，是持业释。道即是性，故曰性道，亦曰天性，亦曰天道，亦曰天命。德、行对文，则德主内而行主外。道、德对文，则德为隐而道为显。性、道对文，则性为体而道为用。性外无理，道外无事。离性而言理，则理为幻妄；离事而求道，则道为虚无。故六艺之教，总为德教。六艺之道，总为性道。《孝经》则约此性德之发现而充周者举示于人，使其体认亲切，当下可以用力，践形尽性之道即在于是。故知六艺之要归，即自心之大用，不离当处，人人可证，人人能行，证之于心为德，行出来便是道，天下自然化之则谓之教。经云："君子之教以孝也，非家至而日见之也。"明其非言教。此是圣人显示性德，普摄群机，故说《孝经》以为总持，犹佛氏之有陀罗尼门。故先标"至德要道"，复曰德教，曰天性，曰人之行。明所因者本，以德摄行，以行显性，以性摄道，并是审谛决定之言。凡性德所含，圣教所敷，无不苞举而尽摄之，故曰道之根原，六艺之总会也。

何云至要？至者，究极之称。要者，简约之谓。向上更无可说，名曰至；推之不可胜用，名曰要。"肫肫其仁，渊渊其渊，浩浩其天"，所谓至德也；"大乐必易，大礼必简"，所谓要道也。《中庸》曰："大哉圣人之道，洋洋乎发育万物，峻极于天。""故曰：苟不至德，至道不凝焉。"此明道之至者，至德必至。《易·系辞》曰："易简之善配至德。"此明德之至者，其道必要。故道、德兼举，至、要互成。但德以含摄言，道以著见言，至以究竟无余言，要以一多相即言。德是相大，深广无尽，故曰至；道是用大，圆融无碍，故曰要。此是叹德，亦即明宗，至要是赞，道德是宗。若依义学定标宗趣，则德本为宗，教生为趣；行孝为宗，立身为趣；又可德教为宗，顺天下为趣。先言顺而后言治者，顺是举本，治是垂迹；顺言性德之符，治言力用之验；顺是不言之化，治是无功之功。故曰："其教不肃而成，其政不严而治。"成其德教而行其政令，则知所言政者，亦是教摄，岂离道德而别有政教哉？此其所以为至要之义也。泰伯"三以天下让，民无得而称"，是谓至德。舜"恭己正南面"，"无为而治"，是谓要道。"为政以德"，"修己以敬"，"居敬行简"，皆要义也。老氏清虚，亦能识要，但谓"失道而后德"，与圣言迥殊，未为知德。法家自托于道而务为烦苛，失道愈远，不唯不知德，亦不知要也。附简于此，学者当知。

《周礼·师氏》："以三德教国子，一曰至德，以为道本；二曰敏德，以为行本；三曰孝德，以知逆恶。三行：一曰孝行，以亲父母；二曰友行，以尊贤良；三曰顺行，以事师长。"郑注曰："至德，中和之德。覆焘持载含容者也。""敏德，仁义顺时者也。""孝德，尊祖爱亲，守其所以生者也。""孝在三德之下，三行之上。德有广于孝而行莫尊焉。"贾公彦疏以"至德"、"敏德"为"五帝以上所行，直明在心为德而已，不见其行"也，"孝德"为"三王以下所行，德行兼见之"。此与《孝经》义不同。郑注亦不及注《孝经》至德孝弟、要道礼乐二语之精。贾疏引《老子》"上德不德"，"下德不失德"，用河上公说，以上德为上古无名号之君，下德为号谥之君，意以"至德"当老子所谓"上德"，"孝德"当老子所谓"下德"，于义尤乖。《老子》明云"失道而后德"，则其所谓上德，亦下于道一等。此与孔子言道德各不相谋，一为玄言，一为实理，不可比而同之。贾疏迷缪，亦须料简。至郑注言"德有广于孝而行莫尊焉"，此以德、行对言。《孝经》以德摄行，故言"人之行莫大于孝"，而又言"圣人之德，无以加于孝"。是孝行即是孝德，孝德即是至德明矣。《周礼》师氏之教，是行布门，故德行分说为三。《孝经》，圣人最后之言，是圆融门，故约归一德。教有顿渐，说有先后，不可执碍。勿以郑氏注"至德"与《周礼》注不同而疑之，亦勿因《周礼》有三德之目，而疑《孝经》"至德"之教也。儒者说经，往往不及义学家之精密，以其于教相或欠分明。如郑氏《六艺论》《孝经序》则俨然其判教规模。故谓儒者治经，亦须兼明义学，较易通悟也。

道德义相，在经籍中诠表之辞最多，义各有当，不可执此议彼。如虚灵不昧谓之明德，微妙幽深谓之玄德，最胜无上谓之峻德，持载含弘谓之厚德，《虞书》"惇德允元"，惇亦厚也。法尔如然谓之天德；坦易正直谓之直道，人所共由谓之达道，圆满周遍谓之大道，常恒不变谓之常道，通贯三才谓之王道。如是广说，不可尽举，皆是显此一心所含胜妙德相，神用无方。而《孝经》"至德要道"一言，实可该摄诸名。学者须知自性本来广大精微如此，圣人之言显示要约又如此，其可甘于自弃而不求入德，不求闻道乎？

复次当知，道有君子小人、仁与不仁之别，而德亦有凶有吉。君子之道是仁，小人之道是不仁。仁者物我无间，故通；不仁者私吝蔽塞，故暌。通则吉，暌则凶。吉凶者，失得之谓。得其理为德，失其理则为不德，为失德，为凶德。今言"至德要道"，则唯通而不暌，唯得而无失也。故曰："孝弟之至，通于神明，光于四海，无所不通。"即此现前一念爱敬不敢恶慢之心，全体是仁。事亲之道，即事君之道，即事天之道，即治人之道，即立身之道，亦即天地日月四时鬼神之道。唯其无所不通，故曰要道；纯然天理，故曰至德。一有失之，便成暌隔，天地万物皆漠然与己不相关涉，更无感通，而但有尤怨，此则不仁之至，私吝为之也。有生之伦，谁无父母，孩提之童无不知爱其亲者，未知私其身也。至于以身为可私，则遗其亲、怼其亲，倍死忘生者有之。然当其"疾痛惨怛，未有不呼父母"者，则本心之不亡，虽暌而终通也。圣人语孝之始，谓此身"受之父母，不敢毁伤"，则身非汝有，不可得而私也。"立身行道，扬名于后世，以显父母"，则道与名亦不可得而私也。不敢以父母之身行殆，不敢贻父母以恶名，以此身即父母之身，亦即天地之身也。如此，则私吝之心无自而起，而不仁之端绝矣。指出一念爱敬之心，即此便是性德发露处，莫知所由，然若人当下体取，便如垂死之人复活，此心即是天地生物之心。本此以推之，礼乐神化皆从此出。人到无一毫恶慢之心时，满腔都是恻隐，都是和乐，都无偏倚，都无滞碍，乃知天地本来自位，万物本来自育，此是何等气象！才有一毫恶慢心起，便如险阻当前，触处皆碍，计较横生，矛戟森然，天地变色，此时性德全被障覆，其心更无一息平易之时，灾害祸乱并由此起矣。此在当人于其起念时，反观自心作何景象，必能自悟。所以"圣人因严以教敬，因亲以教爱"。名为德教者，即此"爱亲者不敢恶于人，敬亲者不敢慢于人"二语已足。此所以为"至德要道"根本之教也。

附语：

先有以得圣人之用心，庶可期于知德；见圣人之行事，庶可期于明道。若用心行事——与圣人相应，始为成德，始能行道。否则天地悬隔，无有入处。

又《中庸》以明、行对言。"道之不明"，"知者过之，愚者不及也"。"道之不行"，"贤者过之，不肖者不及也"。贤智分属知行，可见知德为智，行仁为贤，犹《华严》以文殊表智，文殊师利，译言妙德。普贤表行也。贤智愚不肖，即圣凡迷悟二机，君子小人二道。佛有四圣六凡，儒家只明二道，但简贤智之过实无异。为二氏预记，释氏弹偏斥小，叹大褒圆，知以大拣小，以圆拣偏，未知圆大之中亦有过者，此孔子所以叹《中庸》之德也。高者流于空虚，卑者堕于功利，一过一不及，摄尽未来。今时只有不及，未有过者，故须提持向上。先儒简贤智之过意思多，今乃简愚不肖之不及意思多。

"六离合释"是义学家释经常用之名词。一名之中有能有所，亦是一种析义之方法，使人易喻，如说字义之有六书也。依主者谓所依为主，如言眼识，眼是所依，识是能依，如臣依主，是眼之识，故名依主。持业谓任持业用，如言藏识，识是本体，藏是业用，体持业用，藏即是识，故名藏识。三曰有财释，从他得名。四相违释，如言眼耳体性各别。五带数释，即举法数如五蕴等。六邻近释，如念与慧，慧是拣择照了，念是明记不忘，例如四念处本是观慧，而云念者，以其邻于念也。此犹六书之有转注、假借也。唯有财之名太俚，不可用。中土玄名类此者亦少，唯官名有之，如山虞、泽虞、林衡、川衡之属。

相违，如言阴阳、刚柔，虽是一理，在析义时分言其体相，则成相违。

带数如两仪、四象、八卦、五行等，庄子所谓"明乎本数，系乎末度"。说理多用带数释。

"肫肫其仁，渊渊其渊，浩浩其天"三句，可配佛氏三德三心。

语之所尚曰宗，宗之所归曰趣。

天台家释经立五重玄义：一释名，二辨体，三明宗，四论用，五判教相。华严家用十门释经，谓之悬谈：一教起因缘，二藏教所摄，三义理分齐，四教所被机，五教体浅深，六宗趣通局，七部类品会，八传译感通，九总释经题，十别解文义。其方法又较天台为密。儒者说经尚未及此，意当来或可略师其意，不必尽用其法，如此说经条理易得，岂时人所言科学整理所能梦见？

圆成而无亏欠是至，才有一毫亏欠即非至。顺应而无作意是要，才有一毫安排即非要。德是自觉自证，不求人知。道是乐循安处，无入而不自得。正谊明道是要，谋利计功则烦。无所为而为，顺其当然之则，名为无为。有所为而为者，必堕安排计较，违道而非要矣。

庄子言"在宥天下，不闻治天下"。在宥者，谓任其自在，即因任自然之意，与"顺天下"、"所因者本"义旨全别。此言因、顺，乃顺其性德，因其本善。老、庄只是因任其习，不使增上，听其自变，故其视民物甚卑外而贱之，便流于不仁。

老子曰："孔德之容，惟道是从。道之为物，惟恍惟惚。"王辅嗣注："孔，空也。惟以空为德，然后乃能动作从道。恍惚，无形不系之叹。"此玄言之道德，与孔子绝不同。道先而德后之意尤显。寻五千文中无一"性"字，但云"有物混成，先天地生。寂兮寥兮，独立不改。周行而不殆，可以为天地母。吾不知其名，强字之曰道"。此言与"率性之谓道"迥殊。

《中庸》："唯天下至诚，为能经纶天下之大经，立天下之大本，知天地之化育。"郑注以至诚即指孔子，大经谓六艺而指《春秋》也，大本即《孝经》。今说《中庸》，自以朱子《章句》为精，不必尽依郑注。然郑氏以至诚即指孔子，于义尤允。圣人与道为一。《通书》曰：圣人者，"诚而已矣"。此见至诚即是至圣。《中庸》以颜渊表仁，以舜表智，以子路表勇，谓以孔子表至诚何不可邪？以大经当六艺，以大本当《孝经》，郑义实是如此。此尤近于义学之判教也。

圣人智周万物而自以为无知，所以为"至德"；道济天下而自以为无能，所以为"要道"。私智不可以为德，小慧不可以为道。私智、小慧与孟子言"德慧""术智"觌体相反。术即道也，由德而生，故曰德慧，与道相应，故曰术智。必须绝去私小，方有德智，方名道德。无私方是德，能大方是道。私者必小，小者必私，犹骄者必吝，吝者必骄。私是我执，吝是法执。故人自恃多知，自谓见解胜人者，必是私智，私智悖德，永与正智相反；自恃多术，自谓才能过人者，必是小慧，小慧违道，决与大道相反。此亦君子、小人所由分途也。

颜子"无伐善"是以知言，近德；"无施劳"是以行言，近道。"有若无，实若虚"，"以能问于不能，以多问于寡"，皆是绝去私吝始能有此气象。故颜子亚圣，可谓大德有道矣。此皆无敢恶慢之一念所充也。学者直下丞须自己勘验，只此便是用力处。

"汝身非汝有"，"是天地之委形也。生非汝有，是天地之委和也；性命非汝有，是天地之委顺也；孙子非汝有，是天地之委蜕也"，"汝何得有夫道"，此是庄、列寓言，设为舜与丞问答之语。此语亦是直下教人剿绝私己，然终有外其身之意在，所以与儒家不同。若言"天子有善，让德于天；诸侯有善，归诸天子；卿大夫有善，荐于诸侯；士、庶人有善，本诸父母"，此则全身奉父而己无与焉，与庄、列之外其身者有别。

"不敢毁伤"，"爱亲者不敢恶于人，敬亲者不敢慢于人"，"非先王之法服不敢服，非先王之法言不敢道，非先王之德行不敢行"，"不敢遗小国之臣"，"不敢侮于鳏寡"，"不敢失于臣妾"。《困学纪闻》云："《孝经》言'不敢毁伤'至'不敢失于臣妾'，言'不敢'者九。《管子》亦曰'贤者行于不敢而立于不能'，《诗》于文王、仲山甫皆曰'小心翼翼'。"又曾子十篇凡言"不敢"者十有八，如"一举足不敢忘父母，一出言不敢忘父母"，"不敢肆行，不敢自专"之类。此可见圣贤用心。

释五孝

已知六艺总为德教，而《孝经》为之本，故说"至德要道"是明宗，次说五孝是辨用。先儒释此，特详于礼制，其义犹有隐而未发者。世俗每以《孝经》为顺俗之谈，不知为显性之教，如显亲扬名、长守富贵、保其禄位诸语，错会其义，则醍醐变成毒药。今欲简滥，先须消文。

言天子、诸侯、卿大夫、士、庶人者，特寄之五位，以示分殊。通言孝者，以明理一，故结言"自天子至于庶人，孝无终始，而患不及者，未之有也"。此明五者应迹不同，其本是一。"终始"承上"事亲""立身"而言。"而患不及者，未之有也"者，言未有不能事亲，不能立身者也。须知五孝皆统于爱敬，即四位皆通于天子。位有尊卑而孝无加损，但谓忠顺未著则不可以为士，言行未醇则不可以为卿大夫，富贵而骄则不可以为诸侯，爱敬未至则不可以为天子，天子庶人之分虽殊而爱敬之心则无间。社稷宗庙，犹之发肤。地利天时，同为所受。"保"、"守"即"不敢毁伤"之推，"临深"、"履薄"、"匪懈"、"无忝"即"立身行道"之实。骄溢乃由恶慢所生，忠顺资于爱敬而出。在庶人为"谨身节用"，在诸侯则为"制节谨度"。至"非法不言，非道不行"，岂独责之卿大夫，亦通于上下也。在天子则"加于百姓"，在诸侯则"和其民人"，在卿大夫、士则"守其宗庙"、"祭祀"，在庶人则尽其力养，一也。各止其所当止，各为其所能为，"刑于四海"不为大，力田服穑不为小，同为尽分而已。虽天子何以加于庶人，庶人亦无慕于天子，立身者立此，行道者行此，岂别有哉！"君子去仁，恶乎成名"，成名即成德也；"为法于天下，可传于后世"，谓之扬名；"使其亲为君子"，谓之显亲。世俗卑陋，乃以持禄固位为保守，以轩冕炫耀为显扬，以苟得幸进为富贵。是乃患得患失，鄙夫之事，亏体辱亲，不孝之大者。是恶知爱敬为何心，立身为何事？其可以是诬圣经邪？

　　古之爵人者，皆以德为差。故爵名者，皆保其人之德也。《仪礼·士冠礼》："以官爵人，德之杀也。"《虞书》禹曰："知人则哲，能官人。"皋陶曰："都，亦行有九德。"亦言其人有德。"日宣三德，夙夜浚明有家。日严只敬六德，亮采有邦。翕受敷施，九德咸事，俊乂在官。"此言具三德为大夫，具六德为诸侯，具九德乃为天子也。今人不知此义，妄以经籍中所举爵名谓为封建时代统治阶级之泛称，如后世之上尊号，是为目论。今据《孝经》叙五孝，略显其义，明爵名皆为德名，以祛俗惑。《白虎通》曰：天子者，爵称也。爵所以称天子者何？王者，父天母地，为天子之也。经曰："明王事父孝，故事天明；事母孝，故事地察。""天地明察，神明彰矣。"《孝经援神契》曰："天覆地载，谓之天子。"《洪范》曰："天子作民父母，以为天下王。"《王制》："王者之制爵禄凡五等。"谓公侯伯子男，此据周制。所以名之为公侯者何？公者，通也，公正无私之意。侯者，候也，候逆顺也。伯者，白也。子者，孳也，孳孳无已也。男者，任也。《礼》疏引《春秋元命苞》曰："伯之言白，明白于德。子者，孳恩宣德。男者，任功立业。"差次功德。按本经郑注云"德不倍者，不异其爵。功不倍者，不异其土"。即"差次功德"之义。殷爵三等，谓公侯伯也。公卿大夫何谓也？内爵称也。内爵称公卿大夫何？爵者，尽也，各量其职，尽其才也。公之为言公正无私也。卿之为言章也，章善明理也。大夫之为言大扶，扶进人者也。传曰："进贤达能谓之卿大夫。"士者，事也，任事之称也。传曰："通古今，辨然否谓之士。"庶人称匹夫，言其无德及远。皇侃《论语》疏："匹夫匹妇谓庶人也。"此皆前汉师说也，其为德称甚明。又按，《王制》：司徒"命乡乡大夫。论秀士，升之司徒，曰选士。司徒论选士之秀者而升之学，曰俊士。升于司徒者不征于乡，升于学者不征于司徒，曰造士"。"大乐正论造士之秀者以告于王，而升诸司马，曰进士。司马辨论官材，论进士之贤者以告于王，而定其论。论定，然后官之。任官，然后爵之。位定，然后禄之。"此《王制》选士之法。凡经四论，然后得用，其难进如此。论者，郑注云，谓考其"德行道艺"也。此其裁量品核，亦与东汉好人伦月旦者殊科。自论德之义失而躁竞之途开，士之名遂滥而忘其所以为士矣。此亦今日为士者所当知也。

孟子曰："有天爵者，有人爵者。仁义忠信，乐善不倦，此天爵也。公卿大夫，此人爵也。"以佛义通之，人爵是俗谛，天爵是真谛。俗谛者，彰一性缘起之事。真谛者，显一性本实之理。孟子又曰："人之所贵者，非良贵也。"良贵即指天爵。《中庸》引孔子曰："爵其大孝也与？德为圣人，尊为天子，富有四海之内，宗庙飨之，子孙保之。故大德必得其位，必得其禄，必得其名，必得其寿。"此亦通真俗二谛言，"德为圣人"是真谛，"尊为天子"以下四句是俗谛。"故大德必得其位"四句以俗谛言则相违，如周公、孔子同为圣人，一穷一达，皆未尝有天下。以真谛言则与天地参谓之位，不必天子诸侯也；衣养万物谓之禄，不必邦畿千里也；所性分定谓之名，不必令闻广誉也；泽流后世谓之寿，不必百年不死也；是则一切圣人皆同。故知爵名皆为德名，则真俗双融矣。

《易乾凿度》云："易有君人五号：帝者，天称。王者，美行。天子者，爵号。大君者，与上行异。大人者，圣明德备也。"今按《孝经》于五孝之外，明教孝之人，亦有五号：曰先王，曰明王，曰圣人，曰君子，曰孝子。先王、明王唯限于天子，君子通前四位，孝子则该五位。圣人为先王、明王之异称，俗谛则称王，真谛唯称人，圣德是同也。《哀公问》："仁人不过乎物，孝子不过乎物。是故仁人之事亲也如事天，事天如事亲。是故孝子成身。"此以仁人、孝子同称。子者对亲而言，人者对天而言，仁、孝一也。君子为成德之名，孝子即成身之号。经籍中往往以君子简异众庶，如孟子言"庶民去之，君子存之"，《乐记》言"知音而不知乐者，众庶是也，唯君子为能知乐"。《孝经》特录庶人，明贵贱，是俗谛。因心之孝，虽庶人亦得与，则一性齐平，乃是真谛，亦见教义之大也。

又五孝之义，当假佛氏依、正二报释之。佛氏以众生随其染净、业报所感，而受此五阴之身，名为正报。此身所居世界国土，净秽苦乐不同，亦随业转，名为依报。依正不二，即身土不二，此义谛实。以儒家言之，即谓"祸福无不自己求之者"。人之智愚贤否，正报也。国之废兴存亡，依报也。郑氏《诗谱序》叙：周自后稷播种百谷，烝民乃粒，其后公刘世修其业，以明民共财，至于太王、王季克堪顾天，文、武之德光熙前绪，以集大命于厥身，遂为天下父母，使民有政有居。其时风在《周南》《召南》，雅有《鹿鸣》《文王》之属。及成王、周公致太平而颂声兴，由此风、雅而来。故孔子录之，谓之《诗》之正经。后王稍更陵迟，懿王夷身失礼，邶不尊贤，自是而下，厉也，幽也，政教尤衰，周室大坏。《十月之交》《民劳》《板》《荡》勃尔俱作，纪纲绝矣。故录懿王、夷王时诗，讫于陈灵公，谓之变风、变雅。以为勤民恤功，昭事上帝，则受颂声、弘福如彼；若违而弗用，则被劫杀、大祸如此。吉凶之所由，忧娱之萌渐，昭昭在斯，足作后王之鉴。此以《诗》之正、变，显依、正之胜劣，其义甚明，但未立依、正之名耳。今按《孝经》叙五孝，自天子至于庶人，以德为差，是犹正报，显行位之别也。天子曰"百姓""四海"，诸侯曰"社稷""民人"，卿大夫曰"宗庙"，士曰"祭祀"，庶人则但曰"养"，是犹依报，论国土之广狭也。戒以保守弗失，明依、正随转，犹影之与形，响之与声也。董生曰："春秋之世，弑君三十六，亡国五十二，诸侯奔走不得保其社稷者不可胜纪。推其所由，皆失其本矣。"孟子曰："天下之本在国，国之本在家，家之本在身。"《大学》曰："自天子以至于庶人，壹是皆以修身为本。其本乱而末治者，否矣。其所厚者薄而其所薄者厚，未之有也。"天下国家皆是依报，身是正报。克实言之，则身亦是依报，心乃是正报。故本之中又有本焉。心为身之本，德为心之本，孝又为德之本，故曰"自天子至于庶人，孝无终始，而患不及者，未之有也"。此而患其不及，则依正俄空，身心俱灭，是谓断见，是谓不仁，是谓暴弃，更无可说。

孟子以《春秋》为天子之事，须知《孝经》亦是天子之事。既知天子为德称，则知圣人不必得位，亦可成教于天下，为法于后世，此所谓素王也。作《春秋》以诛乱臣贼子，制《孝经》以进仁人孝子，而后天下之为父子者定。"孝乎唯孝。友于兄弟，〔施于有政〕，是亦为政，奚其为为政","正家而天下定","人人亲其亲，长其长，而天下平","致中和而天地位，万物育"，此皆实义，非是权说。佛者言世界是诸佛愿力所持，以儒者言之，则是圣人德教所持。《中庸》极言圣神功化之极，"凡有血气〔者〕，莫不尊亲"，亦即《孝经》"通于神明，光于四海"之义。物之所以不可以终"睽"，不可以终"否"者，为其有性存也。乱世之民物，即治世之民物，但一睽一通，一逆一顺为不同耳。德教行则性德显，而民物与之俱转，各得其序，各极其和。德教不行则德性隐，而民物皆不得其所，灾害祸乱由此起矣。故《孝经》以天子之孝摄性德之全。天子之孝即圣人之德也，是人心之所同然，人性之所本具。因业有退转，则天子夷于庶人；德有积累，则庶人可进于天子。以《孝经》为圆教，唯通而无睽，唯顺而无逆，故无退转义，是以经曰无患不及也。

附语：

五孝虽一理，然就人位言，亦有次第，非贵贱之等也。论德有粗妙远近，各如其分。盖心术是微，言行是著，忠顺能推，谨身唯约，位愈进者，其行相愈细。故庶人不责其能推，士不求其兼备，唯卿大夫绳其言行独详，然尚就著见者言之。诸侯但举不骄，天子唯明爱敬，则纯以心术隐微处直抉其原，更不及于言行也。

老子曰"善行无辙迹，善言无瑕谪"，是玄言，"无口过"、"无怨恶"，是实理。

《大戴礼·曾子疾病》："言不远身，言之主也；行不远身，行之本也。言有主，行有本，可谓有闻矣。"又《曾子大孝》：吾闻诸夫子，"断一木，杀一兽，不以其时，非孝也"。黄氏曰："不毁伤其身，以不毁伤万物，不毁伤天下。"《虞书》曰："畴若予上下草木鸟兽。"《商书》曰："暨鸟兽鱼鳖咸若。"能尽物之性也。

敬信为忠，从令非忠。和理为顺，阿谀非顺。

《集传》引修政之记曰：帝舜曰："吾尽吾敬以事吾上，故见为忠焉。吾尽吾敬以接吾敌，故见为信焉。吾尽吾敬以使天下，故见为爱焉。是以见爱亲于天下之民，而见贵信于天下之君。故吾取之以敬也，吾得之以敬也。"

富者，具足义；贵者，尊胜义。《易》曰："崇高莫大乎富贵。"亦以真谛言。

《哀公问》："子曰：君子者，人之成名也。百姓归之名，谓之君子之子，是使其亲为君子也，是为成其亲之名也已。"黄氏曰："幽、厉之于文、武，是伤其亲者也。"

五等之称，亦略如佛氏之五位。士当资粮位，三贤。卿大夫当加行、四加行。见道一名通达。十地初心当之。二位，诸侯当修习位，第二至十地。天子即究竟位也，庶人可当十信。

荀子谓"始于为士，终于为圣人"。《大戴礼·哀公问五义》立庸人、士、君子、贤人、圣人五号，可见士为德称，庸人即当庶人。

孟子曰："广土众民，君子欲之，所乐不存焉；中天下而立，定四海之民，君子乐之，所性不存焉。君子所性，虽大行不加焉，〔虽〕穷居不损焉，分定故也。""性"、"分"二字，即出于《孟子》。"所欲"、"所乐"是俗谛，"所性"是真谛。欲为君尽君道，欲为臣尽臣道。君臣是名，尽道是分。为人父止于慈，为人子止于孝。父子是名，孝慈是性也。

黄石斋谓"《孝经》之义不为庶人而发"，此义未允。

"身"、"土"二字，亦出《哀公问》。子曰："古之为政，爱人为大。不能爱人，不能有其身；不能有其身，不能安土；不能安土，不能乐天；不能乐天，不能成其身。"是以人为身，以土为身，以天为身也。

《哀公问》：子曰："君子无不敬也，敬身为大。身也者，亲之枝也，敢不敬与？不能敬其身，是伤其亲；伤其亲，是伤其本；伤其本，枝从而亡。""君子言不过辞，动不过则，百姓不命而敬恭。如是，则能敬其身；能敬其身，则能成其亲矣。"黄氏《集传》曰："百姓之于君子，亦犹肤发也。君子以天下为身体，百姓为发肤。怨恶生于下，则毁伤著于上。和睦无怨，则百体用康。"此说甚精。黄氏曰："毁伤者，暴弃之谓也。"

何故说依、正二报？以时人倒见，以为人生一切，都被环境所使，换言之，即是为物所使。是正报随依报转，自己全无主宰分，即无自由分，真乃迷头认影。彼不知环境是自己造成，即佛说一切国土唯依心现也。若能转物，即同如来不为物转，斯能转物。其实物不能自转，转物者心，所谓"一切唯心造"，不可说一切唯物造也。知自己是正报，环境是依报，始有转物分，换言之，始可改造环境，始有自主分也。明依、正不二之旨，乃悟所依之土同于影响，土即身之一部分，物即心之一部分也，不可认奴作郎。然依报胜劣，又须明别业、共业所感不同，百千微尘世界差别无边，即是众生心行差别无边所现。今人只知有物而不知有心，不知心外无物，所以成为颠倒。因欲显示正理救此失故，所以须说依、正二报。

爱敬之发为孝弟，其实则为仁义，推之为忠恕，文之为礼乐。举体用而合言之，则为中和，为信顺，为诚明；就德相而分言之，则温恭逊让，易直慈良，巽顺和睦。一切美德，广说无尽，皆孝弟之推也。故曰孝为德本。反之，则为恶慢，为骄吝，为贪戾，为忿争，为暴乱，贼仁害义，非礼无乐。一切恶德，广说亦无尽，皆恶慢之施也。本立则枝从而发，本失则枝从而亡。一是顺性，一是逆性，顺则通，逆则瞆，通则治，瞆则乱。不知德教之本，而言治天下者，无有是处，以其与理不相应也。

释三才

前谓《孝经》以德摄行，以行显性，以性摄教。五孝是述其行相，以辨其力用。次说三才，复摄用归体，明天、地、人总为一体。与五孝相望，则前是于理一中见分殊，此是于分殊中见理一。故以曾子叹"大"之辞，蹑前起后。孔子正说天经、地义、民行，其体是一，故"则天"、"因地"、"以顺天下"。顺人之性，即顺天地之性也，唯其同乎大顺，故"其教不肃而成，其政不严而治"，犹天地之自然成化也。下复申言教之所以"化民"，实由民之自化。横渠所谓"诚于此，动于彼，不诚未有能动者也"，此皆摄用归体之旨。体必具用，故以德摄行；用能显体，故以行显性；全体作用，故以性摄教。知此，则知六经所明事相总为显示性德，而《孝经》特出孝为德本，申言民行即是天经地义，更不别有。"化民"五句，约教而言，明其用至神，不离当体。教人反求自性，无不具足，无假他求，其义至显也。

《说文》曰："天大地大人亦大，故天之字从一大。"《论语》曰："唯天为大，唯尧则之。"《易》称："大人与天地合其德。"《乾凿度》曰："大人者，圣明德备也。"《中庸》曰："唯天下至诚，为能尽其性；能尽其性，则能尽人之性；能尽人之性，则能尽物之性，能尽物之性，则可以赞天地之化育；可以赞天地之化育，则可以与天地参矣。"此皆极言天人一性，故同其大。《系辞》曰："《易》之为书，广大悉备。有天道焉，有人道焉，有地道焉。兼三才而两之，故六。六者非他，三才之道也。"凡言天道、人道，皆当用依主、持业二释，即天之道，天即是道也。老子言："域中有四大，而王居一焉"，"道大、天大、地大、王亦大"。"人法地，地法天，天法道，道法自然。"此与《易》言天道义异。以其道别为一位，不可以依主、持业二释通之。此《老》《易》不同处。在《孝经》则曰："天之经，地之义，民之行，天地之经而民是则之。"是明人道即兼天地之道，离天地无别有人，离人道亦无别有个天地之道，虽三而一，即一而三，此其所以为大也。

何以言经、义、行，此当以三易之义通之。经言乎其不易也，《哀公问》子曰：所贵乎天道者，"贵其不已也"。《中庸》引《诗》曰："'唯天之命，于穆不已'，盖曰天之所以为天也；'于乎不显。文王之德之纯'，盖曰文王之所以为文也，纯亦不已"，故"至诚无息"、"不舍昼夜"，皆显常恒不变之德，是不易也。义言乎其变易也，地道承天而时行，无成而代有终，损下益上，损上益下，衰多益寡，变盈流谦，随时变易以从道，谓之时义。此示缘起无碍之相，是变易义。行言乎其简易也。"易则易知，简则易从。易知则有亲，易从则有功。"孝弟因心爱敬自发，仁义之实，礼乐之文，皆从此流出，不假安排，是为至简至易。孝是发乎人心不能自已者，只此便是天道之不息，故曰"天之经"也。忠可移于君，顺可移于长，治可移于官，只此便是地道之承天。故曰"地之义"也，以此顺天下，推而放诸四海而皆准，无所不通，只此便是人道之法天地者，故曰"民之行"也。《易》曰："知崇礼卑，崇效天，卑法地。"知以德言，礼以行言，知是天道，礼是地道。合内外之道，合天地之道，是为人道。又天道健，地道顺，人受天地之中以生，合健顺以为五常之德，所以显道神德，行者莫著于孝。故以体言，则曰"德之本"；以用言，则曰"人之行"也。经曰"父子之道天性也"，下一"性"字，明天道之为不易也；"君臣之义也"，下一"义"字，明地道之有变易也。知父子之道即君臣之义，知天性即为人道，明人道之为简易也。又知人道即天地之道，亦简易也。"高明配天"，故曰"则天之明"，不易义也。"博厚配地"，故曰"因地之利"，变易义也。"其教不肃而成，其政不严而治"，简易义也。以佛义通之，天经是体大，地义是相大，民行是用大。"孝为德本"是法性，故谓天经；"教所由生"是缘起，故谓地义；"终于立身"是具足法、智二身，故谓民行。行，所证，故举因以该果也。又民行是能证，天经地义即是所证。三才合言，总为一法界性也。若配四法界，则行是事法界，经是理法界，义是理事无碍法界，合而言之，则是事事无碍法界也。《华严》以法界缘起不思议为宗，《孝经》以至德要道顺天下为宗。今说三才，亦即三大，亦即三德、三身，总显法界缘起，顺天下以为教，亦是不思议境。非特《华严》可以准《易》，《孝经》亦准《华严》。此非执语言、泥文字者所能了，心通于道者自能得之。今释三才，略发其义，犹是解会边事耳。

西汉诸师《孝经》佚说可考见者，莫如董生，其余则在《孝经纬》。今《繁露·五行对》一篇说天经地义特详。《白虎通》释"五行"亦引《孝经》以为说，与董生义同。今节引之。河间献王问温城董君曰："《孝经》曰：'夫孝，天之经，地之义'，何谓也？"对曰："天有五行，木火土金水是也。木生火，火生土，土生金，金生水。水为冬，金为秋，土为季夏，火为夏，木为春。春主生，夏主长，季夏主养，秋主收，冬主藏。藏，冬之所成也。是故父之所生，其子长之；父之所长，其子养之；父子所养，其子成之。诸父所为，其子皆奉承而续行之"，"乃天之道也"，此谓"孝者，天之经也"。"地出云为雨，起气为风。风雨者，地之所为。地不敢有其功名，必上之于天。命若从天气者，故曰天风天雨也，莫曰地风地雨也。勤劳在地，名一归于天"，"故下事上如地事天也"，"土者，火之子，五行莫贵于土。土于四时无所命者，不与火分功名"，"忠臣之义，孝子之行，取之土"，"其义不可以加矣"，"此谓'孝者，地之义也'"。此自汉师质朴之说。按，《礼记·中庸》郑氏注引《孝经说》曰："性者，生之质。""木神则仁，金神则义，火神则礼，水神则信，土神则知。"《王制》疏引此为《孝经钩命决》文，"神"皆作"性"，唯"水性则智，土性则信"与郑注异，疑《中庸》注讹也。《礼运》曰："人者，五行之秀气，天地之心也。"《太极图说》曰："阳变阴合，而生水火木金土。五气顺布，四时行焉，五行之生也，各一其性。"此皆以人之气即天地之气，理之行乎气中者，即人之所以为性。《礼运》说最精约，濂溪说又较密耳。以五行之生成为父子之道，法喻难齐，不可执碍，然天地生物同为气化，此儒家原人之说，实无可疑。庄子亦曰："天地者，万物之父母也。"董生又曰：天地者，先祖之所自出，"天亦人之曾祖父也"。《朱子语类》，问："生第一个人时如何？"曰："以气化二五之精，合而成形。释家谓之化生。"《语类》卷一包扬录。其实化生本出《易·系辞》，佛氏说劫初人皆是化生，与儒家亦同。自近世欧洲人生物进化之说行，人乃自侪于禽兽，认猿猴为初祖。征服自然之说行，乃夷天地为物质，同生命于机械。于是闻天人性道、阴阳五行之名几于掩耳，是谓"日用不知"，数典忘祖，盍亦反其本矣。

《易》言三才，又言三极。才者，物之初生也。极者，物之终际也。是谓"原始反终，故知死生之说"。又极言其体之寂，才言其用之神，三才之道，总为太极，故《洪范》曰"会其有极，归其有极"也。在佛氏则谓之一真法界，以名言不同，遂生异义，善思可得。郑氏《驳五经异义》曰："凡言天者，本己情所求言之。"朱子谓儒家本天，释氏本心。本天者，谓理之所从出也；本心者，谓法之所由生也。知天为一真法界，则何异之有？如老氏尊道而卑天，庄生贵天而贱人，亦皆"本己情所求言之"，是则有偏真之失。《淮南》曰："所谓天者，纯粹朴素，质直皓白，未始有与杂糅者也。所谓人者，偶差智故，曲巧伪诈，所以俯仰于世人而与俗交者也。"此以天人分途，不独真俗异撰，以言天理人欲则可，以言天道人道则违。佛氏所谓人天，犹不得比二乘，凡圣迢然，其义迥别。故谈义当观其会通，明其分齐，若执滞名言，将失之弥远。今于说三才略开其绪，亦学者所当知也。

　　《礼运》曰："夫体必本于太一，分而为天地，转而为阴阳，变而为四时，列而为鬼神。"《繁露》曰："天地之气，合而为一，分为阴阳，判为四时，列为五行。"《说文》曰："唯初太始，道立于一，造分天地，化成万物。"此并是明理一分殊。太一即太极也。《易》曰："《易》有太极，是生两仪，两仪生四象，四象生八卦。"不是天地之上复有一太一，不是两仪之上复有一太极。濂溪曰："五行一阴阳也，阴阳一太极也。"此为摄用归体。程子曰："人即天，天即人。"言天人合者，犹剩一合字，方为究竟了义。是义唯佛氏言一真法界分齐相当。自佛氏言之，总该万有，即是一心；自儒者言之，通贯三才，唯是一性。彼言法界有二义：一是分义，一一差别有分齐，故即分殊也；一是性义，无尽事法同一性，故即理一也。于一理中见分殊，于分殊中见理一，则是一即一切，一切即一，如性融通，重重无尽。全事即理，全人即天，斯德教之极则也。

　　《孔子闲居》曰："天有四时，春秋冬夏，风雨霜露，无非教也。地载神气，神气风霆，风霆流形，庶物露生，无非教也。"圣人之教，即是天地之教，故曰"其教不肃而成，其政不严而治"。于此会得，乃知尽性至命，唯在于当人过化存神，无心于宰物，然后于三才之道，可以直下无疑矣。

　　附语：

　　后魏苏绰奏曰："夫化者，贵能扇之以淳风，浸之以太和，被之以道德，示之以朴素。使百姓亹亹，日迁于善，邪伪之心，嗜欲之性，潜以消化而不知其所以然。此之谓化也。然后教之以孝弟，使民慈爱；教之以仁顺，使民和睦；教之以礼义，使民敬让。慈爱则不遗其亲，和睦则无怨于人，敬让则不竞于物。三者既备，则王道成矣。此之谓教也。

先王所以移风易俗，还淳反素，垂拱而治天下以致太平者，莫不由此。此之谓要道也。"说教化字说得煞透。但教化是一事，不可分说。如"先之以博爱"，"陈之以德义"，"先之以敬让"，"导之以礼乐"，"示之以好恶"，即所以为教也，"非家至而日见之也"，"莫遗其亲"及"兴行"、"不争"、"和睦"、"知禁"，即民之自化也。此谓诚于此，动于彼。此即感应，感而应之谓化。有感斯有应，未有无感之应也。感应有冥显四句，谓显感显应，显感冥应，冥感显应，冥感冥应，亦所当知。知此，乃可以言教化。

《繁露·王道通三篇》："古之造文者，三画而连其中谓之王。三画者，天地与人也。而连其中者，通其道也。取天地与人之中以为贯而参通之，非王者其孰能当是。"《说文》作"而参通之者王也"，引孔子曰："一贯三为王。"《繁露》又曰："天常以爱利为意，以长养为事，春秋冬夏皆其用也。王者亦常以爱利天下为意，以安乐一世为事，好恶喜怒而备用也。然而主好恶喜怒，乃天之春夏秋冬也，其居暖清寒暑而以变化成功也。天出此物者，时则岁美，不时则岁恶。人主出此四者，义则世治，不义则世乱。是故治世与美岁同数，乱世与恶岁同数，以此见人理之副天道也。"喜当春，怒当秋，乐当夏，哀当冬。春气爱，秋气严，夏气乐，冬气哀。乐气以养生，哀气以丧终，天之志也。暖所以爱而生之，清所以严而成之，温所以乐而养之，寒所以哀而藏之。故春生、夏养、秋收、冬藏。生溉其乐以养，死溉其哀以藏，溉犹涵濡也，或释为既尽也，犹云致。为人子者之道也。故四时之行，父子之道也；天地之志，君臣之义也；阴阳之理，圣人之法也。是故先爱而后严，乐生而哀终，天之常也，而人资诸天，人主与天共持变化之势，物莫不应天化，此谓父子君臣之道，即天地之道也。

《洪范》以视、听、言、貌、思配雨、旸、寒、燠、风。《齐诗》翼奉说："诗之为学，情性而已。五性不相害，六情更兴废。观性以历，观情以律。""北方之情好"，"东方之情怒"，"南方之情恶"，"西方之情喜"，"上方之情乐"，"下方之情哀"。此说性情成相反之义。东方性仁而情怒，南方性礼而情恶，下方性信而情哀，西方性义而情喜，北方性智而情好，上方性恶而情乐，故须反情以合性也。历主日本天，律主风本地。此以性情配天地历律，其义极精。

董生又曰："天道施，地道化，人道义。天气上，地气下，人气在其间。莫精于气，莫富于地，莫神于天。天地之精所以生物者，莫贵于人。物疚疾莫能为仁义，唯人独能为仁义；物疚疾莫能偶天地，唯人独能偶天地。人有三百六十节，偶天之数也；形体骨肉，偶地之厚也；上有耳目聪明，日月之象也；体有空窍理脉，川谷之象也；心有哀乐喜怒，神气之类也。内有五脏，副五行也；外有四肢，副四时也；乍视乍暝，副昼夜也；乍哀乍乐，副阴阳也；心有计虑，副度数也；行有伦理，副天地也。此皆人肖天地而生，故人道必应天地之道也。"

说三身则为法报化，亦即三大也。说二身则为法智，智即智报。法是体，智是用。法即天经，智即地义也。

佛氏所谓法，当儒家所谓道，法界犹言道体耳。自佛氏言，世出世间总谓之法。自儒者言，尽天地间莫非是道。

一真即绝待之名，在儒者即言至诚至善。

《楞严》：富楼罗问清净本然："云何忽生山河大地？"因说三种相续，一世界，二众生，三业果。总由妄为明觉，因明立所。所既妄立，无同异中，炽然成异，劳久发尘，于是起为世界。静成虚空，觉明空昧，相待成摇。先有风轮执持世界，坚明立碍。次有金轮保持国土。风金相摩，故有火生，火光上蒸，宝明生润。故有水轮含十方界。火腾水降，湿为巨海，乾为洲潭。水势劣火，结为高山，是故山石击则成焰，融则成水。土势劣水，抽为草木，是故林薮遇烧成土，因绞成水。以是因缘，世界相续。此言世界安立生起次第，亦略如《易》象先有雷风，后有水火，后有山泽。但彼言妄明生所，则世界为幻；此言一气成化，则万物全真。此为儒佛不同处，《正蒙》辟此最力，学者当知。

《庄子·天运》："白鶂之相视，眸子不运而风化。虫雄鸣于上风，雌应于下风而风化。类自为雌雄，故风化。"此言风化即气化也，风即是气。《内经》言："人生于气交之中。"《庄子·至乐篇》又言："万物皆出于机，皆入于机。"机言气之动也。郭注："言一气而万形，有变化而无死生。"

《庄子·秋水》，河伯问海若曰："何谓天？何谓人？"海若曰："牛马四足，是谓天。络马首，穿牛鼻，是谓人。故曰无以人灭天，无以故灭命。"庄子用"故"字，其义犹今人言"习惯"。《达生篇》，孔子问吕梁丈人曰："请问蹈水有道乎？"曰："亡，吾无道，吾始乎故，长乎性，成乎命。"孔子曰："何谓也？"曰："吾生于陵，而安于陵故也。长于水，而安于水性也。不知吾所以然而然，命也。"《淮南》说与庄子意同。

释明堂

说经须明前后文义生起次第。已知通贯三才是摄用归体，即总显体大，以下《孝治章》又摄前五孝，显此即体之用大，《圣治章》复摄三才，显此即体之相大。《三才章》为总说，此二章为别说，前后相望，文义可知。而《圣治章》特出配天飨帝义，说大有三重，极于配天，是说相，即以显体也。《孝治章》言明王之治，以得万国百姓之欢心为能事，其先王先君不敢失于一人，乃全其孝，极言顺天下之效。《圣治章》复言圣人之德无以加于孝，申明至德之本。以曾子问征起，孔子正答，文有四句：一、"天地之性人为贵"。此摄三才，言天地之性于人之性见之，故贵也。二、"人之行莫大于孝"。仍摄前民行，以行显性也。三、"孝莫大于严父"。此明孝之行相以严父为大，严父即谓尊亲，"大孝尊亲，其次不辱"，故曰"严父为大"。严即"祭则致其严"之义。谓"事死如事生，事亡如事存"，生事曰敬，死事曰严。严、敬浑言不别，析言则别。故曰："居则致其敬"，"祭则致其严"。以下文举周公言飨祀，故知是析言尊亲之义也。又严者，敬之至。亲者，爱之至。下文曰："以养父母曰严。"因严以教敬，因亲以教爱，则是以爱敬之至言。严敬不别，非专指尊亲。若彼朝死而夕忘之，则为不孝之大者。教民不倍，必自丧祭之礼始，故"严父为大"也。四、"严复莫大于配天"。是又尊亲之大者。"配天"之义，《中庸》详之："唯天下至圣"，"见而民莫不敬，言而民莫不信，行而民莫不悦。是以声名洋溢乎中国，施及蛮貊，舟车所至，人力所通，天之所覆，地之所载，日月所照，霜露所队：凡有血气者，莫不尊亲，故曰配天"。是以圣人之德无以加于孝，唯其己之德足以配天，故为尊亲之至。归德于亲，亦即归德于天，特于飨祀表之而已。尧之稽古同天即配天也。今曰周公其人，"周公郊祀后稷以配天，宗祀文王于明堂以配上帝。是以四海之内，各以其职来助祭"。特举一圣以该诸圣。又周公德为圣人而位不为天子，《礼记·明堂位》疑汉人所作，不可依据。见配天不必定为天子之事，后稷、文王皆有圣德，亦未为天子也。"唯孝子为能飨亲"，"唯圣人为能飨帝"，言苟非其人，道不虚行，若履天子之位而无圣人之德，亦何配天之与有？此义明，则三代以后之帝王虽亦追王其先世，修郊祀之礼，皆不得滥言配天矣。此《圣治章》所以特标圣人之德而曰周公其人，言之特为郑重，学者所当着眼也。

旧训天者，颠也。帝者，谛也。至高无上曰天，审谛如实曰帝，皆表理之名。圣人与道为一，即与天同德，故曰"配天"。天、人对言，故曰"配"耳。实则一性无际曰天，法尔纯真曰帝，性外无天，人外无帝。本来具足，是曰天成；一念无为，斯名帝出：皆性德之异称耳。与物为体，故体物不遗；其德至神，故无往不在。天地之塞吾其体，何莫非天也；天地之帅吾其性，何莫非帝也。或言法界，或言道体，皆天帝义也。曷为以"郊祀""宗祀"言之？明堂者，所以合敬同爱，成变化而行鬼神，礼乐政教皆从此出。孔子曰："明乎郊社之义，禘尝之礼，治国其如示诸掌乎？"郊社禘尝，并摄于明堂，凡朝觐、耕藉、养老、齿胄、飨射、入学、释奠、授时、布政，皆于是行之，故明堂为大教之宫。自五帝至于三王，其法大备。德教之行，咸在明堂，故曰相大也。已明配天飨帝之义，当知明堂之制，故须略释。

《大戴礼·盛德篇》曰："明堂，天法也。礼度，德法也。""天道不顺，生于明堂不饰，故有天灾则饰明堂。"天法谓天道也，德法谓人道也。故又曰："所以御民之嗜欲好恶，以慎天法，以成德法也。""能得德法者为有德，能行德法者为有行，能理德法者为有能，能成德法者为有功。"《虞书》曰："天工人其代之"，"天叙有典"，"天秩有礼"，"天命有德"，"天讨有罪"，"天聪明自我民聪明，天明威自我民明威"。此显天法即寓于德法，人道不离于天道，明堂之所由立也。明堂是圣人根本大法，即德教之根本大义，一切礼制，无不统摄于此。先儒说明堂者，多详于制度而略于义，广说难尽，举此可以识其要矣。

群经所见，凡言太庙、明堂、辟雍、太学，实合为一事。诸儒为之说者，得失互见，或主合，或主分，不出两派。今唯举二家可该其余，以蔡邕为得之，袁准为失之。蔡邕《明堂月令论》略云："明堂者，天子太庙，所以宗祀其祖，以配上帝者也。夏后氏曰世室，殷人曰重屋，周人曰明堂。东曰青阳，南曰明堂，西曰总章，北曰玄堂，中央曰太室。《易》曰：'离也者，明也。南方之卦也。圣人南面而听天下，乡明而治。'人君之位莫正于此焉，故虽有五名而主以明堂也。其正中皆曰太庙，谨承天顺时之令，月令。昭令德宗庙之礼，配天。明前功百辟之劳，配食。起养老敬长之义，养老。显教幼诲稚之学，齿胄。朝诸侯、朝觐。选造士于其中，太学、辟雍。以明制度。生者乘其能而至，尊师选贤。死者论其功而祭。大烝祀功臣、贤者及曁宗之祭。故为大教之宫，《祭义》曰："祀乎明堂，所以教诸侯之孝也。食三老五更于太学，所以教诸侯之弟也。祀先贤于西学，所以教诸侯之德也。耕藉，所以教诸侯之养也。朝觐，所以教诸侯之臣也。五者天下之大教也。"而四学具焉，东西南北四学。官司备焉。《明堂位》："有虞官五十，夏后氏官百，殷二百，周三百。"譬如北辰居其所而众星拱之，万象翼之，政教之所由生，变化之所由来，明一统也。故言明堂事之大、义之深也。取其宗祀之清貌，则曰清庙；取其正室之貌，则曰太庙；取其尊崇，则曰太室；取其向明，则曰明堂；取其四门之学，则曰太学；取其四面周水圜如璧，则曰辟雍。异名而同事，其实一也。""《礼记·保傅篇》曰'帝入东学，尚亲而贵仁；入西学，尚贤而贵德；入南学，尚齿而贵信；入北学，尚贵而尊爵；入太学，承师而问道。'""魏文侯《孝经传》曰：'太学者，中学明堂之位也。'《礼记》古大明堂之礼曰：日出居东门，膳夫于是相礼；日中出南门，见九侯，反问于相；日侧出西闱，视五国之事；日入出北闱，视帝节猷。《尔雅》曰：'宫中之门谓之闱。'王居明堂之礼，又别阴阳门，东南称门，西北称闱，故《周官》有门闱之学：师氏教以三德，守王门；保氏教以六艺，守王闱。"以上申言四学。"《文王世子篇》曰：'凡大合乐则遂养老。天子至乃命有司行事，兴秩节，祭先圣先师焉。始之养也，适东序，释奠于先老，遂设三老五更之位。'言教学始之于养老，由东方岁始也。又：'春夏学干戈，秋冬学羽籥，皆习于东序。''凡祭与养老、乞言、合语之礼，皆小乐正诏之于东序。'又曰：'大司成论说在东序。'然则诏学皆在东序。东序，东之堂也，学者聚焉，故称诏太学。'仲夏之月，令祀百辟卿士之有德于民者。'《礼记·太学志》曰：'礼，士大夫学于圣人、善人，祭于明堂，无其位者祭于太学。'""太学，明堂之东序也，皆在明堂辟雍之内。"以上言养老、祀先贤。"《王制》曰：天子'出征执有罪，反，释奠于学，以讯馘告。'《乐记》曰：'武王伐殷，荐俘馘于京太室。'《诗·鲁颂》云：'矫矫虎臣，在泮献馘。'京，镐京也。太室，辟雍之中明堂太室，与诸侯泮宫俱献馘焉，即《王制》所谓'以讯馘告'者也。以上言献俘。按，《王制》言天子出征，"受命于祖，受成于学"，示不敢专也。《礼记》曰：'祀乎明堂，所以教诸侯之孝也。'《孝经》曰：'孝弟之至，通于神明，光于四海。'《诗》云：'自西自东，自南自北，无思不服。'言行孝者则曰明堂，行弟者则曰太学，故《孝经》合以为一义，而称镐京之诗以明之。凡此皆明堂、太室、辟雍、太学事通文合之义也。"中郎此文所引多存佚礼，明堂事相略备，而谓"行孝则曰明堂，行弟则曰太学"二语尤精，后儒未有能及之者也。至袁准《正论》则曰："明堂、宗庙、太学，礼之大物也。事义不同，各有所为。"大意以祀天不与人鬼同宫，众学不与宗庙共处，其结论曰："明堂者，大朝诸侯讲礼之处。宗庙，享鬼神岁觐之宫。辟雍，大射养孤之处。大学，众学之居。灵台，望气之观。清庙，训俭之室。各有所为，非一处也。"清儒惠栋驳之曰："明堂、太庙、清庙本一物。太庙之中有太室，宗祀之所。朝诸侯则于明堂。灵台在其上，太学在其东，辟雍在四门之外。宗祀、朝觐、飨射、视学、造士、养老、恤孤，皆统于明堂之法，故汉儒谓之一物。如袁氏之说，则圣王之政漫无统纪，非三代之法也。其余所引礼制皆疏，惠氏逐条驳之，今不具引。"文在惠氏撰《明堂大道录》。

明堂制度之数，《周礼·考工记》，《逸周书》，《大戴礼·盛德篇》，《孝经援神契》，《白虎通》皆有之，详略互异，以《大戴礼》及蔡邕《明堂论》为详。《大戴礼·盛德篇》言明堂"凡九室，一室而有四户八牖"，故为"三十六户，七十二牖。以茅盖屋，上圆下方"[1]，其外名曰辟雍。以下与蔡氏论文同。据蔡氏《明堂论》，"堂方百四十四尺，《坤》之策也。屋圆，屋径二百一十六尺，《乾》之策也。太庙明堂方三十六丈，通天屋径九丈，阴阳九六之变也。圆盖方载，六九之道也。八闼以象八卦，九室以象九州，十二宫以应十二辰，三十六户七十二牖，以四户八牖乘九室之数也。户皆外设而不闭，示天下不藏也。通天屋高八十一尺，黄锺九九实也。二十八柱列于四方，亦七宿之象也。堂高三丈，以应三统，四向五色者，象其行。外广二十四丈，应一岁二十四气。四周以水，象四海"。故曰："王者之大礼也"。此特明法数，不可泥。

又六天之说，实为以一气统五行之义。五方天帝表五行，昊天表一气。青帝灵威仰，赤帝赤熛怒，黄帝含枢纽，白帝白招拒，黑帝汁光纪，北辰耀魄宝，其名皆出于纬书。《月令》曰：春帝太皞，其神勾芒；夏帝炎帝，其神祝融；中央黄帝，其神后土；秋帝少皞，其神蓐收；冬帝颛顼，其神玄冥。此皆不可以名相为碍，当求其义。《礼记·郊特牲》正义曰："据其在上之体谓之天，天为体称；因其生育之功谓之帝，帝为德称。"其义亦是《月令》有帝复有神者，帝言其德，神言其用也。《虞书》"禋于六宗"，亦谓天地四时，据《尚书大传》说。言六府三事，远在《洪范》五行之前。《周礼》以天地四时名官，此皆配天之别义，亦明堂之遗法也。

学者既知明堂为圣人之根本大法，德教之根本大义，其事相之闳大如此，然后于配天之说可以无疑矣。凡今人所名为伦理、教育、政治、经济、法律以至军事，在古制皆摄在明堂之中。一有违失，则倍于礼度而为不顺。天法不应德法，即不可以为孝，不可以配天。故谓《圣治》一章，是显即体之相大也。

附语：

"不敢遗小国之臣"，"不敢侮于鳏寡"，"不敢失于臣妾"，即《广要道章》"敬一人而千万人悦，所敬者寡而悦者众"之义。是一多相即也。

《易》曰"雷出地奋，豫。先王以作乐〔崇德〕，殷荐之上帝，以配祖考"，即谓以祖考配之。

《国语》："先王之制：邦内甸服，邦外侯服，侯、卫宾服，蛮、夷要服，戎、翟荒服。甸服者祭，侯服者祀，〔宾服者享，〕要服者贡，荒服者王。"

"是以四海之内，各以其职来助祭。""助"字今本脱，当据《礼器》正义补。

郑注："越裳重译来贡，是得万国之欢心。"

《明堂位》，据《隋书·经籍志》，马融"传小戴之学，融又足《月令》一篇、《明堂位》一篇"，是或出于马融。后儒亦有疑为刘歆所撰者，因其中有"周公践天子位"一语可疑。

《肇论》云："道远乎哉，触事而真；圣远乎哉，体之即神。"陶诗："天岂去此哉，任真无所先。"皆可谓善言天者，即知天也。

程子曰："《诗》《书》中凡有个主宰底意思，皆言帝；有一个包涵遍覆底意思，则言天；有一个公共无私底意思，则言王。上下千百岁中若合符契。"

又云："尝喻以心知天，犹居京师往长安，但知出西门便可到长安，此犹是言作两处。若要诚实，只在京师便是到长安，更不可别求长安。禅家每云'含元殿里说长安'。只心便是天，尽之便知性，知性便知天。当处认取，更不可外求。"又云："死生存亡，皆知所从来，胸中莹然无疑，止此理耳。孔子言'未知生，焉知死'，盖略言之。死之事即生是也，更无别理。"

又云："'上天之载，无声无臭，仪刑文王，万邦作孚'，上天又无声臭之可闻，只有文王便万邦取信也。'维天之命，于穆不已'，盖天之所以为天也，于乎不显文王之德之纯，盖言文王之所以为文也，文王之德，直是同天。'昊天曰明，及尔出王。昊天曰旦，及尔游衍'，只为常是这个道理。亦须待心熟，便自然别。"

又云："凡物参和交感则生，不和分散则死。凡有气莫非天，凡有形莫非地。"又云："有形总是气，无形总是道。"按，言天有时以气言，如形气相望是；有时纯以理言，则以气即形，故以有形无形相望说。又云："郊祀配天，宗庙配上帝，天与上帝一也。在郊言天，以其冬至生物之始，故祭于圜丘而配以祖，陶匏稿秸，扫地而祭。宗祀言上帝，以季秋成物之时，故祭于明堂而配以父，其礼必以宗庙之礼享之。此义甚彰灼，但《孝经》之文有可疑处。周公祭祀，当推成王为主人，则当推武王以配上帝，不当言文王配，若文王配，则周公自当祭祀矣。周公必不如此。"按，程子说似未深考，以为周公制礼作乐，当在相成王时。然《中庸》言达孝，以武王、周公并称，则武王时已行之，此礼当为周公所制，故《孝经》以属之周公耳。时祭有祧，大祭当不祧文王也。又按，刘元承录一节与此不同，似较可信。问："严父配天，何以称周公其人而不称武王？"曰："大抵周家制作皆周公为之，故言礼者必归之周公。"

《乐记》曰："未卜禘，不视学。"《王制》曰："天子出征，受命于祖，受成于学。"《礼运》曰："宗祝在庙，太室。三公在朝，明堂。三老在学。太学。"《诗》："邕邕在宫，肃肃在庙。"郑笺云："群臣助文王养老则尚和，主祭于庙则尚敬。"凡经传言宗庙、朝廷，皆相次而及，统于明堂。犹今总言政府，别有各部耳。

孟子曰："明堂者，王者之堂也。"《御览》引《黄图》曰："明堂者，明天道之堂也。"

《虞书》："乃命羲和，钦若昊天，历象日月星辰，敬授民时。"《孟子》："周公思兼三王，以施四事。"《尚书大传》："四事者，谓施于春秋冬夏。帝王之政，必与天道相应，故有明堂月令。如孟春之令曰：毋变天之道，毋绝地之理，毋乱人之纪。"盖谓施之不时，则三事俱失，灾害并至也。贾逵、马融并以《月令》为周公所作。

《曲礼》有"天子之六府，曰司土、司木、司水、司草、司器、司货，典司六职"，又有六工，"曰土工、金工、石工、木工、兽工、草工，典制六材"。与《尚书》言六府别。郑注以为皆殷制。《大戴礼·盛德篇》："古之御政以治天下者，冢宰之官以成道，司徒之官以成德，宗伯之官以成仁，司马之官以成圣，司寇之官以成义，司空之官以成礼。"此《周官》大义也。此见政为教摄，以今语释之，则政治即是道德，道德外无别有所谓政治。

原刑

上来所举显示自性体用之大，极于配天。向下经文九章，俱是广明行相。若约义说，并属《礼》《乐》教，收在《论语大义》说"《礼》《乐》教"中，已略举其要，今不具释。就中有简异一义，却须抉示。异者何谓？与本经宗趣违异，故须简也。因性是孝，违性是不孝，是谓乖宗。顺天下为治，逆之则乱，是谓异趣。先简不孝，后简乱。在经文曰："事亲者居上不骄，为下不乱，在丑不争。居上而骄则亡，为下而乱则刑，在丑而争则兵。三者不除，虽日用三牲之养，犹为不孝也。"此是第一重，简不孝之相为骄、乱、争，即恶慢之施而爱敬之反也。"五刑之属三千，罪莫大于不孝。要君者无上，非圣人者无法，非孝者无亲，此大乱之道也。"此是第二重，简恶慢之害极于三无，变行大为罪大，目为大乱之道。约前章危亡兵刑之交患而言之，是毁伤之甚者，盖反德斯有刑，反治则为乱也。第一重是简宗异。违德教，违天性，则为不孝也。第二重是简趣异。违孝治，违于顺天下之道，则为大乱之道也。前后相望，文义了然可知。

《易·系辞》曰："危者，安其位者也。亡者，保其存者也。乱者，有其治者也。是故君子安而不忘危，存而不忘亡，治而不忘乱，是以身安而国家可保也。"《诸侯章》曰："在上不骄，高而不危，制节谨度，满而不溢。"故知骄者即是危亡之道。《书》曰："予临兆民，凛乎若朽索之驭六马。为人上者，奈何不敬？"骄即不敬也，乱即不序，争即不和，孝弟失而礼乐废，是以兵刑随之，祸至于亡。不言危而言亡者，甚之也。此三者并为凶德，易地皆然，亦犹忠顺之可移也。要君者，挟众怙势以觊权位，故无上。非圣者，无知妄作，私智自用，恶其害已而侮圣人之言，故无法。非孝者，徇欲忘生，侮厥父母，曰"昔之人无闻知"，故无亲。三者亦互相因借，有一于此，则乱成矣。自来天下之乱，未有不因是三恶而生者，并为不孝之罪。曰"罪莫大"，曰"大乱之道"，大之者，甚之也。文义既明，约此二重，举因该果，应以刑德相望为说，故当原刑。何以独言刑？须知教以成治，由德而生；刑以止乱，亦由乱起。治乱之本，刑德之用，由于性德违顺之异而已。刑是政摄，兵亦刑摄，政乃教摄，教为性摄。知此四摄，则知刑亦是教，对德为言，相反而相成也。《虞书》帝命皋陶："汝作士，明于五刑，以弼五教，期于予治，刑期于无刑。"《易·蒙》之初六曰："发蒙，利用刑人。"《象》曰："'利用刑人'，以正法也。"明刑以弼教，义在发蒙。昧于性德，不受教化，然后有刑。言正法者，正其德法也。"期于无刑"，则复归于德，故刑亦教也。原刑之所生，由于悖德。"天讨有罪"，咸其自取，非人所加。圣人因物付物，无所措心，故谓龚行天罚。然则德者自得，刑实自刑也。孝治之效，"民用和睦，上下无怨"。"礼乐明备"，则兵刑无所用之，故除戎器以戒不虞，画衣裳而民不犯，是谓"期于无刑"。"期"之云者，明非可绝，但任德而不任刑耳。蛮夷猾夏，寇贼奸宄，然后乃任兵刑。圣人犹曰"礼乐不兴则刑罚不中"，所以明罚敕法，亦是齐之以礼。"先之以敬让而民不争"，"示之以好恶而民知禁"，斯所谓绝利一源者也。是知兵刑之作，由于礼乐不兴；礼乐不兴，由于德教不修；德教不修，由于孝弟不达；孝弟不达，由于性德不明。以此四重推求，取舍可定，此《孝经》所以为"至德要道"，根本之教也。

　　《大戴礼·曾子大孝篇》曰："民之本教曰孝"，"仁者，仁此者也。义者，宜此者也。忠者，中此者也。信者，信此者也。礼者，体此者也。行者，行此者也。强者，强此者也。乐自顺此生，刑自反此作"。此以七德并摄于孝，而七事宗归于乐。孝是其本，乐是其效。反此则有刑生，明刑亦乐之反也。孟子言乐之实亦在最后，与曾子意同。故知反德为刑，刑起即乐废矣。《乐记》曰："乐者，乐也。君子乐得其道，小人乐得其欲。以道制欲，则乐而不乱；以欲忘道，则惑而不乐。""惑而不乐"者，谓之天刑，谓之自刑。庄子曰："兵莫憯于志，而镆铘为下。"亦此意也。《盛德篇》曰："刑罚之所从生有源，不务塞其源，而务刑杀之，是为民设陷以贼之也。刑罚之源，生于嗜欲好恶不节。故明堂者，天法也。礼度，德法也。所以御民之嗜欲好恶以慎天法，以成德法也。刑法者，所以威不行德法者也。"此以刑法与德法对举，嗜欲好恶有节，则为德法；嗜欲好恶不节，斯有刑法。所以使不节者复归于节，是刑法之用，亦以成德法也。应知群经所示刑德相望，有互存互夺二门。互夺者，以德夺刑则化行刑措，唯德无刑，夺刑俱尽；以刑夺德则刑起乐亡，由于不德，亦夺德无余。互存者，则刑以辅教，摄刑归德，因德制刑，施刑为德，是以刑德得并存也。以是二义求之，则于群经说刑德互异处，悉可圆融无碍。然《孝经》之旨，准此以谈，在明宗中，是唯德无刑；在简异中，则是施刑为德。亦是二门并用也。

　　石斋黄氏曰："《孝经》者，其为辟兵而作乎？辟兵与刑，孝治乃成。兵刑之生，皆始于争。为孝以教仁，为弟以教让，何争之有？故曰：'尧、舜率天下以仁而民从之，桀、纣率天下以暴而民从之。其所令反其所好，而民不从。''所藏乎身不恕，而能喻诸人者，未之有也。'《周颂》曰：'敬之敬之，天维显思。命不易哉，无曰高高在上。陟降厥土，日监在兹。'《泰誓》曰：'予克受，非予武，惟朕文考无罪。受克予，非朕文考有罪，惟予小子无良。'甚矣，圣人之危也，其孝愈大，则其敬也愈至矣。"此为居上而骄者言之。又曰："兵用而后法，法用而后刑，兵刑杂用，而道德乃衰矣。圣人之禁也，曰'示之以好恶'。'示之以好恶'则犹未有禁也，刑而后禁之。《周礼》，司徒以六行教民，司寇以五刑匡其不率。于是有不孝之刑，不友之刑，不睦姻、不任恤之刑，此六者非刑之所能禁也。刑之所能禁者，寇贼奸宄耳。然其习为寇贼奸宄者，刑亦不能禁也。必以之禁六行，则是束民性而法之也。束民性而法之，不有阳窃，必有阴败。阳窃阴败，以名实言之。行可饰，德不可伪也。故束之于法，虽免而无耻，道之以德则格矣。由是尧、舜之礼乐与名法争骛矣。然且夫子犹言刑法，何也？人情易偷，偷而去节，则以礼为戎首，故礼刑相维，以刑教礼。夫子之时，墨氏未著，而子桑、原壤之徒，皆临丧不哀，未有非之者。夫子逆知后世之治礼乐，必入于墨氏以燀乱天下，刑衰礼息，爱敬不生，而'非圣''无亲'者始得肆志于天下，故特著而豫防之。"此为任法去礼者言之。按黄氏之言，亦是先用互夺门，后用互存门。然独排墨氏而不及老，实则道、墨、名、法四家之失，并由不知德教之本，有夺无存，以私智为可以易天下，准以圣人之言，则其偏小自见，亦无待于辞辟也。

董生说《春秋》义、《孝经》义，皆以阴阳为说，亦用二门。如曰："天数右阳而不右阴，务德而不务刑。刑之不可任以成世，犹阴之不可任以成岁也。为政而任刑谓之逆天，非王道也。"此是互夺门。又曰："阳为德，阴为刑。反德而顺于德，亦权之类也。是故天以阴为权，以阳为经。阳出而南，阴出而北。经用于盛，权用于末。以此见天之显经隐权，前德而后刑也。"此是互存门。举此一例，其余可推。《汉书·刑法志》曰："不仁爱则不能群，不能群则不胜物，不胜物则养不足。群而不足，争心将作，上圣卓然先行敬让博爱之德者，众心说而从之。从之成群，是为君矣；归而往之，是为王矣。《洪范》曰：'天子作民父母，为天下王。'""明仁爱德让，王道之本也。爱待敬而不败，德须威而久立，故制礼以崇敬，作刑以明威也。圣人既躬明悊之性，必通天地之心，制礼作乐，立法设刑，动缘民情而则天象地。故曰，先王立礼，

'则天之明。因地之性'也。刑罚威狱，以类天之震曜杀戮也，温慈惠和，以效地之生殖长育也。"此亦是互存门。然班固虽长于典制，其推刑法之原，未能如《大戴礼》之得其要也。《左传》，子产相郑而铸刑书，晋叔向非之曰："昔者先王议事，不为刑辟。夏有乱政而作禹刑，商有乱政而作汤刑，周有乱政而作九刑。三辟之兴，皆叔世也。今吾子相郑国，制参辟，铸刑书，将以靖民，不亦难乎!"此用互夺门也。《荀子·宥坐篇》："孔子为鲁司寇，有父子讼者，孔子拘之，三月不别。谓不判其罪。其父请止，孔子舍之。季孙闻之，不说，曰：'是老也欺予，语予曰：为国家必以孝。今杀一人以戮不孝，又舍之。'冉子以告。孔子慨然叹曰：'呜呼! 上失之，下杀之，其可乎? 不教其民而听其狱，杀不辜也。三军大败，不可斩也；狱犴不治，不可刑也。罪不在民故也。嫚令谨诛，贼也。今生也有时，敛也无时，敛谓赋敛。暴也。不教而责成功，虐也。已此三者，然后刑可即也。《书》曰："义刑义杀，勿庸以即，予维曰未有顺事。"《书·康诰》周公命康叔之辞。言惟刑之恤，勿任喜怒，虽协于义，犹曰未有使人顺守之道，当自责其教不至。言先教也。'故先王既陈之以道，上先服之。服，行也。谓先自行。若不可，尚贤以綦之。若不可，废不能以单之。杨倞曰："綦，极也。谓优宠。单，尽也。谓黜削，或为殚。"按《家语》"綦之"作"劝之"，"单"作"殚"。綦三年而百姓从矣。邪民不从，然后俟之以刑，则民知罪矣。"此先德后刑，存夺互用，乃圣人之言，《孝经》之旨也。

学者当知《孝经》之义广说难尽，今唯略说，已知六艺为博，《孝经》为约。亦当略判教相，举要而言，至德，《诗》《乐》之实也；要道，《书》《礼》之实也；三才，《大易》之旨也；五孝，《春秋》之义也。言"其教不肃而成"，是《诗》《乐》之会也；始于《诗》而终于《乐》。言"其政不严而治"，是《书》《礼》之会也；《礼》为体而《书》为用。又政教皆《礼》之施也；"不肃而成，不严而治"，则《乐》之效也。《乐》主德而《礼》主行，《易》显性而《春秋》显道。父子天性，准乎《易》也；君臣之义，准乎《春秋》也。明堂四学，则乐正四教所由制也；配天飨帝，则圣人盛德之极致也。言德，则是《易》之尽性也；言刑，则是《春秋》之正名也。由是推之，交参互入，重重无尽。须知六艺皆为德教所作，而《孝经》实为之本；六艺皆为显性之书，而《孝经》特明其要。故曰一言而可以该性德之全者，曰仁；一言而可以该行仁之道者，曰孝。此所以为六艺之根本，亦为六艺之总会也。

附语：

成即全也，无一毫欠缺，乃全顺天下，即成身义。本经言"终于立身"，《哀公问》言"成身"，一也。圣人之孝，以天地万物为一身，故成物即是成己，配天亦即是成身。天下有一物不得其所者，犹疾痛之在吾身也，天下至于乱亡，非毁伤之甚乎？

安危、存亡、治乱，俱在心术上判。今人只知在物质上判，所安者或是危道，求存者或反以致亡，求治者或反以致乱，不知其本也。

身是正报，国家是依报。

今人每以富强为治，不知富强只是富强，不可以名治，治须是德教。如秦人只名富强，不可名治，虽并六国，不旋踵而亡。今西洋之为国者，富强则有之，然皆危亡之道儳焉不可终日，亦不可名治。

《汉书·刑法志》引孔子曰："如有王者，必世而后仁。善人为邦百年，亦可以胜残去杀。""言圣王承衰拨乱而起，被民以德教，变而化之，必世然后仁道成焉。至于善人，不入于室，然犹百年胜残去杀矣。此为国者之程式也"。"古人有言：'满堂饮酒，一人向隅而悲泣，则一堂皆为之不乐。'王者之于天下，譬犹一堂之上也，故一人不得其平，为之凄怆于心。今郡国被刑而死者，岁以万数，天下狱二千余所"，"此和气所以未洽者也"。

《乐记》曰："人生而静，天之性也。感于物而动，性之欲也。物至知知，而后好恶形焉。好恶无节于内，知诱于外，不能反躬，天理灭矣。夫物之感人无穷，而人之好恶无节，则是物至而人化物也。人化物也者，灭天理而穷人欲者也。于是有悖逆诈伪之心，有淫佚作乱之事，是故强者胁弱，众者暴寡，知者诈愚，勇者苦怯，疾病不养，老幼孤独不得其所，此大乱之道也。"此一段文可为刑罚之原的实注脚。

凡不能化物，即为物化。德法者，所以成化物之事也；刑法者，所以戒物化之人也。尧、舜之世，比屋可封，化物也；桀、纣之世，比屋可诛，物化也。

《乐记》引孔子曰"安上治民，莫善于礼"，"移风易俗，莫善于乐"[2]，即《孝经·广要道》章文。又曰："礼节民心，乐和民声，政以行之，刑以防之，礼乐刑政四达而不悖，则王道备矣。"详《乐记》。四者并称，此礼乐为主而刑政辅之。《论语》则以德礼与政刑相对，以明本末之用殊。朱子曰："政者，为治之具。刑者，辅治之法。德礼则所以出治之本，而德又礼之本也。"

《汉书·刑法志》引孔子曰："古之知法者能省刑，本也；今之知法者不失有罪，末矣。"又曰："今之听狱者，求所以杀之；古之听狱者，求所以生之。"此即孟子所谓"以生道杀民"、"以佚道使民"也。今之言政刑者反是。生道、佚道即是德，杀民、使民以是即是因德制刑、施刑为德也。[3]

今人目道德为社会习惯上共同遵守之信条，是即石斋所谓"束民性而法之"也。是其所谓道德者，亦是法之一种，换言之，乃是有刑而无德也。其根本错误，由于不知道德是出于性而刑政亦出于道。中国先秦法家亦言道，彼其道之观念与儒者全不同。出于道家因任自然，虽亦是私智，尚较今日法家高出一等。

朱子说："二氏只是一个不耐烦底人。他事事想逃避，此便是自私。"清谈末流，任诞废务，却是如此。若大乘一类机发大心，负荷众生，却骂他自私不得。

《汉书·礼乐志》，文帝时，贾谊以为汉承秦之败俗，废礼义，捐廉耻，其甚者杀父兄，盗者取庙器，而大臣特以薄书不报期会为故，至于风俗流溢，恬不为怪。夫移风易俗，使天下回心而向道，类非俗吏之所能为也。宜定制度，兴礼乐。乃草具其仪，而降、灌之属害之。至武帝时，董仲舒对策言：王者欲有所为，宜求其端于天。天道任德不任刑，犹阴之不可任以成岁。今废先王之德教，独用执法之吏治民，难以成治。时武帝方锐志武功，征讨四夷，不暇留意礼文之事。宣帝时，谏大夫王吉上疏云：今公卿务在簿书断狱听讼而已，非太平之基也。俗吏所以牧民者，非有礼义科指，以意穿凿，各取一切。盖谓苟适一时。是以诈伪萌生，刑罚无极，质朴日消，恩爱浸薄。愿与大臣延儒生，述旧礼。上不纳。成帝时，刘向复言：礼以养人为本，今日不能具礼，而刑罚之过，则谓救时。至于礼乐，则曰不敢，是敢于杀人不敢于养人也。教化重，刑法轻，今舍所重而急所轻，非所以致太平也。承衰周、暴秦余敝，民渐渍恶俗，贪饕险诐，不闲义理，不示以大化，终已不改。成帝以向言下公卿议，会向卒。结语曰："大汉继周，久旷大仪，未有立礼成乐，此贾谊、仲舒、王吉、刘向之徒所为发愤而增叹也。"观西汉诸儒每致恨于秦俗。秦，戎翟之国，任法致富强，遂并六国，绝似今日资本主义之务侵略。其政体亦近于今之所谓极权国家。秦虽亡而汉承其弊，民俗衰薄，历二百余年不改。至光武始重儒术，稍稍变革。东汉气节，实比西汉为盛。此其消息何也？举此一例，百世可知。

校勘记

[1] 按所引之文乃出自《大戴礼·明堂篇》，《盛德篇》不载明堂之制。故并上文皆当言《大戴礼·明堂篇》。

[2] 前句系《礼记·经解》引孔子语。后句《乐记》作"移风易俗，天下皆宁"。

[3] "杀民、使民以是即是因德制刑、施刑为德也"，其中"以是"二字疑是衍文。

卷四

诗教绪论

序说

在《论语》《孝经大义》中已略为举示六艺体要。学者依此涂径求之于圣贤言语，理会得一分，即自心义理显现得一分。此不是训诂考据边事，亦不是于先儒旧说之外用私意窥测，务求新义，以资谈助。切不可守此知解，便谓已足，须知此是穷理之事，亦即践形尽性之事。依此致思，即要依此力行，方有入处。前谓志于学、志于道、志于仁一也。学是知仁，道是行仁。今治六艺之学为求仁也。欲为仁，须从行孝起；欲识仁，须从学《诗》入。故今继《孝经》后略明《诗》教。题曰"绪论"者，所以别于常涂之题"通论""概论"。根据群经，出其端绪，寄之言说，使可引申触类，举一反三，言之不能尽也。又，绪者，余也，先儒之所引而未发者，今乃拾其余绪，推而衍之，以为学者致思之助云尔。

六艺之教，莫先于《诗》。于此感发兴起，乃可识仁。故曰："兴于诗。"又曰："诗可以兴。""诗者，志之所之也，在心为志，发言为诗。"故一切言教皆摄于《诗》。"苟志于仁，无恶也"，心之所之莫不仁，则其形于言者亦莫不仁。故曰"不学《诗》，无以言"也。仁者，心之全德。人心须是无一毫私系时，斯能感而遂通，无不得其正。即此便是天理之发现流行，无乎不在，全体是仁。若一有私系，则所感者狭而失其正，触处滞碍，与天地万物皆成睽隔而流为不仁矣。故曰："正得失，动天地，感鬼神，莫近于《诗》。"程子曰："圣人感天下之心如寒暑雨旸无不通、无不应者，贞而已矣。贞者，虚中无我之谓也。""用其私心以感物，则思之所及者有能感而动，所不及者不能感也。""既主于一隅一事，岂能廓然无所不通乎？"《易·咸》卦九四传。"天地感而万物化生，圣人感人心而天下和平，观其所感而天地万物之情可见矣。"于此会得，乃可以言《诗》教。

向来说《诗》多宗毛、郑。朱子不信《小序》，后儒亦疑其未安。清人纂辑三家《诗》佚义特详。《汉书·儒林传》曰："言《诗》，于鲁则申培公，于齐则辕固生，燕则韩太傅。"《史记·儒林传》同。是为三家《诗》之祖。据陆玑《毛诗草木疏》引三国吴人徐整云："子夏传曾申，申传魏人李克，克传鲁人孟仲子，孟仲子传根牟子，根牟子传赵人荀卿，荀卿传鲁国毛亨。"是荀卿为子夏五传，大毛公为六传，浮丘伯亦为六传，申公受《诗》浮丘伯为七传，小毛公亦为七传，俱出子夏、荀卿，是《毛诗》与《鲁诗》同源也。辕固生不详所出，然与浮丘伯俱为齐人，疑亦出浮丘伯也。韩婴虽别出，然《汉书·儒林传》称："婴推诗人之意，而作内、外传数万言，其语颇与齐鲁间殊，然归一也。"今《内传》久佚，《外传》引荀卿说《诗》者四十余条，是韩婴之学亦出于荀卿。《困学纪闻》亦言"申、毛之学皆出荀卿，《韩诗外传》多述荀书"。故知《毛诗》与三家异同俱是后起。近人皮锡瑞谓"诗说愈古者愈可信"，其言近是。然综观末流之失，皆有类于孟子所讥高叟之固也。岂若直求之《论》《孟》及《戴记》诸篇，七十子后学所称引不愈古邪？今按，孔门说《诗》贵告往知来，孟子亦言"以意逆志，是为得之"，其则不远。至标举胜义，《大序》尽之，论事考迹，无过《诗谱序》，后有述者，莫能外矣。子夏传《诗》、传《礼》、传《易》。又纬书引孔子言以《春秋》属商。魏文侯就而问乐，咨以国政。故六艺之文，其传授较然。特详者宜莫如子夏，而《孔子闲居》一篇尤《诗》之大义所在。明乎礼乐之原，则通于《礼》《乐》；叙三王之德，则通于《书》；言"天有四时"，"地载神气"，"莫非教也"，则通于《易》《春秋》。举一《诗》而六艺全摄，故谓欲明《诗》教之旨，当求之是篇。今为略释于后。

孔子闲居释义

将释此文，约义分四科。

一、总显君德。起"孔子曰"，迄"此之谓民之父母矣"。

二、别示德相。分二：一、五至；二、三无。起"子夏曰"，迄"无服之丧也"。

三、明德用。五起。起"子夏曰"，讫"施于孙子"。

四、叹德化。分二：一、约三无私、叹德本；二、答参天地、叹功化。起"子夏曰三王之德"，讫"大王之德也"。

前序后结可知。

一　总显君德

孔子闲居，子夏侍。子夏曰："敢问《诗》云'岂弟君子，民之父母'，何如斯可谓民之父母矣？"

序起问。

孔子曰："夫民之父母乎，必达于礼乐之原，以致五至而行三无，以横于天下，四方有败，必先知之，此之谓民之父母矣。"

此为总显君德。《诗·大雅·洞酌》篇文，小序谓"召康公戒成王"之辞，子夏何以独举此为问？观《论语》礼后之对及答樊迟"不仁者远"之言，知子夏善悟，最能领会圣人言下深旨，如此《诗》文义岂待更问？所以发斯问者，乃欲深探王政之本，虽已有见处，犹欲夫子广陈德相，推究其极，以资深证，故假"民之父母"以发问。孔子知其机胜，故以了义告之。此真内圣外王之学也。观孔门问答，当思七十子之徒所学为何事。如子夏者，虽未及颜、曾位邻于圣，而其学则足以知圣，亦可以为王者师矣。兹篇广陈圣德而纳之于《诗》，方见《诗》教之大，非子夏殆未足以语此。篇终记："子夏蹶然而起，负墙而立曰：'弟子敢不承乎？'"须是如此方足以传《诗》，知此则知西汉以来博士经生之说未能承当得此事。今欲学《诗》，以知圣为要。观子夏亲爱于孔子之言而能知所兴起，斯可以直接子夏，可与言《诗》矣。

群经皆称君子，而以《诗》与《易》为最多。本为题德之目，时亦被之在位。以其具有君德，故称君子。《学记》曰："师也者，所以学为君也。""三王四代唯其师"，言为君之道，皆务自学充之。天生烝民，立之君，作之师，故曰："君师者，治之本。"古者政教一理，君师一道，未有能为君而不能为师者也。《易·乾·文言》君子与大人、圣人并称，于初唯言"龙德"，于二则曰"君德"，于五则变言"天德"，其实一也。二非君位而言"君德"，五为君位而言"天德"，明有君德不必定居君位，而九五君位乃位乎天德也。失德则失位，至"乾元用九"，乃言"天德不可为首"，舜、禹之有天下而不与以之。今言"岂弟君子"唯是君德，"民之父母"则为君位。《洪范》曰"天子作民父母，以为天下王"，此明是表位；而孔子答言"必达于礼乐之原，以致五至而行三无"，则唯称其德。至下子夏别起"参于天地"之问，乃正言"三王之德"，仍是略位而言德，然则圣人之意可知也。故科题曰"总显君德"。

德相之目，下文详之，然亦须先标总相。总相者何？仁是也。岂弟本训乐易，此以仁者气象言之。有乐易之气象者，知其具仁之德也。《易·乾·文言》曰："君子体仁足以长人，嘉会足以合礼，利物足以和义，贞固足以干事。君子行此四德者，故曰：'乾：元、亨、利、贞。'"知仁包四德，即知《诗》统四教。《大学》曰："为人君止于仁。"《系辞》曰："圣人之大宝曰位。"何以守位？曰仁。孟子曰："天子不仁，不保四海。"仁者心无私系，以百姓心为心：天下之饥溺，己之饥溺也；生民之疾苦，己之疾苦也。故曰："四方有败，必先知之。"郑注"败"为"祸灾"。犹雨旸寒暑之感于肌肤也。"以不忍人之心行不忍人之政"，'如保赤子'，唯恐伤之，则灾害祸乱何自而作乎？知几其神，通微曰睿。绝纤芥之恶于未兆，消潜隐之患于无形。既曰"先知"，则不待其著见矣。如物坏而始饰之，水至而始堙之，不唯后时为不智，亦由无感而不仁也。故下文曰"《诗》之所至无不至焉"者，即仁之所感无不通也。又"礼乐之原"即仁也。"人而不仁，如礼何？人而不仁，如乐何？""穷神知化由通于礼乐"，亦即"尽性至命必本于孝弟"也。先王之所以同民心而出治道者，在慎其所感而已。知礼乐之情者能作，识礼乐之文者能述，言达乎礼乐之原者谓合敬同爱，如天之无不覆帱，如地之无不持载者也。此君德之仁，即《诗》教之体也。颜渊"天下归仁"，故告以四代礼乐；仲弓"居敬行简"，故许以"可使南面"：皆具君子之德者也。君子之德者，君德也。君德者，仁也。"君子去仁，恶乎成名？"故可谓"民之父母"者，亦仁而已矣。以上总显君德竟。

附语：

记曰："见其礼而知其政，闻其乐而知其德。"是以《诗》《书》《礼》《乐》参互言之。政即《书》之实也，德即《诗》之实也。《诗》《乐》必与《书》《礼》通，故曰："诵《诗》三百，授之以政，不达"，"虽多，亦奚以为"。《大序》曰："治世之音安以乐，其政和；乱世之音怨以怒，其政乖；亡国之音哀以思，其民困。"《乐记》引此文同，而结之曰："声音之道与政通矣。"《左传·襄二十九年》"吴季札来聘，请观于周乐"一段文字，是说《诗》之最古者，是乃"闻其乐而知其德"也。如歌《二南》曰"美哉，始基之矣"，"勤而不怨矣"；歌《邶》《庸》《卫》曰"美哉渊乎！忧而不困者也。吾闻卫康叔、武公之德如是，其卫风乎"。他如知郑之先亡、齐之必大，歌《大雅》则叹"文王之德盛"，歌《小雅》则叹"周德之衰"，歌《颂》则以为"盛德之所同"，皆论德以辨其《诗》也。

赵邠卿《孟子题辞》谓孟子通五经，尤长于《诗》《书》。今观孟子说王政最透彻。

《汉书·贾谊传》：谊年十八，以能诵《诗》《书》属文称于郡中。河南守吴公召置门下。文帝闻吴公治平为天下第一，故与李斯同邑，而尝学事焉，征以为廷尉。乃荐谊为博士。刘向称贾谊言三代与秦治乱之意，其论甚美，通达国体，虽古之伊、管未能远过也。《河间献王传》：王被服儒术，造次必于儒者。武帝时对三雍宫及诏策所问三十余事。其对推道术而言，得事之中，文约旨明。王薨，中尉常丽以闻，曰："王身端行治，温仁恭俭，笃敬爱下，明知深察，惠于鳏寡。"此亦称其达于政也。

《汉书·儒林传》：武帝迎申公，问治乱之事，对曰："为治者不在多言，顾力行何如耳。"其言朴直如此。辕固生在景帝时，与黄生辨汤武受命云："夫桀、纣荒乱，天下之心皆归汤、武，汤、武因天下之心而诛桀、纣，桀、纣之民弗为使而归汤、武，汤、武不得已而立，非受命而何？"其义亦甚正大。窦太后好老子书，召问固。固曰："此家人言耳。"可知申公、辕固生皆通达治体。韩婴并通《易》。燕赵间好《诗》，故其《易》微。尝与董仲舒论于上前，其人精悍，处事分明，仲舒不能难。今观《外传》之言，多达于政事。此见先汉诸儒说《诗》，不与经生博士相类。据其言以观之，知其达于政，乃真得《诗》教之旨也。

《汉书》称河间献王好书，得书多，与汉朝等。淮南王安亦好书，所招致多浮辩。献王其学举六艺，造次必于儒者。立《毛氏诗》《左氏春秋》博士。《说苑》载其言曰："尧存心于天下，加志于穷民，痛万姓之罹罪，忧众生之不遂也。有一民饥，则曰：'此我饥之也。'有一人寒，则曰：'此我寒之也。'一民有罪，则曰：'是我陷之也。'仁昭而义立，德博而化广。故不赏而民劝，不罚而民治，先恕而后教，是尧道也。"又曰："禹称民无食，则我不能使也；功成而不利于人，则我不能劝也。故疏河以道之，凿江通于九派，酾五湖而定东海，民亦劳矣，然而不怨苦者，利归于民也。"又曰："汤称学圣王之道，譬如日焉；静居独思，譬如火焉。夫舍学圣王之道，若舍日之光。独思若火之明也，可以见小，未可用大。知唯学问可以广明德慧也。"献王所称，当是《诗》

《书》佚说。

禅师家斥情识知解为鬼家活计、日下孤灯。《庄子》谓："日月出矣，而爝火不息。"佛书谓："佛放光则诸天光如聚墨。"孟子谓："日月有明，容光必照。"此与汤"火"、"日"之喻并是比兴之旨，性德如日，私智如火，性德显则私智自灭。学者当善会。

二　别示德相　复分二：初、五至。二、三无。今初。

子夏曰："民之父母，既得而闻之矣。敢问何谓五至？"

牒前起问，下示答。

子曰："志之所至，诗亦至焉；诗之所至，礼亦至焉；礼之所至，乐亦至焉；乐之所至，哀亦至焉。哀乐相生。是故正明目而视之，不可得而见也；倾耳而听之，不可得而闻也。志气塞乎天地。此之谓五至。"

答文分五：先出"五至"之目，互相因借；次"哀乐相生"句，别释所以；三"是故"下显微妙；四"志气"句，显周遍；五结成。

心下专直为志，言之精纯为诗，行之节为礼，德之和为乐。和顺积中，发为岂弟，动为恻怛。智大者悲深，愈岂弟则愈恻怛。就其岂弟名乐，就其恻怛名哀。至有三义：一来义，《说文》："至，鸟飞从高下至地也。不上去而下，来也。"二达义，三极义。湛寂之中，自然而感，如火始然，如泉涌出，莫之能御，此来义也。禅家谓静三昧中瞥起一念即来义。此念法尔清净，名之为觉，有照有用。迷之则为无明，因无明起念，谓之不觉。此即儒者所言道心、人心也。如来者，无所从来，亦无所去，正显道心。以此言志，志即仁也，犹彼言心即佛。如水浸润，竟体皆濡，如光照耀，幽暗毕烛，更无不到处，此达义也。如登山到最高顶，如涉水彻最深底，过此更无去处，此极义也。孟子曰"夫志，气之帅也"，"志至焉，气次焉"。横渠曰："夫德不胜气，性命于气；德胜其气，性命于德。命于气者，其气驳；命于德者，其气醇。不胜其气只是志不立，志立则气从。"在横渠谓之"胜其气"，实则是气志如一，斯谓之德。故此篇屡言气志，皆以形此德也。孟子亦言"其为气也，至大至刚，以直养而无害，则塞于天地之间"，与此篇相应。气摄于志，言摄于诗。知言者诗之事也，养气者志之事也。《坤·文言》曰："君子黄中通理，正位居体，美在其中而畅于四支，发于事业，美之至也。"黄为中央之色，故以黄表中。此亦言志气合一。孟子言"君子所性，仁义礼智根于心，其生色也，睟然见于面，盎于背，施于四体，四体不言而喻"，斯之谓至也。《易·系辞》曰："唯深也，故能通天下之志；唯几也，故能成天下之务；唯神也，故不疾而速，不行而至。"深是志至诗至，几是礼至乐至，神则乐至哀至。诚于此、动于彼之谓通，举因该果之谓成，无声无臭之谓速。能即是至，成亦是至，

"不疾而速，不行而至"则是理无不通，诚无不格，"范围天地之化而不过，曲成万物而不遗"，心体无亏欠时，万德具足。三世古今，不离当念；十方国土，不隔毫端。故神用无方，寂而常感。如是言"至"，义乃无遗。当知体用全该，内外交彻，志气合一，乃是其验。无远非近，无微非显，乃为至也。此之德相，前后相望，示有诸名，总显一心之妙，约之则为礼乐之原，散之则为六艺之用。当以内圣外王合释，二者互为其根。前至为圣，后至为王。如志至即内圣，诗至即外王；诗至即内圣，礼至即外王；礼至即内圣，乐至即外王；乐至即内圣，哀至即外王。此以礼乐并摄于诗，则诗是内圣，礼乐是外王。又原即是体为圣，达即是用为王。更以六艺分释，则《诗》是内圣，《书》是外王；《乐》是内圣，《礼》是外王；《易》是内圣，《春秋》是外王。《诗》既摄《书》，《礼》亦摄《乐》。合《礼》与《乐》是《易》，合《诗》与《书》是《春秋》。又《春秋》为礼义大宗，《春秋》即《礼》也；《诗》以"动天地、感鬼神"，《诗》即《易》也。交相融摄，不离一心，塞于天地，亘乎古今。易言之，则《诗》之所至，《书》亦至焉；《书》之所至，《礼》亦至焉；《礼》之所至，《乐》亦至焉；《乐》之所至，《易》亦至焉；《易》之所至，《春秋》亦至焉。五至之相，亦即六艺之所由兴也。五至始于志，故六艺莫先于《诗》。言《礼》《乐》而不及《书》者，明原以知委，举本以该迹。言《诗》而《书》在其中，言《礼》《乐》而《易》与《春秋》在其中也。"哀乐相生"者，屈伸变化之相也；"志气塞乎天地"者，充周溥博之相也。就其真实无妄则谓之体，就其神应无方则谓之用。体无乎不在，则用无乎不周。全其体则谓之圣，尽其用则谓之王，摄于志而主乎仁则谓之诗，被于物而措诸万事则谓之六艺。致者，推致其极之谓。"穷理尽性以至于命"，斯能致"五至"矣。礼乐之原即性命也。推此性命之德，致乎其极，即五至也，亦即六艺之道也。圣是体大，王是用大，五至是相大，故下文子夏特出"叹大"之言也。圣人尽力道出，要人直下承当，当体辨认，唯在密证，不在言诠。色取声求，如何可得？若执滞名言，拘牵度数，转求转远。故明示此为闻见之所不及，以深绝其外驰，复申言"志气塞乎天地"以克指其在迩，此真言教之极则也。子夏于此发明心要，故可以传《诗》。不遇上机，卒难悟入，切望学者善会，勿以依文解义为遂足以得其旨也。以上释"五至"。次释"三无"，有二番问答。

子夏曰："五至既得而闻之矣，敢问何谓三无？"

初问牒前起后，答示三无。

孔子曰："无声之乐，无体之礼，无服之丧，此之谓三无。"

文二：先出"三无"之目，次结。下引《诗》证成。

"敢问何诗近之？"孔子曰："'夙夜基命宥密'，无声之乐也；'威仪逮逮，不可选也'，无体之礼也；'凡民有丧，匍匐救之'，无服之丧也。"

次问三无之义于《诗》何征，答引《诗》分证其义。

上文五至言"致"，三无言"行"，致唯证量，行则有境，境智不二也。行主心行而言，非指事相之著，境非缘物而起，故名为无。犹佛氏所谓"无缘大慈同体大悲"也。五至极于哀至，哀至则起三无。"无"非虚无，乃是实相。寂而常感，故谓之至；感而常寂，故谓之无。乐之声律，礼之度数，丧服之隆杀，并缘境有与此想望，有粗妙之别。将欲显示其义，有非言语所能及者，故问"何诗近之"。举《诗》以为答者，亦以形容其德之深广耳。"夙夜"言其无闲也。"宥"训"深闳"。"密"言"静谧"。"基命"云者，"维天之命，于穆不已"，基于宥密，乃以合天。"维德之基"，"坤厚载物"，犹言承天也。"逮逮"，郑云"安和貌"。"选"，犹算也。"威仪三千"，摄于四事，视、听、言、动。"从容中道"，其数难量，温厉恭安，亦无定相，故曰"不可选也"。视民如伤，与民同患，常善救人，故无弃人。颠连之痛，伜于切肤；恻怆之怀，被于行路：故形之以"匍匐"也。钟鼓以为乐，升降以为礼，衰绖以为服者，礼乐之文也；"三无"者，礼乐之情也。蓝田吕氏曰："无声之乐是和之至，无体之礼是敬之至，无服之丧是哀之至。三者行之在心，外无形状。然则谓之'无'者，亦谓不可得而见闻也。"此皆直探心术之微，以示德相之大，故言"以横于天下"。若专以形名器数说礼乐者，则事相有所限，未足以尽此心之量也。学者诚欲达于礼乐之原，必先致"五至"，而后能行"三无"，乃可以言体仁，乃可由《诗》以通六艺。须知体仁亦有三义，体之于仁，以仁为体，全体是仁，如是三种次第。其初体之于仁，是求仁知仁之事也；以仁为体，则动必依仁、由仁而不违仁者也；全体是仁，乃是安仁，方为究竟。致"五至"者，智之事也；行"三无"者，圣之事也。道远乎哉，触事而真；圣远乎哉，体之即神。"内圣外王"之学，"穷神知化"之功，咸在于是。所言"兴于诗"者，至此方是真实究竟了义也。下言"五起"，即兴之事。须知曰"致"曰"行"，其间大有事在，亟须着眼领取，否则只是空言，仍与自己身心了无干涉也。思之。别示德相竟。

附语：

管子曰"止怒莫如诗"，此语甚好。

《素问》言"思胜怒"，此言"思"即谓志也。《诗》教温柔敦厚，故可以消忿懥暴戾之气。

杂而妄非志，嗲而野非诗。无节者不能以义制事，好恶恒偏而不得其正；不和者不能以仁存心，忧乐常过而不得其平。

《仲尼燕居》曰："礼也者，理也；乐也者，节也。君子无理不动，无节不作。不能诗，于礼缪；不能乐，于礼素；薄于德，于礼虚。"又曰："达于礼而不达于乐，谓之素；达于乐而不达于礼，谓之偏。"

此心常存，体自湛寂。湛寂之相，乃其本然，唯寂始感。常人习静以求寂者，非真寂也。永嘉谓之'无记寂寂非'。

感者即常惺惺也。"感而遂通天下之故"，其感自发，故强名曰"来"，不待物来而始感也。

无所从来，亦无所去，即显常住义。

《涅槃》有三兽渡河喻：兔浮水面，马才没身，象直到底。谓彻法源底，犹俗言步步踏着也。此明水无深浅而足有长短，譬法无高下，但智有明昧耳。

洞山禅往往说："高高山顶立，深深海底行。"乃明般若、沤和之无二，别是一义。

志不立只是无主，立则有主矣。

驳是昏浊，醇则清明。

气志如一者，书家有笔到意到之说，可举以为喻。

以志帅气，即以德摄行，全气是理，即全行是德，更无有二。

《坤》六五："黄裳，元吉。"象曰："文在中也。"，黄，中色。裳，下服。"文在中"是志正，裳服于外是气从；"黄中通理"是志至，"正位居体"是气顺也。

根心是志，睟面、盎背是气。志至则气至，诗至则礼乐皆至。

佛氏言学普贤行者不动步而到。投子问赵州："大死底人复活时如何？"曰："不许夜行，投明须到。"皆此义也。

《洪范》"皇极"曰："无偏无陂，遵王之义；无有作好，遵王之道；无有作恶，遵王之路。无偏无党，王道荡荡；无党无偏，王道便便；无反无侧，王道正直。"此极言外王与内圣相应。所谓"会其有极，归其有极"，极即圣德之极至也。

《诗》："周道如砥，其直如矢。君子如履，小人所视。"此以道路为喻，周道即王道也。

"夙夜基命宥密"，见《周颂·昊天有成命》。小序："郊祀天地也。""昊天有成命，二后受之，成王不敢康，夙夜基命宥密。"乃颂成王之德之诗。"威仪逮逮，不可选也"，见《邶风·柏舟》。小序：'仁而不遇也。卫顷公之时，仁人不遇，小人在侧。''凡民有丧，匍匐救之'，见《邶风·谷风》。小序："刺夫妇失道也。"乃弃妇之词。《柏舟》诗上文："我心匪石，不可转也；我心匪席，不可卷也。"下章云："忧心悄悄，愠于群小。觏闵既多，受侮不少。"《谷风》首章云："习习谷风，以阴以雨。黾勉同心，不宜有怒。"次章云："谁谓荼苦，其甘如荠。宴尔新昏，如兄如弟。"明为弃妇词，此见引《诗》不必用本义。朱子《集传》云："逮逮，富而闲习之貌。选，简择也。"《谷风》本章云："就其深矣，方之舟之；就其浅矣，泳之游之。何有何无，黾勉求之；凡民有丧，匍匐救之。"本为怨词，此乃断章取义。

蓝田吕氏谓："'无声之乐'是和之至，'无体之礼'是敬之至，'无服之丧'是哀之至。"实则三无俱是和之至。

"他人有心，予忖度之"，是体之于仁意；"民之秉彝，好是懿德"，是以仁为体意；"不识不知，顺帝之则"，"昊天曰明，及尔出王。昊天曰旦，及尔游衍"，乃是全体是仁。

智是知得彻，圣是行得彻。圣与王相对，则王主行；智与圣相对，则圣主行。穷神是智，知化是圣。神主一心，化妙万物。

朱子曰："周之初兴时，'周原膴膴，堇荼如饴'，《大雅·绵》。苦的物也甜。及其衰也，'牂羊坟首，三星在罶。人可以食，鲜可以饱'，《小雅·苕之华》。直恁地萧索。"

三　明德用　文有二重问答。

子夏曰："言则大矣，美矣，盛矣！言尽于此而已乎？"

初问叹前起后，叹辞有三："大"叹其周遍也，"美"叹其微妙也，"盛"叹其富有也。叹义有二，一隐一显：显者叹能诠之圣言，隐者叹所诠之德相。言既无尽，德亦无尽，故特申"未尽"之疑以起圣人无尽之教也。

孔子曰："何为其然也？君子之服之也，犹有五起焉。"

初答明前言，乃示其德相之胜，犹未显其力用之神。今就三无心行内蕴，则有五起大用外发，故当次说五起，以显其用也。服犹用也。起即兴也。自心起用，其验昭然，德被于人，亦令兴起有此五种次第也。

子夏曰："何如？"

再问其目。

孔子曰："无声之乐，气志不违；无体之礼，威仪迟迟；无服之丧，内恕孔悲。无声之乐，气志既得；无体之礼，威仪翼翼；无服之丧，施及四国。无声之乐，气志既从；无体之礼，上下和同；无服之丧，以畜万邦。无声之乐，日闻四方；无体之礼，日就月将；无服之丧，纯德孔明。无声之乐，气志既起；无体之礼，施及四海；无服之丧，施于孙子。"

申答五起之目。文有五重，皆就三无之验为说，前后相望，展转增胜。明气志合一，则发于威仪动作者无不中礼，其及于民物者无不尽道也。三无之中，以无声之乐为本。有无声之乐，然后有无体之礼、无服之丧。亦犹五至中以志为本，必先志至，而后诗至，礼乐皆至也。今言其验，亦从微以至著，由近以及远，从勉以至安。始于"克己复礼"之功，终于"天下归仁"之效。"起"之为言从体起用也。本体既显，则大用繁兴，真照无边，应缘不碍。比之橐籥，虚而不屈，动而愈出；亦如月影遍印千江。佛氏谓之"法身无相，应感即形；般若无知，对缘而照"。在《诗》则谓"如月之恒，如日之升，如南山之寿，不骞不崩"。在《易》则谓"天地解而雷雨作，雷雨作而百谷草木皆甲坼"，"云从龙，风从虎。圣人作而万物睹"。以此言起，方足以见其用之大。今就因地言，故有五重渐次也。庆源辅氏曰："'气志不违'，则持其志无暴其气矣；'气志既得'，则志帅气而气充乎体矣；'气志既从'，则养而无害；'日闻四方'，则塞乎天地之间矣；'气志既起'，则配义与道，合乎冲漠之气象矣。'威仪迟迟'，则闲习而不迫也；'威仪翼翼'，则敏给而不惰也；'上下和同'，则效乃见于外；'日就月将'，则理益进于中；'施及四海'，则四达而不悖矣。'内恕孔悲'，则恻隐之生于心也；'施及四国'，则仁心之达于外也；'以畜万邦'，则达于外者益广而有以成物矣；'纯德孔明'，则存于内者益大而充实光辉矣；'施于孙子'，则纯亦不已，万古一息而不可以限量言矣。历是五起，方知咏歌，其诗虽可以识三无之体，然服而行之，则其次第兴起有此五者，乃可以尽其用也。"学者须知威仪者，气志之应也；悲恕者，气志之施也。动于四体者无不从，斯达于天下者无不顺，凡所以加民及远者皆气志之为也。不可以色庄为威仪，不可以煦煦孑孑为悲恕。志不专直则伪也，气不刚大则馁也。私则气小，妄则志邪，不胜其私妄则气与志违。气志不一而欲证本体之纯全，发自心之大用，必不可得也。故已明性德之相，更知力用之所由生在于气志合一，则于持志养气之道亦可以思过半矣。历五起而后极乎兴，此《诗》教之实义也。以上明德用竟。

广三无

三无之义，不独《诗》教重之，征之群经所示事义，相应者不可胜举。今举其近而易知者，如："三月不违仁，不改其乐"，无声之乐也；"出门如见大宾，使民如承大祭"，无体之礼也；"颜渊死，子哭之恸"，无服之丧也。"发愤忘食，乐以忘忧，不知老之将至"，无声之乐也；"乡党，恂恂如也"，"燕居，申申、夭夭如也"，无体之礼也；"见齐衰者"，"虽少，必作；过之，必趋"，无服之丧也。"耳顺""从心"，无声之乐也；"望之俨然，即之也温，听其言也厉"，无体之礼也；脱骖于"旧馆人之丧"，"遇于一哀而出涕"，无服之丧也。"默而成之，不言而信"，无声之乐也；"周还中规，折还中矩"，'声为律，身为度'，无体之礼也；"邻有丧，舂不相；里有殡，不巷歌"，乃至"敝帷不弃，为埋马也；敝盖不弃，为埋狗也"，亦无服之丧也。古有处灾变之礼，如老子言"战胜以丧礼处之"。《曲礼》："士去国，逾竟，为坛位，向国而哭，素衣、素裳、素冠，彻缘，鞮屦，素簚，乘髦马，不蚤鬋"，"岁凶，年谷不登，君膳不祭肺，马不食谷，驰道不除，祭事不悬，大夫不食粱，士饮酒不乐"，此亦无服之丧也。学者以是推之，当知圣贤日用之间无往而非"三无"。其所存者纯是至诚恻怛，其感于物也莫非天理之流行。故曰："无终食之间违仁，造次必于是，颠沛必于是。"人心无私欲障蔽时，心体炯然，此理自然显现。如是方为识仁，乃《诗》教之所从出也。

辨气志

孟子尤长于《诗》《书》，故其发明心要，语最亲切，令人易于省发。深于《诗》者方见孟子之言《诗》教之言也。"公孙丑问不动心"一章，其辨气志实与此篇之旨相发。如曰："志，气之帅也；气，体之充也。"此即横渠所谓"天地之塞吾其体，天地之帅吾其性"。"夫志至焉，气次焉"，"持其志，无暴其气"，此言内外交养，不可偏废。志正而气自完，气完而志益正，乃无一息之不存也。公孙丑不喻，乃告之曰："志壹则动气，气壹则动志，今夫蹶者趋者，是气也而反动其心。"此所以言威仪、定命礼也者，"肌肤之会，筋骸之束也"。庄子言"奔车之下无仲尼，覆舟之下无伯夷"，此亦蹶者趋者之类也。如人平时安然无事尚能宁静，及遇仓卒急遽之际则皇然无所主，即气动其志也。动亦定，静亦定，然后气从，斯能夷险如一，其志不复能夺矣。气之充沛者，虽其本然，亦须养而无失，故孟子曰："我善养吾浩然之气。"此其体段本为难言，及为公孙丑尽力道出，则曰："其为气也，至大至刚，以直养而无害，则塞于天地之间。"朱子曰："至大初无限量，至刚不可屈挠，盖天地之正气，而人得以生者，其体段本如是。惟其自反而缩，则得其所养，而又无所作为以害之，则其本体不亏而充塞无间矣。"程子曰："天人一也，更不分别，浩然之气乃吾气也。养而无害，则塞乎天地，一为私意所蔽，则欿然而馁，却其小也。"学者合程、朱之言观之可矣，但须着眼'直'字。又曰：'其为气也，配义与道；无是，馁也。'此即明气志合一之义。朱子言："人能养成此气，则其气合乎道义而为之助，使其行之勇决，无所疑惮。若无此气，则其一时所为虽未必不出于道义，然其体有所不充，则不免于疑惧，而不足以有为矣。"故又曰："是集义所生者，非义袭而取之也。行有不慊于心，则馁矣。"朱子曰："言其养之之始，乃由事皆合义，自反常直，是以无所愧怍，而此气自然发生于中，非由只行一事偶合于义，便可掩袭于外而得之。""所行一有不合于义，而自反不直，则不足于心而其体有所不充矣。"此其义已甚明，故具引之，不必更为之说。但学者当知此志未至，则心不专直，其气自小而馁，不能与天地之气合，即不能"与天地合其德"。言气志合一者，乃谓此专直之心既全是天理，则吾身之气即浩然之气，全气是理，全人即天，故曰合一也。五志始言志至，是专以体言；五起合言气志，是兼以用言。体用一原，显微无间。气志合一，即天人不二也。颜渊问仁，既曰"克己复礼"矣，何以又请问其目？须知"四勿"者，亦即气志合一之旨也。又学者须知志与意之别。朱子曰："志者，心之所之，是一直去底。意是那谋为营度往来底。"所以横渠云："志公而意私。"又曰："志是公然主张要做底事，意是私地潜行间发处。"《语类》卷五。沈僩、黄升卿录。今人往往误以作意为立志，此实天壤悬隔。志立则不可以夺，意则游移不定，此亦公私小大之辨，切须自己勘验。

　　孟子曰："待文而后兴者，凡民也。若夫豪杰之士，虽无文王犹兴。"孟子教人，处处使人感动奋发，此即《诗》教也。朱子言"降衷秉彝，人所同得，唯上智之资无物欲之蔽，为能无待于教而自然感发以有为"。今说五起，"起"即兴起之义。如闻《诗》教而不能兴起者，只是蔽于私欲而志不立。愿学者深观孟子之言，其必能知所当务矣。

附语：

郑注"不违"谓"民不违君之气志"。按，《缁衣》引子曰："民以君为心，君以民为体。心庄则体舒，心肃则容敬。心好之，身必安之；君好之，民必欲之。心以体全，亦以体伤；君以民存，亦以民亡。"此以心体喻君民。体是四体。其实君民即志气也。"君以民存，亦以民亡"，犹曰"志一则动气，气一则动志"也。下引《诗》云："昔吾有先正，其言明且清，国家以宁，都邑以成，庶民以生，谁能秉国成，不自为正，卒劳百姓。"今《小雅·节南山》只"谁秉国成"三句，无"能"字。而无上五句，盖佚之。庄子言"民犹水也，水能载舟，亦能覆舟"，亦是以水喻气。

《小雅·天保》第六章："如月之恒，如日之升，如南山之寿，不骞不崩；如松柏之茂，无不尔或承。"小序言："君能下，下以成其政，臣能归美以报其上。"故《诗》皆称其君多福禄之辞，故曰《天保》以上治内，《采薇》以下治外，《天保》废则福禄缺矣。凡《诗》言福禄，犹《易》言富贵，皆主自他受用而言。

佛氏言如人从地而倒，亦从地而起，起倒在人，即指志也。

中土神仙家之术只了得气边事，全不知持志。彼能治一身之气矣，然终是私小，不能与浩然之气为一。在彼亦自公然说是盗天地之气，盗得此气，私之于己，岂能与天地合德也？故只较常人为胜，能把持此气。常人则是被他牵引，全不能自作主张，故气常昏扰，致令其心散乱。其有欲把持者，害必至横决，如火药遇激荡则成炸，炸后则其气亦消失无余矣。

人形体之气有盛衰，而其配义与道者一，完则不复缺，如佛氏谓如矿销金，不重为矿。

朱子曰：知言者尽心知性，于凡天下之言，无不有以究极其理而识其是非得失之所以然也。气即体之充者，本自浩然，失养故馁。惟孟子为能善养之，以复其初也。盖惟知言则有以明夫道义而于天下之事无所疑，养气则有以配夫道义而于天下之事无所惧，此其所以当大任而不动心也。

气之为病，不出盈馁二端：盈则骄，馁则吝。二者亦互为因借，盈则有馁，骄则必吝也。如人小有才，则谓人莫己若，务求胜人，鲜有不躁妄者。躁妄之极，则变为消沮，今人谓之颓放，古人则谓之惰慢之气。惰慢亦相因也，其欲矫为不惰慢者，又成暴戾。以多欲为刚，以阉然媚于世为和，此皆不可救药之病。只是志不立，又欲袭取道义，道义云何任汝袭取？此所谓蒸沙不能成饭也。

《大学》"小人闲居为不善"一章，形容自欺之心态甚详。此佛氏所谓偷心也。直即近诚，欺则是偷。"则何益矣"，甚言其不可匿也。凡人往往装点门面，自掩其短，不肯自承阙失，此最不可救药，是终身安于自欺也。

佛氏亦言直心是道场，十方如来同一道，故出离生死皆以直心。心言直，故如是，乃至终始地位中间永无诸委曲相。

四　叹德化　文有二重问答，初答叹德本，再答示化理。

子夏曰："三王之德参于天地，敢问何如斯可谓参于天地矣？"

前问"民之父母"是举因，今问"参于天地"是叹果。已明德相之大，极于三无；德用之大，极于五起：具此德者，三王其人也。君子是因地之目，三王则是果地之号，约因以该果，当推其功化之极，故别起"参于天地"之问也。不言功而言化者，功犹指其业用之著，化则唯称感应之神，所谓不言之教、无功之功，更无粗迹可寻，泯然无相，斯之谓化。欲形此化，唯"参于天地"一言乃可以尽之。此语虽不见于《诗》而实有其义，当是彼时赞叹三王德化恒用之言，故子夏复举以为问也。

孔子曰："奉三无私以劳天下。"

初答揭三无私以明德化之本。奉者，持行不失之谓。劳者，尽力无余之称。无私者，浑然与物同体，"无有作好"，"无有作恶"，不遗一物，不滞一物者也。《说文》："自营为私，背私为公。"朱子曰"才有一毫图便安处便是私"，其实才有一毫取著，才有一毫执吝，皆是私也。此以无私显仁，仁者无私，有私便堕不仁。所谓参天地者，别无他道，天地亦只是个无私而已。天地无心而成化，圣人有心而无为。无为者，无所为而为，非不为也。为之而无私，斯曰无为也。仁之为德，持之在己曰奉，被于物则曰劳。《易·井》之象曰："君子以劳民劝相。"《论语》：子路问政，子曰："先之劳之。"又曰："爱之能勿劳乎？"孟子引尧之言曰："劳之来之，匡之翼之。"庄子引墨者之言曰："禹，大圣也，而形劳天下也如此。"皆善明劳义者。子夏所问是果，孔子所答乃是果中之因。明德化之成，非可坐致，为其秉此无私之心以勤劳天下，乃获致之，此是其本也。

子夏曰："敢问何为三无私？"

再问其目，此下答示化理。文分六：一、正答三无私。二、引《诗》证成，别叹汤德。三、别显无言之教，复分二：一明天地无私，二明圣人无私。四、引《诗》证成，别叹文、武之德。五、总叹三代之德。六、别叹太王之德。

孔子曰："天无私覆，地无私载，日月无私照。奉斯三者以劳天下，此之谓三无私。"

正答三无私，以天地日月为喻，总示无私之相。如夏屋之芘人，舻艎之任重，镫炬之烛幽，纵极其至，皆有所限，此常人之心智也；唯天则无所不覆，地则无所不载，日月则无所不照，圣人之心智也，此私与无私之辨。其力用之小大悬殊，譬喻所不能及，故圣人分上事，非至己私纤毫俱尽，决不能梦见。圣人特就现前最易知者举以示人，人之用心有能函盖一切、负荷一切、鉴照一切而绝去偏倚、无所执碍者，庶有少分相应矣。以下引《诗》证成。

"其在《诗》曰：'帝命不违，至于汤齐，汤降不迟，圣敬日跻。昭假迟迟，上帝是只。帝命式于九围。'是汤之德也。"

《诗·商颂·长发》之三章。未称禹者，夏诗已佚，无可征引。《诗谱序》曰有夏"篇章泯弃，靡有孑遗"，亦犹"夏礼"，"杞不足征也"。此别叹汤德。郑注云"是汤奉天无私之德"，是也。《诗》义当依朱子，《集传》谓："商之先祖，既有明德，天命未尝去之，以至于汤。汤之生也，应期而降，适当其时，其圣敬又日跻升，以至昭假于天，久而不息。惟上帝是敬，故帝命之，使为法于九州也。"凡《诗》《书》之言"帝""天"，皆表性德。此《诗》所言"天命""帝命"，非谓如人谆谆命之，乃谓其理应尔。"圣敬"者，恭默之存。"昭假"者，自然之验。"式于九围"者，勤民之功。汤德如是，为无私也。

"天有四时，春秋冬夏，风雨霜露，无非教也。地载神气，神气风霆，风霆流形，庶物露生，无非教也。"

此别显无言之教，正明天地之无私。王者奉承此德，同于天地，乃臻化理。自其生成长养言之，则谓之化；自其法象则效言之，则谓之教。既秉无私之德，则其喜怒哀乐变化云为，亦犹"风雨霜露"之施也；其视听言貌出处语默，亦犹"神气风霆"之动也。《易·系〔辞〕》曰"精气为物"，此言"地载神气"者何？就其凝成不杂言，则谓之精；

就其流行不测言，则谓之神。《说卦传》曰："神也者，妙万物而为言者也。动万物者，莫疾乎雷；挠万物者，莫疾乎风；燥万物者，莫熯乎火；说万物者，莫说乎泽；润万物者，莫润乎水；终万物、始万物者，莫盛乎艮。故水火相逮，雷风不相悖，山泽通气，然后能变化，既成万物也。"二气摩荡，先有雷风，继有水火，继有山泽，故曰"风霆流行，庶物露生"也。一故神，二故化，知变化之道者，其知神之所为乎？穷神知化，德之盛也。人心至神，万化之所从出也。"与天地合其德"，斯不言而自化，无为而自成，非义精仁熟不足以语于此。学者默而识之，久久当有实悟，今不须多为之说也。

"清明在躬，气志如神，嗜欲将至，有开必先，天降时雨，山川出云。"

此更明圣人之无私，所以与天地参也。清者不杂以气言，明者不昧以理言。气志既一，则不杂不昧，所存者神，所过者化，故曰"如神"。如者，不异之谓也。圣人所同于人者形体，所异于人者神明。常人气杂而志昧，圣人则气清而志明，故一瞬则一通。通则神，瞬则碍，神者周圆而无滞，碍者蔽塞而无感也。言"嗜欲将至，有开必先"者，嗜欲者，气之动，犹言几也，不定是恶。开亦动也。观于未发，止于未萌，善必先知之，不善必先知之，在"冲漠无朕"之时，见机用无穷之妙，不由施设，不假安排，遇物逢缘，自然而应，乃所谓神矣。"天降时雨，山川出云"者，喻其泽物之功，如菶勃午兴，雾霿斯集，所谓云行雨施天下平也。其要只在"清明在躬，气志如神"二语。此三无五起果上之德相，唯证能知，学者识之。

"其在《诗》曰：'崧高维岳，峻极于天。维岳降神，生甫及申。惟申及甫，为周之翰。四国于蕃，四方于宣。'此文、武之德也。"

此引《诗》证成"气志如神"则大用繁兴之义，别叹文、武无私之德。"维岳降神"，犹"山川出云"也。虎啸而风生，龙兴而云起，物理感应，自然之符，故圣主必得贤臣，犹大山必生良木，主德昭明，则众才自附也。《诗·大雅·崧高》之首章、末章，明言"吉甫作诵""以赠申伯"，本宣王时诗，而引以叹文、武之德。此见圣人引《诗》，贵取其义足以相发而其事乃在所略。郑氏谓"取类以明之"是也。朱子以申伯之先为"唐虞四岳，总领方岳诸侯，而奉岳〔神〕之祭，能修其职"，"故此诗推本申伯之所以生，以为岳（之）降神〔而〕为之〔也〕。""言岳山高大而降其神灵和气以生甫侯、申伯，实能为周之桢干屏蔽，而宣其德泽于天下也。"若谓文、武之佐，当称太公、周公，何取于宣王时之申、甫？以此知引此诗者，唯取感应之义耳。不然则"思皇多士，生此王国"，"济济多士，文王以宁"，可引者多矣。《泰誓》曰："受有臣亿万，唯亿万心；予有臣三千，唯一心。"唯私故亿万心，唯无私故一心也。无私则一，一故能感。"天地变化，草木蕃。天地闭，贤人隐"，皆此气志为之，此圣人吃紧为人处，切须着眼。

"三代之王也，必先其令闻。《诗》云：'明明天子，令闻不已。'三代之德也。"

此总叹三王之德，亦显不言之教。"奏假无言，时靡有争"，"不显惟德，百辟其刑之"，"予怀明德，不大声以色"，皆谓不言而信，令闻自宣。孟子曰"仁言不如仁声之入人深也"，引《诗·大雅·江汉》之篇，亦宣王时诗。夫仁声入人，不言自信，以其无私也。若乃有言不信，尚口乃穷，则其去三代之德亦远矣。

"'弛其文德，协此四国'，大王之德也。"

此别叹太王之德。明王者积德累仁，世济其美，然后令闻不已，民自归之也。诗亦《江汉》之篇，非为太王而作，特连类以及之。太王避狄居岐，以启王业，为其无私也。"文德"者，条理著见之称。蕴之则为玄德，敷之则为文德。在《诗》则为"无邪"之思，在《易》则为"无妄"之实。三王之德如是，一切圣人之德亦如是。所以为民父母而参天地者，全在于是。《诗》教主仁，观于是篇益信矣。

"子夏蹶然而起，负墙而立，曰：'弟子敢不承乎？'"

结文可知此是圣门问答轨范，实能领会深旨，不同卤莽承当也。

附语：

《经解》曰："天子者，与天地参，故德配天地，兼利万物，与日月并明，明照四海而不遗微小。其在朝廷则道仁圣礼义之序，燕处则听《雅》《颂》之音，行步则有环佩之声，升车则有和鸾之音，居处有礼，进退有度，百官得其宜，万事得其序。《诗》云：'淑人君子，其仪不忒；其仪不忒，正是四国。'此之谓也。"

老子曰："圣人无私，所以成其私。"则是以无私为私也。若见有可私，焉能无私？仁者浑然与物同体，不见有可私者，换言之，是不见有物与之为对也。禅家法眼宗却深明此旨，天台韶在法眼坐下，有僧问："十二时中如何得顿息众缘去？"法眼曰："空与汝为缘邪？色与汝为缘邪？言空为缘，则空本无缘；言色为缘，则色心不二。日用中果何物与汝为缘乎？"诏闻言有省。又有问者曰："如何是曹源一滴水？"法眼曰："是曹源一滴水。'诏于是大悟，平生疑滞，涣然冰释。

贾生曰："贪夫徇财，烈士徇名，夸者死权，众庶冯生。"贪夫以财为可私，烈士以名为可私，夸者以权为可私，众庶以生为可私，世间妄执亦不出此四种。彼亦未尝不劳，然非劳天下也，劳其生也。

《通书》"问学圣人有要乎"一章，即显无私。无欲即无私也。"明通公溥"字道得出无私之实相。

佛氏有空、无相、无作三三昧，近于无私。私缘于有取，无相则无取，无作则无取，不取诸尘，不取功德相，然后能无私。

圆悟勤曰："日月运行太虚，未尝暂止，不道我有许多名相。天普盖，地普擎，长养万物，亦不道我有许多功行。得道之人亦复如是。于无功用中施功用，一切违顺境界皆以慈心摄受。"勤虽禅师，此言却与三无私相应。其曰"慈心摄受"，即劳天下之义也。又出息不涉众缘，入息不居阴界，近于无声之乐，乃无私之本也。

以四大言之，雷风是动相，水是湿相，火是暖相，土是坚相，即艮象也。

《说文》："神，天神引出万物者也。""天，从一大。""只，地只提出万物者也。""二，地之数也。""土，地之吐生万物者也。二象地之上、地之中。｜，物出形也。""地，元气初分，轻清阳为天，重浊阴为地，万物所陈列也。"神者，伸也。化，古文从倒人。气不能有申而无屈，故"一阖一辟之谓变，往来不穷之谓通"，所以成变化而行鬼神也。

程子曰："抱得不哭底孩儿有甚么用？"禅师家曰："死水不藏龙。"又曰："莫守寒岩异草青，坐断白云宗不妙。"胡文定有颂云："手握乾坤杀活机，纵横施设在临时，满堂兔马非龙象，大用堂堂总不知。"大机大用，非过量人不可。所谓过量人者，岂真过量哉？气志如神而已。

佛经云："转轮圣王，王四天下，福德所感，七宝自然而至。"七宝皆是譬喻，唯臣宝最胜，此谓有主必有伴，如如来出世，必有文殊、普贤辅化，如来即表自心之全德，文殊、普贤则表知行，此与"惟岳降神，生甫及申"同义。

令闻是百姓归之名，亦即是天下归其仁，非可以幸致。如秦政自己刻石颂德，王莽令人上符瑞，则何益矣！彼欲自造令闻，而所得者恶名也。虽有孝子慈孙，百世不能改矣。

孔子称尧"焕乎其有文章"，可见尧、舜事业在孔子便谓之文章。

又曰："文王既没，文不在兹乎？""文"字义可知，非如今之所谓文。《书》称尧曰"文思安安"，舜曰"浚哲文明"，禹曰"文命敷于四海"，又舜之嗣尧，"受终于文祖"，皆以文为言，思之。又《大禹谟》："三旬，苗民逆命。益赞于禹曰：'惟德动天，无远弗届。满招损，谦受益。时乃天道，帝初于历山，往于田，日号泣于旻天，于父母。负罪引慝，只载见瞽瞍，夔夔齐栗，瞽亦允若，至诚感神，矧兹有苗。'禹拜昌言曰：'俞，班师振旅。'帝乃诞敷文德，舞干羽于两阶。七旬，有苗格。"须知虞夏君臣所言文德者系何事，此非三代以下所能梦见。

礼教绪论

序说

六艺之教莫先于《诗》，莫急于《礼》。诗者，志也。礼者，履也。在心为志，发言为诗；在心为德，行之为礼。故敦诗说礼，即是蹈德履仁。君子以仁存心，以义制事。诗主于仁，感而后兴；礼主于义，以敬为本。《坤·文言》曰："敬以直内，义以方外，敬义立而德不孤。"'思无邪'即是敬，'闲邪存其仁'。故诗以道志，亦即是'敬以直内'也。'克己复礼为仁'，而后视听言动皆顺乎理。故礼以道行，亦即是"义以方外"也。此谓"《诗》之所至，《礼》亦至焉"。所行必与所志相应，亦即所行必与所言相应也。言而履之，礼也，行其所言，然后其言信而非妄。行而乐之，乐也，乐其所志，然后其行和而中节。此谓"《礼》之所至，《乐》亦至焉"。故即《诗》即《礼》，即《礼》即《乐》。华严家有帝网珠之喻，谓交光相罗，重重无尽，一一珠中遍含百千珠相，交参互入，不杂不坏。六艺之道亦复如是，故言《诗》则摄《礼》，言《礼》则摄《乐》，《乐》亦《诗》摄，《书》亦《礼》摄，《易》与《春秋》亦互相摄，如此总别不二，方名为通。

已释《孔子闲居》，略明《诗》之大义，今特举《仲尼燕居》，以为《礼》之大义亦当求之于此。二篇在《戴记》中本相次，郑《目录》并云"于《别录》为通论"，实则一说《诗》，一说《礼》也。然说《诗》必达于礼乐之原，说《礼》则约归于言行之要，寻文义较然可知。此篇大旨有四：一曰礼周流无不遍也；二曰礼所以制中也；三曰礼者即事之治也；四子张问政，子曰"君子明于礼乐，举而措之而已"，明舍礼乐无以为政也。问者三人，子张、子贡、言游。据《论语》，子游为武城宰，子至武城，闻弦歌之声，是子游之娴于礼乐可知。谓子贡曰："女，器也。"曰："何器也？"曰："瑚琏也。"是以宗庙之器许子贡。《大戴礼·卫将军文子篇》，子贡对卫将军文子曰：'业功不伐，贵位不善，不侮可侮，不俟可俟，不敖无告，是颛孙氏之行也。'引孔子曰："其不伐则犹可能也，其不弊百姓则仁也。"又曰："先成其虑，及事而用之，是言偃之行也。"引孔子曰："欲能则学，欲知则问，欲善则讯，欲给则豫，当是如偃也得之矣。"是子张、子游之行皆中于礼可知也。故语三子者以礼，以其皆当机，而子游"领恶全好"一问，孔子深然之。《礼运》一篇，亦为子游所说。彼篇子游问曰："如此乎礼之急也？"孔子曰："夫礼，先王以承天之道，以治人之情。故失之者死，得之者生。《诗》曰：'相鼠有体，人而无礼！人而无礼，胡不遄死？'是故夫礼必本于天，殽于地，列于鬼神，达于丧祭、射乡、冠昏、朝聘。故圣人以礼示之，故天下国家可得而正也。"其言之剀切与此篇云"治国而无礼，譬犹瞽之无相"同旨。但《礼运》是广说，此篇则是约说耳。

据《史记》《汉书·儒林传》，汉初言《礼》者，鲁高堂生，传《士礼》十七篇，即今《仪礼》。《艺文志》曰："孝宣世，后苍最明。戴德、戴圣、庆普皆其弟子，三家列于学官。《礼古经》者，出于鲁淹中及孔氏，与十七篇文相似，多三十九篇。及《明堂阴阳》《王史氏记》，所见多天子诸侯卿大夫之制，虽不能备，犹瘉仓等推《士礼》而致于天子之说。"《礼记·奔丧》正义曰："郑云逸礼者"，谓"鲁淹中得古体五十七篇。按，《论衡》：宣帝时，河内女子坏老屋，又得佚礼一篇，合五十七。其十七篇与今《仪礼》正同，〔其〕余四十篇藏在秘府，谓之逸《礼》。其《投壶礼》亦此类也"。又《六艺论》云："今《礼》行于世者，戴德、戴圣之学也。""戴德传记八十五篇，则《大戴礼》是也。按，今仅存三十九篇。戴圣传记四十九篇，则此《礼记》是也。"此言《礼》者，皆指《仪礼》，二《戴记》中实并录逸《礼》，如《迁庙》《衅庙》《公冠》《投壶》《奔丧》诸篇是也。又郑注亦引衁尝礼、禘于太庙礼、朝贡礼、巡狩礼、中溜礼、王居明堂礼，清儒谓郑氏不信逸《礼》，亦误也。朱子亦以"古《礼》五十六篇，不知何时失之"为可惜。然《周官》经六篇，西汉诸师无得见者。《仪礼》但名《礼》，无"仪"字，不知何时所加。《周礼》本题《周官》，亦不曰《周礼》。《后汉书·儒林传》云："中兴，郑众传《周官经》，后马融作《周官传》，授郑玄，玄作《周官注》。玄本习《小戴礼》，指《仪礼》，非指《礼记》。后以古经校之，古经指逸《礼》，即所谓《礼古经》，与十七篇同者。取其义长者训故，为郑氏学。玄又注小戴所传《礼记》四十九篇，通为三《礼》焉。"《董钧传》。盖自郑君书行，始有三《礼》之目。《礼器》云："经礼三百，曲礼三千。"《中庸》曰："礼仪三百，威仪三千。"此言三百、三千者，特言礼之具备盛美，非克指其条文也。言"经""曲"者，举其小大之节耳。郑君以《周官》三百六十当经礼之数，而以《仪礼》为曲礼，其言实误。后儒说《礼》者皆宗郑氏，莫之能易，唯《汉书》臣瓒注不误。臣瓒曰："经礼三百，谓冠婚、吉凶。《周礼》三百，是官名也。"朱子亦曰："礼篇三名，《礼器》为胜。诸儒之说，瓒、叶为长。"按三名谓经、曲、威仪。叶指叶梦得。盖官制自是礼中制度之目。礼包制度，官制又是制度之一耳。《仲尼燕居篇》云："以之朝廷有礼，故官爵序。"又曰："制度在礼，文为在礼。"故言制度者，当详其义。制度是文，义是其本也。又《汉志》言后苍等"推士礼而致于天子"，其说亦误。礼经十七篇，不纯是士礼，其题《士礼》者，惟《冠》《昏》《丧》《相见》；若《少牢馈食》《有司彻》，明是大夫礼；《乡饮》《射》，则士、大夫同之；《燕礼》《大射》《聘礼》《公食大夫礼》，皆诸侯礼；《觐礼》是诸侯见天子礼。何云皆士礼也？天子之元子犹士，天下无生而贵者，则虽天子之子，亦当用士礼。"三年之丧达乎天子，父母之丧无贵贱，一也。"自谅暗之制不行，后世帝王乃以日易月废，丧而临政，最无义理。郑注诸礼每曰"准此"，可知是即推致之义。礼文阙而不具者，以义推之，可以依准。又处礼之变者，不以义推，将何所措邪？如《曾子问》全是疑礼，孔子皆据义以答之，非必在三百、三千之数也，故今谓治礼当以义为主。又自朱子编《仪礼经传通解》，定《仪礼》为经，《礼记》为传，后儒并遵用之。元儒熊朋来曰："《士冠礼》自'记冠义'以后即《冠礼》之记，《士昏礼》自'记士昏礼，凡行事'以后即《昏礼》之记。惟《士相见》《大射》《少牢馈食》《有司彻》四篇不言记，其有记者十有三篇。其《丧服》一篇，子夏既为之传，而'记公子为其母'以后，又别为《丧服》之记。其记亦有传，是此记子夏以前已有之。"其言甚是。二《戴记》有古经，前已言之。又如《明堂》《月令》《王制》诸篇亦非是传，《曲礼》《内则》《少仪》《玉藻》则是'威仪三千'之属，故亦未可克定以《仪礼》为经，《礼记》为传也。郑学一乱于王肃，再乱于陈祥道。朱子最尊《仪礼》而宗郑。清儒唯江永《礼书纲目》最有体要，凌廷堪《礼经释例》、邵懿辰《礼经通论》，抑其次也。今谓沿三《礼》之名，义实未当。《周官》与《王制》同为制度，不必苦分今古，定别殷周，务求其义，皆可以备损益。《王制》与《周礼》制度显然不同。郑乃以《王制》为殷制，后儒尊信《周礼》者，又以《王制》为汉博士所为。其实《周官》不必制自周公，《王制》亦断非出于博士，皆七十子后学所记以为一王之法耳。其言制度，虽有所本，颇加损益，故致不同如此。学者苟得其意，自不泥矣。故谓《礼记》当与《仪礼》并重，二戴所录，多出七十子后学所记，不专说礼，多存六艺大旨。自《论语》外，记圣言独多而可信者，莫如此书。欲明礼以义起，于此可得损益之旨，不专以说古制为能事。故治礼不可以但明郑学为极，当求之二戴，直追游、夏之传。观孔子与弟子言礼，皆直抉根原。故制度可以损益，宫室衣服器用古今异宜，不可施之于今。苟得其义，则尽未来际不可易也。故今先举《仲尼燕居》以为学礼之嚆矢，学者以是求之，亦可思过半矣。然汉以来，治礼之源流亦不可不知也，故为粗举其大略如此。

附语：

《诗纬含神雾》曰："诗者，持也。"

《仲尼燕居》曰："礼者，理也。"

《论语》："君子义以为质，礼以行之，逊以出之，信以成之。"义为礼之质，所存是义，行出来便是礼。又礼与义本是性德，就其断制言之，则谓之义，就其节文言之，则谓之礼。居敬持志乃所以存仁，静专动直乃所以行义，故兴诗立礼皆性其情也。诗是元亨，礼是利贞。

"使女以礼周流，无不遍也"，"以"字须着眼。如"为政以德"、"为国以礼"、"道之以德，齐之以礼"之"以"，六十四卦大象皆曰"以"，"以"犹"用"也。即"举而措之"之谓，亦即自然流出之意。犹俗语谓拏出来便是，禅家谓之拈来便用，无处不是，故周流而无不遍，若有一毫欠缺滞碍处，则不周不遍矣。

郑樵以后苍《曲台记》当《礼记》，实误。《隋志》谓刘向校定二百十四篇，戴德删为八十五篇，戴圣又删为四十六篇，尤误。二戴，武、宣时人，向校书在哀、平、成之世。《汉志》云："记百三十一篇，七十子后学所记。"大小戴之书宜本此。

贾公彦《周礼疏序》谓："《周官》，孝武时始出。""以其始皇特恶之故也。是以马融《传》云：秦自孝公以下用商君之法，其政酷烈，与《周官》相反，故始皇禁挟书，特疾恶欲绝灭之。孝武始除挟书之律，开献书之路，既出于山岩屋壁，复入于秘府，五家之儒，莫得见焉。五家者，谓高堂生、萧奋、孟卿、二戴也。至孝成帝，达才通人刘向子歆校理秘书，始得列序，著于《录》《略》，然亡其《冬官》一篇，以《孝工记》足之。时众儒并出，共排以为非，是唯歆独识。其年尚幼，务在广觉博观，又多锐精于《春秋》，末年乃知其周公致太平之迹，迹具在斯。其后杜子春能通其读，郑众、贾逵往受业焉。郑玄序云：'世祖以来，通人达士、大中大夫郑兴及子大司农众、故义郎卫次仲、侍中贾景伯、南郡太守马季长，皆作《周礼》解诂'故林孝存以为武帝知《周官》末世渎乱不验之书，作《十论》《七难》以排弃之。何休亦以为六国阴谋之书。唯有郑玄遍览群经，知《周礼》者乃周公致太平之迹，故能答林难，使义得条通。"按林、何之说殊乖义理，郑君亦尊信太过。清毛奇龄亦以为六国时人所作。《艺文志》于《乐经》云："魏文侯最为好古，孝文时得其乐人窦公（窦公时已二百余岁）。献其书，乃《周官·大宗伯》之《大司乐》章也。"是魏文侯时已有《周官》，出于春秋战国间人所作无疑。或以为刘歆伪撰，非也。

据许慎《五经异义》，《尚书》夏侯、欧阳说天子三公司徒、司马、司空，九卿、二十七大夫、八十一元士，凡百二十。与《王制》同。古《周礼》说三公为太师、太传、太保，无官属，又立三少为三孤，冢宰等为六卿，大夫、士、庶人在官者凡万二千。按周公为传，召公为保，太公为师，无为司徒、司空文，知三公皆官名。郑驳无考，注《王制》则以为夏制。然据《牧誓》《立政》，实有司徒、司马、司空，据《顾命》"乃同召太保奭、芮伯、彤伯、毕公、卫侯、毛公"，是为六卿。盖今文家主九卿，古文家言六卿，不同。

宇文周既设六部，又立九卿，是为重复。而直至明清，犹沿用不改。

又诸侯封地，广狭不同。孟子说与《王制》相应，郑君于《王制》《周礼》不同处多为调停之说。如《王制》言公侯方百里，《周官》公五百里，侯四百里，郑君言是后来益封。

《周礼》与《王制》不同者，（与《仪礼》亦不同。）一官制，二诸侯封地，三庙制，四聘、觐期间。《王制》"三年一大聘，五年一朝"，《公羊》说同《左氏》说，十二年之间八聘、四朝、再会、一盟，郑氏以五年一朝，三年一聘为晋文襄之霸制。

又郑《驳异义》曰："《周礼》是周公之制，《王制》是孔子之后大贤所记先王之事。"

王莽、苏绰、王安石之流，皆自托于行《周礼》，犹今之模仿西洋政制也。

仲尼燕居释义上

将释此文，约义分六科：

一、显遍义。

二、显中义。

三、原治。即广显遍、中二义。

四、简过。即简非中非遍。

五、原政。

六、简乱。前序后结可知。

一　显遍义

仲尼燕居，子张、子贡、言游侍。纵言至于礼。

燕、宴之假借字，安也。《论语》："子之燕居，申申如也，夭夭如也。"《玉藻》曰："燕居告温温。"燕、闲皆谓无事之时，不必定以退朝曰燕。《说文》："纵，缓也。"从容谈议谓之纵言，旧训"放"者失之。此为序分。

子曰："居，女三人者，吾语女礼，使女以礼周流，无不遍也。"

此总显遍义。事无不该之谓遍。周流者，谓其运行周匝而不滞也。以犹用也。日用之间，莫非是礼，故曰："礼乐不可斯须去身。"《礼运》曰："夫礼必本于天，动而之地，列而之事，变而从时，协于分艺，其居人也曰养，郑注："养，当为义。"其行之以货力、辞让、饮食、冠昏、丧祭、射乡、朝聘。"乡，今本误作"御"，从邵懿辰说改。此所谓"周流无不遍也"。又曰："礼也者，义之实也。协诸义而协，则礼虽先王未之有，可以义起也。义者，艺之分、郑注："艺犹才也。"按曾子曰："德成而上，艺成而下。"艺亦以才言，人之才能须以义裁之，然后能尽其才而无失，故曰"艺之分"也。仁之节也。""故治国不以礼，犹无耜而耕也；为礼不本于义，犹耕而弗种也；为义而不讲之以学，犹种而弗耨也；讲之于学而不合之以仁，犹耨而弗获也；合之以仁而不安之以乐，犹获而弗食也；安之以乐而不达于顺，犹食而弗肥也。"此有六重而约归于大顺。约事则曰遍，约理则曰顺，一也。

二　显中义

子贡越席而对曰："敢问何如？"子曰："敬而不中体谓之野，恭而不中礼谓之给，勇而不中礼谓之逆。"子曰："给夺慈仁。"

将欲显中，先简其失，此犹告子路以"六言""六蔽"。"不好学"与"不中礼"，虽有"好"而不能，全无修德，则性德不能显也。故广说有六蔽，约说有三失。"不中礼"犹言无当于礼，亦即是不讲之以学也。又《论语》曰："恭而无礼则劳，慎而无礼则葸，勇而无礼则乱，直而无礼则绞。"亦与此同意。给谓辩给，辞之巧也。饰为辩给而托于慈仁，是依似乱德，故曰夺。

子曰："师，尔过，而商也不及。子产犹众人之母也，能食之不能教也。"子贡越席而对曰："敢问将何以为此中者也？"子曰："礼乎礼，夫礼所以制中也。"

再简师、商之失，因起子贡之问，正显中义，理无不得之谓中。制者，以义裁之也。子贡辩给有余，子张容仪甚盛，故须抑之；子夏规模稍狭，故须进之。言子产"能食不能教"者，谓其惠而不中礼，以喻"过犹不及"也。子贡虽悟其失，而未知其所以为中，因寄深叹于礼，而明"礼所以制中"。制之以义，乃无过、不及之患，犹能食而兼能教矣。"制中"之义，《礼器》详之。故曰"礼有以文为贵者"，"有以素为贵者"，"有以多为贵者"，"有以少为贵者"，"礼不同，不丰，不杀，盖言称也"。"君子大牢而祭，谓之礼，匹士大牢而祭，谓之攘，管仲镂簋、朱纮、山节、藻棁，君子以为滥"。"晏平仲祀其先人，豚肩不掩豆，浣衣濯冠以朝，君子以为隘"。"君子之于礼，有直而行，有曲而杀，有经而等，有顺而讨，有摲而播，有推而进，有放而文，有放而不致，有顺而摭"，"是故七介以相见，不然则已悫；三辞三让而至，不然则已蹙"。是皆所以"制中"也。又《乐记》曰："礼主其减，乐主其盈。礼减而进，以进为文；乐盈而反，以反为文。"此亦"制中"之义。

三 原治

子贡退。言游进曰："敢问礼也者，领恶而全好者与？"子曰："然。"

郑注曰："领犹治也。"好，善也。恶者，过、不及之名。善即中也。此与《礼器》言"释回""增美"同旨。夫礼本是性德之发于用者，性无有不善，即用无有不中，故曰"君子时中"。其有过、不及者，气质之偏为之也。"领恶而全好"者，乃以修德，变化气质而全其性德之真，即是自易其恶，自至其中也。"无不遍"是以性言，"制中"则以修言，从性起修，从修显性，故子游因"制中"一语而有"领恶全好"之问，是悟性修不二之旨也。孔子然之，嘉其善会，故下文为广说遍、中二相，明即修即性；更以得失对勘，显即事之治，重在于修。此问牒前起后，于文应属显中义，后分，故不别立科题。

　　"然则何如?"子曰："郊社之义，所以仁鬼神也；尝禘之礼，所以仁昭穆也；馈奠之礼，所以仁死丧也；射乡之礼，所以仁乡党也；食飨之礼，所以仁宾客也。"

　　此重显遍义，文有五重。举是心加诸彼之谓仁。仁之者，与之浑然同体，故"无不遍"也。孔子言"老者安之，朋友信之，少者怀之"。"安之""信之""怀之"者，即仁之也。幽明不异，故遍于鬼神；祖祢同尊，故遍于昭穆；死生不二，故遍于死丧；尊贤尚齿，故遍于乡党；养贤以及万民，故遍于宾客。食以养阴，飨以养阳，食飨皆养义。所接者，无有弗敬。行于宾客，其著见者。下文准此。推之郑注，仁犹存也。存此者，所以全善之道，义亦通。

　　子曰："明乎郊社之义，尝禘之礼，治国其如指诸掌而已乎!"

　　别显郊社、尝禘之重。

　　"是故以之居处有礼，故长幼辨也；以之闺门之内有礼，故三族和也；以之朝廷有礼；故官爵序也；以之田猎有礼，故戎事闲也；以之军旅有礼，故武功成也。"

　　此文亦有五重，每句皆先显遍后显中。"以之"字须着眼，言用之周流也。

　　"是故宫室得其度，量鼎得其象，味得其时，乐得其节，车得其式，鬼神得其飨，丧纪得其哀，辩说得其党，官得其体，政事得其施。加于身而错于前，凡众之动得其宜。"

　　此文别有十重，末句总括。每句互显即遍即中义。《易》曰："泽上有水，节。君子以制数度，议德行。"舜之始政，同律度量衡。物不可遗，故遍；各得其序，故中。其中也，所以能遍也；亦唯遍也，所以无不中也。"宫室得其度"，则不逾侈；"量鼎得其象"，则无奇邪；"味得其时"，则非贪；"乐得其节"，则不滥；"车得其式"，则行有轨；"鬼神得其飨"，则祭不渎；"丧纪得其哀"，则恩有等；"辩说得其党"，则言有章；"官得其体"，则任官惟贤；"政事得其施"，则庶绩咸熙。自居处、言语、饮食、器用之末，达于道路，达于丧祭，达于朝廷，无弗遍也，无弗中也。加于民者，即"加于身"者。是"错于前"者，即生于心者。是"凡众之动"，即一人之动也。协于义谓之宜，唯遍唯中，故咸"得其宜"也。

子曰:"礼者何也?即事之治也。君子有其事必有其治。治国而无礼,譬犹瞽之无相与,伥伥乎其何之?譬如终夜有求于幽室之中,非烛何见?若无礼,则手足无所措,耳目无所加,进退揖让无所制。"

此以即事之治,正显理遍于事。事得其理谓之治,事失其理谓之乱。治即理也,亦训为伤。"有其事必有其治",言事物皆有当然之则,即所谓礼也。事外无理,故曰"即事之治"。全理即事,全事即理,理事交融,斯名为治。"治国而无礼"以下,设喻两重,所以劝修,先喻后法。言"手足无所措"三句,则今时所谓机械生活,全无自主分者也。

"是故以之居处,长幼失其别,闺门三族失其和,朝廷官爵失其序,田猎戎事失其策,军旅武功失其制,宫室失其度,量鼎失其象,味失其时,乐失其节,车失其式,鬼神失其飨,丧纪失其哀,辩说失其党,官失其体,政事失其施。加于身而错于前,凡众之动失其宜。如此则无以祖洽于众也。"

全翻上文,可知言用处差忒不与礼相应,其失有如此者,一失则一切失之矣。"祖洽",郑注谓倡始、合和,犹今言领导协调也。《礼运》曰:"故唯圣人为知礼之不可以已也,故坏国丧家亡人,必先去其礼。"其言之严切如此。坏即治之反。去即失之极。自其性而言之,无弗遍、无弗中也。自其修而言之,有弗遍者,修之可使遍;有弗中者,制之可使中也。因子游"领恶全好"一问,为畅发"即事之治",明理事不二,乃是因修显性义,得其语脉,庶可以言礼矣。

附语:

事无不该之谓遍,理无不得之谓中,理事不二之谓治。即事得其理,亦即事外无理。理事相违之谓过,即事即理之谓政,即理外无事。事失其理之谓乱。

"列而之事",郑云"法五祀"。今按"事"当以《洪范》五事释之,则法象天地,阴阳五行四时俱备。"协于分艺",则就人言,各使当其才、尽其分也。

清邵氏懿辰曰:"货、力、辞、让、饮、食六者,礼之纬也。非货财强力不能举其事,非文辞揖让不能达其情,非酒体牢羞不能隆其义。冠、昏、丧、祭、射、乡、朝、聘八者,礼之经也。冠以明成人,昏以合男女,丧以仁父子,祭以严鬼神,乡饮以合乡里,燕射以成宾主,聘食以睦邦交,朝觐以辨上下。天下之人尽于此矣!天下之事亦尽于此矣!"

"艺之分,仁之节",换言之,亦可谓才之轨范,德之节目。

"治国不以礼"以下六重,皆性修合说,前后相望,先修后性。

野是质胜文;给是文胜质;逆是文质俱欠,唯血气胜,故谓逆。文胜则巧伪滋,在三者之中其失最大,故申言之。

仁、知、信、直、勇、刚皆美德。上三是性,下三是才。愚、荡、贼、绞、乱、狂皆恶行。上三是己失,下三及于人。

文如冕服有等之类,素如至敬无文、大羹、玄酒之类,多如庙制之类,少如郊用特牲之类。不丰者应少不可多,不杀者应多不可少。

纮是冕饰边,楣谓之节,梁上楹谓之棁。

郑注"直而行":"若始死,哭踊无节。""曲而杀":"若父在为母期。""经而等":"若天子以下至士庶人为父母三年。""顺而讨":"讨犹去也。若天子以十二,公以九,侯伯以七,子男以五为节。""斯而播":"斯之言芟也。"播,布也。正义谓:君祭,群臣助祭,分胙各有所得,芟上使布于下也。"推而进"郑注:"若王者之后得用天子之礼。""放而文"正义:放者,法也。法天以为文。"放而不致":谓如诸侯以下虽放法而不得极。"顺而摭":摭犹拾也。郑云:"若君沐粱,大夫沐稷,士沐粱。"卑不为嫌,是拾君之礼而用之。

《聘义》:"上公七介,侯伯五介,子男三介,所以明贵贱也。介绍而传命,君子于其所尊弗敢质,敬之至也。三让而后传命,三让而后入庙门,三揖而后至阶,三让而后升,所以致尊让也。""敬让者,君子之所以相接也。故诸侯相接以敬让,则不相侵陵。""减而不进则离",销即离。"盈而不反则流",放即流。故减者进之,盈者反之。程子曰:"礼乐止在进反之间。"言损益得中也。

禘有二:一为时祭,一为大祭。此谓时祭也。《王制》:"春礿,夏禘,秋尝,冬烝。"《尔雅》"春祠,夏礿",秋冬同。《诗·小雅·天保》:"礿祠烝尝,于公先王。"郑云此周祭名。以禘为殷祭,殷,大也。《公羊传》曰:"五年而再殷祭。"凡丧祭曰奠,虞始名祭。

宋严陵方氏悫曰:"先郊社,后尝禘,尊亲之序也;先尝禘,后馈奠,吉凶之序也;先馈奠,后射乡,重轻之序也;先射乡,后食飨,众寡之序也。"

《王制》:"凡养老,有虞氏以燕礼,夏后氏以飨礼,殷人以食礼,周人修而兼用之。"郑注:"凡饮养阳气,〔凡〕食养阴气。阳用春夏,阴用秋冬。"正义引崔氏云：崔灵恩。燕者，殽烝于俎，行一献之礼，坐而饮酒，有虞氏帝道弘大，故养老以燕礼。飨则体荐而不介，爵盈而不饮，依尊卑而为献。夏后氏尚敬，故用飨礼。殷人质素，故用食礼。食则不饮酒，享太牢而已。皇氏云："飨礼备物兼燕与食，食礼有饭有殽，虽设酒而不饮。燕礼者，凡正飨食，皆在庙，燕则于寝，燕以示慈惠。"按天子飨诸侯，诸侯相飨，皆下文所谓大飨，以别于飨耆老、飨孤子。

严陵方氏曰："量，器之大者。鼎，器之重者。"

《王制》："宗庙之器不粥于市"，"戎器不粥于市，用器不中度不粥于市"，"布帛精粗不中数、广狭不中量，不粥于市"，"五谷不时，果实未熟，不粥于市"。

《月令》四时、五味异宜。《论语》："不时不食。"《中庸》言"车同轨，书同文"，车制古最重。

泽容水有限，过则溢，故为节。凡物之大小、轻重、高下、文质皆有数度，所以为节也。数谓多寡，度谓法制。度本以长短言之。

庄子曰："明于本数，系于末度。"其明而在数度者，旧法世传之史尚多有之。如《洪范》九畴，所谓本数也；事为之制，曲为之防，所谓末度也。

《王制》："八政：饮食、衣服、事为、异别、度、量、数、制。"郑注："事为、谓百工技艺。异别，五方用器不同。度，丈尺。量，斗斛。数，百十。制，布帛幅广狭。"

《汉书·律历志》曰："推历生律制器，规圆矩方，权重衡平，准绳（准，水准。）嘉量'，'度长短者不失毫厘，量多少者不失圭撮，权轻重者不失黍累。'万物之数起于黄锺，黄锺初九，其实一龠，以长自乘，故八十一为日法，所以生权衡度量。刘歆三统历本此推之。"

党谓义类，非偏私。体谓实在，非虚滥。施谓敷布，非涂饰。

仲尼燕居释义下

原治之余

子曰："慎听之，女三人者，吾语女礼，犹有九焉，大飨有四焉。苟知此矣，虽在畎亩之中，事之，圣人已。两君相见，揖让而入门，入门而县兴，揖让而升堂，升堂而乐阕，下管《象武》，《夏籥》序兴，陈其荐俎，序其礼乐，备其百官，如此而后君子知仁焉。行中规，还中矩，和鸾中《采齐》。客出以《雍》，彻以《振羽》，是故君子无物而不在礼矣。入门而金作，示情也；升歌《清庙》，示德也；下而管《象》，

示事也。是故古之君子，不必亲相与言也，以礼乐相示而已。"

此特举褅礼为言，亦以显遍。言"虽在畎亩之中，事之，圣人已"者，明礼必待其人而后行。苟得其本，虽无其位，不害为圣人。反之，则不知其义而徒有其文者未足以为礼也。遍有二义：一理遍，二事遍。事虽阙而理则具者，畎亩犹明堂也，此显理遍。大褅有四，其事有九者，乃显事遍也。"犹有九焉"，上疑有阙文。先儒说九事互异，郑注数金再作、升歌《清庙》、下管《象》为四，余五事不明。孔疏以"行中规"为五，"还中矩"为六，"和鸾中《采齐》"为七，"客出以《雍》"为八，"彻以《振羽》"为九。并引卢氏说："揖让而入门"，一也；"入门而县兴"，二也；"揖让而升堂"，三也；"升堂而乐阕"，四也；"下管《象武》"，五也；"《夏籥》序兴"，六也；"陈其荐俎"，七也；"序其礼乐"，八也；"备其百官"，九也。王肃以"揖让而入门，入门而县兴，揖让而升堂"为一，"升堂而乐阕"为二，"下管《象武》，《夏籥》序兴"为三，"陈其荐俎，序其礼乐，备其百官"为四，添下五事为九。今按"陈其荐俎"，"序其礼乐"，"备其百官"，"行中规"，"还中矩"，皆通言之，不可数为一事。必欲序次为九者，宜以"揖让而入门"为一，"县兴"为二，"升堂""乐阕"为三，"升歌《清庙》"为四，"下管《象武》，《夏籥》序兴"为五、六，郑注："《象武》，武舞。《夏籥》，文舞。序，更也。堂下吹管，舞文、武之乐更起也。"按，既云"更起"，可数为二事。正义谓皇氏不宜通数"《夏籥》"者，非是。郑以八字通读为一句。注云"下管《象》"者，依下文"下而管《象》，示事也"，仍系省文。"中《采齐》"为七，"以《雍》"为八，"以《振羽》"为九。然诸儒俱为"大褅有四焉"一句所碍，审如是，则云"大褅有九事焉"可矣，何以上言九，下又言四？况四事即在九事之中，何为特出言之？次第似不宜尔。故疑"犹有九焉"非指大褅之事，上有阙文，与"大褅有四焉"句法同。"犹"字或是误字。言"大褅有四'者，据《曲礼》'大褅不问卜'，郑注：'祭五帝于明堂。'又《月令》'季秋之月''大褅帝'，郑注："言大褅者，遍祭五帝也。《曲礼》曰'大褅不问卜'谓此。"是祭五帝名大褅，一也。《礼器》"大褅其王事与"，郑注："盛其馈与贡，谓祫祭先王。"下文云："三牲鱼腊，四海九州之美味也；笾豆之荐，四时之和气也；内金，示和也；束帛加璧，尊德也；龟为前列，先知也；金次之，见情也；丹漆丝纩竹箭，与众共财也；其余无常货，各以其国之所有，则致远物也；其出也，肆夏而送之，盖重礼也。"此为天子大祫，诸侯来助祭之事甚明。又引孔子曰："诵《诗》三百，不足以一献；一献之礼，不足以大飨；大飨之礼，不足以大旅；大旅具矣，不足以飨帝。毋轻议礼。"郑注："大旅，祭五帝。飨帝，祭天。"是宗庙祫祭亦名大飨，二也。《郊特牲》："诸侯适天子，天子赐之礼大牢。""诸侯为宾，灌用郁鬯，灌用臭也，大飨尚腶修而已矣。"郑注："亦不飨味也。此大飨，飨诸侯也。"上文"郊血，大飨腥，三献爓，一献孰，至敬不飨味，而贵气臭也"，对郊为言之大飨乃指宗庙之飨。《周礼·春官·大宗伯》："以嘉礼亲万民"，"以飨燕之礼亲四方之宾客。"《秋官·掌客》："凡诸侯之礼"，上公"三飨三食三燕"，侯伯"三飨再食再燕"，子男"一飨一食一燕"。是天子飨诸侯亦名大飨，三也。又《郊特牲》："大飨君三重席而酢焉。"郑注："言诸侯相飨，献酢礼敌也。"正义："此大飨谓诸侯相朝，主君飨宾，宾主礼敌，故主君设三重席而受酢焉。""三重席是诸侯之礼，而又称君，故知诸侯相飨也。"是诸侯相朝、主君飨宾亦名大飨，四也。大飨之名有此四者，今举两君相见，则是属于第四，非指九事而言。又《郊特牲》云："宾入大门而奏《肆夏》，示易以敬也。卒爵而乐阕，孔子屡叹之。奠酬而工升歌，发德也。"正义曰："飨礼既亡，无可凭据。今约《大射》及《燕礼》解其奏乐及乐阕之节。"按此篇"两君相见"以下，正足以补飨礼之缺，故不定是九事也。言有九者，疑或指祭天之事。如言"明乎郊社之义，尝禘之礼，治国其如示诸掌"之例。按《礼记》正义引皇侃云："天有六天，岁有九祭。今本九祭字讹为六。冬至圜丘，一也。夏正郊天，二也。五时迎气，五也。通前为七也。九月大飨，八也。雩与郊禖为祈祭，崔氏崔灵恩以雩为常祭，九也。"如言"祭天有九，大飨有四"，而下文别就诸侯相飨一义言之，则于文为顺。今但可阙疑，不敢辄为臆说。学者当深体知仁示德、无物而不在礼是显遍义无疑。而曰"不必亲相与言，以礼乐相示而已"亦不是专主飨礼而言，以飨礼推之可也。

四　简过

子曰："礼也者，理也。乐也者，节也。君子无理不动，无节不作。不能诗，于礼缪；不能乐，于礼素；薄于德，于礼虚。"

子曰："制度在礼，文为在礼，行之其在人乎?"子贡越席而对曰："敢问夔其穷与?"子曰："古之人与? 古之人也，达于礼而不达于乐，谓之素；达于乐而不达于礼，谓之偏。夫夔达于乐而不达于礼，是以传于此名也。古之人也。"

此文分两节，先法后人。今初将欲简过，更须明中。"礼也者，理也。乐也者，节也"，是申明中义。礼乐互说，节是理之节，理是节之理。理本中，所以为中者，以其有节也。君子无理不动，动即是中；无节不作，作必应节。是无往而非礼乐，中而兼遍也。"不能诗，于礼缪；不能乐，于礼素；薄于德，于礼虚"三句，正简过。不能诗乐，简不遍；缪、素，简不中。不遍则不中也。第三句双简不中不遍。缪谓违失，素谓空疏。旧训"朴"，谓无文也。引申则为空义。《易》"不素饱"，《诗》"不素餐兮"，皆训空。虚则文胜而无实，如法家辩等，威明上下，有近于礼，而专任刑罚，惨刻寡恩，流为不仁，是有礼而无诗也。道家清虚夷旷，近于乐，其流至任诞废务，是有乐而无礼也。墨家兼爱，不识分殊，则倍于礼；俭而无节，其道太觳，则乖于乐。名家驰骋辩说，务以胜人，其言破析无当于诗，其道舛驳无当于礼。此皆不中不遍之过。举此三过与前文不中礼之三失，以是推之，判六国时异说流失亦略尽矣。就本文三句言，则初句正判名、法二家，次句正判墨家，末句则判道家。道家以礼为忠信之薄，乃矫文胜之弊而过之，遂欲去礼，是亦于礼虚也。本以文胜为虚，欲救其失而径去其礼，是与之同过。上来简法，次节简人。制度文为，即指经曲之数垂在方策者，行之在人，所谓"待其人而后行也"。子贡因问"何以为中"，得兼闻遍义，已悟有礼不可无乐，有乐不可无礼，故更有"夔其穷与"之问。夔乃独以乐称，以视舜、禹则为偏而不遍。观《虞书》命夔"典乐，教胄子。直而温，宽而栗，刚而无虐，简而无傲"，皆乐德之中也，故以"古之人"称之。虽未许其遍，然是深达于乐德之人，亦是叹美之辞也。孔子之言，每叹古而惜今。如曰"古之愚也直，今之愚也诈"，"古之学者为己，今之学者为人"，自称"信而好古"，与狂狷而恶乡愿，以狂狷皆志欲适古而不安于今者，乡愿则唯求合于今而不知有古者也。孟子称乡愿之行曰："生斯世也，为斯世也，善斯可矣。"是知言今者以表流俗，言古者则是出乎流俗者也。又言成人者即谓成德，礼乐皆得谓之有德，亦谓之成人。《论语》曰："臧武仲之智，公绰之不欲，卞庄子之勇，冉求之艺，文之以礼乐，亦可以为成人矣。"四子皆遍至之才，文之以礼乐，乃为成德。知此，则所谓行之在人者，其为何如人，亦可知矣。

五　原政

子张问政。子曰："师乎，前，吾语女乎！君子明于礼乐，举而错之而已。"子张复问。子曰："师，尔以为必铺几筵，升降酌献酬酢，然后谓之礼乎？尔以为必行缀兆，兴羽籥，作钟鼓，然后谓之乐乎？言而履之，礼也；行而乐之，乐也。君子力此二者，以南面而立，夫是以天下太平也。诸侯朝，万物服体，而百官莫敢不承事矣。"

此明即事即理，舍礼乐无以为政。故政之实，礼乐是也；礼乐之实，言行是也。以子张高明之资，犹疑政与礼乐为二事，复未知礼乐即是言行之相应而得其理者，故复告之以此。夫"安上治民，莫善于礼"，"移风易俗，莫善于乐"，"政者，正也"，所以正己而正人也。舍礼乐，何以哉？以法制禁令为政者，是不揣其本而齐其末也。《乐记》曰："致乐以治心，则易直子谅之心油然而生矣。易直子谅之心生则乐，乐则安，安则久，久则天，天则神。天则不言而信，神则不怒而威。""致礼以治躬则庄敬，庄敬则严威"，"民瞻其颜色而弗与争也，望其容貌而民不生易慢焉，故德辉动于内而民莫不承听，理发诸外而民莫不承顺。故曰：致礼乐之道举而错之天下。无难矣。"与此篇义旨相应。君子'言之必可行也'，'先行其言而后从之'，"言顾行，行顾言"，是无言而弗履也。君子'不疑其所行'，"乐则行之，忧则违之"，是无行而弗乐也。"言满天下无口过，行满天下无怨恶"，"内省不疚，何忧何惧？"唯其非礼弗履，故能"遁世无闷"，其所以致礼乐之道者，在履其言、乐其行而已矣。南面以临天下与在畎亩之中无以异也。事理相望，则政为事而礼乐为理，礼乐为事而言行为理，言行为事而履与乐为理，履又为事而乐为理。一以贯之，则于斯义可无疑也。

六　简乱

礼之所兴，众之所治也；礼之所废，众之所乱也。目巧之室，则有奥阼，席则有上下，车则有左右，行则有随，立则有序，古之义也。室而无奥阼，则乱于堂室也；席而无上下，则乱于席上也；车而无左右，则乱于车也；行而无随，则乱于涂也；立而无序，则乱于位也。昔圣帝、明王、诸侯辨贵贱、长幼、远近、男女、外内，莫敢相逾越，皆由此涂出也。

此以礼之兴废明治乱之所由。兴废在人而治乱及众，"圣帝明王诸侯"者，兴礼之人也。"贵贱、长幼、远近、男女、外内"者，所治之众也。言古昔者，叹古之所兴，今之所废也。有无五重对勘，由居处坐立推于涂路，明得之则治亦遍，失之则乱亦遍也。由此涂出则治，不由此涂出则乱。《曲礼》曰"有礼则安，无礼则危"，得失之故可知矣。圣言反覆申明，特拈中、遍二义，总显礼为性德之用无乎不在，而其言之要约又如此，故谓学者苟欲学礼，其必于此篇之言三致意焉。

三子者既得闻此言也于夫子，昭然若发蒙矣。

记者之辞，结文可知。每揽佛氏三分科经，其流通分中记说法，一会必有若干人得法眼净，亦犹此旨。若闻而不领，则是非器，犹瞽者无以与于五色，聋者无以与于五音也。三子者既是当机，故昭然若发蒙矣。

附语：

《采齐》是佚诗。《玉藻》："趋以《采齐》，行以《肆夏》。"《振羽》，即《振鹭》。

严陵方氏曰："客出以《雍》，见客之能《雍》也。《振鹭》之诗曰：'在彼无恶，在此无致。'彻以《振羽》，见主之无致。且《雝》，禘太祖之诗也。其用大，故歌以送客。《振鹭》，助祭之诗也。其用小，故歌之以彻器而已。"又："诗本用之于禘与助祭，而用之大飨者，犹《鹿鸣》本以燕群臣，而又用之于飨饮酒也。示情者，宾主以情相接也；示德者，以德相让也；示事者，以事相成也。"

脡脩，谓加椒姜而已。

正义："王者又各以夏正月祀其所受命之帝于南郊，雩祭亦行于南郊，祭五天帝而以五方之人帝配之。"人帝，如炎帝、太昊是。

智近名、法家，不欲近道家，勇与艺近墨家。四家者，皆短于礼乐，即非其人。如四子之才，文之以礼乐，乃为成人，此谓可以行礼乐之人也。

缀兆，舞者之行列。《乐记》曰："其治民劳者，其舞行缀远；其治民逸者，其舞行缀短。"郑注："民劳则德薄，缀相去远，舞人少也。民逸则德盛，缀相去近，舞人多也。"字亦作鄹。鄹，聚也。正义曰："舞人行位之处，立表鄹以识之。"

方氏曰："言而履之，是践言也，行而乐之，是安行也。万物犹言万事，服体犹言各服其体，不相侵也。"即"万事得其序"之义。石林叶氏曰："履其礼而达所履于天下，行其乐而达所乐于天下，则功成治定而天下太平矣。"

作室者，工巧之事，工巧之运在目，故曰"目巧之室"。

方氏曰：'隅有奥，尊者所处，以别于卑；阶有阼，主人所历，以别于宾。此室有奥阼也。席或以南方为上，或以西方为上，所谓席有上下也。乘车之法，君在左，勇士在右，所谓车有左右也。父之齿随行，五年以长则肩随之，所谓行有随也。天子南乡而立，公侯以下各有位，所谓立有序也。古礼如是，非徒以为文，各有义存焉，故曰古之义也。'

延平周氏曰："室之奥，席之上，车之左，行之前，立之东，阳也；室有阼，席有下，车有右，行有后，立有西，阴也。"

石林叶氏曰："一室、一席、一车、一行、一立，而幽明上下，各有所辨，况贵贱、长幼、远近之序，天理所具有哉。"

三、尔雅台答问 二卷

徐儒宗　点校

邵鸿烈　吴光　复校

卷一　尔雅台答问初编

尔雅台答问编例

一、兹编所录答问诸书，以院内院外为次，二者又以答之先后为次，唯年月从略。

一、凡答院内书，俱著其姓字；院外诸君与先生旧识者，亦出其姓字；余则但著姓氏，不题表德。姓氏同而非一人者，别出之。若系释子，则题某上座。

一、数书同答一人者，编次概令相属，仍以答之先后为序。

编者序

今乐山县乌尤山，故有尔雅台，方志以为汉楗为舍人注《尔雅》处。在乌尤寺之北，构屋崖上，颓临绝壁，沫水西来，与岷江合，流经其下，大峨诸峰，远峙于前，乌尤山一胜境也。民国二十八年，假寺屋设书院，会稽马先生来主讲事，憩止于此，锡瑕等从焉。山中学人稍集，时有谘决，四方士友以书来问者亦颇众。先生讲论之余，手自裁答，锡瑕等退而录之。积两年，书盈箧。私谓于学者有豁蒙道滞之益，因请于先生，汰存其要约者，次为一卷。其在《学记》有云："善待问者如撞钟，叩之以小者则小鸣，叩之以大者则大鸣，待其从容，然后尽其声。"是知至道息言于冥契，洪钟发韵于屡击。其举义之精粗，垂语之详略，皆存乎叩问之机。答者初无所措心于取舍，随器浅深，纳约自牖，因物付物，如其分而止耳。故来风深辨，瓶泻能酬，妙悟午回，片言斯得，是乃应机曲示，非局一涂。若览之而有省者，亦可弗迷于归致也。中华民国三十年六月刘锡嘏、王培德谨序。

答张立民

"《论语》《孝经》，圣人言行之要"，乃匡衡上成帝疏中语。"行在《孝经》"，《孝经纬钩命决》中可信之言。纬书有精语，但凡近谶候者不可信耳。汉人最重此经，特立博士。其文与《礼记》诸篇相类，如《孔子燕居》《仲尼闲居》皆有某某侍之文。必出于七十子后学所记无疑。其中大义，孟子发挥最切。黄石斋作《集传》，立五微义、十二著义之说，亦能见其大。其《孝经辨义》云："本性立教，因心为治，令人知非孝无教，非性无道，为圣贤学问根本，一也。约教于礼，约礼于敬，令人知敬以致中，孝以道和，为帝王致治渊源，二也。则天因地，常以地道自处，履顺行让，使天下销其戾心，五刑、五兵无所施，贵德贱刑，为古今治乱之本，三也。反文尚质，以夏、商之道救周，四也。辟杨、墨之道，使不得乱常，五也。"其十二著义为郊、庙、明堂、释奠、齿胄、养老、耕籍、冠、昏、朝聘、丧祭、乡饮酒，皆礼之大端也。昔尝以《西铭》为《孝经》宗论，此义将来当于书院讲之。伊川作《明道行状》二语，尤其吃紧得力处。今欲直指人心，令其见性，必重此经，方可提持向上。人只是被习气私欲缠缚，故天理不得流行。若能于"病则致其忧，丧则致其哀"之时认得此心，当其哀痛迫切，但知有亲，不知有身，此时乃纯然天理，必无一毫人欲。阳明所谓"致良知如何致起"，《孝经》所谓五致，此"致"字最亲切，大好体验。故"居上而骄则亡，为下而乱则刑，在丑而争则兵"，三者皆为不孝。今天下之患，约而言之，患亡、患乱、患兵而已。故凡有计较功利之私，皆不孝也，而可以为教乎？今因贤来书，略发其要。

答袁竹漪一

"絜静精微，《易》教也"，"惧以终始，其要无咎"，孔子假年学《易》，自期无过，此岂义解边事？后儒人自为说，家自为书，斯乃说《易》，非学《易》也。著者有志治《易》，且尝师唐先生，知求之义理，可谓能识所趋矣。要当观象玩辞，反身修德，无汲汲以撰述为事。若是则可与极深研几，乃知"默而成之，不言而信，存乎德行"，初不关于多闻广说也。

答袁竹漪二

学规四目，理是一贯，所见不差，然事相则别，故说为四。虽不可划分阶段，亦非全无次第。如车轮、蜗角，自有前后左右之相，然其转动屈伸实是全体作用。如人行步，一足先动而一足随之，乃能成行，前必引后，后必蹑前，行来只是一串也。博文自非指记览杂博而言，详在学规第三目中。

自觉矜心未去，只因未尝用穷理致知功夫耳。若真能穷理，矜心自无处安着，亦无自而生，颜子便是榜样。"但知义理之无穷，不觉物我之有间"，朱子此语深得颜子之用心。"以能问于不能，以多问于寡"，多能之目，自曾子名之耳。若颜子之心，固自以为不多不能也。当其问人之时，实恐于理有所未尽，岂可伪为？又安暇顾及人之疑与不疑耶？各人自己分上事，莫管他人疑否。虚己亦不是作意为之，但知义理之无穷，则心自虚矣。"犯而不校"方是容物，非是以容物之心问人也。"躬自厚而薄责于人"，"行有不得者，皆反求诸己"，只是责己，自然恕人，亦不是作意要容物。若预设个尺寸限量，则是校也。至于"以直报怨"，事义不同，亦是贵在直。直是天理，不杂一毫私意，若有夹杂，即是不直，此理须知至后自知。来问云"有若无，实若虚"，似尽去其所恃以矜人者之习气，方有如是之度。此既不可以度言，而形容矜心一语尤见病痛。矜本是妄，更言有恃则益妄。意谓恃一知半解以为骄人之具，此与人自恃有力以殴人者相同。不知性德人所同具，决无以己矜人之理。如人之能吃饭穿衣，决无有人以我能吃饭穿衣自矜其能者。知得此理，矜心自然消释。

答杨硕井一

览足下所为自叙，知足下才质奇，涉学广，时有神解，能见其大。然其析理未免于驳，持论恒失之易。欲以穷事物之繁变，抉心性之幽微，足下之志则大矣，而其言则有芜累。此由平日未尝用集义功夫，但凭一时之察识，乍得依似之解，不免自喜，遂以为是，故未能臻乎醇密也。夫"穷神知化"，乃盛德之符；"开物"、"前民"，亦自然之效。圣人非有作意于其间，若待安排，便成计较。所恶于知者，为其凿也。释氏之精者亦唯在铲除知见，潜行密证，不以义解为高，故无心于宰物而后能应物，无事于立知乃可以致知。足下胸中所蕴者至多，此皆足以为碍，不胜憧扰，一旦廓清，然后自心虚明之本体乃可复也。

答杨硕井二

来书不以直言为怫，自陈病痛，此见贤者虚怀择善之美。但以未得来院共学，不能无憾，今为贤者释之。夫违应之情，无间于远近；悬解之遇，不责于当年。苟冥契于即言，亦何资乎请益。圣贤之所以为圣贤者，特全其固有之性耳，非可从人而得之也。书院讲习之事，亦只是述其旧闻，指归自己，岂曰有物能取而与人哉？来书乃以"求名者于朝，争利者于市"譬之，此为引喻失义矣。崇德辨惑，反情合性，亦待用力之久方可豁然。来书乃谓胸中所蕴已一旦廓清，何其言之易也！"若圣与仁，则吾岂敢"，"躬行君子，则吾未之有得"，德虽至圣，犹示居学地，自视歉然，非故为执谦，其心实是如此。今书院师友，但期与人共学，安敢以圣哲自居？来书称许之词，动以圣人为况，非特闻者避席不安，言者宁不蹈轻许之过？"汰哉，叔氏！"君子不以礼许人，而况许人以圣乎？此非小病，甚望贤者慎而勿出也。在院诸子，才质未必能过于贤者，然区区爱人之心，视在院与不在院非有殊也，否则何以不惮辞费而断断如是邪？方尝阽危之时，继此枯淡之业，其心甚苦，其事甚艰。非有广厦千间，可以盛集徒侣，故"云臻海会"，特为幻想之言；"虚往实归"，亦非解人之语。非于足下独有所遗也。归而求之六经，但能反躬体认，不可横生知解，优柔自得决定可期，慎无以急迫之心求之。凡此所言，未尝有隐，讲录一册，聊以奉览，后有续刊，亦可更寄。果能信而不疑，安必负笈相从然后为学邪？若夫思绎之功，是在贤者自己分上，亦非书札所能尽也。

答杨硕井三

书院课试，亦是衰世之制。古者视离经辨志，敬业乐群，虽不必专重文辞，亦以考其言之能否契理。即平时札记，贵在观其读书得间是否有所省发，岂以是为容悦者邪？贤因病先期假归，未能与试，书院未尝置议。曩所为札记，或失之穿凿，或近于摭拾，未惬衰朽意，是则有之，亦只逐条批答，期其有进而已，非于贤独抑之也。来书乃谓不能如他人博取一二圈以为悦者，是何言欤？言行皆所以观德，行固尤重于言，然非曰言可废也。贤自谓文辞非己所长，而以笃行自励，是也。其曰能言者未必真知，未言者宁便不知，是近于自襮而短人，则非也。且既曰能慎独，无戏言戏动。于诸同学皆相亲敬而无恶也，此言又何自而来哉？无亦胸中尚有未能泯然者邪？来书云成学为易，成德为难，夫学以成德，德之不成，学于何有？无乃仍以见闻知解为学，谓其不关践履邪？何与平日所闻于衰朽者翻其反也？形体之病，虽圣贤不免；若夫心志之病，言语之病，则无之矣。愿贤深味之。仆亦方病，未能详答也。同学中有甘自玩愒者，留之无益，不能不有所表示。若贤固可与有进者，有疾自当宽假，课文能量力补作固佳，否亦无害。但须切己用力，勿汲汲与人校短长耳。所患良已，可从容相就。

答杨硕井四

贤犹在壮年而体羸若此，却须留意。伊川先生曰："吾受气甚薄，三十而始盛，四十，五十而始完。"此何故邪？庄敬日强之效，断非专言养生之术者所能及。贤既有志笃行，果能行之，久自知之，岂必以文辞为尚？恐从前只是强探力索，未有洒然沛然意味在，故以用思为苦而思反成碍矣。思通之睿，由于敬用，非可袭而取也。近讲《洪范》未毕，诸子似亦只作一种义解看，无甚深益。其实果能切己用力，岂在多言？讲说直是剩语。古人得一言半句便终身受用不尽，安有如许忉怛？若闻而不入，虽日与圣贤相接，亦何益哉？贤既知所用力，固不在来与不来也。时事难言，吾在书院一日，亦只尽其一日之诚而已。实愧于来学诸子，未能有所启发。然圣贤经籍具在，人心义理是同，讲说亦不能增，不讲亦何曾减？此要贤辈自悟，吾无所容心，亦不能为力也。

答杨霞峰

寄示诸文，义皆近正。足下学有师承，文不苟作，在今日可谓难能矣。然义理之学，贵乎自得，初不以文辞为同。是以伊川有作末粗之喻，将恐理之或阙，不得已而有言，非如晚近号称古文家者专以文为事，虽亦标举义理，意在修饰文辞，冀有文集传世而已也。足下所为文章，亦既裒然成集，足以自名，又何事于学乎？敝院缘起序中所谓"济蹇持危，开物成务"者，亦祈响之言，欲学者以是为心耳，非有挟持之具可以取而与诸人也。来书乃独有取于是言，谓将求与于此。此人人所得与，非书院所得专，足下果欲求之，亦在得力于自心，非可责效于今日。庄子云"见卵而求时夜，见弹而求鸮炙"，未免太早计，非仁者先难后获之旨也。邵君介绍书谓足下于濂洛关闽之学致力甚久，岂其所得者如是而已乎？"天命"以上不容说，朱子《中庸》章句"命犹令也"，此语亦须善会。若如足下之说，竟同设官分职，乃以秉彝同于法令，岂罕譬之旨哉？《释略》一文或是足下得意之笔，以此窥知足下所见犹是执言语、泥文字，非真于理有所入也。盖其误在于学古文，古文家之言义理，大率以是为足，乃欲以就其文，虽有善者，亿则屡中，实于身心未有干涉。足下之文则善矣，其于理则未当也。书院乃接初学，欲稍正其趋向，非敢泰然自许。如足下者，固不当屈之北面之列。不欲孤负来意，辄贡其所疑，幸勿恶其言之径而少择焉。就令相从讲论，又何以加于是乎？

答张德钧一

梦、觉一也，离心无前境，境由心生。人寐时，前五识不行，第六识亦暂伏。其前尘昧略之影变现为梦，不假诸根，亦能揽境，故谓之梦中独头意识。今问何故起梦，起于取著前尘。若离前尘，安有梦邪？《信心铭》曰："眼若不寐，诸梦自除；心若不异，万法一如。"须知醒时取境与梦无差，但醒时与前五识俱，梦时不俱耳。《周礼·春官》有《占梦》，"占六梦之吉凶：一曰正梦，二曰噩梦，三曰思梦，四曰寤梦，五曰喜梦，六曰惧梦"。虽名为六，总属于思。《世说新语》："卫玠问乐令梦，乐曰：'是想。'卫曰：'形神所不接而梦，岂是想邪？'乐云：'因也。未尝梦乘车入鼠穴，捣齑啖铁杵，皆无想无因故也。'"所言因者，即指尝取著之前尘。是故庄子云："至人无梦"，以其心不附物，无所取著也。常人形体疲极亦无梦，只是气昏睡眠，是五盖之一，与安眠绝不同。安眠是身心轻安，已离昏悼，儒家谓之宴息。凡人睡梦醒来，正好自己勘验，不唯醒时要作得主，梦时亦要作得主在，方有少分相应。通乎昼夜之道而知，便悟死生之说。昔有人问死生何以能自由，古德答云：定慧力耳。圭峰云：作有义事是惺悟心，作无义事是狂乱心。

狂乱随情念，临终被业牵；惺悟不由情，临终能转业。须知死生犹昼夜，梦觉犹死生。子路问"死"，孔子曰："未知生，焉知死？"今乃问梦，若据古人风规，应答曰："未知觉，焉知梦？"只为慈悲之故，因有落草之谈。且勿向梦里寻求，须在醒时领取。冲寂独照，谈何容易，乃以睡眠盖当之乎？灵光独耀，迥脱根尘，乃果位上事。

答张德钧二

学者读书穷理，不独理会文义，处处要引归自己，方见亲切。来问云：既云"至诚无息"，何以称颜渊"三月不违仁，其余则日月至焉"？日月所至，与"不违"是同是别？"不违"与"无息"复是同是别？若"不违"与"无息"同，则不当仅言"三月"；若别，则颜子之心应不至诚，何以为颜子？若"不违"与日月所至是同，则不应独称"三月"；若不同，亦应有间息。以上约来问语。此问有二失。一、计著文义太黏滞，故分疏不下；二、则只知较量颜子之心有闲无闲，未曾一就自己之心勘验。其"日月至焉"邪？其"三月不违"邪？其"至诚无息"邪？平常与贤辈说文义，已是太煞分疏，然重在切己。体究此事，总未能得力，若直下承当得，决不会于此有疑，今不免葛藤上更添葛藤。须知"至诚无息"是本体如然，"三月不违仁"与"日月至焉"是功夫疏密。"诚"是言此性体真实不妄，"仁"是就此性中之德显发处说。来书云"至诚则无息"，中间着一"则"字不得也。瞥尔一念相应，是日月之至；念念相应，方是不违。言"至"与"不违"者，皆与此无息之本体相应也。"三月"但形其久，犹曰"三年无改"，"虽终身可也"。故曰："君子无终食之间违仁，造次必于是，颠沛必于是。"所以极言其保任不失也。不成三月以后便有违，时若不到不达，争知无息？禅师家有涌泉欣尝曰："老僧四十年于此，尚不免走作。汝等诸人慎莫轻开大口。"洞山云："相续也大难。"此是真实功夫语，学者分上且莫计较如何是不息，如何是不违，须是自验现前一念发动处是仁是不仁。常人亦有私欲，未起时此心昭昭灵灵，未尝欠缺，或服习圣言，熏发本智，斩与理应，亦是日月之至；及逢缘遇境，私欲一起，人我炽然，依旧打入鬼窟里去，便是违仁。故曰：直须脚下无私，去一念，万年去，更无异念，方是不违。此指学地功夫，是修道边事，若"至诚无息"，乃显真常之体，须亲证法身始得，不可揣量。以上一络索总是分疏文意，不济事。

贤且莫问颜子之心是有闲无闲，当合下理会自己之心违仁不违仁，是日月一至，是念念相应。吃紧处尤在识仁，直下荐取，更莫迟疑。切不可拈弄一"仁"字、一"诚"字，下得注脚便当了事。此实丝毫无干涉也。古德决不如此说，只道待汝学到颜子地步，即与汝说。今不惜眉毛，如此切怛，早是不著便也。日后相见。不具。

答程泽溥一

示所论著，征引甚详，然意在辨章先儒之说，以近人治哲学之方法及批评态度出之。中土先哲本其体验所得以为说，初无宇宙论与心论之名目也。"尽心知性"，"穷神知化"，皆实有事在，非徒欲说其义而止也。足下既尝师刘宥斋先生，备闻师说，其言必有所本。刘先生之书虽未尽见，偶见一二种，亦深叹其博洽。但好以义理之言比傅西洋哲学，似未免贤智之过。足下于师门熏习既深，固宜有此。今书院所讲，以求己为先，多闻为后，恐于贤者平日治学趋向未必有合，故于大著未敢轻加评隲。间有讹字，为勘正一二处。虽承虚怀自屈，实恐无所裨益。人之好乐，岂能尽同，不妨各求其志。在书院对于贤者所论列，颇惜其为人太多，自为太少。以贤者之知解，视书院所讲，或亦病其不广而未足以餍其望也。

答程泽溥二

续示具悉。足下既知专重知解不足为学，后此能留意持养，进德可期。读习只能作助缘，用力全在自己也。足下若果有志于义理之学，而无其他人事之累，愿为院外参学，尚有可商。但此须听足下自择耳。

答程泽溥三

来书有重来之意，而不能不以事蓄为忧，此人情也。书院本以接人，岂有人怀来学之志而反沮遏之之理？但义理既不能取而与人，生事益不能代为之计。所以设参学一门者，正为贤辈一类谘决疑滞，闻之斯行，初不在留之久暂也。时人不喻斯意，每有自居参学而又请改肄业者。其辞谓欲依止稍久，强徇其请者有之，实非初设参学之旨。今年得一贤，观其来问之意亲切，中无夹杂，且谢馆醵资，曲折以赴，庶几有近于古人，心甚嘉之。然知其留不可以久，又值荒乱生事，益难为谋。书院所以益之者甚鲜，而贤之负累转多，此为贤计，不如遄归。今来书之言如此，虽有贤父之命，期期以为未安。夫"三年学，不至于谷，不易得也"。贤家贫亲老，平日以授徒自给，此乃常道。今为出门就学，转以米盐累及老人劳虑。贷人之粟须偿其息，费将何出？书院即令屈徇来意，改为肄业，膏火甚微，何益于事？义理之学，正与禄利之途背驰，辞受取与，不容不谨。假使住满三年，熏习有效，只能益坚穷饿之志，而不能以为禽犊之资。矧又时局艰危，是否可容弦诵无辍，尤在不可知之数邪！至学道之事，全在自己用力，岂假日日提命？讲论只可资触发，果能领会，实实践履将去，则一面数语，受用尽多。若泛泛悠悠，不唯三年，即相依三十年，亦无益也。"与其进，不与其退"。余事本可不问，因贤坦直相告，故不避烦絮，言之罄尽如此。贤今日所亟，宜思所以善事其亲，安于乡里，无为仆仆道路以自扰也。书院夏至后即将休假，触热往复，亦似可省，非距之也。此在贤自择之。既以义理为学，遇事宜有裁断，无令此心没安顿处。凡此皆诚言，乃是相为之切，贤宜深体之勿怪也。

答夏眉杰

曩者颇惜贤去太遽，未有以益之。今来书谓欲移家就学，此在贤立志之切否，书院无所容心，归斯受之，未为不可。但居处须自为谋，或于生事有妨，恒苦不给，亦足为累，且宜深计。览来书及所为文，虽有志研几，终有为人之意在，未能见得此是纯然性分内事也。辞句小有疵累，却不足为害。贤若能受此钳锤，不以为忤，乃可来耳。尚望善自抉择，再以见答。

答王白尹

问：《论语》"君子博学于文"章，或问，以谢氏说为失之，何也？欲理会此章文义，先须楷定文、礼是何义，博、约为何事，然后就先儒所说参互观之自明。按《集注》释"文"字有二义：一曰"文，谓《诗》《书》六艺之文"。"弟子入则孝"章。一曰"道之显者谓之文"。

"子畏于匡"章。前义专指经籍，后义则广摄一切事相，礼乐制度等。莫非道之所寓，皆谓之文。"礼者，天理之节文，人事之仪则也"。"有子曰礼之用"章。如"克己复礼"则言"天理节文"，"道之以礼"则云"品节制度"，亦用二义随文释之，此例太多，举此可见。其实二义不异。如"文"之后义岂能外于六艺？礼之仪则亦即理之节文。但在此章当以前义言之。博约是功夫，博则欲其遍通，约则令其收敛。博文是知见欲其正，约礼则是践履欲其实也。此言君子犹是学地之名。如言"君子不重则威"，《易·文言》"君子学以聚之"之类。"亦可以弗畔矣夫"，是圣人辞气之缓，非谓犹有畔者。如曰"君子而不仁者有矣夫"，非谓君子果有不仁者也。先儒于"弗畔"字上着眼，故谓与颜子语地位浅深者别，实则圣人教人，只是此二事。亦犹四教之以文、行对言，忠、信为六艺之本，即文、行之实。浅深在机不在教也。深者见深，浅者见浅，圣人言语却是一般。程子曰"此非自得，勉而能守也"，谓只是闻见，而非知道，乃恐学者躐等，故如此说。此是先儒细密处，故朱子用之。谢氏前半"无统无征"之说不误，但"知博知约"却多一"知"字。后半谓此道举而措之天下，则有不可穷之事业；反而求之一身，则有不可二之理义。由事业故有文，由理义故有礼，则于文当曰"文博而礼约"即足，与"博学于文，约之以礼"语脉不合，且"弗畔"字更无安放处。盖此言博、约是功夫，作动词用，如谢说则是泛言事理之相，将博、约字作形容词用。结语虽谓不由博而径欲取约者不免于邪道，仍不以博约为功夫也。故朱子谓几若王氏之徒，称其罢相后方恍然有得者，谢说诚失之也。大抵上蔡天资高，见地虽彻，理会文义却有不子细处，合《精义》《或问》《集注》，细心寻绎自见，自当从朱子说无疑也。

答陈兆平

见示大著，明是非，文笔健爽，自是有激而发，知尝用力于古文辞者。乡愿无是非，道家齐是非，钧之皆失其正。恶乡愿，为其心之梏亡，故随声是非，此流俗之害。若庄生之因是因非，因非因是，虽迥然异乎流俗，亦使人漫无据依。唯孟子谓"是非之心，智之端也"，"人皆有之"，是知是非之正，乃人心之本。然唯失其本心而后有利害之私，非因有利害之私而后以是非之公救之也。今曰"为之礼以范其虚伪，为之义以绳其是非"，是礼义皆后起，为圣人救敝之术，非因其所本有而为是以制之也，其言乃近于法家，与孟子之言异矣。远承下问，辄因贡其所疑，未知于仁者亦有契否？

答贾君

古德恒言：从门入者，不是家珍。此事决不在言句上。一切教语、祖语并是缘熏，其余世谛流布，徒增知解。诸佛垂慈，只要人剿绝情识，更有何事？巨岳不乏寸土，不可从人觅佛觅道。但不被知解系缚，胸中不留一法，一切人我、爱憎、违顺、取舍、圣凡、染净诸境无从安立，自然田地净洁，触处全真。赵州所谓"与伊下载"，程子所谓"我这里只有减法"，无有二致。不敢孤负来问，不可更添葛藤，即此亦是闲言滕语，仁者速须扬却，切勿留碍。

答周君

作者于声韵甚有研究，但中土文字以形为主，非如西洋文字以声为主，故语根之名不可立也。形声字从某声者，声亦兼义，义在形不在声。如拓从石声，道从首声，须先识石与首之形义，不仅依其声而已。今曰文字之本音谓之语根，是以声为主，六书之形声字当改为声形矣。且所从之声不仅为部首之文，亦多为孳乳之字，必曰语根，亦不专属文也。以声类相通而求其义，本是古法，但声依形立，不可略形义而专主声也。

答吴君

辱书所以教之者甚厚，有以见君子之所存，敢不敬拜。惟期许之言，愧非迂拙所能及耳。书院草创方始，简陋无足比数。傥为时俗所容，亦欲使后生略知所向，稍救荒经蔑古之失，示以读书穷理、反躬实践之要。然言之于举世舛驰之日，违众而应寡，恐习重难回，未必能有所裨益，亦自尽其在己者而已。承示须本"知行合一"之旨，务在与学者共相持循，不徒以讲说为事，此理自不可易，何敢不勉！复承摘示《泰和会语》中多于义未洽，何幸得闻其过！当时率尔讲论，本非著述，不可为典要，诚愧其择之未精。然本之体验，初不敢苟。今就贤者疑处，略为申析，即写在原稿简端，不另笺答，实有近于不逊，还以质之高明。幸平怀以察之，略其言而观其理，或少免于纰缪乎？

治经若专讲训诂名物，诚有此失。今教以体验，即是检点其家珍，非徒守其记籍也。科学方法与此不类。

《汉志·六艺略》以五常配六义，邵尧夫以四经配四时，而《乡饮酒义》以智仁圣义配四学，尤为古义。此非独得。若夫融会，是在当人。一德亦摄众德，一经亦包群经，互入交参，岂有隔碍？体用一源，显微无间。天人一理，中和，岂可截然各为一物？但言不只一端，各有所显耳。体信达顺，亦即是中和，今曰"中和之外又别有信顺"，可乎？《易》本隐以之显，《春秋》推见至隐，明乎天人隐显不二，乃可以通《易》《春秋》，然后于此言无疑也。

判教之说，原于《经解》。《易》有君人五号，君子者，成德之名，仅去圣人一间。孔子五十而知天命，命固不易知也。

"六经本无轩轾"，此言是也。然各明一义，有通有别。若如尊旨，则《经解》之义亦将不可信邪？

学者，所以学为圣人也，穷理尽性即学者分上事，不可专以属之圣人。若以为高远难几，然则圣人终不可学而至。舍穷理尽性而别有学，将所学为何事邪？从洒扫、应对、进退以至精义入神，只是一贯，圣人无二语，彻上彻下皆一理也。更望贤者思之。

答池君

惠书下问之意甚笃，且引董萝石师阳明为喻，此非鄙陋所敢承也。贤者尝师廖君，习闻其经说甚富。廖君善言制度，惜乎稍近恢奇。若以先儒义理准之，似未可以尽从也。来问答如别纸，原稿附还，敬俟抉择。晚闻何足为病，但成见必不可存。门户异同及科学整理之说，皆徒以滋人之惑而增其碍。贤者必于此廓然而后虚心体会，方有入处，方可商量，何必相师然后为得乎？不敢孤负来问，故言之无隐如此，尚希谅其径直为幸。

一、来问谓于经传理学诸书涉猎而少心得，病在"涉猎"二字。此须切己体会，久之乃可豁然贯通。徒事涉猎，乃是泛泛读过，于身心无干涉也。

二、今古文之分，乃是说经家异义，于本经无与。今文出口授，古文出壁中，偶有异文，非关宏旨。如《易》用费氏，《诗》用毛氏，必曰京、孟、梁丘、齐、鲁、韩过于费、毛，其义亦不具。《论语》今用张侯本，传《鲁论》而兼《齐说》。《古论》与《鲁论》同，无《齐论·问王》、《知道》二篇，义亦无阙，今古文更不可分。《周礼》决非刘歆所能造；《古文尚书》亦非梅赜所能伪，即出纂辑，亦必有依据，此以义断之而可知也。《春秋左氏》《公羊》义最硕异，然本经异文亦不多见。故必以经为主，而后今古文之见可泯也。大抵今文多为博士之学，古文多为经师之学。家法者，即《汉志》所谓"安其所习，毁所不见"，刘歆所谓"党同门，妒道真"也，失在专锢。古文后出，不立学官，于是乃有经师之学。然今文家亦有精处，古文家亦有驳处，当观其通，不可偏执。如郑君今古文并用，或疑其坏家法，然郑君实通博可宗，非博士所及也。今文家如董生，实为醇儒，亦不同博士之陋。清代经学家今古文各立门户，多不免以胜心私见出之，著述虽多，往往乖于义理。廖君最后出，善言制度，然以六经为俟后之书，几同预言，则经文与谶纬何别？无乃为公羊家"为汉制作"一语所误乎？若章实斋以六经皆先王政典，则孔子删述之业为侵官，其蔽一也。总之，六经皆因事显义，治经当以义为主，求其当于义而已，不必硁硁于今古文之别。

三、义理之学最忌讲宗派、立门户，所谓"同人于宗，吝道也"。先儒临机施设，或有抑扬，皆是对治时人病痛，不可执药成病。程、朱、陆、王，并皆见性，并为百世之师，不当取此舍彼。但其教人之法亦有不同，此须善会，实下工夫。若能见地透澈，自然无疑矣。

四、经术即是义理，离义理岂别有经术？若离经术而言义理，则为无根之谈；离义理而言经术，则为记问之学。若问敝院讲学宗旨，乃是经术与义理为一，不分今、古，不分汉、宋，不分朱、陆，然切勿以笼统目之。简章别寄。

五、敝院草创伊始，规制简陋，未有院外通讯办法。将来讲论或有记录，亦将择要刊布。但因近时印刷困难，经费支绌，尚须有待。贤者有志于学，但当尽心读先儒遗书，身体力行，不必求观鄙拙近著。即有所述，均未刊行，亦不能出先儒所言之外，若更有奇特，即不是也。为贤者计，且宜先读《四书纂疏》、赵顺孙撰。《通志堂经解》中有之。《伊洛渊源录》、《二程遗书》、《朱子语类》、《朱子大全集》。果能于此数书尽心体会，则于此道亦思过半矣。其余恕不一一具答。

答黄君

荀子不知性，其所谓性乃指气质而言，然气质有善有恶，亦不可专以恶言。荀子所言伪者，意主变化气质而言，未尝不是，但不当直以气质为纯是恶耳。由彼之说，性既是恶，何能化性起伪而至于善？明乎此，则孟、荀之不同处可以无疑矣。

答云颂天一

人之气质，焉能全美？学问正是变化气质之事。识得救取自己，方解用力。凡病痛轻而能自知其为病者，变化易，容易得入；病痛深而不自知，必自执其所见以为得，不受人言，难以救药。书院不怕病人，但恐其拒药。若拒药者，虽与共处，因于彼无益也。吾以本分事接人，从不欲孤负人来意，但有自己孤负自己者，则不奈伊何，此诚言也。

答云颂天二

来书经月未答。知方从王居士治法相，此亦甚善。贤向来根器近禅，今能耐分析名相，却可对治笼侗真如之弊，亦是好个入处。法眼一宗，即从此转身，所谓"也须从这里过"也。会得者，名相即是禅；不会者，禅亦是名相，筑在肚皮里，总成过患。看来古德为甚说"知"之一字众祸之门，须知方便施设，原是不得已，识取钩头意，莫认定盘星。若谓有法与人，则是赃诬他古人，益增后来系缚。此病不除，为人即祸生也。须是大死底人复活，任伊横说竖说，无有不是，则"知"之一字，亦为众妙之门。般若无知而无不知，所以为正智。因贤好读《灯录》，故不觉葛藤至此。人之相聚，亦各有缘业，不容勉强。此理若契，遍十方、尽三世未尝有间。不然，虽终日聚处，亦是对面隔山川，无益也。今世祸乱，直是"匪夷所思"，然皆是自取，争怪得人？向后恐真是一步行不得。吾侪在此荆棘林中过活，须自家有个安乐法门，刀割香涂，等心无异，方免丧身失命。圣人说"吉凶之道，贞胜者也"，舍此别无他道。闻梁先生方办勉仁中学，已择地在成都，若时局无大变化，则将来贤当有机会到成都，尔时若老拙尚在乌尤，或可暂图相聚。不尽欲言，唯冀勉进德，以慰远望。

答云颂天三

顷卧病数日，于病榻阅来书，强起作答。去住随缘，不妨放淡，其实"那曾知分"一语，即见贤胜处。但谓"只觉得心头切，其余都无意味"，此说未是，如此却是未切也。知分莫如《孟子》语好。孟子曰"君子所性，虽大行不加焉，虽穷居不损焉，分定故也。君子所性，仁义礼智根于心"，"睟然见于面，盎于背，施于四体，四体不言而喻"。此与临济无位真人语一般。不知分者，由于不知性也。分即是性，离性岂别有分？今人只是求分外事，何尝知有分内事？故无一而可安，只缘不曾尽心知性耳。知性则知分矣，未到知性，唤甚么作分？纵有言说，都无干涉。来书云："元是个无知无能底人，此生甘愿作个无知无能底人，亦可省少许罪过。"此语不肯自诳却是，以此为歇场则非。且问知无知无能者是知邪，是不知邪？甘此者复是阿谁？甘与不甘，其间相去几许？所谓"歇场"者，但歇妄耳。妄心顿歇，则真心自显，都无此等言语矣。真则更无歇。力疾答此，善自护念。不具。

答某上座

来书欲返初服，求学养母，情辞哀恻，览之动容。唯书院征选生徒不录方外，所请与章则不符，碍难依允。若借此以为脱缁之地，并将以代力养之谋，则仁者误矣，书院实爱莫能助。末法沙门，鲜能入理，诚如来书所云。然仁者自勘，平常日用中亦能与佛法少分相应否？古德前如睦州，后如玉林，皆能致养其亲，僧史称孝，岂谓出家遂不能事亲邪？上坐欲求力养，其道宁止一端？欲还俗则径还俗，不必假途书院。且占毕不可为温凊之资，膏火亦不足代菽水之奉。书院不同学校，即令毕业，亦无出身。况上坐于儒书本非所习，在众中理当居后，津贴亦不可遽得。虽曲徇来请，何所裨益？书院同人运心平等，不以姑息爱人，故直言奉告。仁者欲谋甘旨，须择他途，不可求之书院也，请便舍除此见。佛法世法，理合如此，诸希详察为幸。

答郭君

来书具见怀抱远大，不肯自安于流俗，此志可嘉。前此书院所以未能徇足下之意者，实恐有误远到，非遗之也。仆手致令祖父书，劝贤蔚成吏材，不必困以牖下之业，此亦爱人之道。不谓来书乃以为贬抑，不悟吏材实古人所重，冉有、季路、黄霸、文翁，由此其选，方且虽于轻许，欲足下勉而跂之云尔。而来书乃以为恶名，岂不异哉！此亦不考之甚矣。非教足下以慕荣利，务干进。诚知令祖年高好道，尊翁亦倦于仕宦，其属望于足下者甚切。为人子孙，固当为仰事之计，虽不可苟以徇录为养，亦不可徒为高论而置生事不顾，贻老人以劳虑也。书院所讲，既不适于世用；三年食淡，膏火亦不足以供菽水之资。此于足下，实属非宜。道者，人伦日用所当行者是也，非将以是取声誉，示矜异也。来书自以鄙弃仕途为高，而以不得从游为憾，谓所求在内，而吾所以勉之者在外也。夫苟以行义为心，则仕宦亦非外也。若犹不免于求闻，则虽学于书院亦外也。诚知求己之切，更无借于书院。书院之教人，亦教其求己而已矣，岂有他哉！足下试平心思之，此言为直道乎，非直道乎？

答刘君

来书并所示《识大录》及《唯欲史观待旦录》目录，具见足下奋发有为，不徒勇于著述，亦亟欲见之事业，思有所建树于当世。足下之志远矣。象山有言："宇宙内事，即吾性分内事；吾性分内事，即宇宙内事。"此语简要可思。故不明自己性分而徒以观物为能，万变侪陈于前，众惑交蔽于内，以影响揣度之谈而自谓发天地万物之秘，执吝既锢，封蔀益深，未见其有当也。足下"唯欲"之说，或远为东原所误，近为西洋社会学家浅见所移。将来学如有进，必翻然悔之，望勿墨守以为独得也。书院暗然之业，重在求己，未敢侈言及物。所讲习者，唯务平实，初无矜异，此于足下才质恐非所安，诚不宜以奉屈。且足下既持"唯欲"之论，亦恐未肯舍除旧见，降心相从，远来何益？各从所好可矣。

答许君

昔谢显道往见伊川，伊川曰："别来做得甚功夫?"谢曰："也只是去个矜字。子细检点将来，病痛尽在这里。"伊川颔之，因语在坐者曰："此人为学，切问近思者也。"来书自承前言之过，可谓能择善矣。大凡言近夸汰者，其自视甚高，谓人莫己若，莫吾知，满腔都是骄吝之私，难与适道。既知此是病，如疮疣在身，必抉而去之，不可一日安也。如其自视歉然，常若不及，人伦日用之间常觉有多少不尽分处，见他人有一长，必自以为不如，常见己短，常责己过，不求人知，能如是乃可为近道之资矣。须知一切知见情解，全是胜心客气，必铲除净尽，然后此理始显，此换骨金丹也。足下若信此言，敢保他日必可入德，必有受用。若其不信，虽终日相处，又何益哉? 因念来书辞颇恳切，故言之罄尽如此，幸察之。

答张君

来示欲建立大同文化统系，用科学方法研究儒学，附来《我的儒家观》及《大同丛书目录简表》多种，已经浏览。足下之志则大矣，而其所立体系则未免于糅杂也。夫体用一源，显微无间，睽而知其类，异而知其通。"非天下之至精，其孰能与于此?"是故异同之故未易言也。于性犹今言本体。未尝异，于相犹今言现象。未尝同。一异不生，计一计异，二俱不是。则异同俱泯。同相异相，了不可得。此乃诣极之谈，非情识所能到。今以思量分别之心，强而一之，邵尧夫所谓"齐物到头争"也。邵诗云："泥空终是著，齐物到头争。"今时科学哲学之方法，大致由于经验推想、观察事相而加以分析，虽其浅深广狭所就各有短长，其同为比量而知则一。或因苦思力索如鼹鼠之食郊牛，或则影响揣摩如猿狙之求水月。其较胜者，理论组织饶有思致可观，然力假安排，不由自得，以视中土圣人"始条理"、"终条理"之事，虽霄壤未足以为喻。盖类族辨物必资于玄悟，穷神知化乃根于圣证，非可以袭而取之也。足下于时人之书信能多闻而博采矣，独恨于儒家本原之学未尝致力，未有以得之于己。故择之未精，见之未确，而汲汲以著书为事，且欲献之当道，悬诸国门，无乃为人太多而自为太少乎? 文化之兴，大道之行，必待缘会，久而始成，不由一二人闭门造车，遂可举而措之也。今日以科学方法研究儒学，将以建设新文化，组成大同文化之新统系，综贯世界一切科学，此在足下之理想则可，若谓遂能建设，立求实现，言未可若是其易也。足下负闳通之愿，在今语可谓富于创造之天才，惜其专骛博大而少邃密之功，急于自见。循是而不变，近于好夸，无深造自得可言。诚爱足下秉质甚高，求之甚猛，而其为学方法则误于多读今书，少读古书。既承下问之切，不敢辜负来意，故言之切直如此。如不以为忤，幸详思之。

答刘君

本院前以志愿来学者过多，斋舍不容，故于请受甄别较迟者一律婉谢，非于足下独遗之也。览前后来书，知足下早年涉学颇杂，既因读阳明书能有悟入，则归而求之有余师矣。何致因所请不遂，怨憾至不能堪？悟道之人，有以自足于己，其言固如是邪？以是知足下慕道虽切，实未尝悟也。书院讲习，事至平常，亦只是教人求己，非有奇特。足下何为歆动至此？"为仁由己，而由人乎哉？"求师固是善念，闻道乃在自心，不得以过情之言要人取必。足下年已近艾，自云无慕于外，须知要求入院之心亦是外也。若能屏除旧习，实在向内体究，从阳明入固无不可，但须知用力察识，亦不得遗却涵养一段工夫。熟读《近思录》、《四书朱注》，合下切须持循，毋专记言语，向后自有得力处。以足下之年，更不可泛泛寻求，宜在简要处用力，亦更不须仆仆道路以求入书院为事也。此乃真实相为之言，若信得及，可谓参学事毕。书院未尝孤负人，不在入院不入院也。

答张君

足下任教有年，乃欲屈意问学，虽见虚怀，实恐不能有所裨益。来书谓欲究程、朱、陆、王之学以为世倡，使青年多有修养克己工夫，故愿就院研习。是足下之有志为此学者，乃在转教青年，如今之学教育学者无异，初无为己之意，程、朱、陆、王之学不如是也。就学是足下个人意志进修，乃切己工夫。书院讲习不同于学校之授课，用力全在自己。足下若明了此意，须知欲求程、朱、陆、王之学，不必辞去教职来就书院，只归而求之有余师也。

答龚君

足下学有师承，久习教事，乃于一谈之顷，遽欲屈居参学，信乎其能虚怀择善矣。见示《经学义例》，以礼制说《诗》《春秋》，甚有条理，堪为初学治经轨辙。惟"经术政策"，颇疑其名未当。昔康成说经，时或比傅汉制，后儒议之。廖、宋二先生学通新旧，似不免有好用新名词之失。今輓译之言，往往出倭人，稗贩翻以汉字，义训乖谬者多。时人不察，袭用其名，不加辨析，影响及于学术者颇大。如言"《周礼》治内，《春秋》治外"可也；先王政典，经世大法，似不可以今之"政策"拟之。盖一则为时措之宜，一则为权略之用，其义实不侔也。举此一端，不遑远引。窃谓著述自有体例，似当简去此类名词。虽贤者意在通俗，所言亦有裨时用，然论时政而本经术，以为损益则可，径以古制名为"政策"则不可。此误自吾乡孙仲容征君《周礼政要》开之。又《孟子新义说例》引《论语》朱注"明善复初"一语，谓其贻误后学，非孔门学理；又谓尊孟子者在其论政，不在其道性善。此皆迥异前闻，勇于改作。足下之意盖偏重政制，以此为致用之术，而视心性为空谈。然则"内圣外王"徒为虚语，尧、舜、文、武，将与管、商同科，何必通经乃为致用乎？意此文或是足下少作，务从刊削，勿令此见留滞胸中，永为进德之碍。如不以鄙言为诞，慎勿轻诋宋贤，否则各从所好，老拙亦当从此杜口，何劳屈意居参学之列？不但非愚陋所敢承，亦自度于贤智不能有所裨益也。方行患难，决不敢为夸汰之言自欺而误人。下问不可虚辱，故聊尽其区区，幸足下谅之。

答罗君

惠书告以所不及具仰与人为善之意。仁者宗信阴符，久娴丹诀，此自神仙家言，初与儒佛无涉。仆等博地凡夫，未足语此。然于性命之旨，各有所受，本其体验之在己者言之，不能苟同于人也。儒者之道，只在人伦日用之间，非有单传密授之法。即佛氏之教外别传，亦只教人真参实悟，本无一法与人。不用求真，唯须息妄。涅槃生死等是空华。达摩一宗不解捏目，若丹道多门，彼自有师，何必依托西来，徒成戏论。人之好乐既殊，熏习之缘亦别，各行所知，亦复可碍？所谓云月是同，溪山各异，世间相自古如斯。仁者大药方成，飞升可待，不必强引门外汉为同调也。孤负盛心，恕不再答。

答王君

仁者究心《易》象，独好深湛之思，在今日良为罕觏。但中土圣哲皆以宇宙为性分内事，象者象此，爻者效此，非谓心外别有乾坤，与时人所持西方哲学研究方法大异。若以此类方法求之，未免错下名言，失其本旨。在书院所谈经术，一以义理为归，虽曰温故知新，不欲轻改先儒轨范。此与仁者意趣或有未符，各从所好可也。

庄子曰："有实而无乎处者，宇也；有长而无本剽者，宙也。"宇宙本无方所，无始终，今以时间、空间为言，不足以尽之。

《易》不言宇宙，只言天地、乾坤。天地是形体，乾坤是性情。见乃谓之象，形乃谓之器。与此所言时空物象不相似。凡说《易》所用名言，须本于《易》，似未可用今语。

《易》之为书，广大悉备，不闻有小宇宙之说。

《易》立天道、地道、人道，今言二界，异于三才。《易》主于道，今主于象，非其本指矣。

《易》之"六位时成"，乃表阴阳、刚柔、消息、盈虚之理，所谓"六爻之动，三极之道也"。"杂物撰德"，"非其中爻不备"，中正不但是位，须以德言，不可以时空为说。

"中无定位"以今语释之，此乃诠表纯理，不可以数学方法求之。

著者只见一边，若知即动而常静之理，则此图或须互易。请一阅《肇论》"物不迁"一章，当有触发处。

答徐君一

观喜怒哀乐未发以前气象，是程子门下龟山一派教人方法，延平所谓"默坐澄心，体认天理"。唯其涵养于未发以前，故能察识于正发之际。谓之中者，乃是形容此鉴空衡平、无所偏倚之象，非如西方之冥谛，或此土道家之末流谓炯然有物可把，并有何种胜妙境界现前也。故曰求中于未发以前则不可，虽不见不闻而见闻之理在始得。此事大须子细，不可卤莽承当，错下工夫，翻成执碍。今详来书，语意虽未能明晰，而似有一种恍惚之境界。此或足下别有所受，圣贤之道则不如是也。来书谓"知觉灵动之心，非天命之性之真面目，惟忽焉定静，浑无见闻，而又似无不见不闻之当前境地，乃所谓粹然至善之本体"。曰"真面目"，曰"当前境地"，以此知足下执有一物，但未识所谓"忽焉定静"系遵何道以致之，又不识足下将何物唤作"定静"，何以"忽焉"得之。《大学》明言"知止而后有定，定而后能静"，今足下未言"知止"为何事，其下所谓涵养此体者，凭何而涵养之？又"此体既动，放之则收，拘之则舒"等语，尤为支离。今问足下：此体是何物？收、放、拘、舒者是谁邪？至所谓"逆了"、"顺达"，用字皆未知所择。须知知觉、运动、见闻皆气也。其所以为知觉、运动、见闻者，理也。理行乎气中，岂离知觉、见闻而别有理？但常人之知觉、见闻全是气之作用，理隐而不行耳。今足下所见之体及所谓当前境界收之舒之者，仍是一种知觉、见闻，仍是只在气边，未有理在。须知圣贤之学乃全气是理，全理即气，不能离理而言气，亦不能离气而言理。所以顺是理而率是气者，工夫唯在一"敬"字上，甚为简要，不似诸余外道之多所造作也。念足下身居边地，向道颇殷，尚未遽以自信，故不惮词费，奉答如此。若其择之，则在足下，初不敢强人以必信也。学规印成，自当奉寄。附有书目，虽少而实要，不唯边地难得，今战后即内地亦不易求。然只能随分读之，无欲速，无求备。果能有契于此，则于斯道亦思过半矣。书院不轻未学，不重多闻，不敢孤负来问，亦初无院内院外之别，等心而施。但用力须在自己，亦不劳数数致问也。

答徐君二

来书提出"尽良心"三字，与阳明所谓"致良知"无异。"尽"字须着实下工夫。孟子曰："尽其心者，知其性也。"作么生唤作尽？此不独要读书穷理，凡日用动静之间，无一不是做工夫处，才有一毫放过，即有所不尽矣。何谓良心？亦切须自己体认。此事不须多立名目，要将圣贤言语子细会取，久久自能得之。

答张君

据来书辞旨，知足下尝游意佛乘，发心利物，欲就善知识谘决，因垂询书院，以为足备参访或依止之所。虽与足下未尝相识，不敢谬承来问，然此意亦不可不答。书院所讲，一秉先儒遗规，原本经术，冀有以发明自心之义理而已。非如佛氏之高言弘法度生，亦不如时贤动以改造社会为标榜，以救国为口号也。期于暗然自修，求之在己，事至平常，不敢有一毫矜饰，近于夸汰。览足下来书，谓将求普觉痴迷，阐扬大教。足下之志则大矣，无乃为人太多，自为太少乎？观足下所好乐似在佛法，须知教相多门，各有分齐，语其宗极，唯是一心。从上圣贤，唯有指归自己一路是真血脉。足下既好佛法，即从佛法入亦无有二，但须先明教相、趣归、宗乘，方为究竟，切勿得少为足，轻言利人。书院非学佛之地，儒门淡泊，亦恐收拾不住，于足下不能有所裨益也。

答许君

揽来书及大著论文并图表，二事具见贤者致思之力。在今日所名为人生哲学中，贤者似欲以其所久蓄之思想，建立一种体系，用志不可谓不勤。承虚心下问，自谓于中土先圣义理之学未尝精研，欲来书院就学，此意诚可嘉。然书院所讲习者，要在原本经术，发明自性本具之义理，与今之治哲学者未可同日而语。贤者之好尚在治哲学，若以今日治哲学者一般所持客观态度，视此为过去时代之一种哲学思想而研究之，恐未必有深益。盖就来书所谓应人生需要而产生之方法，为贤者理智中追求而未得者，至多亦不过认此为一种材料之吸收，以供参考而已。从贤者自心多方面之观察，将来取舍之途所抉择者，未必在是也。何以言之？以贤者所憧憬之创造精神、创造运动，而预为领导将来世界文化之地者，在一种方法之认识研究。若由中土圣贤之学言之，此方法乃不可得者。何以故？因其求之在外也。一任如何安排，如何组织，持之有故，言之成理，却与自性了无干涉。贤者所举之西方东方文化、宗教、哲学、科学、艺术种种思想之集合，寻出两种心理状态，名为觉缺与谋满，由是而有基态、动态之说。所下名言，未能明晰，且置勿论。综贤者全文观之，似谓人生之意义在于欲求而已。文中所谓要与达皆欲求也。因欲求而产生方法，此方法亦是欲求也。欲求亦非定是坏字，但当问所欲所求者为何事。以中土圣贤之道言之，"我欲仁，斯仁至矣"，"求仁而得仁"，"求则得之"，"求在我者也"。若求之在外者，如"将以求吾所大欲"，属于耳目口体形气之私者，求之未必可得。来表以奋斗、希望与涵养并列，为修养之三条件，与诚、明、真三目标如何联系，非愚陋所能了解。贤者只能自喻，未能喻之于人，则其所谓谋满者云何？名满亦不知何所指也。妄意贤者所读译著诸书，实太驳杂，故其综合所成之思想不免支离。以此而求产生一种合理的方法，据愚陋所见，实恐枉费心力，深为贤者惜之。书院于贤者无能为役。如不以直言为怪，奉劝贤者将此等哲学思想暂时屏却，专读中土圣贤经籍及濂、洛、关、闽诸儒遗书。不可著一毫成见，虚心涵泳，先将文义理会明白，着实真下一番涵养工夫，识得自己心性义理端的，然后不被此等杂学惑乱，方可得其条理。切莫轻下批评，妄生取舍，始有讨论处。另有一法，则研究佛乘。将心意识、诸法名相认识清晰，然后知一切知解只是妄心计度，须令铲除净尽。习气一旦廓落，大用自然现前。回头再读诸书，自能具眼，知所抉择，更无余疑，直下受用。但此二途俱非痛下一番功夫不可。若贤者不能舍除旧见，不能从事于此，亦不妨各从所好，一任自择。书院在今日实不能于贤者有所助益，固无劳辍业远来，转使有失望之悔也。君子爱人以德，又惜贤者本以美才而被俗学所误，故不避词费，不辞怪责，欲为贤者进一箴规，期无负远道遗书下问之意。若其言不足采，则请弃置勿道，亦于贤者无所损也。

答杨君

来问六条，皆由误会"引归自己"一言而起。所谓"引归自己"者，即"为仁由己，而由人乎哉"之意。此乃对治向外驰求之失，只是教人体究自心，先除过患。过患既除，本体自显，别无其他秘诀。不谓足下执滞名言，附会神仙家丹道之说，疑其用力处在人身中某一部分，欲求指出，此真胶柱鼓瑟，刻舟求剑也。须知义理之正不坠形气之私，道在伦常日用之间，非有单传密付之术。经籍文义本自了然，如此穿凿，转增障蔽。足下若慕丹经，不妨各从所好，慎勿错会圣贤言语，自误误人。书院于足下实不能有所裨益，异趣之言，无劳往复。

答熊君

来书并附示近文一篇，诗草一册，诚嘉足下年少才美，有志于学。所为文辞，甚有气势，能不以此自足，进而求之，何患不能深造。虽然，足下之所忧者，在人而不在己也。其所言者有近于夸，非能收敛向内，真有见于心性义理之微，求之如弗及，若饥渴者之于饮食也。似欲汲汲以文词自见，矜其有异乎俗而已。此见不除，卒难入理。为其以成学自居，未能降心虚受，此程子所以言"有高才，能文章为不幸"也。非不爱足下之才，惜足下之志似乎未切。书院所讲习者，恐足下视之将谓言淡而无味。不餍其所望，未必能安之，故不敢远劳虚辱。以足下之资，但能回机就己，退然若不及，屏除杂书而一志经术，不求人知，如是三五年，必有悟入。而于今日所为之诗文，将悔其少作或恨其刊行之过早。即以诗文论，亦必与今日迥不相同矣。此时实不敢相屈，然亦不欲孤负来意，故以直言相勖，惟足下善择之。

答赵蕃叔

贤处困而能安，亦见积年用力之验。儒佛俱是闲名，自性本来具足。诚是本体，敬是功夫，"修证则不无，污染即不得"。众生迷倒，虚受一切身心大苦，良可哀愍。从上圣贤，曲垂方便，只是夺彼粗识，教人净除习气，别无他道。习气若尽，真心自显，脱体现成，更无欠阙。孔门"克己复礼"，即释氏"转识成智"也。非彻证二空，不名克己。不论凡情圣见，总须铲除；才有织毫，无自由分。世间种种辩智，总属情尘意计，增长人我，辗转系缚，无有了期。譬如掘坑自埋，乃言求活，安有是理？贤能于"敬"字下功夫，此便是入三摩地第一妙门。但得本，莫愁末。寻常只在自己潜行密用，不求人知，不务言说，一旦瞥地，方知此言决不相赚也。书院乃是不得已而后应，争奈现时机劣，虽不惜眉毛拖地，入泥入草，难得其人，比之古德风规，先儒轨范，直是天壤悬隔，无足为言。所望战祸早平，得还乡里，闭门杜口，以毕余年。彼时贤若能再于湖上相寻，从容话旧，于愿足矣。《讲录》亦是门庭施设边事，老拙用心，殊不敢孤负人，但求契理，不必契机。此在本分人方知本分事，亦是一柄腊月扇子。至于袭俗讥嫌，可置不问也。

答刘君

敝院征选早经截止，诸方寄来文稿，本已不付审查，原件却还。因念足下系多闻绩学之士，不欲孤负来问，特破例于卷尾聊赘数言，以当商榷，不嫌径直，或于足下不为无益。后此恕不一一具答。

仁是性德之全，体仁是德，行仁是道。体仁者，以仁为体，即全体是仁，犹体物而不可遗之体。非体会之体，若言体会，犹与仁为二也。行仁即是率性。孝弟忠恕，所以行仁也。天理即自性所具之理，离自性岂别有天理邪？天命天德，名异实同。孟子曰："尽其心者，知其性也。知其性，则知天矣。"名言分齐，各有所当，亦不易知。作者意在分疏，未知当体即是，故言之不能亲切，终是隔膜。

学必资于读书，而但凭读书实不足以为学。况读书尤贵知要能择，泛滥忘归无益也。不以饥渴害志，亦不易言。《通书·颜子》章可熟玩，不到见大忘小田地，焉能不以生事累其心邪？

知徒有知解，不足言学，是也。有德性之知，有闻见之知。闻见之知亦有浅深、小大、邪正不同，然俱不是真知；德性之知方是真知。学自是知行合一，即知即行，岂有分成两橛之理？"政、法、兵、农"一段，愈见支离。但得本，莫愁末。道义陵夷，且当求之在己，斯可矣。

佛性唯证能知，非泛泛阅览教乘，依少分相似知解便可谓得诸宗。经论浩博，亦须就善知识抉择，方有入处。不如返而求之六经，儒家言语简要，易于持循，然先须立志始得。

神仙家出于方士，与道家无涉，是也。然《淮南》即以道家与神仙家合言之，亦不始于葛洪、张道陵。寇谦之一派又别此。其源流颇杂，为此考据，劳而少功。

答刘君

惠书并见示大著《三教异同说》，具见贤者之用心在融通综贯，志则大矣，然其持说似未能择之精也。儒家六艺之旨，得濂、洛、关、闽诸贤而大明。后儒但读其遗书，加以思绎，自知穷理尽性之要，无假他求，终身由之可也，不必多为之说。道家以老、庄为宗。后世神仙家之说本出于方士，与道家异撰，而自托于道。魏晋间玄言家不及丹经一字，魏伯阳《参同契》为丹经之祖，亦无一语及老、庄，此其显证也。葛洪撰《抱朴子》，始欲合而一之，然犹以言方术者为内篇，言清净之理者为外篇。至北魏寇谦之、梁陶弘景之流，始撰道经流布。今《道藏》诸经稍古者，皆出寇谦之以后所依托也。自吕洞宾、张伯端出，得《参同契》之法而又旁涉禅教，始言心性。邱长春创全真之号，所立祠观，全仿佛氏丛林制，于是天下始言道教矣。若唐玄宗、宋徽宗所崇之道，则文成五利之流也。性命双修之说，宋以后道流始有之，其书益陋，视魏、葛、吕、张远矣。此道教源流之略也。佛法入中国，自姚秦鸠摩罗什广译诸大乘经，始有可观。什公四大弟子并善玄言，支遁、慧远，南方之秀弗如也。至隋而有天台智顗判藏、通、别、圆四教，于是义学之名始立。其后有嘉祥、慈恩二宗，而华严宗特后出，法藏、澄观判小、始、终、顿、圆五教，益臻完密。故唐一代义学最盛，自后寝衰矣。达摩直指一派六传至大鉴，下开南岳、青原二支，衍为五宗。在五代及北宋，临济儿孙遍天下，名为教外别传。其真切为人，非义学家所能及。然法久弊生，其后承虚接响，唯逞机锋。北宋士大夫鲜有不好禅者，故为先儒所辟。此事亦阒绝已久。此佛教在中土源流之略也。各有门庭，不相掍滥，非大用现前、不存轨则者，不可错下名言，乱人眼目。教相须还他教相，义理亦极有分齐。此以名言诠表之义理言。识法者惧此，未容轻议也。三教同源之说，始于明季闽人林三教，不可据依，其人实于三教教义初未梦见。近世祖述此说者，益见支离。今观足下所引诸书，真伪错杂，似于二氏源流未暇深考，而遽言其源，似太早计。故今略举二氏在历史上之沿革，俟足下博观而审择之，不欲孤负来问。若不以为然，尽可存而不论，各从所好。书院今所讲习，唯以经术义理为主，未遑远及。且规制简陋，征选生徒早已截止，以足下之高才，亦决不敢屈之北面之列。率直之言，诸唯鉴谅，不宣。

答许君

览来书并附诸稿件，具见向学之殷，用心之细。在今时少年有志之士如足下者，殊不多见，深愿引与共学。但有未可以遽相期者数端：一、书院所讲习者，以经术义理为主，其治经方法，亦与清代汉学家不同。观足下寄来诸稿，似于目录考据之学特有兴趣，习之既久，恐难舍去。骤闻义理，必多扞格，以为枯淡无味，不餍所望，易生懈退。二、书院造始，方值艰虞，一切设备俱极苟简。藏书一项尤为寒俭，不特四库书未能辇致，即江、浙坊间所恒见之通行本在蜀中亦为难求，故院中于学生修学必读之书俱感缺乏。经费又绌，无从大量购置。足下性好博览，对此当然觖望。三、由浙入蜀，须经赣、湘、桂、黔四省。方今战局未定，道途行旅之困难，有非思虑所能及、言语所能尽者。就令无

虞，而沿涂候车时日决难预料，旅费定属不赀。足下虽不辞跋涉之劳，
在书院实恐无以益之，未免虚劳往返。四、书院津贴甚微。足下若在家
庭须负一部分经济责任，亦不能不为生事计。如此远游求学，虽在贤者
不以为太觳，亦人情之所难。有此四端，故未敢径诺。寄来诸稿，今仍
交航空挂号寄还，至希赐覆。至所附相片及证件，暂留以为异日相见之
券。倘得战事结束，时局容许，书院或有迁还江、浙之日，彼时足下犹
愿屈居参学之列，固甚愿相与讲论，无所隐也。附去《讲录》一册，聊
备浏览。后有续出，如足下需要，函示即寄。有一语奉劝者，窃谓足下
治学方法为之甚勤，而实于身心了无干涉，为新考据家则有余，欲以此
批判先儒学术则不足。此由误读近人著述使然，亦一般之通病。中土学
术，必先求之六经，切己体究。真能得之于己，自然不惑，方可论量古
今。如权衡在手，铢两无差，然后判断始免于误，以其毫无胜心私意
也。否则如无星之称，但凭一时之好恶出之，或轻下雌黄，或随人起
倒，不唯自误，更以误人。此不可不致谨也。因见大著《读书记名札》
根据梁氏《清代学术概论》品题清初诸老，实有未当。如盛推颜习斋及以
阳明为空疏之类。此见不舍，恐终难以入理。不敢孤负来问，聊贡所疑。
如不相契，自不妨各从所好。专复。敬俟决择。不宣。

答张君

承示读《近思录》，知所用力，甚善。其称书院《讲录》之言，则
有过者。此但为初机略示途径，何可遽比先儒？所敢信者，学者循是以
求之，或免多歧之惑而已。观所为《道体约言》，多袭用朱子语，而不
详其所出，使人一见之若由足下自己为之者，此非学者所宜有也。《曲
礼》曰："毋剿说，毋雷同。"凡称引先儒旧说，并宜明举出处。如此文
引朱子《太极图说》、《通书注》而不言其所自，近于掩古人之说以为己
有，不特不合文字体例，以心行言之，便是自欺。来书所谓致谨于言行
者，果何在乎？道体一名，非实悟实证，岂容轻说？奉劝足下且读书穷
理，勿汲汲为文章以求自见。此是真切相为之语，若不见怪责，窃望其
能虚受也。足下未在书院受学，来书以夫子见称而自称学生，此亦不可
轻用。书院待人以诚，故告之无隐如此。幸善择焉。

答谢子厚

参学之目，本以待绩学之士。如衲僧之有饱丛林谓久参也。古人求道心切，不辞行脚，寻访善知，识得一言半语，遂可终身。如永嘉之称一宿觉，此乃真正参学。先儒门下，亦是千里裹粮往来不定者有之，留而受业多年依止者有之，决非如近时之学校化，循资按格，计日程功也。公博综儒佛，其于古代风规闻之熟矣。书院不得已，随顺世间，因定为肄业之制，为依止稍久者设；却存参学之目，为远来谘访，不定求依止者设。今时人不喻，因院中曾有先来参学，自请改为肄业者，遂误认参学为肄业之阶。自肄业征选暂停，纷纷请求参学，真乃痴人前不得说梦也。故自今年起，参学人一律改住院外，不特因斋舍不足，亦使稍明参学之义耳。契理非难，契机为难；入直非难，顺俗为难。外间议论以义理为空疏无用者有之，以专明儒学为隘陋者有之，并有谓书院所录多中下之资而高才者反在见遗之列。书院诚不敢谓不失一人，然所谓高才者，或亦不免自信之过。此自不须理会，因公爱护书院，聊一及之，非求知于途人也。

答李君

古圣垂言，有权有实，事非得已，初不为一时而说，虽复从缘起教，亦是称性而谈。其为一期方便，示有抑扬，贵在能舍，不可执药成病，此权说也。若乃直抉根原，惟明性分，提持向上，截断众流，在当人合下荐取，则一切情计悉皆销亡，此实说也。然为实施权，因权显实，权实不二，会归一致，斯不易之旨也。西来始教，每杂权宗；中土圣言，理唯实谛。今之饶舌，天壤犹悬。来教见勖，似病其乏善权之用，若愚所自励，每恨其寡能应实。简除过患，或乃在此而不在彼也。夫群言流荡，失在于诬，徇物之迷，良由见小。若慧照内发，阴翳自消。故稷下迂怪，无伤于邹鲁；六师矫乱，卒定于如来。仁者既游意圆宗，研几圣典，岂复以功利余习举世震惊、魔外厄言聋俗夸炫为果足以夺真心、障正智哉！谓且当以尽己为亟，无过以道丧为忧也。

答杨君

仁是性德，人所同具。圣人教人，亦只示人以求仁之方、行仁之道而已，本不在言说。如贤所为文，乃是揣量卜度之词，未会古人语。在此须熟玩经旨，深切体验，乃有讨论处。今日尚未足以语于此也。

答徐君

辱书有如晤对仁者。知有己躬大事未了，此时贤之所难，而于境缘未能无碍。思避喧就寂，似犹未忘取舍也。谬荷不鄙，欲谋之老拙，苟可以为助道之缘者，岂有所靳？今书院初无卓锥之地，亦未有粥饭之资，但有少数学子，借住僧寮，共啖藜菜，未堪供养大德。虽仁者尘视轩冕，渴慕山林，仅求薇蕨所需，犹未足以仰副来旨。颇恨儒者无术，远不逮古之禅林尊宿能以福德之力涌现楼阁，广聚人天也。然本分内事不从人得，不借缘兴，随顺世缘，亦不乏受用。公既饱参，岂待饶舌？潜行密用，不妨资生谐偶，亦不图世谛流布，自能触处洞然，更无丝毫留碍矣。恕不作世味寒暄语。伏唯珍重。

答鄢君

来书亦见志趣之正。然书院实不能有所益于贤者，无劳远辱。足下既授徒乡里，尽可自己体究。尽心知性，决非可自讲论而得，须是实下功夫。先儒说性，有未能理会处，且须理会，勿轻下论断。气质之性，亦不可不谓之性，但"君子有弗性焉"耳。此事须收敛向内，方有入处。甚愧无以相待，有虚来问。唯祝及时进德。不宣。

答周君

来书议论甚阔而气象近夸，其中谬见推许之语，衰朽实不足以当之。至欲遥相师事，请著籍弟子，虽荷谦光，非所敢承，此于足下实无所取义也。据足下所论列，亦既有以自信，且著书满家，更何必就问于衰朽？来书评隲古今，出语豪恣，满腹知解，颇有当仁不让之概。然实无一语收敛向内，言不可若是其易也。此与自己身心了无干涉。如是而求孔、老、孟、荀、程、朱、陆、王之道，知其未有合也。揣量卜度之言，影响依似之解，执之以自足，据之以自安，最足以障自心虚明之本体。气既横溢，言复驰骋，似此病痛不能舍除，实于义理难期有入。足下天资盖近狂者，奉劝切下去矜功夫，方可一变至道。甚愧不能有所助益，不敢孤负来问，故不避怪责，直下针锥，唯高明择焉。尊礼之说，请勿再施。恕不一一。

答徐君

伯珩来，辱惠书，深以称誉过情为悚。然惓惓之意，流露行间，窃幸迂陋之说犹或见录于君子，庶几气类犹未孤也。四方士友以书见贻者颇众，年衰恒苦日短，往往稽于裁答，阙然未报，遂至经时疏简，无所逃罪，想不过责其嫚邪？每从伯珩得闻仁者治学之绪闳雅有则，诚叹其难遘。乃复虚怀下逮，弥勤诹度。某炳烛末景，何足相资。但谓先圣微言，本以显性，世儒恐泥，唯取依文是非，直契心原，无由蟉其封蔀。故伊、洛诸贤所以不可及者，乃在文字之外别有事焉，然非参禅习定之谓也。往者亦尝疲精于考索，致力于冥思，久乃悟其无益，而于诸儒用处似微有以窥其一端。此事但可俟悬解于方来，未可期默成于言下，初亦未敢遂以为得也。异日若有因缘，得承余论，固愿仁者之有以相发耳。书院事至浅薄，聊与二三学子栖迟山寺，冀远寇氛，实倍括囊之训，亦深愧无以益之。辄因伯珩，率尔奉答，未足以副相望之厚。比日霜寒，仰惟居贤勤诲，履道贞吉。不宣。

答任君

来书知有己躬大事，与时人专（骛）[骛]向外求知解者迥别，可喜也。辱问二条，略答如下：

达磨一宗，只是指归自性，别无他法。自大鉴下，有南岳、青原两派，下开五宗，源流具在《灯录》，五宗不可优劣。唯大机大用，自推临济；沩仰间以境语接人；曹洞、法眼颇近义路；云门亦直下巉绝。若论门庭施设，各有长处，学者得其一言半句，皆可悟入。然从门入者，不是家珍，纤毫犹带情识，俱非究竟。古德机缘，自当遍览，但遇情识所不能到、没奈何、会不得处便是好消息也。般若如大火聚，不巢蚊蚋。切忌依言语作解会，自以为得，此是不治之证。临济儿孙至大慧杲，言语遍天下，已近义路，法道衰矣。禅师家个个诃佛骂祖，佛是什么干屎橛，禅是无风起浪，平地上起骨堆。北宋士大夫多与禅师往还，承虚接响，增人系缚，有何用处，故直须辟。后人不明先儒机用，故疑之。儒佛禅道总是闲名，建化门头，不妨抑扬。当时贬驳不作贬驳会，骂不作骂会，一期方便，不可为典要，此须过量人始得。今逞口快说出，恐仁者今日尚不能无疑，但可置之，他日自有会时。切勿轻易流布，转为人说也。

程、朱、陆、王，岂有二道？见性是同，垂语稍别者，乃为人悉檀，建化边事耳。禅语谓之"云月是同，溪山各异"。程门下有龟山、上蔡两派，龟山重涵养，上蔡重察识。象山、阳明，天姿绝人，自己从察识得力，其教人亦偏重察识。朱子早年学禅，亦从察识来，后依延平，承龟山一派，及与南轩交，尽闻胡氏之说，则上蔡之绪也。晚年举伊川"涵养须用敬，进学在致知"二语教学者，实兼杨、谢二家法乳。然其所自得，则杨、谢未足以尽之，故其为说最醇密。后儒不知源流，又不明古人机用，妄生同异，只是瞎汉赃诬古人，自己全不曾用力，安能知古人造诣邪？如《学蔀通辨》《王学质疑》《颜氏学记》之类，只是一群瞎汉相趁，可哀也。仁者若有志斯事，须办取一二十年，悉心体会，切勿轻于自信，妄下雌黄。须知学道大有事在，不是读得几部书便为了事。此是彻骨相为之言，不敢孤负来问，不觉忉怛至此。若不相契，尽可置之，勿见怪也。《避寇集》亦是衰世之音，何足称道？近方补刻，俟印成可以一册奉览。此事亦劳而少功，难成而无用。看拙作无益，不如多读古人诗也。

卷二　尔雅台答问续编

尔雅台答问续编新例

一、前编但录书札，以院内院外为次。兹编所录稍广，平时垂语及批答学人札记之言皆入之。不限于书札，亦不复以院内外为次。

一、垂示之言，题曰示语，其有录自书札者，以其义类相属，亦即编入此门，不另出书札。或疑此非答问，不知随机赴感，鲜有不请而说者，义应同为答问所摄。其有私记先生语者，亦因义类相属，间有附入。但在讲期始末告学人书，与此异例，今别次为附录一卷，仍存答书一门，以兼摄答院外来问者。

一、批答札记中语，或数语见义，或申言累牍，皆因其所记为之决择，是以繁简殊施，今俱编入示语类。其有非出原问不明者，录其原问。但自辍讲以后，诸友多散处四方，今唯就当时同学转录所及，虽单词片语，涉于谈义者，皆存之。其有未及转录者，从阙。

中华民国三十二年一月，王培德、张立民谨识。

弁　言

原夫道本无言，因言显道，仗缘托境，问答斯兴。故一期药病，譬彼昙华，桴击既亡，玄音自寂。仲尼息言于温伯，净名示默于文殊。苟已舍于筌蹄，复何劳于诘决。是以扶沟有学语之诚，德山示搜堂之律。彼乃自视其言犹如土梗，岂复有意于流布哉？书院诸子刻予短书，每自恨其多口，然言之既出，如箭去弦，更无返势，故亦了不复省记。今诸子复就其掌录，续有《答问》之辑，不独存者未免瑕谪，其遗者亦多非肯綮，既病无益于当人，尤恐见讥于达者。以诸子请之甚力，吾未能止也，过而存之，亦不掩其陋。古德有言：答在问处。若会心不远，何假枝叶之多？细语粗言，皆归圣谛，知我罪我，俟之当来，庸何伤焉？因览诸子识语，未惬鄙怀，聊为剩言，引其深悟云尔。中华民国三十二年一月，蠲戏老人识。

示语一

示吴敬生　十五则

瑞岩悟后，每自呼曰："主人公在否？"自应曰："诺。"复诏曰："常惺惺著。"应曰："诺诺。"看他与后人作榜样，提撕警切如此，所谓"暂时不在，即便不堪"也。儒者谓敬是常惺惺法，其语实出瑞岩。盖直内之功，不容间断，与禅家得力处初无有二也。予既为敬生题斋额示以入处，因其请益，复为书此遗之。嗟乎！今人每以散乱心读书求知识，其志亦仅在多闻而止。此与圣贤穷理尽性之学觌体相反，纵使多闻，于自己身心全无交涉。以散乱心应事接物，其于事物当然之理决不能得；即或偶中，亦是义袭而取，其涸可立而待也。学者必先不肯自安于流俗，然后乃有共语处。否则扞格不入，终身迷罔，安望其能惺惺邪？

大凡立心处事，第一勿令留纤毫私吝心。随处自勘，才有一毫自便意思即是私，才有一毫盖覆意思便是吝，未有私吝而不骄者。自矜自伐，欲以天下私诸己者，皆此一念之充类也。程子曰："小人只不合自己小了。才有一毫私吝心，便与天地不相似。"须知私小未尽，便是不仁。"一日克己复礼，天下归仁"，只是尽却私吝，别无他道。人若不识圣贤道理，终身只是私吝心用事，真是认贼为子。学者不于此痛下功夫，转过身来，如何能入德？

"大人者，与天地合其德"，即是以天地为身；"明明德于天下"，天下即是身。岂复有物我之间？吾尝谓：尽己必尽物，以己外无物也；知性必知天，以性外无天也。圣人无己，靡所不己，故天地万物为一体，此实理也。未证此实理，则犹不免于私小，未出于流俗，不可以入于圣贤之域。贤气质甚美，吾所以期之者甚深。勿病晚闻，勿忧鲜暇，先立乎其大者，而后私小之害不能入也。

古人云："人能以求仕宦之心求道，则成道久矣。"俗人固不知有道，其所谓道者，亦仕宦之类也。苟其所欣羡者不出乎此，终亦陷于私小而已矣。故《大雅》称文王之德曰："（无然歆羡）无然畔援，［无然歆羡，］诞先登于岸。"须是举世所歆羡者皆不足以动吾之一瞥，然后可以勿畔于道。

冉有、季路在孔门皆政事之才，而仕于季氏，孔子未尝斥之，独使季氏富于周公，则曰："求也，非吾徒也，小子鸣鼓而攻之可也。"圣人之恶聚敛、恶党恶若此。贤者不得已而仕于乱世，宜以此为鉴。

季子然问："仲由、冉求可谓大臣与？"子曰："吾以子为异之问，曾由与求之问。所谓大臣者，以道事君，不可则止。今由与求也，可谓具臣矣。"曰："然则从之者与？"曰："弑父与君，亦不从也。"圣人与当时权要酬答之言若此凛然。其于由、求不肯轻许，亦不肯没其大处。冉有、季路所能及者，实是如此。季子然坏处只是要人从之，孔子点出有个"勿从"，不特显由、求之大节不逾，亦使后世如季子然之伦戢其妄心。今世不乏季子然，如使由、求遇之，其从之邪？其有弗从者邪？此不容不辨。

朱子曰："仕宦夺人志。"以今观之，可以夺人志者，非独仕宦也。凡意有所歆羡，必为所牵而不能自拔，皆夺志也。故文王之学在无歆羡。

"依于仁"之后，始说"游于艺"。仁者不患无艺，艺者不必有仁。心通乎道，则其发用流行之妙，无施而不可。以是而为艺，艺必精，亦非俗之所谓艺者所能梦见也。敬生此来，问书法之言特多，予亦随分告之。其实予之于书，虽尝于古人之体势粗得其略，及其自为，初不经意。古来书家亦自各有面目，各具变化，取精用宏，自能抉择。若夫气韵，尤不可强。书之外别有事在，敬生重我，岂独好其书法而已哉？予老矣，此后亦无精力意兴更复作书，吾愿敬生由吾书以见道，不愿敬生徒贵其书，有近于玩物丧志也。

"人之生也直，罔也生也幸而免。"佛氏亦言直心、深心、大心，是即《坤·文言》所谓"直方大，不习，无不利"也。今日人心之病，一"罔"字尽之。委曲盖藏则不直，迁就回护则不方，私小自便则不大，是皆罔也。以是自勘，则动无失道；以是观物，则物无遁形。"斯民也，三代之所以直道而行也"。枉道而事人，夷狄之所以交乎中国也。

佛者之徒，钳锤恶辣，其锻炼人手眼，有时为儒者所不及。然龙象蹴踏，非驴所堪，故不遇大机，则大法终阁。今人只是好人称誉，一闻箴砭，即不能受，此真自弃者也。虽圣人复起，无如之何。"子温而厉"，即之也温，听其言也厉。唯其爱人之厚，故温；唯其为人之切，故厉。能知圣人之言厉，然后于禅师家之恶辣钳锤可无疑也。

敬生此来，前后相聚旬日，所与言者亦多矣，临别复出此册，乞予书警策语，不欲孤其意，病中强起为书之。横口所言，信笔所之，留取覆瓿亦可，留取镌石亦可。平生言语，每自恨其多，敬生乃谓犹嫌少在。其实古人相见，不过一二语，果能言下有会，终身由之而不尽，岂在多哉！

向外求知，是谓俗学；不明心性，是谓俗儒；昧于经术，是谓俗吏；随顺习气，是谓俗人。孔子曰："乡原，德之贼也。"彼其奄然媚于世者，俗之所喜，彼亦喜之，俗之所非，彼亦非之，自心全无主宰，唯俗是从而已。人必先能拔俗，而后可入于道；免于为乡原，然后可以为君子。以是律身，以是取友，以是教子弟，以是励国人，庶几可以无失也。

韩退之讥阳城未尝一言及于政，视当世之得失，若越人视秦人之肥瘠，忽焉不加喜戚于其心。此为有言责者言之，其义犹小。若圣人之心，通天地，摄万物，其忧乐之感，犹雨旸寒暑之切于身也，岂独系于一国哉！

作诗写字，皆可变化气质，但须习久，始能得力。躁者可使静，薄者可使敦，隘者可使扩，驳者可使醇，俗者可使雅，浅者可使深。及其成熟，初不自知，犹如学射，久久方中，亦如孩童渐至成人，日日长大，并不自觉也。知之者不如好之者，好之者不如乐之者。到得乐之者地位，则如"四时行，百物生"，通身是道，与之为一，出之无尽不为多，一字不形不为少，莫非性分内所有也。此理境骤难领会，要先做到个知之者，非学不可。今人不肯学，又焉得知？须知知者亦待自证，如人饮水，知其冷暖，不可从人得也。今人只闻他人一言半语，便将为得，正如说食不饱，数宝不富，未能"有诸己"，安望"充实"、"光辉"，驯致"大而化之"乎？孟子拈出此个次第，圣于道者如是，圣于艺者亦如是。因贤好艺，故借此以为说，冀其易喻。所谓由艺以见道，自与玩物丧志者异矣。

古语云："茫茫大地，容身何所？"此言乃若为今日而设。盖劫火洞然，已遍大千，定业难回，真是佛来亦救不得。人心陷溺愈深，其痛苦亦愈甚，苟无悔祸之机，亦无出苦之日。吾侪唯有安于义命，不失其在己者而已。康济之途，恐其来尚远也。来示颇以未能来山为惜，此亦无足深嗟。相契在心而不在迹，志应则千里可通，情睽则觌面犹隔耳。仆虽颓老日甚，孤怀弥寂，此自俗情难喻，何所容心？道之隐显，各在当人；事之从违，系乎缘会，非仆一人所能为力。但感讲论无益，不如刻书；刻书难成，不如停罢。俗情缴绕，不能直截。虚与委蛇，殊非山野所望。平生与人交，皆直抒胸臆，不存世故，以是言语不免忤人。然皆从爱人之心流出，唯恐其有不尽。人皆以我为不近人情，以是知忠信之道盖不能行于今之世。吾不能弃忠信以为道，则唯有杜口，然今尚未能也。

示乌以风

凡人经乱，久习事惯。拂逆困横，皆足以锻炼身心，变化气质。嗜欲减则计较渐轻，私吝退则怨尤自寡。中虚则感易通，理显则事愈切。若秦越人之相视而无动于中者，只是一念之隔耳。

示刘公纯

据贤疑处，仍在文字边，被他名言所碍。不知文字只是筌蹄，先儒一期方便，不妨小有异同。只要得个入处便休，不须苦苦分疏。古人孰得孰失，却与自己无干也。念庵、念台之释"几"，皆本阳明"知善知恶是良知"一语而来，故斥动念之说，以为转见亲切。然《易传》固明明曰"动之微"，周子变其文曰"动而未形，有无之间者曰几"，谓之无动可乎？圣人之几与常人之几亦不须苦苦分别，盖其为动一也。动以天则圣，动以人则凡。"吉凶者，贞胜者也"。"天下之动，贞夫一者也"。圣人分上吉且无，安得凶？然所谓"贞夫一者"，试定当看，将何指邪？"唯几也，故能成天下之务"，直是难明，以其不可见，故曰幽。来书未得《通书》语脉，以幽属众人，非是。释氏谓诸佛以愿力持世，差为近之。若在众人分上，一念不觉，即名为恶。然依觉故有不觉。喻如因水相方有波相，若离于水，亦无有波，若离于觉，亦无不觉。觉与不觉皆就动念上分途，故几亦通圣凡而言。若念念是觉，安得有凶？《坛经》所谓

"真如自性起念","真如即是念之体","念即是真如之用",二语甚精。乃专指圣人之几耳。近溪先知觉后知、两个合成一个之说,亦别无奇特,即谓背尘合觉,前念后念不异而已。来问如何方能使两个合成一个,答云:若念念之中不思前境,唯此一念炯然现前,自不见有两个矣。然此语恐贤今日尚未能亟相应。既谓看得不远,复较前亲切,已知于起念时自己管带,久久纯熟,自觉省力,则近之矣。上蔡所举名利声色关语,大有粗细。五欲乃其粗者,若言其细,则法执未尽,已见犹存,皆是名利,一切玄妙知解语言,皆是声色。有一毫未透,总被伊缚,无自由分。贤所患乃在其粗,但熟看《楞严》,不但可治此病,亦可渐启悟门。切勿信时人之言,以此为伪经也。

示王星贤　二十三则

《洪范约义》末篇结尾会通六艺一段文字,多先儒未发之旨,一一具四悉檀。此为运用义学之要,却可作后来说经轨范。惜今时学子尚未能凑泊耳。往者常虑此篇不能终讲,今幸得纵容毕事,便从此辍讲,亦不空过。虽未能有所饶益,当以俟之将来,但望贤辈于此能有悟入也。

昨见贤意思似稍拘迫,良由近来言语过于严切所致。此虽与漫不加省者迥殊,然何可长也。吾只是因物付物,初无容心。"礼胜则离",故有礼不可无乐。今人不耐钳锤,全不识古人用处,所以难与入德。吾之用心尚不能得,安能得圣贤之用心邪?《诗》乐微妙,非时人言艺术者所几。吾于此亦略窥其蕴,惜分付不著人。贤辈今日犹隔津,在将来当有会处,日用之间自然洒落,不为物碍,此方是敬。则和乐决非任诞之意,古之诗人有得之者,禅师家尤冥契无间,此先儒所不肯言,故今日无人领会耳。

脱俗须具悟门,诗中实有三昧。古来达道者多从这里过,然向上一路,千圣不传,直须自悟始得。吾言亦犹谷响泉声耳。

凡事取一种方式行之者,其方式便是礼。做得恰好便是乐。如作诗格律是礼,诗中理致便是乐;写字识得笔法是礼,气韵便是乐。

象山说于人情物理上下功夫,何以贤辈读象山书竟未著眼及此?只缘一向未能推己及人,便不免遇事隔碍,非独疏也。未曾尽得己,便不能推,推不去时便是天地闭,触处皆胡越矣。日用间随时可验。若有睽乖之象者,便就自己勘过。近处不通,更莫说及远。即此便是格物的实工夫。寻常钻故纸当格物，如何可得？故试于事，乃是真学。以事为外，畏事、遗事及滞于事者，皆非也。

度河须用筏，亦因地之象征。昔岩头尝自操舟，有人欲渡，则舞棹而出。何处非神通妙用，事事皆可作如是会也。

昨见贤行步犹弱，且宜加意调护，勿勉强过劳为上。洞山不病者公案最好看，仆尝于此得力。每遇病时，饮食可废，而言语不废，有不病者在也。

此理粲然，常在目前，触处即是。但说取一尺，不如行取一寸，方见效验。吾不愁分付不著人，只患无人承当耳。

"忠信笃敬"要体而行之，不是说其义旨便了。所言沈著痛快，乃是借此提撕，欲贤辈识得此意味，自己勘验日用事作么生。寻常垂一言半语，只图彼此有益，不是要贤辈赞叹，更不须下评断语。不是不许评断，以贤辈只是评断吾言，于自己分上无涉也。古来只有学人呈见解待师家评断，老夫不是向贤辈呈见解也。

作书草草如此，深负老夫之望。须知寻常写一短札，亦可见人之用心。即此便是学，不可放过。若以为吹毛求疵，老夫此后亦不敢更著一字矣。

看《灯录》随分理会得一二，则亦佳。其不能理会得者，所谓无义味语，正是直下令人情识不行，与伊剿绝。忽然触动关捩子，如寐忽觉，如寻失物复得，便豁然疑滞顿释，身心庆快，此方是"格物致知"之真实田地也。到此向后，正大有事在，不成说得相似便休。然泛泛读去，只是涉猎，如看《世说》，但赏一二隽语，亦无用处。当自择一二则因缘思虑所不能入者，求决此疑。疑情既起，自不肯放舍，久之乃有涣然冰释时节。如只散漫看去，实不济事。寻常衲僧只举一则话头教人参，此法甚拙。人之疑情须是自起方能真切，他人教不得，故不特悟须自悟，疑亦须自疑也。自家疑处既真，遇师友缘会时自能举出，有个讨论处。以此为一大事，方可看机相酬，否则亦是闲说话也。

佛家有四句诀云："顶圣眼生天，人心饿鬼腹，畜生膝盖离，地狱脚板出。"盖寿、暖、识三，亦不相离。寿谓气息，暖即温度，识指神识。人死气息先断而体犹温，即神识尚未去体。其最后冷之处，即神识所由出也。生善道者从上出，生恶道者从下出。亦《楞严》所谓"想多则升，情多则沈"之旨。然轮回之说，实有未尽，当以朱子有轮回、有不轮回之理为正。此本与佛说相应，因彼亦言入圣则无轮回，唯人天六道乃有轮回也。若尽其道而死，则生顺没宁，岂复更有随业转生之事？此非深明死生之故，未易言作得主在。

摄生之道，莫要于心不散乱。盖心不散乱则精神自然凝聚，凝聚愈固则发用时有力而不竭，不言养生而养生在其中矣，故谓摄生先须摄心。摄心亦无他术，心缘义理，久久自然调伏。孟子集义养气之功，人人可能，惜空诵其言而不肯率由耳。疾病，圣贤所不免，但不以形体害心志，且疾亦当慎，乃义理之正。合下能用力，复何忧乎？

寂而后能感。心体本寂，故感无不通。寻常散乱心所感全成窒碍，非复心之本体。

"行所无事"，孟子以喻禹之治水。夫治水岂得无事？此乃对恶智者之凿言。此语亦是难会，大意类似佛氏所谓无相行，凿即是取相也。"必有事焉"之"事"字亦难会，凡日用动静，无不摄之。而"勿正"句，此"正"字亦当作凿字会。心"勿忘""勿助"，乃是绵密无间功夫，无一毫矫揉造作，实与无相行同义。因该果海，果彻因源。学者合下须学圣人，圣人不过是熟而已。

见性者合下便行，行得圆满，方名尽性。说道者直饶说得是，犹未必见性，所谓相似见解耳，其行自不能彻。要之，唯见性而后能行道，行道即尽性之事也。阳明"即知""即行"，亦以见性为亟，何不可融通之有？且但求融通，亦只是要说，不重在行。言不止一端，贵有真实见地，自能真实行履。故千万人说道，不如一人见性也。

尽己是忠，无妄是诚。行有一分不尽己处，未可以为忠也；言有一毫不谛实而近文饰处，皆未离乎妄也。日用间随处自己勘验，方是功夫。

四肢软乃湿困，非虚也。四十曰强，何至衰惫？今人往往未老而自患其虚。苟非戕伐之甚，何至早虚？其虚者非体力，乃精神耳。心之精神谓之圣，人能调伏其心，不言摄生而摄生在其中矣。六气之病，药之可已，不足忧也。

六经为理宗，治经所以明性德，非徒资以学文。柳、苏之言如此，按原文引柳子厚《答韦中立论师道书》"本之《书》以求其质，本之《诗》以求其恒"云云，及苏明允《上田枢密书》"诗人之优柔，孟、韩之温厚，投之所向，无不如意"一段。所以但得为文人，未得为闻道也。韩退之"《易》奇而法，《诗》正而葩"之言，亦复类此。试与《经解》首段对勘，便见孔门游、夏之文学不是如此。

程子尝谓"三代以下，伦常间有多少不尽分处"，此言礼失而俗衰也。《虞书》命契为司徒，只是"敬敷五教"，虽以孔子之圣，犹自谓"所求乎子弟以事父兄，未能也"，唯其如此，所以能尽伦。须知尽伦尽分，即是尽性之事。知其所当止，乃是知性知分，则知尽其所当尽矣。分字以事相言，比性字稍粗；性则唯以理言，较细。实则理事不二，未有外于事之理也。人不穷理，焉能知分？知此，则知事物之不得其当者，皆由于义理之不明，而义理绝非空疏玄妙，遗弃事物之谓。"宇宙内事即吾性分内事"，体物而不可遗，始信得及矣。自知不尽分是好消息，当思所以尽之之道即在日用间随处用力，无他道也。时人通病总将事理打成两橛，又不知自反，每如梁惠王自谓已能尽心，此乃不可救药之病。因览贤所记，聊为举出，亦可更进一解。

朱子疑《知言》处，《知言》附录中已有之。其不满《胡传》处，见于《语录》。至东莱见处，朱子亦尝谓其粗。五峰父子用处，恐东莱未能见及。此古人书问往复，亦往往因病发药，为对治悉檀，因人因时而异。若窥见其用处，则于前后异同皆可无碍，不可定执也。

昨立民来，闻贤得令祖仙游之讯。如何不淑，遘此闵凶，"靡室靡家，狎狁之故"。使天下为人子孙者，生不得致其养，没不得申其哀，曷可胜计。此仁人之所恫，不独于贤而厄之也。然令祖春秋高，厌乱辞尘，适去而顺。戚者为礼，达者为玄。玄胜有忘戚，而礼得无过情；忘戚则害性，过情则伤毁：二俱失中。此非俗士所知，甚愿贤进于此义，则所以全其孝事者，为道方遒，勿区区自束于俗也。

今为贤思所以处变之礼。凡闻丧而不能奔丧，以闻丧之日为位而哭，变服如其所当服，朝夕奠，卒哭而后辍奠，以殡葬之事未能亲也。今在流离中，衰麻之制亦不能具，但可执心丧耳。书院既非从政，似不必定守不出之例。但在初丧哀盛，自不能治事，俟哀稍杀则可矣。虽不必援金革不避之义，稍亲书册，于礼无倍也。仆愚以为可从闻丧之日起，以日易月，二十七日而彻朝夕之奠，亦可以出矣。礼以义起，准情而立文，与其易也，宁戚。习俗发讣受吊，本与礼意不合，自可罢之。承问不可不答，未审有当于仁孝之思否？

示张立民　二十五则

问：师尝谓《起信论》"不生不灭与生灭和合，名阿赖耶"，可与横渠"心统性情"之说同会。据此则"不生不灭"者，性也；"生灭"者，情也；"不生不灭"与"生灭"和合者，心也。

是只说得心生灭门觉不觉二义。要知《起信论》一心二门方是横渠本旨。性是心真如门，情是心生灭门。心体即真如，离心无别有性，故曰唯一真如。然真如离言说相，"才说性时便已不是性了"。向来说性，只说"继之者善"，此却是生灭门中觉义也。

问：尝以三易之义推之，《系传》"一阴一阳之谓道"是简易义，"继之者善"是变易义，"成之者性"是不易义。《通书》"诚者圣人之本"是简易义，"大哉乾元，万物资始，诚之源也"是变易义，"乾道变化，各正性命，诚斯立焉"是不易义。《太极图说》"无极而太极"是简易义，"动而生阳"是变易义，"静而生阴"是不易义。又乐属阳是变易义，礼属阴是不易义，礼乐本乎一心是简易义。

"一阴一阳之谓道"正是生灭与不生灭和合也，"继之者善"是始觉，"成之者性"是本觉，此变易之所以为不易也，不可将三易义配说。

"诚"是不易义，"万物资始"、"乾道变化"明是变易义。从体起用，依性说相也。曰"诚之源"、"诚斯立"方是简易义，亦即言变易之所以为不易也。

"无极而太极"是不易，"动而生阳"、"静而生阴"俱是变易。"阴阳一太极，太极本无极"是简易，此段完全会错。

礼乐合言是简易义，故曰"大乐必易，大礼必简"。礼、乐是相大、用大，所以为礼、乐者方是体大，乃是此不易者行乎变易之中者也。此段亦会错。

问：妄意《楞伽》生、住、灭亦通于三易。生是变易义，住是不易义，灭是简易义。由性与礼以观之，变易皆不易也；由相与用以观之，不易皆变易也。故必性相俱泯，体用双离，而后"易简"之旨可得也。

生、住、灭之"住"，乃属妄计，以为生后暂停，与常住义绝不相蒙。常住即不生灭，乃是不易义。生灭只是变易义耳。如何可配三义？

"性相俱泯"，可说以会相归性，则不见有生灭尔。时性之名亦不立，故谓俱泯。所言泯者，泯其言相耳。

"体用双离"，则绝对不可说。不易者只是此体，简易者只是此用，变易者只是此相。离体无用，离性无相。但可会相归性，摄用归体，何能并体而离之？若离于体，则是虚无，乃成豁达空矣。心相可灭，心体不灭。心体云者，即性也。体若可离，则性成断灭，一切圣凡、迷悟、染净诸法，及情世间、器世间俱无所依，安有此理？故说体用离者无有是处，绝对不许。

问：《乾凿度》曰："易者，其德也；变易者，其气也；不易者，其位也。"夫气以流行言，故主于变易。而时行物生，未尝止息，"逝者如斯夫，不舍昼夜"，亦未尝止息，是变易之所以为不易也。位以时成言，故主于不易。而易之为道，"变动不居，周流六虚，上下无常，刚柔相易，不可为典要，唯变所适"，是不易之所以为变易也。夫唯变易所以为不易，不易所以为变易，变易即是不易，不易即是变易，此之谓简易也。要之三易只是一个实理，即变易，即不变易，即生灭，即不生灭，即性即相，即体即用。程子之序《易》曰："体用一原，显微无间。"其赞《中庸》曰："放之则弥于六合，卷之则退藏于密。"此实理本然之妙也。

此段体用合说却是。但须知有即义，亦有不即义。以有不即义，故全性起修；以有即义，故全修在性。未证则不即，证而后能即也。故谓此非言说边事，直须修证始得。

骄吝二字分说，则骄是增上慢，吝是微细我执。亦可骄是我执，吝是法执。合说则只是一身见，而骄吝二者是其所现之相也。身见即己私，亦曰有我之私。大而化之，是无私境界。私便小，小即吝。执此吝心，与人为缘，即现为骄，故朱子以吝为骄之根本。程子曰："只为小，便骄也。"其实骄吝只是一物，无私自然大，大则骄吝无从生。要在根本上用力，只是克己。

"大而化之"。"大"以体言，"化"以用言。

学者须是实见此大体，则骄吝二相自消。化则泯然无迹而大用流行。故程子谓"不吝未足以言之也"。

圣人无二语，彻上彻下只是一理。因该果海，果彻因源。不怨不尤，即下学，即上达。须着眼下句。

圣人之"忠恕"，固是大而化之境界。曾子告门人识取此理，合下持循，且未说到化处，而"一贯"之道，实不出此。从此语可见曾子已得大机大用耳，不可说从前之曾子只有大本而无达道。又化之境界亦是积累驯致，无迹可寻，非是一闻之下可得。曾子行位纯熟，到此方入证位。只是见地纯真，非谓从前用处有欠也。

"不迁中见迁流"有语病，病在"见"字。改作"不易中有变易"或"冲漠中具万象"则无病矣。

　　《连山》《归藏》义，书阙难说，大抵主三统言之：首《艮》为人统，首《坤》为地统，首《乾》为天统。"吾得夏时"，是用人统；"吾得坤乾"，是用地统；赞《周易》，是用天统。旧师以三统只言历法，实不尽然。如董生立人元之说即与夏时义合。三统即三极，人元即乾元、坤元也。《乾》之用九，《坤》之用六，何故须变？此宜致思。《连山》何故首《艮》？亦宜致思。三代之易一也。"易不可见，乾坤或几乎息"，人道息则乾坤息矣。故学易须是见易始得，见即"仁者见之"、"智者见之"之"见"也。此非言语边事。

　　作诗以说理为最难。禅门偈颂说理非不深妙，然不可以为诗。诗中理境最高者，古则渊明、灵运，唐则摩诘、少陵，俱以气韵胜。陶似朴而实华，谢似雕而弥素，后莫能及。王如羚羊挂角，杜则狮子嚬呻。然王是佛氏家风，杜有儒者气象。山谷、荆公才非不大，终是五伯之节制，不敌王者之师也。尧夫深于元、白，元、白只是俗汉，尧夫则是道人，然在诗中亦为别派，非正宗也。吾于此颇知利病，偶然涉笔，理境为多，自知去古人尚远，但不失轨则耳。聊举一端，"神而明之，存乎其人"。

　　来示自见随事用力。大凡逢缘遇境，皆是此心发用处。道只在日用间，每见诸友多以事缘为苦，终日钻故纸、取言语，卒难得力。若拨着便转，触着便行，直是活泼泼地于此荐得，方有用处。问答亦是随机而发，问即有，不问即无。古人所以要放此话行者，非是图流布，于中实具杀活机也。

　　来书于拙诗甚有解会，不是草草。此乃触缘而兴，真俗并举，初非有意安排。拈来便用，自然合辙，却是老夫自受用三昧。举帚是云岩公案，看脚下是圜悟勤语。古人于一切时、一切境中念念不忘此事，随处逗漏，莫非此个消息，只人自不领，无如之何。贤辈将来直须向德山在龙潭夜参度火吹灭处仔细勘透，见他悟个甚的，忽然打失布袋，方能了当，方堪庆快，此时似尚未也。答某生书为斟酌数字，附去。每忆朱子云"仕宦夺人志"，以今观之，何独仕宦？学校之夺人志，乃有过之。举世迷而不复，真可叹也！吾以余光无几，每相见举话，总思尽力提持，不负平生相识。然亦自恨言语太多，转见葛藤取厌，古人不如是怵试也。

　　昔洞山示疾，僧问："还有不病者么？"答曰："有。"问："还看和尚否？"洞曰："老僧看他有分。"问："看时如何？"曰："看时便不见有病。"此段公案，予每病时辄忆之。

来书谓不明心性为根本病，此语得之。盖生心害政，用智自私，天下所以纷纷，胸中所以扰扰，皆由是也。圣人成己成物，如来出世为人，皆为此一大事因缘耳。学者只是执言语、泥文字，终其身不悟，济得甚事？老而无益于人，故言之弥切也。以二乘当俗儒未惬，二乘只是不发大心，非不见性，未能尽性也。俗儒何足以当之！

贤发愿写书，甚善。天下事只要人肯做，莫非性分内所有，亦即性分内所当为。佛氏每言功德，儒者只说尽分。刻书为圣贤血脉，运米为一众粥饭，孰非性分内事？其实尽己之分即是自性功德也。世俗所目为卑贱劳苦之事，古之圣人皆躬为之。于此能勘透，日用间皆可得力，即便出苦矣。

《中庸》言"好学近乎智，力行近乎仁，知耻近乎勇。"近者，不远之谓，犹言"忠恕达道不远"也。好学不即是智，力行不即是仁，知耻不即是勇，然由此始可近，不由此则终隔矣。知耻从佛氏言，便是识惭愧。欲从文殊、普贤门入者，亦须是先近勇，然后学始知好，行始能力，文殊、普贤可见矣。为补此一义，亦非泛泛说道理也。

昨举沈著痛快话，恐贤辈尚未暇深体，今为设譬喻以明之。沈者如巨石落水，块块到底；著者如好手发箭，箭箭中的；痛者如吃棒受刃，透骨彻心；快者如痼疾新除，久渴得饮，脉畅筋舒，神清气爽。如此方形容得此四字意味。然此是效验，不是功夫。功夫乃是"忠信笃敬"，须是实到此田地，方能觉得效验如此真切。若言功夫，更无一毫不尽，才是忠；更无一毫不实，才是信；真积力久，无一息间断，才是笃；精严缜密，无一线走作，才是敬。"忠信"四字，于功夫见本体；"沈著"四字，于效验见功夫。此段语老夫亦是到今日始说得出，请与诸友共体之，勿等闲看过。

附记　先生语两则

先生尝谓《华严》以文殊表智，普贤表行，犹《中庸》言智、仁、勇三达德，以大舜表智，颜子表仁，子路表勇。勇者所以行仁、智也。证文殊智者，必修普贤行。普贤万行，悉是悲心。悲心即仁，运之即智也。如来念念不舍众生，故谓能仁。二乘人不发大心，只有智而无悲，是见性，未能尽性。尽性者，本与天地万物浑然一体。圣人无己，靡所不己，不见有众生可舍，亦不见有众生可度，盖莫非自己性分内事也。

修普贤行者便是如此。欲从文殊门入者，须修杜顺《华严法界观门》，深入圆观。欲修普贤行，须依《普贤行愿品》真实践履。李长者著《华严合论》，以文殊为少男，以普贤为长子。长子主器，故直绍佛位，必在行门。此以卦象配之，亦有义趣。善财参五十三员善知识，发迹于文殊，归究于普贤，是为悲智双融。成己，仁也；成物，智也。物我不二，仁智相成，在儒方为尽性，在佛氏谓之成佛。故至诚者合仁与智为一体，佛者合文殊、普贤为一人。王阳明"知行合一"之说，见得此意。

先生近示《孤斟诗》云："蠈蠈天机浅，悠悠世网深。不存三代直，常患四夷侵。圣远难为说，诗亡遂至今。谁能求甚解，吾亦但孤斟。"读后深为惭悚，觉自家病痛正在于此。先生因谓庾子山诗云："索索无真气，昏昏有俗心。"今人通病大抵不出此二语。人谓钟太傅书沈著痛快，今始深觉其言有味。不唯作书要沈著痛快，作诗亦要沈著痛快，说话做事亦要沈著痛快。须知非"忠信笃敬"，不能有沈著痛快气象。寻常只作率直会，太浅了。直便是真，谈何容易！"人之生也，直。罔之生也，幸而免"。不"忠信笃敬"便是罔，不直，安能免自心、四夷之贼？尝谓严沧浪以"香象渡河"、"羚羊挂角"二语说诗，深得唐人三昧。"香象渡河"，步步踏实，所谓彻法源底也；"羚羊挂角，无迹可寻"，所谓于法自在也。作诗到此境界，方是到家。故以"香象渡河"喻其实，谓其言之有物也；又以"羚羊挂角"喻其虚，谓其活泼无碍也。今人一言一行，总是浮逼逼底，略无沈著意味，安能有入？故知圣人说个"言忠信"、"行笃敬"，真是彻上彻下，此外更有何事？为学须实下功夫，不是资口说，要看自家言行实能与道相应否，毋徒事知解便谓为足。即就知解言，贤辈今日所见亦尚粗略，未能深彻。无论儒佛经籍，试举一书，谓能全部通晓，毫无疑滞邪？即令义解已明，而行履不相应亦不相干。观贤辈胸中常是迫蹙，略无宽裕之意，遇事便觉不堪，正由见地未明，总被习气缠缚。人唯重其口体而轻其心志，是以气昏，"德不胜其气，则性命于气"，可见气质犹未变化，总须随处用力。不但读书穷理，即日用间一机一境，一事一物，何莫非用力之地。古人所以得力，为其事事不放过，用力既久，自然触着、磕着有个悟处。不知用力，总成错过。今日能从四弘誓愿做起便好。佛氏所谓发愿，即吾儒所谓立志，果能立志，气自从之。平常为气所胜、习所夺者，只是志不立耳。又渊明谓读书"不求甚解"，亦易惹人误会。今日贤辈读书，须求甚解始得。囫囵吞枣济得甚事？

作诗亦是无处不相见，忽然触著，打失鼻孔，不是草草。争奈公等未知落处，只作言语会，呈见解、说道理总是道不著。此由平日未能回机，就己记得一言半语，便作许多般解会，非但意识卜度不中，即据知解亦在半途，未能谛实，毫无受用。真是从来共处不知名，此老夫所以自咎，总于公等无益也。卫武公，大贤也。《抑》之诗末后数章，其言痛切。《小序》以为刺厉王，朱子全释作自儆之辞，意味尤深。古人老而好学，只是不自以为有知，今人最大病痛只是自以为有知。堕在知见稠林中，将意识中一分法尘便谓有得，如何抵得他古人实证实悟？以此展转相误，无有了期。所以宗门下一群老汉，各出手眼，直下与伊剿绝，任伊作尽伎俩，到此一毫用不著，然后转过身来，方许说道理，自然不碍塞人。先儒善为人者，皆从这里过，方能活泼泼地洒落自在，不是偶然。其实孔子"吾有知乎哉？无知也"，一部《般若》不出此一句。奈何人胸中总隐然有一物作怪，不肯放舍身命，所以觌面蹉过耳。此乃不惜眉毛，尽量说出，他日忽然瞥地，方知不是虚言。若欲作诗，亦不出《论语》"小子何莫学夫诗"一章，更无余义。若有言，若无言，莫非诗也。吾今日只如憨布袋等个人，忽然拍著肩，又道"不是，不是"。因感来书之言，辄信笔葛藤一上。

示语二

示张德钧 七十五则

《华严》云："一切众生皆有如来智慧德相，但以妄想、执著而不证得。"妄想简凡夫，执著简二乘。故佛与众生一体无殊，所以异者乃由妄、执，此即李长者所谓"见隔"也。情本非恶，因好恶无节而成恶，好恶无节即是妄想、执著。《楞严》谓"观相元妄，观性元真"。依《起信论》一心二门，性是心真如门，情是心生灭门，乃有觉与不觉二义。随顺真如，元无不觉，即是性其情；随顺无明，乃成不觉，即是情其性。真如离言说相，故明道云："才说性时便已不是性了。"从来说性，只是说个"继之者善"，是即生灭门中觉义也。一体二相义与生灭门二义相应，然横渠本意则是说"一心二门"也。按原文云："《易·系》谓'乾坤毁则无以见易，易不可见，则乾坤或几乎息矣'。乾如性，坤如情，易如心。离性、情则不足以见心，离心则性、情亦无可依。故心一体而二相，性、情之谓也。"又云："情为变易，性为不易，心统性、情，则简易也。"三易义却说得是。体用相违，义不成因，相变体殊。如全水是波，全波是水，觉体相与不觉体相皆此一心所作。体字稍粗，性字较细。觉与不觉，皆是相转，不觉为觉，乃是其用也。须知此不是言说边事，乃教汝识取自心，见取自性，即于用处着力。到得用处全真，更不待言说，方是参学事毕。疑则一任别参。

性即心之体，情乃心之用。离体无用，故离性无情。情之有不善者，乃是用上差忒也，若用处不差，当体即是性，何处更觅一性？凡言说思辨皆用也，若无心，安有是？若无差忒，安用学？将心觅心，转说转远。观诸子所说，只是随逐名相，全未道著，不如且居敬穷理，莫谤他古人好。

凡在学地，最忌执性废修。故虽说得相似，毫无把鼻，此禅家棒喝所以为没量慈悲也。此文末段结归修德却是，言而履之，斯可矣。以上三条批《心统性情说》。

临济云"诸方火葬，我这里活埋"，乃是直下教人剿绝情尘意识耳。其后中峰自题其居曰"活埋庵"。船山心事又别，"六经逼我"之言，在诗则为险语，亦见船山气象未醇。六经道理平铺著，何谓逼我？今独有取于斯，似有二失：一则悁忿未平，二则近乎颓放。《易》曰："乐天知命，故不忧；安土敦乎仁，故能爱。"既有志于学《易》，宜以是为则耳。真能活埋，则妄心止歇，绝后再苏，欺君不得。投子所谓"大死的人复活"，今日尚非汝境界也。且慢承当，尚须子细。批《言志》文中引用王船山"六经逼我开生面，七尺从今作活埋"语。

南泉曰："学道之人不识真，只为从来认识神。无始世来生死本，痴人认作本来人。"此一偈与孟子、横渠把手共行。今不惜眉毛，再为注破。若依佛语会通，则横渠所谓"气质之性"者，识也；"天地之性"者，智也；"善反之，则天地之性存焉"者，即是转八识成四智。大鉴所谓但转名言，无实性也。形而后有"气质之性"是全真起妄，"善反之"则举妄全真。"君子有弗性焉"，即不认识神也；"天地之性存焉"，即三身四智体中圆也。若能如此，则幻化空身即法身矣。幻化即谓形而后有，非曰空无也。诸子言语虽多，总未道著，未会横渠意在。今此注破，若遇横渠，必骂曰：这老汉，著甚死急。然吾不惜横身，只为慈悲之故，有落草之谈。诸人各宜自己看取，是认识神，是能出得此气质否？无论文字作得支离，即与横渠异口同声，日用中仍是气质用事，依旧打入鬼窟里去，有何饶益？莫妄语，各宜自己看取好。

须知根尘本不相到，皆缘识取。根尘识三，忽然迥脱，又作么生？所谓气质之性者，唯指识言耳。前五识转时即是成所作智，不唤作气质之性矣。须依何而转？思之。

气以阴阳言，质以刚柔言。营卫气血，只能表阴阳，不能表刚柔。至本能冲动，又只就气之动处说，而遗其静底一边，转益粗矣。以上辨"气质之性"。

题既曰"辨"，则当有辨。于何辨之？闻道不闻道而已。闻道则经术、经学皆是也，不闻道则经术、经学皆非也。王莽以经术文奸言，若不闻道，则莽、歆之徒固非不知经术者也，此焉得无辨？京房、刘歆，经学岂不深，不闻道何益？《学记》曰："师也者，所以学为君也。"《儒行》一篇，乃所谓经术；《经解》一篇，乃所谓经学。汉师亦有得失，清儒亦岂可全非？具眼者持论自平，斯无抑扬之过矣。批《经术经学辨》。

大凡看先儒书，须引来自勘，理会他长处，可以对治自己病痛者方切。即有疑不安者，亦须细思他何以如此说，我今日见地何故不及他。如此却于自己有益。若只一味比较同异，轻下雌黄，则醍醐变成毒药矣。

横渠以自诚明为先尽性后穷理，自明诚为先穷理后尽性。如此则穷理尽性分为两事，此或是对机发药之言。若论此语见处，自不及二程直截。

朱子编《伊洛渊源录》，体例自合如此，安有以张、邵为附庸之意？《近思录跋》谓吕伯恭过寒泉精舍，相与读周子、程子、张子之书，叹其广大闳博，因共缀缉，以为此编。周、程、张并称，岂有轩轾存乎其间？吕与叔作行状中语，诚不能无失，伊川已斥之。龟山之言，乃指关中后学欲自立门户之失，谓其源于程氏，亦谓二家本无异耳，安有惎之訾之意？至撤去皋比一事，正是美谈，小事必咨，尤见横渠冲德，何故恶之而必以为诬邪？作者之意，盖欲为横渠雪屈，不知古人为学孰非自得，师友往还，即言语小异，其见得端的处决不相违，绝无一毫人我胜劣、门庭盛衰之见。此只是旧来习气，以私意窥测，反成赃诬古人。不解作得如许张致，于横渠分上有何增益？于自己分上又有何交涉？要得亲见横渠，且将横渠现存之书细读，且莫作此闲计校，若令横渠见此，必将斥为俗气也。

程子言关中学者，以今日观之，师死而遂倍之，却未见其人，只是更不复讲。吕与叔但是下语有过，亦不可谓遂倍其师。程子虽加严斥，若与叔果倍横渠，岂得居程子门下？

横渠《语录》云："某比年所思虑事渐不可移动，岁年间只得变得些文字，亦未可谓辞有巧拙，其实是有过。若果是达者，其言自然别，宽而约，没病痛。""圣人之道，以言者尚其辞，辞不容易，只为到其间知得详，然后言得不错，譬之到长安，极有知长安仔细者。然某近来思虑义理，大率亿度屡中可用。"横渠自说他得处。今观横渠《正蒙》文字，直是精醇，而其不自肯如此，犹以为有过。未到宽而约，只以亿则屡中自居。何不体取此语？

又横渠云："某所以使学者先学礼者，只为学礼则便除去了世俗一副当世习熟缠绕。譬之延蔓之物，解缠绕即上去，上去即是理明矣。""苟能除去了一副当世习，便自然脱洒也。"此正横渠吃紧为人处。今观贤所记，令横渠见之，或将诧为一副当［世］习熟缠绕，正须学礼除去始得。要识横渠，须从此等处著实用力。

又《程氏外书》云："佛氏以天地万物为妄，何其陋也？张子厚所深辟者此耳。"横渠辟佛氏以山河大地为见病，程子正指此说。此横渠说道理大头脑处，至一切不用佛语，却未必然。如曰："洪钟无声，因叩故有声。圣人无知，因问故有知。不以苟知为得，必以了悟为闻。"此独非佛语邪？先儒无不会禅，有时拈出，正为其语实好。若有意避去不用，亦是作意安排耳。但见处自是有别，亦莫向言语边讨，未到此田地而轻欲格量，亦是盲人摸象耳。以上五条批《关洛学说先后考》。

伊川称退之此语者，按，伊川云："韩退之作《羑里操》云'臣罪当诛兮，天王圣明'，道得文王心出来，此文王至德处也。"谓其得怨而不怒之旨耳。其实退之此诗好处在善怨。"时日曷丧？予及汝偕亡"，则怨而近于怒矣。"人而无礼，胡不遄死"，乃纯是怒。此是就诗论，如贤所记，乃是高叟之固也。

"舜往于田，号泣于旻天。"自怨自艾，此是何心？《凯风》之诗曰："母氏圣善，我无令人。"有七子之母而不安于室，尚得谓之圣善乎？然如此却是好诗。会得此，方了得"温柔敦厚"之旨。

邵语按《二程遗书》云："尧夫尝言'能物物，则我为物之人也；不能物物，则我为物之物也'，亦不消如此。人自人，物自物，道理甚分明。"本出《庄子》"物物而不物于物"，谓因物付物，则不为物累耳。庄语无病，邵语却有病。病在"我为物之人"、"物之物"上。如此则人物总成对待去。须知心外无物，自心取自心，非幻成幻法。谓物为人役，人为物役者，只是在人物对待上著倒耳。石头云："回而更相涉，不尔依位住。"人住人位，物住物位，二法不相到，何取之有？孟子所谓"思则得之"者，此也。程子意是如此，人还他人，物还他物，不须说迭为主客，故谓"亦不消如此说"也。

快剑不斩死汉。一棒打不回头，决非俊物。临济于黄檗三顿痛棒下得活，所以叹为恩大难酬也。凡夫之心，只是偷心，偷心死不尽仍是未活，活了决不会再死。今云此心不常活者，是偷心未死尽也。更参教家云"如矿销金，不重为矿"，岂有更番死活之理？然则今之所谓活者，尚非真活也。省发则不无真活，犹远在。

既知圣人守护根门工夫煞密，此是好个入处，便当吃紧用力，不可自己放过，否则孤负自己。圣人还他圣人，自己却不依此下功夫，仍是了无干涉也。

但勇于自克，何难之有？大鉴云"汝当一念自知非，自己灵光常显现"，是实语也。此见不除，按，指我见。终难入德。

禅家有设问曰："为复是禀受师承？为复是自性宗通？"答云："亦是禀受师承，亦是自性宗通。"此语好，若无前语，则是天然外道；若无后语，则是依他作解。

梦中作不得主，病根不在梦时，而在醒时。梦觉一如，醒时若作得主，梦中定亦作得主。于此正好自己勘验。

古语云："小官多念律，老将不谈兵。"虽是俚语，却有意味。《大学》云："未有学养子而后嫁者。"后儒以心性为空谈，而好言经济，此未嫁而学养子之类也。性上既分明，则用已具，何须更讲。如是则体自体，用自用，显分两橛了也。如"子入太庙，每事问"，问官问礼，亦是体上工夫，故曰"是礼也"。"樊迟请学稼"，则意在用，故答之曰"焉用稼"。儒者未有不通达治体，其莅政亦未有不能举者，唯颜、李之徒乃以此动色相矜，视永嘉经制为尤粗耳。观阳明得力处是何等，彼之用兵，岂夙习军事邪？今人不唯不知有体，亦不识用。

古人通达治体，故举而措之斯可矣。禹平水土，稷播百谷，伯益作虞，垂作共工，岂是专讲用邪？今人好言专门知识，以此为用，只是工师之事，焉能通达治礼。

"事亲有隐而无犯"，"事君有犯而无隐"，此谓犯颜敢谏，乃所以为忠也。如"画地而民不犯"，乃谓不触刑网。[1]用"犯"字，随所施义，别此言犯上，则为下不敬之义，弟可移于长，故无不敬之心耳。有子之言分齐止此。今谓犯上可许，作乱不可许，非有子之意明矣。汤、武之放伐，岂得谓之犯上？然犹曰恐后世以台为口实。盖有汤、武之志则可，无汤、武之志则篡也。后乎汤、武者，只是以桀、纣伐桀、纣耳，去一桀、纣，来一桀、纣，则何益矣。汤、武方是孝弟之心，桀、纣正是犯上之人，勿认桀、纣为上也。若教人轻于犯上，恐桀、纣接迹于世而汤、武终不可得。导人孝弟，庶人人可为汤、武，而桀、纣自不容肆然于上矣。

暴君污吏，非此所谓上也。程子云："堂上人方能判堂下人曲直。"如汤、武方可为堂上人，桀、纣乃正是堂下人耳。岂得以汤、武之事为犯上？

说和义不彻，须知"利者，义之和"，此"利"字即断制之义。理是智德，义是断德。

中土谓之玩弄光影，彼之所谓观念即光影耳。按，原文谓"有人以哲学为观念游戏"。

以四缘说《易》，只在变易一边，不如以《华严》六相义说，即变易，即不易，于义始为圆足。

末段出题却对，但《汉志》之言实未精，以《诗》《书》《礼》《乐》交参互入，非如五行之更用事也。以上四条批"《易》为六艺之原论"。

小是微细之义。言惑虽微细，亦必断之，即知几也。释"复小而辨于物"。

阳明有学人患目疾者，忧之过甚，因喻之曰：汝乃贵目而贱心。此语可思。形体不能御六气，尽人所不得免，何乃悒悒不自聊？须务调心，乃有以胜之。

和会佛义处，颇见思理，未能尽如其分齐也。行文但知求简洁，而下语时有率易。心气未和，形言遂尔，碍膺之物一旦廓落，四大何足为病乎？更须精进始得。

叔孙通亦号通经，何以为贱儒？

孔光、张禹诸儒虽以经学致高位，非无所建白，而多持禄固位，亦有晚节不终以杀其身者，谓其能明先圣之道，可乎？

且先自易，然后可易天下。

文有玄致，而于题旨则未密合。此题须着眼"蔽"字，意在抉去此障，乃可与适道耳。以二执诠自私用智，未尝不是，不如以烦恼障、所知障说之，转见亲切。日用事如何？能远离此障否？试道取看。批《明道答横渠人情各有所蔽患在自私用智试申说其义》一文。

毫厘有差，天地悬隔。"天地之大德曰生"，岂有毁物之心哉？改此一字，急着眼看。按，课文有云："天地生万物，毁万物。"先生改"毁"为"成"。

文字作得斐然可观，许汝善会。然吾不敢以此自多，不过先儒所不肯道底，今则尽量道出，实不能增得一些子也。所望实下功夫，方不为虚说。切莫作言语会，赞叹一番便休。吾不为赞叹而喜，却以人不会为忧耳。批《〈洪范约义〉书后》。

途路良苦，有小诗奉赠，差足解慰。诗曰："莫谓征途苦，千山即是家。不因知足痛，何处有玄沙。"愿贤于玄沙悟处，忽然瞥地，便可抵得草鞋钱也。

疑则许疑，不容著胜心。上言"余谓"云云，此又直斥其支离。辞气如此，何不自觉？方说"克己复礼"，为是已克，为是未克？为是已复，为是未复邪？切宜儆省。

《楞伽》译文隐奥，最为难说。邱先生殚精于此，其书当不苟作。惜其未就而殁，阅之良为惋叹。他日有暇，亦愿以其稿本一相示。

有意要排纂，即非佳诗。诗亦煞费工夫，到纯熟时自然合辙，勉强安排不得。按，王敬身句云"要令排纂出平夷"，所记颇称道之。

此为世间有一等人念旧恶者说，不是贬夷、齐。若程子尚识不得夷、齐，何以为程子？按，《遗书》曰："以夷、齐之隘，若念旧恶，将不能处世矣。"

明道《答横渠定性书》在何时，可考之。然考得考不得实无甚关系，此只是作年谱材料耳。

伊川十八岁作《颜子所好何学论》，岂全未有得邪？作《易传》自述如此，乃是戒学者轻《易》耳。

《祭法》："远庙为祧。"祧者，迁也，乃藏其迁主之所。如三庙祭曾祖、祖、祢，则迁高祖之主于祧。

心中烦急不得，看《二程遗书》后而烦急，殊不可解。

鸟鸣非候，于人无与，心中烦急，却是不佳。

观所记读《二程遗书》诸条，未见有一语引到自己心上来，只是寻他罅隙，摘他瑕疵，似乎以此为快，如此不如不看。看时胸中似隐隐有个物作祟也，此是何故？请贤自勘。

"气质之性，君子有弗性焉。"此岂荀卿所能及？横渠教人学礼，是除其习气。荀卿虽亦善言礼，却是将这好底习气换却他那坏底，故终是知修而不知性。如《西铭》文字，程子所以叹为孟子以后未有。今观荀子书有此等义理否？《正蒙》亦非荀子所能道。谓横渠似孟则是，拟于荀卿则非。

月川诚有割裂之失，按，指《西铭述解》。其于《通书》却有理会得细处。其《西铭述解》本附《太极图说述解》之后，遂连类刻之耳。以示初机亦无害，病其割裂则可，亦不须深诋之。凡格量古人得失，如其分而止。删去末后数语，亦以其气象不佳。一似负气与人争而故作反语以诮之者，此亦习气所当除去者也。试平心思之可见。

能如此理会，方不负横渠。反观前来关、洛门庭之见，有何交涉邪？批"读《西铭》"条。

说五先生气象亦似，按，所记谓百源消遥，濂溪洒落，横渠谨厚，明道温粹，伊川俨肃。论其学造诣处却未可轻为论量。明道作《尧夫墓志》曰：先生之学"可谓安且成矣"。看他下字是如何。贤今是谁之俦？近似何人？在五先生及古贤中亦有相似处否？取以自勘则切矣。

知有己是有之于己，孟子所谓信人也。按，程子曰："学在知其所有又养其所有。"

不须如此会。子夏语乃"学如不及，犹恐失之"之意，非"藏往知来"境界。按，所记谓："日知其所亡，其神以知来乎？月无忘其所能，其知以藏往乎？"

《外书》多可疑，即《遗书》记录亦不免失其语脉，故二先生不欲人记其语。此皆后来朱子收集，以其无多，故皆存之耳。

"己欲立而立人，己欲达而达人"，乃是大悲大愿，而孔子但曰"能近取譬，可谓仁之方也已"。"博施"、"济众"乃是取众生相、住相而施，正子贡纳败阙处，故孔子不然之。言"尧舜其犹病诸"，正以子贡求之于外，乃是取相，不可以为仁也。

明道无意于作诗。闻道之人出语自别耳。

前讲《洪范》"敬用五事"，以五事为万事根本。五事皆尽其理，则万事自无失职。视、听、言、貌、思，一有不敬，此心即便放失，随物而转。故于义理若存若亡，只缘未有主在，纵有见处，亦是客感客尘也。物欲消尽，则自无此病。对治之法，唯是用敬，不是道得一个

"敬"字便休。孟子所谓"必有事焉"、"勿忘勿助",佛氏言"都摄六根,净念相继",颇为近之。起灭不停,全是妄心。敬则住于正念,不为物转,久久纯熟,则六根门头皆成大用,即是转六识成妙观察智,转前五识成成所作智也,故曰"敬用五事"是尽己之性也。

"好直不好学,其蔽也绞",宜参。

近世哲学,始有本体论、认识论、经验论、方法论之分,中土圣人之学,内外本末只是一贯。读《大学》便依《大学》实在用力,读《中庸》便依《中庸》实在用力,始有用处。功夫即从本体上来,本体即在功夫上见方是。若如此说去,不出哲学家理论窠臼,仍是没交涉。言非不辩,有何饶益?《大学》"明德",便是本体;《中庸》"戒谨",亦是功夫。岂得专以《中庸》为本体论?

先儒皆以亨配礼、贞配智。据《文言》"嘉会足以合礼,利物足以和义",宜依旧说元配仁、贞配智,方合"吉凶者,贞胜者也"。贞胜即是"与鬼神合其吉凶",更思之。

《图》、《书》虽是后出,本《易》而画出,有何不可?不必过尊,亦不当废斥。东樵不足以及此。

东樵必外邵子于丹道,亦是一蔽。《参同契》为丹经之祖,彼却实能用《易》,但小耳。邵子之书体大,岂可与魏伯阳同日而语?所谓"养生之道备焉"、"《易》外别传"、"自为一家之学"者,以论魏伯阳则是,以论邵子则过也。试读《观物内外篇》,是否丹道,自然可明。

文字做得不弱,但发扬蹈厉之意多,深潜缜密之意少,却要自勘始得。

诗贵神悟,要取精用宏,自然随手拈来都成妙谛。搜索枯肠,苦吟无益。语拙不妨,却不可俚。先求妥帖,煞费功夫,切忌杜撰。不属善悟者,不须多改。近体法门亦已略示,舍多读书外,别无他道也。

和韵,唐人至元、白始有之,及东坡、山谷、荆公,始好再叠、三叠不已。斗险争奇,多则终涉勉强。此可偶一为之,不贵多也。拙作亦是偶然兴到,所以写示诸子者,聊为助发之资耳。及取而覆视,仍不自惬,又经改定数字,乃可入唐。今别写一本去,若同学中有好此者,可共观之。少陵云"新诗改罢自长吟","得失寸心知"。非深历甘苦,不易到古人境界。贤辈见和者,俱有思致,可喜,所欠者工夫耳。读破万卷书,不患诗之不工。谓"诗有别裁,不关学"者,妄也。但此是游于艺之事,不工亦无害。若为之,则须就古人绳墨,方不为苟作。天机自发，亦不容已，但勿专耗心力于此可耳。

良马见鞭影而行。一粒金丹，便脱胎换骨，岂在多邪？贤辈于此事尚未悟入，且须蓄养深厚，不愁不得，多作无益。老僧为汝得彻困也。

字法不妥者，俱为点出。有字然后有句，有句然后有篇，此亦具名句文三身。一字疵颣，绝不可放过，方见精纯。

所解仍是滞在名言，故知讲说无用。凡人不感觉闻道之必要，与汝无干，可置勿问。今当反问汝自己，亦曾感觉有闻道之必要否？若与凡人同无感觉，此问又自何来？贤者自答。

问：孔子曰："诵《诗》三百，授之以政，不达，使于四方，不能专对，虽多，亦奚以为？"又曰："人而不为《周南》《召南》，其犹正墙面而立也欤？"又曰："《诗》，可以兴，可以观，可以群，可以怨。迩之事父，远之事君。多识于鸟兽草木之名。"若是者，《诗》盖是多闻之学，其亦等于佛氏之加行方便矣。而《经解》却曰"《诗》之失愚"，何邪？岂多闻方便无当于实智乎？

《诗》是声教之大用，"此方真教体，清净在音闻"。一切言语音声总为声教。以语言三昧显同体大悲。圣人说《诗》教时，一切法界皆入于《诗》，自然是实智。来问误以《诗》为多闻之学，只据"多识于鸟兽草木之名"一语断之，乃与上所引一串语无涉矣。当知从初发心至究竟位皆是诗，此圆教义。儒家教义唯圆无偏也。不得但以加行方便为说。"失之愚"者，愚相粗细煞有差别，略以爱见大悲犹有众生相而起大悲者。及所知愚当之，一品无明未断，皆于《诗》非究竟也。此语曾涉意教乘者并不难会。

问：孔子曰："性相近也，习相远也。""唯上智与下愚不移。"窃谓此与佛家言种性相同。"性近""习远"者，盖犹不定种性，习于菩萨则为菩萨，习于声闻则成声闻也。"上智"则大乘种性是也，"下愚"则一阐提无性种性是也。然果有下愚不移，则是圣人过化之德有时而穷。时雨之润，有物不沾，而孟子所谓"人皆可以为尧舜"者，殆非如语了义乎？

"性相近"义略当于如，不一不异之谓如，此纯以理言性德也。"习相远"则指气。圣凡迷悟，相去迢然，故须重修德。智愚自是气质有昏明清浊之异，须假修习以变化之而至于同。然上智不移于恶习，故易成；下愚不移于善习，故难化。"不移"字须活看，非定不能移，彼自不肯移耳。此与"人皆可以为尧舜"并无二致。人之不为尧舜者，是不为也，非不可也。故圣人之教在因修显性，决不执性废修。佛氏言种性，亦指气质，阐提便是下愚，然不得谓之无佛性。阐提若闻法起信，即非阐提；下愚若人一己百，即非下愚矣。

问：先儒言为学应时时提撕此心。敢问是在醒时提撕邪？是在迷时提撕邪？若在醒时，何事提撕？若在迷时，何能提撕？又提撕此心者，非仍即此心邪？若仍即此心，则迷悟不同时，即不得能提。即所提若非此心，则有朱子所诃捉一个心来。照此，心之失将何以诣于极邪？

迷悟总是一心，提撕即从迷向悟，不提撕即安于长迷。真悟不须提撕，唯在迷，故须提撕。操之则存，舍之则亡，正是学人吃紧用力处。若谓在迷时不解提撕，此迷之尤者。汝若闻言而省，即是自解提撕，岂有别捉一个心来之理？喻如人睡时，不假人唤，亦自会醒。睡时醒时，只是此人，岂有二邪？醒时逢缘遇境，自解照管自己，何谓不能提撕？此醒不可作悟看。若不解提撕，只是个睡著底人耳。

别来时从伯尹处略闻消息，知兼教两中学，近在乡邑，便于定省，足慰所望。方遭乱居贫，切己之事莫亟于事亲，随分教学，亦有益于己。但息驰求，自无计较，合下尽有受用。君子暗然日彰，弟一勿慕显学之名也。顷得旧历二月十六日来书，齿及贱降，欲同诸友致馈。仆既无德，不敢虚受供养。且世变如此，那复有此事，无劳相及。但能不以鄙言为有隐，莫作钝置会，则爱我实多矣。聚散远近一也，安用以是为敬哉！附来《南充高中同学录序》一文，于"道外无事，事外无道"之旨，颇能发挥，文亦简洁可喜。然所望于贤者，正在义而不在文耳。仆之羁此，亦如随顺世缘，为无所为，时至即行矣。寻常懒作书，亦病其无益也。

前因和诗，聊寄期勉之意，何劳深谢。人苟不自弃，仆固未尝弃之，于天下人皆然，况于从游诸子，况于足下！此仆平日之用心。然缘会靡常，岂必相聚而后为得？来书乃欲重来依止，无乃一往之情而不揆诸事实乎？每劝足下近依亲舍，随分教学，以足下今日所处之道宜然，舍此非所以为道也。若以吾言为可信，何为忘之而仆仆道路徒自贻累邪？书院不可终日，今年不唯刻书不能继，乃至无钱买米，更何足以言依止？幸亟寝是念，勿徒自扰。若乃履道于常行，得旨于言外，是固吾素所望于贤者，虽千里又奚隔焉？或若以此为相距，则吾复何言？以贤者之智，不宜若是之梦梦耳。

示张伯衡　一百一十二则

礼有本有文。仁义乃是礼之本。礼者，所以行仁义也。举本而言，礼实性德，不可单以用言。若曰礼书，则是文也。六艺皆礼书，与六艺皆政典何异？明其本，则礼书可，政典亦可，否则皆陈迹耳。"约之以礼"之"礼"，正对文说，更思之。

周礼在鲁，《春秋》既是礼经，杜预说。孔子何须更作？今曰礼书，仍不出实斋窠臼也。

《礼运》篇首"大同""小康"，盖本老氏之旨。郑注"小康"云："大道之人，以礼于忠信为薄。"亦用老氏义。七十子后学在六国时各记所闻，其间不免依托，杂以异家言。然其说礼义实有精处，亦不得因一两段有疑而遂疑其全篇。荀卿《礼论》亦类此，时杂以法家言，然说礼者固不能舍之也。读先秦书，直是难理会，要之，于义理熟，自知简择。

《周礼》《王制》恐俱出七十子后学所为。其言制度别，而用六官则同。《王制》好处在说六官，《周礼》过烦而《王制》则简要。即谓文帝时作，亦是剌取六经，博士诸生不能向壁虚造也。尊君卑臣，亦是古义，不始于秦、汉，但六国以后尊非其君耳。

《荀子·王制》篇颇杂乱，恐多后人附益语，与此殊不类，惟"序官"数节稍近耳。《正论》篇语亦是法家言。

惟日孜孜，无以急迫之心求之，自必日有所进。如人形体，自幼而壮，方其长也，亦不自知。贪多务得，却是揠苗助长。

好善恶恶，本是非之心，但不容著一毫私意，方是好恶之正。若心怀厌鄙，却是矜己，此须克治。见不善而内自省，此是最好方法。

程子云："学进则识进，识进则量亦进。"有天地之量，有江河之量，有斗筲之量。人本心之量本来与天地同其大，量小者只是私吝心耳。本心若明，私吝心自然消失。义理之学体认得一分，私吝心便祛除得一分，勿患量之不大也。

心正要主于理，明道语乃谓："应物之时，其事已了，不可更将此事留碍胸中耳。求梁木是当为之事，因曾求梁木而见林木，便起计度，却为心累。"明道戒学者语重在"起计度"三字上，且道是求前起求后起，于此明得，便无疑也。

恻隐是此心天理发动处。若无恻隐，向下辞让、羞恶、是非俱无从发出来，便是麻木不仁。此却会得好。

秋底气象是收敛，却不是坏。有利贞才有元亨。更思之。

子张、子夏气象不同。然子张告子夏门人之言，却是对病发药，但亦有过高之病，以此见中行之难。盖子夏先有个拒人之意，子张先有个容物之意，皆未能因物付物也。朱注最精，切于学者为己之实。程子之言推得稍过，未遽至于杨、墨也。杨、墨之失，亦是作意安排，立一个兼爱、为我之道，不循天理之自然。以此为近仁义而反为仁义之贼，不但过、不及而已。人不见性而任其才智，其弊可至于此。杨、墨皆高才，惜不遇圣人裁之，然皆在"师也过"之列。学者切勿轻议子夏。合两家之言观之，则中道自见。至杨、墨，今虽判为六艺之失，其徒当日固自立门庭，不可径谓其出于儒也。

察识从涵养得来者，其察识精而持守无失。若离涵养而专言察识，其察识多疏而持守不坚者有之。渐中有顿，顿中有渐，不可截然分为二也。

龙溪之言疏而无当。王学末流，只见个昭昭灵灵底便以为是，更不穷理，此所谓光影门头事也。学者必从朱子入，方可千了百当。

濂溪主静，是就本体说。伊川主敬，是就功夫说。学者须知后儒有以主静为功夫者，未得濂溪之旨也。

曾皙胸怀洒落，固由其天资高，须看其绝私吝，不起一豪计较，是甚次第。后来诗人亦每能为旷远之言，却是安排出来，与曾皙不相似也。

阳明"心即理"说得太快，末流之弊便至误认人欲为天理。心统性情、合理气，言具理则可，言即理则不可。

问：承教以提撕固是，亦须济以充养，得无以提撕之偏于察识乎？又自觉动处用力易，静处用力难，所谓充养者，是心主于义理否？又静时当如何存主？

提撕如人睡著唤之使醒，充养则喻如常是醒著不须唤。《信心铭》曰："眼若不昧，诸梦自除。心若不异，万法一如。"功夫无间动静，若只此动处察识，静处却放倒，其察识亦不得力。前云但能心缘义理，不言涵养而涵养在其中。只是收敛向内，义理浃洽，自然不起杂虑，尔时心即常存，所谓"敬是常惺惺法"也。有走作始要提撕，未能触处洞然，自须察识始见。缺却涵养一段功夫，察识总有未精。大凡用功夫，切忌将动静分成两橛。涵养不是专在静时。常人说动静每以有事无事为别，不知无事而坐驰乃是动，酬酢而无为仍是静也。一向沈空滞寂，把得一静字，又有何用？若憧憧往来，身虽静，心实不胜其动矣。未到动静一如，且须不分动静，一以心缘义理为主，久久自得。

问：浩然之气，本来如是。气即道，道即气，浩气即是道义。《集注》曰："若无此气，则其一时所为虽未必不出于道义，然其体有所不充。"岂离浩然之气而别有道义邪？

气所以行此道义，集义则此气日充，不集义便消了。一时所为虽若有合，是此气消不尽底。然既不充，则不能浩然配义与道。到得配义与道，才可说全气是理，气与道一。气未充时，固不能谓气即道也。

问：《集注》曰："气虽可以配乎道义，而其养之始，乃由事皆合义。""此气自然发生于中。"夫养之始而必事皆合义，苟非上智顿证，焉能若斯，岂不示人以难？无乃非学之序乎？

若一事不合义，此气便歉，如何得浩然去？学者分上，必先求其合义，完养此气始得。若以此为难，将谓不用集义工夫而可遽臻浩然，决无此理。此正是学之序，何乃疑之？"造次、颠沛必于是"者，亦是从集义来。

问："义袭而取"者，蔽于己，谩欺人。不知霸假不归，或同斯类。《集注》曰："非由只行一事偶合于义，便可掩袭于外而得之也。"夫掩袭而取，何义之有？

"义袭而取"，须看其事如何。如霸者假仁，就其用心言，不可谓仁；就其行事言，亦可暂许其仁。譬如剪彩为花，只是无生气耳。说"袭取"字，亦不得沾滞。

问："浩然之气"即"民之秉彝"，是否？

上来所疑，只因误认浩然之气即是秉彝之性，故致分疏不下。当知秉彝之性人人无缺，浩然之气须待养而后充，不可执性废修。此理本无亏欠，却因气之私小便隐了。集义工夫便是化其私小，使其气之消者复完。故谓"至大至刚，以直养而无害"也。

"乾道变化，各正性命"，理既周遍，气亦充塞。说为凝者，犹是变化之迹也。"神无方而易无体"，则不可以言凝。"君子以正位凝命"，"苟非至德，至道不凝焉"，皆须活看。阳明下"凝聚"二字，按，阳明《与罗整庵书》曰："理一而已。以其理之凝聚而言，则谓之性；以其凝聚之主宰而言，则谓之心。"本来未妥。凝有集聚、止蓄二义。如水凝为冰，冰泮为水，方其为冰，亦只是此水。"精气为物"，可说为凝；"游魂为变"，则非凝矣。才说凝聚，便在气一边。理行乎气中，不可说理凝乎气中也。此义深微，卒难凑泊，聊发其绪，以俟精思。非是贬驳阳明，切勿错会。

德量不可分说，须用依主、持业二释。为德之量，量即是德，岂可说为有德无量邪？"清"、"和"、"任"只是德之一相，"时"则具众相，"清"、"和"、"任"皆有之，犹言备四时之气耳。

刚则物莫能夺，不见可欲，所以为大，大是以气象言。欲则为物所转，以身徇物，不能宰物而制于物，所以为小，凡私者必小也。胡氏"己大物小"虽有语病，下句却甚谛当，按，胡氏曰："刚则己大物小，凡天下之可欲者，皆不足以动之。"非与物较量也。

经籍中用"思"字，作动词者稍轻，用作实字者义较重，此须分析。如言"见得思义"，重在义字上；言"致思"，则重在思字上。"思曰睿"，"睿作圣"。睿者，通微也。能通微方是致思。南轩说思语好，字字见功夫。按，南轩曰："思者，沈潜缜密，优游涵泳，以深造自得者也。"

此"道"字，按，指"三年无改于父之道"。即指父之臣与父之政而言。如言"文武之道"，亦是指其行事，不必以当然之则释之。

"天所赋为命，人所受为性"，二语须善会。天、人、性、命一也，从所言而异名，乃诠表之辞，不得不尔。程子曰："天即人，人即天。以人合天，犹剩一合字。"此真了义。故言"天人感应"，当知不出一心。此"洪范"要旨。

诗第一要胸襟大，第二要魄力厚，第三要格律细，第四要神韵高。四者备，乃足名诗。古来诗人具此者亦不多。盖诗之外大有事在，无一字无来历，亦非蓄养厚、自然流出不能到此境界，非可强为也。世俗人能凑一二浅薄语，便自命诗人，此实恶道。故吾平生未敢轻言诗，偶一为之，人多嫌其晦涩不能喻，只是未知来处耳。欲求一能为笺注者，亦非于此用力深而读书多者不能得其旨，故不言也。然以《诗》教言之，诗固是人人性中本具之物，特缘感而发，随其所感之深浅而为言之粗妙。虽里巷讴吟，出于天机，亦尽有得《风》《雅》之遗意者，又何人不可学邪？笔下不必有诗，胸中不可无诗。诗只是道性情，性情得其正，自然是好诗。至格律藻采，则非学不可耳。多读书，能运用，能拣择，此"学"字是第二义。因贤发"是否可以学诗"之问，不觉叨叨忒忒至此，言之亦不可尽，向后自悟。

《乐记》曰："丝声哀，哀以立廉，廉以立志。"陈氏《集说》曰："人之处心，虽当放逸之时，而忽闻哀怨之声，亦必为之恻然而收敛，是哀能立廉也。"《小雅》怨诽而不怒，圣人录之。近偶为诗，亦是恻怛动于中而自然形于言者，亦自觉其衰飒。怨而未至于怒，哀而未至于伤，杂以放旷则有之，然尚能节，似未足以损胸中之和也。所示甚见爱厚，欲救吾之失，是所望于贤者。向后亦当自节，以答惓惓之意。

"我生之初，尚无为；我生之后，逢此百罹"。"苕之华，芸其黄矣。心之忧矣，维其伤矣"！此变风、变雅之音也。乐天知命，为自证之真；悯时念乱，亦同民之患。二者并不相妨，佛氏所谓悲智双运也。但所忧者私小，则不是。

"一治一乱"，亦是人事，不可说为气化循环。只人事乱时，气亦被他乱了，须待乱消后气始复，此便是势。势有尽而理无尽，故不可以终乱。虽极乱之时，此理自在；乱极而复治者，即此理之常贞也。

《楞严》赞耳根圆通在"返闻闻自性"，于此有省，方知孔子说"朝闻道"之"闻"字实在亲切。此"闻"是自觉自证境界，举似人不得，又非"聪作谋"所能尽也。

当否之时，"小人道长，君子道消"。就卦象言之，自有小人连类而进之象。然《易》为君子谋，不为小人谋，故爻辞皆示君子处否之道。如六二："大人否，亨。"九五："休否，大人吉。"皆特出"大人"，圣人之意可知也。

慈湖"子绝四"说却好，绪山无动之说不记其言如何，然皆与濂溪"定之以中正、仁义而主静，立人极焉"之旨无关，不必和会。

天地万物之相，总与别而已。总故一，别故两。离别无总，故一之，用必行于两也；离总无别，故两之，体必归于一也。

《汉志》本贾生说，以《乐》配仁，以《诗》配义，《礼》无训，以《书》配智，以《春秋》配信，而《易》为之原。以《诗》配义，终觉未安，不如《乡饮酒义》为惬。盖以四教言之，则《诗》《乐》为阳，《书》《礼》为阴。以四德言之，则仁礼为阳，义智为阴。朱子以仁摄礼，以义摄智，则当以《乐》摄《诗》，以《礼》摄《书》，方是用朱子义。以仁配春，以礼配夏，以义配秋，以智配冬。今以《乐》配夏，《礼》配冬，先儒无此说，更思之。

甚有思理，而其力未充。如许大题目，尚非今日所亟，更须精思力究。养之愈厚，斯发之愈光。义理分齐极密，析之未精，下语自不免费差排，未能沛然也。然作者自是质美，肯用心，可嘉！勉力深造为望。批《论〈礼〉〈乐〉可该六艺之用》。

问：程子谓"所以阴阳者道"，加"所以"二字，似于阴阳之外别有主宰？

为甚么如此？一阴一阳，固有个所以然，此便是道，非别有个主宰也。

问：《论语》曰："仁者寿。"吕氏曰："泽及万世，庸非寿乎？"杨氏曰："静则复，则与天为一，故寿。"谢氏曰："以尽其性，故寿。"按，朱子非杨、谢论愈高而病愈深，固矣。吕静说甚好，朱子以为粗，何邪？

吕说比杨、谢自然是粗，杨、谢却深微，是第一义。朱子恐学者凑泊不上，而徒袭其言，反成好高躐等之弊，故不用之耳。凡朱子说杨、谢是禅处，皆是对治悉檀，宜活看。

原壤夷俟，孔子斥之。未有箕踞而其心不慢者，夷俗好慢，至今犹然。

《素问》云："心主言。"谵语只是心气不摄，医家言心胞络有热则谵语，此亦当用药疗。

昔龟山教人看《孟子》"雞鸣而起"章，逾月复见，问曰："已会否？"曰："已会。"龟山有喜色，曰："试说看。"其人依文义说了。龟山曰："若如是，焉用看一月？只言利与善之分是如何。"其人不能对。龟山因曰："为善者心平易，为利者心险巇。"此事见横浦《心传》。举此可见古人读书如何体会。

问：子贡问"博施""济众"，"可谓仁乎"，子曰："何事于仁！"言非仁之下手处。事，犹从事也，谓何所从事于仁乎。虽圣如尧、舜，犹以为病也，故告以仁之体段及仁之方。明道谓"何干仁事"，朱子谓"何止于仁"，似少晦。

如此说来转迂，未会孔子对治悉檀意。在程、朱说并不晦，先儒识得圣人语脉，故说来径省。今欲别为之说，未有以过之也。

问：窃谓屈则序也，伸则和也。

屈伸乃所以序、所以和也，不可分言。不成秋冬只有序而无和，春夏只有和而无序。

问：程子《听箴》除末句外，似皆指全体言，非独为听说。

视、听、言、动皆心也。四箴皆就心之为主处说，然亦分属四相，不可移易。

问：《曾子天圆》曰："圣人立五礼以为民望，制五衰以别亲疏，和五声之乐以道民气。"《孔子闲居》曰："无声之乐，无体之礼，无服之丧。"按，丧即在礼内，二处均特提出，与礼乐并言，不知何意？

丧是礼之最重者，故特提出。

问："以德报怨"章，谢氏以为"君子于人无怨，心不在怨"，此正释直字义。朱子谓其小过于圣人之言，何邪？《或问》以君父之仇为说，疑仇与怨不同。

谢氏"于人无怨"之说，其流近于释氏之怨亲平等，故朱子以为过。仇、怨古本互训，后来乃分轻重。朱子以君父之仇为说者，疑是对治悉檀，为南宋君臣忘徽、钦北狩之辱者言之。

尽其在己之忠而无责报，斯可矣。

"君子耻其言而过其行"。"言之不出，耻躬之不逮也"。"先行其言，而后从之"。圣言已说尽，勉之在行，非他人所能为力也。

问：理欲交战，欲胜理之后，不免悔吝之虞。

欲胜则全体是悔吝矣，何谓不免？

问：窃意程、朱教人在仁上用功夫，王学教人在智上用功夫，不知是否？

仁智不可如是分说，不成教人遗却一边，但一重涵养之意多，一重察识之意多耳。

问：窃谓物格是"精"，知至是"一"。物格是"贯"，知至是"一"。

精一可分说，一贯不容分说。

问：尝观朱子寝疾，陈北溪入卧内听教，朱子告以所欠者下学如曾子之所以为贯，毋遽求曾子之所以为一。又薛西原目阳明"致良知"之说只是理会得贯，不曾理会得一。皆是将"一贯"两字分说，如何？

"一以贯之"，只是以一理贯万事。在文句上，"一"、"贯"皆是虚字，即今所谓动词。非实字。先儒如此说者，乃是以"一"表理，以"贯"表事；以"一"表总相，以"贯"表别相耳。朱子告陈北溪是教伊于事上求理，无遽舍事而言理。薛之判王，乃谓其察识者在动处，元未涵养得此"一"，犹朱子谓南轩只在闹处承当也。

汉儒以性情配四时六方者，董生以此说《春秋》，翼奉以此说《诗》，皆原于五行。其说比是为详洽。此段甚有理会处，但说来尚觉费力。龟山门下每教人观喜怒哀乐未发以前气象，却是吃紧为人。看来必须下此一番功夫，始能发而中节。

佛氏翻贪、嗔、痴成戒、定、慧，亦只在敬肆之间，而吉凶迥异。

仁人之所好者，仁也；其所恶者，不仁也。学者先须求仁知仁，否则好恶皆私也。

问：某日介客奉谒，听讲禅义，静心端坐约历三时，略无欹侧，盛暑亦未挥扇。自觉为前此所不能。

当时亦觉贤容貌甚肃，初不觉其时之久。若私居独处时能如此，不以为苦，其有进也必矣。勉之！

问：某性急，不喜性缓之人。

所不喜者，即是气质有偏处。如此自己勘验，对治在其中矣。

问：某夜因飞蛾扑扰，颇致动气。

忆唐人张祜诗云"剔开红焰救飞蛾"，意思甚好。虫伦亦是痴业所感，乃受此劣报之身，当推爱物之心愍之，何致动气。

问：以忠恕分属圣智，如何？

圣智当兼忠恕言之。

问："用人之知去其诈，用人之勇去其怒，用人之仁去其贪"，与《中庸》三达德有别否？

此知、仁、勇三者皆以气质言，与《中庸》三达德有别。

《同人》是于同中见异，《睽》是于异中见同。执同者与之说异，执异者与之说同。有执则同异俱非，执尽则同异俱可。更思之。

"天子一位"、"君十卿禄"，用孟子义说，是。至亲耕借田，乃以示教，不可以代耕说之。若是，则许行并耕之说尤高，何以孟子不许之邪？

问：《仪礼·丧服传》诸侯绝期、大夫绝缌之等为以尊降服，疑尊何可蔑亲。

丧服之义，尊尊重于亲亲，厌于所尊，则亲为尊屈。凡降服者皆然。谓以义屈，岂蔑之哉？如父在为母期，传曰："何以期也，屈也。"以是推之可知。

问：丧服多以名服，何以"大夫以上为庶母无服"？

"大夫以上为庶母无服"者，敖氏云："大夫以上无缌服故也。"又大夫以上于其有亲者且降之绝之，则此无服亦宜矣。

问：案《昏礼》子不见父母不庙祖，与后世殊一；不用乐，殊二；

不贺，殊三。后世礼何所昉？其义似亦未为大非。何得何失？祈示。

后世自系失礼。有父母之命者，贺却可行。

吾何敢拟先圣？此中甘苦亦只自知，说似人不得，安用此？时人动辄作自述，只是要人知耳。答请作自述。

"讲语"、"别记"之名甚妥。以后凡自出讲语，诸子各记所闻。在"讲语"之外者，皆以"别记"名之可也。不必人人皆有，亦不尽记，但听时觉其语精要或警策处记之，以备遗忘，亦是学者所当有事耳。今于语意未足处足之，引古语疏略处补正之，略示记录之体而已。却望悉心体会，勿专守言语，方为得之。

自然与寂然不同。

程子用"有为"字，乃据佛经有为法与无为法对说之义。有为对无为说，明觉对妄明说。凡世间一切法皆有为也，一切识心分别皆妄明也。故不明义学，直读他先儒书不得。先儒虽不肯多用佛家名相，如此等处，如何避得？

人虽质美，不能无偏，自知其偏，正好用力。知病便是药，变则可至于道，故谓质美亦须变化也。

教人治世，乃是粗迹。穷神知化，德之盛也，只修德一目便已摄尽。今广为敷陈，稍近铺张。文章自须有波澜，然能繁而不能简，亦有作意之病。此意不可不知，非必以简为贵也。批《〈易〉为六艺之原论》。

文无骈散，但贵其安，安则必雅。《学记》谓"不学博依，不能安诗"者是也。骈文气格宜取法魏晋，然此不足深留意。经术深，义理熟，未有不能文者。字句间小有未惬，将后自知拣择，不患其不进也。批《言志》。

篇法可观，时有累句。骈语务取格高，徐、庾虽工不可学，以其近靡也。清人唯汪容甫可以语此，使为此题，宜有精采。盖不难于叙次源流，难在抉择闳奥。今但就文略为刊削，使不累于理耳。批《论治经方法》。

古之所谓学者，学道而已。文者，道之所寓。故曰："文武之政，布在方策。""文王既没，文不在兹乎？"六经，文也。明其道足以易天下如孟子者，方足以当经术，公孙弘、倪宽、匡衡、张禹之徒不足言也。学足以知圣守文而传义如子夏者，方足以当经学，博士之学不足言也。故濂、洛、关、闽诸贤直接孔、孟，其经学即经术也，其言即道也。道者，其所行所证者皆是也。此非执言语、泥文字所能几，安复有今古、汉宋之别哉？于此略发其义，庶学者知所兴起而勿自安于卑陋矣。批《经术经学辨》。

须知适道者寥廓通涂，更无所碍。蔽即碍也，以己性为有内外，斯碍矣。此蔽从何来？乃在自私用智，是乃克指其蔽而言，己见犹存，作意安排，总是触涂成滞。若无心应迹，自然冥符。此种境界，唯蔽尽后始能知之。故学者如欲适道，当以解蔽为急。

此题须著眼在"善反之则天地之性存焉"，形有尽而此性无尽。故形而后有者，"君子有弗性焉"。常人只以"气质之性"为性，不能善反，故终为形气所囿而不知有天地之性，是天地之性有弗性者矣。善反须如横渠始得，莫孤负他。

善反之，则形色天性，故尽性乃可以践形。不善反，则唯认气质以为性，而所谓天地之性者不能有之于己，是有弗存者矣。以上二条批横渠谓"形而后有气质之性"一章义。

问：《易》曰"明以动，故丰"。"一日克己"，"天下归仁"。一疵不存，万理明尽，则盛大显，此明、动相资之效。

明才能动，不明之动，安能致丰？

问：朋友讲习，贵和与诚。和则无间，诚则无昵。

和则无间，须改作"诚则无间"。和是自然之效，诚乃尽己之功。

问："节"之道，随时取中。初九之"无咎"，"知通塞也"。当"节"之初，固宜节而不出。九二有刚中之德，如初则"失时"，故"凶"。向使渭滨却载，南阳高卧，凶孰大焉？

处阴居说而承柔，与九五之刚中正异，故凶。引事不类。

问：《中庸》以子路表勇，《乾》德也。"确乎其不可拔"，勇也。

勇乃是《坤》德，更参之。

问："《履》，不处也。"

"不处"是"无功用道"。此洞山语。老子曰"功成身退天之道"，亦有见于此。

邵子圜图乃是大消息，其卦气起于《复》，比之孟氏为精。

凡"如"字用在形容词下者，只是语助词。而、尔、如、然一声之转。如曰"已而，已而！今之从政者殆而"，"丧事欲其纵纵尔，吉事欲其折折尔"，"泫然流涕"，"俨然在忧"，"瞿然起"，"贸贸然来"，"练而慨然"，"祥而廓然"，此用而、尔、然等皆与"如"字不别。

习气各人不同，吾亦只就其发露处指出一二端而已。平日所言何尝不是药？有一等人，知此是药而不肯服，吾末如之何也。既自己知道病痛，自己便会用药。

佛氏恒言"法尔如然"，有时省称"法尔"，犹言本来如是耳。

"默而成之，不言而信"，闻道非耳，见性非眼。

不迁是本体，止定是功夫。

《易》言失得主理，《大学》之言失得主事，言各有当，不必牵合。

"天得一以清，地得一以宁，万物得一以生，侯王得一以为天下贞"。老子识得此"一"。今改"一"为"变"，便不成道理。不识此"一"，则天地人鬼亦识他不得。

灵龟曳尾，拂迹迹生。贼不打贫儿家。来说是非者，即是是非人。但问自己果有胜心也无，莫管他人闲言闲语。"德之不修，学之不讲"，"是吾忧也"，人之好我恶我，何足为欣戚！

诚精故明，神应故妙，几微故幽。看他古人下语是如何。神自是妙。"精义入神，以致用也"，"神而明之，存乎其人"，亦不以书。

"以言者尚其辞"，是教学者尚之，非《易》《春秋》以辞为尚也。

"参伍以变，错综其数"，是指蓍策言，不可将此说阖辟，变已形则吉凶定矣。先天是未变，后天是已变，未变无吉凶可言。

诸篇未尝不见致思之力，然引申触类处，分剂未能悉合，故说来甚似费力。且当涵泳体味，不必亟于分疏，极深研几本非言语边事。禅家每教人究理，不要人呈见解，彼乃真能学《易》者也。

来书慰悉。《楞严》有云："汝欲识知俱生，无明使汝轮转，生、死、结、根，唯汝六根，更无他物。汝复欲知无上菩提令汝速证，安乐、解脱、寂静、妙常，亦汝六根，更非他物。"此最须著眼，教相尚有未明，亦须多阅他种经论，徐徐可解，慎勿轻言和会。如来书所举闻见义。《素问》求得，望详读。贤体弱有妨于学，须知"君子庄敬日强"，礼者，"肌肤之会，筋骸之束"，养生家莫能外也。

凡教皆就机立名，机有顿、渐，故教有顿、渐。天台所立化仪四教，尚有秘密、不定两门，此不由安排，不容拟议。如《华严》唯是顿教，《阿含》《方等》《般若》同为渐教非顿。以化法四教配之，藏、通、别皆渐而非顿，圆则是顿而非渐。贤首判五教，小、始、终即当藏、通、别，皆渐也。于圆教外别出顿教，以收达磨一宗，其实圆即顿也。若不分顿、渐，则成笼侗。以顿唯摄圆，其余悉归渐摄，教相不得捃滥也。后二门：秘密、不定，则于此悟彼，不可思议。乃统化法四教言之。此依佛氏教乘言之，义学至贤首而极，后来更不能增损。若儒家本无是说，约义而判，六艺皆属圆宗，即并可说为顿教。"一以贯之"，非顿而何？洒扫、应对、进退，即是"精义入神"，与咳唾、掉臂皆为佛法，举足、下足莫非道场，其旨是一。《中庸》知、行三等，亦是言机有胜劣，及其知之一也，及其成功一也，则亦同归圆顿。到此田地，更无阶差、位次可言。学者分上，唯须就自己知、行上勘验。困、勉是初，学、利是中，生、安是后。从生至熟，此乃有似于渐，及其知之、成功一也，方了得是顿。顿、渐在己而不在教，且莫议他偏与不偏，亦莫计此是儒义佛义，如此方有相应分。今云"无渐非顿，无顿非渐"者，亦只是揣摩影响之谈，与自己未有干涉。《楞严》云："理则顿悟，乘悟并消；事须渐除，因次第尽。"此以理、事分说顿、渐，乃《方等》教义，非《华严》圆顿教义。

至道离言，凡言皆寄。净名云"不离文字而说解脱"，以文字即解脱相，故不悟实相般若，决不能会文字般若。庄生悟处谛当，与辅嗣、清凉元无优劣，奈何强生分别？两得即是两忘，所言遣者，亦无可遣。从来法喻难齐，本为未悟者说，若定执筌蹄、鱼兔为一，转见滞碍。如此分疏，亦济不得甚事，若能即言冥会，自无如许葛藤。

此儒门公案，为心杂者权示此说耳。无论闵子与颜子并肩，子夏亦何至出见纷华而慕，不可作实法会，但能就己勘验，却是有益。

念者，心犹在境，故以明记不忘为义。能引定生，依《百法明门论》，三摩地亦属别境。向举心缘义理之说，正是知止功夫，亦即名为正念。正念现时，妄念自息，且不必说无念。若欲明无念，莫如《坛经》所云"般若三昧，即是无念。何名无念？若见一切法心不染著，是为无念"。用即遍一切处，亦不著一切处，即是般若三昧。名无念行，非谓百不思也。《坛经》并云："若百物不思，当令念绝。"即是法缚，即名边见。今以起灭不停，自谓微细不自觉，乃是恒审思量之末那识，此乃妄念，非正念也。若学无念行，须从正念入得般若三昧，即转识成智矣。无念法门，切忌错会。外道有修无想定者，乃是蒸沙成饭，断佛种性。

义理若明，何事能婴汝心？当萦扰不宁帖时，何不体究义理？此患可祛。若问顺应，且待汝廓然大公后自悟，无法可以与人。

此病总由不悟物我一体，只见得自家是处，见得别人不是，便怒之鄙之，爱人敬人之心薄矣。常存敬人爱人之心，斯可矣。

慈湖正是先察识，后涵养。禅家悟处，即是察识；净除现业流识，即是涵养。察识是随缘荐得、忽然瞥地，此有时节，不假用力。学者用力处只在涵养，涵养熟，自能悟，悟后仍要涵养，故彻头彻尾只是一个涵养，而察识自在其中。工夫间断，只是未熟，熟则不忧间断矣。

以《易·系》释《中庸》却成错会。不贰正是显，不测乃是藏。无微不显，方识得体；无显不藏，方识得用。显微无间，体用一源，所以为不贰不测也。

见理谛实，自然能觉照不失。所以失照者，见理未谛故。所以未谛者，涵养不熟故。

下功夫是因地事。须先转七识，则六识随之而转，八识与前五识毫无过咎。六、七既转，则五、八是现成智，故属果地事，实无所转也。

七识转则和根拔去矣。向释《颜子所好何学论》已太煞分疏，何以尚未了然？

贤今岂见过慈湖邪？何以受用不及渠？此犹是私意窥测习气。但得本，不愁末。若不见理一，争知分殊？莫颠倒好。

孟子自具活人手眼，争奈所遇多死汉何？若说教人偏重察识，则不是。孟子自言"我知言，我善养吾浩然之气"，何邪？

古来词人利弊，此难具言。以诗为比：太白如苏、李，后主如子建，温、韦如晋、宋间诗，北宋诸家如初唐，清真如少陵，律最细，词最润。梦窗如义山，以是推之。

此不足学，声律亦要自悟。词本乐府之极变，深于唐诗者，不患不能词。然其流近靡，唯太白为祖。以其不靡。李后主是词中之子建，《花间》《草堂》，虽风华绝代，实亡国之音。两宋名家，何烦具举。苏、辛颇有风骨，不善学则近粗，莫如先学诗为能识其源也。

写目录不中用，若欲叙其流别，亦是一大结集，非仓卒所能就。贤辈将来随分流布，自是老怀所望。答请编《群经统类》、《儒林典要》目录。

示王紫东 三十九则

问：先儒以静为见天地之心，程子谓动之端乃天地之心，一就本体言，一就作用言，其实动可见天地之心，静亦可见天地之心，动静虽殊，其为天地之心一也。

动静皆见天地之心，是也。然在《复》卦须是说动"乃见天地之心"。震，动也。一阳复生于下，明是动义。理虽是活看，亦不可竟忘象。

"玩人丧德"，玩字即徇外之意，不必狎侮始为玩人，只好臧否即是玩也。凡徇物者必忘己，焉有不丧德者乎？此与"观象玩辞"之"玩"义异。彼玩字却是体究意，亦不可不知。

问：舜明伦察物是任九官以前事，故勤劳，无为而治是九官共职以后事，是否？

此不可以前后言。圣人终日酬酢万变，终日无为。明四目，达四聪，任九官，咨四岳，皆无为之治也。恭己正南面，非是一事不为。孟子说舜明伦察物，下语即曰"由仁义行，非行仁义"，是即无为也。

问：秦以法治，与三代相去何远而卒以富强，则其同受天命固无异邪？

富强不是天亲民怀。天所亲、民所怀者，唯敬与仁耳。平添出富强霸国，不唯支离，又以敬与仁为可畏，尤乖经旨。

问：敬就用言，德就体言，何如？

敬何由出？以德具故。德何由成？以敬立故。用非体不发，体非用不显也。以体用合说德敬，得之。

《乾·文言》："君子以成德为行"，"潜之为言也，隐而未见，行而未成，是以君子弗用也。"程传："未成，未著也。"详《易》称龙德，是已至于圣，但其用未著，故曰潜龙。张子以"未至于圣"为"行而未成"，是以未成为未至，不取潜隐、未著义，故李安溪谓与《易》言潜龙之意异也。答问《正蒙》注义。

主静立人极，是指本体。动而生阳，静而生阴，是指发用。

无欲则静虚动直，以与本体相应，故动静皆得其道也。

敬则自然虚静，此是指工夫之效验。此虚静是不为物扰之境界。换言之，可说敬则无欲，敬则无适，然不可说无适故敬。

问：《乾·文言》"知至至之，可与几也"一段，注疏及程传义如何？

此当依程传，王注缴绕，孔疏支离。添出一"利"字，以"可与几"为"进物之速"，疑于见利而动，疑误后人不浅。《文言》明言"利者，义之和也"，凡《易》之用"利"字与"义"字无别，非如后来义、利对举，"利"便成"义"之反矣。以静制动，亦老氏之旨。

以《乾》《坤》义说二《南》，求之太过，乃近于凿，不免沾滞费力。

君子小人，各于其类，且须在自心一念动处勘验。《否》《泰》之象，亦由己耳。以朋党为说，转向外去，其辞益枝矣。

以动静二相分说仁义，下语未莹。

仁是天理，亦是人性。人之性即天之理，故曰："天人一也。""仁即天"三字下得太急，义反不明。《史记》说尧"其仁如天"，言如天之无不覆帱，此是以天来形容仁。先儒只说性即理也，天即理也。故今说性即天也则可，说仁即天却少一理字，义便不足。又说周遍涵容是天底意思则可，说天是周遍涵容底意思则不可。如此，则天只是一个形容词，与"其仁如天"相似。

其意全在观人，若用以自观则切矣。批所记《论观人》。

以虚受人，即谓能感，添一受之者不得。详作者之意，是分感与受为二事，因谓感之者是一人，受之者又是一人，与经旨不合。更思之。

《革》，去故也。《鼎》，取新也。《复》又是一义。"不可得与民变革者"，自不在去故之列。

读《易》能在切近处著眼，渐能入理矣。

为政、治民不可分。以"政贵有恒"、"辞尚体要"并言者，乃《书》教、《诗》教互摄之旨。"辞尚体要"是《诗》教，"政贵有恒"是《书》教。诵《诗》必达政，乃所谓体要也。释"政贵有恒"、"辞尚体要"。

善即是师，一即是善，"主"与"协"要见功夫。释"德无常师，主善为师；善无常主，协于克一"。

志却近正，言亦由衷，但愁忧怫郁之言过多，虽由遭遇使然，亦见狷忿之质。心气未平，足为身患，宜开拓胸襟，沈潜义理，祛其执碍，方可进修。批《言志》。

二氏有过高之失，狂狷亦近道之资，岂曰不可以适道哉！程子此言按，指《定性书》"人情各有所蔽，患在自私用智"。但简俗情，非有斥二氏、退狂狷之意。今求之过深，亦有近于用智也。

伯夷之清邻于圣，子路之勇亦近于仁，岂得贬驳？

五行之气，过则为沴。损有余，补不足，乃裁成辅相之宜，所谓修也。专以增上缘说之，转嫌缴绕。批以增上缘释"水火金木土谷惟修"。

阳极则盈而过，故言亢；阴极则与阳薄，故言战。二皆为穷。"穷之灾也"，故有"悔"；"其道穷也"，故言"血"。《程传》谓"争而伤"，即阴阳相薄也。

"易穷则变"，故用九则吉，用六利永贞。"见群龙无首"是乾变坤，"永贞"是坤变乾。思之。

综观上来所记，渐知向里，较前亲切，有进矣。字句间时有小疵，则以功夫尚未细密之故，幸更加勉。

问：程子《粹言》中有"由《孟子》可以观物"语，《语录》有"由《孟子》可以观《易》"语，又曰"《易》言理，《孟子》言气"，然则前所谓物，盖指气言？

按此条并无上下文，"物"字定是"易"之讹无疑。且《粹言》此卷前后诸条皆杂举群经为说，此自是说由《孟子》可以观《易》，忽然出一"物"字不得，不须更疑。

问：《易·巽》九二，传曰"恭巽之过，虽非正礼，可以远耻辱，绝怨咎，亦吉道也"，似与《论语》"足恭，左丘明耻之，丘亦耻之"之旨不同。

伊川说得分晓："二实刚中，虽巽体而居柔，为过于巽，非有邪心。"史巫纷若，乃过于巽顺，非以为谄也。若"足恭"，则是邪心，与上"巧言令色"同为虚妄，岂有刚德过巽之义邪？

问：《华严悬谈》卷五："随举一门，即摄一切。"下疏云："随举一门者三：双结体用，以即、入二门无二体故；体外无用，唯相即故；用外无体，唯相入故。如无镜外之明、明外之镜故。"上言"即、入二门无二体"，是即即入，入即即。下以"体外无用"言"唯相即"，"用外无体"言"唯相入"，似又有别？

本文自明"即、入二门无二体故"，此"体"字当作"义"字会，非于"体用不二"之上更安一"体"也。"相即"明即体是用，"相入"是摄用归体，总显体用不二，非有别也。又摄、入无碍，本华严家常谈。"相即"义同相摄，"即、入二门"义同摄、入。应知如一即一切，即是一摄一切，一切入一义。亦同于一切入一也。

《礼》主别异，是行布；《乐》主和同，是圆融。《易》则兼统二门，故向以《易》统《礼》《乐》二教。乾知坤能，乾德坤业，乾乐坤礼。如此分配，亦是行布，《易》行乎其中，乃是圆融，即知能、德业、礼乐皆为一矣。今以《易》与《礼》对说，义亦可通。遗《乐》教不言，似未免欠却一些。然嘉其能致思，亦可许如此说。

无为是德大，中礼是业大。

《中庸》实以乐德为名，即中、和、只、庸、孝、友六相之约义也。《大学》先后有序，是《礼》教义；《中庸》天人合言，是《乐》教义。然《乐》是终教，《易》亦是终教、圆教。《礼》《乐》并原于《易》，而

《乐》尤近《易》。故以《中庸》诠《易》教，亦可许如此说。

一句中具三句者，亦即太极一函三之象。所以略举一例，教人致思，不必克定分配。其实一一句中皆具三句，在人妙会。禅家用得最活者，莫如临济。故曰："一句中须具三玄，一玄中须具三要。"从不为人说破。若要会取，须参临济禅始得，今可暂置。

问：礼是乐之工夫，乐是礼之效验。

此不可以工夫、效验言，为易二字较稳密。按，改云："礼是乐之由借，乐是礼之化行。"礼乐同行，唯序故和，因和益序，本无先后。亦可言先后者，礼至则乐至也。

问：《大戴礼》子张问入官云："知其以生有习。"窃谓习兼性情言，即性安情顺之谓。横渠谓"心统性情"，此"习"字盖即谓心也。

"知其以生有习"，习谓习染，生指气质。言习染之人，亦由于气质之偏也。如此说则"生"字有着落，不是泛设。此与上二句平列，皆莅民之君子所不可不知。今以"性安情顺"释"习"义，失之。义理之正是性，好恶是情，善不善异趣是习。如此分疏则简而易了。

问：下文又云："不习则民不可使也。"此处言"习"，即含有"知其以生有习"之意在内。

此"习"字是形容词，犹言驯熟也。与民相习而后能使之，与上文义异。

问：前以心释习，初疑未安，后思佛氏心数之说，即吾儒所谓习。是习固可以心言，但非谓心之本体然耳。然心数必与心相应而同趣一境，助成心事，是心与习未可强分差别。言心则摄习，言习即举心，心、习既混融为一，则性情在内明矣。

佛氏所谓心数法，说为习可，径说为心亦未可。以彼明言心、心数法，心谓八识心王，心数则谓心所有法也。八识心王生而后有，可说为气质之性，故有染、净二分。彼立第九阿陀罗识，译言白净识，乃纯净无染，始可当天命之性。在《起信论》开一心二门：心真如门是性，心生灭门是情，此义甚明。习是生灭门事，如何谓统性情邪？

问：涵养与察识对言，似涵养属《诗》教，察识属《春秋》教。孔子之言善涵养，孟子之言多察识。朱子曰："《论语》之言，莫非操存涵养之要；七篇之旨，类多体验充扩之端。"

涵养、察识，皆就学者自心直下功夫言。凡被六艺之教而得受用，见地端的、行履醇全者皆是，不须如此分说。朱子说《论》《孟》示人处，亦重在机边，不在教边。教由机兴，涵养、察识皆对机说，不对教说。

示王伯尹　五十六则

问：《论语》"臧文仲居蔡"章，范氏谓蔡非其所居，山节藻棁非其所宜，以僭礼为非知。朱子谓"若是僭，则不止；谓之不知，便是不仁"。敢问孰是？

朱子说较范氏细，当从朱子。

问：无私心而好恶未必当理，可谓近乎仁否？

不当理即是失，不得谓之近仁。

仁者之过常失于厚，非不当理也。

无私心而好恶不当理者，如法吏治狱失出失入之类。但知有法，可谓无私；而有出入，则不当理矣。

古人言语含蓄，不径言无怨，而言"怨是用希"，亦几于无怨矣。

问："颜渊、季路"章，辅氏曰："二子皆有愿，云则是各有所对而言也，子路是对着个有憾底在，颜子是对着个矜伐底在。孔子则无所对也。"何谓"无所对"？

"无所对"只是"行其所无事"。

问：窃谓学以至于仁不难得，如何？

此语太易。"日月至焉"之"至"，非至也。

问：伊川答鲜于侁"使颜子以道为可乐而乐之，则非颜子矣"，此言如何？

此是对治悉檀，语宜活看。

上达亦是功夫，但不离下学，不是二事。

问：窃以子路行之果，曾子行之笃。果者徒见其勇于行，惟笃然后有涵泳体验之实，此二子高下之所由判也。

果不如笃，此语是。然须知笃则未有不果者。

问：富文忠少日，有诟者如不闻知，或告之，则曰："恐骂他人。"曰："斥公名。"曰："天下安知无同姓名者。"若此，可谓涵养功夫否？

此是含容。天资高者不与人校，类能之，非可以语于涵养。

问：窃谓"杀身成仁"，出于至诚恻怛之用，比干是也；"舍生取义"，羞恶之心所致，伯夷、叔齐是也。如何？

不须如此分说。伯夷、叔齐求仁得仁，岂谓只能取义而非成仁邪？

问：圣门之学，以仁为本。答子贡问而单言"恕"者，恕即仁之用，体以用显，圣人不欲以高远示人，而以切近为务，使之自得。是如此否？

圣人言无远近，求仁行恕，皆须实在用力，勿空为揣测之言。

问："察于人伦"，辅氏谓便带有行底意思。按，察与明只有详略之别，同属于知，"由仁义行"之"由"方是行，是否？

如此分疏亦得，但须知知行合一之理。

《民劳》《板》《荡》变雅，亦是失政后之诗。降为王风，则周已夷于列国矣。此《春秋》所以不得不作也。

问："君子之泽五世而斩"，何以引服穷为说？

服穷于五世，示有终也。泽流之远亦有终，自与亲尽之义等。

问：神道尚右之义。

左阴而右阳。

问："阳立于五，极于九，故五九四十五日而一变"之义。

五日为一候，亦为一微。积三微而成著，则为十五日为节。五九四十五日为一月有半，实三节九候也，即当一时之半。风气，阳也，故以阳数起算。五日一候，气变尚微，五九四十五日则其变著矣。四时之首及四时之中，气候必变，古人即以八风表之。此阴阳象数之说，然实有是理。但知其法，亦只作得一个历家，知其然而不知其所以然。理明则象数易明。

问：李延平《与罗博文书》言"朱子初从谦开善处下工夫"，何谓也？

开善是寺名，谦是释道谦。此刻本误，当作"开善谦"。开善谦是大慧杲弟子。大慧杲是临济下大德，在北宋末为禅师中最著者，刘屏山与之善。朱子少孤，依屏山，其时大慧杲已殁，曾从屏山处识开善谦，因明得禅宗门下事，《语类》中每每及之。

问：中性之异。

中是性之德，就其无所偏倚而言谓之中。问语下字不妥，此安得下异字？大凡读义理文字，总须细心体究，自无此等疑问。此只在字面上著倒也。

学问即是功夫，德性乃是本体。切己者是由功夫以见本体。知功夫不离本体方是切。所谓己者，即本体也。

问：张子谓"德胜其气，性命于德"，此性仍是气质之性？

下"德"字，即天命之性。

问：何谓《复》卦便是一个大翻身底《艮》卦，《艮》卦便是两个翻身底《复》卦？

止而后能动，动而止之义。☶体即☳之反。《复》卦一阳在下，故谓大翻身底《艮》卦也。

敬则发用，不敬即放。

问："君子耻其言而过其行"，《集注》释为二事。《或问》亦曰："耻其言者，常若有愧而不及其行也；过其行者，常若勉强而使有余于言也。"然言、行贵能相副而一归中道，言则求其不及，而行则又求其过，势将进退失所，而何从依据乎？

孔子居乡党，如不能言者。《易·小过》象曰："君子以行过乎恭，丧过乎哀，用过乎俭。"《大过》象曰："君子以独立不惧，遁世无闷。"小过者，必过而始得乎中；大过之时，则必须有大过人之行。此义须知。依《论语》本义，则是耻言过其行者，常人行常不及而言每过之。朱子分说亦无害，勿可轻疑。又此之过、不及，只就言过其行言之，未曾说到中，添出"中"字来则反碍矣。

问：黄氏曰："至粗之事，其所以然者，即至精之义也。"《语录》曰"洒扫应对，必有其所以然；精义入神，亦有其所以然"，言二者之理只一般。二说似不同？

粗粗本末，只是一贯，二说并无不同。

问：窃谓"日月至焉"亦非曾经着实下过功夫者所能及，在学者分上正当用力，以求日月之一至。

此语却是。然须知但日月一至却不济事，况未能一至者邪？

忿懥、好乐、恐惧、忧患四者，皆物至而后形。或事过而犹留者有之，安有预存之理？有者，正谓其逐境生心耳。不云喜、怒、哀、乐而用复词者，已见其非好恶之正明矣。

问：诚意在应物之先，正心在应物之际？

亦无前后际。意乃心之动，动以妄则不诚，动正在应物之际也。

问：程子曰："言和而中在其中。"此言"中"不可见，于"和"见之，是也。而《或问》必谓"此乃时中之中，而非浑然在中之中"，何谓也？

"时中"即"和"也。"浑然"是指未发。

问：侯氏云："中庸岂可择？择则二矣。"不知经文乃谓在众论不同之中，择乎中庸而守之耳。

侯氏语本《信心铭》"至道无难，唯嫌简择"而来，已是错认"择"字。今曰在众论不同之中择之，则中庸只是众论之一，愈推向外去矣。

于怒时遽忘其怒而观理之是非，即是下手处。

丛林分食，乃取其均齐而有序。若为无礼让、防传染，则失其义矣。

问：寂然不动者，大德也；感而遂通者，小德也。是否？

此云小大，以事相言之。事相自有小大，皆此德之流行，非谓德之小大也。以寂、感说小大，不合。

问："知远之近，知风之自，知微之显"，此"知"字兼有行底意思在否？

无行底意思在，但看下言"可与入德"可知。

关子明曰："履，不处也，其周公乎？需，不进也，其仲尼乎？"会此乃知圣之时，仕止久速唯其可，皆《需》义也。《需》六四。已下五条答问《易》。

后世兵家未尝不知律，然皆否臧凶道。《师》初六。

丈人以德言，长子以序言。如淮阴拜将，亦是长子。但汉高无丈人之德，不足为吉，故终凶。《师》六二。

《比》道在亲，《师》道在容，故一乐一忧。今人动言组织，动言集体，不以其道，皆忧道也。《比》。

三代以后，虽有好文之主，儒雅之士，只是所畜者小，唯洛、闽诸贤乃足以当《大畜》。《小畜》。

问：《信心铭》"能由境灭，境逐能沈，境由能境，能由境能"义。

境即是所，能即是心。有能斯有所，此谓能所双亡，心境不二。永嘉云："心是根，法是尘，两种犹如镜上痕。痕垢尽时光始现，心法双亡性即真。"与此不异。

看《灯录》须着眼古德悟处。其为人手眼如何？钳锤锻炼如何？引就自己分上体究，方有饶益，切忌作解会。若求解会，自有义学在，似此实无干涉。

亲有疾，自不容已于忧，然以是而致疾，则反贻亲忧矣。此亦游子所当慎也。札记不作不妨，身心之病却不可忽。

"安安"是形容从容中道之貌。

集是积累，生方是显现。为释"是集义所生者"。

"《无妄》，灾也。"义实难会。今以短偈奉答，亦省言语之烦。"仲尼麟凤叹，如来弊垢衣。示有众生相，而实绝百非。流转名为往，去来亦安之。在缠具法身，世间会者稀"。

《无妄》具四德同《乾》。"其匪正有眚"者，毫厘有差，天地悬隔也。内《坤》外《乾》，初六变九"而为主于内"，故曰"刚自外来"，因修显性也。动皆应《乾》，纯然天理，故曰"无妄"。觅妄了不可得，则正矣。"对时育万物"，时亦一无妄，物亦一无妄也。初九"往，吉"，唯一坚密身，一切尘中见，何往而不吉？六二明无功用道。六三"行人"、"邑人"，一得一失，得者失之，失者得之。何为行人？何为邑人？且作么生会？九四"可贞"，人皆可以为尧舜，何咎之有？九五"无妄之疾，勿药"者，明一切众生即菩提相，不可以菩提更得菩提也。上九"无妄，行有眚，无攸利"，犹言以轮回心生轮回见，测度如来境界，如取萤火烧须弥山，终不能著也。《杂卦》乃是别示一义。"忧心悄悄，愠于群小"，孔子也。"肆不殄厥愠，亦不陨厥问"，文王也。作《易》者其有忧患乎？圣人吉凶与民同患，是"《无妄》灾"义。先生自注云："为伯尹书短偈已，信笔更为写此，倾出一栲栳。只是义路禅，实与本分事上了无干涉，一任后人贬剥。"

来书请益两则语，直下会去，便得受用，不会且置。切忌在言语边摸索，用意识卜度求解会，须知此非意识所能了也。不是无方便，只此即是方便，若展转下注脚，堪作甚么？今不孤来意，再为举一则公案。问："如何是本身卢舍那？"曰："与我过净瓶来。"僧过净瓶与师。曰："却安旧处著。"僧如师教。作讫，再理前问。曰："适来会么？"对曰："不会。"曰："古佛过去久矣。"若会得此，便会"换水添香"，语并无两般。又"赵州东院西"，杨大年直是语拙，此与"东山水上行"亦无二致。若拈相似语作注脚，转见荼糊也。来诗亦姑与改去。前为贤说王索仙陀婆故事，贤辈正少此臣宝，他日用得熟时便不费力矣。

禹之治水，"行其所无事"是效验，不是工夫，工夫只在不凿。观贤会处，似犹未免于凿。凡诗不可皆作道理会，却不妨全体是道理，如此乃为知言。贤辈今日用力处在多识蓄德，勿亟亟说悟也。

见谓"调心先息怒"，甚善。明道《与横渠论定性书》，下手工夫全在"遽忘"两字。怒既已发，如何遽忘？最胜方便，乃在观理。但提观理一念，则怒自退听矣。同时不能起二念故。

既曰"漫与"，自非有所指目，不为一人而作。贤会处引归自己，果于贤有饶益者，亦许如此会，然初非鄙意也。楼子和尚闻山歌而发悟，歌乃与彼无干。即沧浪孺子之歌，亦自称口而出，本无寓意，圣人闻之，便教弟子作道理会。诗无达诂，本自活泼泼地，不必求其事以实之，过则失之凿矣。禅语皆以到家喻见性，客子喻在迷，用惯亦不觉其赘。越鸟背南，乃谓向外；门前式蛙，实讥渎武：此皆甚显。见问第三首，系用紫芝歌，亦泛言天地否塞之象而已。

来书甚知用力，良慰所望。龟山教人观喜、怒、哀、乐未发以前气象，仆亦因此得入。入后便亲见龟山、延平矣。贤今日大好于此用力。此心本是鉴空衡平，著一物不得，方能发而中节，安有哀乐过人之弊哉！

观未发自须绵密下功夫，岂能直下便了？贤意思未免太急迫，此亦是一病也。老氏曰："孰能浊以止静之徐清？孰能安以久动之徐生？"亦是养气祛病之妙诀。程子下一"遽"字见功夫，断惑要勇猛；老子下一"徐"字见功夫，养气要从容。请合参之，必有益也。

附　伯尹记先生语六则

《周易》疏不佳，王弼注经甚略，且杂有道家言，不及《程传》。程子六十后始下笔，直一字不可易，至临殁犹有十四卦未毕，其精可见。《折中》有强不同为同之嫌，不可从。

司马君实一生学问即在不妄语。凡妄语者必有不可告人之处。若心地光明，语自不妄。

《孔丛子》有一语云："心之精神谓之圣。"杨慈湖每举以勉学者。此语甚精。盖惟精神凝聚，方可上接圣贤血脉，遇事始承当得起，不为所动。

姚合诗云："一日观除目，三年损道心。"此语极可警惕。

清康熙朝儒臣以李光地为首，或以曲学阿世讥之，乃好恶之私，非笃论也。元时若无许鲁斋，中国或几于夷狄矣。李光地博洽通经，其领修诸书，明人所不及。

治经须先检点自己。凡治一经。须视所行是否于经有合。学《诗》则于"温柔敦厚而不愚"，学《礼》则于"恭俭庄敬而不烦"，一一引归自己，看自己气质偏处、习染重处，用力对治，方可得力。

校勘记

[1] 此引《汉书·邹阳传》，原文作："画地而不犯，兵加胡越。"颜师古注："画地而不犯者，法制之行也。"

示语三

示金晓村　三十八则

《春秋》有义而无例，例是三《传》之说，何休、杜预又从而益之，是解传，非解经也。清人又只为何、杜之学。求其义而不得，乃为之例。董生所以胜于何休者，说义而不说例耳。然义实未易知，非真有以得圣人之用心，焉能尽当。先儒各就其所求者言之，自然互有得失。《春秋》，礼义之大宗，礼以义起，不仅在明礼制，须达乎礼之原，斯为精于礼，然后深于《春秋》，此实精义入神之学。圣人之属辞比事，不同后世之整齐故事也。贤有志于此，且宜用力体究，义理愈明，自然抉择愈审。所拟分期作为表谱之法，仍是以史例求之也。

物之轻重长短无定，而权度有定。圣人之心，天理也。天理即权度也。因物付物，物之变虽无穷，权度之用亦不可尽。斯实有准，非无准也。属辞比事而不乱，是深于《春秋》者也。为凡例之说者不一，是反乱之矣。

以经证经在依文，依文亦有得有失，得在比傅，失在穿凿，自何、范以至刘、廖皆是也。以义理为主，则有时可略文而求义，依义而不依文，此亦有得有失，得在玄解，失在近专，如《胡传》以《春秋》为用夏正之类。自啖、赵及宋初诸儒以至胡文定是也。不独《春秋》，凡治群经皆然。朱子诗云："须知三绝韦编者，不是寻行数墨人。"是知真能得其会通者又别有事在。若韩退之《赠卢仝》诗所谓"《春秋》三传束高阁，独抱遗经究终始"者，则又不可为训也。

以义理为主而不以私意参之，斯可矣。旧说有失之者，为其不免于凿也。苟于义理有当，固不得而遗之，此所以不可专主一家。然必于义理见得端的方能抉择。

体用一源，显微无间。知天人不二，理事不二，则可以通《易》《春秋》矣。义即礼也，故曰礼义大宗。礼有本有文，明礼之本，乃可以明《春秋》之义。以文说礼，犹以例说《春秋》，安能得圣人之用心乎？

某不敢以讲说为能事，每自恨言语之繁，务欲将此理一时说尽，不及先儒引而不发，教人致思。每见佛经云：佛说法一会，必有多人得法眼净。盖实能令人当下豁然。自愧无此手眼，诸子虽亦加以赞叹，似仍在言语边取耳，熏习则不无。却望信取此理，莫取吾语也。

于程子语脉甚有理会。释自私用智颇晰，释应迹明觉尚差一尘。盖明即无蔽，觉即不私，应迹乃是无心自然，不容拟议。用智之智非智也，即是私意安排耳。用智、自私亦不可分。此自私之相，直是深细，佛氏谓之俱生惑，又谓之微细所知愚。此惑不断，不能入道，凡以己性为有内外者，皆蔽也，更宜深体。透得此关，可与程子把手共行矣。

《易·系辞》言"成之者性"，非指气质，犹《中庸》言"诚者，自成也"，佛氏谓之本来成见。俗言见成，字作"现"。《大戴礼》"分于道之谓性，形于一之谓命"，命乃以气言。周子曰"五行之生也，各一其性"，此乃兼气质言之。"一受其成形，不忘以待尽"，庄子之言则纯指气质矣。

横渠此语是"截断众流句"。"善反之，则天地之性存焉"，言当体即是也。不善反，则唯是认气质为性而已。此直须善反，不到横渠田地，终是言语分疏，不济事也。

"象以典刑"，蔡传释为"示"，是也。"流宥五刑"，当是"流放窜殛"之类。"五刑五用"，《刑法志》释为"大刑用甲兵，其次用斧钺；中刑用刀锯，其次用钻凿；薄刑用鞭朴"。斧钺即大辟，刀锯钻凿即墨劓宫刖，此皆可疑。然汉文废肉刑，《班志》讥其外有轻刑之名，内实杀人。荀子亦曰："杀人者不死，而伤人者不刑，是谓惠暴而宽贼也。"刑期于无刑，须穷刑之所由起始得。此当求之于礼。

且宜先看《弘明集》，观古人论难之文，其言何等温润。印度诸论师往复立破，多据定律，亦犹中土名家之失，钩钚析乱，有近于警，其态度不如道家之简远。故欲精于论辨，必当泽以玄言，否则词近诟厉，有似担夫争道、醉汉骂街，未能远于鄙倍矣。

问：河间献王"实事求是"之说如何？

河间献王此语亦耐人思索。清儒自名汉学者，往往揭此为宗旨。究其所谓事者，舍考索以外无事也。所求之是，亦是其所是而已。其果是邪？其未必尽是邪？若要端的不可易，更须穷理始得，故谓言"求是"不如言"穷理"。

问：学问公器，宜论是不是，不宜论同不同，如何？

此语甚当。但所谓是者，非义精仁熟，未足以尽其理也。庄子所谓"彼亦一是非，此亦一是非"，则非确乎其不易之理也。真是真非，决不杂纤毫意见，体会久自知之。

此段记得甚切。人气质不能无所偏，故须学。知病便是药，人之大患在自以为无病。既知病痛所在，即合下知所用力，此正是好个入处也。

圣人固非有意为讳，若有意为讳则是安排。

据《左氏》，惠后欲立子带，未及而卒。《公羊》谓"不能乎母"，则是惠后犹在也。别无可据以证二家之孰是。但是年夏，狄伐郑，《公》《穀》皆无传，《左氏》特详其事。是襄王怨郑而使狄伐之，富辰谏不听，王德狄人，纳隗氏，又黜之，颓叔、桃子奉太叔以攻王，则襄王之无道亦甚矣。《穀梁》曰"天子无出。出，失天下也"，义最正当，然是贬天子。无书出奔者，书"出居"足矣。批所记"天王出居于郑"条。

逆祀丧取，不是小恶。

问：春秋之时，王畿不如邾、曹小国，一有丧纪，至于求金求赙，亦可怜已。夫子书之，所以志世变而罪臣子也。然否？

此义却新。然是君臣上下皆失其道，不独罪臣子。

亦自说得有义理。《春秋》讥不告朔，皆诸侯之事。今以天子颁朔当"王省惟岁"，以诸侯告朔当"卿士惟月"，义均可通。惟"师尹惟日"与朔政无关耳。说经只要有义理，固不必尽同。此说甚喜其有思致。

据《史记》说"据鲁、亲周、故宋"义有见地，不勉强，可喜。

问：旧读吕新吾《呻吟语》"大处难处看担当，逆境顺境看襟度，临喜临怒看涵养，群行群止看识见"，觉有无限受用处。近读明道先生《定性书》"君子之学莫若廓然而大公，物来而顺应"，亦觉有无限受用处。

须是实下功夫，到此田地始有受用。

且如此理会。据今日见地，尽有说到处。然《春秋》是精义入神之学，义益精则见得又别，未可遂止于此耳。

不唯乱臣贼子惧，失道之君亦应惧。

若上有天子，当别立公族之贤者。批所记"蒯聩与辄父子争国"条。

佛氏有四依之说。一谓依法莫依人，二谓依义莫依文，三谓依智莫依识，四谓依了义莫依不了义。尝谓此可为治经之法。但彼所谓依智莫依识者，今恐未喻。盖识是现前分别揣量之知，智则是自然照了无碍之知，前后截然不同，却难以骤解。吾非是好谈佛法，实见义学煞有长处，谓学者不可遗之耳。

日月时当是鲁史旧例，此史官常识，何待圣人？因廖说之同己而喜，却是有我之心。批所记"论书日月时"条。

"子为父隐"，"父为子隐"，是权。孝子慈孙，百世不能改其恶，是经。㙠说未见及此。按㙠助曰："讳者非隐其恶。盖讳避之避其名而逊其辞。"

《公羊》《左氏》俱作"蔡侯朱"。"东"乃"朱"之误文。此由当日简策传写之失，因而强为之说耳。二十三年传又于"东"下增一"国"字，此必是误增无疑，何关宏指。批所记"蔡侯东出奔楚"条。

佛说有权有实，有了义有不了义，教相至博，初机难免迷乱。唯识一家言未足以概其全，然遮表二诠却是持论通常方法，舍此将何为言说邪？俗以佛为出世间法，不知彼明言无世间可出，无佛道可成。如何是佛，如何是世间，此亦是一种名相，随语生解，与自性全无干涉。唯识家所谓无自性与此义不同，勿并为一谈。今且存而不论，亦省言语之繁也。

说象数义近古，然《图》《书》未可全拨谓为与《易》无干，亦失之悍，此犹是清人标榜汉学余习耳。作者颇能致思，而每好为一往之谈，主张太过，遂不免堕于封执。可惜许。律历皆本阴阳五行所立，在古人是常识，有何神秘？今人于其所不知，则悍然非之，乃妄也。贤者欲明古义，奈何为俗见所囿邪？

昏明清浊，本皆以气言。理只可言隐显，不可以言昏明清浊。

《乐记》"感于物而动性之欲"，此尚无攻取可言。张子谓攻取气之欲，自较《乐记》为粗。

问：先生讲《洪范》与先儒有截然不同处，如何？

非截然不同，乃所以为同也。先儒特未言，欲待人自悟耳。吾岂能有加于先儒哉？

自私已将一切蔽摄尽，不自私即无蔽矣。程子之意如此。

则是天理，即"有物有则"之"则"。后世法家何尝不立准则，然只是私意安排。批所记引季文子使太史克对宣公曰"先君周公制周礼曰'则以观德'"语。

晓村以半年之力，尽读三《传》，约其掌录，以为是书。其于先儒之说，取舍颇为不苟。而据《史记》"主鲁亲周"，以纠何氏"黜周王鲁"之误，谓三世内外特以远近详略而异，不可并为一谈，皆其所自得，岂所谓"箴膏肓、起废疾"者邪？治经之法，亦各因其所好以自为方，异执相非，从来为甚。不观其异，亦何由以会其同？《春秋》之义，即圣人之心也。得其心，斯得其义而不疑于其言。言之微隐而难明，义之乖异而或失者，皆未有以得圣人之心耳。过此以往，引而申之，触类而长之，将有进于是者在，未可遂谓已尽其能事也。晓村勉之！何独治《春秋》，治他经亦如是矣。题所著《春秋释要》。

诗亦人人性分中所有，唯须学而后成。不学博依，不能安诗。博依即比兴之旨。诗贵神解，亦非自悟不可。五言先从《选》体入。《选》体之称实未当，以汉、魏直至齐、梁，其体格亦数变矣。但习用久，姑仍之。以治经之余力为之，亦涵养性情之一助也。《乐》亡则乐之意唯寓于诗，故知诗然后可与言乐。

示杨硕井 五十则

以性为先天，心为后天，姑许如是说。实则性亦有后天，所谓气质之性是也；心亦是先天，所谓天地之心是也。今所名后天之心，乃正是气质之性；所名先天之性，岂非天命之性乎。安得心外有性邪？心量即性量，岂可以大小分之？有私己心，则程子所谓"小人只不合小了，才有一毫私吝心，便与天地不相似"。此非心之本然也。

凡说理须平心静气，理会端的，始可下笔。切忌逞一时意见，动与古人立异，自矜独得，此不可救药之病。戒之，戒之！

非不说得浩瀚，只因好为过高之论，隐然有胜心存乎其间，遂成障碍，反说不过去。可惜许。

若欲求益者，切须力除此病。虚心体会，自知其失，然后出语自然谨严，方可契理也。

此文失处在硬作主张，定要说心之外别有一个性。末后虽欲和会，仍说心性情是一，却救不得前此之支离。可知千言万语不抵先儒一语。见地未端的，且勿卤莽承当为是，此药石之言也。以上诸条批"心统性情说"。

言筌蹄者，恐人只守书册而不求之心耳。若遂以六艺之文为糟粕，更何用治经？此由筌蹄之说所误，而不知其为再误也。

今此言者，却是出位，非素位而行之道也。须知舜之耕稼时，决不安排为帝；伊尹之在有莘，不自知其佐汤也。

孔子何以与点而哂由？今试平心自察其气象，为子路乎？为曾皙乎？

大心不可无，大言不得有。直饶做到尧、舜事业，亦如一点浮云过太虚。六十四卦终于《未济》，子将奈之何？文却汪洋自恣，吾嘉其无隐而憾其向外也。以上诸条批《言志》。

天气，地质是也。然须知地质亦是天气。太初者，气之始；太素者，质之始。气质有先后，气又比质为精，故有时单言气亦可包质。理则无终始先后，气亦本无终始，但可顺俗说，以聚散为终始。

神亦是气。神即气之精者耳。古之道家喜言此，实只明得气边事耳。不可以形神当理气会。

禅宗不与人说道理，直下要人截断情尘意识，故行棒行喝，或以一句无义味语塞却人之思路，其方法实是险迫。然学者遭其逼勒，无伎俩可施，忽然转身来，直是廓落自在。非遇上根，决不能受此钳锤，中根之人全不得力，且有因此而发狂者，故儒家不用也。朱子深明此事，料简禅病，分明不差。不知此中甘苦者，自不能不疑其言。

武侯天资高，故谓有儒者气象，然其学则黄老、刑名也。"淡泊以明志，宁静以致远"二语出《淮南子》，"揭然有所存，恻然有所感"，则近儒矣。惜其生于桓、灵之世，其成就只如此耳。自比管、乐，诚哉未能过之也。

晦木不信《太极图》，故其言如此。其所引者，皆是宋以后神仙家之说，魏伯阳犹不如。此言出于河上公者，依托之辞也。胡渭《易图明辨》全抄宋人俞琰《易外别传》，比晦木之说尤详，而不如其近理，然亦失之。要之濂溪决由自悟，与后来纷纷传说了不相干。欲学神仙则径学神仙，不必依托附会。晦木之说误人不浅，不可信之。

失其本心者，谓之无主，彼其心岂尚能统其情哉？既曰放失，更不能谓之统。

《易》一而已，岂有如许多般？强与安名立号，此乃私我之《易》耳。

造句奇峭，为义理之学者所不应有。"作圣在已，人谁能禁之"，"禁"字下得奇特。

"惟辟作福作威"，此语居位而有谦德者，亦不敢复用。

万象森然已具者，谓心外无物耳。物未形时，不可唤作森然之心。

自私用智，皆妄也。妄本无体，亦不成用，安可谓之体用一源？岂以自私为体乎？

既湛然在前，安得又逝？

极是性德全证之号，建在各人自心，岂独许三代以前，三代以后便不许邪？

可许善会。身与天下本来是一，君子成身即"惟皇建极"，佛氏所谓法性身也。但八政事相何须克配，此则弄巧成拙。

贤向来好思，非无入处，只欠条理在。向后当思、学并进，方可渐臻纯密。今之所思尚驳而疏也。勉之！以上批《〈洪范约义〉书后》。

扩然大公，自然物来顺应，更有何事？自以为纯乎天理，决非天理。"自以为"三字正是私欲根株。下虚字抑扬之间，可见于体上事未曾理会。"显诸仁，藏诸用"，"显"字不如此会。"知微之显，可与入德"，思之。

如此说来，将流于智数之智而与仁为二矣。须知智即仁中之有分别者。体用合言，仁即智之体，智即仁之用。全体作用，全用归体，仁智俱是性德，但从其所言而异耳。故执滞名言总不免说成两橛，若洞见本体则不如是。

问：尝谓凡言仁或许人以仁者，必兼施为功效而言，体用全该，本末并举。如何？

"何事于仁，必也圣乎？""若圣与仁，则吾岂敢？"子贡说博施济众，岂非施为功效，孔子何以说"尧舜犹病"？识仁谈何容易？如此窥测，恐只是功利余习，为病甚深，卒难自拔。以是求仁，去之转远。

"天下归仁"，"可使南面"，只是平常心、本分事，何足矜异？乃以歆动为言，此正是私意窥测，言下便见夸大之气。

说理不妨恢广，然说来只是平常，方征见地端的。荀子说"有兼听之明而无奋矜之容，有兼覆之厚而无伐德之色"，此谓胜心客气纤毫不留也。佛氏言大乘根器闻大法而不惊怖，此乃真是如理如量，稍假安排，便成穿凿。故谓说理非证不了也。

问：《易·乾·文言》"修辞立其诚，所以居业也"二句，玩语脉文义，似为"立辞居其诚，所以修业也"之误。

读书能疑者，亦有可与，不是不许疑，但须看所疑为何等语。如《易·文言》此句，文义明白，何容致疑？如此而疑，则是凿也。戒之！如谓必用"修业"以对"进德"，则是以八股文法拟经也。

有强探力索之病，非自然浃洽之言。

《系辞》明言"神无方而易无体"，此"体"字作形体字看。太极不是一物，不可以物之形体为说。朱子、象山与龟山之说俱要活看，不可泥著。须知太极亦是名言，若方位乃是寄说。若如此说，"两仪生四象，四象生八卦"如何安立？何不曰太极生六合便了邪？

曩与贤说者，亦是对治悉檀。朱子两说，固是相成。但在贤宜服膺前说，有疑固当致思，以求其安，但切不可先有成见。自己病痛，要自己对治方得。按，朱子《语类》前一说云："静则心虚，道理自看得出。看书与日用功夫，皆要放开心胸，令其平易广阔，方可徐徐旋看道理，浸灌培养，切忌合下便立己意。把捉得太紧了，即气象急迫，田地狭猛，无处著工夫也。今人观书，先自立了意后方观书，牵古人言语入做自家意思中来，如此则是推广得自家意思，如何见得古人意思？"又曰："今世上有一般议论成就后生懒惰，如云'不敢轻义前辈'，'不敢妄立论'之类，皆中怠者之意。前辈固不敢妄议，然论其行事之是非何害？固不可凿空立论，然读书有疑有所见，自不容不立。其不立论者，只是读书不到疑处耳。将诸家说相比并，以求其是，便是有合辩处。"

张弛进反，是化而裁之之谓，变不可以言成始成终。

以《乾》九三、《坤》六三说《艮》《兑》义，得之。

吾亦只能略开其端绪而已。精义入神，乃在贤者自得。以圆融、行布二门求之，方法不误，但宜勿滞于名言。若随语生解，费力安排，则又不免失之凿也。

生成是一理，乾坤是一元。天地无心而成化，资始、资生即化也。君道、臣道，则是法天、象地之事。

"无首"，犹言无相耳。

《文言》曰："乾元者，始而亨者也。利贞者，性情也。"与《象传》言四德又不同。王辅嗣注："不性其情，何能久行其正。""利"字"性"字皆释作动词，今以性情为对文，亦可通。既表性德，则不可以才力言。

《乾凿度》说"不易，以位言"，是指天地定位。

宜熟玩经文，自己体究。先儒所释皆足以资助发，其有未安未喻者，姑置之，不必费此工夫。比校同异，与自己分上转没交涉。若能入理，自知抉择。

一日理会一卦，周而复始，当渐有入处。已尽多了，贵在默识心融，验之用心行事，勿徒驰骋言说。圣人尚且韦编三绝，岂有速获之法可示邪？

此义不是。乾元统天贯四时，何乃盛于六七两月？若以消息言，则乾尽午中，坤尽子中。以后天卦位言，则西南正是坤方，"西南得朋"，乃谓阴方渐盛。"东北丧朋"，乃从于阳，丑寅阳长，寄位于艮也。

"无疆"，只是无际畔之意。

法喻难齐，以君子、小人为相待而成之名，则可；如佛与众生。谓君子无小人，则失其内在之性，则不可。

以乾、坤分说五常、十义，可许。单以臣忠为方，其义跛倚，不可。乾为君道，坤为臣道，经有明文。以君仁为坤道之顺，亦不可。又须知君臣亦表知能理气，今以五常、十义如是分说，终似未惬。

说义与先儒不同不妨，但不可谓己则得而先儒是失。非其甚乖者，不必致辨。况朱子说自有义，安可以己意非之？

"中行"二字，本不可分说。如此以"行乎中"说，为体用双彰，亦可许。

今人所谓中心思想，乃是安排造作出来，安可以拟中行？

尽有见得大、见得深处，惜有时近凿、近僻。行文尚多疵累，然精思可喜。且更详玩，去其芜辞，熟则自知之。

读书当如禹疏九河，使水由地中行，勿如鼷鼠食郊牛角。理本平易，如此反成险阻。

示杨霞峰　十七则

理虽本具，亦要学而后明。精义入神，方能致用，所以说性修不二。专言守良心，便是执性废修。

伊川举此语问鲜于侁，是勘伊见处。侁答如是，伊川不肯之，乃是为鲜于侁发药。邹公识得伊川用处，故曰：吾今始识伊川。此是绝好一则公案。说义理如此，直是活鲅鲅地。今谓伊川视颜子过高，乃是未会他语意在。按，鲜于侁问伊川："颜子何以不改其乐？"曰："知其可乐，则知其不改。君谓其所乐者何也？"曰："乐道而已。"曰："使颜子以道为可乐而乐之，则非颜子矣。"侁以语毗陵邹公浩，公曰："吾今始识伊川面。"

所记诸条，理会文义有入细处。此亦穷理之事，但不可专捉他古人短处，以显己之是，如是则反有害矣。能于"反身"二字着眼，甚善。

问：尝谓善念属阳，恶念属阴。何如？

善亦有属阴者，只收敛便是阴；恶亦有属阳者，才放肆便属阳。此亦不可不知。

先儒所诃，多指小乘灰身灭智一类说，若大乘实无此弊。故不深究佛乘，则不知先儒用处。不知而辟之，无有是处。此其异同得失未易言也。上蔡正是大乘菩萨境界。

仁是心之全德，孝弟是行仁之本。《孝经大义》可一寓目。

问：上蔡重察识，龟山重涵养。窃谓察识，智也；涵养，仁也：各有得力处矣。

此义不然。察识正是仁之发动处，故上蔡以觉言仁。

问：上蔡谓尧夫精《易》数，二程不贵其术。如何？

尧夫不是术家，上蔡之言不可泥。

朱子说十五志学，合下便是圣人，向后只是功夫生熟之别耳。圣贤造诣地位不容揣测，孔子亦大略道出一个次第，使学者知所向而已。学者知所至后，自不烦论量也。

问：圣人之用心，皆以天地万物为一体。

与天地万物一体，乃心之本然。著"用"字"以"字不得。

程子谓天即人，人即天。"合"亦是剩字。今曰"以人心合之天道"，语病不细。思之。

问：朱子以主一无适为敬。窃尝思之，一者，何也？即天地自然之理，即万事当然之则也。若以古人之言证之，即"惟精惟一"之"一"，即"纯一不杂"之"一"，即"善无常主，协于克一"之"一"也。主此一而存之于中，即所谓"寂然不动"也，即所谓"敬以直内"也，即所谓"喜怒哀乐之未发谓之中"也。主此一而发之于外，即所谓"感而遂通"也，即所谓"义以方外"也，即所谓"发而皆中节谓之和"也。

此是随语生解。敬是示人下功夫，直下认得，何处不是下功夫处？不须多为之说。昔司马温公念中字，程子曰：不如与他一串佛珠子。今曰"主此一而存之于中"，试问：此"一"作何状貌？可以拈示人否？此与外面捉将一个"敬"字安放胸中一般，只是闲话。

问：既能四勿，即能践形。既能践形，即能穷理尽性。

"既能四勿"，不词。

孟子曰："唯圣人然后可以践形。"何其言之易也？

德亦有以"惠"为训者，如"以德报德"之类是也。子贡以博施济众为仁，亦就功施于人为言。

德乃性具，故言日新。行则发用，故须积累。此亦当辨。

积德字出老子，老子所谓德，与孔、孟异义。

示严康澄　十则

气象是自然诚中形外，德盛自致，如何可安排学得来？

立志为学乃本分事，著许多闲话作么？

学问是自家本分事，切勿预先安排将来如何如何。如此即是为人向外了也。

读书先要理会文义，若于文义尚有隔碍，其中义蕴何能理会？

录先儒语则尽录先儒语，勿以与鄙言不异为结。如此则是以先儒拟我，使吾蹵然避席而不安。且吾言若其应理，自与先儒不异，无劳节节为之证明也。

阳明语极分晓，岂有单传密授之说？良知人人具有，但不知致耳。良知便是本体，致便是功夫，安有内外？

勿委为难，如此易简，何难哉！如以为难，则成险阻。思之。

知此不尽分者，非良知而何？还汝良知，自能尽分。

看《中庸》，看《普贤行愿品》，看《灯录》都好，且宜潜心体究，勿以语言增益之，文义尤须子细看。若文义尚隔碍，义味何从得之？《灯录》机语不解者，且置之，切忌猜度。但看古德接人风范，为益已不浅矣。

贤气质好，平时言语亦谨饬，近道之资也。唯文字是其所短，此亦不可勉强。年逾四十，更无暇学文矣。罢讲亦是随时之义，无足致慨，更不劳引愆，徒增吾之不安。既于此理信得及，锲而不舍，何患不得？不在一时缘会也。

示张知白　十九则

《诗》曰："岂弟君子，干禄岂弟。""干禄"即自求多福之意，非如后世之干进求禄利也。凡《诗》言福禄者皆准此。"禄"是言受用，言行无尤悔，是真实受用。"学也禄在其中"亦是此义，非设官授禄之"禄"。先儒误以俗谛解之，子张高明，何致慕禄仕邪？

生死即同梦觉，故子路问死，子告之曰："未知生，焉知死？"知生则知死矣。学佛者动言了生脱死，生未能了，何脱死之可言？唯生顺没宁是真了澈生死语。然存吾顺事，大有事在。思之。

天地不可以言不正。天地本来自位，万物本来自育，但人心不能致中和，则不见耳。朱子《中庸章句》曰："吾之心正，则天地之心亦正矣；吾之气顺，则天地之气亦顺矣。"《洪范》以视、听、言、貌、思配雨、旸、寒、燠、风，即是此理。

教字是从学省，学之为言觉也。《困学纪闻》引王去非说：学者学乎孝，教者教乎孝，故皆从孝字。王伯厚自注云：慈湖、蒙斋谓古孝字只是学字。今按，先儒此说盖未深考，孝从老省，籀文已然。学之隶变亦只作学，上体为爻，非从毛也，不必牵合。

"视其所以，观其所由，察其所安"，经旨本为观人而说。三句亦见《大戴礼·文王官人》篇。但学者用此自观，却深堪警发。经旨须还他经旨，不可说为观己也。

数何尝害理？如《列子·力命》之说方害理。此云数者，乃流俗所谓气数耳。

读《论语》颇能理会，鞭辟近里。言词则不免疵颣。向后用力，便觉其剩。见地若进，下语自莹矣。

科分即章句也，但剖析较详耳。

寡欲是去私功夫，无欲则境界煞高，更无私可去。此有深浅，不可侂侗。

"成之者性"，非兼气言。

气质之性岂可去？但去其偏耳。

《易》言"神武而不杀"，"杀"字切不可轻用。赏罚是法家言，儒家只言刑德。

妄心有生灭，真心无生灭。妄心、真心犹言人心、道心也。彼问"心从何生"，答曰"从君问处生"可矣。在学者分上只须著眼操存舍亡，不必泛求生灭细相。

此亦错会横渠语。观上文"圣人尽性，不以见闻梏其心"及"德性所知，不萌于见闻"语，应知横渠所谓存象之心者，是指见闻之知也。下文"谓之心可乎"，此心字乃指德性之知。此与所引"博施济众"以下一串何涉？闻见之知，以物为外，则其心为有外之心。故不能体物，是为徇象丧心。下文曰："知合内外于耳目之外，则其知也过人远矣。"此段文专为辨闻见之知与德性之知，并未说到如许多事，不可旋添出来。

当时是引朱子语。朱子语大意是谓有不善未尝不知，知之未尝复行。常人只说是下句难，不知难在上句。人每自谓有不善未尝不知，实则未尝知。彼若知之，自不复行也。

一日岂能遍阅许多书？匆匆翻检无益。看横渠《易说》一种，亦尽敷看，须是看完一种再易他书。

象山语其门人曰："汝以为有个朱元晦、陆子静，天地间道理便增得些子；若无，道理便减邪？"每为贤辈举伊川语"汝信取理，莫取我语"。争奈贤辈不领，以为此理可从人得，其实都无如许事。每自恨言语太多，更不劳重举。

贤乃谨敕之士，不须深自引咎。辍讲亦时命为之，于诸君无尤也。

得书知清恙新愈，半日静坐，半日读书，良慰。敬义夹持，只是此心常存不走作，自然静虚动直，亦无内外之异。盖心之体相本来如此，只缘驰散久了，故不自知耳。静坐只是要收敛，读书亦不是攀缘，不可打成两橛。今时学人病痛，读书反增劳攘，静坐又落昏沈，正坐不知"动静一如"之理耳。故谓静坐与读书不可一向分为两事。因见问，故及之。

示陈兆平 九则

老氏说礼，近于今之言法制，故流为法家。儒家说礼，乃天理之节文。此乃根本不同。

"利者义之和"，"利"本不是坏字，然"君子喻于义，小人喻于利"，则"利"是坏字。儒者入手，第一要辨义利，不得乱说。先须将文字义训理会明白，方可下笔。

引先儒语与自下语须有分别，欲申其义，则宜加"谨案"字。今观所记，于程子语尚分疏不下，且宜体玩，不必多记。

《易》不离寻常日用，然不可曰寻常日用之谓《易》。

求之圣人遗经、先儒旧说，从一二语得实悟，便终身受用不尽。老拙不能取而与之也。

"欲"字用得不是。言物从心可，心逐物不可，则是。不得以"欲"字代"物"字，以"人"字代"心"字。如此换却，语便费解。按，所记有云："以欲从人，则可；以人从欲，鲜济。"

所记说《易》诸条，未能辞达理举，且宜体玩，不必汲汲为之说，熟则自能沛然矣。

辍讲亦是随时变易以从道。贤辈于此总未释然，滋吾不安。平时于贤辈未尝有隐，就令星散，亦不必以是为戚。虽六合之远，千载之久，亦未尝有隔也，何忧乎？

立民见示来书，喜授课不忙，尽有余晷可以读书，甚善，甚善。唯颇以群居噂嗒为碍，此乃在己所以处之如何耳。颜延之作《陶靖节诔》，谓"在众不忘其寡，处言愈见其默"，此语深可寻味。盖和光同尘，不失其在己；随波逐流，则至于徇物。毫厘有差，天地悬隔矣。荀卿云："君子之学以媺其身，小人之学以为禽犊。"书院昔时讲习，来者志在以义理自淑，非将以为羔雁也，足下岂不知之？今乃欲俯同流俗，以在院之日为一种资历，求为证明，何其与平日之趣相远也？几曾见程、朱、陆、王之门有发给文凭之事，德行道艺乃为取得资格之途径邪？若要实据，何待于他？贤者平日言行乃是绝好证明，安用此废纸为？所以不辞饶舌，正是相待之厚，愿足下勿薄于自待也。

示语四

示樊漱圃　十六则

继志述事，尚有大者远者在。修身慎行，乃可不辱。刊书立祠等事，亦须待缘而集。随分为之可矣。

问：《文言》曰："积善之家，必有余庆；积不善之家，必有余殃。"《系辞》曰："善不积不足以成名，恶不积不足以灭身。小人以小善为无益而弗为也，以小恶为无伤而弗去也。故恶积而不可掩，罪大而不可解。"此《易》言善恶报应之说。是否？

此与世俗言报应异。一是顺感应之理，一是怀徼福之心，不可并为一谈。

朱子毕生用力，皆在四书。《文集》、《语类》繁广，亦非匆遽一读可了。今纂录非不勤，却不必多标题目，多下按语，转嫌近赘。不如实在理会得一二语，受用尽多也。

所记亦颇不苟，但亦稍嫌繁冗。宜多用涵泳玩味功夫，勿徒以求充篇幅为事。人患其少，君患其多也。

物之显晦以用舍言，人之显晦以穷达言，此皆俗情也。圣人岂有显晦？其出处语默皆道也。若曰道有显晦则可，乃就人心之迷悟言，不可以此说圣之时。批《圣之时解》。

语出天真，颇有旷逸之趣，可以学诗。末后作壮语，有似庄生所谓"忘年忘境"。[1]君家魁纪公文从字顺，却不易几。然"庾信文章老更成"，闻道不嫌晚也。批《言志》。

前二题未合体裁。对治经问，虽费安排，却见思致。艾岁犹知穷经，故是自待不薄。宜深玩先儒义理之言，庶得少受用，勿骛多闻。

闻道则经术、经学皆是，不闻道则经术、经学皆非。于原流派别无关，于二名同异亦无关。宜知此意。

老而好学，如炳烛之明，当视年少者为益力。文字拙不足为病，但读书理会文义却不可放过。图个入处，方可期身心受用。如此泛泛寻求，似无所益。所举十要，三四两条按，指"慎言慎行"、"涤除旧习"两条。近而易行，却望即从此下功夫，勿为空言。

咏史诗须有寄托意在，陈古刺今，方见诗人之志。古人于此等题皆不苟作，非徒叙事而已。此不可与述祖德诗并论，宜知之。

排日读经之法未善。日换一书，用思不专，前后容易忘失，精神易致散乱，不如先尽一书，再及其他。朱子教人读四书，每令专看一章，未了且勿及下章，如此方易得入。年衰精神有限，宜务简约，不在多也。

应劭自通官阀，犹今人言出身履历，陋习古今一致。康成以微言折之，自是儒者本分，无足嗟异。

郑学闳深处在三《礼》，能通其注即不易。如此辑录以备省览则可，亦见纂集之勤，然不必遽期于著述也。贤老而好学，且宜随分体究，庶可优柔自得，勿徒以缀录为尚。每见札记，好多立名目，亦是旧来习气。以后不必求多，此乃真实相为之言，非抑之也。

最录旧说以备寻绎，亦学者所有事，却较穿凿傅会、自矜创获者为优。

作诗先求脱俗，要胸襟，要学力，多读书自知之。江湖诗人摇笔即来，一字不可著，俗病最难医也。宁可一生不作诗，不可一语近俗。俗病祛尽，方可言诗。佛氏所谓但尽凡情，别无圣解也。

诗不可苟作，别后当思鄙言。旧日文士积习，言下无物，无所取义也。

示夏眉杰　二十则

《文言》曰："阴疑于阳必战，为其嫌于无阳也，故称龙焉。"龙明指阳，言其与阳战也。

问：《需》上六不当位，何义？

当《需》之时，以阴居上，为不当位，对九五"中正"而言。

问：《临》"八月有凶"，《复》"七日来复"，《革》"巳日乃孚"之义。

《临》："八月有凶。"辅嗣、伊川皆用十二消息义释之。自《复》至《遁》为八月，以阳生之始月起算，《临》二阳生，《遁》二阴生，方长之时，即言其消之不久，亦戒辞也。《复》："七日来复。"亦以消息言，《姤》阳始消，历七变而成《复》，但变月为日，一日之运，即一岁之运，其为消息一也。王辅嗣亦言阳气始剥尽，至来复时，凡七日，亦用消息义。孔颖达《正义》用六日七分说之，转泥矣。《革》："巳日乃孚。"巳日犹言巳后。即日未孚，巳日乃孚。言初革之时，人未信之，巳后乃信之也。《象辞》明言"巳日乃孚，革而信之"，"革而当，其悔乃亡"，此与消息义无关。

问："明两作离"，"雷雨作解"《程传》义。

"明两作离"与"水洊至习坎"句法同。"两作"二字连读无碍。《程传》以"作离"二字连读者，取重明相继之义，犹云"明两为离"耳。"作"即训"为"，文义亦顺。但"水洊至"与"明两作"却是天然对偶，与"雷雨作解"句法正是不同。《象》言"天地解而雷雨作"，此是雷雨并作，"两作"则是相继之义。《程传》云不同者，不误。

体用非二，须认得端的。内外亦是强名，仁智元为一德，己外无物，性外无道也。言"一理散为万事，万殊合为一理"者，言则有先后，合散实是同时也。

"殊涂而同归，一致而百虑"，须看上下文"天下何思何虑"句。此乃泯绝无寄之旨，言非思虑所及。故程子以上蔡此言发得太早，不须与《中庸》和会说。

延平默坐澄心，体认天理，即是静时功夫。刘元城问伊川曰："未出门、未使民以前如何？"伊川曰："此'俨若思'时也。"会得此语，便知静时功夫。

"无所偏倚之谓中"亦是义训。喜怒哀乐未发时，鉴空衡平，不依倚一物。此须自己体认，实下功夫，自能见之，言说所不能及也。"执两用中"之"中"，乃指施于事而言，亦是不偏之义，岂有二"中"？但此"中"字稍粗，不如未发之"中"为精耳。善思之。

问：天理流行处是何等境界？流行时是何等气象？

目前境界，何处不是天理流行，岂别有一境界？人心到无私欲系累时，即天理流行。若言气象，孟子"睟面盎背"一章，亦已尽力道出。

《檀弓》煞有好处，信其所可信，不必尽以为疑。

《冠义》《昏义》诸篇明是传，十翼亦明题曰传。传者，传其义也。不必苦分经、传，亦不可因尊经而遂抑传。

《王制》不定出汉博士，疑与《周官》并出七十子后学所为，以备一王之法者也。

《月令》虽出《吕览》，决非不韦之客所能为。六国时人书多不明其来历，《吕览》亦是缀辑旧闻而已。既已录入《戴记》，何容致疑？但其义亦不甚明，不可轻说。《夏小正》、《淮南·时则训》并可参看。

礼家自须明阴阳五行，然与方伎家之言有别。

凡纬书言涉符瑞者不可引。

治礼勿为经生之言，学礼乃是日用之事。"强立不反"，"恭俭庄敬"，礼之质也。当先求之践履，勿汲汲于著书。

治乱由人兴，不关气数。放大胸襟，能于义理有所明，方能有立，夷狄患难亦不足忧也。

当用持志养气功夫，此病可祛。按，所记谓"往往有暴气之疾，嫉俗故郁结，郁结故消沉"。

今人之论正坐卑陋，不得目为高远。

入理在己，无假讲说。当说者已说，不别有也。

《书》以道事，《礼》以道行，六艺之教何尝非政事？但东汉以来，凡为政论者多类法家，能一本于经术之醇，而不为一时救敝之说，则善矣。

示张仲明　七则

说阳中之阴、阴中之阳则可，说辟中之阖、阖中之辟则不可。须知阖辟是阴阳之变，不可变中更有变也。

《易》言"神武而不杀"，孟子言"以生道杀民"。"天地之大德曰生"，四时之气只是生长成养，本无秋气杀物之说。《礼记》言"严凝之气"，"盛于西北"，亦不言肃杀。以是知言肃杀者乃法家任刑之说耳。

九六为老，即示其当变，曰用则变矣。

"显诸仁"，从体起用也；"藏诸用"，摄用归体也。"显"是于用中见体，"藏"是于体中见用。

君子安得有私？有私又安得为君子？若君子之过则有之，所谓观过知仁，非私也。君子已是成德之名，岂尚未能适道？

说"冥升"义，《程传》甚精当，不可易。象曰："冥升在上，消不富也。"升极则消，更不可加。在卦象本以前义为正，"利于不息之贞"者，圣人特别出一义以示教也。《程传》云："以求升不已之心用于贞正而当不息之事，则为宜矣"。字字与爻义密合。下复云："以小人贪求无已之心移于进德，则何善如之？"深得圣人之用心。

得书具详近怀。遇境逢缘，不忘此事，良以为慰。时论噂嗒，乃是常情，习非成是，不足为异，但恐沦胥以亡，终致迷而不复耳。好仁嫉恶，亦是本心之发，不须遏捺，如理如量，则意气自平。初无人我计校，乃所谓和也。若横逆之来，以哀矜之心处之，亦何有于憎怨？此心虚明，自然烛照犹如明镜。汉来汉现，胡来胡现，妍媸在彼，于镜无伤。如是则能因物付物而不患于结滞矣，否则读书求义理亦是增长劳攘。因来书述近事颇致愤慨，故聊欲以是释之。

示徐赓陶　六则

昔禅师家有偈曰："学道须是铁汉，著手心头便判，直趋无上菩提，一切是非莫管。"此语俊快，可谓不疑其所行矣。但贵见得端的，循而行之，途人之议可以不问。

问："子罕言利"，疑当断句。"与命与仁"，二"与"字当读如"吾与点也"之"与"，是否？

此宜依旧解，不必另为之说。许命许仁太勉强，近于不词。读书不可粘滞，转成窒碍。如子贡曰："夫子之文章，可得而闻也；其言性与天道，不可得而闻也。"文章与性道有以异乎？无以异乎？"子所雅言，《诗》、《书》、执礼"，为文章乎？为性道乎？"乾始能以美利利天下，不言所利，大矣哉。"系《易》亦言利，但与梁惠王一类之言利不同耳。曰"罕言"，犹曰"不可得闻"。其实圣人之言何处不是性与天道？何处不是命与仁也？

蔼然仁孝之言，当思孝终于立身。能志于圣贤之学，乃为事亲之大者。

问：禅家所悟之理，亦能察识万殊，顺应万变否？不著文字语言，即能默契于心。一时顿悟，所悟之理云何？惟有自知，不可喻人，似近于执性废修。今兹来学，愿从渐入，故不敢舍名言，恐离此更无入处也。

若不能察识万殊，堪作甚么？又唤甚么作理？若非自悟，理只在他，何能起用？独善兼善，亦无加损，且未能善独，更说甚兼？此疑正可见只识名言，并未入理也。

问：《观象卮言》四象附语有云："分为四象，则四时五行之理具焉。"四时易喻，五行难知。四象中何以具五行？

水火木金即阴阳太少，土为冲气，寄旺四时。五行顺布，四时行焉。《洪范》、《月令》、《太极图说》分配甚明，邵子《观物篇》尤备，何谓难喻？只是未曾留心耳。

《诗》统于《乐》，《书》统于《礼》。若以四事通六艺言之，当以听与言为一类，《诗》、《乐》所摄；视与动为一类，《书》、《礼》所摄；思贯四事，则是《易》摄；辨其礼与非礼，则《春秋》摄。其实六艺并是一心所摄，亦犹思贯四事也。心之发用，不出四事。视听以收敛向内为用，言动以发扬于外为用。用之而应于理，在心则为智仁圣义中和之德，被于人则为《诗》、《书》、《礼》、《乐》之教。约之不过言行二端，故言行即礼乐也。四事皆统于行，四德皆统于仁。仁是心之全德，思是心所行处。视听言动四者，皆行也。四者一于礼，则莫非天理之流行，而举体即仁矣。六艺之教即从一理流出，舍四事无以为教，舍四事无以为学也。因见贤此文以四事配六艺，意甚是而语尚未融，故聊为发之。然此是活句，亦须善会始得。批《程子四箴释义》。

示刘愧庵　四则

静时是性，动时亦不可不谓之性；动时是情，静时不可遂谓无情。理行乎气中，即是性见乎情中也。寂感可以体用言，当其寂，全用在体，非无用也；当其感，举体即用，非离体也。体用亦贯动静言，不可谓体一向是静，用一向是动也。批《心统性情说》。

《淮南》自是老氏旨。如向子平曰："吾已知贵不如贱，富不如贫，但未知死何如生耳。"此所谓利害之反，祸福之门也。细勘老氏，终是计较利害甚熟。此言兴利远害，乃全以心言，于外境无关，故与老氏意别。又禅师家亦言好事不如无，此正是舍善，亦与老氏不同。《益》之象明言"见善则迁"，初无舍善义。批《易》九卦义引《淮南·人闲训》孔子读《易》至《损》《益》一段。

常者中之所自出，时者中之所由施，亦可说中之蕴为常，其显现为时。"常即中，中即时"，意则是，语太快，便显不出义。"乃所以为中，所以为时"，此语却当，不嫌快。批《圣之时解》。

不移不屈，不陨获，不失其正，方是德之辨。释《困德之辨》。

示王子游　十四则

《尚书》记言，无一非戒惧之辞，圣贤得力处正在此。孔、颜乃有"忘忧"之训，为其不在位也。曾子刚大，能任重致远，死而后已，是谓生顺殁宁，若未到反身而诚、无入而不自得境界，而遽言洒落，非流于任诞，即遁于虚无。其乐亦是袭而取也。

夫小大，相也。若悟无相，则何待于齐？僧璨曰："极大同小，不见边表；极小同大，无有境界。"其语视庄生益为简远，庶几忘相之言。盖破斥小机，故须叹大，及其执大，复成法执。理无小大，小大由见耳。冥证者，无资于视听；默成者，何假于言说。世之纷纷，俱为愚蔽，至人无名，乃廓然矣。然伊川简二氏，自谓"穷神知化"而不足以"开物成务"，言为无不周遍而实远于伦理。吾昔好玄言，深探义海，归而求之，乃知践形尽性在此而不在彼，故愿贤辈亦无舍近而求远也。

"乾道变化，各正性命"，"天下雷行，物与无妄"，生理本直，安得有妄？言妄识者，气质之蔽耳。唯其可除，是以名妄。复则无妄，乃其本然。佛氏虽以生为污染，犹谓迷则全真起妄，悟则举妄全真，诸妄既消，一真自显。今欲齐物而泯是非，岂以庄生为犹未彻而更益之邪？物之不齐，是物之情也。若言其理，奚待于齐？齐之，实赘也。知理一分殊，一语已足，乃知庄生连犿之词，安排费力矣。邵康节诗云："泥空终是著，齐物到头争。"思之。

庄生曰："圣人无名，神人无功，至人无己。"此非玄言，乃实义也。岂得以圣人为好名利哉？记阳明《传习录》有一段说此甚精："世俗之好名利者，以名利为可私之于己耳。故名利心即是私己心，己私若除，安有名利可好？"此在佛法，是愚痴所摄。譬如人人各有姓名，姓名之名，却不见有人以为可好，此何故邪？人自称曰"我"，"我"亦名也，佛氏谓之名字我，名非我也。我见既无，言我亦不妨如此会去，好名之心，却无处安著矣。

二氏以生为妄，以身为外，皆救弊之言，有激而云，然非其了义。此文但取庄生形亏、德全之意，然与孟子形色、天性之旨天壤悬隔矣。今方读《孟子》，何其言之似庄也。

龟山门下每教人观喜怒哀乐未发以前气象，若于此体认有得，当知所论皆为剩语。勉斋谓"未发以前如鉴空衡平，既发以后如烟消雾释"，此语亦不易道得。圣人之喜怒，只是因物付物。程子所谓不著一分陪奉他，乃是纯然天理，不杂一毫己私也。此须实下功夫始得。

问：气质属仁则生而慈祥，属义则生而正直，是否？

仁义是性，不可属气质。气质有刚柔善恶，可说近仁，不可径以气质为仁。汉师说木神曰仁，金神曰义，则以仁义为气质之性。此须细读濂溪、二程、横渠之书，深切体究乃可明。故曰论性不论气，则不备；论气不论性，则不明；二之，则不是。

问：墨子兼爱，行仁而过；杨子为我，行义而过。是否？

仁义岂有过？行之而过，即非仁义。杨、墨之过，正在不识仁义。彼将以为仁而不知其陷于不仁也，将以为义而不知其陷于不义也。以杨、墨为行仁义之过，非是。

安石天姿高，亦非尽出于矫。矫，可能也；矫而不过，难能也。墨子以绳墨自矫，矫而过者也。荀卿曰："木直中绳，輮而为轮，其曲中规，虽有槁暴，不复挺者，輮使之然也。"此亦谓学先贵矫，然是厉俗之谈，不可以语于性也。

问：君子儒为人，小人儒为己，是否？

若如此解，则与"古之学者为己，今之学者为人"义显是相违。《集解》引马融曰："君子为儒，以明其道；小人为儒，以矜其名。"亦与朱子意同。为己不可作自私自了会，此言为人，乃是徇外之意。观圣言，明有抑扬。程子曰："'古之学者为己'，其终至于成物；'今之学者为人'，其终至于丧己。"其语尤切。先儒解经下义，极有斟酌，未可轻议其失。此以为己为小，为人为大，非经旨也。若以贤者识其大者为君子儒，不贤者识其小者为小人儒，则似有合处矣。

须知真假空有对待者非了义。佛氏以"一真一切真"为极则，不见有生死可出，乃与"至诚无息"之旨同符。故庄生有外之说，实为未至。更思之。

"哀莫大于心死，而身死亦次之"，略如佛氏所谓变易、分段二种生死常途。以麻木不仁释心死，非庄生本旨。

性即心之体，知性方见心之本体，然后能尽其用。天命即此本体，故曰性外无天，知性则知天矣。

此类文字，当学西汉，质雅为上，曲尽事理而不累于辞。魏晋便觉词胜，降至徐、庾，藻采虽壮而格已卑矣。陆宣公虽言必骈偶，却有深厚之意，抑其次也。今时所见，直不复成文，然飞书走檄用枚皋，高文典册用相如。中土如有复兴之日，必不终安于鄙倍。但将来制诰之文，必须原本经术，方可润色鸿业，此尤须深于《诗》、《书》始得。如张汤使倪宽为奏，汉武便识之曰："此非俗吏所能为。"因作此类文字，第一须通达治体也。批《拟喻伪军将领书》。

示陶元用　六则

经文恶其非礼甚明，左氏曲说不可从。孙莘老说"书此所以罪僖公"是也。释《僖·十四年》"夏六月，季姬及鄫子遇于防，使鄫子来朝"。

《穀梁》曰："桓公知项之可灭，而不知己之不可以灭也。"二语精。释《僖·十七年》"夏灭项"。

罪邾娄，罪鄫子，亦以罪僖公也。释《僖·十九年》"夏六月己酉，邾人执鄫子用之"。

经文备书陈、蔡、郑、许、曹诸国，恶其从夷；不专责楚，实罪诸侯。襄公不用目夷之言，亦由自取。《公羊》义未尽。释《僖·二十一年》"秋，宋公、楚子、陈侯、蔡侯、郑伯、许男、曹伯会于盂，执宋公以伐宋"。

三世内取，乃《公羊》一家说。《穀梁》义亦未允。此或史失其名，当阙疑。释《僖·二十五年》"宋杀其大夫"。

以夷狄之师伐中国而取其邑，其恶不待贬，经文义自显。释《僖·二十六年》"冬，楚人伐宋围缗"。

示鲜季明　四则

贤颇有力量，能析理，但所用名言未安，言之亦甚费力。且宜以恬养知，勿事强探力索。畜之厚，斯择之精，发为文章，自然闳深肃括。晋人谓见乐彦辅，便自觉言语之繁。清通简要，玄学家境界，亦正不易到。举此为言者，欲其回机就己，勿以驰骋辩说为事耳。勉之。

儒、佛等是闲名，自家心性却是实在。尽心知性亦得，明心见性亦得，养本亦得，去障亦得，当下便是亦得，渐次修习亦得，皆要实下功夫。如此空言辩说，何济于事？徒增人我而已。实下得一分功夫，自觉此等言语为赘矣。

辩说亦是需要，取足以析义而止，不贵词费。若存立敌，必至于诤。老氏言"大辩若讷"。宗门良久默然，辩者当之，如土委地。此最是胜妙法门。

临济临灭曰："吾灭后不得灭却吾正法眼藏。"三圣出曰："争敢灭却和尚正法眼藏？"济曰："以后有人问，你向他道甚么？"圣便喝济曰："谁知吾正法眼藏向这瞎驴边灭却？"洞山临灭，谓众曰："吾有闲名在世，谁人为吾除得？"有僧出曰："请和尚法号。"山曰："吾闲名已谢。"此两段公案大好参究。

示羊宗秀

以敬为苦者，只是勉强遏捺。胸中原不曾有敬，只捉一个"敬"字来制伏他，如何不苦？平日说主敬涵养话最多，亦说得最亲切，诸君总未有入处，可见讲论无益。须知敬则自然和乐，和乐即是敬之效验，岂有适得其反者？原来自是不曾敬，亦未识敬耳。才收敛向内便是敬。敬则此心存，舍之则亡。只为平时放得久了，收不回来，如人流浪，不复知有家舍。今亦无别法，只收敛得一分是一分，收敛得一刻是一刻。若仍安于放，以收敛为苦，则终身无还家之日也。从前在习气中生活，只是放心，若知此是流浪之苦，则必以还家为乐，自然不会觉苦矣。

示袁竹漪 十四则

"八卦成列，象在其中矣。因而重之，爻在其中矣。刚柔相推，变在其中矣。系辞焉而命之，动在其中矣"。"兼三才而两之，故六"。"六爻之动，三极之道也"。"道有变动，故曰爻"。"爻者，言乎变者也"。"参天两地而倚数，观变于阴阳而立卦，发挥于刚柔而生爻"，三句言揲蓍次第，七八九六乃是阴阳老少之数，不以参两为说。如谓一爻具三才，然则九六亦只是参天两地，人道于何见之？屡言学《易》须是洗心，如此只是泛泛摭拾，何济于事？

下语要有分寸，否则涉于轻议先儒。初机只当于先儒用心行事处求之，却来自己勘验有无相应分，切不可轻下批评。

只收敛便有入处，向后得力，自知元来不曾收敛。悬揣无益，直下用力，更不须拟议也。

明明言"持其志，无暴其气"，若不持志，如何能养气？细读《孟子》，自知此须实下功夫，空言无益。

问：或谓以本体言，则心即性；以作用言，则心不即性。此语如何？

此语不是。四端即作用也，谓之非性可乎？佛氏亦言作用是性，乃举"在眼曰见，在耳曰闻，在手执持，在足运奔"为说，与孟子四端之说有精粗之别。

"仁"字作动词用，便如"仁民爱物"之"仁"。今改作"由"字，言从此流出也，义始审谛。按，所拟课文有"仁者，仁此者也"语。先生改下"仁"字为"由"字。

"忧悔吝者存乎介"，介即几也。

必通群经而后能通一经，故专治一经，不是偏曲。

此问发得太早。须知颜渊问为邦，孔子告以四代之礼乐，因颜子已得礼乐之本也。子张问十世损益可知，学者且须穷理，勿轻议制度，非至义精仁熟，不足以语于此。慎勿好高躐等，说得亦无用处。

"兴于诗，立于礼"，方说"成于乐"，乐教亦是终教成德之事也。《乐记》与《中庸》相表里，其义精微，穷理亦须积久方能深入，骤难解会。至习其器，固学者所有事。学琴须先明律位，精选乐谱。但能得师，亦自可学。

问：明道先生谓"吾学虽有所受，'天理'二字却是自家体贴出来"，其意云何？

须看明道先生何为发此语。讲义理之学者，有一大病，即是出入口耳，讲了便休。学者听人说天理，便以为已经领会得，更不自家用力。如是，则其所领会之天理，乃是人家说与的，自己都无分。想当时从明道游者，亦不免有此一类人。似谓一入先生之门，天理便有之于己了。故明道说"吾学虽有所受，'天理'二字却是自家体贴出来"，乃是警学者只图口耳，全不用力，不知天理非可从人受者，须着眼"自家"二字。

所谓学以致用者，乃自然之效。学养有素，则事至物来，自有一个当然之则，不待安排。所谓"举而措之，谓之事业"也。如著意用上，则不免骛外，计较之心生，必堕入功利去矣。

学者大病，只是学来要用，一心只在用上，末稍便流入功利去。伊川临终之言警切极矣。按，伊川疾革，门人进曰："先生平日所学，正今日要用。"伊川曰："道著用，便不是。"

心统性情，即该理气。理行乎气中，性行乎情中。但气有差忒，则理有时而不行；情有流失，则性隐而不现耳。故言心即理则情字没安放处。

示孙伯岚　五则

未发之中，人皆有之，但蒙昧不觉耳。南轩出于上蔡，专重察识，故其言如此，自以朱子之说为精。常人亦有发而中节时，只是偶中，大本不立，故无把柄。

才自是指气质。孟子认气质亦无不善，人之有不善者，皆由于习。故曰"若夫为不善，非才之罪也，其所以陷溺其心者然也"。然气质实有善有不善，否则安有上智下愚之别？故自二程、横渠以后，此论始定，更不容致疑。

"狂简"之"狂"，与"罔念作狂"之"狂"不同。一是高明，一是昏暗。曾皙是高明一路，岂至于肆邪？"鼓瑟希，铿尔，舍瑟而作"，从容而对，皆是本地风光，绝无一毫私系，此是何等气象！夫子安得不与之，乃以肆目之邪？

横渠以孝德喻事天，全篇大旨不明，乃就一"事"为疑，何其泥也？申生之为恭，但取其顺受而已，不必多为之说。若言此是陷亲于恶，亦可谓陷天于恶乎？即置《西铭》本义不谈，论古人切忌过为刻核之论。申生之死，哀其志可矣，如此责之，全出计较利害之私，于申生之所以为恭尚未梦见，况事天之旨乎？大凡读书须子细体玩，不宜轻疑轻说，方有入处。

须多读古诗，先择一两家专集熟读，字字求其懂，乃可触类悟入。知古人作诗有法度，一字不轻下。扬子云曰："读赋千篇，自然能赋。"此甘苦之言也。然读而不解，与不读同。诗即能工而胸襟不大，亦不足贵。忧贫叹老，名家亦所不免，非性情之正也。贫而乐，乃可与言诗。且先读陶诗，毋学其放，学其言近而指远，不为境界所转而能转物，方为近道。明道作《康节墓志》云："先生之于学，可谓安且成矣。"陶诗佳处，在一"安"字，于此会得，再议学诗。思之。

示邓懋休　九则

圣不是以用言。圣人，人伦之至。"若圣与仁，则吾岂敢？"当时盖以圣为仁之至者，故曰："何事于仁！必也圣乎？尧舜其犹病。"则此事圣人亦有所不能也。子贡问博施济众，专在功用上求仁，转求转远，故夫子告之如此。"能近取譬"，"近"字须着眼。

孔氏三世出妻事，先儒亦疑之。《檀弓》一篇所记多可疑，不独此也。清儒夏欣伯炘有《檀弓辨诬》一书，谓《檀弓》为六国时墨者之徒所为以讥孔门者，小戴不识，收入《礼记》，与出于七十子后学所记者不类。如曾子、子夏、子思，皆谨于礼者，那得有许多失礼事？其言甚有理，刻在《景紫堂丛书》中。夏氏治朱子最精，视王白田尤过之，可以参考。大凡先秦古书记事类此者，只可阙疑，不必强为之说。

圣人有忧患者，以天下之忧患为忧患也，故曰"吉凶与民同患"。若就圣人自身言，则"乐天知命故不忧"，"遁世无闷"，岂有拂郁之理？

杂而不厌，所以为一德。杂谓至赜至动也，不厌谓不可恶、不可乱也。知杂之为一，则何厌之有？德既一则自固。此恒之义也。

"感于善则来善物，感于恶则来恶物"，系用《礼记·大学》郑注"格物"语。郑训"格"为"来"，其释"格物"则未得《大学》本旨，然以言感应则二语甚当，故借用之。

治《易》读注疏，不如将《程传》反复思绎，以《程传》断非读一过便能了也。

观象与观物有精粗之别。六十四卦皆象也，百姓日用而不知，于细民何责焉？读《易》自当观象玩辞，反躬以求，体《易》之道方切。如此说来转远矣。按，所记引西人牛顿故事为说。

不设谓无计度，施为、利害皆以心言。释《益长裕而不设益以兴利》。

"善反"之即"汤武反之"之义"反"，训还训复，不是相违相反之义，莫错会好。

示王敬身

上蔡所谓一气法，不必深究。注中"五元化气"乃神仙家言，不得真诀者，极有流弊。儒者工夫只在《孟子》"养气"章，用力精约，实入圣之阶。佛氏入一三昧，则一切三昧悉皆具足，乃差近之。后世道家只了得气边事，未能到理气合一田地，故不解此。常人为气所拘蔽，亦只缘不识理耳。见理透彻，气自从之。此要实下体究功夫，非言语所能了也。

校勘记

[1] 按，《庄子·齐物论》："忘年忘义，振于无境。"

答　书

答王君

承示大著《性灵和色身之研究》一文，先显诸根圆通之理，继述因中色空之义，知仁者留意教乘，具有深心。然众生业力炽盛，根器万殊，欲持此破其本惑，恐未必捷于桴鼓。若在学道人分上，又似无待于言。故于赞叹之余，亦愿仁者且深观照，具足自受用身而无以世谛流布为亟，庶功不浪施耳。

答朱君

前辱惠书，并以尊撰《阐孔恒言》《统教本义》二序见示，虽未窥全豹，有以知贤者怀抱之大，不希世用而志存利物，是诚达士之模也。唯先圣大用，隐而难知，今时政教之论，并为粗迹，世变之厉，由来已久，过在上无道揆，遂以儒术为空疏。儒者体用兼备，岂有内外之别？偏曲之效，固未足以当之。今异论方张，而欲导以微言，见于时措，亦恐有龃龉而难入者。以为名山之业，则信可自娱；若语诸途人，或未能出而合辙。私谓说经异同向来无碍，如以教会组织行之乡间，恐从违之情将难一致。亦愿贤者深察之也。

答邵君

承以尊著《大学中庸真义序》及分段表解见示，借知贤者于二书究心有年，亦既有以自信，更无须就人印证，从其所好可矣。先儒说经，莫不本其自得，将示后人以从入之途，初无束缚人之意。章句小异，固亦无妨，然其大义，自不可易。足下不善朱注，尽可各自为书，不可轻诋其失。况理会文义，朱子最是精密，恐后来未有能过之者。足下虽用力甚勤，未必遂到古人田地，此观其言而可知。愿且虚心涵泳，勿遽矜其独得也。书院本无为人审查著述之责，亦不能妄加批评，徇人以为悦。特无论识与不识，苟以义理见问，皆不敢不尽其诚。故不避怪斥，聊贡一言。足下勇于著书，亦勿因是自沮。尊稿谨以奉还，并希谅其率直为幸。

答马君

来书有志义理之学，而谓"平时于先儒言语未能领会，不免惝恍"，此见贤者无所盖覆，不作门面语，甚为可嘉。所举程子《识仁篇》疑处，谓诚敬究竟不是此理，以"如何能识得此理"为问，此语未是。当知未识此理，只缘诚敬工夫欠缺之故，唯诚敬乃能识得此理。既识得此理以后，仍须以诚敬存之，诚敬工夫不容间断。果能诚敬，自不须防检，不须穷索也。仁是本体，诚敬是工夫。体用一原，即工夫即本体，如何说诚敬不是此理？贤者如欲识仁，但实下居敬存诚工夫，必可达到，决不相赚。来示以"明示途径"为言，即此便是直截途径，更无他道。其余不暇一一分疏，是在贤者自得之耳。

答张君

五月中辱惠书，兼示尊稿，经时旷答，至以为疚。仁者救时之愿力甚弘，著书之包蕴甚富，然其所责望于书院者，万非区区今日之所能及也。今天下之言道者亦多术矣，虽使圣人复生，莫能一之。盖殊方异学，纷然并陈。名言隔阂，易于贸乱；义理分齐，难于惬合。意主融通者，或乖其本旨；志存料简者，又遗其菁英。言固未易知，立言尤不容不慎。解人难得，喻于己者，未必能喻于人。是以天下之为言者，亦就其自心所解者以为极耳。古圣不得已而垂言，亦是一期方便。所以终寄于无言者，诚知道之显晦不在言也。仁者固有心人，屈在卑位而能发愤著书，是诚难得。窃谓用舍、语默本无二致，且随分益人，不必哑哑以流布为事。仆老矣，行将谢去，书院于尊著实无能为役，不敢久留几案，恐致遗失，为咎滋大。谨挂号寄还，幸乞鉴谅。

答杨君

得二月二十八日书，仍有入蜀相就之意。揽来书词旨，慕道良切，然于今之事势，似未深察也。仆之羁此，已为将去之客，不堪为众依止。山中旧有学人俱已散去，间有一二留者，不免饥寒困顿，时有在陈之忧，非实有得力处。不于违顺境界起分别者，讲习之乐不复可期，此固由仆不善摄化，亦是世缘太劣使然。贤者纵能不以生事为虑，亦何取入于幽谷，求此无得之道邪？且自性本来具足，此事虽假缘熏，实不从人得。但随分读书，亦尽有入处，无事仆仆道途。从上圣贤垂语已多，但能着眼于抉发人心之病痛者，便是第一等善知识，随处可遇。年来深感讲说无益，不如教人自己体取。向来为人方法，必用钳锤，尤非今人所堪。往往真药现前而不能识，只成一场钝置，不如休去为是。欲明儒者真实受用，须从日用践履上积累纯熟，于古人言语不到处转过身来，始能将一切习气缠缚廓落净尽，决非随语生解便可相应。观公根器，此语或不为虚发。若不以为谬，即此已是尽情说了，何必定求相见邪？仍请安于所事，勿徒自扰。此诚谛之言，想必蒙见谅也。

答王君

揽来书辞意垦至，具见慕道之怀。然足下所望于衰朽者，甚愧无以副之。至谬欲相师，则尤不敢闻命。仆虽暂羁于此，初未尝以师道自任。书院特一时缘会，本不可常。今之谢遣来学，从事刻书，亦皆随时之义，盖深觉讲论无益，不如其已也。足下既知考据辞章之外别有切己之事在，但随分求得先儒之书读之，著实践履，自能知其所择，亦将有以拔乎流俗。若以义理为知解，将谓可从人得，则与考据辞章之习又何以异乎？实不能有所助益于足下，辄就来书之言聊以奉劝，无劳远辱，下问之意，即请寝罢，并希谅察为幸。

答黄君

惠书见谂甚切，揽足下所为自叙，知平日用力之勤且久，亦既有以自信于己矣，是岂迂陋所能增益？然来问不可虚辱，辄就尊旨，略申鄙意，以俟贤者之择焉。若其言无当于理，可置之不论不议之列。

从来云月是同，溪山各异，并不相碍也。无论儒佛，凡有言教，皆以明性道为归。然见性者多，尽性者少；说道者多，行道者少。若其门庭施设，方便应机，大都曲为今时，亦不可为典要。唯有指归自己一路是真血脉。故凡学道人，必以见性为亟。见性方能行道，行道方能尽性，然后性道不是空言。先要知见正，功夫密，久久纯熟，时至理彰，方得瞥地日用处自然合辙，乃可与古人把手共行。到此田地，一切平常，并无奇特。知见正在读书穷理，就善知识抉择，不轻疑古人，不轻信时人。到知得彻时，触处洞然，自不留余惑。功夫密在日用上，无论动静语默，应缘涉境，违情顺情，总是一般。行得彻时，无入而不自得，佛氏唤作尘尘三昧，如此乃有相应分。切莫得少为足，贪著静境界以为胜妙。须知此皆自己识心变现，非是实有，若生取著，翻成障道。如仁者自述所历诸境，从前自以为得力者，不久遇缘，即又变易。当病不知人时，向所谓灵光者何在邪？固知常住真心、至诚无息者不当如是也。晚近道家流派甚杂，其高者只明得气上事，用以摄生，亦有小验。遽以此为博大真人，则恐近于戏论，似未须深留意也。欲图见性尽性，中土圣贤，其言简要，实已该摄无余。佛氏之义学、禅宗料简益详，并资牖启，而禅宗铲除情见，尤为直截。但学者不明古人机用，或随语生解，无有入处。故信不及，转为名言所缚耳。

足下今日若能涤除旧解，一意儒书，引归自己，直下承当，行之自有受用。或欲浏览佛乘，则先看《楞严》《圆觉》，再阅《五灯》。古德机缘，于情识所不能领会处，忽然触着、磕着，必有见性分，然后终日所行，莫非是道，夫孰能御之？然切忌卜度穿凿，勿将动静打成两橛，心境分为二事，如此亦可思过半矣。径直之言，莫相怪责，实不敢孤负虚怀耳。

答倪君

来书志学颇切，唯列举涉览诸书，似欲炫其多闻。虽成学之士，犹或未能尽读，足下年甚少，即使一目十行，日力亦有所不给，遽求尽通其义，固属不可能也。

书院已罢讲论，久谢来学，实无以副足下之望。果能立志，就足下所已读诸书求之，但知向内体究，勿事泛泛读过，久之自当有入。远游无益，且值此危时，物力困弊，旅费已属不易，为人子弟尤不当以是为家庭之累。只此便是义理，切勿浮慕虚声，贸然远来，无事自扰。若未经听许，径自造门，非唯义理所无，亦于人情不合，书院不能容接。幸勿自误，及今犹可中止。君子爱人以德，此乃所以为足下计，非为相拒，是即与人忠之道也。

李、习二君，自谋膳宿，是诚有之，本为暂时权宜。今彼等亦以耗费过多，各为归计，不欲足下再蹈其覆辙，是以剀切言之。

又来书文义犹未通顺，而遽欲以道统自任，亦有躐等之过，此尚非足下今日所宜言。若不以为忤，此言或于足下有益耳。

答徐君

损书及诗，见贤者慕道之殷，唯谬欲相师，则非衰朽之任也。属以避难，来此寄泊，往年虽有少数学人，旋以众缘不具，今皆散去。因知讲习之风不可期之今日，且自病迂拙，亦未足以益人，是以杜口久矣。今唯稍事校刻先儒遗书，亦苦物力难继，若存若亡，岂复敢以师道自居邪？

若夫圣贤之学，人皆可至，为仁由己，须是实下功夫，不资口说。参寻请益，不过暂假缘熏，岂谓可从人得？况药病之言，不避钳锤，亦非尽人所能堪受。贤者既知古人莫不当下自证，何事他求？如曰以文字相质，不唯正是古德所诃，即习俗好事亦难轻许。老夫不暇为此，亦愿贤者勿以是自安也。

答吴君

惠书辞义并茂，然其所期于衰朽者，非所能及也。胡君名宿，恨未识面。贤者师承有自，必能日臻于高明广大之域，岂复有待于他求？

古之闻道者，盖必由践履纯熟而后得之，文采乃在所后。某区区何敢遽望先儒？徒以避难来此，初亦稍有十数学生，近都散去。山中乏食，益难为继，本欲稍事刻书，今亦将辍矣。事乃待缘而兴，缘不具则不可强为，于道实无所加损。后有闻者，必能为之，不必自我也。

鄙意初不在讲说，偶有举示，不过以道初机，绝非著述。持此以拟先儒，真如沧海之一沤，何足为重？然以不善观机，谬欲提持向上，亦不胜其扞格。以是终思杜口，将不复更出，安用此世谛流布为哉？衰年多病，旷答经月，幸勿为罪。

答许君

来书逾两月始至，甚嘉贤者志学之勤。书院初旨，本以接人，岂有距人之理？奈时会蹇难，众缘多缺，比年以来，学人俱已星散。老夫求去未得，仅能稍事刻书，不绝如缕。此乃贤者之所未详，故见就之意虽殷而相接之途终阻。间关万里，既不可以孤行；炳烛残年，尤不保其旦暮。幸勿更萌此志，"为仁由己，而由人乎哉？"从上圣贤言语，途径分明，岂能复有增益？但能向内体究，何患不自得师？切勿浮慕，徒自劳攘。若不以斯言为径庭，实相见已毕，否则对面亦隔千山也。

答袁一洪

培德、立民谨案：以下五书，例应入示语类，因前卷已付刊，未及编入，故附见于此。

世乱未已，且幸庭闱尚安，随分教学，以资菽水，此乃处困之常，勿过忧虑。来书谓静坐迄未间断，遇事接人，心气较前和畅，深喜其有进。所论朱、陆体用，大致尚合，唯须知体用一源，显微无间。先儒造道之功，莫不由于自得，至其门庭施设，各为当机，言语纵或不同，归致岂能有二？唯于自心之体用动静无差，始知先儒之教人圆应无碍。不必多为之说，但当自己随时勘验，事物当前时此心义理常显现否？若有疑滞未明处，即是此理犹隐，日用间必不能无差忒。此乃体之未明，故于用有不当也。体本无病，因其不明，用上遂以成病，用病即体病矣。喻如刀剑，不能断割，其刃必钝，日加磨砺，然后锋刃无亏，用之不穷而体元不动。庄子庖丁解牛之说，虽为养生而言，非知道者不能至也。明体达用，人人习闻是言，无奈总是打成两橛。自己本体尚不知着落，乃欲求用，决无是理。及其用之差忒，又谓体不可知，乃至认贼为子，守其一曲之知解，横生我慢，终日昏扰计较，堕在利欲胶漆盆中。如此之人，滔滔皆是，天下所以多故也。聊因贤语，一为发之，以此料简自心过患，乃为明体达用之学。格物者格此，致知者致此。一旦豁然，自与程、朱、陆、王把手共行，尚何门户异同之有哉？若世难可平，余年犹在，当有还乡重晤之日。夭寿不贰，修身以俟之，无他道也。

答吴敬生一

顷得来书，知有外姻某氏之变。事出仓卒，贤夫妇忧苦劳瘁，幸能以义理自安，既慰且念。大凡衰乱之世，人无乐生之心，不得全其正命者多矣。仁者哀其遇，亦愍其愚，逝者既不可救，唯量分以恤其生者，舍此无复他道。若以佛氏之说推之，是乃定业难回，然报终则转生，并无可怖。三界唯心，万法唯识。凡世间所谓鬼神，皆识所变现，非是实有。故有德者鬼神所不能侵，何惧之有？

来示谓事后此心未能宁帖，难免愤恨哀惧恶怒，问如何方可无累。鄙意贤所举六者，唯哀是情之正，然亦不可过，过则非礼；余五者皆不当有。此犹习俗之情也，唯当以义理胜之，彼自退听，而此心自坦然平复矣。因来问甚切，故不惮词费，奉答如此。

答吴敬生二

知遇事能以义理自勘，从此必可得力。前以来问甚切，故答亦不泛。古人往复，决无虚词，但善会难逢，起予不易，故使微言终阁耳。专看《纂疏》，甚善。朱子体道之力，全在四书，说理之精，无过《集注》。然无《纂疏》，后人亦无由窥其缜密也。丧祭，礼所最重，义失既久，流俗苦其难行，视为具文，又牵于方俗，诚今日所难言。然礼者，天理之节文，本来性具，非是圣人强为施设，如法家之立法也。苟世之为教者，不以礼经为弁髦，终有可复之日，非在下者所得而议。遇变则行其所安，斯可矣。

答刘公纯

得书承方阅《憨山集》，甚善。《楞严》刊本甚多，求之当不过难。古德多于此发明心地，明赵大洲掌教翰林院，唯教诸庶吉士读是经。先儒中能如此破除情见者殊不易，虽阳明犹逊其勇。不解时贤何以必斥其为伪。若得正脉或宗通读之，尤为易入。长水疏简洁，亦不可不看。总之，知解必须荡尽，方有少分相应。若夫今人所尚，正是古人所破斥者，习气缠缚，使无对治法门，必日见增上，永无解脱之期也。

答张伯衡

来书以有友居忧，欲劝其不废教学，于礼有疑，询以可否。此在习于礼者处之，必有当矣，非他人所能言也。若贤以朋友之情劝之，恐其过毁，是亦无害于权，必俟其哀杀，乃可言之。古者既葬而后卒哭，卒哭而后袝，祥而练，服变有渐，哀之杀也亦有渐，皆称情而立文。后世衰绖之制已不能行，饮食居处未尝有异，而独守不出之训，以是为礼，亦非其情。若私居讲论，苟非忘哀而徇物，亦不为悖礼。先儒有以是讥吕伯恭者，似稍过矣。因贤见问，故及之，不可为典要也。

答王伯尹一

来示承告家书近况，乃怳然于贤者致疾之由。世乱年荒，尽人輂蹩，何独一乡一邑、一身一家而已邪！贤啮指心通，宜其郁结，但当谋所以纾亲之力，不当因愁益病，转以贻亲之忧也。今为贤设想，能还家将母，上也；择事而就，冀可以代负米之勤，次也；坐困荒山，日事药饵，但有嗟叹，无益身心，下也。而易地求医，乃在所缓，因此非药石所能为功，一夕愁烦则八味顿减矣。鄙意且宜自宽，徒忧无益。忧己之疾，犹为身见；忧亲之劳，乃是秉彝。钧是忧也，一则可忘，一则当解。今欲忘则近空言，然求解固是实理。解之之道，当见于行，宜更思之，庶于事理有当。所言依止者，不必以地为重。若以吾言为可信，何地而非依止，岂必相从山寺哉！

答王伯尹二

案，先生尝教伯尹看明道《定性书》"遽忘其怒"语，伯尹因呈诗云："执热须求濯，抽刀水更流。重光剪不断，岂独是离愁？"先生为改前二句云："欲解麻缠缚，难抛急水毬。"因举赵州孩子六识话示之，今录于此。

僧问赵州："初生孩子，还具六识也无？"州云："急水上打毬子。"僧复问投子："急水上打毬子意旨如何？"子云："念念不停留。"此语大好参究。婴儿虽具六识，尚少分别，却无人我、是非、顺逆、取舍许多计校。此种计校，都依第七末那识而起，若转七识，则六根门头全成妙用，安有"剪不断，理还乱"之过哉！李后主词则工，然是俗人自取烦恼。今为请出赵州，点一帖平胃散，于此悟去，方知老子、程子落处决不相赚也。

急水不住，毬岂能停？识相元来如此，常人只是妄生计著耳。若得无功用道，则此识正是家珍，故谓六尘不恶，还同正觉也。但七识不转，则是勾贼破家。今解开布袋，一齐倒出，改诗云乎哉。于此悟去，便可归家稳坐，不是"伶俜远游身"矣。按，伯尹呈诗有句云"伶俜犹是远游身"，故先生引之。

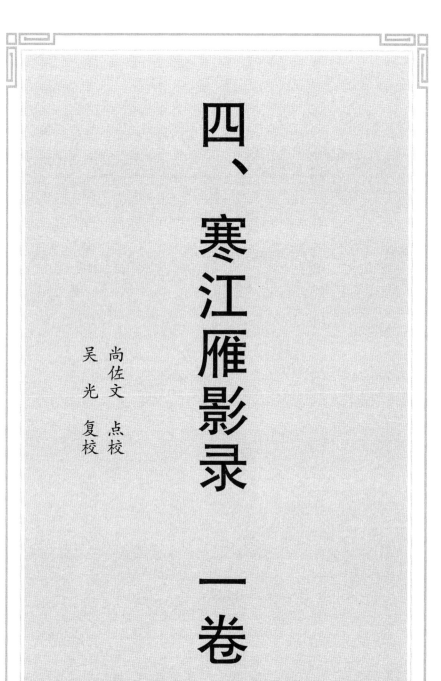

四、寒江雁影录 一卷

尚佐文 点校
吴　光 复校

复刘百闵

书院之议，恐自仁者发之。大寒朋来，非有刚大之资何能济此危难？讲学乃儒者分内事，无间于安危。但时贤每轻疑圣学为无用，六经久成束阁，今欲振之于厄绝之余，亦非一二人所能为力。况以浮之迂拙，学未足以及人，固非其任也。然靡言不酬，虽圆凿方枘未必有合，辄就鄙虑所及，率尔拟得旨趣及办法数条，姑以奉正。诚病其简略荒陋，如或尚有可采，留为异日讨论之地，否则便请毁弃，不必示人。若浮之至与不至，初无加损也。二氏之学虽衰微，而其徒犹有守之弗失者，以能超然于政制之外，昔之人王，但为外护而不予干涉也。儒则讲学有禁，言论自由在今亦尚为虚语。凡事皆有时节因缘，不可强为，因物付物，为而不宰，将来或有是时。今之有国家、言政教者，尚未足以语于此耳。[1]

致寿毅成

书院之说，想系百闵与贤赞议。其事亦不易实现。当此危难之时而建此议，真如梁元帝在江陵围城中诏百官戎服听讲《老子》，陆秀夫在崖山舟中讲《大学》矣。国土危脆，人命无常，吾既衰老，不堪行役，日日不忘在沟壑，然讲学之事固未尝一日而废，一人亦讲，无人亦讲，不必定要学校书院也。草草拟就名称、旨趣及简要办法数条，别纸录去，并附致百闵一书，可与共览。此虽仓卒之间信笔写出，然大旨略具。平生与人推心置腹，不敢有隐，乐则行之，忧则违之，去就之计，以其言之用不用为断，此乃儒者之本分也。若百闵与贤认为此草案不便提出，则径可废弃，勿以示人。再有白者，在抗战期间，内地民生疾苦，百物凋敝，此时创立书院，规制不求大备，但所在地点极须审慎选择，务以不受军事影响为第一要义。七邮不惊，然后可以弦歌不辍。蜀中学生或较易得，若以地论，似不如移置滇中较为安谧。此层亦望与百闵熟计之。至所拟简章，贤等如有意见，可尽量提出修改，此不过就愚计所及，略为贡献而已，不可为典要也。

---

[1]　信后原附《书院之名称、旨趣及简要办法》。

与张立民

贤今月二十日航空函顷已到。书院之议，非吾意所及，前在泰和临行时所草简章，仅费一小时许匆匆写出，未能详加考虑，但因物付物，在吾处己处人之道自合如此。知此事决不能契机，故写出便了，未尝置念。君子作事谋始，永终知敝，今即欲因机示教，与众作缘，亦是不得已而后应。立心不容有纤毫夹杂，对人不能有些微迁就，不可期其必成，故愿贤辈更详审之。吾意以为不安者，书院虽成，吾不能至也。前草简章，虽系一时触发，然大体似不可易。欲以佛氏丛林制施之儒家，亦与旧时书院、今时研究院性质不同。向来儒者讲学不及佛氏出人众多者，原因有二：一、儒者不得位，不能行其道，故不能离仕宦。其仕也，每为小人所排抑。佛氏不预人家国，与政治绝缘，世之人王但为外护，有崇仰而无畏忌，故得终身自由。二、儒者有室家之累，不能不为生事计。其治生又别无他途，不免徇微禄，故每为生事所困。佛氏无此，丛林接待十方，粥饭不须自办，故得专心求道。大德高僧，安坐受供养，然其法施无穷，饶益众生，不为虚费信施，世俗亦不以为非。退之小儒，故有《原道》谬论。因此二端，比儒者缘胜。今欲学者深入，纵不能令其出家，必须绝意仕宦，方可与议。章子厚欲从邵尧夫学，尧夫曰：“公欲学道，先须退居林下十年然后可。”即此意也。欲大拯生民，先当令其出乎利欲，方是儒者本分。如此设立书院方有意义，故当从源头处审谛，不可稍有假借也。否则人云亦云，安用此骈拇枝指为哉？原丛林所由兴，初唯二三道人，相与闲处于水边林下，茆屋盖头，薤菜充肠而已。其后参学者众，檀施日集，遂成丛席，可容千百众者有之。且其地多在山水胜处，此亦自然之势，非可以人力勉强为之。陆子静之象山精舍，朱子之武夷精舍，规制皆极简陋，取其可以待四方之学者而止。观朱、陆所营精舍，即隐寓禅师家住山之意，然无有继起，亦无百丈其人。南岳下出马祖，马祖下出百丈，制《百丈清规》，丛林之制始广。但当时政府听其自由，并未取缔，此又胜于今时者也。诸先生于吾所草简章是否毫无异议，尚未可知，如熊先生以为未当，有何意见，望尽量提出商榷。在商榷未定以前，此简章不可发表，因书院之成否可以不论，而此简章必须修改尽善，今即不成，可留为后人取法也。总之，望贤辈慎重考虑，不可亟亟期成。须知道本常存，并不以人而加损，亦禅师家所谓"佛法不怕烂却，着甚死急"，此言深可为贤辈顶门上下一针也。儒者立事，不可轻言请求，若求而与之，不唯失其自处之道，亦使彼重道之心完全消失。但出于捐赠则可，出于请求，名为补助则不可。如郗鉴为支道林买山，梁武帝为陶弘景立馆，遣太学生诣何胤山中受学，在当时极为平常之事，并不足矜异。至舍宅为寺，舍田供僧，蠲其租税及置学田者，历代多有之。今人但知求利，绝未梦见。其有出资兴学者，亦只是俗学。学生入学，只为求出路，以学校比工厂，学生亦自安于工具，以人为器械，举世不知其非。今一旦语以人者人也，教以明道学以尽性别有事在，如何能使之速喻邪？薰习之久，乃可渐入，此居贤善俗所以取象于渐也。缘不具则事不成，名不正则言不顺，虽明知其远于事情，义理自如此，所谓法尔如然，故绝不可有取必之心。有意则有必、有固、有我悉具，此圣人之所绝也。平时每言学者须有刚大之气，若有丝毫假借，则刚大于何有？此理甚望贤辈体验，否则成事不说，吾但不来即足矣，何为如是之不惮烦邪？佛肸召，子欲往。公山弗狃召，子欲往，且曰："夫召我者，而岂徒哉？"然终不往者，此是一段绝好公案，可参。

致蒋公书

前荷垂接，深仰虚中。既蒙前席之勤，复被安车之贶，实愧疏陋，无以堪承。初到乐山，尚稽申谢。公命世之姿，当此艰危之运，思深虑远，宵旰忧劳，犹复留意经籍，旁求儒雅，此诚天下大幸。布雷、立夫二先生曾屡以书院为言，体公尊德乐道之心，不遗鄙野，欲使与二三学子讲明经术义理，以副居贤善俗之训。窃惟书院事义与学校教育殊科，学校领于学官，故事有常程，书院则当付之士林，而无责其近效。盖国家所以待天下之士者，固不必出于一途，乃以见其大也。将令后学知所趋向，在重躬行实践而不务空言高论，重温故知新而不贵抱残守阙。是必假以宽闲之晷，乃有优柔涵泳之功，亦须粗具规模，始可望其成就。以公盛德，提倡于上，国之贤达，承流于下，风之所被，必有闻而兴起者。某虽愚，亦庶几竭炳烛之余明，冀稍有裨于万一，不敢自暇自逸以负盛意也。今方在蹇难之中，规制不求过广，学人不求过多，务令损抑，示以处变之节。但须为久远之谋而不徒为一时之计，此民族精神所寄，圣贤血脉所通。公体国弘道，如恐弗及，宜必有远谟远猷，示民轨则，无待于辞说也。谨因布雷先生奉书陈谢，并附呈书院缘起草案，是否有当，伏候钧裁。不宣。

致陈布雷

在渝获奉余谈，虽为时甚暂，观公气貌，温厚恺恻，有君子之度，使人易亲，深为斯民庆幸。愿公为宋文宪，为魏郑公，勿自菲薄，以古人为不可几也。蒋公英略天挺，出言简重，诚未易窥测。推其尊儒重道之心，是足以御寇患而安天下矣。某本迂儒，远迹人外，遭乱流转，遂至斯邦。公等不遗鄙浅，因有书院之议，是非有所私于某也。义理不明，经籍道熄，由来已久，不待异族之侵陵而吾圣智之法已荡然无存矣。唯学术不亡，然后民族乃不可得而亡。今日亦盛言固有道德、民族精神，然未闻抉示吾先圣所留贻其为精神、道德之所寄者，果为何事也。以某之愚，窃谓当求之六经，而后学术之统类可明，文化之根本可得，自心之义理可显，而后道德可立，精神可完。果欲立书院而使某为之说，则舍是吾不得而知之。故以为书院性质在现行学制之外，不当隶于教部，不唯与今之学校不同，亦与旧时之书院迥别。诚得政府加以扶植，社会人士加以赞助，当略如佛氏之有丛林，政府与人民同为檀越、为护法，如某者得自比方外，是亦足示国家宽大之美、深厚之意。不以世法相绳，然后某乃可尽其说，庶几成就得少数人，使知中国异于夷狄，而不致以夷狄为神圣，使知凡民可为圣贤，而不致以圣贤为虚无。如是方有意义，不为虚设。而或者乃比之大学文科哲学系，比之国文专修馆，比之存古学堂，则为拟于不伦。审如是，则今之所有者亦既备矣，安用此骈拇枝指为哉！此难为不知者道，以公之明，必能深相了解。政府若不以某言为诞妄，则望处以例外，否则山野之性实无能为役也。蒋公待以殊礼，理合申谢。书院之事，曾荷垂询，今拟具缘起及草案，谨因左右代为陈达。行旅仓卒，未及精思，其间事义如有未协，并希谅其戆直，不以为罪。蒋公若弗嫌有损尊严，窃愿以此事为天下倡，颙颙卬卬，令闻令望，岂唯士林之福，实斯道无疆之休也。春寒，唯为国慎卫。不宣。

致陈部长

在渝辱荷枉教，并劳盛设，山野疏简，尚阙笺谢。每承雅论，剖析玄微，将以究天人之原，尽阖辟之变，非极深研几，熟能与于此？举世以西洋哲学相诧，公独能援引经术，观象玩辞，为今之君子所未有，此可以模楷群伦矣。夫《易》之为书，广大悉备，得其一义，皆足名家。然圣人以此洗心，务在神明其德，故观生无咎，察己于民，同人利贞，致亨于野，通其变，使民不倦。此今日时义之大者，愿公深体斯道，天下之幸也。书院之议，自公发之，此非有所私于某而然也。公虚以受人，卑以自牧，盖谓观民设教之道亦有在于是者，遂不以某之迂愚为不可与。某虽衰陋，无益于时，亦不敢不竭其诚以答公廓然无我之盛意。约有三义，须先陈明：一、书院本现行学制所无，不当有所隶属，愿政府视为例外，始终以宾礼处之。二、确立六经为一切学术之原，《汉志》以《易》为六艺之原，今谓六艺亦为一切学术之原。泯旧日理学门户之见，亦不用近人依似之说，冀造成通儒醇儒。三、愿政府提倡此事，如旧时佛寺丛林之有护法、檀越，使得自比方外而不绳以世法。三义若荷容纳，不斥其非，则某亦愿尽其知之所及，冀可仰裨无为之化，否则不如放之林薄，以鸟养养之之为愈也。到嘉半月，稍被尘襟，辄拟书院缘起叙及草案数条，阙略未具，先以呈览。幸逢有道之世，人皆得尽其情，故言之无隐如此，其间辞义如有未协，并希谅其愚直。鄙意若蒙见采，似宜先成立筹备会。草创规模，不求完备，取足以待四方之学者而止。旧有及门数人，亦欲招其相助。诸事当嘱毅成奉闻，以取进止。敬候裁择。不宣。

至屈文六

在渝屡荷枉教，知公于般若气分转深，非久植德本，精进行持，何以及此！赞叹无尽。浮老矣，平生所学唯在自证，不求人知。忽被业风所吹，遂来兹土。书院之议，本非所期，但有可赴之机，亦无不应之感。默察时人根器，方以堕坑落堑为得，似乎未有出期，虽具悲心，何由拯拔？如来出世，亦不奈何。自到乐山，粗安行李，拟具书院缘起、草案及筹备会简章，径寄毅成，嘱其转达，旋闻渠尚留滞香港，恐尚未彻听览。蒋公及立夫、布雷处亦别有书致之，称臆而谈，绝无隐覆，运心平等，务尽其诚，所谓直心是道场也。但是否契机，殊不敢必，如其触忤，万事冰消，傥或相容，诸缘可集，委心任运，何加损之有哉！政府诸公若不提倡此事则已，果诚意提倡，须发弘愿为久远之计，如旧时佛教之有丛林，国王大臣长者居士同为护法，同为檀越，然后可期规模宏远，令法久住，灯灯无尽。儒者旧有之精舍、书院往往不能久长，比之佛氏，实有逊色，因其乏于世财，资粮不具也。今此事本属例外，妄谓当如丛林开山，虽曰称家有无，必假檀施之力始能集事，纵不必涌现楼阁，广聚人天，亦须令橼舍可栖，供养无缺。故望政府指拨基金为天下倡，当有闻而兴起者，则弹指门开，灵山不远，此自是诸公功德，与某无干。某只能以法施与后人作缘，至其影响之大小，须视诸公财施之力量如何，泥多则佛大，水浅则船胶。公学佛人，深明此理，当知其言之不妄也。

致孔院长

前承以讲学见招，特蒙遣车相速至渝，复荷宾礼有加，诚非山野迂陋之所期也。旋来乐山，尚稽笺谢，每怀雅度，何日忘之。公以圣人之后，居百僚之先，非唯众庶具瞻，亦乃道揆所系。既体蒋公崇儒重道之心，兼徇立夫部长观民设教之意，别于学校教育之外，议设书院，提倡讲学，是诚正人心、端士习之当务，亦所以固国本、御外侮之一端。某虽愚，其敢忘匹夫之责，使得与二三学子横经论道，为盛世之逸民，继先儒之素业，亦庶几默赞复兴之化，不为无用之言。窃谓风之积也不厚，则其负大翼也无力，既以此为民族精神所托，似当为久远之图，而不仅为一时之计。在中土如佛氏丛林，在西洋如基督教会，率皆堂宇精严，规模闳远，容千百众而不为多，历千余年而不为久。此何因而致然，盖佛氏以檀施为功德，欧俗以公益为美谈，故能争委巨资，成就胜缘，润色鸿业，垂范后世有如斯也。儒门淡泊，守约寡营，昔时精舍、书院，往往规制隘陋，资用不充，虽有其人，难为之继，比之外教，物力不如，是以相形见绌。此则愿公有以矫之，信如前次赐电，准拨基金为天下倡，则国内向风慕义者或不乏人，百年之谋亦可一日而定。虽曰军旅之日未遑俎豆，然以礼义为干橹，用《春秋》致太平，亦所以立夷夏之大防，拯生民于水火，将使淳风被于万国，令闻垂于无穷，是在诸公一念之间耳。书院缘起及草案粗拟一通，尚恐阙略，除寄呈蒋公外，已函嘱毅成录奉。谨奉书陈谢，伏候裁择。不宣。

致刘百闵

书院之议，仁者与立夫先生发之，诸贤和之于后，而于制事之义或未暇深虑。某以为倡之于上则易举，委之于下则易从。本不在学校之科，故不相隶属，则倡始而弗专也。将以示教化之本，故不立门户，则因任而无失也。无夺人之志，而后人乃得尽其材；不疑人之言，而后人乃得由其诚，此感应之理也。今之所以率天下者，乃是同人于宗，致吝之道，故令贤者自远，诚欲立书院，则必不用斯道而后可。诸公既不以某之迂阔为不可与，则于刍荛之言宜有择焉，勿疑其倨也。渐暄，唯加意珍摄，因暇亦望赐答。不具。

致寿毅成

君子以义制事，义是当然之则，制为裁断之称。事既认为当然，便须立予裁断，即付施行，如是乃谓之敏，谓之果，亦是简则易从，易从则有功也。君子言出加民，行之如恐弗及，拟之而后言，议之而后动，今但有拟议而未见之行事，似非诸公立事之道也。秦皇衡石量书，只是拘牵形式；项羽印刓不与，只是犹豫迟徊。凡事必待申言屡谋，则事之废顿者多矣。今书院在诸公视之固不亟之务，然既已倡之，则乐观其成，此亦人之情也。创议人既推定筹备委员而聘书犹不下，既允拨基金仍悬而无泊，其于事之进行，实为有碍。乌尤寺屋着手修理，一面稍稍购聚图书，其余无从措置。缘起、简章虽已草草印就，因未有正式根据，未便发出。征选肄业生手续审查往复，非经两三月不办，则开讲无期。此在诸公一举手之间，而事之进行迟速迥异，故发动机括全在渝方。前次孔、陈二公所定之议，必须见之事实，勿徒垂诸空言，此某所望于诸贤者。鞅掌多劳，抽暇示复。不具。

复性书院简章

一、书院之设，为专明吾国学术本原，使学者得自由研究，养成通儒，不隶属于现行学制系统之内。

一、书院以综贯经术、讲明义理为教，一切学术该摄于六艺，凡诸子、史部、文学之研究皆以诸经统之。

一、六艺之教分通治、别治二门，通治明群经大义，别治可专主一经，先通后别。通治门以《孝经》、《论语》为一类，孟、荀、董、郑、周、程、张、朱、陆、王诸子附之。六经大旨散在《论语》，总在《孝经》。郑玄《六艺论》云："孔子以六艺题目不同，指意殊别，恐道离散，后世莫知根原，故作《孝经》以总会之。"《论语》记孔门问答之辞，实为后世语录之祖。《诗》、《书》、《礼》、《乐》并为雅言，《易》象、《春秋》务存大体。文章性道，一以贯之，故欲通六艺必先明《孝经》、《论语》。言为《论语》，行为《孝经》，圣心所寄，言行之至也。七十子后学，孟、荀为大。汉儒宗荀，宋儒宗孟。两汉经师以董生为最醇，康成为最博，故独取二家。濂、洛诸贤，直接孔、孟，决然无疑。极于阳明，遂无继绍。故以十子列为儒宗。通治群经当从此入。别治门以《诗》、《乐》为一类，《尔雅》、《说文》附之。辞赋、文笔皆统于《诗》，声律、音韵皆统于《乐》。声音、训诂、字形之学必以《尔雅》、《说文》为主，皆名言也。名言者，声气之发，《诗》、《乐》为阳，故以附之。又《诗》为始教，故当以小学附于《诗》。今世所称文学、艺术、美学、文字、语言诸学并宜属此类。《尚书》、《三礼》为一类，名、法、墨三家之学附之。三家并出于《礼》。一切政事皆统于《书》，一切制度皆统于《礼》，史书、诸志、通典、通考之属亦附之。如《唐六典》可附于《周官》，《唐律疏义》可附于《戴记》。今世所称政治、法律、经济诸学并宜属此类。《易》、《春秋》为一类，道家附之。释氏之学并通于《易》、《春秋》。《易》以天道下济人事，《春秋》以人事反之天道。《易》本隐以之显，《春秋》推见至隐。二氏之说皆于费中见隐，《易》、《春秋》之支与流裔也。今凡欲研求自然界之法则，欲明宇宙之本体者，不能外于《易》；凡言人群之事相，究其正变得失者，不能外于《春秋》。《春秋》经世大法，不可以史目之。不明乎《易》，不能明《春秋》，不明《春秋》，不能治史。后之治史者，核于事而绌于义，不明《春秋》之过也。三传并胡氏为四，并取其长，《通鉴》、《通志》之研究属之。今世所称哲学、形而上学、论理学、社会学、历史学之属并宜属此类。

一、书院确立六艺之教，昌明圣学。始于读书穷理，反身修德，终于穷神知化，践形尽性。其教学方法，体验重于思索，涵养重于察识，践履重于知解，悟证重于讲说。务令深造自得，不贵一偏一曲之知。

一、通、别二门诸类皆宜设专门讲坐，由主讲延聘，可立多师。如不能一时得师，则暂阙以待，由主讲指定应读何书，令学生自行研究。

一、书院为纯粹研究学术团体，不参加政治运动。

一、书院宜置礼器、乐器，每年举行释奠于先师典礼一次，其他通常所用仪式，概不举行。

一、书院宜广蓄故书，且多贮副本，以备学生研讨。亦须备置外国文主要书籍，使学生兼明外学，通知外事。

一、国内耆年硕德有嘉言懿行，足为士林矜式者，书院应加礼敬，设尊贤堂以待之。遇缘莅止，如佛氏丛林接待诸山尊宿之例，示学者以宪老乞言之礼。

一、国内通才显学具有专长，或有著述流布，足以启瀹人智、裨补经术、发明义理，为学术界所公认者，由主讲延聘，为特设讲坐。分定期、不定期二种，定期者请专讲一书，不定期者任择讲题。其因道远缘阻不能至者，得设通讯问答一门，使住院学生得奉书问业，庶几师逸功倍。

一、国内名流学者及各大学教授、讲师赞同书院宗旨及与主讲相知有素者，由主讲函请为书院讲友。遇缘来集，书院设讲友室以待之，并开临时讲会，使各抒所得，示学者以博习亲师、多闻广益之道。

一、国内好学之士愿来参问，或身有职业未能长期住院者，由主讲知友介绍，经主讲许可，得为参学人。在参学期间，书院供其膳宿，不另予膏火费，其自愿住外者听之。参学人无定额，亦无定期，来去听其自便，但在参学时须遵守书院规则。

一、住院肄业生一律不纳学费。须曾读经书，文理通顺，志趣纯洁，品行端正，自愿来学者，得因介绍，自具志愿书，附平日所作文字请受甄别，先经监院、都讲审查选取，申请主讲勘辨决定，认为可造者，得入院肄业。在肄业期间，由书院酌予津贴膏火，使得专心于学。每年举行课试二次，以验其学业之进否，进则许其继续留院，否则遣归。其用力精进，斐然有成者，酌加奖励，并得由书院刊布其论著。如有不勤于学及行履不谨者，停给膏火，随时遣归。其征选肄业生细则另定之。

一、来学者须遵守三戒：一不求仕宦，二不营货利，三不起斗诤。绝贪躁矜妄之习，方能收敛向内，自拔于流俗，其不能遵守三戒者遣去之。

一、现代科学、外国语文自有大学、研究院之属主之，不在书院所治。但书院宜奖励译才，其学有根柢，兼擅长外国文字者，由主讲指定翻译古籍，以中文译成西文。略仿翻译佛乘之例。须经润文证义数番审定，可由书院酌予印行，流播国外，以增进西方学者对于吾国学术文化之认识。

一、书院宜附设编纂馆及印书部。编定《群经统类》、先儒说经主要诸书。《儒林典要》、汉、宋以来诸儒著述之精粹者。《诸子会归》，先秦、两汉、六朝、唐、宋著述在子部者。并得修订通史，渐次印行，以明文化渊源、学术流别，使学者知要能择。其编纂条例、序目另定之，编纂人才由主讲延聘。其印书部事务由董事会派员领之。

一、书院立主讲一人，总持教事，统摄学众。置监院一人，辅助主讲综理一切院务，遇有特种事务，得受主讲委托为代表。置都讲无定员，辅助主讲及监院领道学生，并得兼任职务。

一、本简章系依初拟草案订定，其事义阙略未具者，得随时增修之。

附启者，本院简章中拟设尊贤堂、讲友室、编纂馆诸项，今因草创之初，绌于经费，未能具举。又院舍亦未及自建，仅假山寺为之，礼、乐器在此时无从置备，故释奠典礼亦只能暂阙。凡事陋略，有志未逮，居困安约，务就损抑，巽以行权，亦处变之道应尔，尚希赐览诸君子谅之。

答刘百闵

游兴方阑，病魔遂扰，忽又经月，靡日不思。昨荷惠书，备承远注，见谕诸端，审时虑事，曲尽其情，然在书院今日所处，实未足以语于此也。择地建屋，置田种树，固为久远之图，今为避地计，入山唯恐不深，然何山可入亦是难言。转徙经营，并须财力，洱海风光，不能不让君勋独步。且俟从者鸡足归来，若筹委诸贤详定具体计划，果属可行，在某岂有成见。今假舍乌尤，故是权宜之计，将来奠定书院基础，深赖诸公，某之迂疏，实难为力，此贤与诸公之任也。膏火制本非善法，匪曰以恤寒畯，良以此学枯淡，来者非志愿真切，不耐勤劬，欲使不以饥渴害志，聊为设此，庶令得专所业耳。斋舍既狭，费又不充，势自不能多容，名额之限，良非得已。今征选方始，寄文字求甄别者多属根柢浅薄，文理欠通，可入选者寥寥无几，殊令人短兴。来示谓自备膏火及学力不及而有向学之志者悉当收录，此自有教无类之旨，所憾屋宇太少，无以待之。将来膏火制自当变通，然书院不能自筑院舍，此意终难实行。逸翁每以规制太隘为病，责其必求充扩，某即愚陋，亦岂有自安于隘而不愿充扩之理？然此乃事实所限，非空言意志所有成办，能成办此事者，乃在创议筹委诸公之愿力如何耳。

致屈文六

　　顷奉八月二十九日手教，极佩仁言。征选是一事，征选以外随机接引又是一事，是即广书院于天下之意。心量本来如此，夫岂限于书院。但愿力虽属无尽，而事实实有未能，书院且未具缘，众机何由广被。今时根器下劣者多，又习气深厚难为解脱，每苦书问酬答之烦，虽与方便饶益，其实劳而少功。然在己苟有可尽之道者，固未尝敢有遗也。熊先生伤势稍瘳，堪以告慰。山中蛮洞不乏，无须更凿。但近来月夜往往闻警，露坐竟夕，为之不宁，业力所招，无可避免，徒有浩叹耳。

五、文集 二卷

朱晓鹏 邓新文 点校

吴 光 复校

卷一　序·跋·启

宋遗民诗序

一九〇七年

田子毅侯最录《宋遗民诗》既，以示予曰："子其有以赞吾书。"予读田子自为序，既灼然昭宣，发其义指，则谨诵至于终篇，喟然兴曰：田子之为书则犹人也，田子之志则隐矣。

且夫士有能洁其身者，虽言之近激，行之若未醇，苟其志欲天下去滓而之洁，圣人未尝不称焉。圣人非乐天下之竞为洁也，天下竞为洁，则天下滓久矣。故洁其身，士之职也；使天下归乎洁，圣人之心也。今夫伯夷，清者也，仁于孔，圣于孟?![1] 彼唯哀世之不洁，仁之不同，物为己病，穆然深忧，甘饿死不悔。司马迁摭六国难信之词而疑其怨，若夷独区区耻食周粟以为高然，岂得谓知圣人之心哉！唐韩愈造《伯夷颂》，谓微夷则乱贼塞后世，吾未见其贤于司马氏之言也。

世所名宋遗民，其人与事不一。言之近激而行之若未醇者盖有之，然大抵皭然求出于滓而反乎洁，推其志，有以合乎圣人之所与，可以厉天下之不洁者，虽未遽跻于夷，不可谓非狷者之徒也，可勿称乎？彼其愁忧憯怛，谛譽日月之下，若甚创其生。其为诗，音湫以厉，噍以肃，訇若裂石走霆、物怪怒搏，幽若哀湍急雨、鬼啸林谷，魂魄荡撼而不能休。孰驱之哉？夫固有所不得已也。且夫音声者，动于志而后发，感于气而后成。怨诽之兴，其趋也怪以怒，有致之者，夫孰能遏焉？

① "圣"，底本作"圣人"。"人"字疑为衍文，今据前后文义改。

吾观《宋遗民诗》，岂唯见元德之猥，亦以悟宋之所由衰。宋之南，小人之躅交于庭，至韩侂胄、史弥远、贾似道之伦极矣。五世而丧其国，不可谓不幸也。且使有国者以圣人之德行圣人之政，积累仁义，兴于礼乐，化渐于四夷，后世安有戎狄之祸？自王迹熄，攘统相嬗，霸政且绝，其得失废兴之际，盖有不足论者。使举一世之音而出于怨，其为国可知也。是故岂唯跖之徒充天下为患，使遗民接武于斯世，又独非圣人之忧哉？吾观所谓宋遗民者，其言莫不怆然有亡国故君之思，岂非民德之厚欤？乌乎，宋亡以来，洁其身者未尝绝于世，而天下之滓卒不可澄。田子之为是书，非欲以其洁洁天下者乎。虽然，使天下归乎洁，圣人之心也；洁天下，犹圣人之忧也。田子不得已而以其书洁天下，又岂田子之乐乎哉。

政诚序①

一九〇七年

国无政不立，政所以为治之具也。虽然，盖难言之。有国以来，为政不齐，治乱之生夥矣。夫何长乱之辙多，而即治之机远乎？若不可见其足以为乱，常若过其所以为治者焉。夫人民亦何赖于政，而徒茧首胼足，甘心以受其乱耶？盗者杀人攘货，夺匹夫之命，掠訾算之财，而弗能逭于刑诛。且夫元恶大憝巨奸，乘时窃命，假威柄悍然据人上，逞其淫毒，以贼我元元。则群慑伏于下无与之抗者，若天命然，斯亦足骇矣。彼元恶大憝巨奸者，皆必躬致尊盛之位，力握枢轴之任，生尸肥禄，死窃大名，利荟于一身，祸流于无穷。其始焦思坚谋，含螫砺爪，巧袭而竞营，垄断而横攫。一旦得之以恣其欲者，岂不曰政权哉。政权既集，莫敢予违。苟利其身，弃义坏理，悖道叛德，罔恤于衷。由是恹诐残很，轧轹忮刻，憯酷极虐，帅人而相噬。悲夫，此其去兽近矣。哀愤之士，痛人类之相演而兽也。至欲划国去政，一切废除，返诸寥廓之世。此虽过论，莫得而遏焉。

夫政可去乎？可去非政也。政者，正也，去其不正而返之正。政非能自为正，自人为之耳。夫人失其正，亡政久矣。理欲之争，危矣哉。

---

① 著者自注："此丁未所作。全书译文于辛亥、壬子间寄上海《民立报》，曾刊布少分，未毕而中止。原稿竟佚，仅存此序而已。"又自批："删。少作语过愤激，非义理之正，宜删。"

人性近理而常不胜其欲。理为圣符，欲为恶府，二者不相容，理欲消长之量，治忽升降之枢也。故上治任理，下治克欲，乱政欲胜。至于欲胜，理蔑不存，将孰为正？罪毒朋生，大乱以成。君子之于政，可不慎乎？

故欲举善政，必弘至正之理，行无欲之教，绝巅权之制，建共治之法，守背私之训，充博爱之道，尽万物之情。尊德性，平好恶；均劳力，通货财；兴辞让，祛争夺；措刑罚，乐文艺。知者弗爱其才，壮者弗爱其力，民忘其私而各得其分，然后群治可得而进，人道可得而久也。

国人之语政，莫善于道家，而莫近于儒家。道家之说既放旷难行，而儒之缪种乃饰经术以媚人主。其贤者咮喁严威之下，弗敢为高论。争王伯，辨义利，虽欲匡主德，恤民隐，终莫能救也。乃若意大利之权谋家，倔然区政治、道德而二之，许操政者以为奸利之柄，不亦悖而可怪乎！夫权谋之说，张于欧洲中古之世。至于近代，均权统治，定宪守约，粲然备矣。四方观政，孰不曰"美哉，欧洲之治也"！夫考其绳式，则信美矣，顾其所以行之之心，其诸比于意大利权谋家之术，有以异乎，无以异乎？亦至难决哉！今夫欧洲诸邦，并霸齐雄，务弱人国以强其民。厚封殖，盛军备，蕴然有杀伐之心。缘利以为政，斯亦今日之势所不得已尔。欲抗颜而称太平之治、大同之体，眇乎远哉！欲遵今日之政，霸霸相代，苟利一国，罔恤于他群，其为人类之祸福，未可知也。是以均产之会、无君之党，纷然并起，非由于政之所召而其机构有未善耶？其不底于乱，炭炭一间耳。

东方之士，不思广其国于天下，不恫其种，不修其学，而徒盛慕欧制，以为隆轨极则，抑知彼之贤哲，固怒焉忧惶，欷乎其犹病也。法人布诺德鲁易（Louis Plood）痛意大利权谋家之术不绝于世，患苦人类至烈，故甚恶政治家，撰论十一篇，命曰《政治之罪》（*Crime Politique*），凡若干万言。其言严鸷痛切，抉奸奸之胆，诛枭伯之心，剖猰㺄之肝，刻魑魅之象。其曰政治家者，假以济其欲者也。快哉言乎！所谓生于其心，害于其政，岂不然哉！究论为政之道，必克去其欲，纳之仁义。嗟乎，若布氏者，可以语理欲之辨、政治之本矣。布氏法人，多引法事，以吾今之国情，其视大革命时代之法，相去几希。读布氏之书，亦可钬目锥心、惊魂动魄者矣。译而次之，既谂当世，亦验来者，名曰《政诚》云尔。

译者识

曲苑珠英序

一九〇八年五月

夫乐律声诗之变，何在而非世运升降之机乎？《韶》《武》既亡，《雅》《颂》之音绝。屈宋以后之赋，汉魏以后之诗，其可传者，犹有变风变雅之遗焉。下此乃有词曲，词曲兴而民志之衰、国政之失可睹矣。

今世治欧罗巴文字，稍能言其文学美术之旨趣者，或谓轶过中夏。夫中夏之制，声之美者莫尚于《颂》；彼土所传，则其至者莫过于悲剧。此其故何哉？圣人之化未被于西土，民俗之情隔，而所感异也。盛德之形容，既旷绝而不有，怨诽之作，又岂得已乎！故屈原愤懑，始发《天问》；郭生触藩，《游仙》著什。人心失其和，斯放言以求自恣，衰乱之世所由多哀音矣。彼为悲剧者，大抵悼人生之多艰，明嗜欲之不可极，思蝉蜕滓浊，浮游尘埃之外，其志良足悲矣。谢师璧、葛魋（Shakespeare、Gethe）之伦，由此其选也。

予览元曲而哀马致远之志，以为虽谢师璧、葛魋无以过。国人习见者，无过王实甫、汤若士、孔云亭、洪昉思诸家，而不知有马致远。此无异抱三唐之篇什，而不闻建安之遗响。流俗溺志于声利，道先圣之言则唯恐卧，为之陈曲剧则忻然矣。劳役者见乔木而思憩，病热者得清泉而可解。兹编所撷，虽非上德雅言，固亦中材之良药也已。

名媛文萃序

一九〇八年十月

古者妇学掌于九嫔，王者出隆师保之仪，退凛燕私之过，故内外正位，国家以理；阴阳化宣，民用肃雍。迨王制凋缺，佞欢于朝，色妖于宫，于是女祸兴，乱政以繁。用一士之奸，拥一女子之宠，以贼我元元，淄蠹神宝，而覆亡随之，婵缀于国牒者，盖纷如矣。治忽之枢，尝括于至微，故礼谨其始，教著其别，义修于帷帟，而化刑于四国，斯儒者之所重也。孔子次《国风》，诗家谓多存女子之辞。盖匹妇之志，上本乎王政，下系乎邦俗，故圣人取焉。

汉以来，妇人有文者首班氏。六代之际，篇制特盛，名族淑姿，世秉礼训，彬然相接。而道韫骋《青绫》之辩，令晖造《百愿》之曲，君子犹或以为讥，则惧其流也。自后俗儇艺荒，世颇称诵女冠乐伎之作。谈者乃浸以文辞为病，而雅制鲜闻。今时人颇惜妇学之隳，为女子立横舍，郡国相望，闻者兴起。而或醉夸士之言，违阴静之义，炫其组纻，诡其容饰，弗闻泽以德义，而猥欲荡裂轨闲。乃有诟中垒之书、仇《七诫》之文者，盖非细忧也。

茂陵武君集古妇人之文可式者二十四卷，迄于唐，名曰《名媛文萃》，将以贻国之教育女子者。予览而善之。曰：今之所以为教者，异乎吾所闻，岂独妇学然哉！夫文艺之为物，贤者以淑其身而佞者以匿其垢，其未足为至德之契也。矧今倾国上下怵迫于利，道德文艺盖所未遑，而强为家弄弱植称说彤史之业，不亦远乎？虽然，殷淳、颜竣之书，弗久而亦亡。则是编者得暂存人间，其或以孔翠见宝，或与幂羃同弃，固未可知也。凡纂辑义例详具简中，故弗论。戊申十月，赵国服休撰。

重印严氏全上古三代秦汉三国六朝文序
一九〇八年九月

自挚虞叙文章流别，繇是世有总集之目。厥后刘义庆、谢灵运、孔逭、庾自直、崔浩之徒，竞相撰集，举最富者言之。篇帙滋广，而昭明独显。至唐显庆中，许敬宗撰进《文馆词林》千卷，极一时之制，其书不传，日本宽政间，天泽山人辑《佚存丛书》，中有残本四卷。近遵义黎氏复得十三卷于日本，刻在《古逸丛书》。而宋李昉《文苑英华》颇行于世。姚铉集《唐文粹》，独黜近体。吕祖谦奏《宋文鉴》，间擿芜辞。自是以降，选事益众，代有宗趋，家为体别。嗜同则虽猥弗弃，宗异则信美宁割，浸益陋矣。明冯惟讷为《诗纪》、梅鼎祚为《文纪》，并起皇古讫隋，博搜毕载，无所去取，是为总集家变例。胡震亨复辑《唐音统签》千二十四卷，三唐篇什会萃靡遗，寔道《全唐诗》之先。康熙时敕编《全唐诗》成，胡书废不行。泊嘉庆间复有敕编《全唐文》之刻，而后唐一代之制作，炳焉咸备。乌程严可均奋于下邑，喟然独录唐以前文七百四十六卷，代越数千，文逾百万。视冯、梅书体加密，勇过胡氏，事倍唐文，自有总集以来，用力之勤，未有若斯者也。

夫周末文丧，仲尼乃综六艺。五厄嬗革，献典剖散，学者苦篇籍陵错，于是贵目录校雠之学，而杂家之穷，流为类书，佚文坠简，往往赖以不没。故唐宋以来，《艺文类聚》《北堂书钞》《初学记》《太平御览》之属，稽古者秘为鸿宝。乾隆间修四库书，盖录自《永乐大典》为多。而自王应麟以降，学者多好裒辑古书。有明杨慎、丰坊之俦，犹逞僻伪。至乾嘉之际，乃始抵于精辨。王伯厚始辑郑康成《周易注》，明姚士粦始辑陆绩《易解》，斯实开本朝辑书之风。而屠峤孙、项琳辑《十六国春秋》，颇有窜入。丰坊竟伪撰《端木诗传》《申公诗说》，其书颇行于时，而杨慎亦好杜撰古典，同时又有《天禄阁外史》诸伪书，至本朝诸儒校辑古书，乃确而可信。盖作者久绝，世旷删述之圣，士之贤材者，相与缀其旧闻，守之弗失，犹愈于变古乱名者矣。

可均生是时，与孙星衍、张惠言相颉颃，皓首牖下，朴学自耀。撰《四录堂类集》，校定古集四十余种，刻未尽。而是书最晚出。匪徒博涉为尚，其中多存佚书。佚经则有《归藏残文》。《上古三代》十五。按《北堂书钞》一百一引桓谭《新论》云：《连山》藏于兰台，《归藏》藏于太卜。又《太平御览》六百八引《新论》云：《连山》八万言，《归藏》四千三百言。文与古文《尚书》、古佚《礼记》、古《论语》、古《孝经》并举。则《连山》《归藏》汉时固皆有之。班志惟著《周易》者，以诸家皆传《周易》，《连山》《归藏》之学久绝，世未有明其义者，故弗及焉。《隋志》遂谓汉初已亡，非也。宋时犹存《初经》《齐母》《本蓍》三篇，后亡于元、明之际。今所辑八百四十六言，有《启筮》《郑母》经，犹宋以前佚文。虽旧卦不复可考，视桓谭所见太卜藏本，犹存十二，亦足珍矣。惟《连山》藏于兰台，遭移都之乱，剖散无余，谭所称八万言者，竟靡一字之遗，可慨也。群经总义则有郑玄《六艺论》，《后汉》八十四。郭璞《尔雅图赞》。《晋》一百二十一。按《隋志》云：梁有《尔雅图赞》二卷，郭璞撰，亡。今所录四十八篇，盖犹梁世之旧也。古史则有孙盛《魏氏春秋》《晋阳秋》。《晋》六十三、四。杂史则有《古文周书》，《上古三代》十五。亦出汲冢，与《逸周书》别，仅存二事。《汲冢琐语》，《上古三代》十五。《晋书·束晳传》《琐语》十一篇，《隋志》四卷，今存二十五事。扬雄《蜀王本纪》。《汉》五十三。杂传则有嵇康《圣贤高士传赞》，《三国》五十二。戴逵《竹林七贤传论》。《晋》一百三十七。职官则有应劭《汉官仪》。《后汉》三十四、五、凡二卷。律令则有《晋令》。《晋》一百四十五。按《隋志》有《晋令》四十卷，今杂引四十二事，盖即出此。地理则有郭璞《山海经图赞》。《晋》一百二十二、二十三。凡六十七篇。目录则有刘向《别录》，《汉》三十八，凡一百一事。刘歆《七略》。《汉》四十一，凡五十三事。诸子儒家则有《鲁仲连子》，《上古三代》八。刘向《新序》《说苑》佚文，《汉》三十九，《新序》佚文五十二事，《说苑》佚文二十四事。桓谭《新论》，《后汉》十三之十五，凡十六篇。三卷饬比联属，拟于完书。曹丕《典论》，《三国》八。杜恕《体论》，《三国》四十二。陆景《典语》，《三国》七十。袁准《正论》《正书》，《晋》五十四、五。谯周《法训》。《晋》七十。道家则有《鹖子》佚文，《上古三代》九。任嘏《道论》，《三国》三十五。《隋志》在道家，本书未注。孙绰《孙子》，《晋》六十二。《隋志》在道家，本书未注。苏彦《苏子》，《晋》一百三十七。苻朗《苻子》。《晋》一百五十二。法家则有《申子》佚文，《上古三代》四。崔寔《政论》，《后汉》四十六。刘廙《政论》，《三国》三十四。桓范《世要论》，《三国》三十七。阮武《政论》。《三国》四十四。农家则有崔寔《四民月令》。《后汉》四十七。兵家则有太公《六韬》佚文，六十八事。《阴谋》，五事。《金匮》，三十九事。《阴符》，十二事。《兵法》，二十事。《决事占》，三事。《阴秘》，十四事。俱《上古三代》七。《孙子兵法》佚文。《上古三代》五、二十二事。杂家则有应劭《风俗通义》佚文，《后汉》三十六之四十一，凡六卷。仲长统《昌言》，《后汉》八十八、九，凡二卷。蒋济《万机论》，《三国》三十三。杜恕《笃论》，《三国》四十二。傅玄《傅子》。《晋》四十七之五十，凡四卷。校辑最精备。以上凡严氏已有考订论列之文载在本书者，皆略不论。特详其卷次，便读者绎究。间有阙载，为著其别如是。就中桓谭《新论》、崔寔《政论》、傅玄《傅子》之属，尤完饬可读。惟《上古三代文》卷二录伪《大誓》，而以马融《书序》所称经传征引之文，明为今文《大誓》所无者，牵类并录，失于考据。然伪《大誓》自汉时已承讹，今虽入录，要当与古文有别，不宜羼合耳。斯皆收诸羡漫之后，枊其残紊，复于故理，雅记秘文，绝代见宝者也。中如《尔雅图赞》《新论》《典论》《典语》、袁准《正论·正书》《苻子》《苏子》《世要论》、崔寔《政论》、刘廙《政论》《昌言》《万机论》《傅子》《四民月令》，皆编入《四录堂类集》而俱未刊。顾其书几淹没。光绪丁亥，黄冈王氏始刻之广州，而流闻未广，致之者或不易，因授石印，以辅王刻之不足，庶几人间咸晓是书。

且文章莫备乎汉，莫极乎唐。自汉而上者，汉之所由蜕也。自唐而下者，皆唐之裂余也。汉之衰止于五季，唐之流敝于近代。斯民志所系，国政所由废兴也。故道有升降，学有醇驳，俗有良窳，而文章与时消息，虽有善者，莫能外矣。颂声寝，斯怨诽之音作。儒术既绌，然后策士说炽。

汉兴，文章有数等：蒯通、随何、陆贾游说之文宗战国；贾山、贾谊政事之文宗管、晏、申、韩；司马相如、东方朔谲谏之文宗《离骚》；董仲舒、匡衡、刘向、扬雄经术之文宗经传；李寻、京房术数之文宗谶纬；司马迁纪事之文宗《春秋》；焕乎靡得而上焉。

曹氏并主邺下，潘、陆特秀晋廷，斯已卑矣。中兴嗣响玄风，宋氏雕缋是尚。逮斯以后，江左惟隆宫羽，河朔犹存气质。迨简文、湘东，思极宫体；徐、庾之流，遂启轻险。周并梁荆，风扇关右，隋氏承之，而雅正蔑闻。何者？政乖于上则文变于下也。故秦刻夸忲，二世以亡，新莽文制，矫首受磔者，修诚匪衷而厥德弗胜也。两汉诏令，温润尔雅。降于齐梁，惟鹜繁绮，其治荒矣。夫淫诐害义，恗佞取容，狃肆之言日至，则民志以丧，祸辏靡日，自古及今，未有爽焉者也。上之律令条教所出，掌故所守，下之闾巷谈议，薮泽呻吟，匹夫之语，其诚伪臧否，盖国之枢机，可以忕乎哉？故曰：古之教者，文采以养其目，声音以养其耳，威仪以养其四体，理谊以养其心。是以泽善蓄美，无鄙倍之气，而畔德者鲜。若乃效喌咿之俗，饰禁侏之容，储器而遗艺，怵迫于利末，撅其最粗者以为教，则所刘可知也。

夫欧罗巴新造之国，英德诸邦，文学远出元明后，彼希腊歌诗、罗马文笔，学者争宝。矧轶近术艺竞进，犹溉沐文学复兴彼土谓之 Renaissance。之功。曾以中土宅宇绵邈，文物称最，彼土谓吾国曰"支那"，实沿梵语。梵语于世号最古，"支那"云者，在梵语为文物国之义。见陈士元《象教皮编》。及今而坠之。不弘所学，蔑裂圣文，岂非至愚而可恫乎？世之览者，抚严氏是书，亦知所忧哉！戊申八月宛委山人。

重印姚氏古文辞类纂王氏续古文辞类纂序
一九一八年

生民之初，情志动乎内，风气应乎外，发为音声语言以相交接，足以达意而止。稍进乃有文字孳乳，施之简策。众名既立，诠寄始形。连属比类，自成轨则。万事以察，百世可竢。于是体制蕃兴，作者代有。刚柔静躁，称感而出。好尚不同，工拙异趣。自书契以来，语其流变不可胜穷矣。然道之显者，备在六艺。前乎此者，删定之所从；后乎此者，虽应物多涂，取舍万端，莫能外焉。

夫性情所由宣，道术所由立，人伦之管籥，治世之枢机，罔有不资于文者。用之朝廷邦国，极于闾巷酬酢，非诚不达，非义不顺。苟违其道，则群志暌乖而菑患用起。矫伪之辞，民弗信也；衒耀之言，民弗从也。故治世之文，质厚而温润；乱世之文，倾诐而犷僄。循理则尔雅密深，用私则交诬互讦。君子观于一世之文，而其政教可知也。若夫驰骋气势，研铼篇幅，矜饰宗派，竞相题目以为能事者，抑亦未已。

当清之世，桐城有方苞、刘大櫆、姚鼐之徒，名为能古文，天下言文章者称桐城。虽未能深探六艺之本，要其属辞洁而有法。阳湖李兆洛得鼐所集《古文辞类纂》，久乃出之，几于户传人学。自屈原、贾谊以逮其师之造述，叙次流别，斐然有伦。观其所择，信非苟然者也。其后流风振于湖南，而湘乡曾国藩最为雄桀。王先谦慕其余习，因有续类纂之刊。视前书则不逮，而乾嘉以来鸿笔，大略在焉。故二编者，不惟缀文之士所宜窥涉，欲稽时俗升降，亦得假鉴于斯。

今国家更新，未遑文艺。好异者或谓古法可弃，审时所行，转益芜荛，知言者忧之。苟未能反之结绳，则先民之椠安可轻毁邪。会文堂主人以是有取于王、姚二纂，广之石印，将利其流播，用溉始志。其诸皮弁鼓箧之伦，信能观乎斯编，亦可远于鄙倍。然后渐之以仁义，润之以礼乐，庶乎道德可成，文学可兴矣。

印光法师文钞序
一九二〇年三月

诸三昧中，功高易进，念佛为先。入此三昧已，一切三昧皆得具足。抑扬之说，信非笃论。法宁有异？异自人耳。今时贤哲，亦盛谈义，然浊智流转，玄言奚裨？自非冥怀凝寂，岂能廓彼重昏？决知火宅无安，乃悟乐邦匪邈。故谓从心现境，境即是心；摄所归能，佗即是自。欲求方便趣入之道，舍净土何由哉！印光法师此宗尊宿，颇提弱丧，罄吐诚言，辞致恳恻，与莲池为近。云罍居士倡缘弘布，深植净因。远征题识，聊为赞喜。其诸大由心上士，夙志津拔修涂、游履安和者，盖必有资于是也。

庚申二月，湛翁书

楞严正脉科会序
一九二〇年十一月

自道安法师以三分科经，冥符天竺，尔后义学蔚盛，并相承用，条理转密，亦犹儒家之有章句矣。然古者经疏异简，如章安述《法华文句》，清凉制《华严义疏》，其始皆别行，所以尊经也。占毕者或以为弗便，于是乃有会本，析经就疏，割文随科，或失之碎。要其梢分句义，取便初学，非无益已。《楞严》流通广，疏家猥众，明季交光鉴公出《正脉》，号为新学。以其力屏三观之说，天台家或不喜之，是以幽溪、藕益并致攻难。然诸师虽宗尚略殊，皆本自心观行，应量而说。信能观其会通，则异义互陈，并资显发，溟涬既廓，封执自陨。初心之伦，慎勿是丹非素，妄生分别，致堕疑谤也。张居士妙因于《正脉》用力盖久，以其科节繁密，读者或忘前失后，因摘而出之，系以经文。执此以窥《正脉》，如图经在手，轨辙易寻，其于诵数良便。恐或疑其非古，又独守《正脉》，为非通方之训，故因其来请序，为弁数言以释之。

庚申十月，湛翁书

新唯识论序
一九三一年十月

夫玄悟莫盛于知化，微言莫难于语变。穷变化之道者，其唯尽性之功乎！圣证所齐，极于一性。尽己则尽物，己外无物也。知性则知天，性外无天也。斯万物之本命，变化之大原，运乎无始，故不可息；周乎无方，故不可离。《易》曰："乾道变化，各正性命。"性与天道，岂有二哉！若乃理得于象先，固迥绝而无待；言穷于真际，实希夷而难名。然反身而诚，其道至近。物与无妄，日用即真。睽而知其类，异而知其通，非天下之至精，其孰能与于此？惑者缠彼妄习，昧其秉彝。迷悟既乖，圣狂乃隔，是以诚伪殊感而真俗异致。见天下之赜而不知其不可恶也，见天下之动而不知其不可乱也。遂使趣真者颠沛于观空，徇物者沦胥于有取。情计之蔀不祛，智照之明不作，哲人之忧也。唯有以见夫至赜而皆如□，至动而贞夫一，故能资万物之始而不遗，冒天下之道而不过。浩浩焉与大化同流，而泊然为万象之主。斯谓尽物知天，如示诸掌矣。此吾友熊子十力之书所为作也。

十力精察识，善名理，澄鉴冥会，语皆造微。早宗护法，搜玄唯识。已而悟其乖真，精思十年，始出境论。将以昭宣本迹，统贯天人，囊括古今，平章华梵。其为书也，证智体之非外，故示之以明宗；辨识幻之从缘，故析之以唯识；抉大法之本始，故摄之以转变；显神用之不测，故寄之以功能；征器界之无实，故彰之以成色；审有情之能反，故约之以明心。其称名则杂而不越，其属辞则曲而能达。盖确然有见于本体之流行，故一皆出自胸襟，沛然莫之能御。尔乃尽廓枝辞，独标悬解。破集聚名心之说，立翕辟成变之义。足使生、肇敛手而咨嗟，奘、基挢舌而不下。拟诸往哲，其犹辅嗣之幽赞《易》道，龙树之弘阐中观。自吾所遇世之谈者，未能或之先也。可谓深于知化，长于语变者矣。且见晛①则雨雪自消，朝彻则生死可外。诚谛之言既敷，则依似之解旋折。其有志涉玄津，犹萦疑网，自名哲学而未了诸法实相者，睹斯文之昭旷，亦可以悟索隐之徒勤，亟回机以就己。庶几戏论可释，自性可明矣。彼其充实不可以已，岂曰以善辩为名者哉！既谬许余为知言，因略发其义趣如此，以俟玄览之君子择焉。

马浮

儒林典要序
一九四〇年六月

古之为道者，率性而已。藏于身则寂，同于民则感。虽神用不测，盖泯然无得而称焉，非有物以与人也。故曰：默而成之，不言而信，存乎德行。若是者，无假于言说，而况于书乎！性德渐漓而后有惑，于是假言象以辨之，著之竹帛以贻后。惑愈甚则书愈广，乃不得已而为之。苟足以祛其惑，是亦可舍，故曰"不可为典要"也。圣人统之以六艺，而无所遗；后世别之以九家，虑犹不能尽。

儒非自名，名之由人耳。史迁始立《儒林传》，传六艺之学者属焉。其后儒术浸微，世亦不重儒。重儒者不以其道，埋晦以至于宋。濂溪周子首出，伊洛诸贤继之，六艺复明，庶几直接孔孟，由是有道学之目。《宋史》立《道学传》，以别于《儒林》，斯歧而二之矣。或疑其说有近于禅，而名又滥于道家。后之说者益纷然莫能一，滋以诟病，是皆泥于名而不考其实也。夫不明乎道，何名为儒？苟曰知性，何恶于禅？儒与禅皆从人名之，性道其实证也。六艺皆所以明性道，舍性道而言六艺，则其为六艺者，非孔子之道也。性者人所同具，何借于二氏？二氏之言而有合者，不可得而异也；其不合者，不可得而同也。汉之黄老，魏晋之玄言，并与后世依托道家者异。义学善名理，禅则贵直指而轻谈义，

---

① 语出《诗·小雅·角弓》："雨雪瀌瀌，见晛曰消。"《传》："晛，日气也。"底稿及《马一浮集》均作"睨"，盖形近而误。今改正。

不肯以学自名。二家者俱盛于唐，及其末流，各私其宗以腾口说，恶得无辨？然其有发于心性之微者，不可诬也。故宋初诸儒皆出入二氏，归而求之六经。固知二氏之说，其精者皆六艺之所摄也，其有失之者，由其倍乎六艺也。然后为六艺之道者，定其言性道至易简而易知易从，极其广大则无乎不备。名之以儒，仍其旧而不改，斯可矣。无取于别立道学之目也，尤无取于以宋学为名。为是言者，则为已陋；恶是名而欲代之以哲学者，则为已固。若乃借谈忘祖，幽冥而莫知其原，奋其私智之凿，欲一切决而去之，是盖以璞为鼠而祭非其鬼之类。求通而反蔽，习于诡异而安之，是则闻见之囿，自弃于迷缪之途而不知归，又何责焉。

今最录诸儒发明性道之书，断自濂溪以下，为《儒林典要》，以饷承学之士不溺于流俗者。寇患方亟，旧籍荡然，书颇不具，善本益不可得。仅就所有刊之，校亦未审，卷帙稍繁者犹力不能刻，故不预定目次，旧序已明者亦不更出叙录。理而董之，盖犹有待，姑以是为先河焉耳。

中华民国二十九年六月，马浮序

浙江旅嘉同乡会集会序
一九四一年四月

民国三十年四月，浙江旅嘉同乡会成立，初集于乐山。乡人之识浮者，辱来见告，欲得浮一言以为序。浮惟在《易》，旅之象为止而丽乎明。今浙之人在嘉者，其操业不同而俱有所丽，则一也。其来也多以避寇，各因其所丽者而徙，虽徙而止于其所丽，亦一也。以避地而暂止于嘉，则为丽于嘉。于嘉而有此同乡会，则为浙人之自丽于浙人。凡物必有所丽。日月丽乎天，百谷草木丽乎土。推而言之，国之于民亦丽也，神之于形亦丽也。人之群处而萃聚者，必各求其类，此人之情也。然必先有所止而后丽。其为丽也，亦非苟而已，必求其所以为丽之道焉。故曰"止而丽乎明"，旅之义也。丽者其事，明者其道也。同乡会之不容已，岂唯浙人然，天下之人莫不然也。岂唯浙人之在嘉者然，其在他州异县者亦莫不然也。

庄生有言：旧国旧都，望之畅然。虽使丘陵草木之缗，苟为其所习见者，犹为可喜也，而况昆弟亲戚之謦咳于其侧者乎？今浙人之立同乡会于嘉也，得使无亲寡之忧而有止丽之吉，益进而求其所以相爱相恤之道，必有过于《车笠》之诗者，斯怀其旧俗而合于时义之大者也。故为陈"止而丽于明"之义，以为吹剑之一映。若夫缘起之事，则有会中诸仁贤在，非浮之所能详也。

会稽马浮谨序

圣传论序

一九四二年一月

伊川作明道墓志曰："周公没，圣人之道不行；孟轲死，圣人之学不传。""先生生〔于〕千四百年之后，得不传之学于遗经，以兴起斯文为己任""使圣人之道焕然复明于世。〔盖〕自孟子之后，一人而已。"向者尝读其言而疑之，谓圣人之学，其有传邪，何以千载旷绝？其无传邪，何以明道独能得之？孟子曰："君子深造之以道，欲其自得之也。自得之则居之安，居之安则资之深，资之深则取之左右逢其原，故君子欲其自得之也。"又曰："君子所性，仁义礼智根于心，其生色也，睟然见于面，盎于背，施于四体，四体不言而喻。"盖其所谓得之者如此，则信乎其不可传矣。

庄周曰："夫道有情有信，无为无形；可受而不可传，可得而不可见；自本自根，未有天地，自古以固存。"《庄子·大宗师》。按今本皆作"可传而不可受"，非是。据义当互易。屈原《远游》曰："道可受兮不可传，其小无内兮其大无垠。"是亦托为道家言者，可证。彼为道家之言，犹若是矣。

禅者自名为教外别传，复曰：无法与人，不从人得；然时至理彰，如寐忽觉，得其旨者，皆由自悟，亦未尝废师资之道。且必久经锻炼，始克承当。如达摩使诸弟子各言所得，众皆只对。谓三人者，一曰"汝得吾皮"，一曰"汝得吾肉"，一曰"汝得吾骨"。独慧可礼拜已，依位而立。乃曰："汝得吾髓。"南岳让入室弟子六人，各为印可，曰：一人得吾眉，善威仪；一人得吾眼，善顾盼；一人得吾耳，善听理；一人得吾鼻，善知气；一人得吾舌，善谈说；一人得吾心，善古今。此指马祖道一。此又何说者？其果有得邪，果无得邪？从人得邪，自得之邪？若言有传有得，则为赃诬古人，埋没自己；若言无传无得，则成断灭空亡。离此二途，乃知自性宗通，不违师承禀受，若非超宗越格，将至丧我儿孙。会此者乃可语于不传之学矣。故曰："向上一路，千圣不传。"然从古以来，门庭施设，当为何事？亦曰指归自己，令其自得而已。利根上智，一语知归；其或未然，依他作解，终身无自由分。二程从濂溪受学，何以云"天理是自家体认得来"？明其不可传也。

先儒料简俗学，诋斥二氏，乃是大机大用，于法自在。后儒不窥古人用处，徒滞名言，乃以小知自私之心求之，安可得邪？知见稠林，碍塞天下，时当衰季，转溺转深；异执纷然，徇人丧己，是丹非素，出主入奴；拘墟笃时，沿讹袭谬。以狂见为胜解，以恶觉为智证。自甘封蔀，无有出期。若此之伦，深可悲悯。何堪更存汉宋今古之争，立朱陆门户之见，辨夷夏之优劣，持禅教之异同，陷身不拔之渊，转增迷罔之过邪？

又有一等人，乃谓濂洛关闽诸儒皆出于禅，阳为辟佛而阴实秉之。不悟儒佛等是闲名，自性元无欠少。非惟佛法西来，不能增得些子，即令中土诸圣未尝出现于世，亦何曾亏却纤毫。若论本分，各自圆成，不相假借。我行我法，岂假他求！惟此一真，何能盖覆！然须实到此田地始得，否则承虚接响，自欺欺人。所以误解有得之言，良由不识不传之旨耳。两宋诸贤何尝不与诸禅德往复，但谓有资于彼，事则不然，具眼者自能辨之，不能为不知者道也。

朱子少依刘屏山，晚而表其墓曰："熹尝问先生入道次弟。先生曰：'吾官莆田时始接佛、老子之徒，闻其所谓清净寂灭者，而心悦之，以为道在是矣。比归读吾书而有契焉，然后知吾道之大，其体用之全乃如此。抑吾于《易》得入德之门焉？所谓'不远复'者，则吾之三字符也。于是尝作《复斋铭》《圣传论》以见吾志。然吾忘吾言久矣，今乃相与言之，汝其勉哉！'"此与伊川谓明道出入二氏归而求之六经之言，如出一辙。盖洛闽之学，莫不如是。

按《圣传论》十篇，举尧、舜、禹、汤、文王、周公、孔子、颜、曾、思、孟之道以为说。于尧舜明一心，于禹示一体，于汤言日新，于文王言不已，于周公极推无逸为持谦之功，于孔子特举践形明生死之说，于颜子发不远复之几，于曾子示本敬之旨，于子思则约性以明中，于孟子则指归于自得。实皆有以得其用心，义该而文约，盖以显所谓体用之全者。而《复斋铭》即在《颜子》篇末，今从闽刻《屏山集》二十卷中录出，使学者读之了然于传与不传之不二，而知所用力焉。则屏山之所得，吾今日亦可得之。而知明道、伊川之所得，朱子之所得，固与屏山不殊，与诸圣亦不殊也。

屏山之兄彦修，尝与大慧杲习，一时交友如李汉老邴、吕居仁本中，皆与大慧杲相契。疑其所谓佛之徒者，或指杲也。径山《蕴闻集·大慧书问》二卷，有与刘宝学彦修书一通，刘通判彦冲书二通。其答宝学书云："彦冲被默照邪禅教坏。此公清净自居，世味淡泊，将执此为奇特。若肯转头，却是个有力量底汉。"其与屏山书略云：左右做静胜工夫有年，不识于开眼应物处得心地安闲否？若未得，当求个径截得力处，方不孤负平生。又云：而今学道者，多是求之转失，向之愈背，那堪堕在得失解路上。谓闹处失多，静处失少，若果解中得力，何故却向闹处失却？而今要得省力，静闹一如，但只透得赵州"无"字。忽然透得，方知静闹本不相妨，亦不著用力支撑，亦不作无支撑解。其言实钳锤稳密。是知屏山之作《圣传论》，正是转头时节，不复更以清静寂灭为道。若谓得之于大慧，则不可；然大慧自为屏山净友，则亦何须讳却邪？此向来儒者所不肯道，因刻此书，特为拈出，圆此一段公案。使屏山今日犹在，固当坦然相许耳。

曩欲辑《儒林典要》，其书无虑百家，因就其卷帙少者先出之。或疑其杂，谓如刘原甫《公是弟子记》之类，皆不当见收。不知但据原流，则门庭过隘；诸方倡道，苟其言有饶益，不论闻道浅深，何为不可入录？后此方欲刻《横浦心传》《慈湖家记》，皆旧所诋为禅学者。不识古人用处，而辄以禅学外之，不唯不知何谓禅，直不知何谓学耳，因亦附识于此。三十年后此学若存，有人举著，或不疑其所行矣。又《典要》初辑开雕于民国二十九年，至三十年始就。此本以工辍未及序，今始补缀，亦并记之。

民国三十一年一月，马浮识

重刊盱坛直诠序
一九四二年八月

濂洛关闽诸贤所以直接孔孟者，为其穷理尽性，不徒以六艺为教、敷说其义而止也。其兼总条贯，为群经传注，有近于义学，视汉唐说经之轨范为进。若乃酬机接物，不主故常，其言行足以动天地、通神明，则与禅宗大德同功而异位。此未易为执言语、泥文字者道也。如明道似禅，而伊川则邃于义，朱子谈义特精，而象山长于用禅。其实门庭施设则义为大，入理深谈则禅为切。所谓始条理者智之事，终条理者圣之事，岂有二哉！

儒佛相非，禅义相薄，此皆临机对治，一期药病之言。心性无外，得其一，万事毕，冥符默证，唯此一真。大用现前，不存轨则，岂名言所能域？将何名为义，何名为禅？世之纷然持异同者，不解古人机用之妙耳。象山后有阳明，阳明后有近溪，而直指之道益显，实原于明道识仁之说。《大学》之明明德于天下，《中庸》之率性谓道，至是阐发无遗蕴矣。然自象山、阳明，其于义学，时或稍疏，不及朱子之密，此不足为象山、阳明病。末流承虚接响，或至捐书废学，骛口说者有之。夫一理浑然，泛应曲当，不思而得，不勉而中，是圣人境界。凡民私意未起，计较未生，固与圣人同此心体，然一翳在目，天地易位，其日用之差忒者，气昏而习蔽之也。若谓不假工夫，本无欠少，则有执性废修之失。一往而谈，见处未的，依旧业识茫茫，无本可据，此又学者所不可不审也。

近溪此书传本不易觏，其中出门人记录，亦有稍疏于义者。然大体善启发人，使闻者直下认取自心，豁然无滞，实具活人手段。而于天地万物一体之理，昭昭然揭日月而行，可以祛沉霾阴翳之习，尤今日所亟宜提持者也。

吾友兰溪叶君左文，得程开祐刊本，手写以见贻，藏之累年，幸未散失。今因书院续刻《儒林典要》，遂付之梓，以饷学者。嗟乎，世变如此其亟，求书如此其难，今后亦未知能刻几何，故不复预定其目，姑出此书，聊以自塞，兼谢故人。辄赘数语于简端，知我罪我，一任后人论量。中华民国三十一年八月，马浮识。

附　示复性书院刻书处同仁

序是有关系文字，优缽昙华，后此亦将难值，愿勿等闲看过也。

重印宋本春秋胡氏传序
一九四三年四月

孟子说《春秋》原于《诗》，董生说《春秋》原于《易》。《诗》好仁恶不仁，陈古刺今；《春秋》贤贤贱不肖，借事明义。故《诗》之志、《春秋》之志一也。《易》以忧患而作，设卦观象，系辞焉而明吉凶；《春秋》名伦等物，辨始察微，拨乱世反之正。故《易》之所由作、《春秋》之所由作一也。《诗》之用在乐，《春秋》之用在礼，征伐亦礼乐也。上无天子，下无方伯，诸侯失礼，专征伐，为无道，四夷交侵，灾害并至，然后《春秋》作焉。故《春秋》，礼义之大宗。或曰：左史记言，右史记事，言为《尚书》，事为《春秋》。若是，《春秋》特史官所掌，何谓《春秋》天子之事邪？删《书》断自唐虞而录《秦誓》，为其近于王；《春秋》起隐、桓讫定、哀，为其降于伯。故《尚书》极其治而《春秋》极其乱。王伯治乱，皆由人兴；中国、夷狄，别之以礼义：安在其为记事之书邪？故曰："志在《春秋》"，"《诗》亡然后《春秋》作"，"《春秋》经世，先王之志"。圣人之志，先王之志，诗人之志，皆存乎《春秋》。《春秋》统《诗》，《诗》亦统《春秋》也。"祖述尧舜，宪章文武"，谓《书》也。"上律天时，下袭水土"，谓《春秋》也。"文武之道，布在方策"，"文王既没，文不在兹"，谓礼乐也。"盛德大业"，"极深研几"，《易》之指也。"惟深也，故能通天下之志"，达于政事，而后可以言《诗》义也。"惟几也，故能成天下之务"，明于礼乐，而后可以言《春秋》义也。故六艺之教，始于《诗》，终于《春秋》。礼乐之用神而乾坤之理得，圣人之能事毕矣。

董生曰："不明乎《易》，不能明《春秋》。"推是言之，不明乎《易》，亦不能明《诗》《书》《礼》《乐》，不明《诗》《书》《礼》《乐》，亦岂能明《春秋》哉！善说《春秋》者，宜莫若孟子。孔子作《春秋》，继六圣，比之"禹抑洪水"、"周公兼夷狄"。三传之说能如是乎？董生言《春秋》无达例，明其以义为本也。所谓窃取其义者，圣人进退予夺之大权，而可以例求之乎？世之治《春秋》者，自何休以来皆言例。例者，史之事耳。明《春秋》之不为史，则知求例之小矣。"文成数万，其指数千"，又岂例之所可尽乎？然自游、夏不能赞，非精于义，亦何由以知圣人之志哉？

《汉志》：传《春秋》者五家，惟《公羊》《穀梁》立于学官。邹氏无师，言未有传其学者。夹氏未有书，然又有左氏、铎氏、楚太傅铎椒张氏、虞氏赵相虞卿四微，其书皆佚。《左传》后出，特详于事，考迹者亦不废。自唐时《左传杜预注》特行，《公》《穀》浸微。自唐末宋初，赵匡、孙复之伦始自出新意，不尽依三传。而王安石造《新说》，傅会《周礼》，独奋然黜《春秋》为断烂朝报，专辄已甚。此《胡传》之所为作也。

且夫礼有损益而义无今古，故百世可知。秦汉以来无圣人之德，苟乘一时之势，据非其所据者，众矣。以《春秋》之义绳之，未知当居何等。微善必录，纤恶必绝，后之为史迹，恶足以语于此？故以《春秋》为史迹，则何必待圣人而后作？鲁史、晋《乘》、楚之《梼杌》，皆《春秋》矣。后世亦岂乏良史，曷不为《春秋》邪？盖治乱，迹也；其治乱所由致，本也。故庄生曰："迹者履也，而迹非履。"精于义者乃能睹迹而知其本，见始而知其终。《易》曰："履霜坚冰至"，"其所由来者渐也"。君子知微知彰，知柔知刚，万夫之望。故事不必齐桓、晋文，汉武、唐太亦可也；文不必鲁史，马、班、陈、范亦可也。然无圣人之义以裁之，则不得为《春秋》，此经、史之别也。若夫说经者，因后世之事，以《春秋》之义推之，明其失政之所由、乱亡之萌渐，使闻之者足以惧，虽未必尽得圣人之用心，要其能睹迹以知本，见始以知终，而谨于礼失之渐，抉其微隐，使昭襮于言外，其亦可以拨乱世反之正。若是者，《胡传》有焉。

当宋之南迁，夷狄之祸亟矣。其君臣溺于宴安而不知奋，忘君父之仇，北面而事之，其何能国？文定受高宗诏撰进是书，冀以经术渐渍于朝野之人心，庶几免于夷狄；正王安石黜《春秋》、不立学官之非，而告高宗以专读《左传》之无益。观其绍兴六年撰进书表，其所为发愤可知也。其说虽不显于当世，及宋之亡，仗节死义者踵相接。元祚既仆，明兴，乃益重此书，科举试《春秋》义专用胡氏，著为令。明亡而死义之士相随属。中国之终不沦于夷狄，赖有《春秋》；《春秋》之不至夷为史书，赖有《胡传》。其效亦可睹矣。清儒特好《公羊》，以傅会改制之说，治左氏者益不知经史之辨，故令《春秋》之义不明于天下，夷狄之祸复炽于今日。然则《胡传》之晦而复明，诚今日治经者所不可一日缓也。

书院欲辑《群经统类》，苦其事难集，姑先取常熟瞿氏藏宋刊《胡传》影本付活字板，而以明吉氏澄、闵氏齐伋二本校之，益以《宋史·胡安国传》附录于卷末。逾年印始成，辄举其大义以告承学之士欲明《春秋》者，使知要焉。

中华民国三十二年四月，马浮识

附 致复性书院刻书处同仁

《胡传序》今日脱稿，说大义颇昭晰，此亦有关系文字。

蠲戏斋诗自序

一九四三年十二月

"《诗》以道志"，志之所至者，感也。自感为体，感人为用。故曰："正得失，动天地，感鬼神，莫近于《诗》。"言乎其感，有史有玄。得失之迹为史，感之所由兴也；情性之本为玄，感之所由正也。史者，事之著；玄者，理之微。善于史者，未必穷于玄。游于玄者，未必博于史。兼之者，其圣乎！史以通讽谕，玄以极幽深。凡涉乎境者，皆谓之史。山川、草木、风土、气候之应，皆达于政事而不滞于迹，斯谓能史矣。造乎智者，皆谓之玄。死生、变化、惨舒、哀乐之形，皆融乎空有而不流于诞，斯谓能玄矣。

事有远近，言有粗妙。是故雅郑别，正变异，可以兴观群怨，必止于无邪！其称名也小，其取类也大。其旨远，其辞文。故通乎《易》而后可与言博喻，为能极其深也；通乎《春秋》而后可与言美刺，为能洞其几也；通乎《诗》而后可与行礼乐，为能尽其神也。有物我之见存则睽矣。心与理一而后大，境与智冥而后妙。故曰："圣人感人心而天下和平。"诗之效也。

春秋之世，朝聘燕飨，皆用歌诗，以微言相感。天竺浮屠之俗，宾主相见，说偈赞颂，犹有诗教之遗。中土自汉魏以来，德衰政失，郊庙乐章不复可观。于是诗人多穷而在下，往往羁旅忧伤，行吟山泽，哀时念乱之音纷乎盈耳。或独谣孤叹，蝉蜕尘埃之外，自适其适。上不可说，下不可教，而诗之用微矣。体制声律，亦屡变而益繁，其味浸薄。然而一代之中，作者犹时时间出，虽辞不逮古，情志之发乎中者，不可绝也。

余弱岁治经，获少窥六艺之指。壮更世变，频涉玄言。其于篇什，未数数然也。老而播越，亲见乱离，无遗身之智，有同民之患，于是触缘遇境，稍稍有作。哀民之困以写我忧，匪欲喻诸行路。感之在己者，犹虑其未至，焉能以感人哉？既伤友朋日寡，余年向尽，后生将不复知有此事，聊因病废，削而存之。写定数卷，以俟重删。如使文字犹存，不随劫火俱尽，六合之内，千载之下，容有气类相感，遥契吾言而能通其志者，求之斯编而已足。庶无间于遐迩，可接于神明，虽复毁弃湮灭，靡有孑遗，夫何憾焉。岁在癸未冬十二月。

慈湖家记序

一九四四年四月

《慈湖家记》十卷，从明嘉靖初秦钺编刻《慈湖遗书》中录出。据钺于目下注云："右《家记》三卷，分为十卷。其曾汲古所编《诲语》、傅正夫所编《训语》，皆与《家记》大略相同。今去其重出者，止于各条下注互见某书。若二书所载《家记》原无者，附于各条之后，注出某书。"是旧本止三卷，经钺省并复重，并有据曾、傅二录增入者，因厘为十卷。故今径题秦钺编，以著其实。秦编以前旧本不可复见，清光绪间冯可镛重刊秦本，续辑《佚文》一卷，附《年谱》二卷，其余目次一仍其旧。四库所录者，亦即秦本也。

按钱融堂撰《慈湖行状》载著述诸目，《家记》亦在其中，是曾经慈湖自定。如《己易》本成于宰乐平时，在绍熙初年，时先生年五十余，曾耀始传刻其删定本。至嘉定七年，以直宝谟阁主管玉局观罢归，则年已七十四。自是居慈湖十四年，始成《易传》《诗传》等书，八十六而卒。《家记》中遍论群经，盖多晚年之说，故学者欲知慈湖所以自得之深者，必求之此书，明矣。

慈湖少象山二岁，年三十二时，象山过富阳，为留半月，因决扇讼发明本心。自是豁然不疑于此心清明广大之体，凡日用酬酢变化云为，皆此心之妙用，未始有间。其后每举《孔丛子》"心之精神是为圣"一语示学者，久而益精益纯。施于有政，形于讲说，若揭日月，若决江河。其光明俊伟之概，虽象山无以过。至其言微切，尤足以发聋振聩。象山所谓"沉阴铜蔽，非霹雳不开"者，慈湖之言实有之。

或疑慈湖勇于疑古，果于自肯，疑若有过然。告之曰：汝若自肯如慈湖，许汝疑古；汝若未能自肯，虽曰不疑古，未许汝能信古也。汝以心为古今有异，故以六经为心外之法，舍汝自心本具之理而索之于外，虽六经岂能益汝哉！以是读慈湖书了无所兴起，虽尽读先儒书，亦何能有所兴起？慈湖谓："人皆以《易》为书，不以《易》为己；以《易》为天地变化，不以《易》为己之变化。故面墙者比比。不知天地者我之天地，变化者我之变化，非他物也。私者裂之，私者自小也。"闻此言而不兴起者，非徇物丧己，必遗物而自弃者也。然汝学慈湖，且无学其言语，须直明自己本心，能不疑其所行，斯能不疑于慈湖之言矣。即以是非之心明之，人之气质苟非昏蔽之甚者，其本心之明必有时而不昧。然知其非而不能去，知其是而不能从，此何也？牵于私欲而未复其清明广大之心体，故无以发其用也。

又或疑此为禅学，试观慈湖之说经，于一名一物何尝不致其谨，其当官莅事，告君治民，行己接物，有一事之可议乎？谓禅学而如是，禅学亦何恶于人邪？朱子虽于慈湖之书有不满处，然却谓杨敬仲有为己功夫，又称其躬行卓然有以自立。当慈湖为绍兴司理，朱子提举浙东常平仓，尝特荐之。又尝谓象山门下类能先立乎其大者，此间朋友末稍却不免执言语、泥文字。按朱子所以不满于陆氏之学者，止谓其不肯读书穷理。今取象山、慈湖书绎之，其理会文义或失之疏则有之，然其直下承当，决非卤莽。谓之不读书、不穷理，其可邪？学者慎无因耳而废目，乃正为朱子所诃也。

袁蒙斋《乐平慈湖遗书阁记》曰："先生自幼志圣人之学，久而融贯，益久而纯。生平践履无一瑕玷，处闺门如对大宾，在暗室如临上帝。年登耄耋，兢兢敬慎，未尝须臾放佚。此先生之实学也。凡先生之所言者，言此而已；学者之所以学先生，学此而已。"知此者可与读慈湖之书。

余恒病今之学者不能自振拔，故欲尽刻慈湖书。先出此编，而学者已致疑，因为释之如此，遂书于简端。知我罪我，听之后人。如有善学，必不以斯言为径庭也。

中华民国三十三年四月，马浮

附 致复性书院刻书处同仁

《家记》序今晨动手，午后脱稿。只是信笔写出，然颇痛快警辟，可为读是书者开卷时先打一强心针。请疑一段，却是最精采。不因星贤之疑，亦无以发吾此文，所谓法不孤起也。耽阁多日，今日虽匆匆了却，却亦不苟。

当时下笔只是逞快，略无凝滞，故不能免于疏。然就记忆所及者，亦只有此数处。既觉其未安，则须改，此心方始帖然耳。此亦是用处有差忒，未到古人地步，然吾却不肯放过。言之不可苟也如此，亦望贤辈共知之。廿九日丑起坐写此，俟天明送上。

重刊周易系辞精义序
一九四四年六月

《周易系辞精义》二卷，旧题东莱吕祖谦编。从古逸丛书覆刻元至正本、《伊川易传》合刻本录出重刊。据陈振孙《书录解题》云："吕祖谦集程氏诸家之说，程传不及《系辞》故也。《馆阁书目》以为托祖谦之名。"钱遵王《读书敏求记》云："《经籍考》载伊川《易传》十卷。吾家所藏宋刻本只六卷。今考《程朱传义》后二卷小序曰：'程先生无《系辞》《说卦》《序卦》《杂卦》全解。东莱《精义》载先生解，并及遗书，今并编入，续六十四卦之后，题之曰《后传》，庶程、朱二先生皆有全《易》云。'则是予所藏六卷为程氏原书，而《后传》乃据《精义》遗书搀入者。端临《通考》亦未为核也。"云云。依二家所录，是此书自南宋以来传刻已久，且有以附于《程朱传义》合并本之后者矣。

按吕伯恭尝定《周易》古本十二篇，谓康成、辅嗣合《彖》《象》《文言》于经为非古，故析上下经、十翼，以为还费氏之旧。朱子于伯恭殁后刻之临漳，自为跋语，极称之。而谓音训则出于其门人王莘叟所笔受，疑其有脱遗。书甫毕而伯恭殁，故未敢辄补。初未及《系辞精义》之目，无怪《馆阁书目》疑之。又世传东莱《易说》二卷，徐乾学以为出于门人记录，今见东莱别集《读书杂记》中，仅杂举卦义，亦非完书，然是自记，非出门人，特皆未及《系辞精义》。考伯恭书校本伊川《易传》后在乾道五年，书所定《古周易》后在淳熙八年，是年七月即殁。使其有是书，不容一语不及之。然观其弟子约所为圹记，乃言《读〈诗〉记》重加勘定，止迄于《公刘》首章，《大事记》亦未脱稿，其他遗文所纂辑者甚众，以未伦次，皆藏于家，又安知《系辞精义》不在纂辑诸稿中邪？

朱子在未草《论》《孟》集注以前，撰集程门诸子之说，先为《论孟精义》，实始用"精义"之名。疑伯恭亦仿是例，先事纂辑而未出，其后乃流传人间，非必定由依托也，特未知最初雕本在于何时。至至正本所题"晦庵先生校定"，则必是坊本妄加无疑，今削去之。是书所引程氏遗书及濂溪、横渠书外，程门诸子有杨氏、谢氏、游氏、吕氏、尹氏、侯氏并及五峰、胡氏诸说。虽有删节，其书半已亡佚，借此以存，而尤以龟山之说为多，何遽不可比于《论孟精义》？盖自王辅嗣注《易》，即未注《系辞》。孔颖达撰《正义》，乃取韩康伯注附之，至今不改。然则吕之精义，独不可附于程传之后邪？

从来说经不出两例。自为一家之学，无取参会异说，一例也。兼采众说，而不专主一家，又一例也。前者如毛公说《诗》、康成注《礼》之类是。后者如何晏《论语集解》、李鼎祚《周易集解》之类是。伊川

《易传》盖取前例。朱子于《诗集传》取后例，于《易本义》取前例，若其注四书，则兼用之。其于前人之说义苟有当，无敢或遗，若在所疑，必加料简。故于《精义》之外，又草《或问》，以明其去取之所由。说经至此，乃无遗憾。清儒犹以义理为空疏，好以汉学标榜。或张皇家法，轻诋异义；或惟务该洽，而迷其指归。是由先有成见，遂阙精思。故矜创获者其失则固，贵折中者其失则肤，后之治经者必改是。因刻《系辞精义》，明旧说之不可轻弃，泛论及此，庶学者知切己体会而慎所择焉，毋徒以断断考辨为能事也。

中华民国三十三年六月，马浮

　　按《朱子语类》一百二十二《论吕伯恭》卷袭盖卿录云："李德之问《系辞精义》编得如何。曰：编得亦杂。只是前辈说话有一二句与《系辞》相涉者，皆载，更不暇问是与不是。"又叶贺孙录云："或问《系辞精义》，曰：这文字虽然是裒集得做一处，其实于本文经旨多有难通者。如伊川说话与横渠说话，都有一时意见如此故如此说者。若用本经文一二句看得亦自通，只要成片看，便上不接得前，下不带得后。"据此，朱子虽议其编类未尽善，其书出于伯恭无疑矣。

　　又按《东莱吕太史别集》卷第七《尺牍》类《与朱侍讲元晦》云："义乌刊《精义》，初不曾下手，所欲咨请，皆俟后便。"又云："义乌欲再刊《精义》，两日询问得，方写毕而未锓板。"未知是否即指《系辞精义》而言。若是指《论孟精义》，似未有婺本，而伯恭所刻伊川《易传》实在婺，疑连类而及之，亦事之所宜有者。若是，则此书非出于伯恭没后，盖早有雕本板，故李德之等据以为问也。方草序时未检及此，自悔其疏，因补记于后。

浮再识

附　致复性书院刻书处同仁

　　昨日方得《〈系辞精义〉序》一篇，午后方下笔，至晡时成。检看《吕成公集》，《东莱集》，《东莱外集》《别集》，费时颇多。稿三页并样本两册送去。此书是否出于东莱，本有疑问，但自不可废，序中只将此点说明，即得。末后举说经两例却不可易，亦不是泛泛也。刻书要明体例、知简择，书院若欲继绍此业，贤辈尚须留意，无专倚老夫也。

　　今日又检出《语类》二条，可证明《精义》实出东莱之手，但已不及加入文中。加入太累赘。今录去，可低一格写于序后，亦是一办法也。

舜水遗书序　代①

一九〇九年

　　方明之亡，士之蹈义陵险，志存匡复，发愤以扞华夷之大坊者，州郡相望。迹其谋议飙举，时有疏密，及力瘅计尽，咸就破灭。要能奋身死难，斯为烈矣。若遯行肥遁，用晦自全，佚处山海，托遗民以终者，何可胜道哉！《语》曰："非其政不履其地，洿其君不食其利。"吾求之明遗民，得舜水朱先生，盖庶几焉。先生遭剥穷之会，躬盘桓之贞。时方骛于朋党，标揭浮华，交会之徒盈天下，先生独穆然无闻。江浙义旅兴，尝预赞画而不可荣以禄。卒用逡巡，播迁海表，唐、鲁祚讫，遂老东邦。蟺蜕蘮秽，穷居三十年，岛人诵义，彼邦儒雅，彬然萃门。尤多识明之旧章，达乎政事，不为空言。水户侯源光国，事以三老，乃为之立横序以兴教，定庙次以明祭，遗以衣冠之式以致文，诏以棺椁之制以厚终。于是弁服之伦皆知渐于礼义，生见严师，殁为瞽宗，宜哉！康雍以来述遗民者，乃不知有先生，则以去国之夙而性峻少附也。先生生余姚，而讲学不宗阳明，不交黄太冲，于浙东诸率，独推王完勋，而颇短张玄箸。《易》曰："君子以同而异。"岂先生之谓耶？睹郑成功群下慓轻，知其取败，召而不谒。见系越南，抗节不辱，折其君相，可谓强毅知礼矣。夫其抱器不返，有箕子之明；非世甘饿，有鲍焦之介。至于黄发羁旅，殊俗归德，况尊西河，俾化管宁，自明之遗民，未有斯轨也。

　　予读陆士衡《豪士赋》，以谓循心为量，则隆杀有域；因物成务，则丰约惟遇。故时至势得，庸夫可以济圣贤之功，斗筲可以定烈士之业。斯言历久弥验。苟为不当其运，虽智参伊管，勇齐贲育，犹无益也。明祀竟斩，非士之不足，诚乃天也。窃悲先生赍义长没，乃独区区名传裔土。事不编于惇史，行不缀于耆旧。以彼遐外，犹知宝其遗物，守其祠墓，二百余年无改；顾在宗国，忽焉不彰，斯非邦人之过耶？

　　予既定其遗文，别为目录，因叙其所以重先生者，使后之君子得以观焉。

---

　　①　此序系代汤寿潜先生作。《舜水遗书》刊出时颇多异文，当系汤先生改定。

意林续钞序①

今海内谈士攘臂以议国政，莫不挟炙𫐐之智，畅悬河之辩。人奋其辞，户诵其说，朝野交骛，瞿然从化矣。然而涂虑殽错，名言殊施，夷夏相瞡，古今不相准。其在博学方闻之君子，深观天下之变，综乎百物之名。故能取之逄原，析之亡阕，思之通理，言之中伦。苟不然者，既昧于古训，复胶于殊语，守妄测以为信，执鼠璞以相贸，缊纰𫄸繆，纷而亡纪，虽有耳顺之圣，犹将瞢然莫识其谓何也，安在其能导瀹群志、裨益时用乎？夫言有滞于一曲，亦有俟乎百世。恣域外僻驳之说而不考先民损益之旨，是亦蔽也。

自古著书言治术者，莫盛于晚周。降乎汉魏之际，政乖俗敝，贤才之士退而论列时制之得失。或毗于儒家，或毗于法家。虽弛张异用，矫枉或过，要以推本经术，揆其国宜，存乎恻怛，犹非后世所能及也。其人多耿介绝俗，求志严穴，不事炫襮，甘从泯没，曾无愤慨。异乎今之夕草千言，朝传万版，仓卒稗贩，托舆论以自鸣者矣。聊因叙次其文，断自东京，不遑远引，刊落枝叶，取其与近事相发者勒为是编，遗之论坛。虽非时措所资，庶亦伐柯之则欤？

国朝文汇序　代

自道术既裂而文章以繁，然后总集兴焉。《汉志》录西京制述，各自名家，别出辞赋，多者数十篇而已。东京始有别集之目，建安之后，遂成风尚，篇帙滋广。晋挚虞苦览者难尽，于是叙文章流别，以为要删。后世述之，或独标一体，或类次群贤，或因地为别，或断代示变。总集之中又各自为例，大抵取精者主于约，骛广者疑于滥。虽其书有善不善，后之考文者咸资焉。故以《文苑英华》之芜，而唐人别集之佚者多赖以存。《播芳文粹》出于南宋坊肆所集，而多存宋人之遗文，则蒐辑之功为不可没也。吕东莱因《圣宋文海》增损为《宋文监》，断自建炎以前，多采说理之文，而张南轩讥为无补学术。黄梨洲读昆山徐氏藏

---

① 本文亦曰《中国古世政论一斑》，发表于《独立周报》时著者署名"被褐"。

书，尽明人别集二千余家，辑成《明文海》，而阎潜丘议其体例乖舛，非耄年自定之书，张时彻有《明文范》六十六卷，成于隆庆间，录洪武至嘉靖之文，凡四百四十二家，其中有为《明文海》所未录者，传本甚希。则编类又岂易言哉！

国朝文以康、雍、乾、嘉之际为极盛。其时朴学竞出，文章多本经术，虽趣尚不同，要归于有则，无前明标榜依附之习。道咸以降，海内睢盱，不遑文艺之事。敝至于今日而僩然将有散亡之惧。然则总集之辑，曷可缓哉！康熙中敕编《皇清文颖》，历三朝而后成，草野颇不易觏。嘉庆间，青浦王氏昶录并世之文为《湖海文传》，特详于考证。乾嘉诸老之论撰，大略在焉。其书道光间始出。而娄县姚氏椿、泾县朱氏琦之文录，亦先后继轨，道光末上高李祖陶亦辑《国朝文录》，同治间复成《续编》，篇帙稍富而甄采未精，体例亦陋，未足此姚、朱之书也。然读者犹病其未博也。中兴四十余年而文体复变，顾未有综二百六十年之制，要其指归，究其流派，荟之以为一书者，来学何以征焉。某君以《国朝文汇》乞序，余虽未观其书，览其所自为序，著录逾千家，为篇之数盈万，富可知矣。又独不取宗派之说，欲以备一代之典要而观其会通。喟然悼方来之衰而凛乎有在兹之任，则其志足多也。

周文忠之序《宋文鉴》曰："此非汉唐之文而我宋之文也。"黄梨洲编《明文海》成，告其子百家曰："是书之富，视《文苑英华》犹过之。以明之作者轶于有唐，非此不足以存一代之书也。"按《文苑英华》千卷，著录始梁末，实以上继萧选，特录唐之文为多耳。《明文海》四百八十二卷而无诗，实未有以过之，此亦梨洲之夸词也。某君之志，盖犹是耳。后之览者，将以考先正之遗文，而进窥学术盛衰之故，其必有取于是书也夫。

熊氏丛书弁言 代

余既出《新唯识论》，因答难申义，笔札遂多。复出《破破论》、《语要》，书皆别行。友人贵溪彭君凌霄凤以弘道为怀，尤于吾书笃嗜，谋为汇印，题曰《熊氏丛书》。将使览者参互寻绎，得其旨要。刘、周、张、胡四君并相赞许，遂印之南昌。兼欲甄采旧著，俟有新造，续为增入。余惟理极忘言而教从缘起。故称性而谈，元无增损。临机施设，遂有抑扬。其或未舍筌蹄，犹资熏习。则此数卷之书，言虽不备，不为苟作。会万法而显真源，乃吾本愿；尝一滴而知海味，是在当人。实赖善友护持，庶令正见不断，夫岂以世谛流布为重哉！

某年月日，黄冈熊十力记

重刻莲池大师戒杀放生文序

夫福德之聚，莫先于护生；业苦之酬，莫憯于相杀。今大地诸国，交困于兵，究其所起，皆饮食之讼耳，哀哉！群愚唯念五欲，将求自遂，终至互戕。谓陵暴为得理，指争夺为天赋，不恤捐躯命以赴水草，忘陷井以徇饴蜜。众苦逼迫，晌息无安。岂非自业所感，实致然耶？自天眼观之，一念贪起，则饿鬼相现；一念嗔起，则地狱相现。不待趣报之殊而感应之机固已判矣。若乃操刀而议偃兵，残民以图自活，虽有辩智，其焉能济？就令诸佛出世，莫回定业。从缘警省，唯在当人。苟知劣报不虚，当悟胜因可集。故使一肉免于庖，则一刑息于国；一禽脱于网，则一善植于心。由有所不忍，以达之于其所忍；由有所不为，以达之于其所为。即此现前，介尔一念之仁，无缘大慈，同体大悲，莫不从此流出，何功德之不具，何灾害之不消乎？

龚君未生既与善友醵设放生会，岁全生命甚众，又重刊莲池大师遗文，广为流布。吾愿世之君子，随喜无尽，勿以其近而忽之。肇公云："会万物为自己者，其唯圣人乎！"圣人无己，靡所不己。诸仁者信能爱惜物命如己之护其头目，将见化干戈为红莲，变大地为金色，亦不离刹那际也。

湛翁敬题

题子恺画集
一九二七年十月

吾友月臂大师为予言丰君子恺之为人，心甚奇之。意老氏所谓专气致柔，复归于婴儿，子恺之于艺，岂其有得于此邪？若佛氏五行中有婴儿行，其旨深远，又非老氏所几。然艺之独绝者，往往超出情识之表，乃与婴儿为近。婴儿任天而动，亦以妄想缘气尚浅，未与世俗接耳。今观子恺之贵婴儿，其言奇恣，直似不思议境界。盖子恺目中之婴儿，乃真具大人相。而世所名大人，嵬琐忿矜，乃真失其本心者也。赵州有"孩子六识"话，予谓子恺之画，宜名"孩子五阴"。试以举似月臂大师，当以予为知言。

丁卯九月书与丰子恺教授。蠲叟

复性书院缘起叙
一九三九年五月

古之为教者，不尽出于学官。其在学官所守，学有定制，教有常程，求其器能足备世用而止，昔之贡举、今之仕宦者取径焉。诸不在学校之科者无以待之，其有明道之儒，逸在布衣，穷居讲习，或为之置学田、立精舍。士之不务进取者亦趋之，志在淑其身以善天下，学以至于圣贤。此书院所由起，其事本不摄于有司。后乃有官立之书院，专重课试，浸失初旨，然博洽者犹出于是。自晚清改学制，书院久废。民国肇兴，教育制度数有更定，大抵取法欧美，斠若画一，亦既虑之至详，行之甚力，无所事于书院矣。

今委员长蒋先生，行政院长孔先生，教育部长陈先生，感于学校师儒所治，唯重器能，其于德行道艺之本，犹若或有所遗。将欲济蹇持危，开物成务，赞复兴之大业，体先圣之微言，必赖深明经术，精研义理，养成知类通达之才，以为振民育德之助。是以缅怀旧俗，而有创设复性书院之议。士友之在蜀中者和之，不以浮为迂陋，欲使之诵说旧闻，牖启初学。所以继绝学，广教化之道，将有在于是者。浮虽不敏，其敢自逸？

窃惟国之根本，系于人心；人心之存亡，系于义理之明晦；义理之明晦，系于学术之盛衰。中土圣贤道要，尽在六经，唯六经可统摄一切学术，一切学术莫能外之。故必确立六经为道本，而后中土学术之统类可得而明，文化之原流可得而数，即近世异域新知，亦可范围不过。若舍己而徇物，逐末而遗本，是今日学者之大患也。六经者，圣人之权度，将以明伦察物，彰往知来。别是非，辨义利，正人心，厚风俗，其必由斯。尝谓乐正崇四术，顺先王以造士，为学官之守，此教之在上者也。孔子定六艺、明圣道以俟后，乃素王之业，此教之在下者也。二者固并行而不悖也。秦法以吏为师，是古非今者族，尽人知其无道。故语政则当定于一尊，语学则当各求其志。虚中无我而后感无不通，周遍含容而后体无不备。

道者，天下之公器，非一人一家之所得专。故言不为苟同，行不为苟异。《中庸》曰君子之道"考诸三王而不谬"，则弗疑其害政也；"百世以俟圣人而不惑"，则弗虞其哗众也。补今世师儒之所阙，则弗嫌其骈枝也；审殊俗涂虑之所通，则弗病其锢蔽也。剗名言之芜苫者，使就于理；道思致之驳杂者，使进于纯。如是而后书院之设为不虚，讲学之事为不陋。夫人心之歧、学术之弊，皆由溺于所习而失之，复其性则同然矣。尧舜性之，元亨诚之通也；汤武反之，利贞诚之复也。自诚明谓之性，自明诚谓之教。教之为道，在复其性而已矣。是故知性习之分，而后可以明因革之道。其可得与民变革者，习也；其不可得与民变革者，性也。率以仁，民从而仁，性之符也；率以暴，民从而暴，习之蔽也。循理则安，驱策无所用；从绳则正，禁遏无所施。是皆自然之效，非可以智要而力取也。唯其不明，故往而不返；苟或知之，斯不远而可复矣。浅见者或诋心性为空谈，尊功利为极则，以巧佞为识时[1]，鄙恬退为落伍。举天下之言，皆出于剿说雷同，稗贩依似，民志何由而贞，民德何由而进哉！必也贵特立独行之节，则曲学阿世之害自消；砺严气正性之操，则苟且贪冒之风自绝。然后强寇可得而驱，莠言可得而戬。

先儒修德讲学，本以求己，不期于化民而民自化；本以立身，不期于成俗而俗易成。不必居司徒之任，为太学之师也。虽其效或在久远，不可卒睹，然未有不能及人者。故谓古之为教者，不尽出于学官也。今朝野诸贤既有见于此，庶几洙泗之业晦而复明，伊洛之绪绝而复续。唯深也故能通天下之志，唯几也故能成天下之务。见微而知其著，见始而知其终，道之光大可以渐期。祭海先河，此谓知本。将显体用之大，必除门户之私。昔王安石以新经说取士，卒悔其劳而无功；朱子虽遭伪学之目，曾何伤于日月。经术义理之学，知者识为无上之家珍，不知者谓为已陈之刍狗。今之所立，不唯与时贤异撰，亦或与旧说殊科。幸值自由之世，各言尔志，无所庸隐。然渊微之旨，既俗所罕闻；淡泊之门，尤众所难附。法不孤起，待缘而兴；德必有邻，须友以辅。所望海内闳达，气类相感，引而教之，扶而翼之，斯道之幸也。

浮愚，诚惧不克负荷，窃在下风，以俟有德。事方草创，规模未具，粗拟大略，附于左方。（下略）[2]

---

① 识：底本作"职"，据文意改。

② 按所附"大略"，见《寒江雁影录》所收《复性书院简章》，此略。

佐治药言抄本跋

一九〇一年八月二十九日

右汪辉祖《佐治药言》一卷，先君所手抄者。先君于同治六年入蜀，从同县陆福仙先生游巴县。发愤学律法，两月而大通。于掌故、民物、吏事之要，皆识其沿革、会其条理。先后主同县朱太守潮于成都，主湖南邓太守承彬于顺庆，主归安沈刺史棫于绵州，主同县胡大令圻于灌、于遂宁。幕游十年，斠求吏治。凡有论议，抉摘利弊，规远明微，莫不详尽。民多隐受其赐。以为汪先生之书，幕者之南针也。手抄是帙置几案。尝曰："吾之佐人也，庶政职事，竭吾知以计之，详审以出之。有不便民者，必诤诤焉而不行，去之可矣。巾箱中尝封银二十两自随，有故则以备膏秣，而脩奉馈赆必却焉。步趋附和，规规焉如他人腹中所欲言，吾不能也。"又曰："吾尽日判牍，夜来垂帐，必默以所判者之得失互相抵，自以为无失，然后甘寝。或微有失，辄旁皇达旦，补之而后已。及居官时，尤兢兢焉。每决一重囚，必闭户静坐，设为其囚或控焉而折服之者，必其有死之道三五以上，然后乃定。"乌乎，可谓详慎也已！遗箧中书目表，尚有《学治臆说》《双节堂杂录》，今检不得，而是册独存。因泣识遗言为跋于尾，以哀而藏焉。

光绪辛丑七月己卯，男福田跪书

四书纂疏札记跋

一九二五年十一月

为学必先治经，治经必先四书，读四书必以朱子《章句》《集注》为主，而用《论孟精义》《中庸辑略》《或问》《语类》参互寻绎，然后知朱子下语精切，真字字称量而出，确乎其不可易也。

康成、仲达持篝土于瞽宗，何晏、皇侃乱淄渑于异学。比而观之，则知略存古义之功，不敌滥入玄言之失。不有洛学导其先河，考亭扬其坠绪，则圣学之要曷由而明哉！赵岐致力《孟子》，远胜何晏，而于道性善之旨，不能有所发挥。盖汉儒论性多出荀卿，魏晋以下涉入佛老，至濂洛继兴，始宗孟氏，洙泗之业，因以大明。故谓直接孔孟，信为不诬，特未闻道者难与共喻耳。

近世若戴震、阮元、刘宝楠、焦循之徒，所谓碎义逃难，便辞巧说，而毛奇龄尤姝事诋娸。类此，虽其书充栋，何益于学？大抵明人好泛滥，务悬解，近二氏之奢；清人矜家法，习姝固，成博士之陋。或以经就己，或舍本求末，其于义寡当，均也。

学者欲通四书，其或于《精义》《辑略》《或问》《语类》不能备览，苟得赵氏《纂疏》而详究之，则于朱子之说，亦思过半矣。友人之好仁者，深慨俗敝之久，由于学术衰息，义理不明，思设圣风书苑印行经籍，沾溉方来，一以义理为归。爰初发简，《纂疏》居首，可谓知所先务矣。经义如日月，朱注如江河，无俟于赘言。独赵氏之书，其有功于朱子，譬犹行远之赖车航，入室之由门户。后生蒙求，或未知择，为出札记数条，系之卷末，以告初学。若夫博达之士，固无资焉。

乙丑冬十一月，马浮识

周易易解跋

一九三一年八月

《易大传》曰：天地设位而《易》行乎其中矣。乾坤毁则无以见《易》，《易》不可见则乾坤或几乎息矣。故知天地而不知《易》，是犹不知天地也。知变易而不知不易，是犹不知《易》也。《易》之行，于何见之？见之于四时行、百物生；见之于消息盈虚，动静阖辟；见之于往来上下，进退存亡；见之于变化云为，出处语默。无往而非《易》也。故曰：神无方而《易》无体。至赜至动而又至简至易者，其唯《易》乎！

《易》既为六艺之原，汉以来以说经名家者，莫多于《易》。封执异义，递相攻难，并有所明而不能无遗，各有所通而不能无蔀。大抵有以见夫赜者、动者，多主于象数；有以见夫简、易者，多主于义理。合而观之，未可以偏废也。守一师之言而汰然自足者，可以为博士，不可以为通儒；集众说之歧而无所折衷者，近似于类书，而无当于经术。若乃阴阳方伎之士，咸自谓得《易》之理，虽近野恐泥，亦固其枝与流裔也。或以术数外之，亦违赅遍之义。《易》说之驳杂如此，自非极深研几，絜静精微，何能知所择耶？

清人自惠定宇始辟图书，及胡朏明撰《易图明辨》，征引尤博。王白田复作《易本义九图论》，并为学者所尊信。白田治宋学，独深辟九图。

然九图实与启蒙之义相发，何为申彼绌此？自有此文，不独治汉学者攻图书，治宋学者亦以为口实矣。于是先后天河洛之义，几为说《易》之大禁。实则诸师之固，未有以见夫《易》道之大也。

清季钱塘沈竹礽先生，隐于闾巷而博学多通，尤精象数之学，著有《周易易解》十卷、《周易示儿录》三编、《周易说余》一卷。称心而谈，尽廓汉宋门户之见，独明先后天同位之义，推京氏世位以说卦序，皆能发前人所未发。盖有见于赜动而不失易简之旨者。浮与先生之子祖民习，因获读其书。虽未足以窥先生之学，固知先生之于《易》，其所自得者深矣。顾其书或为治汉学者所不喜。然克实言之，旧谓《易》有四圣人之别，犹非笃论，更何有于汉宋耶？世有明《易》之君子，其必于先生之书有取焉，可无疑也。祖民坚以附赘一言为属，因书此归之。

中华民国二十年八月，马浮识

姜西溟藏稿书后
一九三五年

右西溟手稿二册，慈谿王定祥得之清光绪间。冯保燮刻入西溟全集中，删去复重，题曰《西溟藏稿》。今归鄞童藻孙，藻孙以视予，属为之跋。

余惟清初为古文者称侯、魏，皆喜驰骋，多芜累，独汪尧峰稍平而质。其能菁华内敛，淡而不厌，曲而能畅，辞谊雅饬，无矜忿之气者，当推西溟。时天下号承平，士方趋于禄利。西溟老而不遇，乃卒以成其业。虽预修《明史》《一统志》，而仕宦不达。年既七十，甫得一第，终陷诏狱。观其论郭泰、黄宪、徐稚之伦何故文辞不概见，谓夫人信有得于己，则其于外宜有所不暇。又为《遂初堂诗序》曰："惟淡泊者为能发抒性情之正，而情驰于利欲、气沮于得丧者，不足以与于斯。"《董文友文集序》曰："我归而求之，俟其学之至而确然有以自信于中，毁誉得丧不得而入，如是者，虽终我身可也。"及其论诗，一以冲淡闲远、得于比兴之旨为主，则其素所蓄养可知也。

藻孙好为古文，学之有素。昔尝得西溟手写《选诗汇钞》，今又得是稿。审其手自改削之处，一语未安，往往再易，当知古人之于文，其不苟出如此。又非独赏其遗墨而已。今新学后生，急于求知，文不加点，朝甫具草而夕已流布者多矣；能渐渍于此，亦可以知所择也。

跋弘一大师华严集联墨迹

一九三七年十二月十五日

丁丑冬十一月，避寇桐庐北郊，因丰子恺得遇刘质平居士，出弘一大师手书真迹属题，患难中一段奇事也。大师未出家时，教授浙中，丰、刘皆出其门，于艺术并有深造，子恺尤好佛法。质平得大师片纸只字皆珍若拱璧，积册至多，装褙精绝。余为题曰"音公杂宝"。此为《华严》集联，亦大师欲以文字因缘方便说法之一，非质平善根深厚，何以独见付嘱，郑重如是邪？大师书法得力于《张猛龙碑》，晚岁离尘，刊落锋颖，乃一味恬静，在书家当为逸品。尝谓华亭于书颇得禅悦，如读王右丞诗。今观大师书，精严净妙，乃似宣律师文字。盖大师深究律学于南山、灵芝，撰述皆有阐明。内熏之力自然流露，非具眼者未足以知之也。肇公云："三灾弥纶而行业湛然。"道人墨宝所在，宜足以消除兵劫矣。

蠲戏老人识

蠲戏斋诗自序科解跋

一九四四年一月

余弥甥女丁敬涵，年十三，从余学诗。余为讲《诗大序》及《诗谱序》，用科分法，使其易喻。顷见余是文，复以为请。因为剖析如此，兼告之曰：凡文之醇至而可传者，皆由义理充实，自然流出。当其下笔，不假安排；及其成文，自具条理。譬如寻山脉，探河源，缕析条分，了如指掌，然后说义，乃可如其分量。如此篇若不加科别，亦无由知其详密也。故古之教人莫先于训诂章句。若训诂不通，章句迷昧，安望其能解义，亦不可名为读书。今初学不知文字脉络，囫囵读过，欲使训解不谬，安可得哉？

中土自有义学，始用科分以释经论，朗若列眉，虽钝根可喻，其法最善。末流或失之繁琐，可使改趋简要，不可径废也。"义疏"之名，本出释氏撰述，儒者说经亦袭用之，惜未能取其长。世俗粗心上慢，或以章句为陋，谬言不求甚解，耻于问人，反以不解相高。其能观大体、玩经文者，吾见亦罕。所以鄙倍日滋，形于文辞，全无法度，俗日敝而文益丧矣。后有达者，若采吾言，岂唯有裨童蒙，庶几得免夷狄。汝曹勉之，吾言特滥觞而已。

> 癸未十二月几望，蠲戏老人再识

高子遗书节钞跋
一九四七年

自古小人道长之时，君子之志每不获伸，至于厄穷患害而不悔。然《杂卦》终《夬》，以刚决柔，小人道忧，何可长也？君子虽遭夷伤而明不可息，道自常存，不以一时显晦之迹为损益也。

明高忠宪承薛文清、王文成之后，其学以主静与居敬为一。初于静中悟心体自诚，本无邪思；其后忽悟明道"万变尽由人，其实无一事"语，脱然忘内外、废将迎，而持敬之功益以加密。验之于言行之常而不违，极之于死生之大而不异。临危犹履坦，入水若燕居，非知性者，其孰能与于此？

忠宪当神宗万历时，以行人上疏，忤阁臣王锡爵，谪官揭阳。及熹宗天启初，起用至卿贰。以魏忠贤方用事，旋遭罢斥。至毁天下书院，一时诸贤俱被逮问。忠宪处之夷然，遂从彭咸之遗则。明季虽多君子，其遇甚于汉之党锢。然当势愈张，边患益逼，而明社亦遂墟。论世者观于东林士节之盛，虽百世之下犹有生气，以是知人心之不忘君子之道，屈而终伸也。

此编为无锡许静山先生就忠宪弟子陈几亭辑录本节出，于旧目颇多刊削，然学者得此，于东林讲习之要旨，亦可以循而不失矣。书为静山先生清末奉使欧洲时手写，余获交先生哲嗣叔娱，因得假读。窃叹当日使才，于周旋槃敦之余，犹能读书精勤如此，前辈风范，非今日所能复睹。叔娱有子方襄赞越南使事，迎叔娱就养，庶几克绳祖武，益绍其家风。于叔娱之行也，敬赘数语以归之。

王心湛印边款

心本无心，湛亦非湛。名字性空，依幻说幻。不来而来，不见而见。如印印空，随缘不变。

吾友心三，改字心湛，自为之说。又以与吾名相应，书来见告。予以法身亦是假名，因刻此印贻之，真乃如虫蚀木耳。

兰亭集诗写本自跋
一九四二年十一月

旧见明宁王权刻《兰亭禊集图》石本甚精，系诸诗于后，楷法亦雅，不记为何人书。今据桑世昌《兰亭考》所录，桑所据盖唐石本也。《世说新语・企羡篇》注载《临河序》，于"列序时人，录其所述"下，有"右将军、司马、太原孙丞公等二十六人赋诗如左；前余姚令会稽谢胜等十五人不能赋诗，罚酒各三斗"，盖亦刘孝标所缀，非逸少原文也。文中无自称右将军之例，又误安石之官为司马，宜以桑考为是。余姚令谢胜，桑本误"胜"为"滕"，则传写之谬耳。又桑考录后序，亦据怀仁集字，其文殊陋，不类右军，殆好事者所为，亦未必果出怀仁所集也。俗传碑本犹有之，不足取。

《兰亭》一序，不独书法妙绝千古，观诸题咏，亦大畅玄风。哀乐相生，古今同致，右军于此深悟无常而不堕断见，甚有般若气分。独惜支道林未与斯会，以逸少之高韵，晚而始识支公，愿与结邻，以视元亮之于惠远，攒眉不入，未知孰胜也。刘彦和乃谓"老庄告退，山水方滋"，殊非解人语。自来义味玄言，无不寄之山水。如逸少、林公、渊明、康乐，故当把手共行。知此意者，可与言诗，可与论书法矣。

右午冬十月，鶢叟记

大方广佛华严经普贤行愿品写本自跋
一九四二年十二月二十四日

癸未十一月，因写《净行品》，复写此品，冬至后一日写讫。

儒者无终食之间违仁，造次必于是，颠沛必于是，言行动天地，孝弟通神明。自佛氏言之，皆普贤行也。躬行君子，则吾未之有得。三灾弥纶，而行业湛然。人能志普贤之所志，行普贤之所行，庶可以践形尽性矣。鶢戏老人记。

古德云：若有一法出过涅槃，我亦说为如梦如幻，所谓实际理地不立一尘也。经云：一切治世语言，资生产业，皆与实相不相违背，所谓万事门中不舍一法也。濂溪示人当志伊尹之所志，学颜子之所学。何谓也？夫伊尹，一夫不获，若己推而纳诸沟中，非普贤行愿之旨乎？回也屡空，坐忘不改其乐，非文殊妙智之力乎？知禹、稷、颜子易地则皆然，则知普贤、文殊一体而非异；知成己、成物为一事，则心、佛、众生无差别。故曰："尽性至命，必本于孝弟；穷神知化，由通于礼乐。"如普贤、文殊者，乃可谓孝弟、礼乐之人矣。夫岂于心外求之而可见哉！吾有知乎哉，无知也。"天何言哉？四时行，百物生。"于此荐得，文殊在汝面门；"老者安之，朋友信之，少者怀之。"如是用心，普贤在汝脚下。若复别有者，趁向水牯牛队里去，不为分外。余病今人无论学儒学佛，并逐名言，求之在外，将谓可从人得，不知体究自性，于自己日用动静中全无干涉。业识茫茫，何时顿了？因写是经，聊为引发。纵无饶益，犹胜驰求。又释氏古制，三分科经，流通一分每言功德，此亦权说，后学当知。书写读诵，讲说赞叹，有何利益？所言功德，乃重在行。行得一句两句，真实不虚，便可出生一切诸佛，其功德乃真不可思议耳。写后再记。

嵇叔夜养生论答难养生论写本自跋

一九四四年四月

余读嵇生《养生论》，好其文而哀其志。及观向子期设难，鄙浅迥非其伦。叔夜所答亦近芜累，不逮前文，然不掩其粹也。综其思理，极于清虚寡欲，而必求长年，无乃近惑，是岂老氏外身之旨哉？

魏晋之际，天下浊乱，才智之士，无所容身，莫不致嗟负乘，而希心肥遁。故和光者寄其玄辩，避俗者托之神仙，浸成风尚，非必能绝物以自全也。叔夜卒罹吕安之祸，将非所谓"豹养其内，虎食其外"者邪？夫钟会、司马昭则叔夜之虎也。《魏志》谓"康文辞壮丽，好言老庄，而尚奇任侠。"盖尚奇任侠实乖养生之道，此孙登所以忧其不免也。

阮嗣宗诗曰："人言愿延年，延年欲焉之？黄鹄呼子安，千秋未可期。"复曰："逝者岂长生，亦去荆与杞。千岁犹崇朝，一餐聊自已。是非得失间，焉足相讥理。"因写叔夜此文，辄念阮生是诗足以相发，聊并记之。甲申三月。

书王右丞西施咏后

王右丞《西施咏》，盖讥小人幸进而遗其故交者。"贱日岂殊众，贵来方悟希。要人傅脂粉，不自著罗衣"二十字，形容骄盈意态，未免过毒。然金佞得志事相，的是如此。吾独为西施抱屈者，无端被人刻画，若自始便从鸱夷子游，不入吴宫，何至遭人指目，乃知艳色真不幸也。

书素问上古天真论句跋

净名谓三界攀援，是为病本。若恬淡虚无，斯绝于攀援矣，尚何病之有？夫生者气也，故庄子言养生，而孟子首养气。生灭聚散，乃理之常然。太乙者未见气，冥漠无朕，庶契无生，是又非《素问》之所能及。乃知"精神内守"，犹为有执之言，"恬淡虚无"，未若"寂灭为乐"之至也。《涅槃经偈》："诸行无常，是生灭法。生灭灭已，寂灭为乐。"

蠲戏老人识

楚辞写本短跋

《涉江》《哀郢》非同时作。《哀郢》发郢至陵阳，《涉江》则从鄂渚入溆浦，乃在既放陵阳之后也。蒋骥腾说如此。

灵均绝调，千古词人所不能到也。《九歌·湘夫人》"帝子降兮北渚"四句。

此与《湘君》《湘夫人》辞同，然老极愈疏，言益迫矣。《九歌·大司命》："将以遗兮离居。"

庄周、屈原皆好言神仙，然与后世丹经有别。朱子谓《远游》此语，《远游》"曰道可受兮不可传"六句。虽广成告黄帝不过如是。此最古之口诀也。

诅楚文跋
一九四四年五月

《诅楚文》有三，据王顺伯言：初得《告巫咸文》于凤翔，旧在凤翔府廨。次得《告大沈久湫文》于渭，时蔡挺帅平凉，携之归南京。最后得《告亚驼文》于洛，在洛阳刘忱家。其词皆同，唯神号异。今依《绛帖》著录本，盖是合《巫咸》与《大沈久湫》两本为一，未知所据为凤翔本或蔡氏本，再经摹勒，亦非当时初出土之旧观矣。而刘忱所得

《告亚驼》本独不显。今人发见殷墟甲骨，而六国时物乃罕有得者，异时或更出也。秦楚争霸不足论，独此可考见秦俗事神，当其用兵，乃先之以巫祝，此与今日之宣言誓众，亦无异也。字体初变，渐近李斯。追始皇刻石颂德，仍其矜伐之习，凿山沉水，徒留为后人磨洗之资耳。甲申闰四月，蠲戏老人。

秦《诅楚文》，宋蔡挺得于凤翔，《绛帖》录之，或疑其伪。以书势断之，决为六国时物，字体初变，渐近李斯矣。

圣教序临本自跋

《圣教序》后有《心经》，盖慈恩初出译本，即以此摄般若大部也。于志宁等五人润文，后来刻本俱削之。然当时同在译坊，固宜出其姓名。因临此本，故并及之。蠲叟。

春雨闭门，以临池遣日。蜀中苦无佳笔，名为鼠须，实不中使。如驱疲兵御悍将，不应律舍，往往败人意。腕底虽有羲之化身，畏此拙笔，亦将退避。然吾于此得生忍，自用调心，亦无碍耳。壬午孟春，濠上叟。一九四二年二月

春间发箧得湖南笔，临此一通，使转颇自如，旋为吴敬生持去。近王子东自长安求得兔豪笔见贻，因复临一通，然多贼豪，不称意。顷复以蜀中麻笔书之，力不能达豪尖，但取意到而已。壬午十月，蠲叟记。一九四二年十一月

有唐一代，义学特盛，殆此序有以开之。初唐文体殊弱，高宗尤不逮其父。然归心至教，屈意沙门，不唯护法之勤，亦见虚怀之美。姚氏父子之于童寿，无以过之，后世未能及也。出译场润色人名，今《心经》传本乃阙之。所以独刻此经者，盖为其为般若心，足摄般若大部也。太宗好右军书，当时真迹犹多，自兴嗣集《千文》后，独有此序。然《千文》所本，只字无存。不有《兰亭》与此序并传，则右军风味顿坠矣。传刻之功，故为不朽。往时取宋拓未断本偶一临写，辄为人持去。寒雨闭门，借此遣日，苦不得佳笔，多不称意，留取覆瓿，未堪贻诸好事也。壬午小雪前一日，蠲叟识。一九四二年十一月二十二日

蜀中无佳笔，令人少兴。适有人馈湖南笔，试之使转尚如人意，但嫌薄耳。比多为俗人作书，日日役人之役。又所居被浸，几坏屋，残存碑拓俱移山中，益感枯寂。案上仅有未断本《圣教》，因用湖南笔试临

一过，略遣愁怀。今日始是自适其适也。癸未夏六月，濠上客。一九四三年七月

晋武帝临辟雍颂临本自跋
一九四四年七月三十一日

右《晋武帝临辟雍颂》，民国初年洛阳出土。全文千五百余字，完好如新。余得其拓本，初颇疑之。按《晋书·礼志》："泰始六年十二月，帝临辟雍，行乡饮酒之礼。诏曰：'礼仪之废久矣，乃今复讲肄旧典。'赐太常绢百匹，丞、博士及学生牛酒。咸宁三年，复行之。"今碑序始行乡饮酒礼，在泰始三年十月。六年正月行大射礼，其年十月复行乡饮酒礼，皇帝躬临幸之，云云。唐修《晋书》过晚，王隐、谢灵运诸家书久佚，自不免阙略，当以此碑为正。又《晋书·刘寔传》，封循阳子，今碑作"脩"。"循"、"脩"形近，未知孰是。唯《寔传》云："泰始初，进爵为伯，累迁少府。咸宁中为太常，转尚书。"今碑书寔爵犹为子，与《晋书》不合。寔即作《崇让论》者，以善《春秋》名。崔豹即作《古今注》者，刘毅、侯史光，《晋书》皆有传，独未详其为相国、长史、主簿等官。以此可反证此碑非伪，盖作伪者必求与史合也。

晋武有才略，颇慕儒术，然平吴之后，荒怠于政。惠帝昏庸，遂致倾覆。其事皆不足论，独怪此文盛称四夷向化，明礼乐可兴。以惠帝之不才，而谓皇太子圣德光茂，敦悦坟素。臣下阿谀之习至于如此，安得不召五胡之乱乎？《晋书·武帝纪》，诸夷内附入贡之事，亦岁不绝书。曾几何时，而国已分裂，当日之内附者，即此日之割据者也。哀哉！文词卑靡，而铭诗尤劣，故尝疑其伪。

以今观之，殆秉笔者皆佞人，又不善文，志节之士既不肯为，故仅得恶札耳。以书势论之，亦去钟繇、梁鹄甚远。从前以《上尊号》《受禅表》二刻虽为元常佳书，以恶其为子桓劝进，未尝临摹。今因遭乱，旧拓散亡，而此本犹在，聊取以遣暑，遂写一通。当其操翰，意颇不快。乃知书之美者，必其事与文皆足相称，始足以餍人心，非必古刻皆可喜也。每写秦刻诸颂，亦鄙其夸诞，然犹好其文。若孔庙诸碑，虽出桓、灵之世，或傅会谶纬，或迳刻吏棂，而对之肃然，无有妄心。此亦动于天机而莫或使之，盖理之不可泯也如是。孙过庭五乖五合之论，犹未足以尽其致。世之谈艺者，或未之省。因写此本，触类及之，为徒好

金石者进一解。甲申六月十二日，蠲叟记。

为董事会代拟书院募集刻书基金启

一九四四年六月八日^①

原夫经籍为名教所寄，义理实人心所同。故删述之业或俟于贤哲，而流通刊布，遗之后来，则人人可以及之，亦人人所当引为己任者也。人知布帛菽粟不可一日而缺，而所以养其心志者，或忽而不求，求而不力，譬犹饥年而弃稼穑，行旅而乏舟航也。世之侵略人国者，必先去其典籍。民族之存亡，恒视艺文之兴废为验。是以原伯非学而知周之不振，汉武求书，网罗放失，儒学卒赖以复明。自宋讫于明、清，板刻渐广，贤士大夫莫不以此为尚，公私雕本不可胜计。流风所被，家至户晓，由是士多彬彬兴起于学。中土所以号为礼义之邦，所谓"国于天地，必有与立"者，此亦其根本也。今寇患未戢，文物荡然，有心者忧之，而邦人君子或未遑暇。某等忝预书院之役，自始，主讲马一浮先生即有讲学与刻书并重之议，后因学人难得，乃径寓讲习于刻书，某等心实疐之而未能多所匡益。今物力益敝，为之弥艰，梨枣之费，什佰倍蓰于前，有愿而不克举。夫风之积也不厚，则其负大翼也无力。道者，天下之公器；弘道者，亦尽人与有责焉。故少数人谋之而不足，集众人之力举之则有余矣。向者洪杨未定，曾文正即创书局于安庆，各省继之，不数年而经籍大备，此近人所习闻者。今煨烬之厄甚于昔时，而搜扬哀集之举，旷然蔑闻。岂其识量之不逮哉？亦为之自下，故违应异情，未得求助之道耳。缘是周爰咨度，敬告于当世博达之君子，必有高识远度，夙具同心，认赞助刻书为今日当务之亟者，不惜斥其余财，植此种智。庶几汇百川为四溟，聚众材为夏屋，则斯道不孤，古籍不泯。某等将悉其所集资粮之数，并力以赴之。又昔之刻书，不难于博而难于择，书院于此尤兢兢焉不敢不谨。期以宣扬正学，默扶世运，资今贤之考镜，备来哲之要删，不徒为一时之计。是唯诸君子有以成之，将使天下后世皆被其泽。诸君子立心之大，永为人所共仰。夫岂与世俗所尚一曲之善同日而语哉！谨将所拟刻书事例，粗列于后，并希惠教，为幸。

一、书院刻书编类，首重经术，昌明义理。一切文史，亦期该摄。

---

① 四四年：《马一浮集》误作"四三年"，今据丁敬涵勘误表改。

拟先辑《群经统类》。先儒说经主要诸书，分为甲、乙编。甲编约一百种，乙编二百余种。《儒林典要》，宋以来诸儒著述之精粹者，约百余种。次及《诸子会归》、先秦、两汉、六朝、唐、宋著述在子部者，约百种，其有校注者半之。《文苑菁英》、分总集、别集二部，皆选其最著者。总集约选数十种，别集数百种。《政典先河》。如《两汉会要》《唐会要》《唐六典》《开元礼》《唐律》之类，约数十种。诸书今唯择其尤要而卷帙不过繁重者，量为刊行，实千分不及一。若集资稍有成数，始可渐及大部，次弟出之。不以木刻为限，如适于铅印、石印、影印者，兼用之。

二、刻书基金额数，暂定国币贰千万元。

三、俟基金募有成数，即加聘保管委员若干人，共同保管，其办法另定之。

四、所集基金款项，请寄交重庆都邮街，中国农民银行重庆分行代收，并请注明经募人姓名。

五、所有捐助基金人姓名及捐数，由本会汇录，分期登报，俟战事平定，书院自建屋宇时，即刊之碑石，以垂永久。

六、凡捐助基金者，书院今后所刊书籍，得酌量赠与，以答雅谊。

七、书院刊行诸书，其写刻刷钉、纸张、板片等费，俱由刻书处核实计算，每年一届汇编收支征信录，印送捐资诸君。

八、书院刻书本为流通，与求书者以便易，故定价应极平，以收回成本为准。

中华民国三十三年　　月　　日

蠲戏老人鬻书约

四方士友谬以予为能书，求书者踵至。遍应则日不暇给，谢之又违其所好。经年累月，积纸尘封，久而忘失，或转咎其慢。拂人之情，成吾之过，莫甚于斯。夫自怡则佚，徇物斯劳，驱我临池，供人覆瓿，是亦不可以已乎？吾未见好学如好书者，亦不能以书为人役也。今与诸君约，若欲得予书者，请先以润至。吾年逾五十，乃始鬻书，良不欲以有限之年，勤此无益之事。古之圣人，出其土苴以治天下，此亦吾之土苴也，乃徒以衣四壁抑末也已。况彼运斤，艺犹未善；寄之执御，道则已卑。然诸君与其求之身后，铸尧舜于秕糠，何如及我生年，饷夷齐之薇蕨。虽曰屡空，不改其乐；颇因老病，亦有所须。易山阴道士之鹅，弗为苟取；佐栗里酒家之给，聊以解嘲，不亦可乎？匪将语之涂人，庶有俟夫真赏。

蠲戏老人鬻字刻书启

一九四三年一月

事有近乎迂阔，而实为当务之急者，众人所忽，而君子重之；亦有类似无益，而足以助成有益之举者，或见诽于时俗，而识者容以为有当。此人情之常也。属遭寇乱，经籍荡然，儒术既绌，群书剖散，至于摧灭燔弃者，不可胜计。旧刻即间有留遗，或素罕流布，今尤难得。后生有志此学，恒苦无书，每恨传刻之寡。及今不图，日益放失，世之贤达或未遑留意也。

仆老而羁旅，学不足以及人，愚不自量，尝思就其所闻，稍事裒集，又苦无力。而友朋间或谬谓其能书，识与不识，展转相属，欲得其片纸尺幅，同于嗜痂之癖者，时有之。夫书法之于人，但供鉴赏，似无益也。人有好之，拒而不与，则拂人之情；一切应之，则嫌于为役。今仆之愿在刻书，患其不能举；诸公之愿在得吾翰墨，病其或不应。计莫如两遂之。自今以往，请稍取润笔之资，移作刻书之费。其有欲得吾书者，不吝一缣之赠，而仆之为是，亦免于为役之嫌。可借以求梨枣、任剞劂，是不啻诸公助我刻书也。在仆庶不为苟取，而非以是为市。拙书虽不足贵，然暮齿无多，精力已竭，将不辞操翰之勤，妄冀少有补于刻书之计。使故书雅记，出之煨烬之余，犹可流播一二，纵无益于诸公，而诸公之益人者方大。是不为私惠，而自植胜缘，其取义为不虚矣。若斥为迂阔，则固吾分。其诸大雅君子，幸有以察其志之所存，或不见鄙薄而辱教之，是衰朽之所望，非敢以语途人也。

润例（略）

附约

一、求书者必因介致润。凡与仆有一日之雅者，皆可为介，先润后写，无介无润者，恕不应。

一、属书诸件，由介绍人交到之日起，定一个月内书成交还。远方邮寄，须附加寄还邮费，一律挂号。介绍处寄出时邮费，亦须由求书者任之。以邮局寄到之日起，仍定一个月内寄还，催索者不应。邮寄如有迟误或遗失，请勿见责。若纸件损坏不能写者，连润退还。

一、名胜古迹、寺观祠庙欲求题榜者，须附详细说明。若求撰联，非身历其地未易著笔，不能尽应。应者依润例加倍。私家祠堂及园亭，但可题额，不撰联，润例视古迹等加半。

一、金文、古籀、小篆、分隶、章草、真、行各体书，须视兴之所至。若欲指定某种字体者，须依润例加半。小楷以老年目力不济，不书。甲骨文字，集字不足，不书。

一、祠墓碑志、寿序、寿联、市招，一概不书。征寿启及赴告题签，亦不书。

一、欲以旧拓碑帖、古书画及旧刊书籍求题者，在此非常时期，未便留置几案，邮寄尤恐失误，概恕不应，请勿以是见属。

一、单条、屏幅、册页、扇面等，只署单款者，可随意写自作小诗，对联亦用新集句，不蹈袭前人。若须题上款，则唯写古人诗文，或间临碑板法帖，不写拙作，二者听人自择。

一、以时贤作品属题，及以时贤文字属书者，概恕不应。

一、纸劣不书。如单宣过薄，下笔多成涨墨，不适于书。绫绢须裱背者，方可，大小准纸例。

一、榜书大字或下笔未惬，恐须易纸再书。以此见属者，请备纸双分。其纸以硬黄不致涨墨者为宜。

一、署款一律用别号，幸恕不恭。

一、衰年精力有限，疾病不时，或因特殊事缘致不能书者，即随时辞谢，将原润退还，各希鉴谅。

中华民国三十二年二月，蠲戏老人启。

总收件处：四川乐山乌尤寺，复性书院办事处。

蠲戏斋鬻字改例启

一九四四年

仆之鬻字，本为刻书，今百物之值皆倍蓰于前，而吾之弗敢多取如故，故于刻书无裨也。初非欲假以自养，其后乃不得不有资于是，是亦非始意所及。无其实而尸其名，不可。今惟以是易饘粥，不复更言刻书矣。处己信，与人忠，吾之分也。其欲得吾书者，固不以是而异，是以敢告。蠲戏老人启。

蠲戏斋鬻字后启

一九四七年九月一日

四方士友，谬重拙书，展转征求，不容逊谢。暮年事此，比于执御，恒苦目力不给。思焚笔砚，借息诸缘。徒以先茔碑碣未树，分当自竭筋力，稍易匠作之资。苟遂斯志，无所复须，永当辍笔。世间事相，始必有终。今告友朋，从此日起，期以一年，将断兹役。过此已往，吾书不可复得，如或见齿，请勿后时。虫御木以成文，何心涉有；鸟飞空而灭影，瞬息不留。本无益人之功，敢希好我之过？旧有润例，改订如别。新附三条，并希垂鉴。

一、求书者多索题上款，昆弟之雅，昔唯限于通家，先生之称，今乃施之行路，既嫌滥附，亦病不诚。自兹以后，一律勿题上款，犹为不失于义。请勿以是见责。

一、书画名迹、碑帖拓本，无论古近，真赝杂出，仆未精鉴别，不敢评量。有以题跋见属者，概谢弗应。

一、旧例有指定写自作诗文一条，今唯以诗为限。除长卷可写古体歌行，其条幅须视纸之长短以定字之多寡，令行款相称。如四尺仅能写七言绝句一首，五尺可写五律，六尺以上可写七律，皆以一首为限，过此弗应。

中华民国三十六年九月一日

废置复性书院议

一九四七年十二月三十一日

昔者书院将谋东迁，始议改订规制。浮实草刍议，至为疏略，辱董事会采纳，推举院长、副院长领其事。其大旨有二：曰规复讲习，曰推进刻书。自迁杭以来，已逾一载，董会诸公表率于前，院长、副院长勤劳于后。蕲向之远，岂不昭昭；图虑之详，宁非汲汲？然以言讲习，则斋舍不具，资粮不充，既无以容接学人，亦不能延致讲友，即欲稍蓄故书，借抄底本，亦苦征求无力，缮写无人。既不借于师资，亦何事于编纂。故规复讲习，徒为虚语。以云刻书，则剞劂之资，纸墨之费，日相倍蓰，月出五万字，犹虞不给。若欲铅石并用，益难为计。仰屋兴嗟，杀青无日，是推进刻书亦行不逮言。二事既虚，书院精神已无所寄，安用此空名为？此非诸公主谋猷有所遗也，亦非浮之空疏甘于自弃也。事势所趋，资力所限，不能免于困踬，实有以使之然也。

人不悦学，虽强聒不受；救死不赡，奚暇礼义？虽有嘉肴，不食不知其美。束书不观，唯取覆瓿。视经籍若弁髦，弃圣言如土梗。纵使充栋，亦等面墙。博而寡要，则何有焉？劳而少功，信其然矣。今使犯飙风、涉湍濑，失舟楫之利而时有倾覆之虞者，其势逆也。《箫》《韶》不入于侏离之耳，章甫不适于蛮貊之俗者，其情违也。夫既无事于讲习，亦无取于刻书，则书院之当废明矣。

俗情每讳疾而忌医，喜存而恶灭。不知疣赘之患，决之始免。《井》道必《革》，《蛊》终则《临》。自智者观之，始终一理也，成坏一相也，隐显一致也，聚散一缘也。制事之义，贵在审时；应物之方，碍在执己。虽语默殊涂，成亏何与？时止则止，其道弥光，知存知亡，无失其正，何为舍道以徇俗乎？若夫无交而求，物莫之与，力小任重，鲜有不仆。苟不远而可复者，其必知择善在斯，故谓今日书院莫如废之便。

至若辞有司之补助，谢好义之捐输。谨儒者辞受之节，庶免吏责；准释氏功德之报，不负信施。其应如何措置乃当于时义，董事诸公与院长、副院长之责也。善其始者必有以善其终。浮已辞主讲、总纂名义，立当引去。即在向日，已退处无为，今日之事，更非其所当问，但以与人忠之道，不敢避儳言之过，故冒然以此说进，唯诸公择焉。

复性书院董事会基金管理委员会联合启事
一九四九年四月十日

本院向以讲习、刻书为职志。积年以来，因斋舍未立，学人不聚，致停讲习，刻书亦因费绌难继，势不能不另筹变通办法。复缘时局未宁，道路多阻，诸董事、委员散在各方，未能召集董事会暨基金管理委员会联席会议。经映光、其采先后在上海、南京两处，邀集旅京、旅沪、旅杭诸董事暨基金委员开会商定，将本院改组为儒林图书馆，暂停讲习，继续刻书。并就本院董事会暨基金管理委员会，分别改组为儒林图书馆董事会与基金管理委员会，以期名符其实。复议决聘请周惺甫先生为名誉馆长，周孝怀先生为名誉副馆长，邵力子先生为馆长，寿毅成先生为副馆长。所有复性书院刻书基金及书籍、板片一应资用，均即移交与儒林图书馆接管。以后凡复性书院拟刻诸书及刻而未成诸书，即由儒林图书馆继续刊刻。其已出版者，亦均由儒林图书馆继续印行。其旧存基金，仍用之于传刻而不致虚縻。至裒集故书，亦期本诸初旨，而渐求增益。唯图书馆初步须谋建筑，俟落成有日，始能开辟阅览室。在建筑未成以前，应行筹备诸端，仍权以复性书院名义摄行其事。尚祈在远诸同人鼎力赞助，不吝匡正，或慨捐缔构之资，或贻以珍秘之典籍，俾可达成斯志，徐图扩充，曷胜企幸。

　　复性书院董事会董事长屈映光、基金管理委员会主任委员陈其采谨启。

卷二　记·传·铭·赞

董解元西厢记记
一九〇七年

陶宗仪《辍耕录》云：《西厢记》金章宗时董解元作，今世传习已寡。盖王实甫改本盛行而董书遂微，自元时已然矣。董之作《西厢》，寔为北曲之祖，然以弦索弹唱与元人搬演杂剧不同。明人论北曲鲜有及之者，可谓数典忘祖已。

董名字不可考，然要是才士，曲中制语有独绝处，实甫往往窃之。如："愁何似，似一川烟草黄梅雨。"殆不减南唐。间入俚辞，不及实甫雅丽者，创制之初，如是已足，不比踵者之求华也。胡元瑞谓金人一代文献尽于此书，盖非过论。梁廷枏《曲话》言，尝见杨升庵定本，有唐子畏画象，刻极工，今不可得见。尝从《曲谱》中辑录其词，比而次之，存其厓略。他日得杨本，斯册可废尔。丙午腊月，马浮记。

新嘉坡道南学堂记
一九一二年

自明以来，闽峤间习海贾者，多萃于南洋。所至辟榛莽，通市易，擅货殖之利，与岛夷狎处而能不忘故俗，愿悫好义。其勤身爱国，天性然也。诸岛既入英、荷，遇侨人往往非礼禁止。侨人感愤国势之不张，喟然思兴于学。斥私财，立黉舍，以教其子弟，所在而有，可谓能知本矣。

新嘉坡道南学堂者，闽人之所建也。名于其乡先生陈君宝琛，始岁丁未，假地设之，醵敛帷讲而已。历四年，黄君仲涵，独任赀盈万以市地，诸闽商争共输集，乃以辛亥春，兴作室序，修起楼观，以待学者，容六百人以上。堂以释奠，斋以布席，逮于宴食游艺之所，饬然咸具。费四万有奇，逾年乃成。而予适以是时来游斯土。董其事者，眘石请为记。

予惟今国家初改政，典教育者方议绌儒术，废六艺，而兹堂之称，乃有取于洛学之传。所谓"礼失而求诸野"者非欤？大道之精微，通贯乎天人，散周乎万物，未尝一日而息也。思虑殽错，名言殊施，夷夏相暌，古今不相准，是以学者樊然而靡乡。然其不可得与民变革者，非人之所能去也。故曰："不为尧存，不为桀亡。"五常之德根于性，古之教者，在循而复之，非能有加焉。不务隆礼而以知徇物，则学以为禽犊。物诱于前，志滑于中，日以贼其秉彝。亿兆之心，交骛于利，天下纷纭所由，多争攘之祸也。治国家者欲定民志，亘邦本，拒并兼而扞危亡，舍礼何由哉！伊川之学，谨于礼者也。龟山得之，归教于闽，而闽学弘于天下。今诸生居蛮貊之邦，不安禁袄之俗，构精庐以诵习，资龟山以为号。仰而思其所则，颙而察其所蹈，庶几拾闽学之坠绪，究孔氏之遗礼。泽善蓄美，远于鄙倍。本诸身，见诸用，亦将有以化民而成俗。虽使九夷之风进于齐鲁，奚为而不可？彼夫操鴃舌之语，抱羊革之书，矜一曲以为得者，安足以劝哉？

重修绍兴县文庙记
一九二三年

古之立学者，必严先圣之祀，所以明教化大原，使民敬学知向。虽行师伐罪，亦受成于学，示有尊也。汉人祀孔子阙里，魏始祠于辟雍，合庙学为一。唐贞观中，诏州县学皆作孔子庙，复定大学从祀。尔后规制浸广，代有崇饰，庙学遍国中，虽至无道，莫之敢废。逮清季世，儒学之官名存实亡，然贡举者犹出于是。自新法行，益务变置，学校尚功利，绌儒术，虽尊孔子为大祀，教士不以六经，由是庙学异制。国步旋改，兵革不息。用故州县学宫为卒舍者有之，上丁之祭弗绝而已。

民国元年，废绍兴府，并山阴、会稽为绍兴县，旧有三学，仅存其一。今绍兴县文庙，故会稽儒学也。十年六月，大风，殿庑尽圮。县人冯学书、王述曾等请于省吏，发银三千圆，用地方公款二千圆，私出财四千六百余圆，以其年十月兴修，逾年八月工毕。于是坏者复完，敝者更新，宫墙弈弈，笾豆有守。乃以书属浮为记。

浮惟鲁僖公能修泮宫，诗人美之。谓明德崇化，遂服淮夷，匪以颂其兴作也。至先儒雅训，勒文庠序者，并宣综道要，因告师儒弟子，不独系一州一邑之观听而已。今桥门之设，等于宫观，飨射不举，弦诵不闻。言化则未遑，语教则异施，此先圣所恫而后学之惧也。我县之耆旧髦俊，既闵圣祀坠阙，是究是度，以成斯构。尚推是心，求所以对越陟降之灵，而修之在己者，则庶乎弘圣道、保民极，皆将有在于是，而庙堂之复为不虚矣。

夫俗有升降，性无古今；时有消息，道无加损；性外无事，人外无道。圣人之教人，因其所固有而已，非能取而与之也。自学者不以尽心知性为务，外理以求知。舍其秉彝，奋其私智，物诱益胜，习蔽益深。故见小执下，往而不反，遂以性为不可知而道为不足由。其愿者，守依似之解而无明善复礼之实；伪而辟者，窃以诳耀，启乱德侮圣之渐。驯至悍然欲捐经籍，废仁义，日以戕贼人之本心，诬惑之言盈天下。

今天下生民之忧，固不在国之易政，而在士之灭学也。故欲定民志、塞人患，莫先于敬肆、义利之辨已。体信达顺，成于敬也；悖德乱常，出于肆也。循理处善，以存义也；陵暴争夺，以徇利也。吉凶违应、治乱存亡之验，皆于是乎决。根于心者至微而见于事者至著，不可掩也。古之教人以敬，今之教人以肆。古之学者为义，今之学者为利。此其异趣也。然人之冒利而求肆者，非性也，其所渐渍陷溺者然也。道之以敬，而暴慢之心无入也；示之以义，而鄙诈之心无入也。敬义立而德不孤，亦在所养而已。

君子学以化民成俗。夫曰化民，则非化于民也；曰成俗，则不为俗所成也。学者苟能审夫此，亦可以知所择矣。道之垂在六经者，如日月之贞明；其具于吾心者，若原泉之不竭，未尝须臾息也。知性而后能率性，识仁而后能体仁。自唐虞以至伊洛之传，未有不由修己以成者也。故曰："为仁由己，而由人乎！"

吾愿县之耆旧髦俊，若凡百君子，其有与于骏奔之列者，观于庙而知圣教之尚存，则夫皮弁释菜以端其始，升歌乐舞以成其终，而敬义之道行焉。致悫而悫，致信而信，必有发于中而不容伪者。由此而充之，将有以得夫心之所同然，放诸四海而皆准，建诸天地而不悖，然后性道可明，礼乐可兴矣。若是，虽举中国为庙堂，进会稽于邹鲁，可也，又岂俗学功利所能夺者！县人马浮撰。

会稽马氏皋亭山先茔记

一九四七年三月

马氏之先出于伯益。六国时赵奢为赵将，号马服君，子孙因以为氏。在汉居扶风茂陵，世次绵邈，谱牒散阙。自五代时，讳维升者避梁唐之乱，实始居嵊，为大族。后徙会稽，初居吴融。明洪武间，讳思德者，复由吴融徙东墅，别为东墅马氏，世世以儒学著。明亡，三世不应举，至清乾嘉时始预乡会试。先高祖讳俊生，赠中宪大夫。先曾祖讳人骥，赠朝议大夫。道光元年，先曾伯祖讳步蟾，官御史，特疏请以先儒刘宗周从祀文庙。明儒得从祀者始此。先祖兰舫公讳楚材，先本生祖厚山公讳尚坤，并居敬慎独，服膺刘子。厚山公以经术教授乡里，早卒。兰舫公尤长吏事，屈在簿尉。咸丰十一年，滇寇蓝大顺①略四川，连陷十余县。公距守仁寿，死事甚烈，清廷褒异，县人祠之。

先考冠臣公讳廷培，以序宜为后，入川佐幕，遂从禄养。大吏重其才行，光绪初署潼川府通判、仁寿县知县。岂弟勤民，民亲之如师保。先是，本生祖妣倪太恭人卒于乡里，窀穸未安。及十四年戊子夏，遭祖庶妣饶太君丧，乞假归葬，遂绝意仕进。是时先考年四十四。盖达生守约，深观损益，有恬退之操，足以激贪厉竞矣。十七年辛卯，葬倪太恭人、饶太君于会稽之湖村，自营生圹墓侧。十九年癸巳秋，先妣何恭人卒，亦就窆于此。恭人沔县世望，外王父新逸公讳焜，与诸舅并擅文学。二十七年辛丑春，先考卒，启视生圹有水，不可以窆，乃权葬于墓地之右，仲姊明珪附焉。越民国十年辛酉秋，戴氏姑卒。姑为饶太君出，早丧所天，礼宜从祔。复因启圹水盈，乃不得不谋迁葬。

越中冢墓多，求地难得，就杭县北皋亭山，买地十亩有奇。以十二年癸亥冬，奉迁倪太恭人、饶太君、先考、先妣之枢，安于兹兆，戴氏姑及仲姊并祔焉。西向为茔，并列六圹，其三自北而南，首本生祖妣倪，次祖庶妣饶，次戴氏姑；其三自南而北，首先考，次先妣，次仲姊，合为一大冢。仰遵薄葬之义，覆土而已，未纳圹石，然不可无识，

---

① "蓝大顺"三字，据丁敬涵手抄本补入。

久思树碑墓下，未果也。二十六年丁丑，遭日寇之乱，浮避地转徙蜀中，违远松楸，遂历十载。三十五年丙戌，始还杭展觐，墓木尽为盗伐，昔之郁然以苍、窈然以藏者，今乃童而露。拊膺流涕，自伤无德，不克长守丘垄，而使陵夷至此。既慨虞衡阙官，冢墓无制。虽旧有防护之律，废为道路者有之。念先人形魄翳此尺土，私愿不为樵牧所及。冀逢有道，仁及幽壤，幸勿坏其封，勿剪其树。民俗归厚，其在兹乎？

　　浮虽不肖，笃志经术，实秉庭训。其稍解诗旨，则孩提受之母氏，独不逮事祖母。若戴氏姑习禅安节，仲姊纯孝玄通，自丱角所闻，一门并有高行。浮虽老而无成，其幸免流俗之归者，父兄之教也。夫好贤者式其庐，爱人者怀其树。浮也幸犹未见屏儒雅，独憾千载之下，吾亲坟墓所托，无以给洒扫。爰略叙家世，敬告行路，庶后之君子，长存哀矜，不以幽显异情，不以远近殊感。其有过此者曰："斯马氏之墓也。其人履道贞素，纵无胤胄，尚其敬之，毋俾侵坏。"斯仁过掩骼，泽逾增户，诚所薪于盛德之世者矣。中华民国三十六年丁亥春二月，马浮谨记。

先考马公行状
一九○一年五月

　　府君马氏，讳廷培，字冠臣，浙江绍兴府会稽县东墅里人。其先盖出于汉会稽太守马棱，明初始由嵊迁会稽之吴融，继迁东墅。明以上世系不可考，自府君溯始迁东墅，凡十六世，代有清德。我高祖俊生公，累赠通奉大夫、江南徽州府知府。我曾祖人骧公，以府君贵，貤封朝议大夫。我大父楚材公，追赠盐运使知事，与我本生大父丙鑫公，均诰封朝议大夫。府君幼敦敏，有异禀，强识过人。八岁即丁本生考朝议公忧。朝议公奇贫绩学，隐居而终。府君孤露发愤，得续厥家。会咸丰十一年，知事公尉仁寿，战滇贼蓝大顺，亡于陈。四川总督骆文忠公以闻，得旨优恤，驰书求嗣者。府君以序宜为后，弱冠遂入四川。得保举，以从九品留省尽先补用。不就，游重庆。究心经济学，凡法制条例、刑名、钱谷、掌故、民物、吏事之要，罔不搏索，洞见宛奥。

　　当是时，同县朱公潮，以御史出守叙州，风声甚峻。调成都，幕寮数更，悉不当，乃礼致府君。终其任，案无留牍。由是府君名借甚，先后佐顺庆府、绵州、直隶州、灌、遂宁县治。详慎庶狱，于水利、农田、赋税、盐政、驿务诸端，剔蠹改良，多所劻益，民以隐赖。幕游十载，府君以本生妣倪太恭人年七十矣，道远未能就养。念古人有禄养而仕者，于光绪七年，援例引见，以通判发四川。试用期满甄别，留省补用。

时今尚书定兴鹿公传霖方任布政使，为治尚综核名实，委府君解藏饷三万，驰诣打箭炉。札查其台库款目之舛者。初，打箭炉例供台费岁八万两；兵兴，库款绌，解不能时，则令抽收邛、天、雅、荥、名五州县茶引税羡以为供，而以台费常项互抵，岁报之司，由五州县呈其税羡数目于盐茶道：移司请拨。既久，任其事者或缘缀而出入之。

同治元年讫光绪六年，盐茶道请拨已百四十余万，而建昌道台费奏销案止百三十万有奇。其炉台各库之支拨腾挪者，官更十五任，年阅二十，轇辖不可爬梳。檄干员理董之，五委无以应。及府君至，会打箭炉同知周侪亮，悉出档册簿录，竟昼夜伏案检校，三月尽之。得其情，缕剖杪分，条纂派别，册记以报。定兴叹其神速。已复檄办通省捐输文案。四川按粮捐输，创自同治初，岁入近百万。旧别设局，以两道、两府同知、通判四举其事。定兴以为縻，详总督裁之，并归司署，以八人者责成府君一人。府君手定章程，斟其咨报奖叙之宜，务惬于民，不少格遏。察其地之肥瘠灾害，以时请于上官而减免之。历五年而官与民无不便之者。

方是时，军兴久，各省库款借垫拨抵，错迕歧出。或因缘为奸，滥支朦扣，弊混不可诘。大吏多逡巡苟安，置不理。独今湖广总督南皮张公之洞，方抚山西，因葆亨案，首请清查山西库款。御史梁俊以为言，八年九月，奉上谕，饬各直省一律仿照山西章程，勒限清厘藩库。定兴奉咨，不俟设局，以府君办事仞真，熟谙句稽，首檄为总办。

未几，倪太恭人赴至，府君哀痛几不欲生，坚请回籍治丧。定兴方倚重府君，查库事甫草创，遽易人不可，慰喻甚力，详请改幕寮。固却不获，不得已墨衰从事。不接见寮友，以星出，以星入。四川库储，自道光末清查后，几四十年，款逾数千百万，文牍累邱山。比胜节理，颣若画一，其劳复倍于查炉库。时府君以母丧未奔，悲念湮郁，两鬓渐有白者，由是遂无久宦意。查库之役，府君实总其成。及告竣，共事者皆登荐牍，得优调，府君以忧谢，不与。服阕，仍办捐输，更委算打箭炉交代，而布政使至是已四易人。定兴始升去，代之者为江夏张公凯嵩，其后满洲如山公龙阳、易公佩绅，皆雅重府君。资劳列上上，然讫不得调。最后易公迁去，以属后任新化游公智开。视事三日，令府君署潼川府通判，驻太和镇。缺苦瘠甲通省，同寅以位不副劳，咸为不平，劝勿往。府君受命夷然，单骑之官。

镇故川属孔道，商贾辐辏。判掌督捕，例不理词讼。府君白大府，有民事稍稍为理，不得以侵越论。既至，整市法，严烟禁，考其吏士以地方之利害。终日坐听事，召父老商民与语。有争者来告，片言遣散，不呈辞，不费一钱。或布衣徒行，视城市列肆鳞萃，无隙地，多火患，为备置救火具，掘地聚水，置石其上，不害为市，有事则起石而水在焉，自是镇地不患火。

城外有大榆渡，山水骤至，则溢为患。居民渡河避，操舟者每据渡娈索。府君定水则，县厉禁，勒之石。偶暴溢，府君立渡口督渡，痛杖要索者。令曰：“敢例外索勿肯渡者杀，渡多者赏。”于是顷刻而渡数百人。水淹城且及雉，府君夜半为文告河神，徒步行大雨中，跪城头曰：“水至死此！”读文讫，雨止。少间，水退一尺；少间，又退一尺；天明而尽。民神其事，歌思之。居三月，偶疾。民日以果蔬来问安否，踵于门，薄赏之。继而民恐其赏也，率置果蔬逃去。调署仁寿县，去官之日，留诗为别。万家爇香拜送，拥舆加赤帛数币，有感泣者。及其去仁寿，仁寿之民刻石颂其德，送之一如太和时。

然仁寿之勤悴，视太和有加焉。仁寿幅员八百，里户二十五万，治称繁剧。府君谂知豪猾为地方害，不痛薙无以安善良，阴咨访其姓名而籍记之。下车礼其乡士大夫之贤者，谀问以利弊。榜其豪猾数十人，戒能改革者，贷其罪；有敢犯，必尽法无赦。群猾大惊，相率詟伏引去，或更为良民。戒门者毋得闻公事；任吏考以律，使不得为奸。尤以保甲团练，本《周礼》“比闾族党”、《孟子》“守望相助”之遗意，自奉行不力，遂湮其实。更定条规，切实行之，以时校之，令棚于隘，更替为巡守，左右会而递休焉。或夜分躬至棚，劳以酒食。未数月，里无藏奸，境内肃然。尝获盗，已论死，盗有老母，日来哭监门。公悯之，为减等。已而又获盗，复有妪来哭，公曰：“是伪也。”卒致之法。有聚博者，诱良家子及过客博。魑魅狐蜮，靡毒不至。其头目多帽顶，勾结匪盗，为虎伥。爪牙概密，积久不可捕。府君诇知之，饰仆为商也者，使从之博，尽得其奸。他日出，戒从者诡言查保甲，迁道抵其巢。群帽顶方据高座握算，意豪甚，遽械以归，穷治之，划洗一净，居者、行者争快，若割巨瘠，由是无患博者。

然府君皆以为末，其为治，尤厚致意于本原之地。见其民，无贵贱、老幼、贤否，恳恳作家人语。以暇至其乡，问民疾苦，考其田事，视童子塾，察其教育之法，多所奖诱。宾接庶士，饷以张南皮《輶轩语》及他有用书，士多厉于古学。与民讲圣谕，劝毋讼，演说岂弟慈祥、惩忿息争之道。意气恳悫，民或忘其为官。及其行法，莫敢不畏服。仁寿故知事公殉难地，恩旨建专祠，久未立。及是，府君禀上官，捐廉构祠，游公为之记。落成，来拜奠者数百余人，高年及见知事公死烈者，犹涕于列，当世美之。

府君惧贲先德，刻意励精，事无巨纤，必亲裁判牍，不假手幕友，无论吏胥。府君之劳可知也。尝以大局之坏，由居官者无学无耻，故无上下内外，无一以实心行实政者，砥碍薄俗，为政益务平实。十三年，既受代，将乞假归葬。大吏复以历年台费奏销之不符者属之，力辞不可，勉入局。念倪太恭人窀穸未安，居恒瘝悒不自得。十四年，遭庶姊饶宜人丧，肝疾大作，昏于视沥。以病状乞归，大吏必欲竟其事，禀三入不报。府君不待咨遂行，是时府君年四十四。时流方猱升鱼贯以进，而府君则以痛不得事倪太恭人，且丧葬后时，茹恨终其身，故投绂若浼，可谓万物皆流，金石独止已。

府君天性纯厚，孝友光备。既归，与季父从事君相爱甚，推甘让善，老而弥笃。服御有或过，蹵然必令齐一。在四川时，事继姊孙太恭人如事倪太恭人者，未几奉讳。其事庶姊饶二十年，亦如事倪太恭人者。推其爱亲之心，以爱其诸姊妹及其群从舅弟，又推以爱其族姻、故旧，下至仆御、佣保，皆遇之有恩。早更多难，年十七，尝陷贼中，将加害，不屈。舍之走山谷中，三日不食，目漆黑。有老媪馈焦饭如掌大，食之竟乃能视。岁饥，与倪太恭人煮糜不足，至抟糠以餐。方去之四川时，仅得从所戚借五百钱留家。虽贵，与人言贫贱时事，弗忘，亦无弗报也。平生笃于风义，贷于人，约信必归。及人之用其财，虽多未尝责偿。故人死逆旅，为摒挡归其丧万里，厚赙其家。有所戚客四川，贫不能归，为偿其逋负，资送之。葬其族姻之不能葬者九槥。苦乏者，月致金焉。岁旱，出粟与邻，为平粜，手自操量。归里后不善治生，又苦疾疢，盖终其身无一日安。然秉性淡泊，初未以否钝撄其虑。晚取宋李绎五知先生之义，自称五知老人。尝曰："吾不能为巧宦，事上官争觇候意旨。吾为吏，奉上以礼，办事以诚，交寮友以忠，自持以严，无一言一事计其私，而亦未尝穷焉。"又曰："吾平生苦忧患独，在太和，虽至无以具馔，以为乐也。"又曰："人须肯吃亏，方有学问。"又与人书曰："某比惟自信无愧，觉此心坦白无蒂芥。虽处困，颇有佳境。"府君之在灌也，有提督李某，负战功，多结交贤士大夫，以自引重。数礼敬府君，谋为举于上游，府君峻却之。亡何，东乡民乱狱起，李竟坐罪，人以府君为知几。

府君自言，平生之学实师法明吕坤《呻吟语》。四川老儒戴次高为宋五子学，府君与言，往往穷日夜。府君以风俗由荐绅出，居乡尤敦崇礼法。乡后辈为不善，见之未有不愧缩者。教弟子修饬行谊，一本孝弟。戒福田勿为章句学，使读史。曰："不读史无以见事变之几、立身之鹄也。"当鹿定兴帅蜀，人谓公盍出。谢曰："吾自计衰荼，弗能事矣。"及巡抚江苏，相距带水，亦未尝有一纸之候。杜门绝酬应，不以事面其乡之官吏。曰："与为阳鲔，宁为寒蝉。"识者于此，可以见府君之操也。

府君机识镜亮，判削公牍捷如流。老于其学者，或反复不能易一字。存公私笺札尚四箧，其论多深切著明，然里居未尝一道其吏时事。其佐顺庆邻水，有民教相构，府君为谕。文曰："守令子民，民亦父母守令。教士传教有约，民或师事，例许之。今子弟为非法，岂有匿之师而父母遂弗能束者？民讼，官问法曲直，不问教不教。"右其守善驭教士，开诚布公，教驯而民服，卒以辑和。遂宁有通赋户甚众，令将役催。府君力争以为不可，追还成命，更为文谕之。未几，输者溢于额，免累数千家，人尤多焉。既卧疴，伤时多艰，或至搤腕辍食。庚子北乱亟，病中闻变，太息曰："吾生遭乱离，今饰巾待期，当不复见戎烟，汝曹勉之矣。"

府君归十三年，以光绪二十七年辛丑三月庚辰卒，年五十七。病不能言者凡一载。配吾母何恭人，令德庄俭，治家曲有仪则，另详事述。前府君八年卒，葬县东湖村先茔。子男一福田，县附学生。女子三，长嫁同县丁崇华；次前卒；次上殇。

府君制行不苟，本身诚民，不愧循吏。独以例格，未得上其事史馆，邀编录。其孤子福田痛其父之不可见重，惧清风纯德将随泯没。辄就扶床所辟咿者，哀述一二，不敢有一字增饰，以厚诬其亲。

福田既不幸早失吾母，今吾父又即世矣。年岁至浅，于其先人懿行，不获备悉。其能述者，垄垄止于此。横睨青天，平视白日，光晶如故。独吾父母，不知竟归何所！茕茕鲜民，世方阽危，讵易言尽大事邪？乌乎，其可哀也已。日月有时，将葬，不敢以其言之无次弟为病，谨状如右，以质之知公之平生者。或哀而赐之铭志碑诔，使其孤子得碣之墓、勒之庙，冀万一不朽，则其为惠，岂唯貌孤之幸，于世教不无埤焉。不肖男福田泣血稽颡，谨状。

先妣何恭人事述

一九〇一年

先妣何恭人，讳定珠。世籍陕西沔县，代多胘仕。考讳焜，附贡生，知州用四川通判。妣毛宜人。恭人嫔于我先考冠臣府君二十一年，以疾卒，年三十九。有子男一人福田，女子三人，其一殇。

恭人生长世族，幼娴内训。既来归，祖妣孙太恭人早卒，本生祖妣倪太恭人在乡里。先君方处馆成都，汲汲谋所以养者，屡请迎，倪太恭人惮道远不出。恭人以未得侍倪太恭人晨昏，尝谓先君："南方甘旨之奉必时寄。"或不足，必以为言，缩其舍寓之供以厚之。又不足，则使贷之友，必多寄乃安。逮光绪七年，先君入都，归觐，将奉倪太恭人来蜀，未果而闻赴，恭人终身以为大憾。恭人温恭纯惠，事祖庶妣尽妇道。其处吾姑母、叔母及他尊卑长幼，一准于礼。即或以非礼相责让，未尝有言。恭人自幼随宦，未尝习劳苦，及先君挂冠归，经纪家政，乃躬操作、亲劳苦之事。督诸女纺绩，恒至夜分。检校盐米薪膏，井井其理。自堂及灶下，敦、黼、罍、锴、簋、魼、杯、盎，皮真罗设，莫不严饬。肃宾承祭，必躬必亲。浆苴静絜，饟饎铋嘉。婢妪皆有常职，司其司，无敢废；流杂人概不得入中门。内外肃然，先君以为祥。乃未几而恭人病矣。恭人卒，家运大否，盗贼灾害相继，而先君亦衰。方是时，先君尝手竹筐入村市，归撷园蔬，恭人至厨下烹之，召家人聚食，竟一室怡然。先君每叹以为田园骨肉之乐，远胜于穿官巨家之具钟列鼎，而惧其不可久也。恭人以光绪癸巳九月十五日卒。其疾也，以壬辰九月。后八年先君卒。先君之疾以庚子三月，其卒亦以三月。

乌呼！天其以福田不孝，而降之闵凶，不使其亲少待其成立，以一日申其心也。而恭人弃子女尤早。恭人之卒，福田才十一岁，大姊明璧二十岁，二姊明珪十五岁。先君累然抚之丧次，茕茕相向泣，思之痛犹在膺。及福田入学为弟子，取妇，先君意稍释。曾不一棋而先君病甚，二姊死，大姊嫁。逾年遂遭先君丧。子女三人，唯福田一人在焉，可谓酷也已。恭人禀质殊异，读书过男子，教两姊有法。福田虽幼，告以某人富贵勿羡，某人行谊贤者汝学焉。福田或弄钱为戏，戒之曰："儿幼，宜勿弄此。他日成人，须严立风骨，龊龊事此，将鄙夫之归矣。"福田泛今追忆此事此语，未尝不赪发项颈间也。时为两姊及福田说古豪杰孝义事，期有以自拔于流俗。谓先君教以应对进退之节甚详，曰："礼基于此。"矫然大儒言也。卒之前日，福田效陶渊明为菊花诗，恭人览之喜。夜半，疾遽作。先一年濒危，与家人诀，以外租墓远在嘉定，有圮者，令致百金葺焉，寄声诸舅各努力。至是遂无言。先君之卒也，亦无言焉。一瞑孤往，长作鲜民。福田之痛，宜如何也。

辛丑，不孝居先君丧，乃追慕遗事而有述。其不能述者，又可以言为乎。孤露之哀，鹥子之闵，知言之君子择焉。不肖男福田泣血稽颡，谨述。

哀亡妻汤孝愍辞
一九〇二年

马浮二十年壬寅七月，其妻孝愍汤君死。君之事吾亲可谓孝矣，其以忧而死也可谓愍矣。君之者，正其位，立其名，平等之义也。马浮不具脯奠，为辞以哭之。

呜呼孝愍，而今死矣。浮即有言，孝愍之灵魂得闻之否，未可知也。浮亦病且不久，其言也多谬乱而失其次，不能发表其肺肝，孝愍即闻之，又何以知浮之悲邪？呜呼孝愍，而今死矣。孝愍之生也，吾未有以字之。今死，吾乃诔而谥之曰孝愍，孝愍其鉴之。

孝愍之归于浮也，当浮之十七年九月，吾母已前卒，吾父方病。孝愍自伤不幸，与吾两姐求所以事吾父者。明年三月，吾父且大剧，浮与两姐及孝愍日夜涕泣以待，孝愍之痛可知也。已而，二姐病死，大姐嫁，自是吾父左右仅浮与孝愍在。吾父病益笃，孝愍卒能继两姐之孝。又逾年，遂遭大故。浮以哀痛，先得奇疾。时责备孝愍之不能事吾亲，病发辄死，历时乃苏。孝愍益自痛，不敢毫发怨浮。其哭也至于无声，盖吾孝愍之疾固于是中焉矣。

浮既葬吾父，遂奔走游学江海。今年正月归，相对而泣。念家道之酷，终不能相保，计不知谁先死者。孝愍闻吾言，而悲独甚。孝愍自吾行后，遂病，夜怔忡，魂魄不宁。不食月余矣，犹强起自支持，事吾姑母无间。以浮旅人之多忧也，戒勿以告。三月，吾父小祥，浮归。孝愍语呐呐不能出，其气弱如风中之丝。浮心知不祥，忍泪慰之。孝愍坚不欲服药，意以求速死。会当归宁母家，而浮亦远行，草草遂别，不能寄书相问。五月，孝愍之父来上海，道孝愍且愈矣，浮固闻而疑之。六月，吾姑母病，召孝愍归。浮为书致孝愍，以寄大姐，属俟孝愍之归也出而示之。苦语累牍，方计孝愍之见吾书，必且泫然以泣，又乌知孝愍之遂不能见吾书也？悲哉！

孝愍之归宁也，拜吾父之像于堂，拜吾二姐之位于楼下，然后辞姑母。以目视余，欲有所言而弗能出，泪荧荧沾眦。浮故促之行，未尝一语道珍重，又乌知孝愍之遂不能以生见我也？七月十二，孝愍病革，吾叔父乃电召浮。浮以十五渡江，夜抵绍兴，则孝愍已于是日十一钟死矣。浮乘月以行，其心昧昧，若无所觉者。十六五更到家，悲风动帷幕，陈尸在堂，悄无哭声，只一婢子守侧。视孝愍貌犹生，独唇齿间有血已成壳，盖死时所喷出者。痛哉！闻孝愍之病也，其母遣婢子送之归，孝愍在舟中犹能饮食瞻顾，及望见所居宅，忽瞠目不知人，盖孝愍之痛深矣。孝愍自知不能见我，其死也未尝一语及浮。盖孝愍临死，在前者仅婢子数人，吾姑母方卧疾，弗能起视，孝愍即欲有言，又谁与语者？

汤蛰先先生家传　代南通张季直先生作
一九二五年十二月

汤君蛰先殁近十年，其族人议修家谱而属予为之传。予惟家谱之作与国史异制。史官所掌在题别人流，考迹论世，以昭示法诫。故一人之事恒系一国之政，虽详委必书。若撰次家传，乃使后世子孙不逮事其先祖者，数典念德，教以善继。自非立身大节，苟为一端之美，可弗及也。世俗为之，每侈陈功阀以相夸耀，高仕宦而遗行义，甚非所以为教。夫当官施政，利泽及民，宜载之国史，非家乘之任也。

予获交于君垂三十年，粗能详其志事。方是时，朝野讻讻争欲致力革新之业。予与君亦各树识立事，国人每并称之曰"张汤"。及今追省，俗变而弥厉，吾耄而益瞙。在昔与君所共研虑，以为济时之计者，晚而知其非要也。虽然，君之所以立名于当时，可式于后人，固自有本；其见于事为者，末也，又不尽其所蓄。今独发其志义，贻厥后贤。明夫达孝者，先志而后事，其于义也，庶或近之。

君讳寿潜，字蛰先。其先世有讳鹏举者，宋高宗时致位两府，始自河南徙于浙。历九世而居山阴之天乐乡，逮君之身为三十三世。民国初建，省并山阴、会稽为绍兴县，今为绍兴人。曾祖钦文。祖甸源。父沛恩，有子三人，君其冢也。早岁颖异，以文学见称，闳敏有器识。未第时，以家贫求力养，客山东巡抚张曜幕中，与乌程施补华同见倚任。君于是益习闻国政之得失，喟然论列时敝，损益所宜，造《危言》四十篇，期可见诸施行。时人以比唐甄、冯桂芬，有疏通知远之目。光绪十八年成进士，改庶吉士。散馆，以知县归部铨选，授安徽青阳县知县。到官三月，以亲老不乐就养，遂乞归。而君名益为中外所重，历聘诸省，于推行新政未尝不预论赞，而远于仕进，其自处泊如也。

及庚子拳乱，召八国之师。国之不亡者，仅君往说两江总督刘坤一、两湖总督张之洞，定东南互保之约，所全者甚大，其谋实发于君。光绪二十九年，擢署两淮盐运使，仍以亲老辞。三十一年给四品卿衔，总理浙江全省铁路，成沪杭间铁路三百余里，商旅腾颂。未几，以争废英人借款草约，忤邮传部尚书盛宣怀。宣统元年授云南按察使，实以远之也。累辞不允，请入对，力陈在下之义，思得宣达民隐，裨益上治，不必以一官自效。摄政使尽所欲言。因顿首曰："愿朝廷勿再用袁世凯。"摄政默然。退，上封事数万言，大旨在通上下之志，弭乱于未形，词甚切至。疏入不省，改授江西提学使，以言不见纳，仍辞不赴官。复痛劾盛宣怀媚外误国，使朝廷失信于民，不可令久处朝列。触枢臣怒，指为好讦，严旨革职，不许干预路事。由是在上之恶君益甚，而君之孚于民益深。

无何，遂有辛亥革命之役，自武昌发难，逾月，浙人亦逐巡抚增韫而拥君为都督。始君未知，方避之上海，而文告四驰，已用君名。闻者相庆曰："汤先生果出，吾属无忧矣。"杭州故有驻防旗人，声言愿受汤先生抚，否则力抗。时拥君者麕附，君曰："卿等欲革命，径行之耳，奈何以强人？吾虽弗善颛制，与卿等异趣，以若所为，亦不与也。"说者谓君："杭民六十万户，使阖门而战，一朝可烬，公独能不捄之邪？"君不忍，乃卒徇众请莅杭。满人闻君至，遽委械请降，全境帖然以定。党人之桀骜者，皆慑于君望，颀首听约束。时张勋犹据守江宁，遣师会攻，不月而下，遂以军事付蒋尊簋。

临时政府初建，以辛亥十一月为中华民国元年，设官分职，欲选宿望以收众心，用君为交通部总长。君报书谓于义有不可者：士所以不恤一身者，为拯民不为取位；国步新移，宜崇廉让，抑贪竞，毋蹈清之覆辙，某唯一去以明志。遂去之南洋，周历群岛。侨人争以不得识君为憾。既还，闻政归袁氏，君曰："是必以易号称帝而败。"久之竟如其言。盖君自是益以优游自晦，不欲复问世事矣。

民国五年有疾，自制遗诫，其辞曰。文另录。君文字多不具录，录此以见其志。民国六年五月，以疾卒于家，年六十二。生平愨己而厚人，忘身而为众。其嫉恶若不能容，而好善或溢其量。强忍赴事，有似任气。见利必却，疑于近名。然天怀劲质，内行醇悫，世之论君者或遗之。夙以时务见称，晚以铁路见贤，皆君之末也。撰有《尔雅小辨》二十卷、《说文贯》二卷、《危言》四卷、《理财百策》二卷、《三通考辑要》若干卷、《文集》若干卷。独《危言》、《三通考辑要》行世，余并藏于家。

赞曰：综君之用心，盖有墨翟、宋钘之仁；其发为文章，则王符、仲长统之选也。德信足以抚众，智通足以虑物，果任足以成务。使其得位善世，则子产、西门豹之绩宜若可几。然君遭逢屯难，徒以适变一时，才业不竟，惜哉！浅俗以君名显当世，乃不知其厄也。君有贤子，矫然不群，器能总达，实秉君之遗教。将厄于君者必亨于其后。夫所谓亨者，履信思顺而天人交与之谓。《记》曰："大孝尊亲，其次不辱。"君之子若孙其勉之矣。

中华民国十四年十二月，南通张謇

故马浮妻孝愍汤君权葬圹铭
一九〇二年八月

君名仪，字润生，浙江山阴县人。清翰林院庶吉士内阁中书前安徽青阳县知县汤公寿潜之长女，故四川补用通判署仁寿县知县马公廷培之家妇也。禀姿清晖，德性纯懿。年十八，归于马浮。浮母何恭人前卒，君事浮父尽孝，事浮谨，处浮之两姐以敬以和。遭家多故，逾年二十，浮父丧。浮既克葬其父，遂奔走游学江海。君以弱质留，奉几筵，承祭祀。茹饮万毒，轮转百辛。未几，以忧卒，年二十一。君归浮家，前后凡三十四月，无日不在悲愁惨怛之中。君顺受以正，曲协于义，卒以郁郁损其天年，哀哉！

　　君死之日，浮自上海归，抵绍而闻君丧。别语未终，饰棺在庭。生不能相保，死不能相知，可谓极人世之至悲矣。君生平恒墨墨寡言，然于世界女子之迷梦、之习惯、之缪想，一一能破之，无所疑碍。浮之为志，不在促促数千年、数十国之间。以为全世界人类生存之道，皆基于悲之一观念所发布，渐次而有家族、社会、国际之事，讫于今日，其组织规则，尚未有完全者。不改革全世界迷信宗教、黑暗政治之毒，则人类之苦无量期，而国种优劣存亡之故，尚为人类历史事实之小者。浮之言曰：吾欲唱个人自治、家族自治，影响于社会，以被乎全球。破一切帝王圣哲私名小智，求人群最适之公安，而使个人永永享有道德法律上之幸福。吾之忧也，固且与虚空同其无尽。其所言，人都弗可解；独与君语，君乃慧澈，能知其意。呜呼，难矣。以君之知，得少缓须臾，化于浮之学，则家庭教育，君必能任之，而亦助浮以影响于全世界。不幸中道以死！

　　虽然，浮地球之人也，其所营万端，乃或在无量劫，尺寸未就，其身当漂沦于大海，旦暮焦悴且死。而浮之视其身为浊恶众生相，譬如大空中之一微尘体。是故地球亦一微尘，地球必死，虚空不死。马浮形质譬一地球，马浮必死，我自不死。所名我者，即是虚空。众生之我，亦即是我。而个人体之马浮，其所造于全世界者又庳浅无足道。则君之死也，死其一微尘体耳。君之我，即我之我，固未尝死，又何悲焉。浮以君死之逾月，归君之形质于土。乡曰下保，原曰朗罢，去吾父母权葬处二里而近。祔君之神于其皇姑，礼也。浮将渡太平洋而西，未知何日始克迁君之骨于先垄，于其窆也，不可以不志。不得刻石，因买砖书之。铭曰：

　　生苦乎？死乐？胡生而死乎？意以为生死，生死又安有定名乎？吾乌知死之非生，而生之非死也？死于地球，生于行星界乎？死于此虚空，而生他虚空乎？灵魂其不灭乎？形质其化乎？化而为无机物，其有知乎，其无知乎？乌呼君乎！此其形质之藏也乎。马浮二十年八月，掩砖纳此文乎。

浙军凯旋纪念碑铭　并序　代汤寿潜撰
一九一二年六月

　　当武汉首义，江宁未附，浙与苏、镇、沪诸军约从会攻，始收其地，建临时政府，其后乃有媾和之议。方是时，缘江诸镇新复，汉阳复陷。金陵厄塞东南，安危所系，不举则乱犹未拨。故共和之业，基于武昌，成于江宁，卒乃定于统一。数月之间，易号改朔，伊古以来未有也。而论者以为江宁之役，盖浙军劳犹多云。时寿潜承乏于浙，以今第五军长朱君瑞率师与诸军会。朱军果立功名，显荣于时。中华民国元年五月，悉所部八千人还。今浙江都督蒋君尊簋，命参谋副长夏君超，度地为坛，大集诸将，饮至献捷，劳军行赏。有司群僚，耆老诸生，商贾百工，各以其属赍牛酒致颂，来观礼者至万人。歌呼骏奔，阗衢溢巷，号曰欢迎凯旋，斯不亦盛哉。因伐石刻辞，将耀来叶，而以文请。寿潜既退在里间，谨述邦人之意，为铭曰：

　　昭洪捷兮奠南疆，壹禹域兮除秽荒。矫多士兮不吴不扬，思御侮兮在四方。树隆碣兮示弗忘。

烈士徐君墓表　代汤寿潜撰
一九一二年十二月

　　君讳锡麟，字伯荪，浙江山阴人也。徐氏世为县望族[①]，少读书，好天文历算。年二十余，教授绍兴中学堂。时国人已厌清政，草野之士，争言革命，浙人亦共立光复会于上海，君与焉。由是喟然思建立非常，就绍兴设大通师范学堂，聚诸生讲武事。身习骑射，遍历近县，求死士可与计者。君故沈鸷好谋而性泛爱众，间巷之侠多归焉。始欲保绍兴，用其友许克丞计，思以游说中权要，乃以副贡生入赀得道员，将其徒二十余人之日本，求入陆军联队，不果。旋入京，求分发湖北，格于令，乃发安徽。安徽巡抚恩铭，故满洲人，心异其能，使筦陆军小学堂。顷之，移主巡警学堂。君勤于职而阴结诸军将士，谋起兵江介。因巡警生毕业，例请巡抚三司临视，欲仓卒取事，飞书

---

　　① "徐氏世为县望族"七字，《马一浮集》无，今据丁敬涵抄本补入。

召浙中豪杰，刻期会安庆。已而恩铭遽疑君，令以前期二日将事。援未集，乃与弟子会稽陈伯平、余姚马宗汉密为备。及期，巡抚三司毕集，君突出铳击恩铭，中之，仆。众惊，夺门走，闭城发兵捕君。君驱巡警生百余人据军械局，炮坚不可发，弹丸复尽。伯平力斗死，君麾宗汉使遁，己乃登屋走，为追者所获。恩铭已殊，三司按君问状，从容言曰："吾耻以异族专政，坐致灭国，故仇满人。杀恩铭以示其端耳，不暇择也，身死不恨。吾谋虽败，后必有继之者矣。"即日遂刑君于安庆市，剚其心，临命颜色不改。时君年三十五，亡清光绪三十四年五月二十六日事也。宗汉亦被执系狱，掠问数十日，卒无所言，亦就戮。

于是海内震惊，诵君之烈，革命之机乃益亟已。且诚伪者德也，小大者谋也，逆顺者势也，成败者时也。汤武以降，革易之事众矣，皆用戡乱救民为号。矫诬幸值，亦在所托而已，非必其功也。若布衣穷巷之士，哀愤郁积，抱咫尺之义，犯险难、蹈白刃不顾，必死以求自达而非有利天下之心。志苦而计浅，迹诡而意纯，虽匹夫之节，君子有取焉耳。君以异族不可以共戴，故发愤以思抗；无借不可以立事，故屈身以行权；有众不可以苟俟，故孤举以求济；人谋不可以必全，故委命以昭谅。身死之日，天下归其烈，抑可谓较然不欺其志者矣。伯平、宗汉枕籍相从，于师友之谊，其亦可无愧也。

始君既殉义，藁葬安庆城外。后五年，清室遂倾。共和既立，浙人追慕君烈，以民国元年冬，启其攒，奉君遗骸改葬杭州西湖孤山之南麓，而以陈伯平、马宗汉祔于君之兆域。君弟伟、锡麒、锡骥，及其故旧门人，详君志行，议伐石树表，来请文，以其言为可信于后也。因推论君行事，述其大者，揭之于阡。同里汤寿潜撰。中华民国元年十二月建。

绍兴汤先生墓志铭
一九二○年

先生讳寿潜，字蛰先，浙江山阴人也。民国初元，省并会稽、山阴为绍兴县，今为绍兴人。远稽命氏，实惟成汤之裔。其先有宋知枢密院事鹏举，受任高宗，始自河南来居于浙。乃及明、清，世载厥善。

曾祖钦文，祖甸源，父沛恩，并有高行。遂启先生，克明克类，髫年颖异，弱冠有闻。秉心塞渊，植仪劲固，渐濡经术，综括典章。用能疏通知远，达于政事，目之者以为匪特荒年之嘉谷，亦丰岁之瑾瑜也。

历聘省院，周览得失，思以革易时敝，匡民理国。尝撰次所论，号曰《危言》。损益略举，张弛惟审，后之隐于辩说者，非其伦已。自初通籍，退然不援。出知青阳，民悦岂弟。有怀孔迩，遂投冠绂。见微知彰，处流能止。在清季世，朝野归誉。累除监司，并谢不赴。纳谋陈善，言不见察。哀此卒瘅，焚溺犹己。戢怡乱于未兆，消陵构于迫发。然而苞桑之计，终莫之救。暨乎改政之初，望为众附。绥定乡国，顺然后动。释衅遏虐，民免涂炭。盟而不荐，履位如寄。盖务义者弗存乎名声，恤人者不舍乎塞难。若乃备次本末，宜在惇史，是以略而不概也。

夫其行己似矜而动不刿，疾恶似警而仁不撍，适变似浇而中不挠，同物似玩而志不滑。事亲则遗禄以毕养，爱人则损己以成惠，立事则示俭以厉俗，居屯则因顺以济险，见几则归洁以明介，时止则肥遁以远害。故形劳自苦非厚生也，騈调救斗非徇名也，磐桓利贞非失正也，与时消息非违性也。本以雅质托乎雕世，用晦而明，处必有与，久必有以，亦固道术之寄，性德之符，拘抗不能拟其迹，依似不能袭其真者。

夫期命有常，修龄弗届，春秋六十二，中华民国六年六月，以疾卒于里。遐迩摧悼，咸有邦国殄瘁之思。遗诫敛用野服，勿称故官，毋赴于在位，丧事惟约，示同齐民。盖隐有所裁，众人莫能识也。夫人同县叶氏，恭俭淑令，诞毓六子。男二：孝佶、孝偃，俱秉榘度，志勤绍述。女三有归，叔贞不字。以九年十二月，葬先生于桐庐县质素乡阳山坂之原。

粤稽礼意，封窆敬藏其形也，铭诔敬传其名也。州里故旧，及门群彦，亲承风德，没而不忘。佥曰：景行未远，可弗记乎？于是相与咨度，求在称实，无择幼贱，责文于马浮。浮少秉学于先生，得闻言行之蕴，为能察其用心，乃约迹揆本，昭宣志义，刊之贞石。词不溢滥，俾知德君子有所观考。式坷垄之在兹，流仁声于无穷。其铭曰：

惟儒与墨，或步或骤。先生以之，匪觳伊厚。迹以时成，仁由性受。有勤厥任，有介厥守。蛮髳是忧，匍匐用捄。应变持危，孰测去就。苟以济物，安必远诉。似惠而夷，虽厉无咎。援止伊何，脱人于棷。进可胜残，功施不究。民之多辟，乃攘乃寇。畴秉义类，尚曰别宥。矫矣先生，舍爵若垢。禄不可荣，经德则旧。泊焉顺化，譬彼宵昼。蜿蜿天目，其苗如柳。莹莹紫溪，其曲如斗。兆安于斯，有林有数。君子所休，彼敦者阜。形则敛藏，神不坏朽。镌铭考德，勿骞勿贸。匪期信俗，庶以俟后。

重修祥峰禅师塔铭

一九二二年

原夫塔庙之制与经教同功，体真则会寂，摄俗则生敬，斯亦本乎无作而寄诸缘起者也。杭县湖墅香积寺，故此邦名蓝。清初有住持祥峰禅师者，灭后藏骨于寺，历今二百余年。考其化迹，蔑可得而详矣。虽世相迁流，见有兴废，而师所营法物，有双石幢干云竦日，半宰堵波涌地如莲华，并雕镌奇丽，久而不毁。故今继住云仍得假檀施，粗安瓶钵，托于禅诵，岂偶然哉。古有隔江见刹，遂启悟缘；临门栽松，早承记莂。然则不言之说，盖在于兹。远孙肇安，惕于法末陵迟，忽忘所自，遂捐衣财，新其龛石。既遵先轨，亦示当来。铭曰：

传佛心宗，知恩必报；半座可分，千镫一照。是真佛子，扫塔作礼；师虽久灭，将从塔起。息尔斗诤，严尔毗尼；不重己灵，乃弃于师。功不浪施，为物作则；来者无尽，视此铭刻。

中华民国十一年九月　住持常慧立石

弘一律主衣钵塔记并铭

一九四三年十一月十八日

弘一音公示灭于泉州之明年，其学人印西自北天目以书抵予，言浙中沙门仰师高行，将奉其衣钵，营塔于山中，属予为之记。

予惟在昔如来灭度，敕诸弟子以戒为师，故三藏结集，律与经论同重，犹此土之有礼宗矣。自唐以来，讲肆禅林，门庭并盛，独南山宣律师以弘律著。迨及灵芝，其传浸微。晚近诸方受具，虽粗存仪轨，而莫窥律文、不究事相者有之。音公生当末法，中岁出家，不为利养，誓以明律，振此颓风。发愤手写《四分律戒相表记》，校正南山《三大部》，并为时所称。讲论尤力，诸方推之，号曰律主。至其秉心介洁，制行精严，俨然直追古德，可谓法界之干城、人天之师范者也。茶毗后，既分藏舍利于泉州承天、开元二寺，造塔之缘，盖犹有待。

浙西固师行化之地，四众归敬，欲奉衣钵，同申供养，其孰曰非宜？夫佛种从缘，虽聚沙缚苇，苟以一念恭敬殷重之心出之，在实教中举因该果，即许已成佛道。斯塔所在，十方缁素有来瞻礼者，当念"自性清净，是名为戒"。能于日用四威仪中，守护根门，不犯轻垢，遮诸染法，具足一切戒波罗蜜，即不异舆师相见，必为师所摄受，亦为诸佛之所护念。视诸造塔，功德殊胜，不可称量，岂独纪念云乎哉？系以铭曰：

佛三学，戒为首。净意根，及身口。作用是，迷乃否。去邪执，入正受。少持律，法衰久。唯音公，叹希有。敬其衣，念无垢。孰为铭？马蠋叟。

附 文成示学人

今日送来刊物中，有《弘一法师生西纪念册》。其中乃无一佳文，深为弘一惋叹。末法无论缁素，皆卤莽灭裂，莫知其非。业重根劣，真佛来亦救不得也。因念弘一学人印西，前月有书来乞为作《衣钵塔记》，书虽简略，其意尚诚。待其纸久未至，故未下笔。今日因看此纪念册，忽然触发，即立成之，略不加点，而其言质实，可以示后。今附稿去，劳贤为清缮一本，并原稿掷还。将先以此稿寄印西，俟其纸到再为之书。但不知孝丰寇乱，书能达否耳。十八日西。

孔学会赞
一九四一年九月

孔子自居，学而不厌；及其诲人，时习以验。十五志学，所学何事？七十从心，乃配天地。达巷党人，称以博学；学无成名，其义在觉。嗟后之人，孰为知圣？唯曰至诚，能尽其性。颜曾思孟，周程张朱，得其传者，一性无殊。孔子之书，厥为六艺；六艺不明，何所依据？物来不惑，事至能应；始终条理，道在自证。日月贞明，盲者不见；群言之淆，匪欲伊畔。涂虑万歧，卒归于同；摄以六艺，在蔽斯通。弘道惟贤，既雍既肃；询于刍荛，童蒙是告。

辛巳九月

宋贞女赞

一九四二年二月二十八日

　　从一终，古之制；字不改，唯其志。翳宋女，命之穷；知贞胜，无吉凶。士二三，致寇至；覆邦家，绝胤嗣。见金夫，不有躬；唯苦节，义可风。蕲之水，清且驶；流斯文，厉人纪。

　　　　　　《宋贞女赞》为耀先先生征题。壬午孟春，湛翁

六、蠲戏斋杂著

尚佐文　点校

吴光　复校

大学玄疏残稿

初标宗

大学之道，在明明德，在亲民，"明明德"即是忠。忠者，中也，不落二边（不及是有边，过是无边）。"亲民"即是恕。恕者，如也，物我一如。**在止于至善。**

大以充周为义，学乃觉悟之称。大则同天，学以阶圣。若准佛义，犹言遍知，亦名圆觉。道者，诸圣之所游履，凡愚昧而莫遵，故今显示轨涂，道使趣入。若于言下知归，便可驰求顿息。盖大学之道者，即是大觉之道也。此道本自圆成，了即相应，但以积迷恒背，日用不知，须假言诠，教令修证，是故当说。学即始觉，大即本觉；学是方便，大即实智。约性言大，约修言学。始本权实性修，此二不二，体用合举，故云大学。学依大起，大是所学，即大之学，依主释也。大因学显，学是能大，即学是大，持业释也。"止至善"是大，"明德"、"亲民"是学。又"德"与"民"并是大，"明"、"亲"即是学。至善即是大，止之即是学。若依儒典会释，大是元亨，学即利贞。大是易知，学即简能。又成象名大，效法名学。大即盛德，学即大业。"继之者善"是学，"成之者性"是大。大即是仁，学即是智。又"见仁见智"是学，"全仁全智"是大。大即是中，学即是庸。约中、庸能尽其性，即是"明明德"。尽人物之性，即是"亲民"。赞化育，参天地，即是"至善"。又至诚即是至善。大是天道，学是人道。复礼为学，归仁为大。学故有教，大故无类。如是广释，不可穷尽，比类可知。所言"在"者，谓不离当处也。"明德"者，性具妙德，本绝染污。"民"者，名起形兴，依正安立。"至善"者，如如之智，理极无上。永离幻垢，故谓之明；一性无殊，故谓之亲；常住不动，故谓之止。"明明德"者，智不滞于有无；"亲民"者，情不间于物我。至明遗照，至亲忘功。随顺实性，不二本际，则为"止至善"也。性觉必明，号为明德。妄为明觉，字以无明。约性离染，无明即明。以湛旋其虚妄觉知，复还元觉，是"明明德"义。见与见缘，并所想相；如虚空华，本无所有。迷己为物，谓之为民。此见及缘，元是菩提妙静明体，于其中间，无是非是，若能转物，即同如来。会万物为自己者，其惟圣人乎，是"亲民"义。离即离非，是即非即，一切圆灭，独妙真常，唯妙觉明，圆照法界，是"止至善"义。民、德同体，明、亲同功，性相一如，动静一际。同体之体，即为至善。无功之功，即名为止。不可离民、德别有至善，亦不可离明、亲别有止。即一而三，在三而一，大学之道，妙尽于斯。若约佛法通会，有十种三。（一）三大释。止是体大，明是相大，亲是用大。（二）三菩提释。明是实智菩提，亲是方便菩提，止是方便菩提。（三）三涅槃释。明是性净涅槃，亲是方便净涅槃，止是圆净涅槃。（四）三般若释。明是观照般若，亲是方便般若，止是实相般若。（五）三因释。明是了因，亲是缘因，止是正因。（六）三德释。明是智德，亲是恩德，止是断德。（七）别三德释。明是般若德，亲是解脱德，止是法身德。（八）三谛释。明德是真谛，亲民是俗谛，止至善是中道第一义谛。（九）三观释。明德是奢摩他，亲民是毗钵舍那，止至善是禅那。（十）三三昧释。明德是空三昧，亲民是无相三昧，止至善是无作三昧。略举十重，广说难尽。

释荀子解蔽篇

墨子蔽于用而不知文，

《庄子》曰："以绳墨自矫，而备世之急。"所谓用也，谓急于用世。其道太觳，故无文。

宋子蔽于欲而不知得， 得当作德。

宋钘以人我之养毕足而止，有近于今之唯物论，不知有五常之德也。

慎子蔽于法而不知贤，

慎到尚刑名，不尚贤，有近于今之法制论者。

申子蔽于势而不知知， 下"知"当作智。势者，权势也。

申不害尚势，犹今言极权，而不知任智，适成其为愚也。

惠子蔽于辞而不知实，

惠施好辩，自以为极，犹今之重逻辑辩证法，只成得一套理论，恒与事实相违。庄子曰："惠施多方，其书五车。其于天地，犹一蚊一虻之劳者也。"

庄子蔽于天而不知人。

庄子因任自然，不免遗弃人事。

故由用谓之道，尽利矣；

谓功利也。

由俗谓之道，尽嗛矣；欲当作欲。

嗛，快也。言天下之道尽于快意，犹今言满足欲望也。

由法谓之道，尽数矣；

《学记》言及于数，郑注以数为法象。《劝学篇》曰："其数则始乎诵经，终乎读《礼》。"杨注："数犹术也。"犹今言条文、章制、计划之类。

由势谓之道，尽便矣；

便谓取得所欲。

由辞谓之道，尽论矣；

由天谓之道，尽因矣。

希　言

子以四教：文、行、忠、信。文是世界悉檀，行是为人悉檀，忠是对治悉檀，信是第一义悉檀。文无意，行无必，忠无固，信无我。

仁者法身德，知者般若德，勇者解脱德。

孟子曰"勿忘""勿助"，忘是任病，助是作病。

周子曰："元亨，诚之通；利贞，诚之复。""克己复礼"是利贞，"天下归仁"是元亨。"自诚明谓之性"，元亨也；"自明诚谓之教"，利贞也。礼主利贞，乐主元亨。

六艺对辨本迹，如《诗》《书》《礼》《乐》是迹，《易》《春秋》是本；《礼》《乐》是迹，《易》是本。

"尧舜之道，孝弟而已矣"，"夫子之道，忠恕而已矣"，孝与忠，弟与恕，一也。以佛法言之，忠、孝是涅槃心，弟、恕是菩提心。故曰"入则事父兄"，"出则事（长上）〔公卿〕"，又曰"弟子入则孝，出则弟"。弟子犹言菩萨。入则寂灭，随顺觉性，故名为孝；出是应现，摄化众生，故名为弟。不起于座是入也，现诸威仪是出也。如来座者，一切法空，是孝也；如来衣者，柔和忍辱，是弟也。忠者自孝而推之，不独亲其亲；恕者自弟而推之，不独长其长。孝弟、忠恕亦仁而已矣，仁是总相，孝弟、忠恕是别相。如来室者，众生身中大慈悲心，是仁也。孝弟、忠恕是一事，出入是一时，菩提、涅槃是一性，尧、舜、孔、佛是一人。

心外无物，身外无民，《大学》之要义也。

"孔子祖述尧舜，宪章文武"，"文武之政，布在方策"，"文武之道，一张一弛"，文表智德，武表断德。睦州云："裂开也在我，捏聚也在我。"是即一张一弛之说也。

摄一切法为男，生一切法为女，诸经多以男表实智，女表权智，实非权不显，犹男非女不生。故《易》曰："男女媾精，万物化生。"媾精即致一，犹言权实不二耳。智虽以应物为用，贵其不动，故女以贞静自处，乃为君子好逑。凡《易》、《诗》多言男女，准此可知。世智逐物，犹女之不德，《诗》之刺艳妻，恶淫奔，皆诚放心之旨。

郊祀用牛，所以报天。天即法性，用牛者，表顺也。《虞书》四方巡守，"归，格于艺祖，用特"，亦此义。艺祖为谁？识得艺祖，巡守事毕，可以为天子矣。舜初摄政，"正月上日，受终于文祖"。及尧殂落，"月正元日，舜格于文祖"。文祖凡二见，艺祖一见。孔安国传谓"尧，文德之祖庙"，亦自有义。《易》上爻为宗庙，可思准之。

"穷则独善其身，达则兼善天下"，穷达皆以道言，道隐为穷，道通为达。舍之则藏，用之则行，是圣人分上事，故孔子独许颜子。盖缘起则形，缘离则息，是无相之身，无知之智，如水中月，如空谷响，垂迹即言用舍，达本实无行藏。穷达独兼，义亦准此。达乃非兼，穷亦无独，非兼者天下在身，无独者身舍天下。以天下摄归一身，似《华严》以理夺事门，故独义得成，犹云"尽大地只是诸人自己"也；以一身遍应天下，似《华严》事能显理门，故兼义得成，犹云"无刹不现身"也。亦可会寂返体为穷，随流妙用为达。正达而穷，方穷而达，穷达一际，乃为究竟。直下壁立千仞，把断要津，不通凡圣，始成独善；用时七纵八横，杀活自在，不负来机，始成兼善。不兼不成独，不独不成兼，非兼非独，而兼而独。学者先须决了身外无天下，天下即是身，始许说兼说独，然后能达能穷。若看作两橛，终无入头处也。

孔子贵革，老子贵因。孔子革而因，老子因而革。故知革不异因，因不异革者，乃可与言孔、老之道。

《龟山语录》云："孟子曰'形色，天性也'，犹《诗》言'有物（必）有则'也。物即是形色，则即是天性，唯圣人然后可以践形体性故也。盖形色必有所以为形色者，是圣人之所履也。谓形色为天性，亦犹所谓色即是空。"愚按龟山此言不若易作"相即是性"，于义尤洽。

《大戴礼·曾子立事》篇曰："君子好人之为善，而弗趣也；卢注云：不促速之。恶人之为不善，而弗疾也。"达磨为杨衒之说偈曰："亦不睹恶而生嫌，亦不观善而勤措。"何其言之似曾子也。

《大戴礼·勤学》篇曰："知明则行无过。"沩山谓仰山曰："只贵子见地，不贵子行履。"亦此意也。

《韩诗外传》曰"所谓庸人者"，"从物而流，不知所归，五凿为政，心从而坏"，"是以动而形危，静则名辱"①。《大戴礼》《荀子》同。此与《楞严》说六根流逸，循声流转义同。

《易》教洁静精微，洁者无垢，静者不动，精者不杂，微者离相，即是显示真心也。其失也贼，则迷真起妄。元依一精明，分成六和合，六为贼媒，自劫家宝，斯号妄心，乃为贼矣。洁静精微而不贼，则惟妙觉明、远离诸妄之谓也。《阴符》曰："天有五贼，见之者昌。"认贼为子，是名不见，见则不能为贼矣。贼犹害也。宗门曰"识得不为冤"，冤即害也。

《系辞传》曰："圣人以此斋戒，以神明其德夫。"斋是定，神明其德是慧。

儒谓之向内体究，禅谓之回光反照；儒谓之反躬，禅谓之就己；儒谓之复，禅谓之转。

《华严》曰："知一切法，即心自性，成就慧身，不由他悟。"《论语》曰："一日克己复体，天下归仁。为仁由己，而由人乎哉?"《中庸》曰"其为物不贰，则其生物不测"，佛曰"天上天下，唯我独尊"，是一法界性之谓也。《易》始于一，正谓法界量。程子曰"圣人分上一字也不消"，则法界量尽。

颜子"请问其目"，目犹门也。"请事斯语"，正如洞山所谓"吾尝于此切"。好个下功夫处，一切圣贤皆从此入。

大鉴谓荷泽曰："与汝道无名无字，汝便唤作本源佛性。"明道曰："才说性时便已不是性了。"真乃异口同声。

《系辞传》曰："仁者见之谓之仁，智者见之谓之智，百姓日用而不知。"孟子曰："行之而不著，习矣而不察，终身由之而不知其道者，众也。"孔子曰："民可使由之，不可使知之。"皆明道在目前，人自不会耳。

波罗提答异见王云"作用是性"，与孟子"乃若其才②，则可以为善矣"意旨不别，才即作用之谓也。八处之说看似稍粗，四端之说看似

---

① 形：《马一浮集》误作"刑"，兹据《韩诗外传》改。
② 乃若其才：《孟子·告子上》作"乃若其情"。

稍细，实则离此八处亦何有四端。二俱直指，然实易见难识，毫厘有差，天地悬隔。误会波罗提语者，只认得个昭昭灵灵底；误会孟子语者，搅入情见里去：孤负此二老者不少，择乳须是鹅王始得。

言岂一端而已哉，夫各有所当也。《系辞传》曰："夫《易》彰往而察来，而微显阐幽①，开而当名辨物，正言断辞，则备矣。其称名也小，其取类也大。其旨远，其辞文。其言曲而中，其事肆而隐。"岂惟《易》然，圣人之教皆然。不知其所当，则为不知言。当之为言，如标月指，故曰"直须句外明宗，莫向言中取则"，"识取钩头意，莫认定盘星"。会得此旨，乃可与立言，可与忘言。

《论语》子曰："回也，其心三月不违仁。"程子曰："三月，天道小变之节，言其久也。""不违仁，只是无纤毫私欲，小有私欲，便是不仁。"此语亦是证者方知，所谓"但有纤毫便是尘"也。

《中庸》"征诸庶民"，犹《圆觉》言"一切众生皆证圆觉"也。《华严》云"佛成道时曰：奇哉！一切众生皆具如来智慧德相，但以妄想执著而不证得"，此是《中庸》"征诸庶民"的实注脚。

"可欲之谓善"是比量而知，"有诸己之谓信"是现量自证。"吉凶之道，贞胜者也；天地之道，贞观者也；日月之道，贞明者也；天下之动，贞夫一者也。"学者先须看此数句，忽然实见贞观、贞明之理，乃可与言《易》矣。

万机顿赴而不挠其神，千难竟对而不干其虑，所谓"物来而顺应"也。

闻道非耳，见性非眼。

"吾未见好德如好色者也"，是说《诗》亡《关雎》不复作也。《关雎》以淑女喻贤才，人之好德如《关雎》之求淑女，寤寐不忘，岂有不闻道者？人君如此而不王者，未之有也。屈原作《离骚》，以女喻贤臣，其时去《诗》未远，犹为得之。

"天命之谓性"是约，"率性之谓道"是博，"修道之谓教"是由博以至于约。

乾是自受用，坤是他受用，故曰"乾知大始，坤作成物"。

乾是法身，坤是报化身。

天地人三极之道，犹三德、三身也。

---

① 微显：《马一浮集》误作"显微"，兹据《系辞传》原文改。

乾以自知，坤以应物。自知唯健，应物唯顺。

孔子曰："吾于《易》得坤乾焉。"坤属学，乾属性。臣奉于君，子顺于父，修复于性，所谓坤乾也，故曰归藏。

朱子注"我叩其两端而竭焉"云："言终始、本（云）〔末〕、上下、精粗，无所不尽。尹氏曰：'圣人之言，上下兼尽。（极）〔即〕其近，众人皆可与知；极其至，则虽圣人亦无以加焉。'"辅氏曰："圣人之言，非有意于上下兼尽，盖其所得之道本末兼赅，表里如一，言之所发，自不能不尽也。如告樊迟问仁智两端，程子谓此是彻上彻下语，圣人元无二语，皆所谓竭两端之教也。"愚谓"彻上彻下"便是"一贯"的实注脚，此与"吾道一以贯之"之旨同。但就鄙夫分上说则谓"竭两端"，告曾子、子贡则云"一贯"。须是不见有两端，始明一贯，如知微之显，知远之近，即是不见有两端也。

《维摩诘经》立不二法门，不二法门正是一贯之道。

"体信"是忠，"达顺"是恕。

朱子曰："信只是实理，顺只是和气。体信是致中的意思，达顺是致和的意思。"

黄石斋云："礼乐止是中和，致中谓礼，致和谓乐。《易》说《大壮》'以非礼弗履'，说《豫》'以作乐崇德'，两卦皆雷也。天地作用雷为大，人身作用怒为大。风雨皆生于雷，哀乐皆生于怒。雷从健出，比于礼；雷从顺出，比于乐。怒从健出，礼以止之；怒从顺出，乐以平之。故先王为礼乐以道中和，天地性情居然可见。地雷曰'复'，天雷曰'无妄'，雷地曰'豫'，雷天曰'大壮'。礼乐中和于是见象，而诚明之义亦尽于此。"石斋之意，盖以气动为怒。"雷以动之"，"地载神气，神气风霆，风霆流形，庶物露生"，其此之谓欤？

太史公云："诸家言黄帝，其文不雅驯，荐绅先生难言之。"古史多存神怪，或纪黩乱之事，不可以示后，故删《书》断自唐虞。《论语》"子不语怪力乱神"，殆指古史之事实也，如伏羲人首蛇身，夸父逐日，羿射九日之类。《楚辞·天问》一篇犹可见古史之仿佛。今《诗》、《书》唯《生民》、《玄鸟》、《金縢》梦帝与龄诸事为删而未尽者，于义无害则存之。然纬候所述即依此傅会，圣人亦不能豫禁之也。"其父攘羊，而子证之"，"吾党之直（躬）者异于是。父为子隐，子为父隐，直在其中矣"，此亦《春秋》文致太平之义，见圣人之微意。故史必有义，取其可监于后而止，不必尽著其事实也。"周监于二代，郁郁乎文哉"，言史家贵文，因事立义，若其事不足以为法戒者，去之可也。进退褒贬，乃主于义，故曰"其义则某窃取之"。学者治史，当先明圣人因事立义之旨，方不为史文所惑。后之作史者不明《春秋》之义，不足以为法也。

圣人终日言，未尝言，何以故？因言遣言，言即无言，无言之言，是名为言，非是无言。

圣人终日酬酢万变而终日无为。酬酢万变则非不为，只是因物付物，不著有为，故名无为。

"无然歆羡，无然畔援"，文王之心也。"不侮鳏寡，不畏强御"，仲山甫之心也。"学而不厌，诲人不倦"，孔子之心也。"不轻未学，不敬多闻"，如来之心也。

乾道是圣，坤道是贤，乾道是顿，坤道是渐。朱子曰："克己复礼是乾道，居敬行恕是坤道。"颜渊、仲弓之学自有高下浅深，正以颜子是顿悟，而仲弓则渐修也。

或问：如何是教？曰："如是我闻。"如何是宗？曰："一时佛在。"

或问：如何是化城？曰："有。"问：如何是宝所？曰："空。"

或问：如何是现实？曰："现即非实。"问：如何是理想？曰："理即非想。"

"圣人之作《易》也，将以顺性命之理，是以立天之道曰阴与阳，立地之道曰柔与刚，立人之道曰仁与义"。阴阳者，气也。刚柔者，质也。仁义者，理也。六爻之中正是也。中即仁，正即义。

礼之节，皆本于自然。凡言时之久者，或言三月，或言期，或言三年，或言世，或言十世，或言百世。如"三月不违仁"，"三月不知肉味"，"期月而已可也"，"三年有成"，"比及三年，可使有勇，且知方也"，"如有王者，必世而后仁"，"子张问十世，子曰：其或继周者，虽百世可知也"，"百世以俟圣人而不惑"，"君子之泽，五世而斩"，孟子言"五百年必有王者兴"，其所举数字，皆不可泥。大约以三月为始数，百世为终数。《大戴礼》宰我问孔子曰：荣伊言黄帝三百年，"请问黄帝（何）〔者〕人（也）〔邪〕，抑非人（也）〔邪〕？何以至〔于〕三百年乎？"对曰："生而（人）〔民〕得其利百年，死而（人）〔民〕畏其神百年，亡而（人）〔民〕用其教百年。"《史记》集解引皇甫谧曰"黄帝在位百年而崩，年百一十一岁"，此亦不可据。虽曰"生而神灵，弱而能言，幼而徇齐，长而敦敏，成而聪明"，亦无十一岁遂即帝位之理。故知三年但言其久，三年不改则终身不改可也。

《孟子》引孔子曰:"唐虞禅,夏后、殷、周继,〔其义〕一也。"此续莫大焉之旨。

古人谓其所生之国曰"父母之邦",亦曰"宗邦",本其爱亲之心,而后能爱其邦国,守之弗去。今人亦盛言爱国矣,其所谓爱国心者将何自而推之邪?方言爱国,而于中国圣智之法视若无物,盛慕欧化,望尘莫及,岂非不爱其亲而爱他人邪?古人言必则古昔,称先王,今则言必则现代,称夷狄,此谓他人父之类也。《孝经》曰:"君子之事亲孝,故忠可移于君;事兄弟,故顺可移于长;居家礼,故治可移于官。"《孟子》曰:"未有仁而遗其亲者也,未有义而(遗)〔后〕其君者也。"今人亦知重视对于国家社会之道德行为,而以父子、兄弟、夫妇之关系为私德,此之谓不知本。

西洋人有所谓国家学者,其言国家成立之元素有三,曰土地、人民、统治权也。在今日当更益以经济力量及军事力量。无论民主国家、极权国家,其汲汲皇皇,与接为构,日以心斗,皆有儳焉不可终日之势。有强权而无公理,有阴谋而无正义,国际间只有利害,无复道德可言。社会观感无形中受此影响,于是人与人之间亦只有利害之结合,苟为求生,无所不至。其所谓对于国家、社会之道德行为者,依于法律,出于利害,绝无礼乐之意行乎其间,以其无本可推也。

如西洋法律不许虐待动物,此有似于仁政,所谓推恩已及于禽兽,而功不加于百姓者也。登公共车,壮者必让老者,男子必让妇孺,亦有敬老慈幼之心焉。而父子、夫妇异财,恩义至薄,如贾谊讥秦俗好分异,兄借耰锄,虑有德色,母取箕帚,立而诟谇①,此真夷狄之道也。交际虽亦知重礼貌,而见利则争,此所谓"放饭流歠而问无齿决","不能三年之丧而缌小功之察"者也。孟子曰:"不仁哉,梁惠王也!仁者以其所爱及其所不爱,不仁者以其所不爱及其所爱。"彼之好战胜攻取,糜烂其民而不知恤,皆由不知本孝弟之心以推之故,若秦人视越人之肥瘠,无所动于中也,虽亦言同情心,乃是煦煦孑孑之细耳。

黄勉斋答胡伯量书云:"干老矣,未能忘禄。非禄之不可忘也,不仰禄则又须别求所以糊其口,而劳心害义反甚于仰禄。以是东西南北,唯命是从,何去就出处之敢言,何功名事业之敢望?特汩没世俗,学问

① 按贾谊语见《汉书·贾谊传》,原文为:"借父耰锄,虑有德色,母取箕箒,立而谇语。"

尽废，大为师门之罪人，不敢自文也。"又云："来书所谓'甚费造化，断不可辞'，此语却与向来议论不同。今之出仕，只是仰禄不得已，若谓合义，则非所敢闻。只管如此立说，却是浙闲议论也。"其言质实如此。世有明明徇禄而高言义仕者，真欺人语，宜为勉斋所诃矣。

赵与时《宾退录》云："张无垢有《论语》绝句百篇，《夫子之文章可得而闻也，夫子之言性与天道不可得而闻也》曰：'既是文章可得闻，不应此外尚云云。如何夫子言天道，肯把文章两处分？'《颜子箪瓢》曰：'贫即无聊富即骄，回心独尔乐箪瓢。个中得趣无人会，惆怅遗风久寂寥。'"

林艾轩答人问"忠恕而已矣"云："南人偏识荔枝奇，滋味难言只自知。刚被北人来借问，香甜两字且酬伊。"又答魏天随几问"克己复礼"云："五湖风月。"天随闻言豁然。① 林载德阿盥从先生于红泉，出揖客，色赧然，因示之曰："心不负人，面无赧容。"载德卒以行义名。② 艾轩学通六经，而生平未尝著书，尝曰："道之本体同于太虚，六经既发明之，后世注解已涉支离，若复增加，道愈远矣。"其标格如此。

《庚溪诗话》云："林懿成，永嘉人。喜为诗，与会稽虞仲琳相善。虞颇通性理之学，林以诗送其行曰：'男儿何苦弊群书，学到根原物物无。曾子当年多一唯，颜渊终日只如愚。水流万折心无竞，月落千山影自孤。执手沙头休话别，与君元不隔江湖。'"赵与时《宾退录》以此为虞送林诗，盖误。诗即未工，意自洒落。

《朱子语类》吴寿昌字大年，邵武人。录云，寿昌问："鸢飞鱼跃，何故仁便在其中？"先生良久微笑曰："公好说禅，这个亦略似禅，试将禅来说看。"寿昌对："不敢。"曰："莫是'云在青天水在瓶'么？"寿昌又不敢对。曰："不妨试说看。"曰："渠今正是我，我今不是渠。"曰："何不道'我今正是渠'？"

又云，先生问寿昌："子好说禅，何不试说一上？"寿昌曰："明眼人难谩。"先生曰："我则异于是，越明眼〔底〕，越当面谩他。"

又云，先生问寿昌："子见疏山，有何所得？"对曰："那个且拈归一壁去。"曰："是会了拈归一壁？是不会了拈归一壁？"寿昌欲对云：

---

① 按事见《闽中理学渊源考》卷八"魏天随先生几"条，"五湖风月"作"五湖明月"。

② 按此为陈叔盥事，见《闽中理学渊源考》卷八"陈先生叔盥"条。该书上一条为"林载德先生阿盥"，马先生误系此事于林载德。

"总在里许。"然当时不曾敢应。先生为寿昌题手中扇云:"长忆江南三月里,鹧鸪啼处百花香。"执笔视寿昌曰:"会么? 会也不会?"寿昌对曰:"总在里许。"

又云,先生曰:"子所谓'贤者过之',夫过犹不及,然其玩心于高明,犹贤于一等辈。"因问:"子游庐山,尝闻人说一周宣干否?"对曰:"闻之。"先生曰:"周宣干有一言极好:'朝廷若要恢复中原,须要罢三十年科举始得。'"按朱子举此语是因寿昌学得一肚皮禅,教伊一时扬却。寿昌当时若会,便直下洒落自在矣。后儒辟禅,真似三家村里挑柴汉子说中书堂上议事,且不识科举为何物,更何论恢复中原邪?

《列子·天瑞》篇:"舜问乎烝曰:'道可得而有乎?'曰:'汝身非汝有也,汝何得有夫道?'舜曰:'吾身非吾有,孰有之哉?'曰:'是天地之委形也。生非汝有,是天地之委和也。性命非汝有,是天地之委顺也。孙子非汝有,是天地之委蜕也。'"会得此语,在释则证二空,"身非汝有"是人空,"不得有夫道"是法空。在儒则尽己私。《礼记》曰:"天子有善,本之于天。诸侯有善,本诸天子。卿大夫有善,本之于君。士庶人有善,本诸父母。"① 非不敢有也,不得有也,正与《列子》"汝身非汝有"、"汝何得有夫道"之意同。故梁武问达摩:"如何是圣谛第一义?"对曰:"廓然无圣。"若立圣谛,是道可得而有矣。庄子曰:"至人无名,神人无功,圣人无己。"比之达摩,犹嫌语拙。

云岩《宝镜三昧》云"臣奉于君,子顺于父,不顺非孝,不奉非辅",此与哪吒割骨还父、割肉还母公案意同。"不挂灵衣,始全孝道",此亦谓不得有夫道也。

洞山云:"悟则不无,争奈落在第二头。"② 程子说"伊尹终有任之意在",此犹禅家有悟之意在,只是第二头。若孔子之时,有甚气息,真是闲名已谢矣。

肇公《物不迁论》云:"求向物于向,于向未尝无,责向物于今,于今未尝有。于今未尝有,以明物不来,于向未尝无,故知物不去。覆而求今,今亦不往。是谓昔物自在昔,不从今以至昔;今物自在今,不从昔以至今。"又云:"今若至古,古应有今,古若至今,今应有古。今而无古,以知不来;古而无今,以知不去。事各性住于一世,有何物而

---

① 按《礼记》原文为:"天子有善,让德于天。诸侯有善,归诸天子。卿大夫有善,荐于诸侯。士庶人有善,本诸父母,存诸长老。"

② 按:据《五灯会元》卷九,此为仰山语,原文为:"悟即不无,争奈落在第二头。"

可去来？"此可破尽历史演变之说。

或问："先生之学出于禅邪？"曰："谓禅出于我可，谓我出于禅不可。"或曰："前乎先生或已有禅矣，何谓其出于我也？"曰："子不会禅。禅无先后，亦非有无。"

或问："今世之言哲学者必先逻辑，敢问义学亦用逻辑乎？"曰："法，非法，是名法，亦逻辑也。汝言逻辑，即非逻辑，是名逻辑。子将谓此为逻辑乎？且吾闻逻辑之义，华言为思，言语道断，心行路绝，拟心即差，动念即乖，虽有逻辑，其将安施？此谓以蹄涔之水测度如来大智慧海，汝谓其可得乎？"

佛氏立二种世间，情世间之变化为生、住、异、灭四位，器世间之变化为成、住、坏、空四位。实则只有生、灭二位耳，生后一位名住，灭前一位名异，成、坏准此。《易》曰，君子以观消息盈虚，"天行也"，"一阴一阳之谓道"，"一阖一辟（之）谓〔之〕变"。不立情、器差别，而谓之天行。虽曰形而上之谓道，形而下之谓器，"在天成象，在地成形"，"精气为物，游魂为变"，皆命曰神之所为。知变化之道者，其知神之所为乎？神者何？此心之妙用也。故曰"神无方而易无体"，"观天之神道，而四时不忒。圣人以神道设教，而天下服矣"，神道即天行也，神之所为即心之所为也。阴阳、刚柔、动静、阖辟，皆此一心之变化，而其变化之情则"消息""盈虚"四字尽之。盈则消，虚则息，实则只有消息二位。不以生、灭、成、坏为言而命之曰"消息"者，明其变化之机无有间断，不可说为生、灭、成、坏之相，亦不可定分情、器也。故曰"生生之谓易。成象之谓乾，效法之谓坤。极数知来之谓占。通变之谓事。阴阳不测之谓神"，其下字之精如此。

论语集解索隐

"子曰志于道"章　《述而》

"道不可体，故志之而已。""德有成形，故可据。""仁者功施于人，故可倚。""艺，六艺也。不足据依，故曰游。"

皇疏："道者，通而不壅者也。道即是通，通无形相，故人当恒存。志之在心，造次不可暂舍离也。""德谓行事得理。行事有形，〔有形〕故可据依。""仁者施惠之谓。施惠于事宜急，故当依之而行。仁劣于德，倚减于据，故随事而配之。"又注"道不可体"谓"无形体也"，

"德有成形"，"前事有涯，故云有形也"。

邢疏："道者，虚通无拥，自然之谓也。王弼曰：道者，无之称也，无不通也，无不由也。况之曰道，寂然无体，不可为象。""德者，得也。物得其所谓之德，寂然至无则谓之道。离无入有而成形器，是谓德业。"

按，此皆傅以老氏之旨。

论语异义

子曰："人之过也，各于其党。观过，斯知仁矣。"《里仁》

按，《表记》："子曰：仁有三，与仁同功而异情。与仁同功，其仁未可知也。与仁同过，然后其仁可知也。仁者安仁，知者利仁，畏罪者强仁。"郑注曰："利仁、强仁，功虽与安仁者同，本情则异。"是其仁未可知也。下文云："厚于仁者薄于义，亲而不尊；厚于义者薄于仁，尊而不亲。"亲而不尊是仁之过，尊而不亲是义之过，所谓"各于其党"也，观此则知仁矣。

子曰："觚不觚，觚哉！觚哉！"《雍也》

百丈云："教语皆是三句相连，初、中、后。善，初直须教渠发善心，中破善，后始明善。菩萨，即非菩萨，是名菩萨。法，非法，非非法。总与么也。若只说一句，令人入地狱如箭射；若三句一时说，渠自入地狱，不干教主事。"

颜渊喟然叹曰："仰之弥高，钻之弥坚。瞻之在前，忽焉在后。""虽欲从之，末由也已。"《子罕》

君山觉禅师颂曰："仰之弥高，不隔丝毫，要津把断，佛祖难逃。钻之弥坚，真体自然，鸟啼花笑，在碧岩前。瞻之在前，非正非偏，十方坐断，威镇大千。忽焉在后，一场追漏，堪笑云门，藏身北斗。"

子贡曰："有美玉于斯，韫匮而藏诸？求善贾而沽诸？"子曰："沽之哉！沽之哉！我待贾者也。"《子罕》

借事问①。

颜渊问仁。子曰："克己复礼为仁。一日克己复礼，天下归仁焉。为仁由己，而由人乎哉？"颜渊曰："请问其目。"子曰："非礼勿视，非

---

① "借事问"三字原为眉批，原文后无注，今移此。

礼勿听，非礼勿言，非礼勿动。"颜渊曰："回虽不敏，请事斯语矣。"
《颜渊》

知得那边事了，却来者边行履。周子曰："元亨，诚之通；利贞，
诚之复。"①

子曰："有教无类。"《卫灵公》

十法界只是一法界，百界千如，平等本际。

子曰："道不同，不相为谋。"《卫灵公》

法法不相知，法法不相到。

曾子曰："堂堂乎张也，难与并为仁矣。"《子张》

按《大戴记·卫将军文子》篇，子贡对文子曰："业功不伐，贵位
不善，不侮可侮，不佚可佚，不敖无告，是颛孙之行也。孔子言之曰：
'其不伐则犹可能也，其不弊百姓者则仁也。《诗》（曰）〔云〕："恺悌君
子，民之父母。"'夫子以其仁为大也。"是子张之仁，夫子犹且大之。
曾子有难并之叹，明其不可及也，非讥之之辞。

子曰："不知命，无以为君子也。"《尧曰》

按，《韩诗外传》引此章说曰："言天之所生，皆有仁、义、礼、
智、顺、善之心。不知天之所以命生，则无仁、义、礼、智、顺、善之
心。无仁、义、礼、智、顺、善之心，谓之小人。故曰：'不知命，无
以为君子。'《小雅》曰：'天保定尔，亦孔之固。'言天之所以仁、义、
礼、智保定人之甚固也。《大雅》曰：'天生蒸民，有物有则，民之秉
彝，好是懿德。'言民之秉德以则天也。不知所以则天，又焉得为君
子乎？"②

魏晋间逸说考

贵无论

《晋书·王衍传》："魏正始中，何晏、王弼等祖述《老》《庄》，立
论以为：'天地万物皆以无为本。无也者，开物成务，无往不存者也。
阴阳恃以化生，万物恃以成形，贤者恃以成德，不肖恃以免身。故无之
为用，无爵而贵矣。'衍甚重之。惟裴頠以为非，著论以讥之，而衍处

---

① 此下有《颜渊》"樊迟问仁"章、《卫灵公》"子曰赐也"章、"当仁不让于师"章三
段原文，皆无注，今不录。

② 上条及此条原置于《里仁》"人之过也"章条后，今据《论语》篇次调整。

之自若。"衍"妙善玄言，惟谈《老》《庄》为事"，"义理有所不安，随即改更，世号'口中雌黄'"，"后进之士，莫不景慕放效"，"矜高浮诞，遂成风俗焉"。又《裴頠传》曰"頠深患时俗放荡，不尊儒术，何晏、阮籍素有高名于世，口谈玄虚①，不遵礼法，尸禄耽宠，仕不事事，至王衍之徒，声誉太盛，位高势重，不以物务自婴，遂相放效，风教陵迟，乃著崇有之论以释其蔽"云云。

八贤论

《世说新语》注引《中兴书》曰："谢万善属文，能谈论。""叙四隐四显，为八贤之论，谓渔父、屈原、季主、贾谊、楚老、龚胜、孙登、嵇康也。其旨以处者为优，出者为劣。孙绰难之，以谓体玄讥远者，（则）出处同归。"时以孙义为得。

纵横家考

刘陶

《魏志·钟会传》注引何劭《王弼传》曰："淮南人刘陶善论纵横，为当时所称②。每与弼论③，尝屈弼。"

王衍

《晋书》："泰始八年，诏举奇才可以安边者，衍初好论纵横之术，故尚书卢钦举为辽东太守。不就，于是口不论世事，唯雅咏玄虚而已。"

袁悦之

《晋书》："袁悦之，字元礼，陈郡阳夏人。""能长短说，甚有精理。始为谢玄参军，为玄所遇，丁忧去职。服阕还都，止赍《战国策》，言天下要惟此书。后甚为会稽王道子所亲爱，每劝道子专揽朝权，道子颇纳其说。俄而见诛。"

般若会约

说此会约，六门分别：一标名字，二明宗趣，三摄海众，四推善友，五示轨法，六显行布。

初标名字

一、本会定名为般若会。标般若为名者，以诸佛皆从般若生故；如

---

① 宋蜀大字本、中华标点本《晋书》均作"口谈浮虚"。
② "称"，《三国志》原文作"推"。
③ "论"，《三国志》原文作"语"。

来一代时教皆是般若智照之所流演，四十年中常说般若故；菩萨摩诃萨欲知一切法实相，得一切种智，应学般若波罗蜜故；诸波罗蜜皆以般若为本故；第一义谛中无世俗谛，亦非离第一义谛有世俗谛，惟证般若能知故；一切庄严佛事皆依般若智报所成就故；三般若即是三德、三身，具摄一切观门故；禅宗忘心顿证即是般若妙用，疾得相应故；众生现行无明、增长杂业，皆由愚痴种性，须假般若破其痴暗故；般若具摄诸善法，一切治世语言、文辞、工巧，入俗顺机，悉为般若之所该收故。略说此十种因，应名般若会。

又，诸方缁素多有集合同标佛学会名，若以依报方域为别，义局不与佛法相应，若亦称佛学会，则滥余者。今为破局故，应立广义；为简滥故，应设专名：以是名般若会。

二明宗趣

一、本会会众以入佛知见、圆悟自心为宗，转化含识、同证法界为趣。众生知见名性颠倒，佛知见名正遍知，知见无见名为得入，入一无余名为圆悟。知一切法即心自性，成就慧身不由他悟，语证则不可示人，说理则非证不了，随己堪能转为人说，于中实无人相我相，亦无能说所说，但令知心合体、达本忘情，名证法界，平等本际，圆融具德以为宗归。为实施权，故入佛知见；开权显实，故圆悟自心；从体起用，故转化含识；摄用归体，故同证法界。上句自行，下句化他。就上句，入理是修，悟心是性；就下句，起化是修，契证是性。权实、体用、自他、性修二俱不二故。

三摄海众

一、会众暂以中华国人在家居士发心趣向大乘者为限。或难云：如此虑收机不普。答曰：以比丘历讲参学，方便具足，不假白衣摄化故；诸习小乘、外道见者，非器宜简故；在家女人自净其意，亦得修习，处会无别，宜远讥嫌故；外国人惑障深厚，熏力微浅，文字隔阂，时机未熟，未堪任大法故。其有随喜听讲者不拒。

一、同业众中如上条所定，经会友一人之介绍，俱得为本会会众。

四推善友

一、本会不立会长，但由会众公推知见真正、行履纯洁、足为人天师范者敬礼为善知识，不定人数。会众得以时谘请，开示法要，亦得劝请为众开演经论，但须得善知识之许诺。会中行布诸事，得就善知识谘决，但善知识不执行其事。善知识不限会友、居士，亦得遍及禅教诸尊宿。

会众须知：诸佛众生，性相平等，但以缘起法中说有迷悟、先后差别，现起师资、宾主等假施设事，究竟自他不可得，一多亦不可得。故不同世间集会惯习，不立会长，不贵世间名位、富厚诸虚妄事，但以正智为主。

五示轨法

一、会众以行十善、持五戒为植福德因，发四弘誓愿、修四无量心、观四念处为植智慧因。精研教乘，广修六度万行，普学一切诸三昧门，具足菩萨法，行于佛道，尽未来际，无有疲厌。举要言之，以发菩提心为本修因，但于义学诸宗，得就凤根好乐，或专治，或兼习，许会通，不许立净。其未究教义者不得辄言宗乘。

或有不能具持五戒者，须持不杀、不盗、不邪淫三戒。若三犹不具，佛法所不摄受，不得为本会会众。若骤不能断肉者，暂依小乘法，许食三净肉，但须持不杀戒，期于渐断，方称大乘根器。

一、会众既发菩提心，当行慈忍，于一切众生不加娆害。会友聚集论义，宜互相恭敬、和悦、无净，绝诸谄曲、瞋恚、媢嫉等一切恶觉情见。如有人我炽然，迹同上慢，或三业不净，更造诸恶，违背本会宗趣者，会友亟相劝诫，发露忏悔，改而止，劝诫至三次犹不改者，经会友五人以上之检举，得摈令出会。

六显行布

一、行布事法为四门：

（一）劝信门：设阅藏处、刻藏处及法藏流通处之类属之。

（二）开解门：设定期讲会、不定期讲会及造请善知识开示、疏释诸经论之类属之。

（三）正行门：设念佛堂、观堂、禅堂之类属之。三堂规制别定之。

（四）实证门：参访尊宿，酬对法语、勘辨机缘、发明心要，有实证实悟、撰集记录之类属之。

一、欲兴幻化，须假世财。本会会众誓修六度，不住相行檀那为首。然福报不齐，具缘难得，量力输委，目为常捐功德资。数由当人发愿自定，不为之限，期以渐积累，次第成办诸事。无力任常捐者，听其有大心上士广集福德，出其赀力，赞助胜缘者，目为特捐功德资。特捐之资若以刊刻经藏，则敬志经尾；若以兴构斋观，若建筑会所、阅藏处、念佛堂之类。则勒名碑记。

一、本会成立由会众公推会友□人，为幻住清净士，规画会中一切设施。依华严幻住解脱法门义。会众入会、出会，皆由幻住清净士认可，掌其册籍。幻住清净士对于本会事务负完全责任，对于会众有代表之资格，有指导之义务。幻住清净士得酌设书记助理员。

一、本会所集功德资，由会众推会友□人管理。其出纳名为善护清净士，善护者合善财、贤护为名，言以法财护持正法，非止典其库藏也。对于本会贮集款项负完全责任。

一、本会所有诸兴设事，由会众公推会友中才性相宜者分任之，名曰行化清净士，行化者，非止起诸幻化，亦取自行化他兼备之义。对于所任当部之事负其责任。若其事勤劳，一人不能独任者，得由行化清净士自选助理，不限会友，无定员。

一、本会会友不为名闻利养。其被推为清净士者，皆自修福德，回向法界，不同世俗论劳取酬，但事繁须置助理者，其助理人得酌予薪水。

一、本会每年大集会众一次，由幻住清净士报告会中已施设事，讨论今施设事，筹量当施设事。由善护清净士报告会中出纳款项数目。由行化清净士报告当部事状。其集会时日由幻住清净士定之，通告会众，或即于定期讲会毕时行之。

一、本会诸清净士有故不能任事时，得于大会时向会众辞任更推。若距会期旷远，由他清净士中互推兼摄。

一、本会暂就发起因缘之地设在杭州，俟其力渐充，以次推行遍十方界。

附言：

一、随顺今世语言解释，本会系以个人自由意志，本于正当宗教之趣向，为纯粹道德、哲学上之集合，不含何等政治社会之意味，不受任何方面权力之干涉，为现今世界共和国法律所共许，故无呈请官厅立案之必要。

马一浮撰于甲寅年

马一浮先生年谱简编

丁敬涵原著　吴光校订

1883 年　清光绪九年　癸未　一岁

农历二月二十五日寅时，生于四川成都西府街一号。原籍浙江会稽东墅长塘乡（今属绍兴上虞市）。

取名福田，字耕余。二十岁前后改名浮。后又改字一浮，号湛翁，别号一佛，以字行。中年以后名其居"蠲戏斋"，别号蠲叟、蠲戏老人。另有被褐、濠叟等诸多名号。

父廷培，母何定珠。有姐三人，长明璧、次明珪字冰辉、三蕙芳。

马氏之先出于伯益，六国时赵奢为将，号马服君，子孙因以为姓。在汉，居扶风茂陵，五代时始迁居嵊，后徙会稽。祖楚材，咸丰十一年殉于四川仁寿县尉任上。侄廷培以序宜为后，弱冠入川，光绪初，署潼川府通判，仁寿县知县。

1886 年　丙戌　四岁

随父调署仁寿县而迁居。

1888 年　戊子　六岁

祖庶母饶太君丧。父肝疾，乞归，不准，即自行出川，返上虞，居东关长塘后庄村。

1889 年　己丑　七岁

从母学诗文。

1892 年　壬辰　十岁

始受业于乡儒郑墡。

1893 年　癸巳　十一岁

母逝，前一日指庭中菊命作五律，应声而就，母喜。先生后忆曰："幼时所作皆忘，仅以母训故不敢忘也。"

1894 年　甲午　十二岁

因才智过人，塾师愧辞，遂在父亲指导下自学。

1898 年　戊戌　十六岁

应县试，列榜首。同考有周树人、作人兄弟及塾师郑垿。师生同榜，传为美谈。

1899 年　己亥　十七岁

娶同邑汤寿潜长女汤仪。

1901 年　辛丑　十九岁

农历三月十四日，父病逝，年五十七。作《先考马公行状》、《先妣何恭人事述》、《二姐事略》。

父葬后赴沪。与谢无量、马君武、邵廉存等共创"翻译会社"。

1902 年　壬寅　二十岁

妻逝，年仅二十一岁。先生痛作《哀亡妻汤孝愍辞》。权葬父母墓旁，因已定"渡太平洋而西"，故先权葬。并作《故马浮妻孝愍汤君权葬圹铭》。

约是年，初识李叔同。

1903 年　癸卯　二十一岁

受雇于清政府，离沪到达美国圣路易斯举行的第十二届世界博览会，剪辫改服。日记集成《一佛之北米居留记》。

因马一浮等离国，无人主持，《二十世纪翻译世界》停刊。

1904 年　甲辰　二十二岁

得英译本马克思的《资本论》。

被驱遣回国，鬻产又东渡日本，年终回国。

1906 年　丙午　二十四岁

于虎跑寺识肇庵法师。

1907 年　丁未　二十五岁

移居市内宝极观巷。译、著颇多。

作《悲秋四十韵》等，悼念秋瑾。

1908 年　清宣统元年　戊申　二十六岁

自绍迁杭。

号堂名"宛委山堂"，自称"宛委山人"或"宛委山民"。又号"云门樵者"。

1910 年　庚戌　二十八岁

初识彭逊之。

1911 年　辛亥　二十九岁

杭州光复，岳父汤寿潜被推为浙江都督，随汤作文字工作。

1912 年　中华民国元年　壬子　三十岁

受蔡元培聘为教育部秘书长，到职不久辞归。

随汤寿潜至南洋考察，撰文《新嘉坡道南学堂记》等。

1913 年　癸丑　三十一岁

冬，叶左文来访，居三月，日夕论学。

1914 年　甲寅　三十二岁

在杭发起"般若会"。

诗作部分辑入《蠲戏斋诗前集》。

1915 年　乙卯　三十三岁

建议汤寿潜推国家之惠以施于教育，有设立兼山师范学校之议。

1917 年　丁巳　三十五岁

年前，蔡元培邀至北大教学，元月答书辞之。

应友马叙伦请为其子傅。

结识苏曼殊、楚泉法师。

丰子恺随李叔同见于杭州。

1920 年　庚申　三十八岁

是年始，所作多具名湛翁。

1922 年　壬戌　四十岁

于杭县北郊皋亭山觅得先茔墓地，作迁葬准备。

1923 年　癸亥　四十一岁

冬，自绍兴迁本生祖妣、祖庶妣、考、妣、戴氏姑、二姐之柩葬于皋亭山，合为一冢，不事铺张。有筑室先茔傍以终老意，自此号皋亭老民。

1925 年　乙丑　四十三岁

与友人成立圣风书苑，传印儒学经籍。

1926 年　丙寅　四十四岁

冬，外甥丁安期结婚，甥妇田菜之是亡友田毅侯之女，视之若女。此后，先生生活起居即由田照拂，直至 1947 年田去世。

1927 年　丁卯　四十五岁

自 1921 年至此，有与金蓉镜论学书多通。

农历九月十一日，弥甥生，先生视之若孙，赐名佑，字慰长，自此至 1948 年参加工作，慰长日夕随侍。工作后，凡假日必至请安服劳，直至 1959 年去世。

九月，挚友林同庄欲为做媒，劝续娶，以延后嗣，谢之。

1928 年　戊辰　四十六岁

沙孟海因童藻孙之引见，谒先生于延定巷。

1929 年　己巳　四十七岁

初识熊十力。二人虽持论不尽相同，但交谈甚欢。从此往来不断。

1930 年　庚午　四十八岁

北大陈大齐拟聘马为研究院导师。两次辞谢。

1931 年　辛未　四十九岁

清明日，丰子恺第二次拜谒，代弘一法师送印石。

农历五月十三日，弥甥女丁敬涵生，视之若孙女，初名镜涵，改名敬涵，字仲瑛，号秋水。自此至 1949 年上学读书，均日夕侍侧。上学后，假日回杭问安。1958 年至安徽工作后，两年一归省。

1932 年　壬申　五十岁

约是年，作山水画扇面，赐田菜之。署名"群玉山人"。为仅见之先生存世画作。

1933 年　癸酉　五十一岁

一月，丰子恺第三次拜谒、请教。

十一月，梁漱溟、熊十力率北大弟子来访，欢聚论学，人称为"现代儒家三圣"的"鹅湖之会"。

由于租房、治病等开支增加，写《蠲戏老人鬻书约》，开始鬻字。

1935 年　乙亥　五十三岁

去年大姐去世，悲痛欲绝。为抑悲怀，出游天台、黄山等地。秋，因所居常睹物思人，乃移居。

1936 年　丙子　五十四岁

竺可桢出任浙江大学校长，敦请至浙大讲学，允以"国学讲习会"名义往讲，后亦因故未成。

岳母叶太夫人赐以徐姓婢，意欲马纳之为妾。在宅一年余，始终以孙女待之。次年，抗日军兴，谋离杭避寇，乃送归其父母。

1937 年　丁丑　五十五岁

九月，因日寇逼近，作《将避兵桐庐留别杭州诸友》诗而离杭，携外甥一家与学生张立民及王星贤一家避至桐庐。在此期间。先后有外甥丁安期，学生张立民、王星贤随侍，友人丰子恺时来访问，船形岭居停黄宾鸿常来请教，故不废讲学。

是年诗作从《将避兵桐庐留别杭州诸友》开始，辑入《避寇集》。

1938 年 戊寅 五十六岁

寇逼富阳，乃离桐庐，坐船至开化。有王星贤一家相随，在开化，有老友叶左文照顾。

二月十二日致书竺可桢，谋依托浙大，作入赣避地计。三月，应浙大"特约讲座"聘，即离开化入赣。王星贤只身送师入赣。二十九日到江西泰和，住排田村。不久，即为浙大师生讲国学，前后凡十二讲。

八月，战事日紧，浙大谋迁广西宜山，乃先行入桂，九月上旬到达桂林，与马君武、丰子恺、詹允明、吴敬生、王星贤（王已应桂林师范学校之聘，任国文教师）等故旧门生相聚。十月二十五日离桂，次日到宜山。

1939 年 己卯 五十七岁

在泰和时，重庆友人知先生肯出讲学，谋扩大讲学范围，因有创办书院之议，由寿毅成、刘百闵电告，并声明："名义章制俱候尊裁"。先生于离泰前夕草《书院之名称、旨趣及简要办法》寄渝，提出以"复性"名书院。离泰后，又与熊十力、张立民、刘百闵、寿毅成等人多次函、电往复，讨论具体办院事宜。后因陈布雷而事闻于最高当局，蒋介石乃自愿与孔祥熙、陈立夫同为创议人。由创议人聘为复性书院主讲，并汇寄川资千元，派车至宜迎接。于二月八日离宜入川。是时，外甥丁安期已在贵阳工作，故经贵阳时住三日，十五日到重庆。分别拜会了时分别任国民政府委员长、行政院长、教育部长的蒋介石、孔祥熙、陈立夫。

在与熊十力、屈文六、刘百闵、寿毅成等反复商讨有关事宜后，坐车经成都赴乐山，三月九日到达，着手书院的筹备工作。

八月十九日，乐山遭日机滥炸，幸人员无碍，避居乌尤寺尔雅台，自称"峨眉老衲"。

九月十七日在乌尤寺旷怡亭行开讲礼。因受轰炸的影响，虽开讲已延期，但学员还是很少。定于每星期三为讲期，每次讲约两小时。其余时间为自学或个别请教。个别请教由学生提出要求，典学安排时间。

开讲后首讲书院宗旨；再讲学规：主敬为涵养之要，穷理为致知之要，博文为立事之要，笃行为进德之要；再讲读书法；又讲通治群经必读诸书举要。辑为《复性书院讲录》卷一。然后讲《群经大义总说》，分为两讲；又讲《论语》大义，分为十讲。共十二讲，辑为《讲录》卷二。

次年元月四日公布考试试题。试卷阅后各有评语，主要的已收入《尔雅台答问续编》卷二至卷四示语中。

1940 年　庚辰　五十八岁

书院在乌尤山脚乌尤坝为造茅屋数椽，命名为"濠上草堂"，于元月入住。此时，先生在书法作品中常具名"濠叟"、"濠上叟"、"濠上客"。

元月十七日开始放寒假。三月十日第二学期开始。

六月二十日公布第二次考试试题：一、释《易》九卦义；二、圣之时解；三、问今日治经方法何以不与先儒尽同？试各就思学所及，推言其故。规定：三题须全作，篇幅长短不拘。自发题之日起，限三日交卷。引用先儒语，必详其所出。勿抄袭《讲录》中语。

六月二十七日放暑假。

九月十一日第三学期开始。讲《洪范》约义。分十二讲。辑为《讲录》卷五。

十二月四日公布第三次考试试题：一、经术经学辨。二、明道答横渠书云："人之情各有所蔽，故不能适道，大率患在于自私而用智。自私则不能以有为为应迹，用智则不能以明觉为自然。"试申说其义。三、横渠曰："形而后有气质之性，善反之，则天地之性存焉，故气质之性君子有弗性者焉"。试申言其故。四、《洪范约义》书后。规定前三题须全作，第四题不作者听，作者须将吃紧为人处举出，勿泛泛作赞扬语。限于本月十日交卷，期限尽宽，可从容将题旨玩索，着实体究一番。朴实说理，勿徒驰骋文辞，切望深喻此意。

十二月三十一日放寒假。

《讲录》卷一、卷二，上半年木刻发行。卷三九月、卷四十二月出版。

1937 年九月避寇以来诗，辑成《避寇集》，由谢无量作序，木刻出版。

1941 年　辛巳　五十九岁

元月，复电董事会，允续讲半年。

三月一日第四学期开学，讲观象卮言。分为九讲。辑为《讲录》卷六。

本学期开始，改为每月逢五讲学，逢十接见学人，月底收看学员学习笔记。

六月一日公布第四次考试试题：一、《大戴礼·曾子立事》篇解。二、伊川四箴释义。三、拟柳子厚《师友箴》。规定：力不能作第一题者，勿强，但作第二、第三两题即为完卷。作第一题者，第三题不作亦可。限十日交卷。

六月二十五日，公布结束讲事。此后将专事刻书，"寓讲习于刻书"。专事刻书以后，自兼纂述，院中原有执事，除取消典学外，皆仍其旧，有二人兼编校。

多次致函（电）董事会请辞，董事会则坚留，后不复固辞。

八月，始刻《避寇集》后编。

四月以后的诗辑入《蠲戏斋诗编年集》辛巳、壬午卷。

九月，应孔祥熙请作《孔学会赞》。次年，被选为孔学会第一届理事。

1942年　壬午　六十岁

四月十日，即农历二月二十五日，为六十寿辰，书院同仁齐集濠上祝贺。

刻《讲录》，原来均由书院经费开支，刻卷六时，因经费奇缺而暂停，后即由此项赠款开刻，不足之数由书院售书收入补足。十二月《讲录》卷六得以出版。

罢讲后，刻书又因经费问题所刻甚少，故暇时较多，以临池、作字、刻印自遣。书后多缀跋语。多已辑入《马一浮集》。自刻闲章近百方，亦为挚友、甥妇、弥甥女刻章。

是年诗作有七十二题一百一十首入《蠲戏斋诗编年集》辛巳、壬午卷。佚诗数十首亦辑入《马一浮集·诗辑佚》及《马一浮先生遗稿三编》。

1943年　癸未　六十一岁

自由研习生名义取消，尚有二人坚决要求留院，改任缮校。

刻书费无出，谋鬻字。

二月，因拟抗战胜利东归后，改濠上草堂为"淳风祠"，祀屈原、杜甫，以深于诗者配享。不意江水暴涨，草堂进水屋坏。

七月麻濠涨水，水浸草堂屋基，恐屋坏损及书，乃将书移至山上尔雅台。

怀宁吴希之在贵阳，通信请教已数年，此时又纳贽通信拜门。通信拜门之学生仅此一人。

因久停讲事，于七月初致电董事会辞主讲，因董事会恳留，又于七月下旬致电创议人蒋介石力辞。九月初得蒋挽留电，并告已电粮食部解决书院食米问题。董事会亦再次恳留。至十一月仍致书董事会，请废主讲，并决定自次年一月起，不受书院馈米。十一月底董事会再次来书挽留，乃不再坚辞，改为请假一年，仍坚持不受书院供应。十二月三十一日致电董事会，再次声明：自明年一月起更不问事，亦不再受一粟一币。

十月，《尔雅台答问续编》出版，因经费问题未请写工，由编校张立民手写，故书出版后特赠十部。刻字、纸张等费用，由鬻字润金及赠款、售书款支付。

因已请辞，决定自明年一月起不问院事，而院事不能无人总领，故自十月起，先后向沈敬仲先生及董事会提出，请沈回院任监院。沈允任监院，但考虑多方面的原因，只能在渝兼任，不能来院专任。

是年诗作特多，故编年集分为上下两卷。

1944 年　甲申　六十二岁

因不受书院一粟一币，生活费无出，故元月写《蠲戏斋鬻字改例启》，声明鬻字本为刻书，非为假以自养。

为广泛筹集刻书基金，书院董事会乃委托沈尹默董事起草《募集刻书基金启》。由沈敬仲董事寄阅后，先生自觉辞意未妥，对自己"称许"过度，乃于六月八日不避出位之嫌，辄为改拟，附信托沈敬仲董事面交沈尹默。此稿经董事会认可后印发。

暇时仍作字，除临池外，多写诗、写经，所缀跋语或论诗，或论书，或谈感受。诗作仍分上下两卷，有一百八十九题，二百三十三首，另有佚诗数首。内容多感事、怀人、赠友、忆旧游地。忆旧游地之作，多与时事相联系。

1945 年　乙酉　六十三岁

由于募集到一定的社会捐款，刻书有望，乃受主讲兼总纂聘，但仍不受修敬，全部捐作刻书基金。

旧友钟钟山于五月来访，知渠已倦于学校教授工作，而书院编纂书目，急需有人商量参订。因向董事会推荐，由董事会聘请任协纂。

因刻书缺少底本，在选定第一步拟刻书目后，自七月起派人去安谷乡借抄故宫博物院所藏原《文渊阁四库全书》之书。

八月，日寇投降，东归有望，喜作《闻寇退口号》、《闻罢兵喜东归不远，代简寄天乐昆仲》、《钟山赋受降成见示，率尔次韵奉和》等诗。但"秋霖才睹尺天晴，又见浮云岭上生"，抗日才胜，内战又起，作《云起》诗。

多次致书董事会，就书院工作提出建议，并指导院内同仁筹备东归事宜。

九月一日，江水上涨，草堂进水屋坏，移居尔雅台。

拟《复性书院改订规制刍议》，提出东迁后书院要旨为"规复讲习，推进刻书"，并认为需设院长、副院长。"规复讲习"终未实现。董事会于次年公推周惺甫为院长、沈敬仲为副院长。

有诗一百七十一题，二百一十一首，分上下两卷。仍以怀人、赠友为主要内容。

1946 年　丙戌　六十四岁

一至三月，全力筹划东归事宜。东归前曾摄影，并以有自题词的照片送书院同仁及部分友人。题词做到人各一词，各有涵义。

三月三十一日乘船离乐山赴重庆，途经叙府时留一宿，往南岸坝觐祖茔。在渝停十余日，四月二十日搭乘军事委员会包机，经南京飞沪。

在沪由内兄汤拙存一家照拂，二十三日乘火车返杭。

五月二十四日移居里西湖葛荫山庄复性书院内。书院同时租有外西湖朱文公祠，作为刻书处，继续刻书。

十月十六日，列席复性书院董事会、基金管理委员会东迁后第一次联席会议，并在会上发言，提出当前"物力维艰"，讲习与刻书二者恐不能并举，希专就刻书一项确定计划，勿使中断。又提出废除自己主讲、总纂名义，后在大家一致挽留下，允留任。

从侄马森泉、马金泉（后改名为镜泉）先后由绍至杭相依。

全年诗一百二十三题，一百六十首，木刻时与乙酉合为一册，另有佚诗数首。

1947 年　丁亥　六十五岁

农历二月二十九日，甥妇田菜之病逝，自此，生活起居即由弥甥女丁敬涵照料。除弥甥女外，相依之人先后离去，弥甥丁慰长、从侄马镜泉由尹石公介绍至南京中央国史馆工作；从侄马森泉去其妹处。

十二月二十八日，致书复性书院董事会正副董事长及正副院长，再次恳辞主讲、总纂。由于不受修敬，自一九四六年十月始，书院改为馈赠"刻赀"，助刻诗集。至是已一年多，除《避寇集》已在一九四一年刻成外，《蠲戏斋诗前集》及《编年集》之辛巳壬午、癸未、甲申、乙酉丙戌四册亦均刻成发行，并将 1947 年及以前词作，题名"芳杜词剩"附于《避寇集》后。故在致书中请停赠刻赀，表示"拙著亦无意再行流布"。同时再次表示辞主讲、总纂："书院讲习既规复无期，刻书亦难求推进……不可再尸此虚名……务恳决然毅然听其辞去上项名义"。

蒋苏庵（名国榜）于是年拜门。

全年有诗一百〇四题，一百二十二首，木刻本与次年合为一册。

1948 年　戊子　六十六岁

元月，留书复性书院院长、副院长并转致董事会，声明"即日打包径去"，并对带走的家具、图书作了交代。另属张立民转致刘百闵、寿毅成二董事便函，表示在书院结束以前，不愿相见。

携弥甥女离开葛荫山庄，暂住连襟之余屋。

三月，因董事会拟派正、副董事长及院长专程赴杭挽留，并馈先茔立碑、植树之资。即以代电表受馈、申谢。但莅杭敦劝则万不敢当。

八月，由内侄出资修建的"玄亭"建成，携弥甥女搬入居住。

九月，因《蠲戏斋鬻字后启》所限的"再鬻字一年"期届，但四方求字者仍络绎不绝。故门人寿景伟等请展限一年，允之。

十一月，南京政府谋迁都，弥甥丁慰长、从侄马镜泉离国史馆返杭。

同月二十三日，致书董事会，提出："今讲习既等空名，刻书亦难持久，莫如径改书院为图书馆"，使原有图书能供社会浏览，已刻板片亦可继续付印，再量力所及继谋传刻。并表示自己的"平生所蓄故书，悉数捐赠图书馆。虽乏精本，聊可插架"。

十二月，又致书寿毅成董事，建议用"儒林"二字为馆名，"一示通中之别，不与一般图书馆同"。"二示革中之因，本由书院改作……犹望后来有志者赓续为之，绵此先儒之坠绪，不忘其朔。"

本年诗作共九十一题，一百三十六首，木刻本与丁亥年合为一册。

1949 年 己丑 六十七岁

二月，《蠲戏斋诗编年集》丁亥戊子册刻成发行。木刻本止于是年。以后诗作，只有按年依次手抄本。门人寿景伟等十八人，草《发愿流通蠲戏斋诗集启》，在同门及知友中散发。提出凡发愿流通《蠲戏斋诗集》者，每部六册，十部为一愿，最少自任一愿，最多可自任十愿。

农历二月二十五日寿辰，与亲友、学生合影于玄亭前。作《玄亭禊集》、《禊集再和坐中诸贤》诗。

四月，代拟《复性书院董事会基金管理委员会联合启事》，以董事长屈映光、主任委员陈其采的名义，提出将复性书院改组为儒林图书馆，暂停讲习，继续刻书。两会亦同时改组为图书馆的两会。聘请周惺甫为名誉馆长、周孝怀为名誉副馆长，邵力子为馆长，寿毅成为副馆长。

五月，草拟并于六月一日起实行《儒林图书馆典守委员会略则》。书院的所有刻书基金及书籍板片、一应资用均交儒林图书馆接管。在书院办理结束、图书馆建筑未完成时，为适应需要，设典守委员会。典守委员会由董事长暨馆长指定典守委员五人组成，并指定一人为主任委员。由典守委员会负责接管书院之基金及书籍板片等一应资用。在图书馆未正式成立前，暂停刻书，继续流通旧印诸书。

春，审时度势，为弥甥女今后着想，乃送其至校，从初中一年级读起。自此，先生生活起居由内侄女汤俶方照料，直至 1967 年去世。

是年，收最后一名拜门弟子龚慈受。以后数年常侍左右，任抄写之责。

全年诗作仅四十题四十二首，编辑《马一浮集》时，又被删去九题十首。删去者被收入《马一浮先生遗稿续编》。

1950 年 庚寅 六十八岁

一月，与蒋苏庵签订合约，复性书院图书馆编纂处借用蒋庄。将原在朱文公祠的书籍板片移入，随后开始整理、编目。不意，东西才搬入，即于二月有浙江省军区第七兵团卫生部前往察看蒋庄房屋，谓须征用，嘱迁让，并径行住入。几经交涉，拒不迁出。乃于四月草《为浙江军区第七兵团卫生部人员住用本院图书馆房屋拟请饬令迁让，谨具说略如左》，由人清缮数份，分送华东区及省领导机关与有关部门。后由陈毅致书谭震林，称"复性书院为东南士子讲说性理之所……该院主持人马一浮先生是当代名儒，在学术界有相当地位。今该院图书馆房屋为部队住用，恐予人以不良印象，拟请饬令迁让"。问题才得以解决。编纂处于六月一日开展工作。

五月三十一日，由玄亭迁入蒋庄。居西楼香严阁。因"老而健忘"，于六月一日开始记"香严阁日谱"，凡宾客见柱及书札往复，均记于册，以助省忆。但未及半年，至十月二十八日即中辍。

四月，被聘为上海市文物管理委员会委员。

五月，感当时"社会改革，野无闲民"，自己年老力衰，不能参加任何劳动，但亦欲自食其力，且因复性书院改设智林图书馆，"经费无出"，故草《蠲戏老人以鬻字代劳作润例》，再次鬻字。

六月，写《复性书院改设智林图书馆编纂处启事》，说明图书馆在"搜集新书、开辟阅览室、附设研究部"的条件未具备之前，先成立编纂处，开始整理、编目。启事署复性书院董事会、智林图书馆理事会名。

图书馆以周孝怀为馆长，寿毅成、蒋苏庵为副馆长。自己亲自检理图书及旧刻板片。

八月，以特邀代表身份，出席浙江省第一届人民代表会议。

除阅读古文作品外，开始自学俄语。读苏联小说。

弟子乌以风自 1929 年从学以来，每有所闻，退后即记之于册。是年冬，自安徽潜山至杭拜谒，携稿送阅，为之删改后定名《问学私记》，现附刊于《马一浮集》。

全年有诗五十题五十五首，词二十三阕。多为与友人唱和及论学、纪游之作。其中与蒋苏庵唱和、出游的就有十四首。

1951 年　辛卯　六十九岁

春，陈毅由浙江省文教厅厅长陪同，首次冒雨见访，交谈甚欢，结成了深厚的友谊。以后数次互访谈诗、谈字，亦数赠诗。马有什么要求愿向陈提出，有急事亦托陈办。

全年仍以临池、阅读、作诗为主。有诗作七十三题九十三首，词八阕。

1952 年　壬辰　七十岁

图书馆因多种原因，未能如愿开展工作，先生亦因病萌生厌世之念，因眼疾白内障加剧，阅读、作字减少，偶览外文书籍。

全年诗作三十六题四十一首，词一阕。仍以与人赠答为主。

1953 年　癸巳　七十一岁

三月，浙江省文史研究馆成立，聘为馆长。先后致书文史研究馆筹委会、省府谭主席，"陈请辞免"，未蒙同意。最后，同意其自由研究。不到馆工作，始允。

十一月，为上海文管会事，由吴敬生、汤俶方陪同去上海。事后游览了无锡。此行会见了周孝怀、沈尹默、程演生、丰子恺、陈诏先、薛毓津、陈毅等老友新朋，有赠友、纪游诗多首。

全年有诗五十题六十二首。

1954 年　甲午　七十二岁

秋，弥甥女敬涵去上海念大学，以后只寒暑假回杭相依。

十二月，政协第二届全国委员会召开，为特邀委员，以后连任三、四届委员。

全年有寄友、题画、纪游、咏史等诗五十六题七十九首，词三阕。

1955 年　乙未　七十三岁

二月，任政协浙江省第一届委员会常委。

四月，章太炎安葬于西湖张苍水墓侧，先生任主祭。

被聘为浙江省文物管理委员会顾问。

全年有诗四十二题七十首，其中《檐曝杂兴》十五首，自言"兴之所至，信口成吟，但资笑噱，不为典要"。

1956 年　丙申　七十四岁

一月，至京开政协会，遇四十五年前之友邢冕之（端），邢犹能背诵马在 1909 年所作《踏莎行·长陵怀古》，而自己已一字都不记忆，感而录存之。现已收入《芳杜词外》。

春，为上海文管会事，由汤俶方陪同，至沪小住。

五月，出席浙江省第一届人民代表大会第四次会议。

冬，作为全国政协委员，由丁慰长、汤俶方陪侍，去广东视察，并应陈毅之邀，在从化温泉疗养半月。

在广东，初次见到了 1944 年通信拜门的学生吴希之，归后寄答诗有"客路休嗟识面迟，十年前已许相知"句。

全年有诗三十一题三十三首，词两阕。有贺敏生者赋诗见赠，前后四次次其韵答之。

1957 年　丁酉　七十五岁

年初，以历年收藏的外文典籍及智林图书馆藏书近二万册，赠中科院广州分院。

三月，赴京开政协会，归途经曲阜，谒孔庙、瞻孔林，作《阙里行谣》。有"岱宗久遥企，阙里今始觌"句。

四月，周恩来总理陪苏联最高苏维埃主席团主席伏罗希洛夫至蒋庄访问，被介绍为："我国当代的理学家"，并在庭中合影。

全年有诗三十七题三十八首。其中《法界颂》提出"一真法界，事事无碍……"只四十八字，表明了矛盾的统一。

1958 年　戊戌　七十六岁

当选为浙江省第二届人大代表。

五月，致书陈毅，提出"湖上苦热"，"病暍几殆"，"思为避暑之计"。

七月，就杭州饭店避暑，但不耐室内冷气，"形同穴处"，小住半月即返。

暑期，弥甥女敬涵分配至安徽工作，偕婿顾天德至湖上拜别，赐顾《四书纂疏》一部，祈能导之学经。

学生寿毅成自沪来杭拜谒时，病重，不能返沪，适自己亦目疾加重，故同时住院治疗，在院时，因"终日困卧，不能无感，遂形于言"，作《收视吟》十首。自言"此亦一时兴寄，但可自吟自赏，不堪流布"。

全年有诗五十题八十四首，词七阕。除传统的纪游、赠友、题书画题材外，有记述当前形势之感的作品。更有个别迫于形势的应时见报之作，只见于当时报纸，未收入《编年集》。

1959 年　己亥　七十七岁

春，蒋苏庵编《蠲戏斋文集》呈阅，请定稿，并欲请谢无量先生审定、作序，固辞之。

初伏前二日，由吴敬生、汤俶方陪同至莫干山避暑，住庐花荡公园附近。至白露前后返杭，是为至外地避暑之始。

十月，弥甥丁慰长及妇刘钊含冤（其冤案在 1979 年平反）抱女自沉于太湖。众亲友秘不告闻。

全年共有诗三十一题三十三首，词二阕。

1960 年　庚子　七十八岁

二月，出席浙江省第二届人民代表大会第二次会议。

三月下旬，至京开政协会，致书陈毅，提出想去庐山或青岛避暑。

四月下旬，因心脏不适而入杭州屏风山疗养院，疗养四十九日，写有《疗养日记》，逐日记录医疗及生活情况，并有诗。

还蒋庄不久，即至庐山避暑。

全年有诗五十四题九十五首，词五题六阕。

1961 年　辛丑　七十九岁

初春天寒卧病，至旅舍避寒、养病。

夏，二上莫干山避暑，在山有诗约二十首。

九月，参观新安江水电站，即席题"万能知水力，四表发天光"，又作《观新安江水电站》五言长诗。

十月，任浙江省政协文史资料研究委员会委员。

十一月，夏承焘率杭州大学中文系研究生往谒请教，并合影留念。

是年为辛亥革命五十周年，撰联纪念。

梅兰芳去世，作《秋兰词》二首，"惜梅畹华之逝也"。

全年有诗四十七题五十七首，词六阕。

1962 年　壬寅　八十岁

春、冬均至旅舍避寒。

二月，应学生金景芳之请，致书钟钟山，劝其至辽宁省①文史研究所讲学。并应金介绍浙中耆宿之请，为介"笃行博闻，治宋史四十余年，著书满家"的叶左文。钟于赴长春前，专程至湖上探讨教育方法。叶因年老体弱，未能应聘。长春方面拟遣学生来浙就教，亦未允。

夏，原拟至金华北山避暑，后因"闻警"改为三上莫干山。

腊月，应弘一弟子、新加坡释广洽之请，为新加坡龙山寺新修祖堂撰书十六字联。另赠以分书《参同契》、行书《宝镜三昧》各一本。

外甥丁安期于是年病逝。

全年有诗四十五题五十四首，主要为寄怀、唱和之作。另有词一阕。

1963 年　癸卯　八十一岁

浙江省文史研究馆举行成立十周年纪念会，撰"胜事多留耆旧传，良时常见老人星"联。

在全国宣传雷锋事迹，学习雷锋精神时，感到"雷锋言行足可咏叹"，故作诗美之，表示要"俚侻学雷锋"。

六月，至金华北山双龙洞避暑。弥甥女敬涵至山拜谒，陪侍数日。

秋，于西泠印社成立六十周年时入社，参加社员雅集。

十一月，去京参加政协会，带去历年书法作品三百五十四件（册），赠全国政协，当时在政协礼堂展出，并拍摄了新闻纪录片。"文化大革命"后，政协将作品移交中国第一历史档案馆收藏。

会议期间，陈毅宴请马一浮、熊十力、沈尹默等六位老人，名之为文酒会。

虽患白内障，双目近瞽，但诗兴不减，全年有诗七十题一百一首，词四阕。自言《客思》一首，理境深而解人少，语弥质而情弥真。然言淡而无味，但可以道情目之，非诗也。

1964 年　甲辰　八十二岁

春，请人至先茔植树。

夏，四上莫干山避暑。

① 按："吉林省"，原谱误作"辽宁省"，今据 2010 年版《儒藏论坛》第三辑所载彭丹编著之《金景芳学术年谱》"1962 年"条改正。

十二月七日，挚友谢无量去世，十分伤感，立撰挽联。十二月十八日，去京参加政协会议，又亲去吊唁，并应谢夫人陈雪湄之请作谢诗《序》。

在政协会期间，以旧藏北宋人界画山水一桢赠陈毅，陈以之交国家有关部门。

会议期间还受到毛泽东的宴请，坐于毛泽东、周恩来之间，归后撰书："旋乾转坤，与民更始；开物成务，示我周行"、"选贤与能，讲信修睦；体国经野，辅世长民"二联，分赠两人。

全年有诗四十九题一百首，词八题十阕。

1965 年　乙巳　八十三岁

孟夏，王星贤自京来杭，为藏书编目，准备在身后赠文史研究馆。但次年遭"文化大革命"灾难，图书散失，愿望未能实现。

夏，五至莫干山避暑，在山作《谢无量诗集序》，时因眼疾，已不能写字，乃口授嘱人记之。

深秋，广洽自新加坡来访，是为两人唯一一次见面，合影留念。

全年有诗八十一题一百二十三首，词二阕。

1966 年　丙午　八十四岁

春，在王驾吾、蒋苏庵、龚慈受等陪同下，去皋亭扫墓，并摄影留念。是为最后一次祭扫先茔。

八月，"文化大革命"开始。某夜，有园林工人来告，次日"红卫兵"将来扫"四旧"。乃于清晨离蒋庄避居大华饭店。未与"红卫兵"碰面，免受凌辱。

八月三十日，移居安吉路。这时眼不能看书，亦无书可看，来访者亦很少，只能终日瞑坐。

毕生手稿及收藏之书画，被"造反派"纵火焚烧，幸被闻讯赶来的浙江省图书馆工作人员以"留作批判"为由，抢救下一部分，现存该馆。

全年诗作，现存者仅二十一题二十三首，词一阕。尚是八月以前写湖上景色和友朋间唱和者。

1967 年　丁未　八十五岁

是年，诗作十六题二十五首，多表述了当时心情。这时，虽有了即将解脱的意念，但对国家前途、人民安危、亲友命运仍十分关注。

二月，顾天德由合肥至杭拜望，多方问及外面形势，运动发展状况；关心弥甥女敬涵受批判及身体近况。

四月初，因胃出血入住浙江医院。入院前已写下自挽联、《拟告别诸亲友》诗。

弥留之际，先生口吐呓语："吾之舍利已从玉皇山上流泻下来，满地都是。"闻者或指所谓"舍利流泻"乃指先生一生心血写成的著作被毁，散落满地。又捶床痛呼"慰长"不已，深责平时最疼爱的弥甥，至今不来探视。

六月二日，先生与世长辞。这时，生前预制的棺木、生圹早已被毁，遗体火化后，于次年权葬于余杭县五常乡黄泥坞。

1980年，距先生逝世十三周年时补开追悼会，会上也提出了正式安葬问题，遂于1989年由杭州市园文局负责迁葬于杭州市南山公墓。先生欲祔葬于先茔之遗愿终未实现。先茔亦于"文化大革命"开始不久被移去墓上浮土，水泥面则因太厚未炸开，沦为农民晒场。

1987年六月二日，浙江省政协等二十个单位，联合举行了"马一浮先生逝世二十周年"纪念活动，并举办了先生的书法作品展览会。是为第一次纪念活动。以后，纪念活动不断，纪念文章众多。

1988年，安徽美术出版社出版了第一本《马一浮书法选》。以后，有不少出版社，相继出版了马先生的书法作品集。

1990年十二月，先生晚年居住十七年的西湖蒋庄，辟为"马一浮先生纪念馆"。

1991年，杭州师范学院（现杭州师范大学）成立了"马一浮研究所"。

1996年，浙江古籍出版社和浙江教育出版社联合出版了三卷本《马一浮集》，约二百二十万字，囊括了当时能收集到的所有遗著。

1998年至2002年，台湾广文书局出版了丁敬涵编《马一浮先生遗稿续编》和《马一浮先生遗稿三编》，所收者为未收入《马一浮集》的佚稿。

2013年，由浙江省文史研究馆组织力量编校、由吴光主编的《马一浮全集》新标点本（凡十册）和余正主编的《马一浮书法作品集》三册由浙江古籍出版社正式出版，较之以往出版的《马一浮集》和《马一浮书法选》增加了不少佚作，并有附录，收集后人研究著作，颇便学者了解、研究马一浮先生的学术思想与文学艺术成就。但辑佚繁难，恐难免仍有遗珠。

2013年4月，由浙江大学、浙江省文史研究馆与北京大学高等人文研究院联合主办的《马一浮先生诞辰130周年纪念大会暨国学研讨会》在浙江大学隆重举行。会议期间，举行了《马一浮全集》与《马一浮书法作品集》首发式和《马一浮书法艺术展》，还举行了"马一浮学术思想研讨会"与"马一浮国学会讲"。会后，出版了以《海纳江河，天下来同》命名的国际学术会议论文集，在学术界影响很大。这也许是对一代国学大师最有意义的纪念吧！

编校后记

　　作为年谱，最主要的是真实地记载人物的生平事迹、经历、著述、客观公正地反映谱主的思想与成就。但是马先生逝世已四十余年，生前没有留下系统的生平记载，熟知他的亲朋好友、及门弟子亦大多作古。其著作也难觅其全。这为编写先生年谱带来诸多困难，这或许是迄今为止尚无一部厚重可据的《马一浮先生年谱》的原因之一吧。

　　马一浮先生的弥甥女丁敬涵先生从二十世纪三十年代初至五十年代中，曾日夕侍奉于马先生身侧，对马一浮身世、事迹最为了解。八十年代以来，又长期致力于马先生遗作的收集整理与研究，先后编著了《马一浮先生交往录》与《马一浮先生年谱简编》，收编于浙江古籍出版社出版的《马一浮全集》"附录"册。然《简编》长于事而拙于言，详于诗而略于文，尚不足以全面反映马先生的思想与成就。今删繁就简，纠谬正误，汰除其三分之一，定名《马一浮先生年谱简编》附录于本书之末，以供读者研究参考。原著者丁敬涵，校订者吴光。是为后记。

吴光

谨记于 2014 年 5 月 31 日

中国近代思想家文库

方东树、唐鉴卷	黄爱平、吴杰　编
包世臣卷	刘平、郑大华　主编
林则徐卷	杨国桢　编
姚莹卷	施立业　编
龚自珍卷	樊克政　编
魏源卷	夏剑钦　编
冯桂芬卷	熊月之　编
曾国藩卷	董丛林　编
左宗棠卷	杨东梁　编
洪秀全、洪仁玕卷	夏春涛　编
郭嵩焘卷	熊月之　编
王韬卷	海青　编
张之洞卷	吴剑杰　编
薛福成卷	马忠文、任青　编
经元善卷	朱浒　编
沈家本卷	李欣荣　编
马相伯卷	李天纲　编
王先谦、叶德辉卷	王维江、李鹜哲、黄田　编
郑观应卷	任智勇、戴圆　编
马建忠、邵作舟、陈虬卷	薛玉琴、徐子超、陆烨　编
黄遵宪卷	陈铮　编
皮锡瑞卷	吴仰湘　编
廖平卷	蒙默、蒙怀敬　编
严复卷	黄克武　编
夏震武卷	王波　编
陈炽卷	张登德　编
汤寿潜卷	汪林茂　编
辜鸿铭卷	黄兴涛　编

康有为卷	张荣华	编
宋育仁卷	王东杰、陈阳	编
汪康年卷	汪林茂	编
宋恕卷	邱涛	编
夏曾佑卷	杨琥	编
谭嗣同卷	汤仁泽	编
吴稚晖卷	金以林、马思宇	编
孙中山卷	张磊、张苹	编
蔡元培卷	欧阳哲生	编
章太炎卷	姜义华	编
金天翮、吕碧城、秋瑾、何震卷	夏晓虹	编
杨毓麟、陈天华、邹容卷	严昌洪、何广	编
梁启超卷	汤志钧	编
杜亚泉卷	周月峰	编
张尔田、柳诒徵卷	孙文阁、张笑川	编
杨度卷	左玉河	编
王国维卷	彭林	编
黄炎培卷	余子侠	编
胡汉民卷	陈红民、方勇	编
陈撄宁卷	郭武	编
章士钊卷	郭双林	编
宋教仁卷	郭汉民	编
蒋百里、杨杰卷	皮明勇、侯昂妤	编
江亢虎卷	汪佩伟	编
马一浮卷	吴光	编
师复卷	唐仕春	编
刘师培卷	李帆	编
朱执信卷	谷小水	编
高一涵卷	郭双林、高波	编
熊十力卷	郭齐勇	编
任鸿隽卷	樊洪业、潘涛、王勇忠	编
张东荪卷	左玉河	编
丁文江卷	宋广波	编

钱玄同卷	张荣华 编
张君劢卷	翁贺凯 编
赵紫宸卷	赵晓阳 编
李大钊卷	杨琥 编
李达卷	宋俭、宋镜明 编
张慰慈卷	李源 编
晏阳初卷	宋恩荣 编
陶行知卷	余子侠 编
戴季陶卷	桑兵、朱凤林 编
胡适卷	耿云志 编
郭沫若卷	谢保成、魏红珊、潘素龙 编
卢作孚卷	王果 编
汤用彤卷	汤一介、赵建永 编
吴耀宗卷	赵晓阳 编
顾颉刚卷	顾潮 编
张申府卷	雷颐 编
梁漱溟卷	梁培宽、王宗昱 编
恽代英卷	刘辉 编
金岳霖卷	王中江 编
冯友兰卷	李中华 编
傅斯年卷	欧阳哲生 编
罗家伦卷	张晓京 编
萧公权卷	张允起 编
常乃惪卷	查晓英 编
余家菊卷	余子侠、郑刚 编
瞿秋白卷	陈铁健 编
潘光旦卷	吕文浩 编
朱谦之卷	黄夏年 编
陶希圣卷	陈峰 编
钱端升卷	孙宏云 编
王亚南卷	夏明方、杨双利 编
黄文山卷	赵立彬 编
雷海宗、林同济卷	江沛、刘忠良 编

贺麟卷   高全喜　编

陈序经卷   田彤　编

徐复观卷   干春松　编

巨赞卷   黄夏年　编

唐君毅卷   单波　编

牟宗三卷   王兴国　编

费孝通卷   吕文浩　编

图书在版编目（CIP）数据

中国近代思想家文库. 马一浮卷/吴光编. —北京：中国人民大学出版社，2015.1

ISBN 978-7-300-20459-8

Ⅰ.①中… Ⅱ.①吴… Ⅲ.①思想史-研究-中国-近代②马一浮（1883～1967）-思想评论 Ⅳ.①B250.5

中国版本图书馆 CIP 数据核字（2014）第 302355 号

中国近代思想家文库

马一浮卷

吴 光 编

Ma Yifu Juan

出版发行	中国人民大学出版社	
社　址	北京中关村大街 31 号	**邮政编码**　100080
电　话	010 - 62511242（总编室）	010 - 62511770（质管部）
	010 - 82501766（邮购部）	010 - 62514148（门市部）
	010 - 62515195（发行公司）	010 - 62515275（盗版举报）
网　址	http://www.crup.com.cn	
经　销	新华书店	
印　刷	涿州市星河印刷有限公司	
开　本	720 mm×1000 mm　1/16	**版　次**　2015 年 4 月第 1 版
印　张	30 插页 1	**印　次**　2025 年 1 月第 3 次印刷
字　数	479 000	**定　价**　108.00 元